KB169877

말 위의 개척자, 황금 천막의 제국

말 위의 개척자,

황금 천막의 제국

세계를 뒤흔든 호르드의 역사

마리 파브로

김석환 옮김

까치

THE HORDE : How the Mongols Changed the World

by Marie Favereau

역자 김석환(金石煥)
고려대학교 문과대학 동양사학과를 졸업하고, 서울대학교 인문대학 동양사학과에서 석사, 박사 학위를 취득했다. 현재 서울대학교 인문대학 동양사학과에서 조교수로 재직 중이며, 몽골 제국사를 중심으로 중앙유라시아사를 연구, 강의하고 있다.

편집, 교정_옥신애(玉信愛)

말 위의 개척자, 황금 천막의 제국
세계를 뒤흔든 호르드의 역사

저자/마리 파브로
역자/김석환
발행처/까치글방
발행인/박후영
주소/서울시 용산구 서빙고로 67, 파크타워 103동 1003호
전화/02 · 735 · 8998, 736 · 7768
팩시밀리/02 · 723 · 4591
홈페이지/www.kachibooks.co.kr
전자우편/kachibooks@gmail.com
등록번호/1-528
등록일/1977. 8. 5
초판 1쇄 발행일/2022. 12. 15

값/뒤표지에 쓰여 있음

ISBN 978-89-7291-788-5 93910

차례

전사(轉寫) 설명*

이 책에는 영어 이외의 언어에서 기원한 많은 용어들이 등장한다. 이러한 용어들 대다수에는 흔히 용인되는 영어 철자가 있다. 나는 정확성과 가독성 모두를 우선시하고자 노력했다.

인명의 철자는 잘 알려진 영어 형태(예를 들면 William of Rubruck, Michael Palaiologos)를 따랐다. 다만 칭기스 칸은 일반적 철자인 Genghis Khan 대신에 역사적으로 정확한 형태인 Chinggis Khan으로 사용했다. 이는 몽골 제국을 연구하는 대부분의 역사가들이 공유하는 방식이기도 하다. 이 책에서는 칼리프(caliph), 에미르(emir)와 같이 유럽화된 일반적인 명칭을 사용했다. 지명 역시 가능하다면(예를 들면 코카서스[Caucasus], 헤라트[Herat]) 일반적인 영어식 형태를 사용했다. 때때로 현재의 지리적 명칭(예를 들면 중국, 유럽)을 언급하기도 했는데, 문맥상 시대에 맞지 않는 것처럼 보일 수도 있겠으나 독자들의 이해를 돕는 데에 유용하기 때문에 전문가들을 언짢게 하지 않기를 바란다.

몽골어 용어 및 인명의 표기는 크리스토퍼 애트우드가 『몽골리아와 몽골 제국의 백과사전(*Encyclopedia of Mongolia and the Mongol Empire*)』에서 채택한 방법을 대체로 따랐다. 이 표기는 위구르-몽골 문자에 기초를 두며 해당 시기의 몽골어 발음에도 가깝다. 그러나 몇몇 경우에는 일반적인 형태(예를 들면 Hüle'ü 대신 Hülegü)를 사용했다. 그리고 때로 몽골어 용어는 사료 및 학계에서 일반적으로 사용하는 바에 따라서 튀르크어 및 러시아어의 형태(예를 들면 tarkhan, yarlik)로 표현했다.

아랍어 단어 및 인명은 발음 구별 부호 점을 생략하는 것(예를 들면 ḥ 대신에 h) 이외에는 「중동 연구 세계 학술지(*International Journal of Middle East Studies*)」에서 사용하는 방식에 따랐다. 대부분의 경우 페르시아어와 튀르크어 단어들도 동일한 단순화 방식을 따랐다. 러시아어는 국회 도서관 표기법에 따라서 표기하되 발음 구별 부호는 제외했다. 중국어 인명에 대해서는 병음 방식을 채택했다.

---

* 이 책에 등장하는 외국어 인명 및 지명은 기본적으로 한국어 어문규정에 따라 표기했다. 다만 "칭기스 칸" 등의 일부는 학계의 관행을 따랐다.—역자(이하 각주는 모두 역자의 것이다.)

서론

새로운 유형의 힘

호르드(Horde)는 전통적인 제국도, 왕조 국가도 아니었고, 민족 국가는 더더욱 아니었다. 호르드는 13세기에 몽골의 팽창으로부터 탄생한 거대한 유목 정권이었고, 너무나 강력하여 시베리아 서부 일대를 포함해서 사실상 오늘날의 러시아 전역을 거의 3세기 동안 지배하던 말 위의 정권이었다. 호르드는 몽골의 정복자들로부터 유래한 모든 정권들 중에서 가장 오래 지속되었다. 그러나 호르드에 관한 풍부한 증거들에도 불구하고 호르드는 미지의 상태로 남아 있다. 중동의 몽골 통치자들이던 훌레구 울루스와 칭기스 칸의 후손들에 의해서 중국에서 시작된 원나라에 대해서는 훨씬 더 많이 연구되었다. 호르드에 관한 흥미로운 이야기들은 마치 장막 뒤에 있는 것 같다.

이 책은 호르드의 이야기를 다룬다. 호르드의 이야기는 칭기스 칸이 13세기 초에 유목민들—몽골인들과 초원의 사람들—을 통합하고 세계에서 가장 크고 연속적인 제국을 건립하기 시작한 동아시아의 초원에서 시작한다. 칭기스는 네 명의 아들에게 각각 울루스, 사람들 그리고 자리를 잡을 수 있는 땅을 주었다. 칭기스의 아들들 가운데 맏아들이자 제1계승자인 주치의 유산이 호르드 역사의 핵심을 이룬다. 주치는 몽골리아의 서쪽 초원, 생태학적으로는 헝가리에까지 달하는 광활한 지역의 정복지를 위임받았다. 그러나 주치는 아버지를 등한시했고, 칭기스는 왕좌에 대한 그의 우선권을 박탈했다. 그리고 그 결과는 심원했다. 주치가 사망한 이후인 1240년대에 그의 아들들, 전사, 가족들은 볼가-우랄 지역과 흑해 사이의 온대 지역으로 이주했고, 그곳에 몽골 제국으로부터 매우 독립적인 새로운 유형의 정부를 설립했다. 주치 가문의 개척자들은 몽골의 관습을 유지했지만, 결코 몽골리아로 돌아가지 않았다. 30년이 채 되지 않은 시간에 수천 명의 사람이 수십만 명이 되었고, 그들만의 제국적 형태를 유지하는 복잡한 사회 조직이 탄생했다. 이 집단은 스스로를 주치 울루스라고 인식했고, 자신들의 제국을 오르다(Orda), 즉 호르드(Horde)라고 불렀다.

호르드는 내부의 변화와 외부의 압력에 대응할 수 있는 유연한 정권이었다. 또한 주변 지역을 지배하고 몽골의 중심으로부터 자치를 확보할 수 있을 만큼 충분히 부유하고 강력했다. 주치조(朝) 통치자들은 안정을 유지하기 위해서 칭기스의 다른 후손들과의 관계를 조율했고, 아랄 해와 흑해 사이에 있는 도시들과 무역로를 통제하면서 상당한 상업적 이익을 확보했다. 실제로 호르드는 유라시아의 대륙 무역을 장악했고, 그 과정에서 16세기까지 러시아와 중앙아시아의 역정(歷程)을 만들어갔다.

역사가들은 강력하고 영향력 있는 이 정권을 금장 칸국, 또는 호르드가 차지한 지역의 선주민이었던 킵차크인들의 이름을 따서 킵차크 칸국이라고 한다. 이 학자들은 호르드의 역사적 중요성을 더욱더 인정하고 있지만, 이를 충분히 설명하려는 시도는 거의 이루어지지 않았다. 이 책에서는 이 정권이 어떻게 출현했으며 수 세기 동안 그 유목적 성격을 유지하면서도 환경에 적응하고 변모하며 발전했는지를 이해하기 위해서 호르드 그 자체를 다루고자 한다. 호르드를 그 내부로부터 이해하기 위해서는 무엇보다도 울루스, 사라이(sarai, 유목민이 건립한 정주 도시로, "사라이"라고 불린 주요 도시를 포함한 개념), 칸(통치자), 벡(유목 지도자)과 같은 고유한 개념들을 중심에 두어야 한다.

이 책은 호르드의 잘 알려지지 않은 사회적, 정치적 성격을 다룰 뿐만 아니라 호르드의 유산, 즉 세계사에 호르드가 미친 영향에 대해서도 재고한다. 13세기 후반이 되자 경제적 교환이 활발하게 이루어지면서 유라시아의 거의 전역이 통합되었다. 오늘날 대부분의 역사가들은, 몽골 세계 제국이 동아시아, 이슬람 세계, 슬라브 세계, 유럽 등으로 나뉘어 있던 유라시아 대륙의 주요 하위 체제들을 하나의 경제 체계로 융합했음을 인정한다.[1] 서로 멀리 떨어진 세계의 지역들은 몽골의 지배 아래에서 피상적인 수준 이상으로 접촉했으며, 13세기 중반부터 14세기 중반에 이르기까지 적어도 한 세기 동안 교환과 생산의 공동 연결망에 속해 있었다. 사람들과 대상(隊商)은 역사상 처음으로 이탈리아로부터 중국까지 안전하게 이동할 수 있었다.

역사가들은 이 전례 없는 상업적 발전을 몽골의 평화, 즉 팍스 몽골리카(Pax Mongolica)라고 부른다. 몽골의 지배로 세계가 안정되었으며, 그 안정 덕분에 광범위한 교환이 가능했다는 의미이다. 그러나 최근 연구에서 드러났듯이 칭기스 칸의 후손들 간의 관계는 평화롭지 않았다. 몽골과 그들이 정복한 사람들 사이도 확실히 평화롭지는 않았다. 여기에서 말하는 평화라는 개념은 '피정복민이 몽골의 지배를 수용한다'는 의미로 이해하는 것이 더욱 정확할 것이다. 다만 "평화"의 의미가 정확하지 않다고 해서 이 개념을 버릴 필요는 없다. 이 책에서는 팍스 몽골리카를 사하라 종단 무역 또는 콜럼버스의 교환과 같은 세계적인 현상과 동등한 거시적 역사 현상인 몽골의 교환으로서 재검토하고자 한다. 팍스 몽골리카를 몽골의 교환으로 이해하면, 칭기스 칸의 후계자들이 야기한 세계적인 국면이 명확해질 것이다.[2]

몽골의 교환은 예술의 번영, 숙련된 기술이 필요한 수공업품의 발달, 식물학, 의학, 천문학, 측량법, 역사 등 다양한 영역의 발전을 촉진한 기념비적인 변화였다. 종종 몽골 통치 집단들이 직접 추진했던 제조품들의 증산과 유통은 이 세계적인 현상의 또다른 주요 결과이다. 몽골인은 도자기, 필사본, 직물, 음악, 시, 무기 등 모든 것들이 자신의 영역 안에서 생산되고 유통되기를 원했다. 몽골인들은 또한 물품을 수입했고, 상인을 유인할 정책들을 제정했다. 칸은 상인을 소중하게 여기면서 높은 지위와 법적 특권, 세금 면제 혜택 등을 하사했다. 유목민들은 여행용 설비, 무기, 유행하는 의복에 투자했고, 비단, 면으로 만들어진 사치스러운 수입 직물과 모피, 가죽을 갈망했다. 초원에는 암묵적인 사회적 지표들이 있었는데 그중 일부는 생산과 무역을 통해서 얻을 수 있었다. 예를 들면 비싼 무기를 소지하는 것은 높은 지위를 나타냈다. 보석, 허리띠, 모자, 좋은 옷, 가죽 부츠도 마찬가지였다. 높은 지위의 여성들은 특별한 방식으로 옷을 입었고, 지위를 드러내는 상징으로서 원뿔 모양의 머리 장식물(쿠쿠 또는 복타)을 착용했다. "몽골의 옷차림"은 외국의 여행자들에게 깊은 인상을 남겼다. 많은 사람들, 심지어 유럽인들도 몽골인들처럼 입고자 했다고 한다.

표범 그림이 있는 그릇(호르드, 14세기). 큰 고양잇과 동물은 통치를 상징했고, 칸들은 위신과 사냥을 위해서 이 동물들을 수집했다.

어떤 측면에서 보면 유목민에게 제조품은 사치품이었지만, 유목민은 무분별하지 않았다. 사치품은 몽골의 정치경제에 필수적이었다. 제조품의 장거리 교환과 유통은 생존에 필수적이지는 않았지만, 사회 질서의 중추였다. 몽골의 경제는 이 물품들의 유통에 의존했다. 특히 칸으로부터 지배계층에, 다시 평민에게 재분배되는 경제 구조는 사회계급을 강화했고 종속적인 속박을 창출했다. 심지어 사회의 최하층조차 재분배를 통해서 자신이 정권의 번영에 일조했다고 느꼈다. 더 나아가 초원의 유목민들은 유통을 영적인 필요로서 이해했다. 부의 공유는 죽은 자의 영혼과 하늘, 땅을 달래는 역할을 했다.

몽골은 13세기 중반부터 14세기 중반에 이르기까지 유라시아를 가로

지르며 상품의 유통에 대한 헤게모니를 장악했다. 이 시기에 일부 몽골 정권들은 불안정해졌지만, 호르드는 계속해서 장거리 무역을 촉진했다. 몽골은 지중해에서 카스피 해로, 다시 중국으로 연결되는 조밀한 경제적 연결망을 형성했다. 이것은 부분적으로 그들의 통합적인 정책 덕분이었다. 몽골은 새로운 복속민을 출신, 종교, 생활 방식과는 상관없이 사회 속으로 맞아들였다. 몽골은 심지어 막 패배시킨 적들까지도 수용했다. 몽골인들은 조약, 통화 발행, 조세, 도로 관리 등에 대한 국가 권력과 자유로운 교역 정책을 기민하게 결합했다. 세금은 세입의 주요 원천이었음에도 불구하고, 몽골인들은 상업을 촉진하기 위해서 면세를 제공했다. 그리고 협력에 대해서도 유동적인 태도를 취했는데, 민족적 또는 종교적 제휴보다는—물론 이러한 제휴 역시 활용했다—공동의 이익에 기반을 두고 연합했다. 1260년대 주치조 지배층들은 심지어 무슬림 통치 지역의 강력한 아군, 무역 상대를 확보하기 위해서 이슬람으로 집단 개종하기도 했다. 당시 주치조의 통치자였던 베르케 칸에게 진정한 종교적 신념이 없었던 것은 아니지만, 그와 그의 최상위층 참모들은 그 결정이 가져다줄 현실 정치의 이익을 잘 알았고 이슬람을 믿지 않는 무역 상대들을 경멸하지도 않았다.

주치조의 개종은 몽골의 교환을 세계적인 현상으로 만든 여러 관계들 중의 하나인 몽골 제국주의와 맘루크 술탄국 간의 연결을 강화시켰다. 또한 주치조는 러시아인, 게르만인, 제노바인, 베네치아인, 비잔틴인, 그리스인과의 무역 관계를 수립했고, 그들의 무역망은 때로는 멀리 플랑드르에 이르기도 했다. 실제로 콜럼버스의 교환은 부분적으로는 몽골의 교환의 유산으로서 이해해야만 한다. 역사가들은 크리스토퍼 콜럼버스가, 극동에 있는 몽골 제국의 중심부로 향한 마르코 폴로의 여행에 대해서 들은 후에 인도로 가는 더욱 빠르고 안전한 길을 찾고 있었음을 밝혀냈다.[3] 이러한 관점에서 보았을 때 몽골의 교환은 중세에서 근대로의 역사적 전환점이 아니다. 비록 팍스 몽골리카가 그렇게 인식되는 경향이 있지만 말이다. 오히려 몽골의 교환은 중세와 근대의 구분을 초월한다. 몽골의 교환은 고대의 실크로드와 근대의 탐험의 시대 사이의 간격을 연결하면서 두 세계에 대한 우리의 역사적 인식을 바꾼다.[4]

다만, 몽골의 교환과 몽골 제국이 동일하지 않으므로 서로 구분해야 한다. 어떻게 서로를 만들어냈는지, 어떻게 상호 작용했는지, 그리고 몽골 제국의 붕괴 이후에도 오랫동안 지속된 몽골의 교환의 역동성과 영향이 마침내 어떻게 다른 길을 가게 되었는지 등 둘 사이의 상호 영향에 유의해야 할 것이다. 몽골 제국과 몽골의 교환 간 상호 작용과 관련해서 주목할 만한 관점들 중의 하나는 제국이 교환을 방해하지 않았다는 것이다. 몽골은 당시의 어떤 제국적 조직보다 피정복민들의 경제 구조에 간섭했고 큰 영향력을 행사했다. 그러나 몽골은 수공업품의 생산, 통화, 상인, 수확, 곡물에 대한 통제는 유연하고 탄력적이어야 하며, 피정복민의 관습과 전통을 존중해야 한다는 것을 알고 있었다. 그래서 예를 들어 새로운 지역을 정복하면, 몽골은 보통 토착민들에게 익숙한 주화를 주조했다. 그러면 주화들은 기존에 있던 교환의 순환으로 쉽게 수용되었다. 게다가 몽골은 복속민에게 어떤 대가가 따를지 신경 쓰지 않은 채 그들로부터 가치를 착취하지 않았다. 다시 말해서 몽골은 이후 대서양 세계의 많은 식민 정권들과는 달리, 복속민을 노예로 만들지 않았고 죽을 때까지 부리지도 않았다. 몽골 제국은 감독과 개입을 통해서 복속민이 생산하고 제국을 가로질러 무역하게끔 동기를 부여하고 허락함으로써 몽골의 군주를 부유하게 만들고자 했다. 몽골의 지배가 정점에 달했을 때, 세계화와 제국의 건설 간에는 왜 충돌이 없었는가? 적절한 설명이 필요한 이 현상과 관련하여, 나는 몽골의 독특한 제국적 정책에 그 해답이 있다고 생각한다.

지난 수십 년간 몽골에 대한 연구는 굉장히 발전했다. 토머스 올슨의 책이 특히 중요하다.[5] 그는 몽골 제국을 칭기스 칸 이후에 형성된 지역적 구분—중국 지역, 중동 지역, 킵차크 초원 등—을 넘어 하나의 통합된 체제로 이해해야 한다고 처음으로 주장했다. 새로운 세대의 역사가들이 올슨의 연구를 활용하면서 몽골 제국의 역사와 유산을 재해석했다. 미할 비란, 니콜라 디 코스모, 피터 잭슨, 김호동, 티머시 메이, 데이비드 모건 등이 수행한 훌륭한 연구들은 몽골 제국의 작동을 이해하는 데에 종합적인 관점이 필요하다고 주장한다.[6] 몽골 제국의 수도였던 카라코룸에서 발생한 일은 볼가 강 하류에 위치한 주치조의 수도 사라이에 깊은 영향을 미쳤다("수도"와 같은 용어를 혼동해서는 안 된다. 칸들은 이러한 도시들을 건설하고 활용했지만, 연례 축제 등 특별한 경우를 제외하고는 도시에서 살지 않았다. 이 책 전반에 걸쳐서 상술하듯이 칸들은 사람, 가축들과 함께 이동하며 길 위에서 살았다).

학자들은 습격하며 돌아다니는 약탈자라는 낡은 고정관념을 버리기 시작했다. 그 대신 몽골 제국을 연합체 또는 연방과 유사한 복합적인 정치, 사회, 경제적 존재로 보았다. 이제 우리의 과제는 그러한 조감도를 몽골 유라시아의 미시사적 관점과 결합시키는 것이다. 미시 세계사란 지역과 세계의 기록을 연결함으로써 둘 모두를 깊이 이해하는 것을 뜻한다. 소규모이자 개별적인 사람들의 목소리와 그들의 삶의 현장은 세계사에 관해서 세부 사항을 알려준다. 다만 개인의 목소리는 밝혀내기 어려울 수도 있는데, 특히 이른 시기는 더욱 그러하다. 그러나 불가능하지는 않다. 특히 그 목소리가 문서 기록이 많이 남아 있는, 그렇지만 포괄적으로 다루어지지는 않은 호르드의 것이라면 더욱 그렇다.[7]

전체론(holism)의 시각으로 보면, 칭기스의 제국은 다양한 부분들이 활발히 서로를 형성해나가면서 영향을 미쳤다. 그러나 이것은 그 제국이 단일 조직이었음을 의미하지는 않는다. 그 다양성은 미시사적 서술에서 볼 수 있다. 몽골 제국은 칭기스 칸의 네 아들의 이름을 딴 주치조, 차가타이조, 우구데이조, 톨루이조가 이끄는 다수의 장기 유목 정권을 만들어냈다. 이 각 정권들은 별개로, 그리고 상세하게 연구되어야 한다. 이 책에서는 주치조 정권—즉, 호르드—에 초점을 맞추어 이 정권이 몽골의 통치 방식들 중에 어떤 것을 특별히 실행했고 또 그로부터 이탈했는지를 밝히고, 세계사에 주치조의 정책이 미친 장기간의 영향을 설명하고자 한다.

학자들은 유목민이 복합적인 정치 구조를 창출했음을 인정했지만, 유목민이 몽골의 교환에 어느 정도의 역할을 담당했는지, 특히 호르드가 유라시아 지정학에 어떤 영향을 미쳤는지에 대해서는 아직 완전히 파악하지 못했다. 중요한 문제들이 여전히 남아 있다. 몽골, 특히 호르드는 그 주변의 세계를 어떻게 형성했는가? 호르드와 다른 몽골인들은 외부 세계와의 접촉에 의해서 어떻게 형성되었는가? 몽골 통치자들은 어떻게 유목적인 정체성과 역사적으로 고착화된 정체성을 잃지 않으면서도 자신들이 세습한 통치 전통을 변용했는가?

호르드는 주변 세계가 바뀌면서 변화했다. 따라서 호르드 역시 몽골의 교환이 낳은 산물이었다. 이는 세계 체제, 특히 북부 유라시아와 시베리

아 등 이른바 주변부에 호르드가 미친 힘의 크기에 대한 의문을 제기한다. 실제로 몽골의 통합적 체제에서 무척 흥미로운 측면은 북부 유라시아, 특히 러시아의 흥기에 있다. 또 호르드의 지배 아래에서 러시아 공국들의 정치적, 경제적 발전은 호르드가 몽골 본체로부터 벗어날 수 있게 했다. 러시아의 예속은 러시아인들과 주치조 양측에 결정적인 영향을 미쳤다.

주치조가 러시아에 미친 영향들의 상당 부분은 호르드의 무역 정책으로부터 비롯되었고, 이것은 전근대 역사상 가장 대규모의 통합된 시장을 만드는 데에 도움을 주었다. 발트 해, 볼가 강, 카스피 해, 그리고 흑해의 순환로를 단일한 운영 체제로 연결하는 망이 형성되었고, 이는 다시 중앙아시아, 중국, 중동, 그리고 유럽에까지 연결되었다. 기생적인 유목민이라는 오래된 고정관념과는 달리, 호르드는 부를 창출했다. 뛰어난 제너럴리스트(generalist)였던 유목 지도자들은 군대의 전령 체계(얌)를 이용하여 상품을 보내거나 명령을 내리는 등, 장거리 무역을 증진시키기 위해서 군사적 병참의 용도를 변경했다. 호르드와 다른 몽골인들은 본래 목축민이었지만, 주변 환경을 다루는 법과 소금, 약초, 나무 등의 자원을 활용하는 방법을 터득했다. 몽골인들은 수수를 심었고 광활한 양식장을 만들었다. 목초지와 무역로, 시장에 대한 접근을 확고하게 통제했고, 외부인이 중심지 근처에서 무역하도록 유도했다. 또한 몽골은 정복한 사람들의 기술과 능력을 활용했다. 호르드는 기존의 수공업, 무역의 집합체를 물려받음으로써 상업망을 부분적으로 확장했다. 그들의 목표는 이러한 지역들을 약탈하는 것이 아니라—비록 몽골인들은 때때로 약탈을 벌였지만—그곳의 주민들이 잘해오던 업무를 계속하도록 함으로써 몽골이 징세를 통해서 이익을 얻는 것이었다. 그래서 극소

수의 주치조 인물들만이 흑해 일대의 복속된 항구 도시와 소금 광산 마을에 거주했음에도 불구하고, 호르드는 무역에 힘쓰는 그곳의 상인, 생산자들에게 과세를 함으로써 이익을 얻었다. 호르드가 동과 서, 남과 북의 시장들 간의 공백을 메움으로써 대륙적인 경제 체제가 가능해졌고 그 결과는 극적이었다.

호르드의 사회, 정치, 경제 체제는 연속과 변화 모두의 산물이었다. 모든 것이 사실상 과정에 있었고, 가변적이었으며, 상황에 따라 조정되었다. 이동은 가장 기본이자 일상이었다. 유목민 무리는 한곳에 오래 머물지 않았다. 유목민은 계절의 변화에 따라서 가축들은 목초지에, 자신들은 야영지에 적절히 도착할 수 있도록 이동했다. 계절은 몽골이 언제 전쟁을 할지도 좌우했다. 몽골이 이끈 세계화의 중요한 측면이었던 외교 정책은 계속 변화했다. 주치조 칸들은 외교에 특히 기민하여, 무역과 변화하는 동맹을 통해서 여러 나라들과 복잡한 관계망을 형성했다. 맘루크 술탄국, 비잔티움 제국, 폴란드-리투아니아, 모스크바, 베네치아, 제네바는 모두 호르드와의 상업적 교환망에 속해 있었다. 모두 때로는 호르드의 동맹국이었고 때로는 적이었다. 정치적으로 일관되지 않은 듯이 보이던 태도가 사실은 계산된 전략이었다. 심지어 정체성도 유동적이었다. 주치조는 이슬람으로 개종했지만, 여러 세대에 걸친 발전의 산물인 초원의 법과 정신적인 감성을 여전히 아우르고 있었다.

놀라운 것은 호르드가 동화 및 세계화를 위한 독특한 사회적, 정치적 체제를 유지해냈다는 점이다. 어떻게 그럴 수 있었는가? 주치 울루스는 어떻게 다른 것들을 도입하고 그것에 적응했는가? 13세기 후반 몽골 제국의 중심이 붕괴되는 와중에도 어떻게 호르드는 몽골의 통치 방식에 따른 상업적 교환 체제를 유지할 수 있었는가? 흑해 무역과 호르드에 관한 가장 상세한 기록들조차 이 질문들에 정확하게 답변하지 못했다.

주치의 사람들에게 "오르도(ordo)"는 새로운 정권을 뜻하는 옛 용어였다. 이 용어 자체에는 상당히 오래된 역사가 있어서 중국의 전한(前漢) 시기(기원전 207–기원후 9)까지 거슬러올라갈 수 있다.[8] 대부분의 역사가들은 몽골어의 "오르다"를 칸의 궁정, 그의 주요 군사 본부와 동일시한다. 칸 또는 유목 지도자—몽골 제국의 통치자인 대칸(great khan), 호르드 또는 다른 울루스의 칸, 특정 울루스 또는 영역 안에서 이주 집단을 이끄는 우두머리 등—가 있는 곳에는 어디든지 오르도가 있었다. 몽골인들에게 "오르도"는 폭넓고 복잡한 의미를 지녔다. 오르도는 군대이자 권력의 장소였고, 한 통치자 아래에 있는 사람들이었으며, 큰 야영지이기도 했다. 이러한 의미들은 서로를 배제하지 않았고, 그 정권이 이동하는 사람들과 공간적으로 함께 있다는 의미를 모두 내포했다. 오르도는 그 자신 또는 정주 복속민을 통치하기 위해서 한곳에 있을 필요가 없었다. 오르도들은 이동했고 분산했으며 다시 결집했는데, 그 모든 과정에 통제력을 행사했다. 몽골의 통치 전략에는 이동성이 내재되어 있었다. 이에 대해서는 제3장에서 세부적으로 논의할 것이다.

호르드—그리고 또다른 몽골 정권들—에 관한 연구들 상당수는 몽골 제국으로부터 출현한 제국적 조직을 지칭하는 데에 "칸국(khanate)"이라는 단어를 사용한다. 이 단어는 페르시아어 khānāt로부터 유래했다. 페르시아인 행정관들은 몽골이 창출한 이국적인 정치 제도들을 이해하고자 노력하면서 자신들의 "술탄국(sultanate)"을 본따 "칸국"이라는 단어를 만들어냈다. 칸의 지위를 강조했던 것이다. 물론 칸이 가장 중요한 인물이기는 했지만, 각 정권의 권력은 집단적이었다. 주치 울루스, 톨루이 울루스, 다른 울루스들은 모두 공동으로 통치되었다. 그들에게는 단 하나의 대단히 중요한 통치자—그 역시 자신만의 오르도를 이끌었다—가 있었지만, 울루스 내의 다른 오르도들에는 그들만의 행정관이 있었다. 중요한 결정은 칸이 참모 및 지배층들과 함께 상의하여 내렸는데, 그중에는 칸이 직접 감독하지 않는 오르도들의 행정관도 있었다. 또한 울루스의 부(富)는 비록 불평등할지라도 모든 사람들에게 분배되었다. 몽골 사회의 권위가 가지는 분산적인 성격을 감안한다면, 유목 권력 집단을 묘사하는 데에는 "오르도" 또는 "울루스" 같은 용어가 "칸국"보다 더욱 유용하다. 그리고 몽골의 지배에 관해서 기록한 많은 동시대인들은 이동성, 팽창과 동화, 외교, 무역을 기반으로 건설된 이 가변적인 일종의 제국을 명명할 때 "오르도"라는 용어를 사용했다. 다른 종류의 권력에는 다른 종류의 이름이 필요하다.

"오르도"라는 용어는 몽골의 정복과 함께 페르시아어, 아랍어, 러시아어, 그리고 모든 유럽의 언어에 들어왔고, 오늘날에는 보통 무질서하고 통제할 수 없는 대규모의 군중을 표현할 때 사용된다. 이러한 용법은 상당수가 종교인 또는 정주생활에 익숙한 여행자들이 작성한 중세 사료에서 등장하는 "오르도"의 먼 반향이다. 이 관찰자들은 몽골의 권력이 잔혹하지만 사회적으로는 건설적이라고 보았다. 외부의 목격자들은 새로 온 몽골인들이 누구이며 그들이 무엇을 원하는지를 이해하기 어렵다는 것을 인정했고, 여행자들은 자신들이 마주친 것들을 종종 두려워했다. 저자들의 두려움과 공포가 스며든 중세의 기록들로부터 강력하고 위협적인 집단으로서의 오르드(horde)라는 현대적 의미가 탄생했다.

이 책에서는 주치의 사람들을 논의할 때 그들이 스스로를 표현하는 데에 사용한 "호르드(Horde)"를 사용했다. 또 몽골적인 호칭인 주치 울루스도 사용했다. "울루스"는 중세 사료에서 다양한 의미를 가지지만, 대부분 칭기스 칸과 그의 정처(正妻)인 부르테 사이의 네 아들, 즉 주치, 차가타이, 우구데이, 톨루이로부터 유래한, 그리고 그들이 정복한 사람들을 가리킨다. 칭기스는 정복 과정에서 많은 복속민들을 통치했고, 그들을 후계자들에게 물려주었다. 그중에는 전사들과 그들의 가족, 수공업자, 상인, 농부들이 있었다. 그들은 유목민들—몽골인과 다른 초원의 거주민들을 포함한다—과 정주민들이었다. 이 모든 사람들이 울루스를 구성했다. 역사가들은 "울루스"를 "국가" 또는 "제국"으로 번역할 수도 있지만, 동시대인들에 따르면 울루스는 원래 영역적인 실체가 아니라 독립적인 정치 공동체를 의미했다. 따라서 주치 울루스는 주치의 후손들과 그들의 모든 복속민들—킵차크인 또는 주치 이외 혈통의 몽골인들처럼 완전히 동화된 유목 복속민들, 또는 러시아인들과 같이 별개의 민족적 정체성을 유지하던 정주 복속민들—을 가리킨다.

그러므로 울루스는 오르도와는 다르다. 오르도는 더욱 정확히는 유목적 정권 또는 권력이다. 반대로 울루스는 군주와 그의 모든 복속민들 모두를 포함한다. 역사가이자 인류학자인 람수렌 뭉크-에르덴은 울루스의 의미가 13-14세기에는 사람을 지칭하는 일반적인 몽골어 단어인 이르겐(irgen)에 가까웠다고 지적한다. 그는 "중세 몽골 울루스는 '영역의 공동체'로 변모한 정권의 한 종류였고, 그렇기 때문에 '전통, 관습, 법 그리고 혈통의 자연적인, 그리고 세습적인 공동체'이자 '사람(irgen)'으로 여겨졌다"라고 했다.[9]

호르드는 사회적으로 다양하고 다민족적이었지만 그 통치권은 지배적인 초원 씨족들의 핵심으로부터 나왔는데, 그중 다수는 몽골의 하부 집단인 콩기라트, 키야트, 카타이, 망기트, 살주트, 시린, 바린, 아르군, 킵차크 등이었다. 이 집단들의 수장에게는 벡(beg)이라는 호칭이 있었다. 13세기 후반에 호르드가 점차 과두정치화되자, 권력은 칸으로부터 칸과 함께 통치 회의에 참여했던 유목 지도자인 벡들에게로 이전되었다. 벡들은 칸의 최고 지위를 인정했다. 칸이 칭기스 칸의 장자인 주치의 후손이었기 때문이다. 그러나 칸이 전능하지는 않았다. 펠트 양탄자에 오르려면—즉위식 절차였다—강력한 벡들과 연합해야만 했다. 마찬가지로 칸은 효율적인 통치를 위해서 벡들을 자신의 편에 두어야 했다. 벡들은 칸을 지원했고, 칸이 실패하면 폐위시켰다. 특히 1350년대 이후, 불각(bulqaq)—혼란이라는 뜻—으로 알려진 시기와 그 이후에 더욱더 그러했다. 이 시기에 주치조 왕권을 노리던 사람들은 권력을 차지하고 지키기 위해서 분투했다. 그리고 그들은 실패한 반면, 권력의 자리는 확실히 벡들에게로 이동했다. 그들은 호르드의 통치의 전통을 유지했고, 칭기스 및 그 후손들의 모습으로 통치할 새로운 칸들을 세우고자 했으며, 스스로 권력을 추구했다.[10]

지금까지는 어떤 연구도 호르드를 효과적인 제국 건설의 사례로 다루지 않았다. 그러나 이 특별한 형태의 집단적 권력을 역사화하는 것은 칭기스조 이후 초원 사회와 유라시아 역사에서 유목민의 역할을 이해하는 데에 필수적이다. 이 책이 세계사에 미친 유목 제국의 영향을 이해하는 데에 하나의 사례가 될 수 있기를, 그리고 독자들이 제국을 정주 정권으로서 바라보는 전통적인 관념을 재고하는 데에 도움이 되기를 바란다. 역사적으로 정주 정권은 실제로 강력한 제국을 건립했고, 종종 그 과정에서 유목민들을 지배했다. 그러나 유목민들 역시 정주민들에 대한 종주권을 수립했다. 이 책은 이동 가능한 국가의 관념을 담아냄으로써 집단적 권력과 그것이 취할 수 있는 흥미로운 모습들에 대한 새로운 관점을 제공할 것이다.[11]

만약 오늘날의 지도에 호르드를 나타낸다면 우크라이나, 불가리아, 몰다비아, 아제르바이잔, 조지아, 카자흐스탄, 우즈베키스탄, 튀르크메니스탄, 타타르스탄과 크림 반도를 포함하여 러시아가 차지한 지역에 걸쳐 있을 것이다. 그러므로 호르드의 역사는 공유된 유산이다. 그 유산은 이 국민국가들 중에 어느 하나의 국가적 서사에만 배타적으로 속하지 않는다. 이 국가들의 서사는 호르드와 매우 다른 경험을 겪었던 언어적, 민족적, 종교적 공동체들에 집중되었고, 오늘날에는 그 경험들에 다양한 의미가 있다. 그 결과 호르드의 역사 기술은 역사가의 관점에 매우 크게 의존하는 경향이 있다. 민족주의가 몽골의 지배에 대항하여 강화된 곳의 역사가들이 하는 이야기와, 민족주의가 몽골의 과거와의 연속성을 전제로 하는 곳의 역사가들이 하는 이야기는 다르다.

러시아의 민족주의적 연구에서 보면, 호르드는 러시아의 국가 형성에 파괴적인 영향을 미친 이질적인 존재이다. 소비에트 연방에서 러시아가 호르드에 예속되었던 역사는 왜곡되고 경시되었으며, 교과서에서는 종종 간단히 삭제되었다. 역사가와 고고학자들은 "호르드" 또는 "황금의 호르드(Golden Horde)"라는 용어를 사용할 수 없었다. 그 대신, 중세 러시아 공국들을 정복한 몽골 정권은 "타타르의 멍에"라고 불렸다.[12] 그러나 오늘날 러시아 연합에 거주하는 타타르인들—이들은 종종 몽골인들과 합치된다—과 무슬림들은 호르드의 지배를 그들 역사의 형성기로 간주한다. 실제로 유라시아 초원, 크림 반도, 동유럽의 이슬람화는 호르드의 중요한 유산이다. 이슬람은 13세기 중엽 이후로 호르드에서 그러했던 것처럼, 중앙아시아에서 하나의 통합적 힘으로 작용했다.[13]

주치조가 그렇게 많은 사람들을 휩쓸 수 있었던 것은 부분적으로는 자유로운 통치 방식 때문이었다. 대부분의 제국처럼 호르드도 다양한 종교 공동체를 수용했다. 유목 지도자들은 신앙과 미신들에 대한 광범위한 접촉을 존중하며 관용을 베풀었다. 실제로 몽골인들은 정복을 목표로 유라시아로 향하기 이전에는 다른 초원민들의 영적인 관습을 쉽게 받아들였다. 그들은 단일한 정치 조직이 복수의 신앙 체계를 수용할 수 있다는 생각에 익숙했다. 그래서 호르드의 초원 후손들은 오랜 영적 전통을 계속 수행하면서도 이슬람을 받아들일 수 있었고, 피정복민들이 자신들의 전통을 따르는 데에는 어떤 장애도 없었으며, 호르드를 방문하는 종교 성직자들은 무슬림, 유대인, 아르메니아 기독교도, 카톨릭 신자, 러시아 정교도, 이교도이든 아니든 간에 보호를 받았다. 관용은 실용적인 선택이었다. 1320년 프란치스코회의 수도사 요한카가 기록했듯이, 주치조는 "누군가가 법에 따라 의무를 수행하고 공물과 세금을 바치고 군사 의무를 충족하는 한, 그가 어떤 종교에 속하는지는 신경 쓸 필요가 없다고 생각했다." 또한 관용은 권력을 위한 것이기도 했다. 주치조는 다양한 종교의 자유로운 활동을 허용하면서도 기독교도와 무슬림 성직자들에게 특별한 재정적, 법적 보호를 제공했는데, 호르드의 지도자들은 종교 지도자들을 지원하면 피정복민들이 바라보는 주치조의 합법성을 강화할 수 있음을 알고 있었기 때문이다.

주치조의 보호를 받았던 중요한 수혜자로 러시아 정교 성직자들과 시설이 있다. 그들은 몽골의 지배 아래에서 꽃을 피웠다. 호르드에 관한 역사 기록을 주로 연구하는 러시아 학자들은 최근 이 발전 과정에 관심을 더욱 쏟고 있는데, 그들은 이른바 타타르의 멍에라는 억압을 상정하지 않고 질문을 던지면서 민족주의적인 편견을 넘어서고 있다. 이 학자들은 러시아와 그 과거의 이슬람적 측면들을 조화시키고자 하는 것이다. 그들은 러시아가 어떻게 호르드로부터 살아남았는지가 아니라, 호르드가 근대 러시아를 창출하는 데에 어떤 역할을 했는지를 탐구한다.

영어권 학계에서는 호르드가 러시아의 발전에 기여했음을 다소 당연하게 받아들여왔다. 특히, 호르드의 유산에 관한 문제는 종종 모스크바, 즉 모스크바 대공국의 흥기와 연결되었다.[14] 이러한 연구들은 호르드가 모스크바 정권, 따라서 모스크바의 계승자인 제정 러시아의 제도들에 얼마나 영향을 미쳤는지를 이해하고자 한다. 그러나 이 담론은 흥미롭지만 막다른 길로 이끈다. 이러한 연구는 주로 러시아 사료에 근거하기 때문에 그 사료의 내용에 의해서 제한을 받을 수밖에 없다. 그리고 그 사료들은 다방면에서 풍부함에도 불구하고 호르드의 행정 체제에 관해서는 정보들이 부족하다. 그러므로 이 책에서는 호르드가 행정적으로 어떻게 작동했고, 러시아 속국들과의 관계를 어떻게 다루었는지를 살펴보기 위해서 다른 다양한 사료들에 의지할 것이다. 러시아인이 아니라 호르드를 주제로 삼는다면, 모스크바의 출현 및 제정 러시아의 발전에 대한 몽골의 영향이 더욱 분명해질 것이다.

러시아 공국들은 호르드에 예속되는 동안 이례적인 경제적 활기를 경험했다. 새로운 도시들이 건설되었는데 14세기 동안 러시아 동북 일대에 40개 가까이 세워졌다. 공예품 생산이 극적으로 성장하고 무역이 빠르게 발전하여 유라시아 장거리 무역은 발트 해 일대, 극북, 그리고 주치조가 지배가문에 호의를 베푼 후에야 비로소 급성장한 모스크바와 같은 작은 마을들까지를 연결했다. 그러나 학자들은 이 모든 것을 인정하면서도 정확하게 설명하는 데에는 어려움을 겪었다.[15] 이 책은 러시아의 경제적 성장이 호르드의 정치 정책의 결과였다고 주장한다. 주치조의 칸들은 상업 시장의 유동성을 우선시했고, 러시아 공국들 중에 경제 중심지였던 노브고로드의 발전에 필수적인 모피와 은 무역의 생산성을 확보하기 위해서 외교 정책을 활용했다. 러시아의 공작과 보야르(boyar)들이 자신들의 영토에 외국 상인들이 접근하지 못하도록 했을 때 주치조는 그 러시아인들에게 동의를 강요했는데, 이러한 조치는 러시아의 발전에 매우 유익했음이 증명되었다. 동시에 주치조는 러시아 지배계층에 재정적, 법적 보호를 제공했고, 이는 과수원, 어장, 농장, 공예 작업장에서의 생산을 촉진시켰다. 주치조가 지배한 유라시아 무역망은 러시아의 부, 그리고 그 결과로서 권력의 원천이 되었다.

만약 역사가들이 지금까지 러시아 정권의 발전에 대한 호르드의 영향을 정확히 이해하지 못했다면, 그들은 호르드와 러시아 간의 정치적 관계에 대해서도 오해해온 셈이다. 학자들은 러시아인들을 주치 정권의 주변부에 위치한 "초원 변경"의 구성원으로 인식했지만, 실제로는 그 반대였다. 러시아인들은 이 유목 국가에 깊게 얽혀 있었다.[16] 주치조의 칸은 러시아 공국들을 자신들의 영역 일부로 여겼다. 호르드는 러시아 공국들에 거주하는 사람들의 인구조사를 했고 그들에게서 세금을 걷었다. 주치조는 러시아인들을 직접 통치하지는 않았지만, 러시아 공국 중에서 가장 높은 지위에 있었던 블라디미르 대공을 면밀하게 감독했다. 러시아 공국들은 칸의 군사적 지원, 토지 사여, 면세로부터 이익을 얻었다. 주치조는 정치적으로 꾸준히 러시아 정교 성직자를 보호했다. 성직자들은 주치조의 통치권을 확인시켰고, 그 대가로 재정적 이익을 얻어

교회의 번영에 활용했다. 주치조 공주와 러시아 공작 간의 혼인은 호르드의 통치자들과 속국 간의 연결성을 강화시켰다. 주치조는 또한 대공의 지위를 계승하는 과정에 영향을 미쳤고, 결과적으로 그 왕관을 모스크바 공국의 손에 두었다. 주치조는 여러 방면에서 모스크바의 권위를 창출했고 러시아 역사의 흐름을 근본적으로 변화시켰다.

이 책의 이야기는 12세기 후반 동아시아 초원에서 시작한다. 몽골과 다른 유목 집단들이 이 초원을 나누어 점유하고 있었다. 타타르, 케레이트, 나이만처럼 유력한 집단만이 공통의 이름을 내세웠고, 오늘날의 역사가들이 연구하는 페르시아, 한문, 러시아 사료 등에 기록되었다. 초원의 유목민들은 모두 같은 부류는 아니었지만, 상당한 정치적, 사회적, 영적, 경제적 제도를 공유했다. 제1장은 이 유목 집단들 간의 복잡하고 역동적인 관계에 대해서 큰 그림을 제공할 것이다.

또한 제1장에서는 1206년 칭기스가 권력에 오르는 과정, 그리고 칭기스와 그의 추종자들이 몽골의 깃발 아래에서 초원 유목민들을 통합하는 격렬한 과정을 추적한다. 1221년에 완성된 몽골의 중앙아시아 정복을 설명하고, 몽골 팽창의 원인을 밝힌다. 여기에서는 지배적인 관점과는 반대로, 몽골이 정주 문명의 절멸을 추구하지 않았음을 보일 것이다. 칭기스 칸과 그의 아들들은 다른 초원 유목민들의 절멸보다는 복속을 추구했다.

제2장은 칭기스가 몽골 제국을 그의 아들들에게 나누어주는 것으로 시작한다. 칭기스가 의존한 상속 구조의 일부는 칭기스 자신이 고안한 것이었지만, 일부는 오래 전부터 내려온 초원의 재분배 체제를 변용한

것이었다. 이것은 이 책의 주요한 주제이다. 즉, 몽골 통치자들은 사회적, 정치적 조직의 오랜 전통에 의존하는 동시에 환경에 맞추어 이 전통들을 수정했다. 주치조는 특히 혁신적이었는데, 이는 초원의 정치 생활과는 전혀 달랐던 동유럽을 몽골의 방식으로 확고히 통치하고자 노력한 데에서 볼 수 있다. 제2장은 칭기스가 전통적 관행을 수정한 것이 이후 호르드의 발전에 얼마나 중대한 영향을 미쳤는지를 다룰 것이다.

제2장은 호르드 통치자들의 새로운 고향이 된 킵차크 초원의 서쪽 가장자리에 위치한 헝가리를 주치조가 정복하면서 끝을 맺는다. 호르드가 킵차크 초원에서의 지배를 수립했을 무렵에 칭기스 칸이 사망했다. 주치 역시 마찬가지였고, 그의 계승자들은 주치조 정권의 강화라는 중요한 임무를 맡았다. 분명히 주치는 사망하기 전에 아버지를 매우 실망시켰고, 그 결과 칭기스는 대칸의 자리, 즉 몽골의 왕위에 대한 주치의 계승자로서의 지위를 철회했다. 그러나 제국은 그 혼란을 견뎌냈고 계속 팽창하여 중국, 이란, 러시아, 동유럽을 통합했다.

이 책의 중간 부분에서는 새로운 유형의 제국으로서 호르드를 살펴볼 것이다. 제3장은 주치 울루스가 정치적으로 어떻게 조직되었는지, 그리고 자연적, 인적 환경에 어떻게 적응했는지를 분석한다. 이 책에서는 주치 울루스가 주치의 사망 이후 첫 번째 계승 분쟁을 어떻게 처리했는지를 설명할 것이다. 결과적으로는 주치의 두 아들인 오르다와 바투 사이의 기본적인 합의를 통해서, 그들의 지휘 아래 주치 울루스의 두 날개[翼], 즉 바투가 통치하는 하얀 오르도(악 오르다)와 오르다가 통치하는 푸른 오르도(쾩 오르다)가 탄생했다. 전체로서의 호르드는 바투가 통치했고, 바투의 혈통은 1세기 이상 왕위를 유지했다. 이는 전통과 혁신이 함께 작동한 또다른 사례이다. 한편으로 보면 주치의 혈통이 패권을 유지한 것이며, 그 혈통 바깥의 누구도 칸의 지위에 대한 합법적인 후보로 여겨지지 않았다. 다른 한편으로 보면 연장자가 연하의 사람에 대해서 가지는 전통적인 우선권이 뒤집힌 것인데, 오르다가 바투의 형이었기 때문이다. 칭기스의 장자였던 주치가 손윗사람의 지위로부터 강등되었던 것처럼, 오르다도 그러했다. 연장자와 연소자 간의 균형은 몽골 사회에서 항상 중요했고 가족, 행정 조정 등에서 관계의 틀을 구성했다. 이 틀은 또한 필요에 따라서 변경되기도 했다. 오르다는 왕좌를 두고 싸우기보다는 자신의 권리를 포기함으로써 호르드의 평화의 시기가 시작되는 데에 도움을 주었다. 이것은 이 책 전반에 걸쳐서 반복적으로 살펴볼 또다른 주제이다. 몽골의 세계에서 분리는 내전을 예방하기 위한 방법이었다. 초원이 광활한 덕분에 경쟁자들은 평화적으로 갈라서서 비교적 자치권을 지닌 채 각자의 목적을 추구할 수 있는 충분한 공간을 가질 수 있었다. 그러므로 바투 휘하의 하얀 오르도가 주치조 통치의 중심이었지만, 오르다의 푸른 오르도는 더욱 큰 주치 울루스의 이익을 위해서 하얀 오르도와 협력하면서 대체로 스스로 작동할 수 있었다.

호르드의 두 날개는 13세기 중반에 번성했다. 호르드는 새로운 영토와 정주 복속민들을 활용했고 초원에 역동적인 시장을 조성했다. 동시대 여행자들이 많은 사람들과 도시 같은 시설들이 있는 거대한 야영지를 포함한, 인상적으로 조직적인 유목 사회를 기록했다. 목격자들은 호르드의 구성원들이 계절에 따라 이동하면서 신속하게 짐을 싸고 푸는 모습에 경탄했다. 이 관찰자들은 유목민들이 가축을 몰고 강을 능수능란하게 건너는 모습, 물건으로 넘치는 수많은 수레들, 그들 공동체의 안전에 주목했다. 호르드는 유목민들이 지배하는 공동체였지만, 바투는 정주 복속민들을 지원하기 위해서 마을이나 도시들의 발전도 장려했다.

바투의 정권은 유목 지도자들이 수 세기 동안 어떤 의무들을 지켜야만 했는지를 잘 보여준다. 즉, 유목 지도자들은 가축의 이동과 재산의 증식을 보장하여 공동체의 사회계급에 따라서 부가 재분배되도록 해야 했다. 바투와 주치조 지도자들은 서쪽에 위치한 제국의 생태 환경과 복속민들의 필요 및 관습에 알맞은 새로운 수단을 활용하여 이 목표를 실행했는데, 이는 몽골 통치의 유연성을 보여주는 또다른 사례이다. 이 복속민들 중에 러시아인들이 가장 중요했고, 러시아인들과 호르드 간의 긴밀한 관계는 바투 시기에 시작되었다. 바투는 또한 더욱 큰 의미로서의 몽골 제국으로부터 상당한 정치적 자치를 추구했지만, 호르드는 다른 울루스들로부터 세금을 거두고 그 대신 자신의 수입 일부를 제공하는 등 제국과 경제적으로 연결된 형태로 존재했다. 재분배와 순환은 모든 단계의 몽골 공동체에서 기초를 이루었다.

제4장은 1260년대 대칸의 지위에 대한 계승 분쟁으로 시작한다. 이 분쟁은 칭기스 칸 후손들 사이의 전쟁으로 이어졌다. 주치 울루스는 확실히 제국으로부터 분리되었고, 결과적으로 상당한 재정 자원을 상실했다. 베르케 칸의 지휘 아래의 호르드는 경제적 안정과 정치적 권위를 위한 새로운 수단을 찾아야만 했고, 동시에 대칸으로부터 독립적인 자치를 이루어내며 다른 몽골의 압박을 막아내야 했다. 특히 호르드는 톨루이의 아들인 훌레구의 울루스로부터 위협을 받았는데, 훌레구는 칭기스가 주치조에 약속한 중동 지역을 차지하고자 했고 무역을 금지해서 호르드를 경제적으로 거의 옥죄었다. 그러나 호르드는 제노바, 맘루크 술탄국, 콘스탄티노폴리스가 포함된 복합적이고 새로운 무역 연합 덕분에 버틸 수 있었다. 베르케는 이슬람으로 공공연히 개종하여 맘루크를 주치조 편으로 끌어들였고, 이는 호르드가 몽골 중심으로부터 독립했음

을 분명히 했다. 주치조는 호르드의 문앞에서 새로운 톨루이조 울루스를 만드는 데에 성공한 훌레구와의 전쟁에서 패배했다. 이 울루스의 사람들은 일칸조라고 알려졌고, 그들은 전성기에 시리아로부터 파키스탄에까지 이르는, 넓지만 다루기 힘든 제국을 통치했다. 그러나 어떤 의미에서는 주치조가 그들에게 승리했다. 주치조는 남쪽 변경에 위치한 적들은 용인해야 했지만, 훌레구와의 분쟁을 통해서 더 큰 제국으로부터의 자치를 강화할 수 있었다. 호르드는 대칸에게 더는 충성을 바치지 않았고, 1260년대 말에는 주치조는 전쟁으로부터 확실히 회복되었다. 호르드는 군사력, 징세, 식민지 건설을 통해서 볼가 강 지역에서 가장 수익성이 높았던 모피, 노예, 소금 무역을 장악했다. 또한 주치조의 연합은 몽골의 교환의 시작을 의미했다.

제5장은 몽골의 교환의 기반과 영향을 살펴본다. 베르케의 계승자인 뭉케 테무르 아래 호르드는 매우 수익성 높은 무역망을 운영했는데, 이로 인해서 정권의 권력과 안정성을 확보할 수 있었으며 유럽의 정치도 변화했다. 호르드는 뭉케 테무르의 통치로 평화의 시기를 맞이했다. 부분적으로는 힘의 균형에 대한 뭉케 테무르의 기민한 본능 덕분이었다. 주치조는 독립을 확보한 상태였지만, 뭉케 테무르는 더욱 넓은 몽골의 체제 속에서 자신의 영향력을 행사하는 편이 이득이 된다는 것을 알았다. 뭉케 테무르는 다른 몽골 울루스들 간의 충돌을 중재하고 장거리 무역의 이익을 확보하기 위해서 자신의 위신과 정치적 재능을 활용했다. 13세기 말 주치조는 몰다비아의 일부를 점령하고 기독교 세력과의 관계를 강화하면서 서쪽 변경에 대한 통치권도 주장했다. 먼 서쪽의 핵심 인물은 노가이였다. 노가이는 베르케의 심복이었고 뭉케 테무르 아래에서 권력이 계속 강력해졌다. 뭉케 테무르가 사망한 후에 노가이는

스스로를 칸으로 내세웠으나, 그에게는 칸의 자리를 차지할 수 있는 혈통이 없었다. 그 결과 호르드 내에서 고통스러운 내전이 발발하면서 호르드는 변화를 겪었다. 뭉케 테무르 사후에 이어진 계승 위기가 호르드 내부에 새로운 유형의 권력, 즉 유목적 우두머리인 벡들의 권력을 배양했다는 점이 가장 중요하다. 수십 년 이후 결국 벡들은 사실상 주치조 정부가 되었다.

주치조는 내전 이후 통치 가문 내의 질서를 회복했고, 14세기 초에 몽골의 교환은 정점을 맞이했다. 제6장에서는 몽골이 이끈 세계화의 주요한 영향들을 검토할 것이다. 이러한 영향 중에 마을과 도시의 번창이 가장 핵심적이다. 다양한 사람들이 무역을 하고 지방의 작업장에서 일하고 유목민들을 전도하기 위하여 호르드에 떼지어 갔다. 호르드의 통치자들과 유목 지배계층들은 석조 교회와 모스크, 궁, 대규모 농장 건설의 자금을 공급하며 이 "초원의 도시화" 과정을 촉진했다. 그들은 또한 강이나 내해(內海)에 근접하여 때때로 홍수 피해를 입는 도시들에 복잡한 관개, 배수 체계를 건설했다. 그러나 이 정착지들의 어떤 곳에도 요새나 탑, 외벽은 없었다. "두려워하는 자, 그로 하여금 탑을 건설하게 하라"라는 말처럼, 유목민들은 그들의 도시가 열려 있기를 바랐다.[17]

우즈벡 칸은 제노바, 베네치아, 맘루크, 콘스탄티노폴리스와 긴밀하게 협력하며 뭉케 테무르의 사례를 따랐다. 우즈벡은 맹렬하게 경쟁을 추구했고, 그리하여 그의 시대는 평화롭지 않았다. 그의 감독 아래 계속된 유라시아의 경제적 발전은 호르드, 일칸조, 콘스탄티노폴리스, 이탈리아, 게르만, 그리고 러시아 간의 큰 이권을 둘러싼 투쟁의 결과였다. 우즈벡 아래에서 호르드는, 다른 러시아 지배층들이 블라디미르의 보좌에 대해서 더 강력한 권리가 있었음에도 불구하고 그 지위에 모스크바 공작들을 앉히는 등 러시아의 정치에 더욱 강력하고 간섭주의적인 정책을 취했다. 또 우즈벡은 일칸조에도 섬세한 책략을 구사했는데, 어느 선택이 더 적합할지에 따라서 연합하기도 했고 공격하기도 했다. 1330년대 후반 일칸조가 갑자기 분열했고, 이는 주치조가 몽골의 교환을 장악하도록 촉진했다. 남쪽의 일칸조가 장악했던 노선을 통한 무역은 쇠퇴했고, 호르드를 통한 북부 노선이 중심이 되었다. 그러나 1350년대 후반 일칸조의 최후 붕괴가 주치조에게 전적으로 좋은 일만은 아니었다. 그 결과로 생긴 일칸조 영역 내 힘의 공백은 호르드에 심각한 위험이 될 수 있었다.

1360년대에는 바투로부터 유래한 주치조 칸들의 주요 혈통이 끝을 맺었다. 제7장에서는 불각을 야기한 바투조 통치의 절멸을 파고들 것이다. 당시의 위기에는 여러 원인이 있었다. 하나는 흑사병으로, 전 세계적인 이 유행병은 무역을 폐쇄하고 주치조 도시들을 위축시키는 등 경제적으로 재앙을 일으켰다. 그러나 몽골이 도시들을 방기했던 것은 공황을 반영한 결과라기보다는 제국, 전투, 일상생활의 각 단계에서 실행된, 몽골의 오래된 전통인 전략적 후퇴에 따른 것이었다. 위기의 두 번째 원인은 중국에 위치한 몽골 왕조인 원나라의 동요였다. 원나라 역시 한인들의 반란에 직면하자 전략적 후퇴를 행했고, 이는 호르드에 중요한 영향을 미쳤다. 그러나 무엇보다도, 계승 분쟁이 가장 큰 혼란을 야기했는데 그 이유는 분명했다. 우즈벡과 후대 바투조 칸들이 습관적으로 경쟁자들을 숙청하고 일족을 도려냈던 것이다. 바투조의 몰락으로 벡들을 위한 틈이 생겼다. 특히 마마이는 벡들의 우두머리인 베글레르벡(beglerbeg)이 되었고, 14세기 말 거의 20년 동안 주치 혈통의 여러 허수아비 칸들과 공동으로 통치했다. 그리고 그 기간 내내 여러 후보자들이 왕위를 놓고 다투었고, 결국 마마이의 권력은 쇠락했다. 1380년대에 그의 군대는 모스크바 가문에 치명적인 패배를 했고, 이는 주치 정권의 쇠락을 알렸다.

마지막 장에서는 혼란의 여파와 호르드의 후반부 역사를 다룬다. 바투조의 붕괴는 몽골 방식의 통치 내에서 이루어진 또다른 혁신으로 해결되었다. 바투조가 권력을 상실하고 오르다조—바투조의 당연한 계승자—도 권리를 주장할 수 없게 되자, 주치의 또다른 아들로부터 기원한 주치 혈통이 그 자리를 차지하게 되었다. 주치조를 부활시킨 칸은 토크타미시로, 그는 주치의 아들인 토카 테무르의 후손이었다. 토크타미시는 부유한 벡들 다수의 지지를 확보했고, 마마이를 물러나게 했으며, 호르드를 새로운 경제적, 정치적 번영의 길로 올려놓았다. 토크타미시에게는 야망이 있었다. 이슬람 사료에서 그는 푸른 오르도와 하얀 오르도를 통합시킨 인물로 묘사된다. 실제로 오르도들은 과거에는 통합되었지만 극심한 곤경의 시기를 겪었고, 그후에 토크타미시가 정권을 장악했기 때문에 찬양을 받았다. 토크타미시는 원나라와 일칸조의 몰락 덕분에 칭기스의 전통이 사라져가던 세계 속에서 그 회복을 보여주었다.

토크타미시는 오늘날 서구에서는 타메를란으로 잘 알려진 티무르와 관계를 형성했는데, 이 관계는 대체로 잘못 알려져 있다. 티무르는 차가타이 울루스를 통치할 정도로 성장한 강력한 벡이었다. 티무르는 종종 토크타미시에게 군림한 것처럼 묘사되는데, 실제로는 두 사람은 때로는 동맹이었고 때로는 라이벌이었으며 군사적으로는 호적수였다. 티무르는 이전 일칸조 영역 내에 생긴 권력의 공백으로부터 이득을 취하면서 지배하고자 했는데, 그러면 훌레구가 그랬던 것처럼 호르드의 무역망을 위협할 수 있었다. 티무르는 토크타미시가 주치조의 왕좌를 차지하도록 도왔지만, 그후에는 서로 등을 돌렸다. 그들은 싸웠고, 비겼고, 또다른 강력한 벡, 에디구가 티무르를 돕고자 등장했다. 에디구는 호르드의 동부 지역에서 대군을 지휘했고, 토크타미시가 자신과 그의 사람들, 즉 망기트보다 서쪽의 벡들을 더 선호하는 것에 분개했다. 에디구는 티무르가 토크타미시에게 승리를 거두도록 도왔고, 결국 토크타미시를 권력으로부터 내쫓았다. 이로 인해서 또다른 오해가 유발되었다.

일반적으로는 토크타미시 지배의 종결이 호르드의 끝이라고 말한다. 그러나 이 책에서는 다르게 주장하고자 한다. 토크타미시 지배의 종식은 추가적인 발전이었다. 중요한 점은 토크타미시가 왕좌로부터 떠났을 때 여전히 살아 있었다는 것이다. 즉, 그는 권력으로부터 이탈하여 칸과 그 지위를 분리했다. 이것은 벡들을 향한 마지막 전환일 수 있었다. 이전에 칸은 텡그리(Tengri), 즉 하늘의 명령으로 통치했기 때문에 종신직이었다. 그러나 이제 통치는 더 세속적인 측면에서 이해되었다. 벡들의 지지를 얻을 수 있다면 누구라도 통치권을 가질 수 있었고, 그 지지를 상실하면 새로운 통치자가 권력을 떠맡았다. 토크타미시 이후 오르도들은 여러 지역 정권들로 분할되었다. 그러나 이러한 정권들은 몽골의 조상들, 즉 칭기스, 주치, 바투, 베르케, 우즈벡 등에게 계속 충성을 바쳤다. 토크타미시 이후의 호르드는 15세기에 이르러서도 계속 그 힘을 유지한 것이다.

호르드와 같은 유목 정권에는 스스로 개조할 수 있는 큰 힘이 있었다. 그들의 제국은 흥기와 몰락이라는 직선적 형태가 아니라 복잡한 궤도를 따랐다. 종종 몽골 제국은 1260년대에 칭기스의 왕좌를 계승하는 것을 두고 벌어진 첫 번째 큰 위기 동안 몰락했다고 한다. 그러나 이러한 주장은 그후 2세기 동안 지속된 오르도들 간의 복잡한 관계에 관한 역사가들의 설명을 고려하면 상당히 어불성설처럼 보인다. 하나의 제국이 분할되면, 우리는 직감적으로 그 제국이 더는 제국이 아니라고 말한다. 그러나 몽골 정권들은 분리되었을 때 회복력을 보여주었다. 새로운 정권들은 몽골 정치 체제의 파괴로부터가 아니라, 그 안에 내재된 이동성과 유연성으로부터 탄생했다. 호르드의 역사는 몽골인들이 신중한 후퇴의 힘을 알고 있었음을 분명히 보여준다. 그들은 칸, 혈통, 또는 통합된 영역이라는 관념을 위해서 끝없이 노력할 필요가 없었다. 몽골의 삶과 통치 방식은 다른 어떤 정권보다도 포괄적이었고 더 내구성이 있었다.

호르드를 연구하는 역사가들은 전통적으로 복속된 정주민들이 만든 문헌 자료에 의존해왔다. 호르드를 더욱 정확하게, 그리고 내부로부터 이해하기 위해서 이 책은 더 폭넓고 다양한 자료들에 의지한다. 그중 일부는 몽골로부터 직접 유래한다. 여기에는 칙령, 외교 서신, 동전 등이 포함된다. 장거리 무역에 중점을 둔 상업 정권으로서 호르드는 동전에 많은 정치 자본을 투자했는데, 동전의 도안은 공식적인 조치에 잠재되어 있는 의도에 대한 깊은 통찰을 제공한다. 또 상업 문서, 무역 지침서, 상인들의 기록, 중세 여행자를 위해서 만들어진 다언어 용어 사전으로부터도 많은 것들을 알 수 있다. 동전과 이 자료들은 상인들이 통역가, 성직자, 외국인 여행자, 공식 측량인, 교육받은 노예들과 섞여 있던 상업 환경의 생생한 모습들을 그려낸다.

귀중한 사료로는 "오래된 말(qari söz)"이 있는데, 이는 16–17세기에 기록된 초원의 서사시로서 전성기 이래 호르드의 역사를 담고 있다.[18] 호르드의 영역 곳곳에서 발굴된 다양하고 풍부한 고고학 자료도 살펴볼 것이다. 유물에는 그릇, 도구, 가정용품, 의복, 금속 허리띠와 거울처럼 공적이고 의례적인 목적을 위해서 사용된 물품 등이 포함된다. 몽골의 건축물은 수명이 짧은 경우도 있었지만—그래야 오르도들이 계절에 따라 이동할 수 있었다—고고학자들은 매장지, 거주지, 공예품 작업장, 영적으로 중요한 장소들을 발굴했고, 이는 몽골인들 역시 항구적인 건축물에 투자했음을 보여준다. 고고학 연구는 지난 15년 사이에 상당히 발전했고, 역사가들이 의지할 수 있는 새로운 자료들을 제공하고 있다. 아랍어, 튀르크어, 러시아어, 옛 이탈리아어, 라틴어, 페르시아어 등의 언어로 작성된 문헌 자료들은 호르드가 흥기하고 팽창하며 결국 서아시아와 중앙아시아의 주치조 이후 정권들로 분해된 3세기 동안 발생한 일들을 이해하는 데에 도움을 준다.

유목 문화는 대개 구두(口頭)였을 것이라는 통념이 있다. 이 책은 행정적으로 복합적인 제국의 문헌 산물들을 이용하여 그러한 통념이 잘못되었음을 보일 것이다. 몽골은 위구르인, 중국인, 볼가 강과 카스피 지역의 다양한 튀르크 집단들, 그리고 동아시아 초원 몽골의 오래된 관행으로부터 얻은 여러 관습들을 통합했다. 이 책에서는 호르드의 행정당국이 발행했고, 특허장 또는 칙령 등으로 다양하게 번역되는 야릴릭(yarlik)을 활용하여 이를 살펴본다. 야를릭은 법, 정책, 지위의 문서화된 선언이다. 예를 들면 한 야를릭은 어떤 사람의 지위를 발표할 수도 있고, 또는 토지의 소유권을 확인할 수도 있다. 또 칸과 벡들은 서신을 통해서 중요한 외교적 통신에 참여했다. 상당히 많은 야를릭과 서신들이 러시아에 보존되어 있으며, 베네치아, 제노바, 로마, 빈, 심페로폴, 바르샤바, 이스탄불에 보존된 것들도 있다.

호르드와 맘루크 술탄국 간 관계를 기록한 자료들은 특히 많은 것을 보여준다. 두 정권은 대규모로 교환을 했는데, 2세기 동안 80회 이상의 외교 사절을 확인할 수 있다. 칸과 술탄들, 그리고 그들의 사신들 사이의 서신 내용은 아랍어 사료들을 통해서 확인할 수 있으며 정치 및 군사 문제에 관한 구체적인 정보를 제공한다. 이 자료들을 주의 깊게 읽으면 당시의 공적인 관습을 파고들 수 있고, 호르드와 맘루크 술탄국 간 연합의 실제를 이해할 수 있다.

놀랍게도 호르드의 칸들을 위해서 작성된 왕조의 연대기 또는 공식 사서에 대해서는 알려져 있지 않다.[19] 이것은 자신의 위업을 찬양하기 위하여 상당한 양의 저술을 명령한 또다른 칭기스조 조정과는 상당히 차이가 있다. 주베이니 또는 라시드 앗 딘과 같이 유명한 작가 겸 재상만 해도 이들은 대칸과 일칸조를 위해서 중요한 기록들을 남겼다. 공식적인 문헌 기록이 부재한 상황에서 호르드의 통치자와 벡들의 역사는 구두로 전래되었고, 16–17세기에야 서술되었다. 이러한 사료들은 주치조 정권이 쇠락한 이후 그 칸들에 대한 시각을 제공한다는 점에서 역사 기록학적으로 중요하다. 칸은 벡들의 조언과 수피 샤이흐들—이들은 호르드가 이슬람을 받아들이면서 민중의 영웅이 되었다—의 지도 없이는 동시대인들을 지배할 수 없었다는 듯이 종종 더 약하게 묘사된다.[20]

이 모든 사료들과 수년에 걸친 학자들의 연구를 통해서 몽골 정권의 미묘한 초상이 등장하는데, 그 모습은 대중적인 상상 속에서 오래 이어진 것과는 매우 다르다. 이 책에서는 초원의 유목적인 생활 방식의 아름다움과 복합성을 만날 수 있을 것이다. 각 페이지들은 주목할 만한 인물들과 사건들로 가득하다. 전쟁의 고통과 승리, 중세 유라시아 사회의 흥미진진하고 구체적인 이야기, 유목민들이 인간과 자연환경을 변화시킬 수 있었던 기술과 창의성, 호르드가 의존했던 복합적 관행과 통치 이론 등이 펼쳐질 것이다.

책 전반에 걸쳐서 세 가지 주제가 중심이 될 것이다. 첫째, 유목민들은 제국을 형성하기 위해서 정주 복속민들에게 의지할 필요가 없었던 숙련된 행정가들이었다. 유목민들에게는 그들만의 통치 제도가 있었기 때문이다. 이 제도들은 몽골 제국과 호르드가 분해된 이후에도 오랫동안 수정을 거치며 존속했다. 둘째, 흔히 중세인, 특히 유목민들은 변하지 않는 전통에 얽매였다고 생각하기 쉽지만, 호르드는 지속적인 발전의 산물이었다. 호르드는 실제로 초원 유목민들의 제국적인 전통에 깊이 스며들었지만, 새로운 해법이 필요한 난관에 봉착하면 이러한 전통을 변용하여 그로부터 벗어났다. 우리가 반드시 알아두어야 할 것은 이 변화가 유목적 성격을 거부한 것은 아니라는 점이다. 역동성은 유동적인 삶 및 지배 방식에 내재하고 있다. 이것은 몽골의 제국적 성공이 유목을 대신해서가 아니라, 그 때문에 찾아왔다는 중요한 결론을 암시한다.

이 책의 다양한 요소들을 아우르는 마지막 주제는 호르드가 세계를 변화시켰다는 점이다. 몽골의 지배는 세계를 변형시켰고, 몽골의 지배 그 자체가 변형적이었다. 동유럽에서 여러 슬라브인들을 우리가 알 수 있는 현대적 형태, 예를 들면 불가리아인과 루마니아인으로 통합한 것은 주치조의 속국이었다. 오늘날 우리가 알고 있는 러시아와 중앙아시아의 많은 사람들은 여전히 호르드를 그들의 민족적 뿌리로 보고 있다. 수 세기 동안 호르드의 상업망은 지중해의 경제 번영의 기반이자 유럽과 아시아 사이의 주요 전송로였다. 호르드는 정주민들의 삶에 유목민의 활력과 창의력을 도입했고, 이는 영속적인 결과들을 초래했다.

제1장

모전 천막 거주자들의 탄생

1219년 여름 몽골군은 알타이 산맥의 이르티시 강 수원 근처에 결집하고 있었다. 이 무렵 칭기스 칸은 수십 년간 전쟁 중이었고, 다가올 중앙아시아 원정이 가장 힘든 전쟁이 될 것임을 알고 있었다. 그는 그의 네 명의 아들이 원정에 참여하도록 하여, 통치 가문이 강하고 단결되어 있음을 그의 백성들이 보도록 했다. 칭기스는 또한 중국 북부에서 가장 존경받는 도교 지도자인 도사 구처기에게도 사람을 보냈다. 71세의 구처기는 매우 영향력이 컸다. 많은 사람들이 전쟁과 기근 속에서 구처기의 가르침에 의지하면서 그를 따르는 무리가 확대되고 있었다. 구처기는 그때까지 중국의 황제들을 위해서 일하기를 거부했던 것처럼 몽골에도 협력을 거부했다. 그러나 칭기스는 구처기가 생각을 바꾸기를 바랐다. 칭기스에게 도교의 지지는 대단히 중요했는데, 몽골이 중앙아시아 정복에 정신없는 동안 중국 북부를 안정시키는 데에 도교가 도움을 줄 수 있었기 때문이었다. 그러나 칭기스 칸이 그 도사의 출두를 바란 데에는 또다른 이유가 있었다. 일반 전사들이 40대에도 이르지 못했던 것과는 달리, 칸은 이제 50대 후반이었다. 칭기스는 더는 한 해 한 해를 당연하게 받아들일 수가 없었고, 구처기로부터 장수의 비밀을 배우고자 했다.[1]

구처기는 초청을 받아들였는데, 그의 말에 따르면 "그것이 하늘의 뜻"이었기 때문이다. 아마도 그 역시 칭기스와의 관계를 통해서 무엇인가를 얻을 수 있으리라고 생각했을 것이다. 늙은 도사는 서쪽으로 출발했다. 그가 1222년 4월 말 힌두쿠시 산맥 남쪽에 위치한 칸의 천막에서 칸을 만날 때까지 거의 2년이 걸렸다. 첫 번째 만남에서 정복자는 도사에게 "그대는 불사의 약을 가지고 있는가?"라고 물었다. 구처기는 "생명을 보존하는 방법은 있지만 영생을 위한 약은 없습니다"라고 대답했다. 구처기의 솔직함에 만족한 칭기스는 그에게 불사의 존재라는 뜻의 신선(神仙)이라는 호칭을 주었고, 자신의 천막 바로 동쪽에 그의 천막을 세우도록 명했다. 이 가까운 거리는 존경과 신뢰의 표시였다. 도교 도사는 칭기스 칸의 주둔지에서, 그리고 1220년에 몽골이 점령한 사마르칸트에서 1년 이상을 보냈다. 몇 차례의 대화에서 구처기는 칭기스 칸에게 도교의 교리를 설명했고 잔악함과 음란을 피할 것을 조언했으며 더는 사냥을 가지 말라고 경고했다.[2]

늙은 도사 구처기는 칭기스에게 영생을 줄 수는 없었지만, 몽골이 원한 지원을 제공했다. 칭기스가 얻고자 한 것은 정복이었지 파괴가 아니었다. 구처기는 칭기스가 북중국인들에게서 항복을 받아내고 그들이 몽골 질서를 수용하게 만드는 데에 도움을 주었다. 유능한 행정가였던 구처기는 몽골이 그 지역을 더욱 잘 통치할 것임을 알고 있었다. 칭기스는 그러한 그의 판단에 보답하면서 구처기를 특사로 임명했다. 구처기는 도사들에 대한 최고 지배권을 하사받았고, 그의 제자들은 몽골의 타르칸(tarkhan)—군사 징병과 징세가 면제된 명예로운 사람—이 되었다. 구처기와 그의 제자들은 칭기스를 대신하여 경전을 암송했고 그의 장수를 위해서 기도했다. 1224년 중국 북부로 돌아오는 길에 도사는 금나라의 수도인 중도에 들렀고, 그곳에 자신의 새로운 근거지를 세우도록 명했다. 같은 해, 그는 사원들을 통제하기 위해서 제자들을 그 지역 곳곳에 보냈고, 불승과 도사들을 소환하여 몽골 제국에 항복하도록 했다.

3년 후 구처기와 칭기스 칸 모두가 사망했다. 1차 사료는 그 정복자가 사냥 중에 상처를 입었고, 그 부상으로 사망했음을 암시한다. 도사, 불승, 그리고 칭기스가 타르칸으로 임명한 인물들은 몽골의 지배 아래에서 특별한 지위를 유지했다. 그에 대한 보답으로 그들은 영원히 칭기스 칸과 그의 후손들, 그리고 다시 그들의 후손들을 숭배했다.

우리는 유라시아의 대부분을 놀라울 정도로 쉽게 정복한, 극도로 폭력적인 몽골인이라는 고정관념을 너무 쉽게 받아들였다. 교과서, 영화, TV 프로그램에 등장하는 막을 수 없는 유목민들은 우리의 관심을 끄는데, 그들이 인상적이면서도 동시에 안심이 될 만큼 친숙하기 때문이다. 그러나 칼의 제국이라는 이러한 시각은 잘못되었다. 이런 시각은 몽골의 정치적 통찰력을 존중한 구처기와 같은 사람들을 모두 누락시킨다. 피에 굶주린 약탈자라는 관점은 몽골의 국가 건설을 인정할 여지를 남기지 않으며, 칭기스와 그 후손들의 정권을 역사적인 이형(異形), 즉 모든 야망이 결여된 제국으로 치부한다. 칭기스 칸이 무엇을 진정으로 원했는지를 이해하기 위해서, 그리고 그의 몽골인들이 어떻게 유라시아를 지배하게 되었는지를 알기 위해서는 그와 같은 단순화를 극복하고 몽골의 관점으로 이야기를 바꿔 살필 필요가 있다. 우리는 단지 전쟁만이 아니라 기민한 외교, 경제적 호선(互選), 종교적 호소, 행정의 발전, 이주,

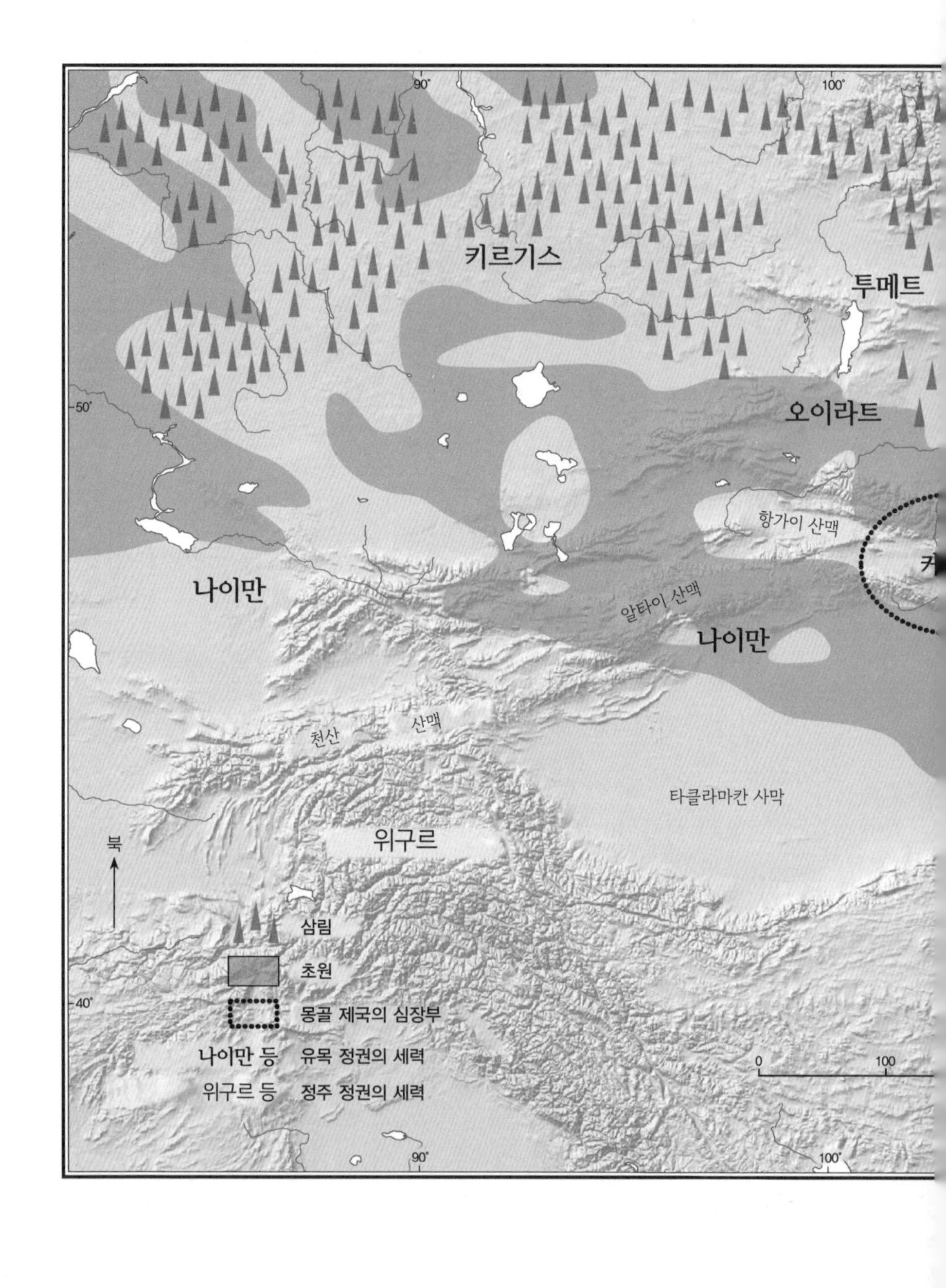
90°
100°
키르기스
투메트
50°
오이라트
항가이 산맥
나이만
알타이 산맥
나이만
천산
산맥
타클라마칸 사막
북
위구르
삼림
초원
몽골 제국의 심장부
40°
나이만 등
유목 정권의 세력
위구르 등
정주 정권의 세력
0
100
90°
100°

12세기 동아시아의 초원, 주요 유목 정권들의 위치. 초원 세계의 영적, 정치적 중심이자 몽골 제국의 심장부였던 오르콘 강 유역 일대의 모습을 보여준다.

동화 등 정치적 수단에 대해서도 이야기해야 한다. 몽골은 장거리 무역, (물품의 축적보다는) 유통에의 집중, 사회적 계층에 걸친 공유, 초원 역사의 심연으로부터 유래한 계급제에 기반을 둔 독특한 정치경제학을 가지고 있었다. 이 체계는 유목민이 자신들의 권력을 위해서 믿었던 우주론을 지지했고, 동시에 그로부터 유래했다. 몽골은 유목적 우주론과 전통에 기초한 영속성 있는 정권을 건립하고자 했고, 이러한 노력은 놀랍게도 성공적이었다.

초원의 삶

스텝은 지리적, 문화적으로 다양성의 대륙이었다. 모전 천막(felt-walled tent) 거주자들—몽골이 자신 그리고 자신과 비슷한 유목 집단을 지칭할 때 사용한 포괄적인 명칭—은 모두 서로 동일하지는 않았지만, 경제적 전략과 사회 제도들을 대부분 공유했다. 가장 중심적으로, 유목민들은 공통의 정치 문화를 공유했다. 그들의 세계는 구성원들이 종종 전설적인 단일 조상을 주장하는 집단인 오복(oboq)의 네트워크로 구성되어 있었다. 한 오복의 구성원들은 공통의 성을 가지고 있었고 죽은 사람들을 함께 숭배했지만, 반드시 서로 가까이 살지는 않았다. 오복은 꼭 통일성을 주장하지도 않았는데, 하부집단은 자신들만의 통치자를 따랐다. 그러나 오복 내부에서 혹은 사이에서 통합이 발생할 수는 있었다. 오복은 힘을 강화하기 위해서 칸이나 칸의 지지자들 같은 강력한 통치자들 아래에서 더 큰 정치적 공동체로 연합했다. 오복은 병합할 때 새로운 공동의 이름을 선택했고, 이 집단은 함께 원정하고 무역 동맹을 맺었으며 정치적 혼인을 하고 집단적으로 조상들을 같이 찬양하며 상벌을 시행했다. 이 큰 연합의 운명은 추종자들의 숫자와 충성심을 극대화하는 칸의 능력에 달려 있었다. 12세기의 유명한 모전 천막 거주자들로는 타타르, 메르키트, 케레이트, 나이만 그리고 몽골이 있었다. 이들 각각은 자신의 영역을 지켰다.[3]

목축 유목민 거의 대부분은 종교 교리를 따르지 않았지만, 죽은 자의 영혼을 숭배하고 통제하며 자연의 영혼을 달래는 공통의 영적 체계를 가지고 있었다. 의례에는 말과 양을 희생물로 바치는 과정이 있었다. 유목민들은 조상을 위해서 건립된 실물 크기의 석상에 말과 양을 바쳤다. 사람들은 고기와 발효된 우유, 그리고 기름을 조각상의 입에 넣었고, 석상의 얼굴을 기름으로 발랐다. 가족 또는 오복에 관계없이 모든 초원 유목민 사이에서 텡그리의 개념이 우주론적으로 가장 중요했다. 텡그리는 하늘이었다. 또한 신이었고, 크기 측면에서 뛰어난 모든 것이었다. 11세기의 무슬림 학자 마흐무드 알 카슈가리가 말했듯이, "텡그리는 신, 즉 이교도를 의미한다." 유목민들은 "하늘과 마찬가지로 그들에게 강한 인상을 주는 모든 것들, 예를 들면 높은 산이나 큰 나무를 텡그리라고 부른다. 그들은 그러한 것들을 숭배하고, 현명한 사람을 '텡그리켄(tängrikän)'이라고 부른다." 텡그리는 전사에게 위엄, 남성적인 힘, 행운을 가져다주는 생명력인 술데(sülde)와 관련이 있었다. 술데, 텡그리, 죽은 자와의 가까운 관계, 그리고 이들이 구성하는 더 큰 우주론은 동쪽의 타타르부터 서쪽의 나이만까지 초원을 가로지르는 사회적 관계를 형성했다. 공통의 조상에 대한 숭배가 오복 구성원들을 결속시켰다. 이 집단적인 의식으로부터의 배제는 사회생활로부터의 추방을 의미했다.[4]

초원 지역의 모든 유목 공동체에서 오복 구성원들은 개인적인 남성 혈통, 즉 우룩(uruq)을 통해서 정체성을 구분했다. 그러나 모든 혈통이

동등하지는 않았기 때문에, 평범한 유목민은 결혼을 통해서 더욱 명망 있는 혈통과 결합하고자 노력했다. 그러나 평민이 귀족과 친족이 되어도 출생 신분은 분명하게 남아 있었다. 초원 거주민들은 귀족과 평민으로 나뉘었을 뿐만 아니라, 높은 지위의 우룩에 속한 오래된 구성원과 새로 들어온 사람들 사이의 구분도 있었다.[5]

몽골의 오복들은 니루운(Niru'un)과 뒤를뤼킨(Dürlükin)으로 나뉘었다. 니루운은 알란 고아라는 단일한 전설적인 여자 조상으로부터 내려온 20개 이상의 오복들로 구성되었다. 알란 고아에게는 세 아들이 있었는데, 그녀가 과부였을 때 태어난 자식들이었다. 그녀는 세 아들이 하늘의 아들이며 평민을 지배할 운명이라고 주장했다. 막내아들인 보돈차르로부터 키야트-보르지기드라고 불리는 칭기스 칸 혈통이 시작되었다. 니루운은 몽골의 지배 집단을 형성했다. 니루운은 자신들의 오복 밖에서 혼인해야 한다는 엄격한 요건을 지키면서 뒤를뤼킨의 15개 정도 되는 오복들 사이에서 결혼했다. 뒤를뤼킨은 평민들로, 어떤 공식적인 정치적 역할도 허락되지 않았다. 다만 뒤를뤼킨은 정치적으로는 의존적—지배할 수 없었다는 뜻이다—이었지만 경제적으로는 독립적이었다. 그들은 자유민이라는 뜻의 보올(bo'ol)이라고 불렸는데, 강력한 지도자에게 충성하면서 지도자가 제공하는 보호를 통해 물질적으로 많은 것들을 획득했다. 그러나 보올은 매우 유동적이었다. 보올은 충성 맹약을 깨뜨릴 수도 있었고, 우두머리를 지원하기 위해서 모이던 것처럼 빠르게 떠날 수도 있었다. 이러한 사회적, 정치적 유연성은 불안정성을 만들었다. 그러나 통치자들 또한 임시적이기는 해도 보올을 대규모의 군사력으로 변모시킬 수 있었다. 지도자 카불 칸은 알란 고아-보돈차르의 후손으로, 12세기 중반에 몽골의 오복들을 통합하는 데에 성공했다. 그러나 이어서 중국 북부를 통치하던 금나라와 연합한 타타르가 카불 칸의 계승자를 죽이고 통합된 몽골군을 파괴했다.[6]

카불 칸을 계승한 몽골의 우두머리 중의 한 명이 예수게이 바아투르이다. 그는 오논 강, 툴라 강, 케룰렌 강의 근원인 부르칸-칼툰 산 지역 출신의 키야트-보르지기드였다. 아마도 예수게이 바아투르는 카불 칸의 손자였을 것이고, 칭기스 칸의 아버지였다. 칭기스 칸은 테무진이라는 이름으로 태어났는데, 1160년 무렵 그가 태어난 날에 그의 아버지에게 사로잡힌 한 타타르인의 이름을 딴 것이었다. 테무진에게는 패배한 사람의 이름을 가지는 것이 일종의 상서로운 표식이었다. 초원 세계에서는 적을 무찌른다는 것이 그가 가진 모든 것, 즉 전사, 여성, 아이, 물건, 짐승, 이름 등을 가진다는 뜻이었다. 테무진의 이름은 그 소년의 가족이 가진 힘, 그리고 카불 칸의 옛 패권을 재천명하고자 한 예수게이 바아투르의 전쟁의 성공—적어도 하루 동안의 성공—을 나타냈다.

테무진이 소년이었을 때 초원 세계의 중심은 튀르크인들의 옛 제국이 위치하던 오르콘 강 유역이었다. 그 일대는 케레이트가 점령하고 있었다. 서쪽으로 이르티시 강 상류는 나이만의 영역이었다. 케레이트와 나이만은 몽골인들이 아니었는데, 이들은 초원의 지배자들이었다. 케레이트와 나이만의 지배계층은 튀르크어로 말했고 일부는 네스토리우스파 기독교의 영향 아래 기독교로 개종했다. 서로를 이기기 위해서 케레이트의 수장 토오릴과 나이만의 수장 타양 칸은 사람, 무기, 연합, 명성을 모았다. 예수게이 바아투르는 케레이트의 편을 들었다. 이후에 칭기스 칸은 초원민들 사이의 모든 도전자들을 물리치는 오랜 노력의 과정에서 케레이트와 나이만을 복속시켰다.[7]

그러나 그보다 훨씬 이전, 테무진이 9세 무렵이었을 때 그의 아버지는 타타르인들에 의해서 살해되었다. 테무진은 아버지를 계승하기에는 너무 어렸기 때문에 타이치우트가 몽골의 지배권을 차지했고 소년의 삶을 위협했다. 타이치우트는 카불 칸 사후에 몽골을 통치한 강력한 니루운이었다. 예수게이 바아투르의 권위 아래에 있었던 몽골인들은 타이치우트를 따르기 위해서 사망한 지도자의 가족들을 버렸고, 테무진의 어머니와 그녀의 아이들이 스스로 부양하도록 버려두었다. 그들은 조상에 대한 집단 제사로부터 배제되었다.[8] 테무진 일가의 빠른 몰락은 초원 사회의 충성이 얼마나 빠르게 변할 수 있는지를 보여준다. 초원 사회에서는 맹우(盟友)인 안다(anda) 또는 혼인 관계인 쿠다 안다(kuda anda)를 통해서 연합을 맺을 수 있었지만 이 연합은 유동적이었다. 그보다 영속력이 있는 것은 여러 세대에 걸친 유혈 다툼과 같은 복수의 의무였다. 테무진은 아버지의 복수를 하고 카불 칸 휘하에서 그들이 이룬 위상만큼 몽골을 회복시키겠다는 결심을 하고 그의 명성을 쌓았다.[9]

테무진의 흥기

혼인은 연합의 근원이었기 때문에 배우자 선택은 정치적이었다. 강력한 가문들이 혼인하면 그 영향력이 상당할 수 있었다. 바로 그러한 예로, 예수게이 바아투르는 사망하기 바로 직전에 어린 테무진을 콩기라트의 한 수령의 딸인 부르테라는 이름의 소녀와 결혼시키기로 결심했다. 오논 강 유역 몽골 오복의 성인 남성—그리고 소년—은 보통 올쿠누우드 여성과 결혼했다. 콩기라트 수령인 데이 세첸과의 이 특별한 연합은 예수게이 바아투르에게 더 많은 위신을 가져다줄 것이었다. 콩기라트는 뒤를뤼킨이었지만, 굉장히 부유한 몽골 오복이었다. 테무진과 부르테의 혼인 서약은, 콩기라트와 혼인으로 연합한 메르키트와의 긴장을 틀림없이 심화시켰을 것이다. 몽골과 메르키트 간의 경쟁은 이미 심했는데, 부분적으로는 예수게이 바아투르가 자신의 부인이자 테무진의 어머니를 메르키트의 남편으로부터 노획했기 때문이다. 게다가 메르키트는 나이만과 연합했고, 반면에 몽골은 나이만의 경쟁자인 케레이트와 연합했다. 몽골과 콩기라트의 새로운 혼인 연합은 메르키트에게는 직접적인 위협이 되었다.

테무진의 청소년기는 거의 기록으로 남아 있지 않다. 단지 그가 타이치우트에 의해서 감금되었다가 탈출했고, 소규모 연합을 만들기 시작했다는 것만이 알려져 있다. 이 힘든 시기 동안 많은 몽골 전사들이 그의 용기, 인내, 유명한 혈통을 지지했다. 1180년 무렵 테무진이 약 20세 정도 되었을 때, 그는 부르테를 부인으로서 요구하고 자신의 진영으로 데려올 만큼 충분히 성장했다. 그러나 그 직후에 메르키트가 그의 진영을 습격하고 부르테를 납치하면서 보복을 가했다. 그러나 이제 테무진은 자신의 연합에 부탁을 할 수 있었다. 테무진은 안다인 자무카 그리고 케레이트의 지도자이자 이전에 예수게이 바아투르의 동맹이었던 토오릴의 지원을 받으며 메르키트 영역으로 군사 원정을 조직함으로써 대응했다. 그 원정 이후에 테무진은 부르테를 풀어줄 것을 협상했고, 결국 그녀를 되찾을 수 있었다.[10]

메르키트에 대한 테무진의 정치적 성공은 그에게 더 높은 지위를 가져다주었다. 또한 그는 케레이트의 후원과 금나라—몽골은 카불 칸 시기 이후로 금나라와 외교 및 무역 관계를 맺었다—의 원조를 얻었다. 금나라의 외교 정책은 기본적으로 하나의 유목집단을 이용해 다른 유목집단에 대항하도록 하는 것으로, 금나라는 몽골에 반대하여 타타르를 지원했다가 이제는 몽골을 통해서 타타르를 통제하고 싶어했다. 1196년 테무진은 강력한 동맹들과 함께 오랜 라이벌인 타타르와 전쟁하기 위해서 출정했다. 타타르를 복속시키는 데에 6년이 소요되었다. 그런데 테무진은 적을 패배시키자마자, 승리에 도움을 주었던 동맹들을 물리쳐야만 했다. 케레이트 통치자인 토오릴의 아들이 테무진의 흥기를 두려워하기 시작한 것이다. 테무진이 그의 장자인 주치를 위한 신부로 케레이트 공주를 요구하자, 테무진이 케레이트 왕위를 빼앗기를 원한다는 것이 분명해졌다. 이를 막기 위해서 토오릴의 아들은 몽골을 공격했고 전장에서 그들을 패배시켰다. 테무진은 전사들에게 반격을 맹세했다. 1203년 그는 토오릴의 군대와 대적했고 케레이트를 확실하게 패배시켰다. 그것이 항상 변화하는 초원 연합의 세계였다.

테무진의 목표는 케레이트를 제거하는 것이 아니라 그들의 힘을 자신의 세력으로 통합하고 그들을 계승하는 것이었다. 테무진은 케레이트 통치권의 상징이었던 토오릴의 황금 천막과 식기들을 빼앗고는 전리품으로서 몽골인들에게 나누어주었다. 케레이트의 상징과 지위의 전유는 테무진의 야망의 범위를 드러냈다. 케레이트가 오르콘 강 유역을 자신들의 본부로 만들기 전에 수 세기 동안 그곳은 왕들의 땅이었다. 초기에 그 일대를 차지한 것은 흉노(匈奴)로, 그들은 기원전 2세기부터 기원후 1세기 후반까지 강력한 유목 제국을 건설했다. 기원후 6세기부터 8세기까지 그 일대는 괵-튀르크(동돌궐)의 중심 지역이었고, 그후에는 위구르가 그곳을 정복했다. 테무진은 케레이트를 몰아내고 오르콘 강 유역을 확보한 이후에 다음과 같이 선언해도 된다고 느꼈을 것이다. "내가 왕좌를 차지했다."

테무진과 몽골이 그 일대를 차지했을 때, 옛 정권들의 유형 유산은 여전히 현저했다. 돌궐인들이 수백 개씩 세운 석상인 발발(balbal)과 위구르 도시들의 유적이 그 일대에 산재했다. 몽골은 괵-튀르크의 비문에 감명을 받았다. 새로운 통치자들은 커다란 방형의 거석들 중의 하나에서 후대 괵-튀르크 지도자였던 빌게 카간의 충고를 읽을 수 있었다.

> 부족들을 [가장 잘] 다스릴 수 있는 곳은 외튀켄 산지이다. 나는 이곳에 머무르면서 중국인들과 우호적인 협정을 했다. 그들은 [우리에게] 금, 은, 비단을 풍부하게 제공한다. 중국인들의 말은 언제나 달콤하고 물건은 항상 부드럽다.……이 말을 듣고 너희 어리석은 사람들은 [중국인들에게] 가까이 갔고, 많이 죽임을 당했다. 너희가 그 일대로 간다면, 오, 튀르크인들아, 너희들은 죽을 것이다! 너희들이 외튀켄 땅에 머무르고, 그곳에서 대상(隊商)을 보낸다면 아무런 문제가 없을 것이다. 너희가 외튀켄 산지에 머무른다면 영원히 부족들을 지배하면서 살 것이다.[11]

오르콘 강 유역과 그 주변 외튀켄 산지의 정치적 의미는 그 지역의 영적 의미와 중첩되어 양자를 구분할 수 없었다. 초원의 사람들은 이곳을 지배하는 사람이 술데—사람들을 모으고 제국을 만드는 매우 중요한 힘—의 축복을 받았다고 믿었다. 몽골이 이곳을 차지했을 때 그들은 자신들만의 의식을 행하기 시작했다. 흉노, 괵-튀르크, 위구르, 케레이트의 성지를 차지함으로써 몽골은 술데를 확보했고 자신들의 팽창을 가속화하는 데에 이용했다.

오르콘 강 유역은 영적, 전략적으로 중요했을 뿐만 아니라, 커다란 경제적 잠재력도 있었다. 그 지역은 대단히 풍부한 초지였고, 말을 포함한 가축 무역의 중심이었으며, 중국 내부와 중앙아시아에 이르는 무역로가 있었다. 제공받을 수 있는 모든 것들을 고려할 때 권력을 강화하기에 완벽한 곳이었다. 테무진은 주요 동영지(冬營地)를 그곳에 설립했고, 그 지역에 대한 지배를 더욱 확고히 하기 위해서 케레이트 공주를 또다른 부인으로 삼았다. 공주의 자매들은 테무진의 장자인 주치, 막내아들 톨루이와 결혼했다. 오르콘 강은 오래 지속되는 본부가 되었다. 테무진이 오르콘 강을 차지하고 30년 후 그의 셋째 아들 우구데이는 그곳에 궁을 세웠고 몽골 제국의 수도 카라코룸을 건립했다. 테무진과 그의 후손들은 보호된 근거지 바깥으로 상인들을 보내는 데에 만족했던 빌게 카간보다 더 나아갔다. 몽골은 강력한 주변 세력들로 하여금 초원의 중심에 있는 오르콘 강으로 와서 몽골의 방식대로 무역하도록 강요했다.[12]

그러나 그 전에 테무진은 강력한 이웃들을 복종시켜야 했다. 테무진이 케레이트와 전쟁을 하는 동안에도 그에게 대항하는 경쟁 세력들의 연합이 형성되고 있었다. 1201년 나이만의 통치자 타양 칸은 메르키트와 테무진에 반대하는 몽골인들과 연합을 조직했다. 이 세력들은 테무진의 예전 안다였던 자무카를 후원했고 그를 칸으로 선출했다. 그러나 테무진은 정예 전사들을 모았고 4년간의 전투 끝에 결국 승리했다. 나이만은 1204년에 항복했고, 곧이어 메르키트가 복속했다. 자무카는 처형되었다. 케레이트와 마찬가지로 패배한 메르키트의 전사들과 그 가족들은 흡수되었고 고위 여성들은 테무진 집안과 혼인했다. 옛 적들은 몽골이 되었다.[13]

몽골 울루스의 탄생

1206년 호랑이의 해 봄, 모전 천막 거주자들의 집회 쿠릴타이(quriltai)가

오논 강 수원 근처에서 열렸다. 수많은 집회 참여자들 중에는 테무진에게 복속하고 몽골의 지배를 받아들이려던 타이치우트, 콩기라트, 케레이트, 타타르, 메르키트, 자다란, 나이만, 잘라이르, 바야우트의 수령들이 있었다. 그들이 모이자 테무진의 기(旗)가 들어올려졌다. 그 기는 꼭대기에 아홉 갈래의 백마 꼬리가 있는 장대였는데, 몽골 지배 아래 모전 천막 거주자들의 평화와 통일을 상징했다. 의식 절차는 비밀이었고 공식적으로 기록되지 않았다. 14세기 초에 역사서를 작성한 페르시아 역사가 라시드 앗 딘에 따르면 테무진의 즉위식을 창안한 사람은 아마도 텝 텡그리였는데, 그는 영향력 있는 무속인으로서 테무진의 새로운 호칭도 제안했다. 테무진은 단순히 칸으로 선언된 것이 아니었다. 그는 "강력한" 또는 아마도 "전 세계"를 뜻하는 용어를 사용한 "칭기스" 칸이었고, 이는 모든 사람의 지배자로서 테무진의 비상한 능력을 나타냈다. 이는 당시 정치적 관습으로부터의 분명한 단절이었다. 테무진에게 도전했던 자무카는 일반적인 튀르크 호칭인 구르 칸(Gür Khan)을 썼고, 이전 케레이트의 보호자는 금나라가 하사한 중국식 호칭인 왕 칸(Wang Khan)이라는 명칭을 사용했다. 새로운 호칭은 테무진의 지위가, 이질적인 유목 집단들을 지배한 자무카 등의 다른 사람들보다 더 높다는 것을 의미했다. 초원 제국의 역사에서 들어본 적이 없었던 테무진의 고유한 호칭은 몽골이 누구에게도 종속되지 않는다는 분명한 메시지였다. 그들은 스스로 정치적 위계질서의 정상을 차지하고 있다고 생각한 통일된 권력이었다.[14]

울루스는 생물학적 혈연관계와 이전의 소속 형태가, 가문의 경계를 넘은 충성심에 복속되는 정치적 공동체였고, 쿠릴타이는 몽골 울루스의 탄생을 나타냈다. 통합의 신념으로는 새로운 규칙의 수용, 새로운 계급제, 공동체 구성원의 번영을 위한 집단의 책임이 있었다. 새로운 몽골 정권은 케레이트와 나이만의 제도들을 흡수하여 자신만의 제도를 만드는 등 그들을 차용했다. 칭기스 칸은 케레이트의 호위에 입각하여 황실 호위인 케식(keshig)을 만들었고, 충실한 지지자들에게 케식 내의 지위와 울루스를 대표하여 달성해야 할 임무를 하사했다. 또한 그는 몽골인들에게 학식 있는 서기를 제공했고, 이전에 위구르의 서기로서 나이만 통치자를 위해서 복무했던 타타르-통아에게 자신의 아들들을 교육하고 위구르 문자에 기반하여 최초의 몽골 문자를 만들 것을 명했다. 칭기스 칸이 동료들에게 각각 하사한 보상과 황실 지위의 할당에 대한 서술은 이후에 몽골어로 작성된 몽골 울루스 최초의 공식 역사서『몽골비사(*Secret History of the Mongols*)』에 기록되었다.[15]

새로운 정권에는 주요 목표가 두 가지 있었다. 하나는 통치자의 가족 및 그 혈통의 우월성을 세우는 것이었다. 칭기스 칸과 그 후손들의 지배 아래로, 군주의 지위는 오직 세습만 가능했다. 칭기스의 후손들이 모두 통치한 것은 아니었지만, 그들만이 군주가 될 수 있었다. 따라서 새로운 사회 질서는 칭기스 칸의 부계인 키야트-보르지기드 내에서 순환했고, 여기에 황금 씨족이라는 새로운 이름이 붙었다. 다른 혈통의 구성원들은 보올이 되었고 정치적으로 황금 씨족에 종속되었다. 쿠릴타이에 참석하는 것은 이 새로운 지위를 받아들이는 것과 같았다. 보올은 복속되는 대신에 전리품에 대한 권리와 같은 다소간의 이익을 확보했다. 그리고 여전히 고위 군관 또는 행정가로서 성공적인 경력을 쌓을 수 있었다. 이러한 이익은 잘라이르, 바야우트와 같은 몇몇 자유로운 집단들이 왜 기꺼이 복속의 역할을 받아들였는지를 설명한다.

키야트-보르지기드가 언제나 가장 유망한 몽골 혈통이었던 것은 아니지만, 이제 모든 보올은 자신의 혈통이 황금 씨족보다 더 낮은 지위임을 받아들여야만 했다. 황금 씨족의 패권은 엄격하게 적용되었다. 그래서 보올은 통치 가문과 혼인할 수는 있었지만, 칭기스 칸과 그 후손들은 친척 세대의 경우에는 왕위 세습이 금지됨을 확실하게 하기 위해서 부계 세습을 강하게 적용했다. 새로운 정권에서는 방계 지파의 삼촌이나 일족을 포함한 모든 사람들이 칭기스 칸과 그의 직속 후손들에게 복속해야 했다. 이는 손위에 기반했던 옛 질서와는 분명히 달랐다. 몽골에는 아카(aqa)와 이니(ini), 즉 연장자와 연소자 간의 지위 구분이 여전히 있었지만, 이러한 구분은 황금 씨족의 우위를 방해하지 않는 한에서만 이루어졌다.[16]

새로운 정권의 두 번째 목표는 새 구성원들을 통합하여 노동력과 군대를 확장하는 것이었다. 다른 초원 유목민들과 달리 몽골은 경제적, 군사적 힘으로 기능할 복속민들이 필요할 때에는 패배시킨 적들을 제거하지 않았다. 패배한 사람들을 흡수하는 것은 몽골이 발전하는 원동력이었다. 이것은 오래된 관습이었다. 1202년 타타르를 정복한 후에 칭기스 칸은 새로운 복속민으로부터의 잠재적 위협을 억누르기 위해서 잔인한 통치 방식을 선언했다. 그는 "우리는 타타르인들을 수레바퀴의 빗장과 비교해서, 마지막 한 명까지 죽일 것이다"라고 선포했는데, 빗장보다 더 큰 사람이라는 것은 사실상 모든 성인을 의미했다. "나머지는 노예로 삼을 것이다. 일부는 여기에, 일부는 저기에, 우리 안에서 나눌 것이다." 그러나 칭기스 칸은 실제로는 모든 성인을 학살하지 않았다. 후대 자료에 따르면 많은 타타르인들이 몽골 울루스에 흡수되어 제국 지배층의 일부가 되었다고 한다. 약속한 대로 여기에는 대다수 타타르 일족들의 분배가 포함되었고, 이것은 그들을 몽골인으로서 보다 확실하게 통합하기

위함이었다.[17]

새로운 전사들—타타르인이든 다른 사람이든—은 군사 조직인 투멘(tümen)으로 몽골군에 통합되었다. 몽골 훨씬 이전에 흉노와 돌궐이 투멘을 운영했는데, 투멘 제도에는 전투가 가능한 남성들의 인구조사, 징병, 군사 단위 분할 체계, 군관의 계급 목록, 그리고 전리품 분배를 위한 구조 등이 포함되었다. 투멘은 십진법 체제를 활용한 것이었다. 전사들은 1만 호, 1,000호, 100호, 10호의 단위로 조직되었다. 하나 안에 작은 것이 들어 있는 러시아 인형처럼 말이다. 칭기스 칸의 새로운 군사 조직은 원래 서로 다른 씨족에 속했던 전사들로 구성되었다. 정권에 대항하려는 잠재적인 결속이나 반란을 약화시키기 위한 의도적인 선택이었다. 모든 전사들은 무기, 말, 군사 장비를 스스로 마련해야 했다. 그들은 함께 살지는 않았지만, 원정을 위해서 모여야 했고 나란히 싸워야 했다. 최고 지휘권은 충성, 용감함, 전쟁 경험 등으로 판단하여 선택받은, 칭기스 칸의 가장 가까운 부하에게 위임되었다.[18]

사람들을 흡수하는 몽골의 능력은 군사 조직의 가장 큰 힘이었다. 패배한 전사들은 군대를 강화시키기 위해서 통합되는 한편, 다른 복속민들은 몽골 사회 내부에서 전체적으로 분배되었는데 여러 가정들에 포함되어 사회와 경제를 강화시켰다. 초원의 사람들이 몽골의 지배 아래에서 비교적 쉽게 통합될 수 있었던 것은 유목민의 생활 방식이 서로 유사했기 때문이다. 몽골이 통합한 모든 집단들은 이동하며 살았고, 가혹한 환경에서 살아남기 위해서 비슷한 전략들을 발전시켰다. 게다가 몽골의 지배를 거부하면 위험에 처했지만, 그 사회에 참여하고 몽골의 팽창을 발전시키면 이익이 되었다. 통합된 적과 보올이 일단 가치를 증명하기만 하면, 몽골 울루스 내에서—어느 정도는—별개의 오복을 회복할 수도 있었다. 헌신적인 추종자에게 주어지는 큰 보상으로는 흩어진 씨족을 하나로 모을 수 있는 권리가 있었다. 바야우트 출신으로 칭기스 칸의 오래된 동료이자 공식적인 요리사가 칸의 케식으로 임명되었을 때, 그 신뢰받는 측근은 이렇게 말했다. "만약 제가 은사(恩賜)를 선택할 수 있다면, 저의 바야우트 형제가 모든 다른 사람들 사이에 흩어져 있는데, 저에게 은사를 주신다면, 저는 저의 바야우트 형제들을 함께 모으겠습니다."[19]

케식은 새로운 정권의 주요 조직으로, 최초의 몽골 중앙 조정을 형성한 수천 명의 구성원이 포함된 초권력집단이었다. 케식은 단순한 호위 조직 이상으로서 권력을 강화하고 충성심을 수립하고 외교 정책을 실행하는 도구이기도 했다. 케식에는 고위계층 전사, 행정가, 지배가문의 집사, 외교 인질—동맹 관계에 있는 외국 권력집단의 아들로, 이들은 정해진 기간 동안 칸과 그의 가장 가까운 친척들을 위해서 봉사해야 했다—이 포함되었다. 특히, 인질들이 몽골과 이웃 사이에서 확보한 유대는 제국의 성장과 안정에 필수적이었다. 외래인과의 접촉은 장차 정권이 중국의 금나라, 탕구트와 송나라 그리고 중앙아시아의 위구르와 카라 키타이(서요) 등 주변 지역의 정주 세력과 관계를 교섭하고자 할 때 도움을 줄 것이었다.

한편 칭기스 칸의 전우들과 가까운 친척들은 케식에서 숙위(宿衛), 시위(侍衛), 공식 요리사, 문지기, 집사, 마부, 전통사—전통사는 칸 앞에서도 활을 소지할 수 있었다—로서 주요 지위를 얻었다. 케식은 칸의 신체를 보호했을 뿐만 아니라 이동하는 궁정에 물자를 공급하고 그 물류를 담당했다. 조정 관료들은 세금 징수인이나 "대판관" 등 케식 이외의 다른 관료들과 협력했다. 케식은 칸과 그 일족의 목숨을 지키고 조정의 기능을 황실의 기능과 일치시키고 정권에 대한 충성을 통치자에 대한 충성으로 일치시킴으로써, 칸의 통치 아래 국가를 개인화하는 데에도 역할을 담당했다.[20]

케식이 황금 씨족과는 달랐다는 점도 중요하다. 칭기스 칸은 케식을 통해서, 통치 가문의 출신이 아니더라도 헌신적이고 재능이 있다면 핵심 집단으로 받아들일 수 있었다. 예를 들면 칭기스 칸이 가장 능력 있는 지휘관으로 여겼던 수베데이는 케식의 구성원이었다. 수베데이는 황금 씨족에 속하지 않았지만 그의 충성심은 의심할 바 없었다. 그의 조상들은 12세기 전반에 칭기스의 조상과 동맹을 맺었고, 그의 가족들은 테무진이 자무카와 헤어졌을 때 테무진을 따랐다. 수베데이가 겨우 30세였을 때, 그는 거의 15년의 전투 경험이 있었고 테무진의 옆에서 직접 싸웠다. 칭기스는 수베데이에게 용감하다는 뜻의 바아투르(ba'atur)라는 공식 호칭을 하사했는데, 이는 칭기스의 아버지가 지녔던 호칭이기도 했다. 정권에는 매우 귀중한 인력이지만 최고 권력을 가질 수는 없었던 수베데이 같은 사람은 케식에서의 고위직을 통해서 기회와 위신을 얻었고, 다른 방법으로는 접근할 수 없었던 정치적 중심으로도 접근할 수 있었다.[21]

1206년 이후로 쿠릴타이는 몽골 울루스의 주요 통치 제도가 되었다. 이제 몽골의 정치 문화는 황금 씨족 구성원의 손에 권력을 집중하는 것에 기반을 두었고, 통치는 이 모전 천막 거주자들의 모임에서 권력 집단과의 확장된 대면 협상을 포함한 합의의 과정이 되었다. 이는 혼합된 구조를 만드는 데에 기여했다. 즉, 결정은 칸이 내렸지만 결정에 대한 지지를 보여주기 위하여 대집회가 소집되었다. 쿠릴타이 과정에 집회가 정확히 어떤 법적인 힘을 행사했는지는 알 수 없지만, 집회 없이는 중요한 결정들이 내려지지 않았다. 여성을 포함한 모든 정치계급은 합의의 표명을 통해 칸의 명령을 정당화하기 위하여 쿠릴타이에 참석해야만 했다. 또 지배계층은 쿠릴타이에 모습을 드러냄으로써 자신이 사회의 지도층에 속한다는 사실을 보였다. 게다가 쿠릴타이는 칸이 지위, 보상, 형벌, 임무를 분배하는 때이기도 했다.[22]

케식, 쿠릴타이, 군사, 가족으로의 흡수, 혈통, 손위 관계 등의 복잡하고 얽힌 위계질서를 통합함으로써, 몽골 정권은 사회적이고 정치적인 질서를 창조했다. 이 질서는 참신했지만 동시에 전통적이었고, 비통치 집단에 기회를 제공할 만큼 충분히 유연하면서도 동시에 권력을 중앙집권화할 만큼 충분히 엄격했다. 정권은 이전 국가들의 장소, 상징, 의례, 일부 통치 구조를 받아들임으로써 복속민에게 친숙한 느낌을 주면서 연속성을 확립했다. 지배가문은 변했지만, 일상은 동화될 만큼 평범하게 계속될 수 있었다. 한편, 사회적 출세의 경로는 보올이 정권을 지원하게끔 했다. 동시에 이 강력한 통합 구조는 보올이 최고 지위에 접근하는 것을 막는 강력한 혈통의 규제와 결합되었다. 사회적 동화와 정치로부터의 총체적인 배제는 동전의 양면이었다.

이 교묘한 구조는 몽골이 피에 굶주린 침입자라는 고정관념이 거짓된 것임을 확실히 보여준다. 칭기스는 적을 패배시키는 데에 만족하지 않았고, 그의 유목 선조들도 마찬가지였다. 몽골은 승리뿐만 아니라 합법성도 원했다. 그들은 군사적 진실성을 증명하고 피의 복수를 해결하는 것이 아니라 통치를 원했다. 그들은 힘을 원했지만, 그것을 달성하기 위해서는 당근과 채찍을 함께 이용하여 잠재적 반란을 억누를 수 있는 정교한 균형이 필요하다는 사실을 잘 알고 있었다. 칭기스 칸의 이름이 역사에서 드높여진 것은 그가 수하 전사들로부터 충성심을 자아낸 위대한 전사이자 전략가였기 때문만이 아니라, 초원 세계를 재편하고 그와 그의 후계자들이 설립한 경계 훨씬 너머의 통치와 사회에까지 영향을 미쳤던 지속적인 정치 질서를 마련했기 때문이다.

그러나 그 모든 성공으로 이 새로운 정권은 강렬한 분개를 낳았다. 모전 천막 거주자들의 많은 사람들은 낮은 지위로 강등되거나 대대로 내려오던 오복이 파괴되는 것을 쉽게 받아들이지 않았다. 몽골 통치 아래에서의 고통스러운 통일 과정은 1206년을 넘어서도 계속되었는데, 복속민들이 황금 씨족의 통제에 도전하기 위해서 거병했기 때문이다.

반대 세력 진압

칭기스 칸은 아들 주치에게 몽골 제국의 가장 서쪽 부분에 있는 영역을 주었고, 주치는 그곳에 자신의 울루스를 설립하고자 했다. 만약 주치가 자신의 영지를 확장하고 몽골 제국을 대신해 주변 지역을 복속시킴으로써 아버지를 계승할 만한 자격이 있음을 증명하고자 했다면, 그에게는 극복해야 할 많은 문제들이 있었다.

주치의 울루스는 시베리아 남부의 호이-인 이르겐, 즉 삼림의 사람들의 땅과 접경했다. 여기에는 메르키트가 포함되어 있었는데, 메르키트 사람들은 수년 전에 테무진에게 격렬히 저항하면서 타양 칸의 동맹에 가담했다. 1207-1208년 주치는 삼림의 사람들을 정복하기 시작했고, 칭기스는 삼림의 사람들을 주치에게 복속민으로 주었다. 거의 동시에 메르키트와 나이만은 칭기스 칸과 주치에 대해서 반란을 일으키고자 재결합했고 몽골을 공격하기 위해서 이르티시 강가에 모였다. 칸에 충성하는 신하들은 이 반란을 어떻게 할 것인지를 쿠릴타이에서 논의했다.

호르드의 황금 팔찌(14세기). 축복의 말이 페르시아어로 새겨져 있다. "세상의 창조주께서 이 [팔찌의] 주인을 보호해주시기를, 그가 어디에 있을지라도."

메르키트, 나이만, 몽골이 오랜 적이라는 사실을 심각하게 고려할 상황이었다. 반란을 일으킨 사람들은 패배시킨 다음에 흡수해야 할 외부인들이 아니었다. 그들은 과거에 이미 동화될 기회가 있었고, 실제로 1206년에는 그렇게 하기로 맹세했다. 그런데 그들은 그 맹세를 어기고 있었고, 싸울 수 있는 것이 아무것도 남지 않을 때까지 항복을 거부할 혈수(血讐)임을 증명하고 있었다. 몽골 조정은 이에 대한 대응으로 반란 연합에 어떤 자비도 베풀지 않을 것을 결정했다. 주치는 그 원정을 지휘하는 임무를 부여받았다.[23]

초원 유목민들과 오랜 관계를 유지했던 삼림의 사람들 중의 한 집단인 오이라트의 도움으로, 몽골군은 이르티시 강으로 쇄도했고 반란 세력을 급습했다. 『몽골비사』에 기록된 것처럼 칭기스도 군대를 지휘했고 전장에서 싸웠다. 야전 도중에 메르키트의 수장이었던 토크토아 베키는 활에 맞아 사망했다. 반란자들은 도망쳤고, 그들 다수는 넓은 이르티시

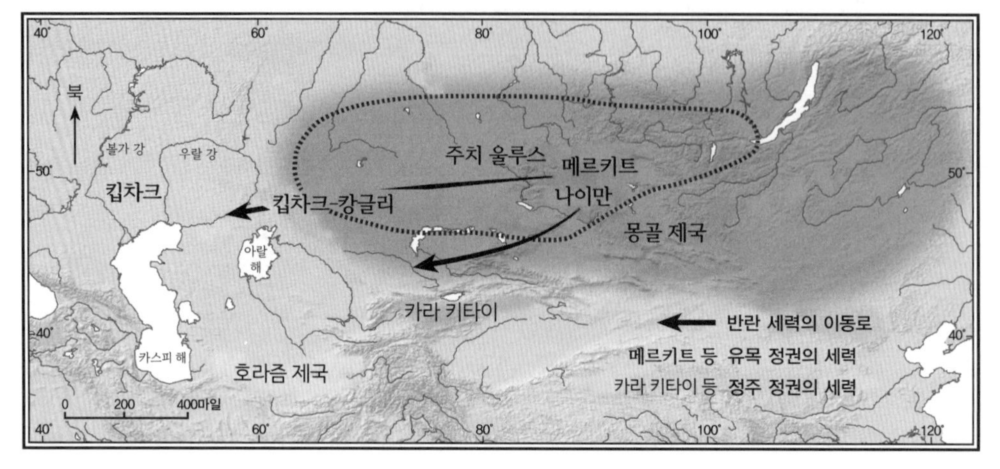

메르키트와 나이만 반란 세력이 몽골에 패배한 이후의 이동로.

강을 필사적으로 건너려고 하다가 물에 빠져 죽었다. 반대편으로 건너간 생존자들은 흩어졌다. 나이만은 카라 키타이 땅에서 피난처를 찾기 위하여 서쪽으로 달아났다. 메르키트는 더 서쪽으로 도망쳤다. 그들에게는 선택의 여지가 없었는데, 동쪽과 남쪽에는 몽골 세력의 중심이 있었고, 북쪽에는 시베리아 평원의 오지 이외에는 아무것도 없었기 때문이다. 토크토아 베키가 전장에서 사망했으나 그의 자식들은 "그를 묻을 수도 없었고 그의 시체를 가지고 갈 수도 없었다." 그래서 자식들은 그의 머리를 잘라서 가지고 갔다.[24]

몽골은 메르키트 포로들을 노예로 만들고 뿔뿔이 흩어지게 함으로써 반란에 대한 대가를 치르게 했다. 칭기스는 한 칙령에서 메르키트가 자신을 배신했다는 점을 분명히 했다. "나는 그들에게 하나의 부족으로서 한데 모이라고 했다. 그러나 그들은 지금 반란을 일으켰다." 그리하여 그는 포로들을 나누도록 명령했고 "마지막 한 명까지 이곳저곳에 분배하도록" 했다. 칭기스는 나이만과 메르키트인들이 패배한 이후 도망치는 것을 허락하지 않았고, 그들을 중앙아시아 깊이 추적하라고 기병에게 명했다. 모전 천막 거주자들은 반란을 일으켜서 문제가 되는 혈통은 강제적으로 흡수되면서 완전히 해체된다는 것뿐만 아니라, 몽골로부터의 이탈도 죽음으로 처벌받는다는 것을 깨닫게 되었다.[25]

마지막 반란자들을 추적하는 일은 중요한 군사 작전이었다. 『몽골비사』는 칭기스 칸이 수많은 장수들 중에서 수색을 지휘할 4명의 지휘관을 선발했음을 기록하고 있다. "이 네 마리의 개는 끌과 같은 주둥이와 송곳 같은 혀를 [가지고 있다.] 강철 같은 심장과 칼과 같은 채찍을 가지고 이슬을 먹고 바람을 타며 간다. 살육의 날에 그들은 사람 고기를 먹는다. 싸우는 날에 그들은 사람 고기를 식량으로 한다.……그대는 이 개들이 누구냐고 물었다. 그들은 제베, 쿠빌라이, 젤메, 수베데이이다." 특별한 임무를 위해서 훈련된 이 4명의 지휘관들은 장거리 원정에서 부하들을 이끄는 방법을 잘 알고 있었다. 그들은 야전에서 싸울 수도 있었고 목표를 하나씩 쓰러뜨릴 수도 있었다. 수베데이는 메르키트를 추격하는 임무를 맡았고, 제베는 나이만 추적을 책임졌다.[26]

나이만과 메르키트에 대한 복수 작전은 거대한, 그러나 아마도 의도하지는 않은 지정학적 결과를 초래했다. 칭기스 칸은 자신에게 충성을 바치지 않은 사람들을 물리침으로써 피의 복수를 시작했다. 그러나 그 과정에서 나이만이 카라 키타이의 보호 속으로, 메르키트는 킵차크에게로 도망치면서, 몽골의 서쪽 이웃인 카라 키타이, 킵차크와의 힘의 균형을 뒤흔드는 결과를 낳았다.

몽골은 칭기스가 1204년 나이만을 복속시킨 이후에 나이만의 마지막 통치자의 아들이었던 쿠출루크가 카라 키타이 조정에 피신해 있었음을 알고 있었다. 나이만의 잔여 반란 세력들은 쿠출루크와 그의 카라 키타이 후원자에게로 도망칠 것이 분명했다. 서요로도 알려진 카라 키타이는 중앙아시아의 넓은 지역을 통치했고, 동쪽 이웃이었던 나이만과 오랜 관계를 맺었다. 쿠출루크는 카라 키타이에서의 칭호와 생활 방식을 빠르게 받아들였고, 구르 칸 가문과 혼인하면서 권력의 핵심층으로 이동할 수 있었다.[27]

구르 칸 질루구(야율직로고)는 나이만의 수령을 돌보는 자신만의 이유가 있었다. 투멘 체제를 실행한 칭기스 칸과는 달리, 카라 키타이의 통치자는 용병 군사에 의존했고 이 용병들은 제때 보상을 받지 않으면 고용주를 버리거나 심지어 적을 위해서 복무하기로 입장을 바꿀 수도 있었다. 기회를 포착한 쿠출루크는 흩어진 사람들을 모아서 강력한 나이만 전사 부대를 만들어 질루구를 모시도록 배치하겠다고 제안했다. 이 제안은 구르 칸에게 매우 필요한 지원이었다. 그는 몽골의 잠재적인 위협에 직면한 동시에, 다수의 무슬림 복속민을 통치하는 불교도 군주로서 자주 반란을 일으키는 국내 백성들도 상대하고 있었기 때문이다. 그러나 쿠출루크를 받아들인 결정은 그 나이만 수령이 권력을 추구하기 시작하면서 악마와의 계약이었음이 입증되었다. 쿠출루크는 몽골로부터 달아난 피난자들과 심지어 질루구의 용병들도 유인했다. 1211년경 쿠출루크는 총 8,000명의 군사를 결집했다. 그는 자신을 보호해주었던 질루구를 습격하여 폐위시키고 포로로 붙잡았다. 질루구는 쿠출루크에게 감금된 지 2년 만에 사망했다.[28]

쿠출루크는 새로운 구르 칸이 되기를 원했지만, 카라 키타이의 핵심 권력층과 복속민들 모두가 그를 이방인으로 여겼다. 특히 무슬림 정주민들은 쿠출루크를 지지하지 않았다. 단지 쿠출루크가 무슬림이 아니었기 때문이 아니라—그는 네스토리우스파 기독교 집안에서 태어난 유목민으로, 카라 키타이 지배가문과 혼인할 때 불교로 개종했다—쿠출루크의 정책에 갈등의 근원이 있었다. 쿠출루크는 카슈가르, 알말릭, 호탄 등 무슬림 정주민이 대부분인 도시에서 자신의 군대가 수확물을 약탈하고 파괴하도록 허락했다. 그는 또 카슈가르 사람들에게 자신의 비무슬림 군대를 접대하고 부양하게 했는데, 이는 결국 도시 내의 유혈 충돌로 이어졌다. 무슬림이 작성한 사료에 따르면, 쿠출루크는 무슬림에게 중국의 의복을 입도록 강요했고—페르시아 역사가 주베이니가 언급했듯이 이는 "이교도"처럼 행동하는 것을 의미했다—공개적으로 신앙을 표현하는 것을 금지했다.[29]

쿠출루크는 분명 무슬림 복속민들 일부를 가혹하게 대했지만, 무슬림들이 신앙을 실천할 권리를 체계적으로 부인했는지는 확실하지 않다. 그러한 주장은 자신만의 시각을 가진 역사가들의 입장이었다. 이러한 역사가들은 나이만이 물러난 이후에 글을 쓰면서 새로운 통치자들을 해방자로 찬양하여 호의를 얻기를 바랐다. 그 새로운 통치자가 바로 몽골이었다. 1218년에 제베가 이끄는 몽골군이 도착했고 쿠출루크의 군대와 전투를 시작했다. 제베는 카라 키타이의 마을들을 점령하면서 무슬림들에게 몽골 지배의 일반적인 특징인 관용과 종교적 자유를 약속했다. 제베는 상대를 안심시키면서 토착 무슬림 권위자이자 도시 카산의 책임자*인 이스마일과 같은 카라 키타이 관리들의 지지를 확보했다. 몽골이 접근하자 쿠출루크는 남쪽으로 달아났다. 몽골은 수개월간 그를 추격했고, 결국 아프가니스탄 북동부 바다흐샨 산맥에서 붙잡았다. 이스마일이 최후의 일격을 가해 쿠출루크를 살해하고 그의 머리를 잘라

* 정식 명칭은 바스칵이다.

냈다. 몽골 전사로 변신한 이스마일은 자신의 전리품에 창을 박아 넣고, 카슈가르, 야르칸드, 호탄의 거리들을 행진했다. 무슬림 사료들에 따르면 몽골은 이 도시들에서 구원자로 불리며 환영받았다고 한다. 그러나 중국의 기록에는 그 도시 주민들이 쿠출루크의 머리를 본 후에 몽골 세력에 복종했을 뿐이라고 남아 있다. 어느 쪽이든 카라 키타이의 영역은 몽골의 손으로 넘어갔고, 나이만 세력은 소멸했다.[30]

메르키트의 경우, 생존자들은 이르티시 강에서의 대패 이후 위구르로 향했다. 그러나 이미 칭기스 칸의 편에 선 위구르는 메르키트를 쫓아버렸다. 이 때문에 메르키트는 칭기스 칸의 영향권을 벗어나 피난처를 찾기 위해서 서쪽으로 약 4,800킬로미터를 이동했다. 그들은 몽골이 진입한 적 없었던 우랄 강과 볼가 강 사이의 지역에서 환대를 받았다. 이 지역은 킵차크의 동쪽 지파인 캉글리에 속해 있었다.[31]

킵차크인들은 동쪽에서 왔다. 처음에 다양한 이주자들은 도망쳐왔다는 것 이외에는 공통점이 없었다. 금나라가 세력을 장악하면서 북중국을 휩쓸었던 전쟁으로부터 도망친 킵차크인들의 이 연속적인 흐름은 12세기에 이르자 우랄 강가에 도착했다. 시간이 지나면서 유목민 무리들은 헝가리까지 펼쳐진 넓은 초원 지대에서 합쳐졌고, 그곳에서 복잡한 사회적, 정치적 공동체를 형성했다. 그들에게는 최고 권력자는 없었지만 숙련된 전사들이 있었다. 그들은 외교를 터득했으며 인접 지역의 정치에 깊이 얽혔다. 킵차크 지배층 여성들은 종종 러시아, 헝가리, 조지아, 불가리아의 왕자들과 혼인했다. 남성들은 캅카스 조지아부터 인도까지에 이르는 지역의 통치자들에게 기병으로 복무했다. 일부 역사가들은 킵차크인들을 국가가 없는 사람들이라고 묘사했지만, 그보다는 국가를 회피했다고 하는 편이 더 적합할 것이다. 킵차크인들은 억압적인 제국들과 노예, 징병, 세금에 대한 제국들의 욕구로부터 자유로웠다. 아마도 수적으로 칭기스의 군대보다 더 많은 군사를 소유한—기마 궁술에 있어서는 칭기스의 군대만큼 능숙했다—킵차크인들은 서쪽 초원의 주인이었다.[32]

메르키트 반란자들이 피난처를 찾기 위해서 왔을 때, 볼가-우랄 지역의 킵차크 유목민들 중에 지배적인 씨족이었던 욀베를리 부족이 그들을 환영했다. 몽골은 무슨 일이 벌어졌는지 곧 알게 되었고, 사신을 보내서 도망자들을 넘겨줄 것을 욀베를리에 요구했다. 그러나 욀베를리는 겁먹지 않았다. 이것이 아마 욀베를리와 몽골의 첫 번째 접촉이었을 것이다. 그래서 욀베를리는 두려워하거나 항복할 이유가 없었다. 욀베를리의 수령은 메르키트를 받아들이겠다고, 그리고 이 말을 취소하지 않을 것이라고 대답했다. 구제받은 나이만이 카라 키타이에게 그러했듯이, 욀베를리에게 메르키트는 자신을 위해서 복무할 준비가 된 외인 부대로서 가치가 높았다.[33]

칭기스 칸은 그의 가장 능력 있고 충성스러운 장군인 수베데이를 파견했다. 그는 암석이 많은 지형을 잘 지나갈 수 있도록 쇠를 붙인 바퀴가 있는 특별한 수레를 제작했다. 수베데이의 궁수들은 몽골인 토쿠차르가 이끄는 전위대와 함께 서쪽 변경에 집결했다. 1217년 또는 1218년에 수베데이와 토쿠차르의 연합군은 오늘날 카자흐스탄의 서부에 위치한 켐 강에서의 전투에서 메르키트를 패배시켰다. 최고 지휘관으로서 주치는 수년 전에 이르티시 강에서 살해된 메르키트의 수령 토크토아 베키의 장자를 죽이라는 명령을 내림으로써 결정타를 가했다. 일부 메르키트인들은 생존했지만 다시는 부족을 이루지 못했다.

이제 욀베를리는 몽골이 어떤 능력을 가지고 있는지를 알게 되었다.

그런데 그들은, 몽골의 대외 관계에 대한 관념에 따르면 반란자들을 보호한 사람들도 몽골의 적이 된다는 사실도 알았을까? 몽골과 메르키트 간의 불화는 곧 메르키트의 보호자에게로 확장되었다. 몽골은 킵차크의 지도자를 살해한다는 목표를 가지고 그들을 추격했고, 이 중요한 사건에 대해서는 제2장에서 상세하게 다룰 것이다.[34] 지금은 다시 동쪽 중국으로 돌아가자. 칭기스 칸은 메르키트와 나이만의 잔여 반란 세력들을 소탕하면서, 중국에서는 또다른 전쟁을 수행하고 있었다.

중국으로

1209년 칭기스는 서하(西夏)로도 알려진 탕구트 제국을 침략했다. 탕구트인은 오늘날의 중국 서북 일대를 통치한 티베트-버마 계통의 사람들이었다. 탕구트는 여러 이유에서 몽골의 목표가 되었다. 첫째, 탕구트는 몽골이 독점하고 싶어했던 이른바 실크로드의 무역로와 무역망을 장악하고 있었다. 둘째, 탕구트는 몽골이 오르콘 강 유역으로부터 쫓아낸 케레이트의 통치자 옹 칸의 아들을 맞아들였는데, 몽골의 적을 보호하면 피의 경쟁자가 되었다. 마지막으로, 탕구트는 때로는 몽골의 적이었다가 때로는 동맹이기도 했으나 언제나 경쟁자였던 금나라와 연합했다. 탕구트를 패배시키면 금나라에게서 몽골과의 완충 지역을 빼앗을 수 있었으며, 금나라와의 전쟁 전에 탕구트의 원조를 차단할 수 있었다.[35]

1210년 4월, 거의 1년간의 전투 끝에 탕구트가 항복했다. 그러나 정복되지는 않았고 몽골 울루스로 흡수되지도 않았다. 탕구트는 몽골에게 모직물, 견직물, 낙타, 매 등으로 지불하는 막대한 공물을 바쳤다. 또 탕구트는 금나라와의 관계를 단절하고 몽골과 군사 동맹을 맺기로 동의했다. 그러나 이후에 밝혀지듯이 탕구트는 신뢰할 수 없는 협력자였고, 실제로 몽골에게는 악몽과도 같았다. 제2장에서 논의하듯이, 탕구트의 최종 패배까지는 수년이 더 소요되었고, 이는 칭기스 칸의 경력 중에 가장 잔인한 원정이 되었다.[36] 그러나 1210–1211년에 칭기스에게 필요했던 것은 동맹이었지 정복이 아니었다. 중국에서 금나라가 심각하고 즉각적인 위협으로 다시 등장하고 있었기 때문이다. 금나라는 남송과의 전쟁과 내부 갈등의 시기를 거친 후에 재편성되고 있었다. 새로운 금나라의 황제는 칭기스 칸에게 사신을 보내서 공물을 요구했다. 금나라는 자신들의 전통적인 초원 정책인 '나누어 통치하기[分治]'를 시작했다. 특히 금나라는 칭기스 칸 휘하에서 모전 천막 거주자들 사이에 발생한 통일을 파괴하기 위해서, 협력 상대에게 뇌물을 주는 등 유목민들의 연합을 반복적으로 파괴하고자 했다.

1211년 칭기스는 중국 북부에 대한 첫 번째 대규모 공격을 개시했다. 제베와 수베데이가 그를 보좌했다. 칭기스의 아들들도 참여했는데 주치, 차가타이와 우구데이가 우익을 이끌었다. 무칼리 장군이 좌익을 이끌었다. 몽골이 요새화된 변경을 통과하자, 중국 변경에 거주하던 유목민들인 옹구트가 몽골에 가담했다. 몽골은 금나라의 수도이자 오늘날 베이징 인근의 도시 중도에 접근했지만 돌연 철수했다. 그리고 불과 몇 개월 후인 1212년 가을에 돌아왔다. 금나라가 평화를 제의했고 칭기스는 즉시 받아들였다. 그는 자신의 군대로 금나라의 수도를 포위하고 싶지 않았다. 금나라는 금, 은, 말을 공물로 바쳤고, 칭기스 칸에게 금나라의 공주를 부인으로 주었다. 그러나 몽골은 곧 자신들이 속았음을 깨달았다. 금나라는 수도를 중도에서 황하 주변의 개봉으로 옮겼던 것이다. 1215년 5월 몽골은 중도에 맹공을 가했다. 칭기스 칸은 처음으로 거대하고 요새화된 도시를 포위하고자 했다. 8개월 후—일부 사료에 따르면 아마도 더 길게—몽골은 결정적이면서도 잔인한 전투에서 승리했고 그 도시를 차지했다.[37]

칭기스 칸은 중도를 포위하는 동시에 동쪽으로, 즉 금나라가 수도를 옮긴 곳으로 군대를 파견했다. 그는 또 북동쪽 일대에서 한인 변절자들을 모집했는데, 그중에는 장수, 행정관, 포위 공격 전문가 등이 있었다. 만주 지역의 거란인들 역시 대규모로 가담했다. 거란인들은 자신들의 조상, 즉 한때 강력했던 요나라를 대체한 금나라에 분개했다(거란인들은 요나라의 후손으로, 금나라에 패배한 후에도 그곳에 머물렀다. 중앙아시아로 떠난 사람들이 카라 키타이 제국을 건립했다). 1216년 쇠락한 금나라는 거의 항복할 것처럼 보였다. 칭기스 칸은 무칼리 장군에게 그 지역에 머무르며 평정할 것을 위임하고, 자신은 고향으로 떠났다. 그의 목표는 중국, 몽골리아, 중앙아시아를 경제적으로 통합하는 것이었고, 순조롭게 진행 중이었다.[38]

버려진 폐허가 된 도시

1220년대 말 무렵 중앙아시아 초원의 정치 지형은 급격하게 변했다. 위구르와 카를루크, 그리고 다른 토착 튀르크 세력들이 몽골에 규합되었다. 나이만, 케레이트, 카라 키타이는 파멸되었다. 그리고 이것이 끝이 아님은 분명했다. 몽골은 조상들의 땅을 넘어 작전을 반복적으로 벌이고 있었고 그만둘 기색은 보이지 않았다. 주변 지역의 통치자들은 선제적으로 몽골에 항복할지, 아니면 칭기스와 그의 아들, 장군들에 저항하여 운명을 같이할지를 결정해야 하는 심한 압박을 받고 있었다.

그러한 압력을 느낀 사람들 중에는 몽골의 서쪽에서 오늘날의 아프가니스탄, 이란, 우즈베키스탄, 튀르크메니스탄의 일부를 차지했던 호라즘 제국의 샤, 알라 앗 딘 무함마드가 있었다. 호라즘 제국의 수도 우르겐치는 아랄 해의 남쪽 해안에 있는 오아시스에 위치했다. 주치와 수베데이가 메르키트에 대해서 결정적인 승리를 거둔 바로 직후, 무함마드는 결심했다. 무함마드는 무역 협정에 힘입어 수년간 칭기스 칸과 상대적으로 평화롭게 지냈으나, 1219년에 공격을 감행했다. 그는 북쪽 변경을 넘어 원정을 파견했고, 그의 정찰 부대가 쿠일리 강에 위치한 한 몽골 진영을 급습했다. 그 진영은 주치의 군사들 소유였는데, 그들은 메르키트와 나이만에 대한 작전을 마치고 휴식을 취하고 있었다. 무함마드의 군대는 남성들이 자리를 비운 사이에 진영을 공격하여 여성과 아이들을 죽이거나 포획했고, 많은 전리품들을 차지했다. 그러나 돌아온 몽골군은 공격을 자제하고 해질 무렵에는 철수했다. 칭기스 칸으로부터 싸우라는 명령을 받지 못했고, 작은 분견대에 불과했기 때문이다. 그러나 그들은 호라즘 제국의 군대를 확인했다.[39] 몽골이 처음에는 물러섰지만, 무함마드에게 몽골과의 전쟁은 재난과 같은 실수였음이 곧 밝혀졌다.

왜 무함마드는 그렇게 강력한 적에게 도전했을까? 가장 기본적으로는 그가 칭기스 칸만큼 야심에 차 있었고, 또 자신이 이길 것이라고 생각했기 때문이다. 무함마드는 카라 키타이를 제물로 하여 20년 동안 도시와 지역들에 대한 통제력을 확대해나갔던 전투적인 술탄이었다. 몽골이 카라 키타이와 관계를 맺기 훨씬 전부터 무함마드는 이미 그들의 일에 개입하고 있었다. 혹자의 말에 따르면, 무함마드는 카라 키타이의 영역을 차지하기 위해서 나이만의 쿠출루크와 거래하여 카라 키타이의 구르 칸을 무너뜨리기로 했다고 한다. 무함마드의 군대는 1207-1210년에 부하라와 사마르칸트 등 카라 키타이의 도시들을 정복했다.

이슬람 사료를 살펴보면, 무함마드는 당당한 정복자라기보다는 몽골이라는 벌집을 찌른 허약한 인물에 가까워 보인다. 동시대 역사가인 이븐 알 아씨르는 몽골에 대해서 언급하면서 "이 타타르인들은 강력한 방어자가 없었기 때문에 번성했다"라고 했다. 이븐 알 아씨르는 무함마드가 다른 왕자와 술탄들을 제거함으로써 그의 사람들을 약화시켰고 몽골에 대해서 군대를 동원할 수 있는 유일한 사람이 되었다고 평가했다. 그러나 사실 무함마드는 대군과 강력한 공격을 견딜 수 있도록 성벽으로 에워싸인 여러 도시들을 거느리며 거대한 제국을 건설했다. 문제는 몽골과 달리 무함마드가 행정에 거의 신경을 쓰지 않았다는 점이다. 또 그의 정권에는 통신을 위한 적합한 체계도 없었다. 몽골의 얌(yam)처럼 멀리 떨어진 관리, 공식 상인, 군대에 대해서 중앙집권적으로 통제할 수 있는 사신(使臣) 체계가 없었던 것이다(제3장에서 얌을 상세히 설명할 것이다). 또한 무함마드가 대군을 실제로 지휘하기는 했지만 그의 병사들은 용병이었다. 의사소통이 어렵고 병사들이 독립적인 탓에 무함마드의 호라즘 군대는 결집력이 부족했다.[40]

그래도 이 군대는 무함마드에게 제대로 복종했다. 그러나 무함마드는 자신의 적, 몽골을 과소평가했다. 몽골군은 더 소규모였지만, 훨씬 더 조직적이었고 능력이 있었으며, 특히 무함마드의 방어상의 이점을 약화시키기에 유리한 위치에 있었다. 몽골 병사들은 길 위든 아니든 간에 이동에 대해서 훈련을 잘 받았고 필요한 장비들도 갖추고 있었다. 그리고 이것은 무함마드의 성채들로 가는 도중에 강을 건너거나 산을 통과해야 할 때 필수적이었다. 무엇보다도 몽골은 요새화된 곳을 공격하는 방법을 알고 있었다. 금나라와의 길고 유혈이 낭자한 싸움을 겪으며 몽골은 다양한 공성 기술을 숙달했다. 칭기스는 투석기를 갖춘 한인 포병 부대를 받아들였는데, 이 투석기는 서유럽의 비틀림 공성무기와 무게추식 투석기보다 더 강력하고 정확했다. 또 몽골은 방화 발사체와 기타 폭발물에 쓰이는 중국 화약의 사용법도 터득한 상태였다. 중도에서의 전투 이후로는 무함마드의 요새들의 진흙 벽돌로 이루어진 거대한 성벽도 몽골을 두렵게 할 수 없었다.[41]

무함마드는 몽골의 군사에 관해서 잘 알지 못한 채로, 주치의 진영을 습격하라고 명령했다. 그러나 그는 어쩌면 아는 것보다 더 많은 것을 알았어야만 했을 것이다. 그의 첫 번째 실책은 나이만의 쿠출루크가 카라 키타이 영내에서 자신만의 군사를 모으고 있었던 것처럼, 매우 가까이에 있던 몽골군을 태평하게 무시한 것이었다. 무함마드와 그 주위의 사람들은 몽골이 능력 있는 전사라는 것을 알고 있었지만 그들을 직접적인 위협으로는 보지 않았고, 카라 키타이는 무너졌지만 자신은 몽골을 물리칠 수 있다고 믿었다. 무함마드는 몽골에 집중하는 대신, 더 급한 문제라고 생각하는 것을 처리하느라 바빴다. 그는 부하라와 사마르칸트의 정복을 추진함으로써 카라 키타이의 내부적 쇠락을 이용하기로 결정했다. 그러한 정복은 무함마드의 확장주의적인 이익을 만족시키기는 했지만, 동시에 몽골과의 충돌 노선으로 그를 몰아넣었다. 카라 키타이가 서쪽에서는 호라즘인들에 의해서, 동쪽에서는 몽골에 의해서 분해되자, 무함마드는 칭기스 칸과 경계를 공유하게 되었다.[42]

충돌은 무역의 맥락에서 시작되었다. 무슬림 식자층의 오랜 중심이었던 부하라와 사마르칸트는 몽골이 관심을 둔 활발한 상업의 중심이기도 했다. 1218년 칭기스 칸은 많은 양의 금, 은, 비단, 담비 모피, 가죽 등

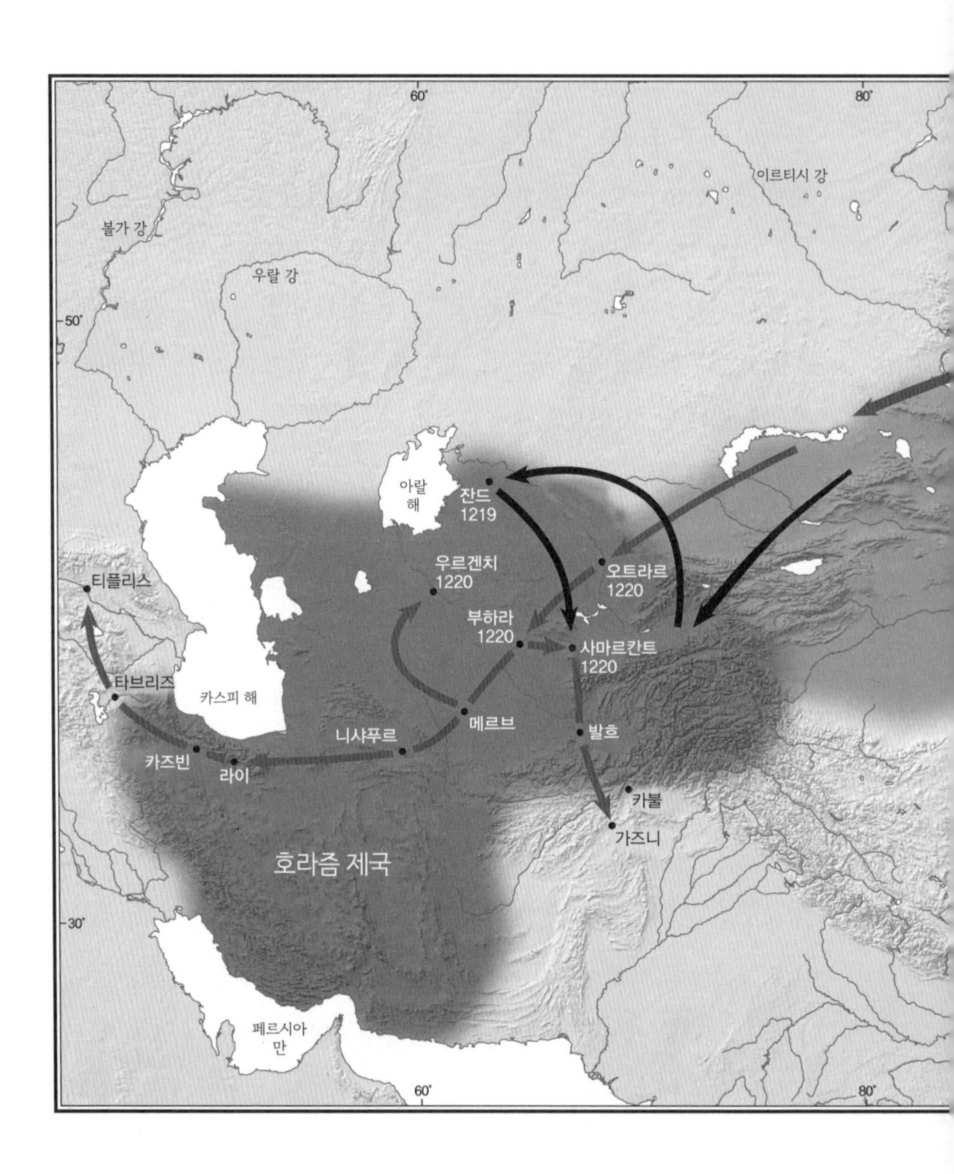

60°
80°
이르티시 강
볼가 강
우랄 강
50°
아랄 해
잔드 1219
우르겐치 1220
오트라르 1220
티플리스
부하라 1220
사마르칸트 1220
타브리즈
카스피 해
메르브
발흐
니샤푸르
카즈빈
라이
카불
가즈니
호라즘 제국
30°
페르시아 만
60°
80°

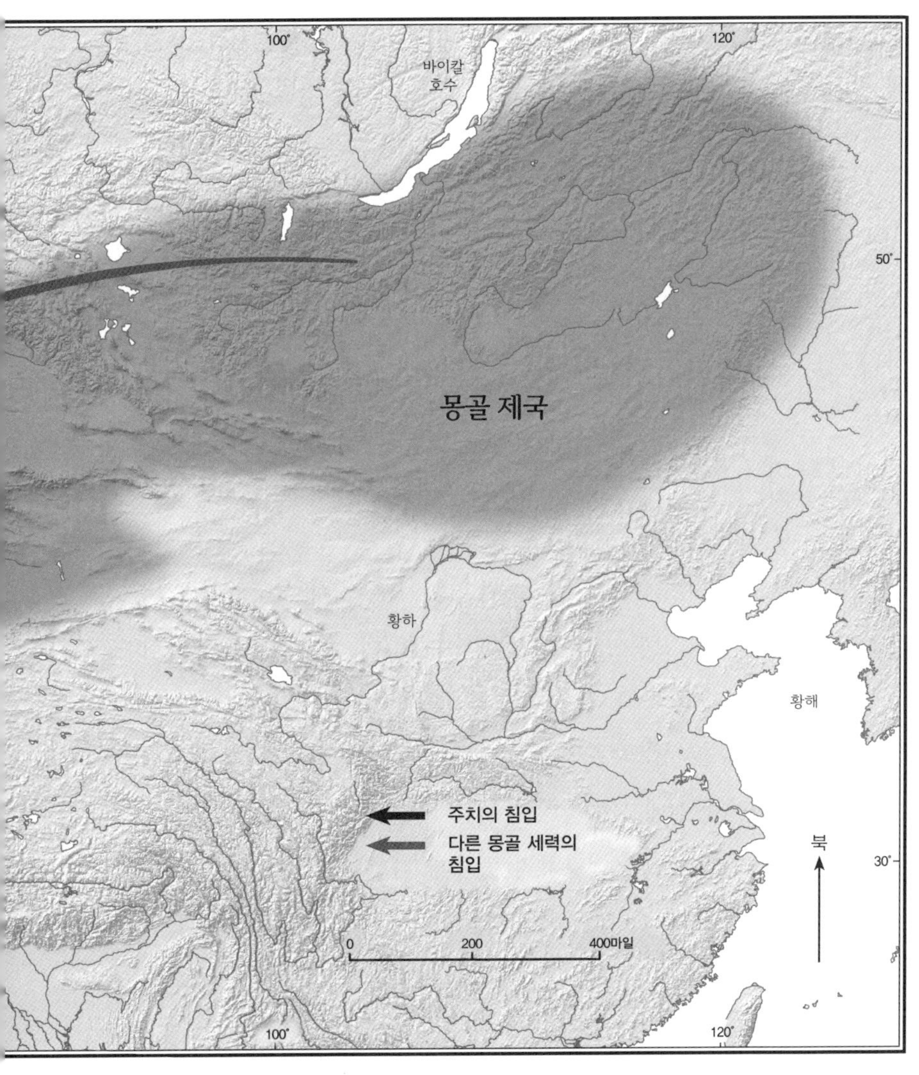

호라즘 제국의 중앙아시아와 이란 정복, 그리고 몽골의 침입로. “1219” 등 지역 아래에 있는 숫자는 정복 연도이다.

을 가진 약 450명의 대상(隊商)을 부하라와 사마르칸트로 보냈다. 그런데 몽골의 영역과 가장 가까운 도시였던 오트라르에 있던 무함마드의 총독이 그 대상을 도중에 멈춰 세웠다. 칭기스 칸은 이 소식을 받자마자 1219년 7-8월 무렵에 무함마드에게 사신을 파견하여, 두 제국 사이의 무역 협정에도 불구하고 그 상단이 목적지에 도달하지 못하게 저지되었음을 지적했다. 이에 무함마드는 그 상인들이 첩자 행위를 했다고 비난하는 것으로 대응했다. 무함마드는 그 상인들을 죽이도록 명했고, 물건들은 자신의 이익을 위해서 부하라와 사마르칸트의 시장에서 판매하도록 했다.[43] 이 사건은 호라즘 제국의 군대가 주치의 진영에 공격을 시작한 무렵에 일어났다.

무함마드는 오트라르를 넘어 중앙아시아, 이란, 이라크로 향하는 노선을 장악했다. 이로 인해서 상업적 교환에 경제적, 정치적으로 상당히 투자했던 몽골이 주요 무역 대상으로부터 단절되었다. 칭기스는 무함마드가 몽골 상인들을 가로막은 것을 전쟁 행위로 이해했다. 그러나 무함마드를 비판했던 동시대 사람들처럼 무함마드가 단순히 도발적이었을 뿐이었다고 평가하는 것은 정당하지 못하다. 예를 들면 첩자 행위라는 비난이 아마 틀린 말은 아니었을 것이다. 칭기스 칸이 인가한 상인들인 오르탁(ortaq)은 여러 사건들과 외국 조정을 관찰했고, 이렇게 알게 된 사실들을 몽골 제국 중앙에 전달했다.

물론 무함마드에게도 몽골 진영에서 활동하는 첩자가 있었다. 그러나 첩자 행위라는 비난이 몽골의 경제적 고립을 정당화하는 구실에 불과했더라도 무함마드에게는 몽골을 밀어붙여야 할 전략적인 이유가 있었는데, 당시 몽골이 침략의 징후를 분명히 보이고 있었기 때문이다. 주치는 무함마드의 제국의 경계에서 군사 작전을 몇 차례 이끌었고, 카라 키타이 영역을 둘러싼 경쟁은 무함마드와 그의 측근들을 격분시켰다. 1218년 무렵 무함마드는 자신의 영토로 유입된 카라 키타이 망명자들을 통해서 몽골의 힘에 대한 정보들을 충분히 확보했다. 실제로 무함마드의 군대는 몽골로부터 도망친 사람들로 넘치고 있었는데, 이는 무함마드 세력을 강화시키는 동시에 몽골의 능력에 관한 관심을 고취시켰다. 호라즘인들을 위해서 일하던 킵차크 기병들 역시 몽골과 접촉한 적이 있었고, 몽골의 전투 기술과 용맹함에 관한 이야기를 해줄 수 있었다.

자신의 상인들이 살해된 데에 대한 칭기스의 반응은 몽골의 심리전을 보여주는 전형적인 사례였다. 전투 전에 적들과 의례적인 교환을 하는 것이 몽골의 관습이었다. 그들의 외교에는 위협적이고 제멋대로에 종종 모순적인 전언이 포함되었는데, 적에게 항복할 마지막 기회를 준다면서 실제로는 상대의 분노를 자극해서 공격적으로 행동하게끔 떠밀려고 했다. 몽골인들은 공격을 받으면 전투를 벌여서 상대를 죽일 수 있는 권한을 얻는다고 생각했다. 호라즘 제국의 경우에 칭기스의 사신들은 다음과 같은 서신을 가지고 있었다. "그대는 나의 사람들과 상인들을 죽이고 그들로부터 나의 재물을 가져갔다! 전쟁을 준비하라. 나는 그대가 저항할 수 없는 군대와 함께 그대에게 향하고 있다." 화가 난 무함마드는 몽골 사신의 대표를 살해하고 그 동행인들의 수염을 자르도록 명함으로써 몽골을 모욕했다. 그는 그들을 칭기스 칸에게 돌려보내면서 서신을 전했다. "비록 그대가 땅끝에 있지만 그대에게 벌을 주고 그대의 부하들과 똑같이 해주기 위해서 그대에게 갈 것이다."[44]

당시 무함마드와 그의 참모들은 몽골이 무시무시한 존재임을 알고 있었지만, 전투에는 자신들이 유리하다고 생각했다. 그러나 전쟁 준비 과정에서 호라즘 제국과 그 군대의 결속력 부재가 표면으로 드러나면서 첫 번째 문제가 나타났다. 무함마드의 참모들은 서로 싸웠다. 존경받는 법학자였던 시하브 앗 딘 알 히와키는 지방 총독들이 분산된 군대들을 모아야 하며 무슬림 상류층이 군대와 현금을 징발하도록 명령해야 한다고 주장했다. 그는 또 샤의 군대가 몽골보다 빠르게 이동하여 몽골이 맞닥뜨릴 첫 번째 주요 장애물인 시르-다리야 강변에서 기다렸다가 맞설 것을 제안했다. 그러나 무함마드의 아미르(amir : 군사 지휘관)들과 조정 내 참모들에게는 다른 계획이 있었다. 그들은 몽골이 큰 강, 그리고 몽골과 무함마드의 군대 사이에 있는 천산 산맥의 좁은 협곡을 통과하기 어려울 것이라고 생각했다. 따라서 호라즘 제국의 지휘관들은 군대를 강으로 서둘러 이동시키는 대신에, 몽골이 시르-다리야 강을 통과하여 내륙으로 진출하도록 내버려두었다. 그들은 몽골이 지형을 잘 모르므로 산길에서 습격할 수 있다고 판단했다.[45]

만약 지휘관들이 무함마드와 그의 조언자 시하브 앗 딘 알 히와키의 말을 따랐다면 전쟁의 결과가 달랐을지도 모른다. 그러나 분명한 것은 몽골이 그 지역의 험난한 지형으로 진출하면서 어디로 들어가고 있는지를 잘 알고 있었다는 점이다. 무함마드는 몽골이 전쟁을 할 때 선발대를 체계적으로 활용한다는 특징을 몰랐다. 이 기병들은 무거운 전쟁 장비 대신 가벼운 장비만을 소지했다. 기병들의 목적은 요새와 마을을 약탈하거나 파괴하는 것이 아니라—단, 어떤 성채를 공격해야 할 때면 그 자리에서 공성 무기를 만들었다—도로를 정찰하고 토착민들, 적에 대해서 정확한 정보를 획득함으로써 대군을 위한 길을 닦는 것이었다. 때때로는 암살 부대로 활동하기도 했다. 제베와 수베데이는 서정군(西征軍)으로 알려진 부대를 이끌었다. 그들의 첫 번째 임무는 무함마드를 죽이는 것이었다.[46]

여러 사료들에 따르면 서정군은 1만 명에서 3만 명 사이로 구성되었다. 이븐 알 아씨르는 기록하기를, 다른 몽골군이 다른 곳에 있는 동안이 정찰병과 전사들이 "후라산 지방의 서쪽을 여행했고", "우리의 땅 깊숙이 침투했다."[47] 이것은 몽골이 전쟁을 수행할 때의 또다른 특징을 보여준다. 몽골은 군사 협동이라는 측면에서는 비할 수 없는 장인으로, 여러 대규모 작전들을 동시에 전개할 수 있었다. 칭기스는 여러 군대를 파견했는데, 각각은 더 큰 전략 속의 서로 다른 측면을 맡고 있었다. 따라서 제베와 수베데이가 하나의 군대를 맡는 동안, 주치는 다른 군대를 지휘했다. 주치는 천산 산맥을 통과하여 호라즘 일대의 통제권을 장악한 후에 사마르칸트에서 아버지와 합류하라는 명령을 받았다.[48]

그동안 서정군은 자신들의 길을 찾기 위해서 향도(嚮導)에 의지했다. 그들은 오늘날의 아프가니스탄과 타지키스탄의 국경에 있는 바흐시 강 하구 근처 펀자브에 아무-다리야 강을 건널 수 있는 지점이 있음을 발견했다. 몽골은 펀자브에서 배를 발견하지 못했음에도 불구하고 쉽게 도하했다. 몽골군은 산악 지형을 횡단하거나 요새화된 도시를 공격하는 데에 익숙한 만큼 강을 건너는 데에도 능숙했다. 이븐 알 아씨르는 다음과 같이 묘사했다.

> 몽골인들은 나무로 된 큰 물통 같은 것을 만들고 이를 가축의 가죽으로 덮어서 물이 스며들지 못하게 했다. 그들은 무기와 소지품을 그 안에 넣고, 말들을 물에 들어가게 한 후에 자신들의 몸에 나무 물통을 연결한 채 말 꼬리를 붙잡았다. 그렇게 말은 사람을 끌었고, 사람은 무기와 다른 물건으로 가득한 물통을 끌었다. 그들 모두는 한 번에 강을 건넜다. 호라즘의 샤는 그들이 자신과 같은 땅에 있다는 사실을 알게 되었다.[49]

일단 몽골이 아무-다리야 강을 건너자, 호라즘 제국은 더 이상 그들의 침입을 막을 수 없었다. 무함마드는 야전에서 몽골에 승리할 수 없다는 것을 깨달았고 백성들과 군대에 잠복할 것을 명했다. 그는 더 큰 군대를 소집하고자 호라즘 지역과 후라산으로 철수했고, 부하라와 사마르칸트 주민들에게 장애물을 설치하고 공성을 준비하도록 지시했다. 그러나 1220년 2-3월에 몽골군이 공격했을 때, 무함마드가 도시를 방어하기 위해서 남긴 수천 명의 기마 수비군은 그 적수도 되지 못했다. 수비군은 빠르게 임무를 포기했고 시민들은 항복했으며 칭기스 칸은 지역 상인들이 자신의 상인들에게서 빼앗아간 것들을 회수했다.[50]

무함마드는 끊임없이 이동하고 숨으면서 그 지역의 도시들—오트라르, 라이, 카즈빈, 메르브, 니샤푸르 등—을 지키기 위해서 군대를 파견했다. 그러나 모두 결국에는 부하라, 사마르칸트와 동일한 운명을 맞이했다. 한 도시가 저항을 할 때마다 몽골은 그들의 방어선을 무너뜨리고 주민들을 해자(垓子)로 몰아넣었으며 흉벽을 파괴했다. 또 주민들은 그 지역의 세력가, 상인, 장인들의 명단을 몽골에 넘겨야만 했다. 몽골인들은 세력가와 상인들에게 그들이 가진 모든 것을 헌납하도록 강요했고, 장인들은 쓸모가 있다고 판단하여 동쪽으로 보냈다. 몽골은 여성, 아이, 일꾼들을 직접 차지했고, 포로들을 여러 진영에 분산시키고 분배했다. 1221년 무렵에는 수도 우르겐치를 제외한 모든 도시들이 함락되었다. 주베이니에 따르면, 무함마드의 한때의 제국에서 심장부에 위치했던 우르겐치는 "망가진 줄로 된 천막처럼 한가운데에 남아 있었다."[51]

몽골은 정복한 도시들을 완전히 쓸어버리지 않는 경우, 소수의 사람들을 다루가치(darughachi) 또는 바스칵(basqaq)이라고 부르던 관리의 지휘 아래에 남겨두었다. 주민들은 병사들에게 식량, 의복, 돈, 노동력을 제공해야 했다. 하마단이나 헤라트 등의 도시에서는 그러한 전략이 실패했는데, 주민들이 다루가치를 바로 살해해버려서 몽골이 반격해야 했기 때문이다. 몽골은 혼란이 진정된 후에 남아 있는 도시 주민들을 자신의 군대로 통합했고, 적에게 인상을 남기기 위해서 대규모로 행군하게 했다.

이 일종의 과시는 몽골의 중요한 전술이었다. 칭기스 칸의 군대는 종종 규모가 작았기 때문에, 포로는 군대의 규모를 크게 보이게끔 할 수 있었다. 몽골은 적들이 싸우지 않고 항복하도록 조장하기 위해서 이 거짓 대군을 행진시켰다. 또 몽골은 포위 중인 도시의 성벽 밖에 이 포로들을 두었고 때로는 잘 보라는 식으로 학대를 가했는데, 이는 운명을 기다리는 도시 주민들의 사기를 꺾기 위함이었다. 또 몽골군은 포로들을 자신과 적 사이에 배치해서 인간 방패로도 사용했다.

사람들을 약탈하는 것 이외에, 몽골은 엄격한 군사 규율에 따라서 희생자들로부터 재산을 취했다. 그러나 몽골군은 약탈자라기보다는 명령과 임무를 받드는 병사들이었다. 그들은 운반할 수 있는 것만 가져갔고 그럴 수 없는 것은 불태웠다. 빼앗은 것들은 사적인 전리품이나 노획물이 아니었다. 빼앗은 물품은 몽골 진영으로 보내졌고, 그곳에서 투멘에 따라 분배되었다. 병사들과 함께 온 여성들이 가축과 다른 물품들을 관리하면서 몽골 진영을 운영했다. 몽골군은 완전히 자급자족적인 것처럼 보였고, 이는 외부인들에게 깊은 인상을 남겼다. 이븐 알 아씨르는 "타타르인들은 식량 및 식품의 공급을 필요로 하지 않는다"라고 했는데, 이때 그는 몽골의 경쟁자였다가 다시 칭기스 칸 아래로 포함된 타타르를 몽골과 하나로 보고 있다. "몽골인들에게는 양, 가축, 말, 짐 나르는 동물들이 있었고, 그들은 그 동물들의 고기 이외에 다른 것은 먹지 않았다. 그들이 타는 동물들은 발굽으로 땅을 파서 식물 뿌리를 먹었는데, 보리는 알지 못했다. 따라서 그들이 진영을 세울 때 외부로부터 필요한 것은 아무것도 없었다." 몽골의 중앙아시아 원정을 목격한 이들은 몽골의 전략 및 전술적인 재능부터 놀라운 이동성, 엄격한 규율, 새로운 환경이나 기상의 변화에의 적응까지 그들의 많은 능력을 증언했다.[52]

칭기스 칸은 1220년에 이미 시르-다리야 강과 아무-다리야 강 사이의 지역을 지배했는데, 이는 오늘날 우즈베키스탄의 거의 전체에 달한다. 그러나 무함마드는 아직 붙잡히지 않은 상황이었다. 서정군은 이란 북부를 가로질러서 카스피 해 남쪽 해안에 이르기까지 계속 그를 추적했다. 무함마드는 자신의 수행단, 짐 수레, 가족을 버렸다. 소규모 친위대의 보호를 받던 그는 신분을 바꾸고 사라졌다. 그가 카스피 해의 한 섬에 있는 성에 숨어 있다는 소문이 돌았다. 상인들과 목격자들은 하마단, 라이 등 이란의 도시에서 그를 보았다고 이야기했다. 무함마드에 관해서 떠돌던 많은 이야기들은 누구도 그가 어디에 있는지 또는 살아 있는지 여부를 모른다는 단순한 사실을 드러냈다. 그리고 이는 동시에 무함마드 정권의 큰 약점, 즉 통신 체제의 부재를 나타냈다. 사람들은 무슨 일이 벌어지는지를 정확히 알 수가 없었고, 사라진 군주에 관한 잘못되고 혼란스러운 정보들 때문에 남아 있는 아군들은 조직될 수가 없었다. 이븐 알 아씨르는 "후라산과 이라크 동부는 그들을 보호할 방어자와 술탄이 없는 '풀려난 야수'가 되었다. 반면, 적들은 나라를 돌아다니며 원하는 대로 가져가거나 남기고 있다"라고 기록했다.[53]

무함마드에 대한 동시대인들의 비난을 읽다 보면, 몽골은 거의 어려움을 겪지 않았고, 그에 반해 준비가 매우 미흡했고 와해되었으며 제대로 지휘되지 않은 호라즘 제국의 군대를 손쉽게 이기는 등 그 전쟁이 몽골의 입장에서는 수월했다는 인상을 받게 된다. 그러나 진실은 더욱 복잡하다. 전쟁은 1219년부터 1221년까지 2년간 지속되었고, 그동안 몽골이 일부 도시와 요새들을 정복하는 데에는 큰 노력과 대가가 따랐다. 몽골은 만수르쿠흐 요새 공성전에 10개월을 소요했고, 수도 우르겐치는 적어도 4개월간 포위되었다. 이븐 알 아씨르가 우르겐치에 대해서 기록한 것처럼, 몽골의 손에 함락되자 "그 도시는 버려진 폐허가 되었다." 최근 연구에서는 칭기스가 우르겐치 공성전을 실패로 판단했다고 주장하는데, 몽골은 원래 그 도시를 차지하려고 했지 파괴하려고 하지는 않았기 때문이다. 많은 몽골 병사들이 공성전 도중에 나프타 폭탄, 투석, 백병전으로 사망했다. 몽골인들은 그 도시보다 몽골 측이 더 많은 것을 잃었다고 생각했고, 그래서 그 도시를 초토화시켰다. 공성전이라는 난제는 의심의 여지없이 지휘권 분쟁 때문에 악화되었다. 칭기스의 아들 모두가 전략에 동의하지는 않았기 때문이다. 그외에도 1220년 카즈빈에서는 주민들이 몽골에 격렬히 저항했고 셀 수 없이 많은 몽골 병사들과 4만 명에 달하는 카즈빈 사람들이 사망했다. 몽골이 심각한 피해를 입지 않았다면, 그렇게 많은 포로들을 새로운 병사로 데려갈 필요가 없었을 것이다. 그 전쟁은 칭기스에게 완전한 정치적 승리라고 할 수도 없었다. 제베는 승전하여 상당한 부와 위신을 얻었고, 그 때문에 칭기스에게 위협이 되었다. 칭기스가 무함마드를 추격하도록 제베를 보낸 이유가, 제베가 칸에게 저항하지 못하도록 붙잡아두기 위함이었다고 믿을 만한 근거가 있다.[54]

칭기스의 힘은 그가 호라즘 원정에서 승리할 수 있었던 원인 중에 일부에 불과하다. 그는 무함마드의 정치적, 군사적 실책, 그리고 이슬람 세계의 다른 지역들이 무함마드를 돕지 않으려던 것 등으로부터도 이익을 보았다. 이슬람 사료를 살펴보면, 바그다드에 위치한 압바스조 칼리파가 무함마드 군대에 있는 카라 키타이 부대에 서한을 보내서 술탄을 버리라며 선동했고 심지어 돈까지 주었다는 소문이 계속 등장한다. 칼리파와 무함마드의 경쟁 관계가 두 무슬림 통치자 간의 연합 가능성보다 분명히 우세했던 것이다.[55]

또 몽골은 무함마드의 아들인 잘랄 앗 딘이 인도로 도망가는 바람에 호라즘 제국의 적들을 완벽하게 파괴하는 데에도 실패했다. 몽골은 그를 라호르 주변까지 계속 추격했다가 귀환했다. 잘랄 앗 딘은 펀자브에 정착해서 군사를 모으고 오늘날의 카불 일대를 무장 국경 지대로 만들었다. 몽골이 잘랄 앗 딘의 저항을 절멸시키고 호라즘 제국 술탄들의 시대를 종식시키기까지 십수 년이 소요되었다. 심지어 그때조차 호레즈미야라고 알려진 잘랄 앗 딘의 충성스러운 기마 호위병들은 이라크, 시리아, 이집트로 달아났고, 용병 및 고급 노예로서 그 지역의 아이유브 왕조를 위해서 복무하면서 몽골과의 전쟁을 다시 시작할 준비를 했다.[56]

중앙아시아 원정이 몽골의 지배가문 내의 깊은 갈등을 초래했고—또는 드러냈고—그 결과로 칭기스가 장자인 주치에 대한 총애를 거두었다는 점이 아마도 가장 중요할 것이다. 1220년대와 중앙아시아 전쟁 내내, 만약 주치가 아버지의 왕위를 물려받을 만큼 오래 살기만 한다면 그가 칭기스의 첫 번째 계승자, 즉 모든 몽골인들의 다음 칸이 될 것이라는 데에는 의심의 여지가 없었다. 실제로 그 전쟁은 주치의 지위를 강화시켰어야 했다. 동생인 차가타이와 우구데이가 호라즘에서 보조 작전을 펼치는 동안, 주치의 군사는 독립적으로 핵심 임무를 수행하고 있었다. 주치의 대군은 시르-다리야 강을 따라 남하하면서 우르겐치로 가는 길에 있는 마을들을 하나하나 점령해갔다. 주치의 대군은 수도를 강화할 수 없도록 마을들을 패배시켰고, 결국 우르겐치도 차지했다. 삼림민들의 복속과 카자흐스탄 서쪽 일대에 있던 메르키트의 멸망을 이끈 것도 주치였다. 그는 아버지의 약속, 즉 이 모든 땅을, 심지어 아직 정복되지도 않은 땅을 주치에게 하사한다는 그 약속을 지키고 있었다. 그리고 이제 주치가 정복을 하고 있었다. 그가 군사적 승리를 거둘 때마다 토착민, 그리고 결정적으로는 같은 몽골인들이 느끼는 시베리아와 중앙아시아의 통치자로서의 그의 정통성이 강화되었다.

그러나 두 가지 결정적인 실수가 있었다. 첫째, 주치가 우르겐치를 차지하기는 했으나, 그 도시는 전쟁 중에 거의 완전히 파괴되었다. 무역, 공예, 지식인의 중심이었던 우르겐치는 손상되지 않아야 유용했나. 그러나 주치는 이러한 측면에서 실패했다. 둘째, 주치는 전리품을 자신의 소유물로서 분배할 수 있다는 듯이 우르겐치에서 확보한 것들을 오직 자신과 형제들 사이에서만 공유했다. 그 아들들은 아버지를 위해서 쿠비(qubi), 즉 몫을 전혀 남기지 않았다. 칭기스는 분노했다. 그는 아들들과의 어떤 접견도 거부했다. 아들들이 무칼리와 칭기스의 심복들의 중재를 통해서 겨우 자신들의 잘못을 빌기 전까지 말이다. 칭기스는 아들들을 용서했지만, 둘째 아들 차가타이에게 호라즘 제국의 세수로부터 일정한 몫을 하사함으로써 그 지역에 대한 주치의 권한을 약화시켰다. 이것은 칭기스 정권의 새로운 전략의 시작이었다. 칭기스는 아들들 중에 누구도 자신을 물러나게 할 수 있을 만큼 강력해질 수 없을 것을 염려하여 아들들이 서로를 견제하게 했다. 즉, 한 명의 아들이 다른 아들의 영역에서 재산 및 권리를 가져가는 체계를 시행한 것이다. 주치는 이제 첫 번째 계승자가 아니라 자신의 형제들과 같은 제한을 받는 동등한 입장이 되었다.[57]

1222년 봄에 도사 구처기가 칭기스 칸을 만나기 위해서 도착했을 때, 그 몽골의 통치자는 늙어가고 있었고, 그의 아들들은 주도적 위치를 차지하려고 애쓰고 있었다. 칭기스는 후계자를 임명하지 않았다. 그의 계승에 관한 의문은 열린 채로 남아 있었고, 그래서 1227년 그의 사후에는 격렬한 경쟁이 일어나게 될 것이었다. 그리고 주치의 소외는 계속 심해져만 갔고, 이는 이후 수십 년간 그의 후손—즉, 호르드—의 자치를 위한 토대를 놓았다.

제2장

서쪽으로

중앙아시아 원정 동안의 실수로 주치는 칭기스 칸의 후계자로서의 지위를 상실했지만, 상속권을 빼앗긴 것은 아니었다. 주치는 왕위에 대한 권리는 잃었지만 여전히 자신만의 사람과 땅을 하사받았다. 그의 울루스가 독점적으로 팽창할 수 있는 권한을 가진 땅도 있었다. 동시에 그는 자기 영지의 세수 일부를 형제들과 공유해야 했지만, 형제들도 주치와 이익을 나누었다. 이것은 전사이자 입법자인 칭기스 칸이 발명한 새로운 체계였다. 그런데 이 법이 새롭기는 했지만, 엄격히 말해서 당시까지 완전히 없었던 것은 아니었다. 칭기스 칸이 상속 계획에 새겨넣은 권력의 균형은 몽골의 정치경제학에서 공유의 중요한 역할을 깊이 반영한 것이었다. 그 역할은 칸의 법 이전부터 존재했다.

허세적 관용은 초원민들 사이에서 오래된 통치 행위였다. 통치자들은 부를 나누어주면서, 자신이 일종의 아버지이자 비할 데 없는 공급자임을 보여주었다. 이에 따라 칭기스는 전쟁 이후에 개최되는 쿠릴타이에서 전리품, 가축, 포로를 공개적으로 재분배했다. 공유가 통치자만의 행위인 것은 아니었다. 모든 사회계층의 몽골인들은 그들의 삶 전반에 걸쳐서 부를 분배했다. 아들과 딸은 부모가 사망하기 전에도 가족의 재산에서 자신의 몫을 받을 수 있었다.

가축 공유, 결혼 선물, 그리고 침략이나 계절별 착유와 같은 공동 사업 이후의 지불이 세 가지의 주요 재분배 제도였다. 가축 공유는 제3장에서 더욱 세세하게 논의할 텐데, 신분이 낮은 몽골인이 더 높은 사람에게 가축을 빌리는 것을 뜻한다. 그런데 상대적으로 가난한 유목민이 부유한 사람이 소유한 가축의 젖을 짤 수도 있었다. 젖을 짜는 계절 동안 유목민들이 발효된 우유를 칸에게 바치면, 칸은 그후에 술 마시는 축제에서 그 발효된 우유를 사람들에게 분배했다. 제1장에서 살펴보았듯이 전리품은 투멘 체제를 통해서 위에서부터 아래로 분배되었다. 결혼 선물이란 부유한 유목민이 자식이 결혼할 때 가축과 속민들을 그 부부에게 나누어주는 것을 뜻한다. 딸은 결혼할 때 상당한 양의 인주(inju), 즉 지참금을 받고, 아들은 가축들 중에 자기의 몫을 받는다. 장자와 막내아들이 종종 더 선호되기는 했지만, 아들들에 대한 분배는 상당히 평등한 편이었다. 부부는 결혼하면 별도의 게르(ger), 즉 모전 천막에서 거주했는데 가축과 재산이 충분하다면 가족 무리를 떠날 수도 있었다. 장자는 부모로부터 가장 먼 곳으로 떠났고, 종종 별도의 무리를 구성했다. 화로를 지키는 사람이라는 뜻의 옷치긴(ochigin)이라고 불리던 막내아들만이 부모가 사망할 때까지 함께 살았고, 그후에 부모가 남긴 가축들을 세습했다.[1]

이러한 관습들에서 볼 수 있듯이 분배 체제에는 어느 정도 평등주의적인 특징이 있었다. 집단 목축과 전리품의 아래로의 재분배는 평민들에게 물질적인 안락을 다소 가져다주었다. 그러나 분배는 계층화를 강화시키기도 했는데, 세습 규범이 가족 재산의 집중 및 영속화를 보장했기 때문이다. 이 규범들은 유연하게 적용되어서, 통치자나 공동체는 연소자를 연장자보다 위로 높임으로써 연소자가 더 큰 부 또는 권력을 얻도록 결정할 수도 있었다. 전통에 따르면 초원 유목민들 사이에는 연공서열이 중요했지만 말이다. 즉, 이 계층화는 가변적이었고, 정치 체제도 마찬가지였다. 칭기스 칸이 주치를 첫 번째 계승자의 위치에서부터 대칸의 지위 계승에 대한 우선권이 없는 동등한 사람들 중의 첫째로 강등시킨 것도 이 가변성을 활용한 사례이다.

칭기스는 정실이 낳은 네 아들들을 부유한 유목민이 하듯이 대했으나, 그가 분배할 것들은 가축 그 이상이었다. 그에게는 막대한 영토, 수천 명의 사람들, 통치 지위가 있었다. 1220년대에 이르자 제국은 카라키타이와 호라즘 제국의 예전 영토를 차지하면서 더욱 거대해졌다. 칭기스는 완강했던 타이치우트, 타타르, 케레이트, 나이만, 메르키트 등의 모전 천막 거주자들을 20년에 걸쳐서 통합했고, 몽골리아 전역에 대한 통제권을 확보했다. 주치는 1207-1208년 오이라트, 키르기스, 부랴트, 투메트, 시베리아 삼림의 작지만 오래 지속된 집단들을 몽골의 지배 아래 두었다. 그리고 1207년부터 1212년까지 옹구트, 위구르, 카를루크, 만주 일대의 거란인 등 몽골의 모든 정주 이웃들이 스스로 복속했다. 거의 동시에 칭기스 칸은 성공적으로 중국의 서부, 북부, 동부를 공격했고, 이는 1211년에는 탕구트의, 1215-1216년에는 금나라의 일시적인 충성을 이끌어냈다. 고려는 1219년에 항복했다. 칭기스 칸이 부를 나눌 준비가 되었을 무렵, 그는 유라시아의 3분의 1을 지배하고 있었다.

칭기스는 자신의 아들들에게 초원을 분배했다. 차가타이는 투르키스탄 서부를, 우구데이는 중가리아와 이후에는 중앙 몽골리아를, 톨루이는 몽골리아 동부를, 주치는 몽골리아 서부와 시베리아 삼림, 그리고 이후에는 서쪽(킵차크) 초원을 받았다. 칭기스의 가족 누구도 중국 북부, 후라산, 호라즘과 같이 상대적으로 밀집 거주 지역에서는 살지 않을 예정이었다. 이런 지역들은 생활 방식이 더욱 도시화되고 대개 정주적이었다. 황금 씨족 중에 높은 지위의 몽골인들은 주민들이 생산하는 부로부터 이익을 얻기 위해서 그 지역들에 살 필요가 없었다. 황실 친족은 도시 지역의 일부를 할당받았고, 그곳에서 거두는 세수 중에 자신의 몫을 받았다. 그 지역을 할당받은 몽골인들은 다소 부재한 지주처럼 운영했다. 즉, 자신의 이익을 반영하고자 대리인 또는 재무 담당자—아마도 그 지역의 토착민—를 그 지역에 임명했다. 몽골인이 임명한 사람은 호구조사를 하고 장부를 검사하고 세수 납부를 통제했다. 따라서 칭기스 칸의 중앙 사무국 이외에, 그 지역을 할당받은 몽골인의 자산을 운영하기 위한 더욱 소규모의 토착 행정이 있었다.[2]

주치에게 주어진 총애는, 그가 칭기스의 친아들이 분명히 아니었음에도 불구하고 칭기스가 그를 친아들로 여겼음을 보여준다. 주치는 아마도 부르테와 메르키트의 한 수령 사이에서 태어났을 것이다. 그러나 칭기스는 그를 자신의 아들로 키웠다. 몽골 제국의 공식적인 역사 기술—권력을 두고 주치 가문과 경쟁했던 톨루이의 후손들로부터 후원을 받아서 1251년에 수정되었다—은 주치를 사생아로 묘사했다. 그럼에도 불구하고 주치는 고향으로부터 가장 먼 곳에 위치한 최고의 영토 한 곳을 받았다. "[북서쪽] 방향으로 타타르의 말발굽이 닿는 곳까지." 평범한 유목민의 장자가 부모로부터 가장 멀리 떨어진 곳에 정착했듯이, 이 거리는 주치가 장자임을 나타낸다. 그에게는 시르-다리야 강 유역과 볼가-우랄 지역이 포함된 지역이 할당되었는데, 이 지역은 볼가 강이 흐르면서 아시아의 북서쪽에 있는 가장 좋은 초지에 물을 제공하는 킵차크 초원의 중심이었다. 또 주치는 이르티시 강 유역과 호라즘의 일부를 받았고, 이후 정복될 지역 및 사람들에 대한 지배도 보장받았다. 마지막으로 주치는 조상들의 눈툭(nuntug), 즉 그가 돌아갈 고향이자 그의 친족들이 묻힐 장소를 받았다. 주치의 눈툭은 시베리아 남부와 알타이 산맥 사이의 이르티시 강 일대에 있는 메르키트와 나이만 영역에 있었다.[3]

또한 칭기스는 그의 병사들을 배분했다. 그는 각 아들에게 피정복민과는 별개로 4,000명의 몽골인을 주었는데, 그의 군대가 아마도 15만 명이 넘지 않았을 것이라는 점을 생각하면 상당한 숫자였다. 이 물려받은 병사들은 특별한 지위를 누렸다. 그들은 다른 황실 친족 구성원에게 양도될 수 없었다. 게다가 진정한 능력을 갖춘 사람들이 이 병력을 지휘했다. 칭기스는 이 지휘관들이 아들들보다 현명하며 전장에서의 경험이 많기 때문에 이들을 선출했다고 분명히 밝혔다. 이 지휘관들은 최소한 공식적으로는 주인—칭기스의 네 아들—을 자발적으로 모시고 있었다. 그들은 칭기스의 각 아들에게 주어진 네 개의 새로운 케식의 중핵이 되었다.[4]

주치를 모시는 말 탄 궁수들은 1,000명으로 구성되는 부대인 밍간(minggan)으로 조직되었고, 다양한 출신의 지배층 전사들이 지휘했다. 주치의 지휘관들은 타이치우트, 후신, 킹구트, 제우리예트 출신의 몽골인들이었다. 부대의 다양성은 의도적이었다. 옛 오복의 구분이 깨져야만 했기 때문이다. 통치 가문은 오직 칭기스 칸의 직계 친족과 그 황금씨족뿐이었다. 그리고 울루스는 오직 몽골뿐이었다. 칭기스의 정책들은 사람들이 출신이나 가문들로부터 눈을 돌려 울루스로 향하게 하는 것이었다. 이를 위해서 그는 주로 군사 계층화를 통해서 연결된, 완전히 새로운 사회 단위를 만드는 방법을 썼다. 그는 혈연적 친족을 군사적 친족으로 대체하고 있었다.

주치 오르도의 핵심은 4,000명의 노련한 몽골 병사로 구성된 케식 및 그들의 가족들이었다. 그의 나머지 오르도는 수많은 하인, 노예, 데려온 외국인들로 이루어졌다. 그러나 정복한 지역에서 강제적으로 징발하고 수천 명의 전쟁 포로를 데려옴으로써 그 숫자는 곧 10배로 늘어났다.[5]

그들은 오늘 우리의 땅을 빼앗았고 내일은 너희의 땅을 차지할 것이다

예케 몽골 울루스(yeke Mongghol ulus), 즉 몽골 제국이 빠르게 호라즘 제국의 거대한 영토를 차지하는 동안, 칭기스의 최고 장군이었던 수베데이는 자신을 서쪽, 즉 킵차크 초원으로 돌려보내달라고 요청했다. 중국과 몽골의 사료를 보면 수베데이가 킵차크인들을 최종적으로 끝내고자 했다고 전한다. 그는 제베와 서정군 병력—그들은 지배집단이자 가장 경험이 풍부한 몽골군이었다—의 지원을 받을 수 있었다. 서정군의 계획은 캅카스 산맥을 통과해서 킵차크 초원으로 침입해 들어가는 것이었다. 그후에 주치와 그의 대군이 볼가 강에서 서정군과 합류할 예정이었다. 5만 명 또는 그 이상에 달하는 연합군은 동쪽으로 귀환하기 전에 볼가-우랄 지역의 사람들을 복속시키고자 했다.

1220–1221년 겨울의 추위는 가혹했고 두텁게 쌓인 눈이 초원을 덮었다. 서정군은 이란 서북 지역에서 고통을 받았다. 긴 겨울을 견디기 위해서 제베와 수베데이는 병력을 아제르바이잔 남부로 빠르게 이동시켰다.

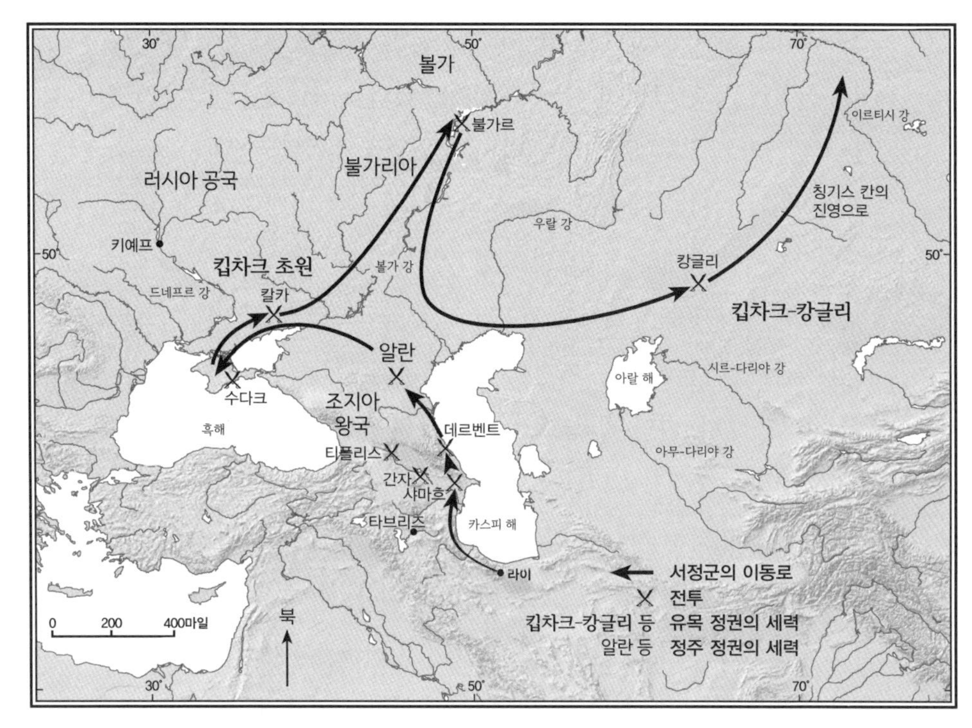

서정군의 1221–1223년 원정. 서정군은 이란에서 캅카스 산맥을 거쳐서 러시아로 간 후에 몽골리아로 귀환했다.

그들은 도중에 도시 타브리즈를 통과했고, 그곳의 통치자 우즈벡 이븐 파흘라완은 말, 의복, 현금 등을 제공하면서 몽골을 원조했다. 몽골은 미래에 몽골 제국의 경제 중심지가 되는 타브리즈에는 손대지 않았고, 서정군은 계속 이동했다. 그들은 쿠라 강에 도착하여 대(大)캅카스 산맥과 소(小)캅카스 산맥 사이에 위치한 무간 평원에서 겨울을 보내려고 했다. 무간 평원은 여름에는 거대한 진흙탕이 되지만 추운 계절에는 푸른 풀이 자라는 온화한 지역이었다. 서정군은 쿠라 강을 건너 겨울 동안 그곳에 머물렀다. 그리고 조지아 왕국으로 들어갔다.[6]

당시 조지아인들의 군주였던 국왕 라샤 기오르기는 십자군 전쟁에 만

반의 준비를 하고 있었다. 그는 이 야망에 마음을 빼앗겼고 군대의 능력에 자신이 있었기 때문에 몽골의 위협이 불러올 위급성을 과소평가했다. 그에게는 틀림없이 당연한 자신감이 있었을 것이다. 라샤 기오르기의 어머니인 타마르 대왕이 기반을 닦으며 통치한 이래로 조지아인들은 캅카스에서 지배적인 세력이 되었고 강력한 군대를 소유했다. 조지아 왕국의 기병대는 전격전에 뛰어난 강건한 군대였고, 동시대 아르메니아 역사가인 키라코스는 기병대에 대한 조지아인들의 높은 존경심을 언급하기도 했다. 다만 키라코스는 조지아의 농민들 역시 국왕과 마찬가지로 상황의 중대성을 이해하지 못했다고도 기록했다. 실제로 농민들은 침략되고 있다는 사실을 인지조차 하지 못했다. 조지아인들은 오히려 몽골을 환영했다. 조지아인들은 몽골이 "이동하는 천막 교회를 가지고 있고" 끝없이 식량을 증식시킬 수 있는 "기적을 행하는 십자가"를 소유한 기독교도라고 믿었다. 조지아인들이 어떻게 이런 생각을 하게 되었는지는 알 수 없다. 아마도 일부 몽골 병사들이 기독교 십자가처럼 보이는 것을 착용했거나, 십자가와 닮은 상징이 그려진 깃발을 가지고 있었던 것 같다. 그러나 몽골인들은 조지아인들과 협상할 생각이 없었고, 오히려 그 반대였다. 몽골은 간자와 티플리스 등 요새 도시들을 공격했고, "[그 주민들을] 모두 다 죽였다."7

결국 국왕 기오르기는 킬라트, 타브리즈, 알자지라에 있는 무슬림 이웃들과 협력함으로써 대응했다. 그들은 모두 봄에 침략자들과 싸우기로 결정했다. 그러나 서정군은 조지아인들의 바람대로 계절이 바뀌기를 기다리지 않았다. 몽골은 쿠르드, 튀르크멘, 그리고 조지아인들을 파멸시키기 위해서 온 다른 사람들과 연합했다. 1221년 1월 수베데이와 제베는 조지아 왕국을 확고하게 장악했다. 조지아인들이 더는 위협이 되지 못했기 때문에 몽골은 조지아 왕국이 축소된 형태로 잔존하도록 내버려두었다. 몽골의 목적은 그 지역으로부터 원하는 것, 특히 말을 얻는 것이었기 때문에 더 많은 주민들을 죽이고 건물을 부수는 일에 어떤 이익도 없다고 생각했다.[8]

몽골이 직면한 다음 난관은 그 원정에서 가장 어려운 문제였던 대캅카스를 통과하는 것이었다. 서정군의 지휘관들은 믿을 만한 안내자와 적절한 장비, 더 많은 말, 그리고 싸울 가치가 없는 충돌을 피할 수 있도록 현지인들을 위무할 선물이 필요하다고 판단했다. 몽골에게는 강력한 적—즉, 킵차크—이 있었고, 그 전장으로 가는 동안에는 분쟁을 일으킬 필요가 없었다. 몽골은 즉시 대캅카스로 향하는 대신에 철수하여 군대를 재편성했다. 그들은 아제르바이잔으로 돌아갔고 가장 부유한 마을을 찾아 옷과 음식, 돈 등을 요구했으며 이를 거부하거나 원하는 것을 제공하지 못하는 마을은 파괴했다. 몽골은 이 물품들을 대캅카스를 통과하는 데에 사용할 생각이었다. 1221–1222년 겨울, 몽골은 무간 평원으로 돌아가서 임무 재개를 준비했다.

대캅카스는 동유럽에서 가장 높은 산맥이다. 대군은 오직 하나의 통로를 통해서만 무간 평원에서 이곳을 통과할 수 있는데, 그 길은 알렉산드로스 대왕이 북쪽의 야만인들로부터 영토를 지키기 위해서 건립한 전설적인 요새들인 알렉산드로스의 문들이 지키고 있었다. 그 통로는 카스피 해 서쪽 해안의 좁고 긴 암석 지형을 따라가다가, 남문인 시르반과 북문인 데르벤트를 통과했다. 이 문들을 남쪽에서 공격하는 것은 거의 불가능했다. 토착 지배자인 시르반 샤는 조지아인들에 비해서는 유약했지만, 문들을 통제했다. 그리고 문들을 통제하는 사람이라면 대캅카스를 지나는 통로를 장악하는 셈이었다.[9]

제베와 수베데이는 아마도 중무장한 병력—기록에 따르면 최대 2만 명에 달했다—과 수천 마리의 말, 낙타들을 그 협곡으로 몰아넣는 것은 자살행위와 마찬가지임을 알았을 것이다. 따라서 서정군은 그 대신에, 산맥 속에 위치한 토착 정권의 수도 샤마흐에 있을 시르반 샤를 찾기로 했다. 이전에 중앙아시아에서와 마찬가지로 서정군은 수레와 공성 무기 등을 뒤에 남겨두었다. 몽골은 캅카스에서의 원정 내내 무간 평원에 짐과 잉여 말 등을 보관하는 안전한 야영지를 유지했다. 조지아 왕국의 한 사료에 따르면, 몽골이 산맥으로 진입할 때 오직 활과 말만 가지고 있었을 뿐 갑옷이나 식량, 심지어 칼도 없었다고 한다. 그들의 말에는 편자가 박히지 않았는데, 그럼에도 불구하고 암석 지형을 횡단했다는 것은 놀라운 일이었다.[10]

요새화된 도시 샤마흐에서 몽골은 성벽을 오를 때 사다리를 사용했고 주민들의 격렬한 저항을 평정했다. 몽골인들이 물품 등을 충분히 준비하지 않았음을 고려해보면, 몽골이 원정 도중에 사다리를 제작했을 것이 틀림없다. 또한 서정군은 "[죽은] 낙타, 소, 양 및 다른 동물들과 희생당한 주민들 및 다른 사람들의 시체를 한데 모았고, 하나씩 쌓아올려서 일종의 언덕을 만들었다. 그들은 그 위를 올라 마을을 정복했다." 일부 몽골인들은 썩어가는 시신 속에 갇혔고, 시신과 사체로 만든 언덕이 무너지기도 했다. 그러나 몽골은 계속해서 공격했고 마침내 "주민들은 지치고 피곤하고 탈진하여 낙담했다." 몽골의 전투에 관한 많은 기록들은 그들이 적과 손쉽게 싸웠다고 묘사하지만, 이번 전투는 명백히 격전 끝의 승리였다. 몽골은 그 도시를 차지하자마자 시르반 샤가 이미 샤마흐를 떠나 데르벤트로 갔음을 알게 되었다.[11]

다음은 속임수였다. 제베와 수베데이는 협상할 준비가 되었다고 알렸고, 시르반 샤는 그 함정에 빠져서 데르벤트에서 10명의 주요 인사 무리를 파견했다. 몽골은 그들을 두렵게 만들어 항복하게 하고자 사신 한 명을 다른 사람들 앞에서 죽였다. 이어서 몽골인들은, 서정군이 좁은 통로를 통해서 데르벤트를 우회하게끔 안내할 최고의 기병들을 넘기라고 사신들을 압박했다. 몽골은 산맥을 통해서 그 요새를 우회할 수 있다는 사실을 알았음에 틀림없다. 몽골군은 적어도 2주일 동안 눈을 헤치며 통로를 뚫고, "바위를 부수고", 그들이 찾은 아무것이나 사용하여 "깊은 구멍을 메우면서" 마침내 북쪽으로부터 데르벤트 성벽 뒤에 도착했다. 이것은 엄청난 전략적 이점이었는데, 주민들은 몽골이 남쪽으로부터 공격할 것이라고 예상했기 때문이다. 서정군이 토착 안내인의 도움을 받았다고 해도 어떻게 그 요새를 우회할 수 있었는지는 오늘날까지도 여전히 알 수 없다. 북쪽으로부터의 기습에 무방비 상태였던 현지 주민들은 서둘러 항복했고 몽골에 식량과 안전한 통로를 제공했다. 아마도 제베와 수베데이는 이 시점에 무간 평원에 있는 사람, 짐, 말 등을 소환했을 것이다. 이제 전 병력이 안전하게 대캅카스를 통과할 수 있었다.[12]

캅카스 산맥의 북쪽에는 알란, 라크즈 등 캅카스 민족들이 있었다. 그들은 몽골에 대해서 전해 들었고, 몽골이 조지아 왕국에게 한 일을 알고 있었다. 몽골을 격퇴하기 위해서 그들은 뛰어난 기마 궁수였던 킵차크인 부대를 끌어모았다. 전장에서 킵차크인들을 시험해보고 그들이 무너지지 않았음을 알게 된 서정군은, 킵차크인들을 캅카스인들과 단절시키고 따로 강화(講和)를 맺도록 그들과 직접 협상하기로 결정했다. 제베와 수베데이의 사신은 킵차크인들에게 "우리와 너희는 하나[의 종족]이다. 너희가 도와야 하는 알란인은 너희와 같지 않고, 그들의 종교도 너희와 다르다. 우리가 그들을 처리하도록 내버려둔다면, 우리는 너희를 괴롭히지 않을 것이며 돈과 옷 등 너희가 원하는 것은 무엇이든 줄 것을 약속한다"라고 말했다. 킵차크인들은 동의하고 떠났다. 그러나 킵차크인들은 선물을 즐길 기회를 많이 얻지는 못했다. 서정군은 알란과 라크즈로부터 등을 돌려 카스피 해, 돈 강, 흑해 사이에 위치한 초원으로 이동했는데, 그곳에는 많은 킵차크인들이 거주했다. 그 일대의 킵차크인들은 여러 소규모 집단으로 나뉜 상태였고, 몽골의 갑작스럽고 강력한 공격을 예상하지 못했다. 이븐 알 아씨르에 따르면 제베와 수베데이는 "주었던 것보다 몇 배 더 많은 것들을 도로 빼앗았다."[13]

살아남은 킵차크인들은 북쪽에 있는 러시아인들의 땅과 크림 반도로 대피했다. 크림 반도의 요새화된 수다크 항구에는 킵차크인들의 주요 교역 거점이 있었다. 서정군은 그들을 추격했고 그 도시를 약탈했다. 주민들은 셀주크 술탄국에서 은신하고자 흑해 반대편으로 항해했다. 몽골은 상인들을 수다크에서 몰아내고 사업을 파괴하고 반도를 고립시킴으로써 킵차크 세계의 중심부를 공격했다. 킵차크인들에게는 살해해야 할 최고 지도자도, 점령해야 할 수도도 없었지만, 파괴해야 할 번성한 상업망이 있었다. 수다크는 드네프르 강, 돈 강, 볼가 강의 동맥을 비잔티움 제국, 셀주크 술탄국, 불가리아, 심지어 시리아-팔레스타인 해안과 연결했다. 여행자들이 흑해를 수다크 해라고 부르는 것은 우연이 아니었다. 그 지역은 상업의 중심으로서 그리스인, 베네치아인, 아르메니아인, 유대인, 튀르크멘인 등 다양한 주민들이 농업과 상업에 종사했다. 몽골의 공격 이전에는 킵차크인들이 수다크 시장을 통제하고 있었는데, 그곳에서 상인들은 노예와 모피를 판매했고, 현금과 직물이 아나톨리아로부터 대량으로 유입되었다. 그러나 몽골은 그 항구를 폐쇄해버리고 떠났으며, 그후에는 킵차크 초원의 광활한 목초지에 야영지를 세웠다.[14]

몽골에 함께 맞설 동맹을 찾고 있던 킵차크의 수령 쿠텐은 러시아 공작들(크냐지[knyaz])과 협상하기 위해서 키예프로 갔다. 이와 같은 연합이 전례가 없었던 것은 아니다. 서로 이웃이었던 킵차크인과 러시아인들은 공동의 적에 맞서서 때때로 연합군을 형성한 적이 있었다. 이번에는 킵차크인들이 대규모로 와서 "말과 낙타, 물소와 소녀들"을 선물로 바쳤다. 고대 러시아의 초기 역사서들 중의 하나인 『노브고로드 연대기(*The Chronicle of Novgorod*)』는 킵차크인들이 공작들에게 몽골에 관한 경고도 전했다고 기록한다. "그들은 오늘 우리의 땅을 빼앗았고, 내일은 너희의 땅을 차지할 것이다." 쿠텐의 사위였던 갈리치아의 공작 므스티슬라프 므스티슬라비치는 쿠텐의 편을 들었고, 똑같이 그에게 가담하도록 러시아 "형제들"을 소집했다. 그러나 공작들은 주저했고 서로 언쟁을 벌였다. 그들에게는 분명한 지도력이 없었고 끊임없이 서로 경쟁했다. 결국 그들은 남쪽 사람과 북쪽 사람, 두 진영으로 나뉘었다. 키예프의 공작이자 남쪽 지역의 최고 통치자였던 므스티슬라프 로마노비치는 므스티슬라프 므스티슬라비치와 킵차크인들을 지지했다. 체르니고프, 스몰렌스크, 볼히니아의 공작들이 그들에게 가담했다. 반면, 북쪽 지역의 더 높은 공작들은 그 연합에 참여하기를 거부했다. 그들은 자신들의 지역에 더욱더 가까운 다른 분쟁에 얽혀 있었다. 북쪽의 가장 유력한 공국이었던 블라디미르-수즈달의 공작은 리보니아인들을 상대하기 위한 군대를 소집하고 있었다. 한 기록에 따르면 그 공작은 조카인 로스토프의 공작을 군대와 함께 파견했지만, 너무 늦게 출발하여 남쪽 러시아인 군대와 합류하지 못했다고 한다.[15]

러시아군과 킵차크군은 키예프로부터 남쪽으로 약 48킬로미터 떨어진 곳에서 만났다. 수개월 동안 사람들, 말, 식량, 무기 등이 육상 호송

머리 절반을 덮고 눈 구멍과 코 보호대가 있는 몽골의 철제 투구(호르드, 13세기 또는 14세기 초). 이러한 양식의 투구는 군사 통치 집단 사이에 흔했고, 서아시아에서는 킵차크인과 러시아인들이 사용했다.

부대와 하천 선박을 통해서 도착했다. 식량과 군사 장비는 수레에 실려서 드네프르 강 서안을 따라 천천히 남하하고 있는 대군을 뒤따랐다. 1223년 5월 러시아인들이 킵차크 궁수들과 합류했다. 높게 잡은 한 추정치에 따르면 그 병력의 숫자가 8만여 명에 달했다지만, 그중 오직 1만 5,000명만이 장비를 잘 갖춘 병사들이었다. 러시아와 킵차크 기병들은 기마병을 위해서 제작된 짧은 소매의 쇠사슬 갑옷, 높은 투구, 코 부분을 덮고 눈에는 구멍이 뚫린 철제 전면 혹은 부분 마스크 등 서로 비슷한 보호구를 착용했다.[16]

몽골은 전쟁을 준비하면서 공작들에게 첫 번째 사절단을 파견했다. 사절단은 몽골 방식의 외교, 즉 상대방이 거절하기를 기대하면서 평화를 제의하는 임무를 담당했다. 몽골은 여느 때와 마찬가지로, 상대가 침략자이고 자신들은 피해자라는 서사를 만드는 것이 중요하다고 생각했다. 몽골인들은 먼저 경멸받기 전에는 싸움에 임하지 않았는데, 치명적인 폭력을 행사할 도덕적 정당성을 적의 공격으로부터 확신했기 때문이다. 러시아 측 기록에 따르면, 몽골 사신들은 자신들이 관심 있는 것은 오직 킵차크인들과의 전쟁이고, 공작들은 본인들의 것이 아닌 이 싸움으로부터 아직 물러날 수 있다고 주장했다고 한다. 『노브고로드 연대기』에 따르면, 사신들은 "우리는 너희의 땅, 도시, 마을을 차지하지 않았고, 우리가 여기에 온 것도 너희와 싸우기 위해서가 아니다"라고 했다. "우리는 신에 의해서 우리의 노예이자 말치기 목동인 이교도 폴로베츠인들(폴로베츠는 킵차크인을 지칭하는 일반적인 러시아 단어이다)에게 왔다." 몽골은 러시아인들에게 킵차크인들을 쫓아내고 그들의 물건을 차지하라고 요청했다. 이에 공작들은 몽골 사신을 살해하는 것으로 답했다. 이제 몽골은 자신들의 도덕률을 만족시켰기 때문에 전쟁을 선포할 수 있었다. 그들은 두 번째 사신단을 파견했다. 그들은 "너희들은 폴로베츠인들의 말을 들었기 때문에 우리의 모든 사신들을 죽였고 우리에게 오고 있다. 그렇다면 와라. 그러나 우리는 너희를 건드리지 않았다. 신께서 모든 것을 판단하시도록 하자"라고 알렸다.[17]

얼마 후 5월 중순 무렵 므스티슬라프 므스티슬라비치는 킵차크 군사들을 포함한 1,000명의 분견대와 함께 드네프르 강을 건넜고, 아마도 제베의 지휘 아래 있었을 몽골의 소규모 전초 부대와 충돌했다. 중과부적이었던 몽골 군사들은 초원으로 도망쳐야만 했다. 그들은 지휘관을 보호하기 위하여 킵차크의 한 봉분 안에 그를 숨겼다. 그러나 그는 적에게 붙잡혔고, 므스티슬라프는 킵차크 병사들이 그를 죽이도록 허락했다. 만약 그 지휘관이 제베였다면, 전사로서의 그의 명성을 생각했을 때 이는 불명예스러운 결말이었다. 이 시점에서 러시아인과 킵차크인들은 승리가 임박했음을 자신했다. 그러나 그들은 심지어 자신들을 공격할 제베가 없었음에도 곧 좌절하게 된다.[18]

결정적인 전투는 1223년 5월 31일에 발생했다. 사료에는 그 정확한 위치가 언급되어 있지 않지만, 몽골이 아조프 해 북쪽의 좁은 칼카 강변 어디인가를 선택해서 그곳으로 공작들을 몰아넣었음에 분명하다. 러시아 전위부대가 강을 건너는 도중에 몽골인들이 그들을 급습했고, 그로 인해서 러시아 측은 조직적인 방어가 불가능했다.[19] 러시아 측은 수많은 보이보드(voivode)—지위가 높은 군관—와 공작들을 포함하여 대대적으로 인명을 잃었다. 사망자 중에는 몽골인들에게 처형당한 키예프의 공작도 있었다. 체르니고프의 공작과 그의 아들도 퇴각하는 도중에 사망했다. 후퇴는 느렸고 고통스러웠으며 키예프인들은 공황에 빠졌다. 부유한 가문과 상인들은 재물을 배에 싣고 집을 포기했다. 이븐 알 아씨르는 이 피난민들 중에 일부가 "이슬람의 땅"에 도달했다고 적었는데, 아마도 셀주크 술탄국을 가리켰을 확률이 높다. 킵차크인들은 수천 명의 사람들에게 쫓기며 "땅을 포기하고 숲과 산 정상으로" 도망갔다. 『노브고로드 연대기』는 패배의 원인으로 킵차크인들을 비난하며 그들의 전진 기병부대가 너무 빨리 큰 혼란에 휩싸여 퇴각했고, 킵차크인들이 러시아 동맹군을 배신했고, 말과 옷 때문에 러시아인들을 죽였다고 주장한다. 이 전투의 즉각적인 여파로 몽골은 킵차크의 영토가 끝나는 곳까지 드네프르 강을 따라 올라가는 내내 마을들을 약탈했고, 이후에는 볼가 강을 향하여 동쪽으로 나아갔다.[20]

몽골인들은 볼가 강 인근에서 무슬림 불가르인들을 정복할 기회를 포착했다. 불가르인들은 오늘날 타타르의 도시 카잔 지역에 작지만 오래된, 그리고 번성한 왕국을 이루고 있었다. 불가르인들은 러시아와 킵차크의 패배에 대해서 들었고, 몽골에 반격하기 위한 새로운 전략을 준비했다. 불가르는 몽골이 공성전과 야전에 뛰어나다는 것을 파악했기 때문에 이러한 방식의 교전을 피했다. 대신 그들은 매복했다가 몽골을 공격했는데, 끊임없이 괴롭히면서 몽골이 기병들을 배치하지 못하도록 했다. 수베데이의 군대는 이미 수천 명의 병력을 잃은 후였기 때문에 빠르게 소진되었다. 결국 그들은 포기하고 볼가 강 동쪽 연안을 따라서 아래로 내려갔다.[21] 1223년 가을 또는 1224년 초, 서정군은 몽골리아로 향하면서 수천 킬로미터의 여정을 시작했다. 그들은 도중에 주치의 대군과 합류했다. 새로운 병력에 의해서 힘을 얻은 그들은 우랄 강 지역을 통과하여 "오랜 친구" 캉글리와 대적했고, 그들의 수령인 욀베를리 칸을 살해했다.[22]

대중 역사서와 몽골을 언급하는 세계 역사서에서는 종종 서정군의 작전을 무조건적인 성공으로 보고 있다. 분명히 몽골은 약 8,000킬로미터 이상을 이동하면서 계속해서 손쉽게 전투에서 승리했다. 그러나 원사료를 면밀하게 살펴본 전문가들은 그 원정이 사실은 실망스러웠고 격전이 계속되었음을 밝혔다. 전쟁은 3년 반 동안이나 지속되었고, 몽골은 종종 토착민들의 강력한 저항에 직면했다. 또 많은 사람들을 잃었는데, 이븐 알 아씨르에 따르면 서정군 중에 오직 4,000명만이 생존했다고 한다. 볼가 불가르는 몽골을 격퇴했을 뿐만 아니라 몽골의 전투상의 약점을 발견했고, 이후에 몽골의 다른 적들도 이 약점을 활용했다. 또한 몽골은 단기간의 항복을 확보했을 뿐이었다. 그들이 패배시킨 적들 중에 어느 누구도 조공을 바치기로 동의하지 않았다. 서정군은 캅카스 산맥, 크림 반도, 러시아 남부의 허약한 경제적, 정치적 균형을 심하게 붕괴시켰지만, 그들이 떠나자마자 "길들은 열렸고, 상품은 이전처럼 수출되었다"라고 이븐 알 아씨르는 전한다. 1224년에 무역은 이미 재개되었고, 전장이었던 조지아 왕국, 킵차크 초원, 러시아 마을들에서는 재건이 시작되었다.[23]

주치와 칭기스의 죽음

귀환군이 몽골리아에 도착하자 대(大)쿠릴타이가 소집되어 수베데이와 그의 병사들의 성공을 축하했다. 그러나 주치는 그곳에 없었다. 대신 그는 이르티시 강에 있는 자신의 진영으로 향했다. 그는 킵차크인들을 계속 추격하라는 명령을 받았지만 새로운 원정을 준비하지 않았다. 그의 아버지는 그에게 몽골리아로 와서 그런 반항적인 태도를 해명하라고 했지만, 주치는 몸이 좋지 않다며 용서해달라고 빌었다. 칭기스의 측근들 누구도 주치를 믿지 않았다. 그의 천막을 지나던 누군가는 칭기스가 만나자고 한 때에 주치가 사실 느긋하게 사냥을 하고 있었다고 보고했다. 마침내 1226-1227년 겨울 칭기스는 다른 아들들인 차가타이, 우구데이와 함께 주치를 소환하기 위해서 직접 길을 떠났다. 그러나 1227년 2월 주치는 가족들이 도착하기 전에 사망했다. 40세가 채 되지 않은 나이였다. 라시드 앗 딘에 따르면 칭기스는 주치의 사망 소식을 들었을 때 "몹시 비탄에 잠겼고", 주치의 반항에 관한 "이야기"가 "거짓으로 판명되었고, 주치는 당시 병을 앓았으며 사냥터에 있지 않았다는 것이 밝혀지면서" 더욱 슬퍼했다고 한다. 죄책감에 시달린 칭기스는 그의 장자의 울루스에 새로운 후계자를 임명했고, 주치의 아들 바투가 이 자리를 차지하게 되었다.[24]

칭기스는 주치를 따라 내세로 향했다. 칭기스의 죽음은 오랜 적들과의 전쟁을 재개하는 과정에서 찾아왔다. 서정군이 킵차크 초원에서 전쟁을 하는 동안, 몽골인들은 동쪽에서도 금나라에 맞서 싸우고 있었다. 1210년 협약으로 마지못해 몽골의 동맹이 되었던 탕구트는 칸의 군대를 돕기 위해서 공성 전문가들을 파견하기로 되어 있었다. 그러나 탕구트는 그 약속을 어겼다. 1223년 금나라와의 전쟁을 담당하던 몽골의 지휘관 무칼리가 전투 중에 사망하자 탕구트는 퇴각했다. 1225년에 탕구트는 심지어 금나라와의 개별적 평화조약에 서명하기까지 했다.

1226년 가을 칭기스 칸은 탕구트를 벌하기 위해서 군대를 모았다. 그러나 당시 그는 아마도 2년 전 사냥 도중에 당한 심한 부상 때문에 어려움을 겪고 있던 것으로 보인다. 그의 아들들과 장수들은 탕구트 원정을 연기하면 된다면서 일시 후퇴를 요청했다. 칭기스의 참모는 그에게 "그들은 흙을 두들겨 만든 벽이 있는 마을을 싣고 떠나지 못합니다"라고 했다. "그들은 영속적인 근거지를 버리고 도망치지 않을 것입니다." 그러나 칭기스는 복수를 연기하지 않기로 결정했다. 그는 군대에 전투를 벌이도록 명령했고, 적을 공격하는 도중에 사망했다. 결국 탕구트는 항복했지만 몽골은 자비 없이 그들을 약탈하고 노예로 만들었으며 죽였다. 칭기스가 어떻게 삶을 마감했는지는 불분명하지만, 몽골은 탕구트가 칸의 죽음에 대한 대가를 치르도록 했다.[25]

칭기스 칸 사후로 대규모 군사 작전은 거의 2년간 중단되었다. 1229년 우구데이를 칭기스 칸의 후계자로 즉위시키는 쿠릴타이에서 참석자들은 킵차크 초원에 대한 새로운 맹습을 실행하는 데에 동의했다. 그러나 당장은 정찰 부대만이 파견되었다. 대군은 아직 한창 진행 중이던 금나라 원정이 끝난 다음에 따라갈 예정이었다. 중국 북부의 평정은 기대한 만큼 진행되지 않았고, 금나라는 계속적인 위협이 되었다. 결국 수베데이까지 전쟁에 파견되었다. 칭기스 칸의 막내아들 톨루이는 1232년 금나라와의 전선에서 사망했고, 금나라는 그로부터 2년 후에야 분명하게 항복했다.[26]

킵차크 게릴라

1229년 즉위식 이후 우구데이가 서쪽으로 파견한 정찰병들은 킵차크인들 사이에 새로운 위협이 대두되고 있다는 것을 알게 되었다. 그의 이름은 바시만이었다. 그는 욀베를리 통치 집단의 수령이자 구성원으로서, 전사들과 많은 대중들의 지지를 받는 인물이었다. 그는 볼가 강 하류의 동쪽 지류인 아흐투바 강 유역에 위치한 자신의 영역으로부터 알란인, 러시아인, 불가르인, 바시키르인, 그리고 몽골을 격퇴하고자 참여한 사람들과 함께 느슨한 연합을 구성했다.

몽골 정찰대가 볼가 강 지역에 도착했을 때, 바시만과 그의 지지자들은 몽골인들의 진지를 공격했다. 몽골인들은 킵차크인들과 야전을 벌이는 데에 실패했고, 따라서 기병을 적절하게 사용할 수 없었다. 바시만은 몽골보다 더 기동성이 좋았고 지형을 잘 알았다. 또 그는 수년 전 불가르가 성공적으로 실행했던 게릴라 전술에도 숙달했다. 몽골에 관한 주요 사료를 작성한 페르시아 역사가 주베이니는 다음과 같이 기록했다.

> [바시만은] 근거지의 역할을 하는 굴이나 은신처 없이 매일 밤낮으로 다른 장소로 이동했다. 그는 개 같은 천성을 살려서 늑대처럼 모든 방면을 공격하여 무엇인가를 가지고 달아났다. 점차 그의 사악함은 더욱 심해졌고 더 큰 손해

를 야기했다. [몽골]군이 그를 찾으려고 한 어디에서도 그를 발견할 수 없었는데, 그가 이미 다른 곳으로 떠났기 때문이다. 그의 피난처와 은신처 다수는 [볼가] 강변에 있었다. 이곳에서 그는 숲속에 숨어서 상대를 속이다가 자칼처럼 튀어나와서 무엇인가를 빼앗고 다시 몸을 숨겼다.[27]

바시만은 그 지역의 영웅이 되었고 더 많은 사람들이 그의 군대에 가담했다. 이런 상황이 되자 몽골은 불안해했다. 바시만의 행동이 서쪽에서의 새로운 작전들을 방해했기 때문이다. 볼가 강의 하류는 유럽으로 이어지는 통로의 중요한 교차점이었다. 몽골은 새롭게 건립한 권력의 중심 카라코룸과 서쪽 초원 간의 직접적인 육상 교통을 확보하고자 했는데, 바시만이 그 길을 가로막고 있었다. 게다가 바시만의 지휘 아래에서 킵차크인들은 대규모 동요를 빚어낼 수 있는 위치에 있었다. 중국 측 사료에 따르면, 몽골은 "통제할 수 없는 싸움이 초원에서 발생할 수도 있다는" 두려움 때문에 "반란자들"을 말살하기 위한 새로운 원정에 대규모 군대를 투입하는 것으로 응수했다고 한다. 1235년 오논 강가에서 열린 쿠릴타이 이후, 몽골은 볼가-우랄 지역과 볼가 강 유역을 통제하기 위한 대규모 원정을 시작했다. 그들은 첫 번째 목표를 바시만, 그리고 정복에 실패했던 불가르로 정했다. 다음 목표는 러시아 공국들이 될 것이었다. 몽골은 서정군 작전 이후로 러시아의 공작들을 줄곧 지켜보고 있었다. 몽골은 잿더미에서 다시 태어난 러시아인들이 결코 킵차크만큼은 아니겠지만 위협이 될 수 있음을 알고 있었다.[28]

볼가 강 지역에 관한 정보와 킵차크와의 전쟁에 대한 전문 지식이라는 측면에서 반론의 여지가 없는 수베데이가 기습부대를 지휘했다. 아마도 수베데이가 전체 원정의 배후에 있는 전략가였겠지만, 그 군대의 최고 지휘관은 아니었다. 최고 지휘관의 임무는 바투에게 부여되었다. 그리고 황금 씨족 네 지파의 왕자들이 그를 지원했다. 1236년 수베데이는 바시만의 부하들, 부인들, 아이들을 죽이거나 포획했다. 그러나 바시만을 붙잡지는 못했다. 바시만은 볼가 강 어귀에 있는 한 섬으로 도망쳤다가 사라졌다. 바투의 사촌인 뭉케가 그 수색 임무를 담당했다. 그의 몽골인들은 200척의 배를 만들어 강을 샅샅이 뒤졌다. 수색대는 강 양쪽 기슭의 주민들을 심문했고, 버려진 야영지에 남은 한 노파를 발견했다. 노파는 자신의 수령이 위치한 은신처를 알려주었고, 곧이어 몽골은 그를 붙잡았다. 사로잡힌 바시만은 뭉케에게 자신을 처형하라고 요구했으나 뭉케는 거절했다. 대신 그는 그 임무를 일종의 보상으로서 동생 보체크에게 맡겼는데, 보체크가 추격전 동안 충실하게 헌신적인 모습을 보여주었기 때문이다. 바시만은 절반으로 잘려 죽었다. 몽골이 일반적으로 높은 지위의 적에게 부여하던 고귀한 죽음을 바시만에게는 허락하지 않았음을 의미했다. 몽골의 신앙 체계에서 뼈는 부계를 통한 혈통을 상징했고, 그래서 몽골의 처형은 일반적으로 교살이나 처형자의 뼈를 그대로 보존하는 방법으로 수행되었다. 보체크가 바시만에게 한 것처럼 뼈를 부러뜨리는 것은 전체 혈통을 파괴한다는 것을 의미했다.[29]

뭉케와 보체크가 바시만을 찾던 시기에, 수베데이는 불가르와 볼가 강 하류에 남아 있는 미복속 집단들에 집중했다. 그에게는 이전에 서정군에서 지휘했던 것보다 훨씬 더 많은 대군에 대한 재량권이 있었다. 수베데이는 그 일대에서 이루어진 서정군의 마지막 작전 동안 수집된 정보들에 의지하여 빌리아르, 수와르, 불가르 등 그 지역의 주요 거주지들로 진격했다. 그곳의 주민들은 이번에는 몽골을 격퇴할 수 없었고 항복을 제의했다. 일부 주민들은 북쪽 삼림 지역 또는 러시아의 도시와 마을로 달아났고, 남아 있던 사람들은 곧 몽골을 위해서 일하거나 싸워야만 했다. 1236년 수베데이는 볼가 강 삼각주 인근의 삭신(saqsin)과 수메르켄트를 급습했고, 대(大)헝가리아로도 알려진 바시키르의 땅에 대한 통제권을 확보했다.[30]

이어지는 여러 해 동안 몽골은 킵차크를 잔인하게 정복했다. 많은 사람들이 몽골리아로 붙잡혀갔고 보올로 강등되었다. 볼가 강 하류에 머무르던 킵차크 유목민들이 한때 자신들의 땅이었던 곳에서 계속 살아남으려면 몽골 지배자에게 항복해야만 했다. 『몽골비사』에 따르면, 수베데이는 볼가 강 지역의 사람들을 감시하기 위해서 킵차크, 메르키트, 나이만, 불가르로 구성된 특별한 군대를 만들었다고 한다. 이 특별한 군대는 몽골 제국의 서부 지역에 위치한 첫 번째 탐마치(tammachi)를 형성했다. 탐마치는 영구적 또는 반영구적 주둔군으로서, 반란을 처리하고 세금 징수인들을 보호했으며 때로는 스스로 징세하기도 했다. 탐마치는 군대 이상의 조직으로서 장기 점령의 길을 여는 예비적 차원의 강압적인 행정 구조를 수립했다. 케식이 통치의 주요 제도였다면, 탐마치는 정착의 주요 제도였다.[31]

몽골의 지배로부터 달아난 킵차크인들은 여러 운명들을 맞았다. 킵차크의 수백 가구들은 볼가 강 하류를 떠나서 흑해를 건너 중부 유럽에 정착했는데, 그들은 그곳에서 헝가리인들과 유럽화된 불가르인들의 환영을 받았다. 이곳의 통치자들은 킵차크의 통치 계급과 오랜 관계를 맺어왔다. 그러나 대부분의 킵차크 피난민들은 결국 포로가 되어 유럽에서 가정 노예로 일하거나 아이유브 왕조 군대에서 맘루크로 복무했다. 거의 20년에 가까운 전쟁 끝에 킵차크 초원과 볼가-우랄 지역은 몽골의 손에 들어왔다. 오직 러시아인들만이 저항하고 있었다.[32]

러시아의 땅, 눈, 진창 속으로

바투는 오늘날 러시아의 도시 보로네시 인근에 위치한 리아잔 공국의 남쪽에 군대를 집결했다. 몽골은 그곳에서 탐색 및 침략 원정을 시작했다. 당시는 러시아 지역에서는 전쟁을 하지 않는 추운 계절이었고, 공작들은 바투의 습격을 맞이할 준비가 되어 있지 않았다. 동쪽으로의 여행 도중 몽골을 만난 도미니크회 출신 헝가리인 수도사 율리안에 따르면 몽골은 "땅과 강, 습지가 얼기를 기다렸고", 그후에 공격했다.[33] 1237년 12월 요새화된 도시 리아잔이 정복되자 러시아인들은 항복하기 시작했다. 그곳의 주민들은 사람을 포함한 모든 것의 10분의 1을 내라는 몽골의 요구를 거절한 과거가 있었다. 블라디미르-수즈달의 수도이자 대공의 중심 지역이었던 이웃 도시 블라디미르가 다음 목표로서 바투의 눈에 들어왔다.

몽골은 병력을 합치고 전쟁 계획을 다듬었다. 전략을 전개했던 수베데이와 함께 황금 씨족의 주요 구성원들이 여기에 참여했다. 그들 중에는 바투의 형제인 오르다, 베르케, 시반, 그리고 그의 사촌* 구육과 뭉케가 있었다. 그들의 부인들, 아이들, 노복들도 원정에 참여했다. 그들에게는 수천 필의 말과 낙타가 있었고, 필요한 경우를 대비하여 제작된 거대한 공성 무기들도 있었다.[34] 몽골은 특정한 지역이 아니라 대공 유리 프세볼로도비치와 같은 통치자들을 목표로 삼았는데, 그는 러시아 북

* 원문에는 삼촌(uncle)이라고 했으나 이는 착오인 것으로 보인다. 바투, 오르다, 베르케, 시반은 주치의 아들이고, 구육은 우구데이의 아들, 뭉케는 톨루이의 아들로서 서로 사촌 관계이다.

동부 지역의 가장 강력한 공작이었다. 그는 러시아인들이 15년 전에 했던 실수를 반복하지 않았다. 그는 몽골의 사신들이 "항복 아니면 죽음"이라는 서신을 가지고 왔을 때 그들을 조롱하지 않았고, 러시아인들이 칼카 강에서 시도했던 것처럼 몽골인들을 한 차례 야전으로 물리치기 위해서 대군을 모으지도 않았다. 대신 그는 협상을 시도했다. 그러나 다른 공작들과 그의 가족들은 저항하기를 원했다.

같은 해 겨울, 리아잔 공국에 있는 또다른 성채(城砦)인 콜롬나 인근에서 전투가 발생했다. 몽골과 러시아는 리아잔과 블라디미르-수즈달 사이 국경에서 충돌했다. 리아잔의 러시아 부대를 추격하던 몽골 분견대가 블라디미르 및 모스크바의 작은 마을에서 보낸 증원군을 습격한 듯하다. 칭기스 칸의 다섯 번째 아들인 쿨겐이 몽골인들을 지휘했다. 콜롬나에서의 충돌은 매우 격렬했다. 어느 측도 자비를 보이지 않았다. 블라디미르의 군관, 리아잔 공작의 아들, 그리고 쿨겐을 포함해서 많은 고위 인물들이 사망했다. 이 전투는 1230년대 러시아 원정들 중에서 가장 유혈이 낭자했을 뿐만 아니라, 원정의 운명도 결정했다. 러시아 측은 북동 지역에서 통합된 방어를 해내지 못한 탓에 블라디미르-수즈달의 군사 통치 집단들이 손실을 입었고, 이로 인해서 나머지 전쟁 동안 러시아의 통솔력이 황폐화되었다. 또 몽골은 쿨겐의 죽음으로 이후에 그 전체 지역에 맹공을 가했다. 몽골인들은 칭기스 칸의 피를 흐르게 한 일을 반드시 복수해야 하는 신성모독으로 여겼기 때문이다. 1238년 1월 몽골은 콜롬나와 모스크바를 장악했고, 2월 초 블라디미르를 포위하기 전에 이곳을 불태웠다.

블라디미르를 차지하는 데에는 겨우 며칠이 걸렸고, 대공 유리 프세볼로도비치는 오카 강 인근의 숲속으로 달아났다. 1238년 3월 초 몽골

중세 러시아 세밀화에서 영감을 받은 석판화. 바투의 러시아 공국 원정을 묘사하고 있다. 출처 : Private Collection © SZ Photo / Bridgeman Images.

은 기습을 통해서 그를 붙잡았는데, 그의 경계 초소를 우회해서 러시아인들이 가장 예상하지 못했던 곳을 공격한 듯하다. 몽골은 대공을 참수했다. 이는 이전에도 사용했던 방식으로, 군주의 잘린 머리를 보여주면 백성들은 두려워하며 빠르게 항복했다. 또한 참수된 머리는 생사에 대한 거짓 소문이 만연한 세계에서 사망의 증거가 되기도 했다.[35]

블라디미르 다음으로 로스토프, 야로슬라블, 트베르 등 더 많은 도시들이 차례로 모두 몽골에 함락되었다.[36] 몽골은 연속된 두 번의 겨울 동안 북쪽에서 작전을 벌였다. 그들은 북동 지역의 지배 체제를 무너뜨린 후에 북서쪽으로 계속 이동했다. 그들은 일부 지역을 확보했지만, 현지의 저항과 진흙투성이의 지형 때문에 후퇴할 수밖에 없었고, 아직 손대지 않은 채 두었던 노브고로드에 대한 계획도 포기했다. 일부 지역의 주민들은 적을 막기 위해서 자신들의 땅과 마을을 불태웠다. 전체 지역에서 기근이 만연했다. 그리고 이런 상황으로 인해서 몽골은 키예프가 있는 드네프르 강 방향으로 남진하기로 결심했다.

1240–1241년 겨울 키예프의 왕자는 몽골의 침략에 대적하는 대신에 백성들을 버리기로 했다. 뭉케의 사신들과 접견하고 아마도 사신들을 죽이도록 명령한 후에 그는 가족, 보야르—고대 러시아의 귀족—와 함께 헝가리로 달아났다. 어떤 지도자도 키예프 또는 러시아 남부 전체의 방어를 위해서 일어서지 않았다. 한 사료에 따르면 몽골군은 놀랄 정도로 시끄럽게 키예프에 도착했다는데, 그들의 말, 낙타, 수레 소리 말고는 아무것도 들을 수 없을 정도였다고 한다. 1240년 11월 또는 12월 몽골은 며칠 만에 그 도시를 차지했고, 반쯤 파괴하고 떠났다. 그들은 그곳에서부터 가장 서쪽에 있는 공국들을 함락시켰는데, 그중에는 공작이 이미 헝가리로 달아난 갈리치아도 있었다. 12월에 몽골은 수다크 항구

를 재차 급습했다.[37]

현대의 역사가들은 5만 명 이하의 몽골 병사들이 러시아를 공격했다고 추정한다. 반면, 가장 큰 공국이었던 블라디미르-수즈달에는 대략 100만 명의 주민들과 10만 명의 군사가 있었다. 몽골은 자신들이 수적으로 열세임을 알고 있었지만, 러시아인들은 오히려 자신들의 수가 부족하다고 생각했기 때문에 수적 우세의 이점을 활용하지 못했다. 러시아인들은 정보에 취약하여 수십만 명의 몽골인들이 있다고 믿었다. 게다가 몽골은 러시아인들이 어디에 있는지 알고 있어서 러시아 촌락이나 마을의 수를 세고 각각의 크기를 측정했지만, 러시아인들은 몽골이 어디에 숨었고 어떻게 이동하는지를 결코 몰랐다.[38]

몽골은 리아잔, 블라디미르-수즈달, 키예프, 볼히니아, 갈리치아 등의 공국에서도 비슷한 전략을 취했다. 그들은 그 지역의 수도를 포위하기 전에 마을, 작은 도시, 소규모 요새들을 먼저 공격했다. 수도에 물자 등을 공급하는 역할을 하는 외곽 지역들을 파괴하면, 수도는 오랫동안 버틸 수 없었다. 수도가 버티는 동안 몽골은 수도에 이르지 못한 음식, 사료, 노동력을 마음대로 사용했다. 그들은 한 지역의 주요 자원들을 고갈시킨 다음에 다음 목표로 이동했다.[39]

몽골이 전쟁을 벌이는 계절은 러시아와 반대였다. 러시아의 현지 군대는 주로 농부들 중에 징집된 이들로 이루어졌는데, 이들은 봄과 초여름에 전투를 벌일 수 있었다. 그리고 가을과 겨울에는 전쟁을 거의 수행하지 않았다. 농부들은 9월과 10월에는 추수를 하거나 밭과 농장에서 일을 해야 했기 때문에 징집될 수가 없었고, 가장 추운 달에는 나갈 수가 없었기 때문이다. 어떤 러시아인도 1년 중에 이러한 때에 전쟁을 할 것이라고 생각하지 않았다. 반면 몽골인들은 착유의 시기인 늦은 봄과 여름에 초원으로 물러갔고, 추운 계절에 전쟁을 벌였다. 이것이 몽골이 러시아인과 볼가 강 지역의 사람들에 대해서 언제나 주도권을 잡았던 이유였다. 몽골은 러시아인들의 농업 체계를 파괴하면서 자신들의 계절성을 성공적으로 강요했다.[40]

러시아인들은 간헐적이지만 강경한 저항을 했다. 예를 들어 지즈드라 강 인근 언덕에 위치한 작은 촌락이었던 코젤스크의 주민들은 지형을 이용하여 일시적으로 몽골에 저항할 수 있었다. 촌락 주변의 땅은 강의 범람, 늪, 녹은 눈 등으로 습했다. 몽골은 공성 무기를 도시 성벽 가까이로 가져갈 수 없었고, 코젤스크 주민들은 몽골의 투석기를 파괴할 수 있었다. 약 4,000명에 달하는 몽골인들이 살해되었다. 몽골은 결국 코젤스크를 점령했지만, 돌무더기와 진창 속에서 시신을 발견할 수가 없었다. 그로 인해서 몽골은 코젤스크를 "악의 도시"라고 부르기 시작했다. 4년에 걸친 볼가 강 하류 및 북쪽에서의 전투 동안, 바투는 몇몇 지휘관들과 코젤스크에서 피살된 몽골인들 이외에도 수천 명의 병력을 잃었다. 그러나 러시아인들 사이에는 거대한 몽골군을 멈춰 세울 만한 협력이 이루어지지 않았다. 오히려 심각한 통치권 문제가 너무 많았다.[41]

몽골은 러시아 원정 동안 약 20개의 도시들을 장악했다. 그들이 이 모든 도시들을 파괴한 것은 아니다. 예를 들어 로스토프는 주민들이 평화 조건을 수용하여 파멸을 면했다. 반면 키예프는 동일한 조건을 거절했고 약탈되었다. 어떤 도시도 코젤스크보다 오래 버티지는 못했다. 코젤스크는 7주일 정도 포위를 견뎠다. 그러나 대부분의 러시아 마을들은 겨우 며칠 동안만 저항했다. 몽골은 공성전의 전문가였고, 금나라에 대한 근래의 작전을 통해서 더 많은 경험을 축적했다. 몽골은 군사 기술자들을 활용했는데, 그중 가장 중요한 이는 탕구트의 장군 시리 감부였

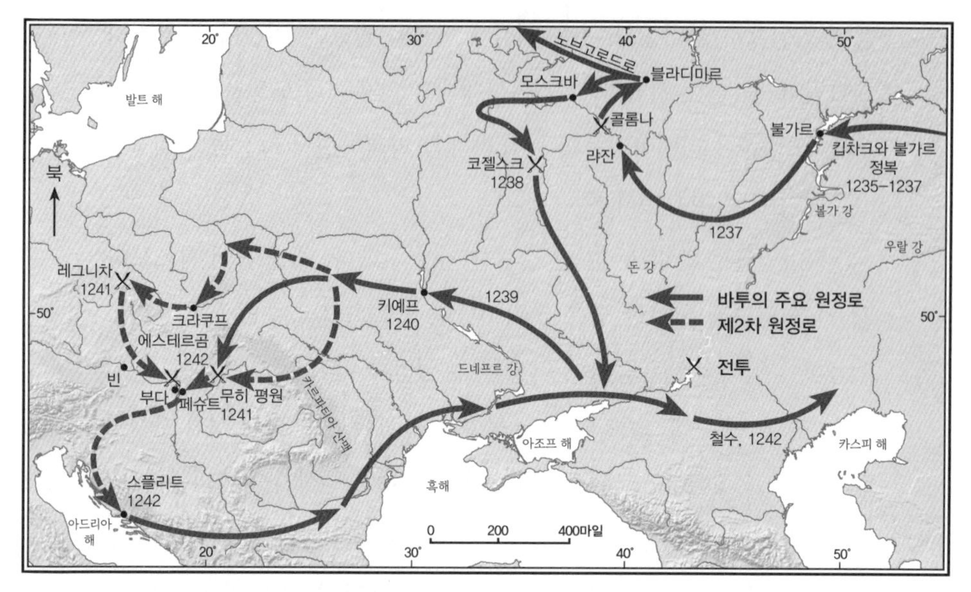

1235–1242년의 킵차크, 러시아, 불가르, 헝가리에 대한 바투의 원정. “1237” 등의 숫자는 정복한 연도이다.

다. 그는 바투를 보좌하는 자였다. 러시아인들은 그전에는 본 적이 없던 공성 기구들에 속수무책이었던 듯하다. 몽골은 중국의 기술을 적용하여 약 8미터의 높이, 5톤의 무게에 달하는 투석기를 제작했다. 그 기계는 60킬로그램보다 무거운 돌을 150미터까지 날릴 수 있었다. 중국, 중앙아시아, 이란에서 돌과 벽돌로 된 30곳 이상의 성채를 정복한 수베데이 같은 장군에게 러시아 도시들의 나무, 흙으로 만든 성벽은 아무런 문제가 되지 않았다.42

몽골에게 위협이 된 것은 지형이었다. 땅이 질퍽거리고 습지가 많아서 가장 추운 달에만 작전을 벌일 수 있었고 활동 범위도 제한되었다. 그들은 얼어붙은 땅과 강에서는 빠르게 이동할 수 있었지만, 3월만 되어도 녹기 시작하는 눈 때문에 갑옷을 입은 부대와 무거운 공성 기계는 수렁에 빠졌다. 또한 눈이 녹아서 생긴 물은 몽골군이 짐승들을 먹이는 목초지까지 범람하기도 했다. 이것은 왜 몽골이 공작들을 복속시키는 데에 4번의 겨울이 필요했는지, 왜 바투와 수베데이가 노브고로드와 다른 목표들에 대한 계획을 실현시키지 않은 채 남겨두고 1241년에 갑자기 유럽으로 떠났는지를 설명한다.[43]

헝가리 원정

1241년 3월 몽골은 13만 명의 기병들과 함께 드네프르 강을 건너 헝가리 왕국으로 진입했다. 당시의 국왕 벨러 4세는 헝가리의 도시 부다의 왕실 거주지에 있었다. 그는 몽골의 러시아 공격에 관한 소식을 듣고, 카르파티아 산맥의 베렉케 협곡을 지키기 위해서 궁정백인 군사령관을 보냈다. 그러나 잘 되지 않았다. 전령은 벨러에게 몽골이 침략했고, 궁정백의 군대가 그들을 막을 수 없었다고 알렸다.[44]

헝가리에 대한 공격은 킵차크와 러시아 원정의 직접적인 결과였다. 벨러는 몽골로부터 도망친 킵차크와 러시아 통치 세력들을 받아들임으로써 몽골에 대한 저항을 구체화한 셈이었다. 벨러는 바시만처럼 격렬한 적은 아니었다. 그러나 그는 1239년 킵차크의 칸 쿠텐과 그의 백성들에게 피난처를 제공했다. 그러한 행동은 벨러의 개인적인 위신을 높였다. 킵차크인들은 그의 보호 아래에서 기독교로 개종했고, 교황은 이 개종 권유 행위를 칭송했다. 또 킵차크인들을 흡수하자 벨러의 군사력이 강화되었는데, 새로 온 킵차크인들이 벨러의 군대에 통합되었기 때문이다. 때때로 왕을 위해서 병력을 보내기 꺼려했던 봉건 남작들과는 달리, 킵차크인들은 벨러의 명령에 직접적으로 반응하는 실력 있는 기병대를 구성했다. 그러나 그 대가는 컸다. 벨러가 킵차크인들을 환대한 것은 몽골의 적의를 불러일으켰을 뿐만 아니라 헝가리 왕국 내부의 갈등도 일으켰는데, 헝가리인들이 킵차크인들을 지원하고 보호한다는 왕의 결정을 쉽게 받아들이지 못했기 때문이다.[45]

몽골의 침입은 수베데이의 전략적 재능에 어울리는, 신중히 계획된 사건이었다. 그는 유럽 중부와 동부를 가로지르며 체코인, 폴란드인, 게르만인, 헝가리인들에 대한 다섯 개의 동시 작전을 조직했다. 몇몇 군대는 여러 경로들을 따라 일제히 카르파티아 산맥을 통과했다. 바투와 수베데이는 베렉케 협곡을 지나 헝가리로 들어갔고, 오르다는 북서쪽 경로를 따라 폴란드로 진입했으며, 다른 부대들은 남쪽과 동남쪽으로부터 진격했다. 그러나 그들의 목표는 줄곧 헝가리였다. 이 작전은 몰이 사냥에서 야생동물을 붙잡듯이 벨러의 군대를 포위하려는 것이었다.[46]

벨러는 가공할 만한 적을 상대하고 있음을 깨달았지만, 그에게는 큰 어려움이 있었다. 그는 남작과 주교들에게 각자의 병력을 거대한 도시이자 도나우 강의 주요 횡단 지점인 페슈트에 집결하도록 명했다. 그러나 남작들과 주교들은 서두르지 않았다. 당시 몽골의 침략을 직접 목격한 이탈리아의 대주교 로게리우스 메스테르에 따르면, 그들은 침략이 단순한 "소문"이라고 생각하며 주저했다. 벨러의 방어도 침략자들의 속도를 늦추는 데에는 큰 효력이 없음이 입증되었다. 얼마 지나지 않아서 몽골의 포위를 경험한 스플리트의 토마스 아르키디아코누스에 따르면, 국왕 벨러는 "긴 방책을 만들도록 하고, 쓰러뜨린 나무들로 쉽게 강을 통과할 만한 모든 곳을 막았다." 그러나 바투는 방어선을 파괴하기 위해서 도끼를 가진 정찰병을 파견하여 "그 모든 것들을 진입 지점으로부터 제거했다." 심지어 몽골은 경로를 개척하고 이동을 편리하게 하기 위해서 "숲을 자르고", "길을 놓았다."[47]

몽골은 빠르게 전진했고 곧 소규모 몽골 집단들이 페슈트 주변에 나타났으며 그 일대 도처에서 마을들을 약탈했다. 그러나 벨러는 즉각 대응하지 않았다. 그는 적의 도발에 반응하지 말라고 명했다. 그는 몽골이 다른 초원 유목민들처럼 적을 함정에 빠뜨리는 데에 능하다는 것을 알고 있었고, 몽골의 분견대가 자신의 군사들을 꾀고 있다고 생각했다. 그러나 헝가리의 방어를 실패로 돌아가게 한 협동의 심각한 부재를 입증하듯이, 컬로처의 대주교는 교전하지 말라는 벨러의 명령을 따르지 않았다. 그 대주교는 몽골의 기만에 속아서 많은 병력을 잃었다.

벨러는 분명히 헝가리의 군대를 완전히 동원할 수 없었다.[48] 그는 내부 지원이 충분하지 않은 탓에 이웃 국가에 도움을 요청했지만, 자신이 고립되었음을 깨달았다. 몽골의 계획대로였다. 보헤미아의 국왕 바츨라프 1세와 실레시아, 크라쿠프, 비엘코폴스카의 공작 헨리크 2세는 이미 자신의 영토에서 몽골과 싸우고 있었고, 어떤 도움도 줄 수 없었다. 벨러의 사촌이었던 오스트리아 바벤베르크의 공작 프리드리히 2세만이 증원군을 보냈다. 다만 프리드리히 2세는 소규모에 불과한 호위대와 함께 페슈트에 도착했는데, 그토록 촉박한 통지에 대군을 동원할 수는 없었기 때문이다. 게다가 프리드리히의 의도는 모호했다. 그는 한 "타타르인"을 죽이고 또다른 사람을 붙잡고 반(反)킵차크 무리들을 자극한 후 전투가 발생하기 전에 페슈트를 떠났다. 이후 벨러가 패배하고 몽골로부터 도망칠 때 프리드리히는 보호해주는 대가로 돈을 강탈했다.[49]

더욱 심각한 문제는 벨러가 전쟁을 준비하는 과정에서 가장 강력한 동맹인 쿠텐과 킵차크 기병들을 잃었다는 것이다. 많은 헝가리 귀족들과는 달리, 쿠텐은 벨러의 요청에 응하여 기병들에게 전쟁을 준비하도록 명했다. 그들은 강력한 세력이었다. 로게리우스 메스테르에 따르면 헝가리에 있는 킵차크인들은 4만 명에 달했고 그들 다수는 군사였다. 현대 학계에서 이 숫자가 정확한지 확인할 수는 없지만, 분명한 것은 킵차크인들이 현지인의 신경을 건드리기에 충분할 만큼 많았다는 점이다. 헝가리인들은 유목민들의 "거대한 소떼"가 "목초지, 작물, 정원, 과수원, 잡목림, 포도밭"을 손상시킬까 봐 두려워했다. 그리고 남작들은 자신들이 통제할 수 없는 힘을 가진 킵차크 병사들에게 위협을 느꼈다. 벨러는 킵차크인들을 향한 이러한 분노를 달래기 위해서 킵차크인들을 헝가리 초원 도처로 분산시켰고, 쿠텐을 처음에는 부다에 있는 자신의 궁으로, 그다음에는 페슈트로 이동시켰다. 그는 이러한 식으로 자신이 쿠텐을 예의 주시하고 있음을 헝가리인들에게 보여줄 수 있었다. 또한 몽골의 침입 때문에 쿠텐을 비난하는—결국 몽골은 킵차크인들을 쫓아서 이곳에 온 것이었다—통제 불능의 헝가리인들로부터 그를 보호할 수도 있었다. 그러나 벨러의 노력은 무위로 돌아갔다. 몽골이 페슈트에 접근하자 일군의 헝가리인들은 궁으로 강제 진입하여 쿠텐과 그의 가족, 일행들을 살해했다. 교외에서도 헝가리인들과 게르만인들은 킵차크인들에 돌아섰다. 이 유럽인들의 눈에는 킵차크인과 몽골인들이 동일했다. 그러나 오직 쿠텐의 기병들만이 몽골을 막을 수 있었을지 모른다. 헝가리 측에 서서 싸우기로 했던 킵차크 병사들은 불가리아로 떠나버렸고, 그 여정에서 파괴할 수 있는 것들을 파괴했다.[50]

1241년 봄 몽골은 폴란드와 헝가리에서 거의 동시에 발생한 두 차례의 주요 충돌에서 게르만인, 폴란드인, 헝가리인들에게 승리를 거두었다. 4월 9일 오르다의 군대는 레그니차에서 헨리크와 그의 게르만, 폴란드 기병을 격파했다. 이틀 후 레그니차에서 동남쪽으로 약 676킬로미터 떨어진 무히 평원의 셔요 강에서 바투와 수베데이의 군대는 벨러와 충돌했다. 그때까지의 모든 불운에도 불구하고 헝가리인들은 유리한 위치에 있었다. 그들은 강을 건널 수 있는 유일한 다리를 지키고 있었고, 몽골보다 수적으로 우위에 있었으며, 강 맞은편에 있는 작은 몽골 진영을 확인할 수가 있었다. 그러나 몽골에게는 강을 건널 다리가 필요 없었고, 몽골인들은 대군을 어떻게 이길 수 있는지를 잘 알고 있었다. 몽골은 여울을 찾았고, 밤새 그곳을 건너 헝가리인들을 급습했다. 로게리우스 메스테르는 1241년 4월 11일 "새벽, [몽골은] 모든 왕실 군대를 포위했고 우박을 동반한 폭풍처럼 활을 쏘기 시작했다"라고 기록했다. 몇 시간 만에 몽골은 다리를 확보했고 헝가리인들이 진영으로 후퇴하게끔 만들었다. 헝가리인들은 마치 그물에 걸린 것처럼 사로잡혔다. 목격자들과 대화를 나눈 스플리트의 토마스는 "타타르 군대는 마치 원을 그리며 추는 춤처럼 헝가리 진영을 완전히 포위했다. 그들은 활을 뽑아 모든 곳에서 화살을 쏘기 시작했고, 다른 사람들은 그 진영을 돌면서 불을 붙이려고 했다"라고 기록했다. 몽골은 공황 상태의 헝가리인들이 군대를 버리고 도망치도록 내버려두었다. 로게리우스 메스테르에 따르면, 몽골은 "그들 사이에 탈출로를 열어놓았고 그곳으로는 활을 쏘지 않았다." 많은 헝가리인들이 그 틈으로 밀려들어 달아났다. 그런 다음 몽골은 헝가리 군대의 얼마 남지 않은 잔여 병력들을 조직적으로 파괴했다. 벨러는 숲으로 달아났고, 그의 고위 성직자와 병사들 다수는 몽골의 추격을 받다가 근처의 늪지에서 익사했다.[51]

패배 이후 헝가리 군사 고위층들 일부는 도망쳤고, 다른 사람들은 페슈트로 몸을 피했다. 그러나 몽골이 당도하는 것은 시간 문제였다. 벨러의 동생 칼만은 "모든 사람들은 스스로 대비하라"라고 선언한 후에 도나우 강을 넘어 퇴각했다. 도나우 강 동쪽 절대 다수의 헝가리 도시들처럼 페슈트에는 돌로 만든 성벽이 없었고, 흙으로 된 방책은 결코 몽골의 투석기를 버틸 수 없었다.[52]

1242년 1월 또는 2월에 몽골은 얼어붙은 도나우 강을 건너 헝가리 서부 일대로 진입했고, 약 30대의 공성 무기로 수도 에스테르곰을 급습했다. 그리고 그곳에서 벨러를 추격하여 오스트리아와 달마티아로 진입했다. 벨러는 달마티아 해안의 스플리트에 은신하고 있었다. 그러나 3월에 몽골은 갑자기 멈춰섰다. 바투와 수베데이는 전 병력에게 후퇴를 명령했다. 몽골이 장기 점령을 준비하고 있을 것이라고 생각했던 현지민들의 관점에서는 이해할 수 없는 결정이었다. 스플리트의 일부 주민들은 심지어 몽골인들이 새로운 주인이 될 것이라고 생각하면서 그들에게 협력하기 시작하기도 했다.[53] 헝가리인, 폴란드인, 크로아티아인, 그리고 다른 유럽인들은 1241년 12월에 대칸 우구데이가 사망했다는 사실을 몰랐다. 황금 씨족의 구성원들과 군대 지휘관들은 동쪽으로 돌아가서 쿠릴타이에 참여하고 우구데이의 계승자를 결정해야 했다. 1246년에 유럽 중부, 동부와 중앙아시아를 통해서 카라코룸으로 여행한 교황의 사신 수도사 플라노 카르피니는 이것이 몽골이 헝가리에서 철수한 주요 이유라고 제시했다.[54]

최근 학계에서는 이 급작스러운 철수를 추가적으로 해석했다. 헝가리에서의 자원 부족이 한 가지 원인이었을 것이다. 몇몇 현대 역사가들은 헝가리의 초원이 몽골의 수많은 야영지, 가축, 기병의 말들을 지원할 수 없었을 것이라고 주장한다. 특히, 최대한 자급자족하고자 노력했던 몽골인들은 현지 주민들에게 군대와 동물을 위한 식량을 요구할 수밖에 없었다.[55] 1241–1242년 겨울은 유난히 추웠다. 몹시 추운 날씨 덕에 몽골은 얼어붙은 도나우 강을 건널 수 있었지만, 폭설로 많은 도시, 궁들에 접근하기 어려워졌다. 혹독한 겨울은 폭우로 이어졌고, 이는 수확의 실패, 기근의 만연, 빠른 인구 감소를 야기했다. 1241년 봄 이후로 몽골의 점령을 지탱해온 마을들은 더는 몽골을 지원할 수 없게 되었다. 달마티아에서는 눈이 녹으면서 땅이 진창으로 변했고, 이 때문에 몽골은 후퇴할 수밖에 없었는데 공성 무기와 수레를 끌 수가 없었기 때문이다.

군사적 어려움도 몽골의 퇴각의 또다른 요인일 수 있다. 헝가리 서부에서는 적어도 12곳의 도시와 성이 몽골의 공격을 성공적으로 격퇴했다. 몽골이 두 달 후에 떠났을 때 그 지역은 거의 피해를 입지 않은 상태였고, 로게리우스 메스테르에 따르면 몽골의 공격으로부터 "많은 사람들이 살아남았던" 트란실바니아에서는 이미 재건이 시작되었다. 몽골은 상당히 많은 사람들을 잃었으며, 바투와 수베데이가 전략에서 의견이 상반되면서 심각한 지휘권 문제에도 직면했다. 수베데이의 전기 작가들에 따르면, 바투는 무히 전투에서 몇 차례 잘못된 결정들을 내렸고 심지어 작전을 중단하고자 했다고 한다.[56] 그러나 바투와 수베데이 간의 긴장 관계는 전술을 넘어, 황금 씨족 지파 사이의 불화도 반영한 것이었다. 수베데이의 전기 작가들은 톨루이 가문에 친화적이었고, 주치 가문은 좋지 않게 그리고자 했다. 강력한 주치 가문이 자신들에게 행사된 우구데이 가문의 권위를 불쾌하게 여기기 시작하면서, 1240년대 주치 가문과 황금 씨족 내 다른 지파들 간의 관계가 점차 악화되었기 때문이다. 헝가리로부터의 철수는 가족 내의 갈등을 반영하여, 바투는 킵차크 초원으로, 수베데이는 카라코룸으로 각각 귀향했다. 우구데이의 황후가 5년간 섭정한 이후 1246년에 구육이 대칸으로 선출되었다. 수베데이는 그를 대칸으로 선발하는 쿠릴타이에 참여했고 구육을 지지했지만, 바투

백해
발트 해
주치 울루스
노브고로드
모스크바
불가르
몽골 제국
폴란드
러시아 공국
볼가 강
우랄 강
키예프
헝가리
사라이
아랄 해
잔드
불가리아
흑해
캅카스 산맥
카스피 해
오트라
비잔티움 제국
부하라
셀주크 아나톨리아
사마르칸
타브리즈
발흐
라이
지중해
티그리스 강
유프라테스 강
맘루크
나일 강
페르시아 만
1250년경의 몽골 제국
1260년경의 점령 지역
1250년경의 주치 울루스
캅카스 산맥 등 공유된 지역
폴란드 등 기타 세력
아라비아 해
홍해
0
500
20°
40°
60°

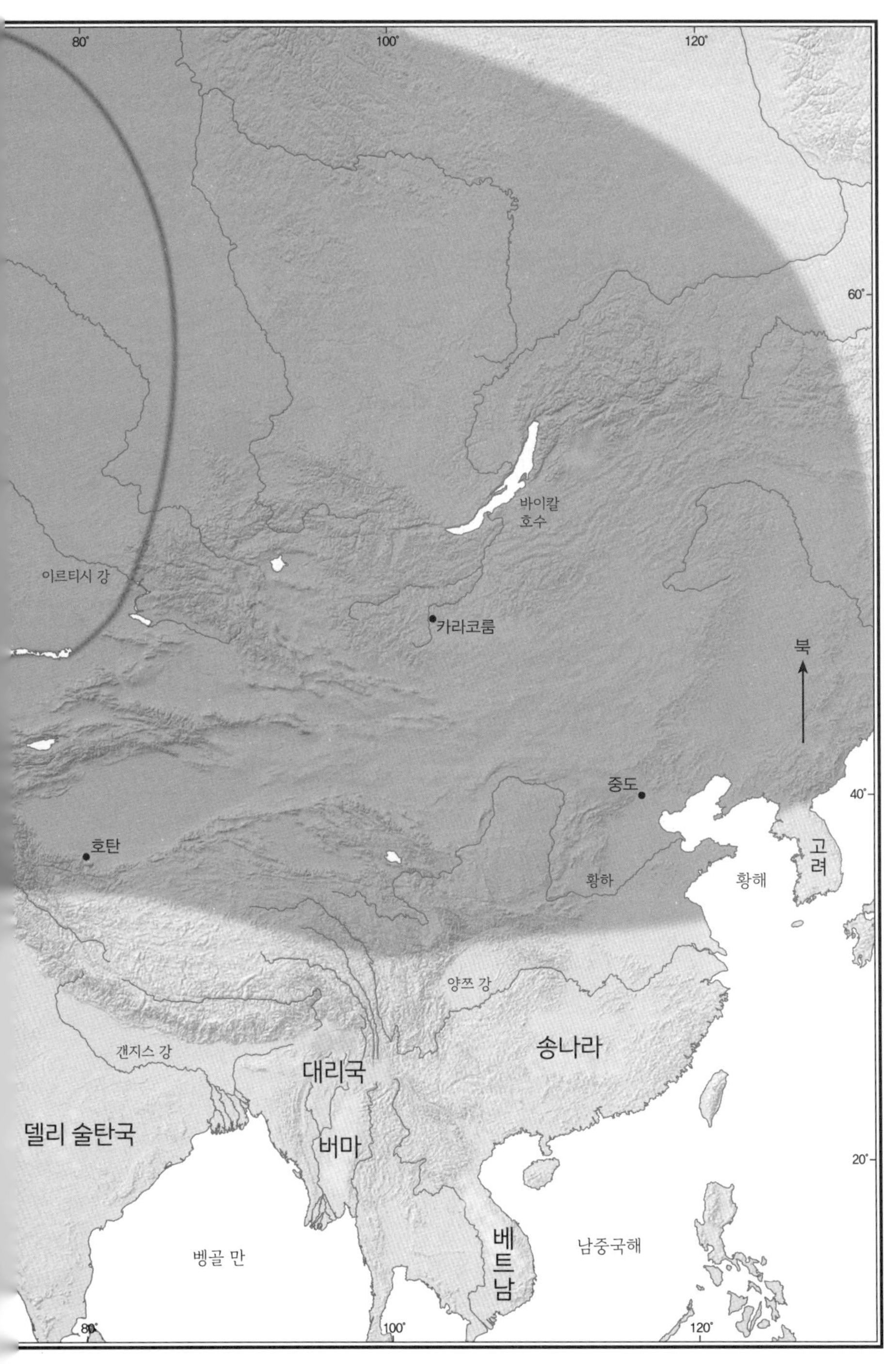

1200년대 중반의 유라시아. 몽골 제국은 거의 유라시아의 절반에 달했다.

는 참석을 거부했다. 바투는 킵차크 초원에 남아서 자신의 오르도를 강화했고 다시는 몽골리아로 돌아오지 않았다.

킵차크 초원의 고향

몽골 제국의 킵차크 통합은 1210년 무렵에 시작되어 1240년에 완성되었다. 몽골은 이 정복으로 유라시아 대초원의 서쪽 끝, 헝가리에 이르렀다. 유라시아 대초원은 동아시아와 유럽을 잇는 초원 고속도로와도 같았다. 중국의 한인들이 1236-1241년 몽골의 군사 공격을 킵차크 원정이라고 부른 것은 우연이 아니었다. 칭기스 칸과 그의 아들들의 첫 번째 목표는 초원 유목민들을 복종시키는 것이었지, 러시아, 폴란드, 헝가리 등 정주민들의 "문명"을 전멸시키는 것이 아니었다. 몽골은 초원에 살면서 그곳을 통제하고, 사람들이 그곳에 살기를 원했다. 러시아를 향한 공격과 헝가리, 폴란드, 오스트리아 침공은 유목민 간 전쟁의 부작용이었다. 러시아인과 헝가리인은 킵차크인과 동맹했고, 몽골은 그들이 그 선택에 대한 대가를 치르게 한 것이다.[57]

역사가들은 이 정복을 가능하게 했던 몇 가지 유리한 측면들을 지적한다. 하나는 몽골이 추운 날씨에 벌이는 전쟁에 숙달했다는 점이다. 몽골인들은 적이 준비가 되지 않았을 때 싸웠고, 상대가 잘 준비되어 있으면 이에 대비하기 위해서 멀리 위치한 잘 방어된 진지로 퇴각했다. 서부 초원은 이러한 전략에 완벽하게 적합하지는 않았다. 눈이 빨리 녹으면서 몽골의 군사적 효율이 심각하게 떨어졌다. 그러나 몽골은 기후적 차이에 적응했고 더욱 쾌적한 지형으로 이동했으며 확실히 중요하고 승리할 수 있는 전투에 집중하는 것으로 목표를 수정했다. 그렇게 함으로써

몽골은 적들이 몽골의 규칙을 따르는 전쟁에 참여하도록 만들었다.[58]

몽골은 적의 계절성을 혼란시켰을 뿐만 아니라 칼카 강, 블라디미르, 무히 평원에서의 전투에서처럼 적이 서두르다가 잘못된 전략적 결정을 하게끔 유도했다. 몽골은 빠르게 이동하고 틈이 없어서 정주민들의 허를 찔렀다. 유럽 중부와 동부의 군주들이 소작농 군대를 동원하는 데에만 몇 개월을 소비하는 동안, 몽골은 군대를 끊임없이 징발하고 동원했다. 몽골은 원정 내내 사람들을 대열에 강제로 포함시켰다. 결국 무겁고 느린 유럽의 기사와 군대는, 기마 궁수들과 기술적으로 발전된 무기를 갖춘 공성전 전문가들에 상대가 되지 않았다. 눈 깜짝할 새 공격하고 후퇴하는 능력은 몽골 공격의 특징이었다. 수베데이처럼 경험이 많은 지휘관들은 러시아와 헝가리에서 때맞춰 퇴각한 것처럼, 즉각적으로 결정을 내렸다.

몽골의 전술이 효율적이었던 것은 부분적으로 대규모 군사 작전과 목축 경제가 짝을 지었기 때문이기도 하다. 몽골은 이를 통해 효율적으로 자원을 관리할 수 있었다. 서정군 작전을 포함한 몽골의 모든 군사 원정에서 병사들은 가족, 천막, 짐, 가축들을 함께 데리고 다녔다. 노예, 일꾼, 목동, 여성, 아이들은 모두 매일매일의 병참에 적극적으로 참여했고, 이 덕분에 결국에는 킵차크 초원을 정복할 수 있었다.[59]

킵차크 원정은 몽골의 정치적인 야망을 잘 보여주는 사례이지만, 이는 몽골에 대한 통념에서 종종 간과된다. 몽골은 단지 싸우기 위해서, 또는 약탈하거나 심지어 복수하기 위해서 서쪽 초원에서 싸운 것이 아니었다. 물론 복수가 몽골이 킵차크인들을 상대하는 동기이기는 했지만 말이다. 전체 초원 지대를 자신들의 것으로 만드는 것이 몽골인들에게는 더욱 중요했다. 바투는 자신의 아버지 주치가 완성하지 못한 임무를 달성하여 킵차크 지역을 몽골 제국으로 완전히 통합했다. 몽골은 이 정복으로 유목 세계를 지배하게 되었고, 더 이상 정복할 초원은 남아 있지 않았다. 머지 않아 주치의 후손들은 서쪽 초원에서 오래 지속되고 강력한 정치 공동체를 건립할 것이었다. 그 공동체가 바로 호르드였다. 그들은 세계 무대의 독립적인 행위자로서, 몽골의 전통에 의지하되 자신들만의 생활 방식과 통치 제도를 개발했고 러시아, 유럽, 지중해 이웃들의 미래에 중요한 역할을 담당했다.

제3장

새로운 오르도들

바투는 악 오르다(ak orda)—하얀 오르도, 백장 칸국—의 통치자였고, 그의 형제 오르다는 쾩 오르다(kök orda)—푸른 오르도, 청장 칸국—를 지휘했다. 하얀색과 푸른색은, 다른 오르도들을 지배했던 이 두 명의 왕자들의 오르도를 상징했다. 주치 울루스의 역사에 관한 16세기 구전 설화 모음집인 『칭기스 나메(*Chinggis Nāme*)』는 볼가-우랄의 현지인들이 그때까지도 여전히 악 오르다와 쾩 오르다의 정치적 탄생을 기억하고 있었음을 보여준다. 토착민들은 에젠 오르다(Ejen Orda, 군주 오르다)와 사인 바투(Sayin Batu, 좋은 바투)는 모두 주치의 아들로서, 몽골 통치 집단의 한 여성에게서 태어났다고 했다. 주치가 사망하자 오르다는, 바투가 동생이었음에도 불구하고 바투가 아버지의 왕좌에 앉기를 원했다. 그러나 바투는 태어난 순서를 무시하기로 간단히 동의할 수 없었다. 그래서 두 계승자들은 다른 17명의 형제들과 함께 이 사안을 칭기스와 벡들에게 가져갔다. 『칭기스 나메』의 기록에 따르면, 칸의 법이자 가르침인 야사(yasa)는 "사인 칸에게 이틸 강(볼가 강) 주변의 지역과 함께 우익(右翼)을 주었고, 에젠에게는 시르-다리야 강 인근 지역과 함께 좌익(左翼)을 주었다." 현지민들은 말하기를, 칭기스는 바투를 위해서 가장 좋은 몫을 남겨 두었지만 바투는 쿠릴타이를 통해서 확정되기 전에는 그의 상속을 받아들일 수 없었다고 한다. 그러나 오르다의 동기는 무엇이었을까? 이것은 사람들이 설명할 수 없었던 문제이다.[1]

볼가 강 하류의 사람들 사이에서 퍼진 이야기들이 모든 세세한 부분까지 정확하게 담고 있는 것은 아니지만, 핵심적인 부분은 담고 있다. 즉, 주치는 계승을 어떻게 진행할지에 대한 지시를 남기지 않았고, 이는 그의 아버지*가 그 문제를 해결해야 함을 의미했다. 그리고 칭기스는 전통과 인습 타파, 두 가지를 모두 반영하여 결정을 내렸다. 한편으로 그는 주치의 콩기라트 출신 부인들이 낳은 두 아들 중에 한 명을 계승자로 선택함으로써 전통을 따랐다.** 그밖에 주치의 모든 아들들은 다른 어머니들이 낳았다. 다른 한편으로 칭기스의 결정은 연장자 우선의 원칙에 반하는 것으로, 바투와 오르다 그리고 그 추종자들 사이에 정치적 긴장을 조장했다. 주치의 계승은 중요한 전환점이 되었는데, 주치의 오르도를 둘로 분할했기 때문이다. 바투가 군사적, 정치적 지휘를 담당했지만, 주치의 병사들은 이 두 형제 사이에서 나뉘었다. 바투와 오르다는 골육상잔을 피하기 위해서 갈라섰다. 바투는 독립을 추구했으며, 오르다는 몽골의 중앙과 긴밀하게 연결된 채로 남았다. 초원의 사람들은 필

---

* 즉, 칭기스 칸.

** 『집사』「주치 칸기」에 따르면, 오르다의 어머니는 사르타크였고, 바투의 어머니는 오키 푸진 카툰이었다. 두 사람 모두 콩기라트 출신이었다.

요하다면 사이좋게 갈라서서 유혈을 피하는 방법을 알고 있었다.[2]

바투는 칭기스가 그에게 사여한 제한 없는 영토로부터 이익을 얻었다. 대칸들은 바투가 주치 가문의 우두머리로서 이르티시 강 너머에 있는 모든 영토에 대해서 권한이 있음을 공식적으로 인정했다. 바투의 관점에서 보았을 때 이는 멀리 북서쪽의 모든 땅과 사람들이 자신과 자손들에게 속한다는 것을 의미했다. 이 확장성은 오르다에 비해서 바투에게 더 큰 이점이 되었다. 오르다는 거대하지만 경계가 있는 영토를 받았고, 그렇기 때문에 확장될 가능성이 없었다. 오르다의 영토는 다른 몽골의 영토로 둘러싸여 있었고, 그래서 외부로 향하려면 자신의 친척들을 공격해야만 했다. 반면, 바투는 셀주크 술탄국, 조지아 왕국, 시리아와 이라크의 수많은 공국들을 정복할 준비가 되어 있었다.[3]

오르다는 칭기스 칸의 손자들 중에 최연장자로, 킵차크 원정에 적극적으로 참여했던 야심적이고 높은 존경을 받았던 인물이었다. 1236년에 그는 불가르와 싸우고 있던 수베데이에 합세했고, 1237년에는 리아잔 포위 공격에 참여했으며, 1240년에는 키예프 정복에 가담했다. 키예프를 함락시키고 수개월 후에는 군대를 지휘하여 성공적으로 레그니차를 공격했다. 따라서 칭기스 칸이 바투를 선택한 이후로 10년 동안 오르다는 전장에서 자신의 가치를 증명한 것이다. 칭기스의 후계자인 대칸 우구데이는 오르다를 바투와 동등한 존재로 여긴 것처럼 보인다. 그는 중국 북부에 있는 땅을 두 사람 모두에게 하사했다.[4]

그러나 오르다와 바투의 정치적 성향은 같지 않았다. 오르다는 대칸 우구데이에게 충직했고 황금 씨족의 강력한 구성원들과 좋은 관계를 꾸준히 유지했다. 반면에 바투는 제국을 외면했고 그 대신 주치 울루스에 집중했다. 제2장에서 살펴본 것처럼 바투는 1241년에 우구데이가 사망한 이후로 카라코룸에 가기를 거부했다. 그러나 오르다는 그곳에 있었다. 이후 1246년에 우구데이의 카툰(khatun)의 섭정이 막을 내리면서 구육을 대칸으로 선출하는 쿠릴타이에서 호르드를 대표한 것은 오르다였다. 그뿐만 아니라 그는 그 쿠릴타이에서 중요한 역할을 했다. 우구데이 사후 우구데이의 삼촌 테무게 옷치긴이 쿠데타를 시도했는데, 구육의 즉위식 쿠릴타이가 진행되는 동안 오르다는 테무게 옷치긴의 권력 장악을 조사하는 임무를 맡았다. 톨루이의 장자이자, 킵차크의 수령이었던 바시만을 사로잡아 죽인 것으로 유명해진 뭉케가 그를 도왔다. 오르다와 뭉케는 여러 증인들을 심문했고 결국 그들의 종조부를 처형하도록 명했다.

테무게 옷치긴과 같은 연장자 대신에 구육이 승격된 것—바투가 오르다 위에 승격한 것과 마찬가지이다—은 칭기스 칸이 통치기에 추진했던 전통과 실용주의의 결합을 반영한다. 전통적으로 몽골의 정치 집단은 아카(aqa, 연장자)와 이니(ini, 연소자)의 두 세대로 구성되었다. 이 체계는 초원에서 음식을 공유하는 관습을 본보기로 한 것으로, 예를 들면 식사를 할 때에는 나이가 많은 유목민이 먼저 음식을 제공받았다. 그러나 연장자는 자신의 몫을 손아랫사람들에게 줄 수 있었다. 정치도 마찬가지였다. 반드시 연장자들이 모든 결정을 하거나 아무런 처벌도 받지 않고 행동하는 것은 아니었고, 연소자들과 권력을 공유할 여지가 있었다. 칭기스는 손윗사람들에 대한 존경과, 계보상의 계층을 기꺼이 무너뜨리고자 하는 마음을 결합했다. 이 역시 초원의 전통이었다. 튀르크 치하에서 왕위 계승 후보자들은 권리를 포기할 수 있었고, 그럼으로써 연소자들의 통치를 합법화했다. 이는 나이의 서열만으로 정치를 좌우할 수는 없었음을 보여준다. 이른 시기의 사료에 따르면, 오르다는 "바투가 군주가 되는 것에 동의했고 그를 아버지의 왕좌에 앉혔는데", 이로써 그는 이 전통에 가담한 것이다. 권리를 가진 자가 물러서서 동생을 따르는 길을 제공함으로써, 칭기스와 대초원의 군주들은 형제 간의 살해, 그리고 그로 인한 더 큰 충돌을 막고자 했다.[5]

평화로운 권력 이양을 더욱 잘 촉진하기 위해서 새로 즉위한 칸들은 겸손함을 분명히 표현했고, 통치 집단들은 계승을 둘러싼 합의를 수립했다. 사료에는 구육의 즉위에 관한 생생하고 상세한 기술이 등장하는데, 이 화합의 성취를 강조하고 있다. 라시드 앗 딘의 『집사(*Jāmiʿ al-tawārīkh*)』를 살펴보면 다음과 같다.

> 그들은 논의를 한 후에 구육을 추대하기로 합의했다. 그는 관례대로 우선 거절하며 각각의 왕자들에게 양보했고, 몸이 약하고 병이 있다는 것을 변명으로 내세웠다. [마침내] 아미르들의 권유가 있은 후에 그는 "내가 죽은 이후에도 나의 일족에게 [칸의 자리가] 계속된다는 것을 전제 조건으로서 [요청을] 받아들이겠다"라고 말했다. 모두 함께 "당신의 후손들에게, 비계에 싸여 있어도 개가 먹지 않고 풀에 말려 있어도 소가 먹지 않는 살점 한 덩어리가 [남아] 있는 한, 우리는 다른 사람에게 칸의 지위를 주지 않을 것입니다"라는 서약서(möchälgä)를 주었다. 그러고 난 후에 무의(巫儀)를 행했다. 모든 왕자들이 모자를 벗고 혁대를 풀었다. 그리고 그[구육]를 군주의 보좌에 앉혔다.

라시드 앗 딘은 우구데이의 즉위식에서도 비슷한 절차를 묘사했는데, 그의 형제들은 최고 권력을 거절했고, 새로운 칸은 가족들의 명령을 수행하고 있음을 선언했다.[6]

이와 같은 수용과 합의의 의식은 몽골 조정에 중요했다. 이를 통해서 칸이 합법적이며 옛 적을 포함한 백성들에 대해서 권위를 누림이 공식화되었기 때문이다. 전체 정치 집단—이는 귀족 계층을 의미하는 것이지, 제국의 속민 전체가 아니다—이 모여서 만장일치로 후보를 지정하는 것이 중요했다. 즉위식은 신하들의 충성심을 보여주었고, 증언 이전에 행해지는 승낙의 표시는 힘으로 권력을 장악한 것이 아님을 분명히 했다. 즉위하도록 제안받은 후보자는 우선 제안을 거절하고 다른 사람이 더 적합하다고 주장해야만 했다. 그럼으로써 진지한 경쟁자들이 추가로 언급되어야 했다. 그런 후에 그들 모두가 자신들은 왕위를 원하지 않는다거나 그에 대한 모든 권리를 포기한다는 것을 공식적으로 선언해야만 했다. 그러고 난 다음에야 비로소 합의된 후보자가 그 지위를 자유롭게 받아들일 수 있었다. 황금 씨족 구성원의 최소 두 사람이 그 합의된 후보자를 부축하여 허리띠를 매고 왕좌로 이끌어 앉혔다. 이때 보좌하는 사람들은 보통 왕위에 대한 두 번째 유력 후보자들이었다. 구육의 경우, 그를 보좌한 사람은 오르다와 차가타이의 아들들이었다.[7]

이러한 의식들은 일종의 치부를 가리기 위한 것이 아니었다. 칭기스의 체제 아래에서 계보 및 정치적 계층화는 중요하기는 했지만 불변하는 것은 아니었고, 이는 황금 씨족 내에서 권력 경쟁이 진실되었음을 의미했다. 칭기스 칸의 남성 후손들 중에 높은 모계 혈통을 가진 사람이라면 누구든지 왕좌를 요구할 권리가 있었고, 그랬기 때문에 합법적인 경쟁자는 언제나 다양했으며, 집단이 합의를 이루기 위해서는 칸의 자리를 노리는 여러 사람들이 권리를 포기해야만 했다. 대칸의 선출 및 즉위 쿠릴타이의 목적들 중에 하나는 경쟁자들 사이의 긴장을 극화하고, 또 그 긴장을 완전히 해소시키는 것이었다. 두 번째 유력 후보자가 결정을 수용하고 경쟁으로부터 물러나는 과정이 포함된 대면 만장일치는 초원의 법의 기본적인 원칙이었다.

호르드의 정치 문화는 칭기스의 규칙, 케식, 쿠릴타이, 투멘과 같은 초원의 제도, 그리고 실용적인 주치조의 혁신의 혼합물이었다. 오르다는 연장자를, 바투는 연소자를 상징했다. 그들은 수 세대 동안 지속될 합의를 확립했다. 각각은 자신의 오르도와 별개의 영역을 가졌다. 바투 가문은 서쪽 볼가 강 하류에, 오르다 가문은 동쪽 시르-다리야 강 중부와 이르티시 강 상류에 중심을 두었다. 각 오르도는 주치조 왕권에 대한 두 개의 경쟁자 집단을 만들었고, 그들은 각각 별도의 계승 계통을 형성했다. 초기 호르드에서 오르다와 바투의 후손들은 상대의 자산, 영토 또는 사람에 대한 권리를 주장할 수 없었다.

구육이 선출되었을 때 바투와 오르다는 대칸의 지위를 요구할 수 있는 권리를 포기했다. 바투는 쿠릴타이에 참석하지 않았기 때문에 후보가 될 수 없었다. 그리고 오르다 이후로는 주치의 후손들 중에 누구도 칭기스 칸의 자리에 대한 강력한 후보자로 등장하지 않았다. 그러나 그들이 곧 입증하듯이, 주치조에게는 제국의 정치 생명을 결정할 다른 수단이 있었다.

주치조는 곧 자신들만의 매우 다양한 제국들을 지배했고, 다민족의 피통치민들을 지배하는 데에 특별한 재능을 보여주었다. 일반적으로는 몽골처럼 주치조도 문화적 차이에 실용적인 입장을 취했다. 주치조는 속국들을 감언으로 꾀기도 하고 이용하기도 했다. 그들은 정주 복속민들의 일부를 노예로 만들었으나, 일부 사람들은 공예품 제작, 전쟁, 가축 사육, 행정, 오락, 종교 의식, 의약을 담당하게 하는 등 그들의 삶을 계속하도록 허락했다. 일부 피정복민들은 사회적인 변화를 거의 느끼지 못했고, 몽골에 세금을 내야 한다는 것을 제외하면 지배받고 있다는 것

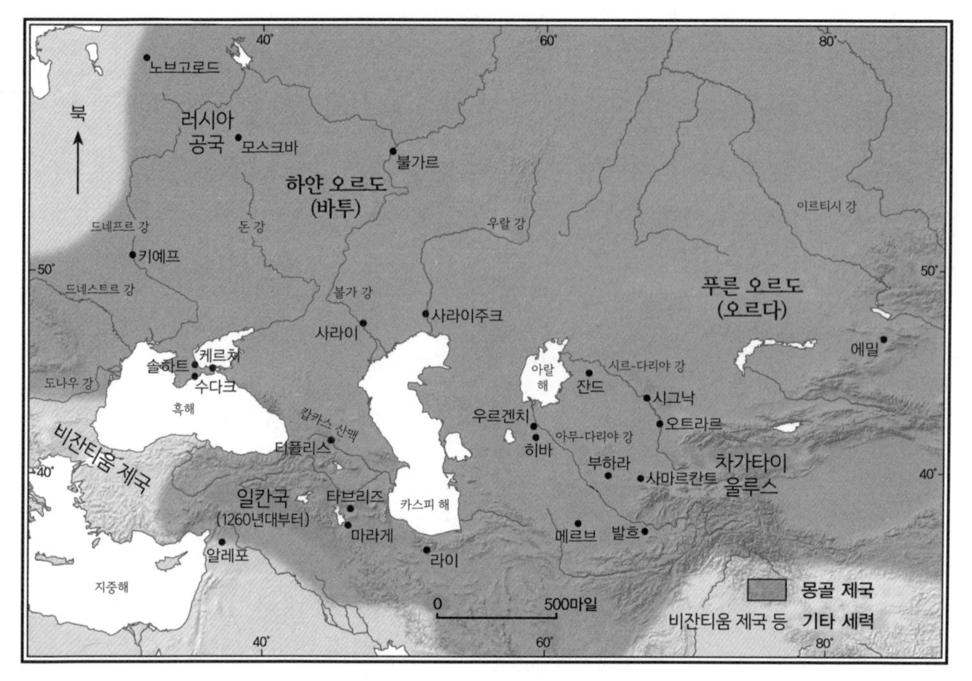

호르드의 주요 구분. 악 오르다(바투)는 서쪽에 위치하며 오늘날의 러시아 일대와 우크라이나를 지배했고, 퀵 오르다(오르다)는 동쪽에서 오늘날의 카자흐스탄, 우즈베키스탄, 튀르크메니스탄 지역을 차지했다.

을 몰랐을 수도 있다. 오르도에 철저하게 통합된 토착 주민들도 있었는데, 여기에는 끊임없는 노력, 조직, 강압, 관용이 필요했다. 이전의 충성심은 사라져야만 했고, 다양하고 확장하는 호르드의 안정성을 보장하기 위해서는 새로운 충성 관계가 구축되어야 했다.

주치조의 탄생

우구데이, 구육, 그리고 이후에 뭉케의 경우에서처럼, 대칸들의 임명은 몽골이 계승 방식을 확립했음을 보여준다. 후보자들은 모두 칭기스의 부계 후손들이었고, 또 각각 부친이 사망한 성인이었으며, 통치 집단 내 다른 구성원들의 지지를 받았다. 이것이 유일한 필요조건이었기 때문에 많은 사람들이 왕좌를 놓고 경쟁할 수 있었다. 주베이니는 서열의 원칙을 다음과 같이 설명했다. "몽골의 관습에 따르면, 한 아버지의 자식들의 서열은 어머니의 서열에 비례한다. 따라서 더 높은 부인의 자식에게 더 큰 특혜와 우위가 주어진다." 이러한 체제에서는 칸의 부인인 카툰이 중요한 역할을 담당한다. 그런데 몽골인들의 "더 높은 부인"이라는 것 역시 단순히 나이의 문제가 아니었다.[8]

카툰의 지위는 복합적인 요인에 따라 달라졌다. 그중 하나는 결혼 시점으로, 남편의 일생에서 더 일찍 결혼할수록 카툰의 지위는 더 높아졌다. 칸의 두 번째 혼인은 종종 첫 번째 카툰에 더 큰 책임을 부여했다. 카툰의 나이 역시 중요했는데, 상대적으로 어린 부인은 나이가 더 많은 부인에게 복종했다. 성격과 명성 역시 중요했다. 그리고 마지막으로, 카툰의 개인적인 가계와 확장된 사회적 연결망이 매우 중요했다. 칭기스 칸은 콩기라트, 케레이트, 그리고 오이라트 여성들을 매우 높은 지위로 여겼는데, 특히 이 사람들이 주요 정치적 동맹이었기 때문이다. 그의 아들들은 이러한 전통을 이어갔다.[9]

1237년 우구데이는 한 걸음 더 나아가서 칭기스 칸과 콩기라트의 남성 및 여성 자손들 간의 우선적 혼인 체제를 확립했다. 이에 따르면 제국의 최고 황후는 콩기라트 출신이어야만 했으나, 우구데이의 명령은 엄격하게 지켜지지는 않았다. 이 결정은 아마도 칭기스 칸의 첫 번째 부인인 부르테가 콩기라트의 수령 데이 세첸의 딸이었다는 사실을 반영한 듯하다. 혼인은 정치적 제휴였기 때문에 칸에게는 많은 카툰들이 있었지만, 오직 소수만이 확장된 가구를 가진 황후였다. 별로 중요하지 않은

몽골 부부를 묘사한 장식이 있는 그릇(이란 카샨, 13세기 초). 이 그릇이 제작되었을 때 몽골은 이란의 통치 집단이었다. 출처 : 덴마크 코펜하겐 데이비드 소장품. 사진 출처 : History/Bridgeman Images.

부인들과 첩들은 자신을 지배하는 황후들과 종종 함께 지냈다. 황후는 매우 큰 영향력을 발휘할 수도 있었고, 서기, 회계관, 상인으로 이루어진 자신만의 궁정을 가질 수도 있었고, 쿠릴타이에 참석할 수도 있었다.[10]

계승과 혼인 방식을 포함한 호르드의 관습은 옛 몽골 제국의 영향을 받은 것이다. 주치의 사람들은 콩기라트 카툰들이 낳은 아들들을 왕좌에 우선권이 있는 후보로 생각했고, 결국 콩기라트는 주치조의 주요 쿠다(quda), 즉 사돈으로 남았다. 옛 계보도에는 주치의 부인들 중에 여덟

명의 이름이 언급되어 있다. 그중 콩기라트의 사르카두 카툰이 가장 연장자이자 주치의 첫째 아들인 오르다의 어머니였다. 더 어린 부인들 중의 한 명은 콩기라트 노얀의 딸이었는데, 그녀가 바투를 낳았다. 이 왕자들은 모두 미래에 통치자가 될 것이었다. 셋째인 베르케도 마찬가지였는데, 그는 주치와 호라즘 제국의 샤의 딸인 술탄 카툰 사이의 아들이었다. 베르케는 어머니의 낮은 지위 때문에, 주치조 왕좌의 자리를 두고 형제들보다 더 열심히 싸워야만 했다.

어떤 기록도 1250년대에 주치의 후손들이 얼마나 있었는지 정확히 언급하지 않지만, 라시드 앗 딘에 따르면 "그에게는 거의 40명의 아들과 셀 수 없이 많은 손자들이 있었다." 주치조는 빠르게 번창했다. 겨우 두 세대 만에 그들의 가문은 수백 명의 사람들에 이를 정도로 성장했다. 그들은 주치의 부계를 통해 콩기라트와 보르지기드 간 연합에서 태어났다.[11]

케식

칭기스 칸이 주치에게 4,000명을 하사한 지 30년이 지난 후에도 그 병사들과 그들의 후손들은 여전히 가족들과 함께 킵차크 초원에 살았다. 그들은 영원히 주치조 칸들을 위해서 일해야만 했다. 몽골인들은 이 충성스러운 부하들을 당직(當直)하는 사람이라는 뜻의 '케식텐(keshigten)'이라고 불렀다. 초원 세계에 케식이 없는 칸은 없었다.[12]

바투는 칭기스가 세운 구조를 따라서 자신의 케식을 12일 주기, 즉 원숭이, 닭, 개, 돼지, 쥐, 소, 호랑이, 토끼, 용, 뱀, 말, 양으로 조직했다. 바투에게는 네 개의 번(番)과 각각의 번을 지휘하는 4명의 케식장이 있었다. 3일마다 바투의 케식장들 중에 한 명이 당직의 역할을 담당했다. 네 개의 번은 호르드가 기원한 줄기 세포였다. 그들은 칸의 사람들을 관리하고 지휘함으로써 칸을 보호하고 모셨다.[13]

각 번은 야간 호위대, 주간 호위대, 전통사(箭筒士)로 나뉘었다. 바투에게는 1,000명의 야간 호위대, 2,000명의 전통사, 8,000명의 주간 호위대가 있었을지도 모른다. 이 숫자는 시간이 지나면서 변했다. 주치조의 칸은 대칸보다는 더 작은 번을 가지고 있었으나, 두 케식 모두 동일한 방식으로 조직되었다. 또 주치조와 다른 모든 몽골의 케식에는 요리사와 집사에 더해서 서기, 회계관, 통역과 같은 행정 담당자도 있었다. 케식은 소규모 유목민 부대와 같은 전투 조직도 아니었고, 군대도 아니었다. 칸의 정부였다.

야간 호위대인 켑테울(kebte'ül)이 매우 중요했다. 그들이 칸의 왕실을 책임졌기 때문이다. 주요 업무는 궁정에 음식, 음료, 오락, 음악을 제공하는 공급 체제를 작동시키는 것이었다. 오르도가 한곳에 머무르는 동안, 야간 호위대는 칸의 천막인 오르도 게렌(ordo geren)을 감시했고 모든 일이 제대로 돌아가도록 했다. 칸에게는 몽골인들이 황금 천막이라고 부르던 거대한 궁-천막이 있었다. 그 주변은 오르도라고 불리는 보안 구역으로서, 케식들이 이 구역에서 주둔하면서 식사를 했다. 오르도는 각자 규칙과 행정을 갖춘 진영 내의 독립적인 단위였다. 오르도는 고정되지 않았고, 칸의 이동로를 따랐다. 일반적으로 몽골의 진영은 적응성 있는 구조로서, 그 배치는 사람이나 물건의 이동을 제어하기 위해서 필요에 따라 변할 수 있었다. 칸의 본부 역시 특정한 천막이나 조정 회의에 선택적으로 접근하게끔 구조가 바뀔 수 있었다.[14]

칸들은 케식과 친밀한 관계를 맺었고, 그들 일부는 평생 동안 칸과 알고 지냈을 것이다. 후계자—사실 황금 씨족의 모든 중요 구성원—들은 어릴 때부터 자신만의 케식을 구성했다. 그들은 함께 말을 타고 남성적인 활동에 참여했으며 사냥 모임에 다른 사람들을 모두 배제할 수 있었다. 새로운 칸은 전임자의 케식들 중에 일부를 상속하여 자신의 케식과 결합시키기도 했다. 칸이 사망하면 그의 야간 호위대는 보통 칸의 오르도에 머물렀고, 그 오르도는 최고 미망인의 지휘 아래로 넘어갔다. 이 충성스러운 추종자들은 남은 생애 동안 자기 주인의 영혼을 숭배했다. 오르도는 그 창건자를 기념하는 야간 호위대를 통해서 창건자보다 더 오래 존속했다.[15]

공식적인 지위는 가족 내에서 유지되었고, 아버지로부터 아들 또는 조카로 전이되었다. 그와 같은 방식으로 케식장들도 자신의 역할을 다음 세대로 전할 수 있었다. 케식장이 계승을 직접 처리하는 경우도 종종 있었다. 예를 들면 외교 서한을 전달하거나 징세를 감독하는 등 멀리 이동해야 하는 임무를 맡은 경우에는 돌아오지 못할 경우를 대비하여 아들이나 자신을 대신할 수 있는 다른 부하에게 번직의 임무를 위임했다. 그러나 새로운 칸은 기존의 케식들을 총애할 수도 있었지만, 여전히 자신만의 사람들을 임명했다. 바투는 주치의 케식 중에서 적어도 절반을 대체했다.[16]

케식은 주치조에 협력하고 그들을 모셨지만, 두 집단은 계보상으로 분명히 구분되었다. 주치의 후손들은 케식에 속하지 않았고, 케식장들은 보통 황금 씨족의 공주들과 결혼하지 않았다. 그들 사이에 혼인이 이루어질 때에도 그 결혼이 가족 간의 정치적 연합으로 이어지지는 않았다. 바투는 권력의 균형을 유지하기 위해서 콩기라트를 포함해 강력한 사돈들을 중요한 케식 지위로부터 멀리 떨어지게 했다. 이러한 측면에서 보면 그는, 가족 경영의 제국은 사산(死産)된 제국이 될 수 있다고 생각한 칭기스 칸의 친족 통제의 원칙을 따른 셈이다. 그러므로 통치 가문들에게는 자신의 개별 임무와 기대치를 가지고 있는 것이 중요했다. 칸들은 권력의 균형을 염두에 두고 혈통에 간섭하기도 했다. 자신에게 충성하는 가문 구성원들은 지위를 높이고, 경쟁 관계에 있는 가문의 구성원들은 너무 많은 영향력을 축적하지 못하게끔 하기 위해서였다. 칸들은 정치적인 이유로 연소자를 연장자로 대체하거나, 10대에게 케식장의 지위를 하사할 수도 있었다.[17]

케식장들은 귀족인 벡 출신이었다. 호르드에서는 연장자 및 다른 비주치조 관리들을 카라추(qarachu)라고 했는데, 이는 서쪽 초원에서 보올을 가리키는 용어였다. 카라추 벡은 복속민들 중의 상류층으로서 황금 씨족을 모셨고, 중요한 행정이나 군사 지위의 임무를 맡았다. 심지어 16세기에도 대부분의 카라추 벡은 자신들이 원래 칭기스가 주치에게 준 초원의 엘리트 부대인 4개 밍간의 후손이라고 주장했다. 카라추 벡들은 황금 씨족의 외부자로서, 최고 지위에는 결코 접근할 수 없었으나 그들 없이는 칸들이 결코 통치할 수 없었다.[18]

주치조의 각 오르도에는 케식이 있었고, 그 구성원들이 반드시 통치자 가문 출신인 것은 아니었다. 이런 구조는 칸으로부터 독립적인 권력 중심이 출현하는 것을 다시 한번 막는 역할을 했는데, 케식 구성원들은 가문이나 민족이 아니라 일종의 군사 조직을 통해서 형성될 수 있었기 때문이다. 케식은 집단적 또는 개인적으로 제국 내 어디로부터든 선발되었다. 그중 다수는 피정복민 출신이었고 킵차크인, 알란인, 러시아인, 헝가리인 등 역시 몽골의 케식이 될 기회가 있었다.

게다가 케식에는 아주 멀리에서 온 상류층 인질들도 포함되었는데, 이들은 미래의 통치자로서 칸은 귀족 친척들의 충성심의 증거로 그들을 붙잡아두었다. 예를 들면 바투의 케식에는 공작들의 아들 다수가 포함되어 있었다.[19] 인질을 붙잡아두는 행위는 플라노 카르피니—프란치스코회 수도사로, 몽골 제국을 여행하면서 인질을 데려오는 행위를 알게 되었다—과 같은 서구인들에게는 매우 낯설었다. 플라노 카르피니는 이 관습을 외국의 귀족 사회를 파괴하는 수단이라고 이해했다. "그들은 귀환을 허락한 사람들에게 아들이나 형제를 요구했으며, 그후로 결코 자유를 주지 않는다." 그는 블라디미르-수즈달의 대공 야로슬라프 2세의 아들 알렉산드르 넵스키를 언급하면서 "이것이 그들이 야로슬라프의 아들과 알란인의 수령 및 다른 많은 사람들을 대하는 방식이다"라고 했다. 그러나 실제로는 플라노 카르피니가 틀렸다. 몽골은 지배층 인질들을 평생 붙잡아두지 않았다. 오히려 인질에게 지휘하는 법과 복종하는 법을 훈련시킴으로써, 그들이 신하로 귀향하여 칸의 이름으로 자신들의 나라를 통치할 수 있도록 했으며, 군사 원조와 책봉의 증거를 포함해 전폭적으로 지원했다. 인질을 받아들이는 것은 초원의 오래된 외교적 제도로, 외부인을 유목민의 사회 속으로 포섭했고 장기적인 정치 관계를 형성했다. 칭기스는 이 관습을 성공적으로 활용해서, 군주의 조정에 물리적으로 존재하는 데에서 속국의 충성이 비롯된다는 점을 확인했다. 그리고 다시 한번 주치조의 칸들은 칭기스의 방법을 모방했다.[20]

쿠릴타이는 주치조가 유지했던 몽골 정치 생활의 또다른 근간이었다. 주치조는 적어도 1년에 두 번 쿠릴타이에서 회합했다. 한 번은 음력 설날로서 양력으로는 1월 또는 2월이었고, 다른 한 번은 음력 6월로 양력으로는 6월 말부터 시작되었다. 수천 명의 사람들이 커다란 천막 아래에 모였는데, 그중에는 주치의 남녀 후손과 직계친족, 인척, 케식장, 서기, 회계관 및 요리사 등의 케식들이 있었다. 각 참석자들은 제한된 숫자의 손님들을 동반할 수 있었다. 나머지 케식들은 이 모임을 경호하고 시중을 들었다. 참석자들은 엄격한 서열에 따라 입장하여 앉고 식사하고 건배했다. 여성은 칸의 동쪽에, 남성은 서쪽에 앉았다. 참석자들은 칸에게 선물을 가져왔고, 칸은 그들에게 의복, 은과 금을 하사했다. 집회는 아카와 이니, 즉 형과 동생들로 나뉘었다. 아카는 이니보다 더 영향력이 컸지만 이니 없이는 통치할 수 없었는데, 칸의 결정을 법으로 만들기 위해서는 두 집단 모두가 동의해야만 했기 때문이다.[21]

쿠릴타이는 비공개 회의였다. 몽골은 외국인들과는 내부 정치를 공유하지 않아서 외국인들은 중요한 모임이나 의식에 접근할 수 없었다. 외국인들이 몽골의 삶에 관한 가장 동시대적인 문헌 기록을 제공한다는 점을 감안할 때, 주치조의 집회가 어떻게 기능했는지, 그리고 동쪽에서 1229년에 우구데이에 의해서 확립되고 1234년에 성문화된 그 규칙과는 어떻게 달랐는지를 정확하게 말하기가 어렵다. 오늘날 알고 있는 것은 참석자들이 사법적 안건, 중요한 혼인, 주요 임명, 보상, 전쟁, 외교 등에 대해서 결정했다는 것이다.[22]

칭기스 칸이 형성했던 새로운 통치 집단은 13세기 중반에 이르러 사회적으로 확고해지기 시작했다. 호르드에서는 이러한 통치 집단이 주치조를 특유의 집단으로 수립하는 데에 도움을 주었다. 비록 그 확고한 정치적 제도들—쿠릴타이, 케식, 계승 방식 등—이 전체적으로는 제국의 제도를 반영한 것이었지만 말이다. 이후에서 살펴보듯이 주치의 아들들은 심지어 자치를 이루었음에도 불구하고 이 제도들을 유지했다. 또 주치조는 상속한 이 제도들을 수정하기도 했다. 그들은 새로운 환경에 맞추어 몽골의 정치 이론과 관습을 적용하는 법을 터득했으며, 자신들의 발전하는 정권을 지탱하기 위해서 전통에 의지했다.

칸의 계절들

볼가 강 하류에 위치한 바투의 거주지는 여러 측면에서 이상적이었다. 그곳은 리투아니아인들이 종종 파괴적으로 침략했던 드네프르 강으로부터 약 800킬로미터 떨어져 있었고, 반항적인 알란인과 체르케스인들이 산맥 속에 숨어 있던 캅카스로부터도 안전했다. 또 볼가 강 하류는 1222-1223년에 그곳에서 서정군이 처음으로 겨울을 지낼 때 수베데이와 제베가 발견했듯이, 뛰어난 목초지와 소금을 제공했다. 봄이 되어 삼각주가 습해지고 벌레들이 급증하면, 바투는 오르도를 공기가 시원하고 맑은 강의 상류로 약 320킬로미터를 이동시켰다. 또한 볼가 강 하류 전역은 수로와 육로의 교차로였다. 겨울에는 얼어붙은 강들이 일군의 도로가 되어 드네프르 강, 돈 강, 볼가 강 하류로 모였다. 여름에는 강 위의 배들이 오르도와 러시아인 마을, 촌락들을 하루 또는 이틀 여정으로 연결했다.[23]

그러나 멈출 수 없을 것처럼 보였던 몽골의 돌격은 곧 한계에 도달했고, 오르다와 바투의 시기에 정해진 영토의 분배는 이후 수 세대 동안 변하지 않은 채로 남았다. 계절별 이동로 역시 거의 변하지 않았지만, 천막의 숫자는 매년 증가했고 겨울과 여름 야영지는 더욱더 항구적인 정주민들을 이끌었다. 정복의 결과로 인구가 증가한 것은 아니었는데, 주치조는 바투와 오르다의 치세 첫 10년 동안 대개 평화로웠기 때문이다. 인구의 증가는 그보다는 활발한 목축 활동의 원인이자 결과였다. 또 증가한 인구는 무역 기회가 확대됨에 따라 유지되었는데, 주치조는 평화 시기 동안에는 외교 및 공유 체제, 즉 통치 세력들을 칸에, 평민들을 통치 집단에 속박하게 하는 체제—이에 대해서는 후술할 것이다—를 유지하는 데에 필요한 사치품을 얻을 방법이 없었기 때문이다. 전리품에 의존할 수 없을 때 호르드는 상업과 정교한 목축 기술을 결합하여 체제를 강화했다.[24]

몽골의 기본적인 목표는 경제적인 효율성을 성취하면서도, 정치에 매우 중요한 사회적 상호작용 역시 가능하게 하는 것이었다. 오르도들은 충분히 방목을 할 수 있어도 한 지점에서의 지나친 방목이 초원의 생태계를 파괴하지 않도록 이동해야만 했다. 그러나 동시에 정치적 집회를 실시하기 위해서 모여야만 했다. 또한 인구를 지탱하는 데에 충분한 정도로 방목을 하는 것에도 어려움이 있었다. 그 정도의 방목에는 중노동이 필요했다. 몽골은 정치적인 생활을 가능하게 하면서도 경제적인 문제를 해결하기 위해서 몇 가지 방법을 개발했다. 첫째, 몽골인들은 전쟁포로—가능한 경우—와 지위가 없는 외부인들이 집단적인 작업에 참여하도록 강요했다. 둘째, 오르도에 공급하는 것을 도울 위성 야영지와 시장을 증가시켰다. 마지막으로, 몽골은 계절의 변화를 정치적 수단으로 변모시켰는데, 정치적 활동 시기를 1년 중에 생존 요구가 가장 쉽게 충족되는 동안으로 계획했다. 몽골은 또한 때로는 정치적 요구가 경제적 손실을 야기할 수도 있음을 받아들였다.[25]

그 이유는 무엇일까? 몽골은 정치적 모임을 개최해야 할 때 가축 일부는 뒤에 남기고, 나머지는 더 빨리 이동하도록 했기 때문이다. 서로 멀리 떨어져서 거주했던 오르도의 사람들은 매년 열리는 무역 시장과 정치적으로 중요한 축제에 참석하기 위해서 많은 기력을 소모했다. 여기에는 1년에 최소 두 차례 조직되는 거대한 집회, 쿠릴타이도 있었다. 이러한 상호 작용은 무탈한 목축만큼 몽골의 삶에 중요했고, 필연적으로 정치와 목축 간의 마찰로 이어졌다. 한 수령이 쿠릴타이의 연기를 원할 때,

그는 가축들을 살찌워야 하므로 여행을 할 수가 없다고 주장할 수 있었다. 그리고 이런 표현은 단순한 은유가 아니었다.

대칸 우구데이와 그의 계승자들은 증가한 인구를 유지하기 위해서 새로운 전략을 시작했다. 우구데이는 목축에 기본적으로 필요한 자원의 수요가 그 지역의 자원이 소모되는 정도에 이르기까지 증가하자, 카라코룸과 그의 오르도에 공급을 댈 만큼 강력한 기반을 수립했다. 우구데이는 이전의 목축 생산을 훨씬 상회하는 효율성을 달성했다. 그러나 우구데이의 계획에는 효율성 이상의 것이 있었다. 그는 조상들의 생존 전략을 권력 전략으로 변모시켰는데, 그의 전략 안에서 오르도의 이동은 방목의 필요뿐만이 아니라 정치의 요구도 따랐다. 심지어 이동이 가축에 많은 대가를 요구하는 때에도 마찬가지였다. 우구데이와 그의 자손들은 의식을 행하고 대화하고 먹고 마시기 위해서 모이는 등 정치에 초점을 맞추면서, 이로 인해서 발생하는 경제적 손실을 용인할 수 있는 구조를 개발했다.[26]

주치조는 동쪽의 대칸들과 마찬가지로 흩어진 오르도들을 소집하면서도 전통적인 유목민들보다 훨씬 더 많은 인구에 공급할 수 있는 효율성, 시장, 정치적 행위들을 개발했다. 바투의 보급 진지는 아마도 우구데이의 테르겐 얌을 본떠서 만든 듯한데, 후자는 무거운 화물들을 위한 중계 공급 체제로서 매일 카라코룸으로 식량과 음료를 실은 500대의 수레를 전달했다. 바투는 우구데이만큼의 자원이나 인력을 축적하지는 못했기 때문에 주치조의 물류는 그보다는 덜 장엄했고 더 유동적이었다. 그럼에도 불구하고 바투는 새로운 목축 경제와 정치를 시행하는 데에 필요한 모든 일을 했다. 그는 무역 활동을 확장했고, 오르도에 수많은 인부들을 받아들였으며, 오르도의 사람들이 이주의 비용에도 불구하고 여행

아랍어 명문(銘文)이 새겨진 구리거울(이란 또는 아나톨리아, 12-13세기). 거울은 몽골의 정복 이전부터 초원 귀족사회의 중요한 도구였고, 주치조는 점복을 위해서 또는 부적으로서 사용하면서 계속 거울을 생산하도록 했다.

할 수 있을 정도의 음주 축제를 조직했다. 바투의 케식들은 과도한 방목의 위험성을 알고 있었고, 위성 진지의 수를 늘림으로써 이에 대응했다.

목축 경제에서는 번식 및 착유 기간 동안 말과 낙타를 살찌우는 것이 중요했다. 보통 5월부터 9월까지에 달하는 이 시기에 가축들은 휴식을 취해야 했다. 암말들은 착유 시기에는 칸의 오르도와 함께 이동하지 않았다. 몽골은 이 5개월의 기간을 휴식만이 아니라—이 시기는 본질적으로 평화로운 기간이었다—대규모 정치 모임을 조직하고 통치 결정을 내리는 데에도 활용했다. 몽골이 여름에 열리는 음주 축제 동안 즉위식 및 대쿠릴타이를 계획하는 것은 우연의 일치가 아니었다.

바투의 위성 진지는 조정에 말, 양, 소, 거대한 양의 유제품과 육류를 제공했다. 그 모든 것이 황금 씨족의 재산이었다. 서쪽 초원의 위성 진지들은 칸의 진영과는 따로 이동했고, 보통 칸의 진영보다 앞서가서 칸이 도착하기 전에 정해진 정류 지점에 보급품을 준비했다. 위성 진지들 중의 하나는 맹금을 돌보는 사람들을 위해서 따로 마련되었다. 칸들은 매를 수집했는데, 매는 통치의 상징이자 새, 토끼, 마멋, 여우, 늑대, 작은 사이가산양의 사냥에 쓰이는 강력한 무기였기 때문이다. 몽골은 고기뿐만이 아니라 가죽과 모피를 얻기 위해서 사냥했다. 케식은 매의 사육, 목축, 그리고 기타 보급 진지를 오르도와 분리했고, 또 칸의 사냥을 감독했다. 위성 진지와 오르도 사이에 일정한 거리를 두는 것은 위생상으로도 중요했고, 동물과 사람을 분리시키는 것은 칸의 오르도 주위에서 과도하게 방목하는 것을 막는 데에도 도움이 되었다.[27]

주치조 오르도에는 보급 진지 이외에도 이동식 시장이 있었다. 이동식 시장은 야간 호위대의 감독 아래에 있었던 듯하다. 시장은 한 진지의 가장 끝에 있어서, 칸의 진지 중에 군주의 전용 구역인 오르도에서부터 누군가가 시장까지 이동하는 데에는 말이 필요했다. 프란치스코회 수도사 윌리엄 루브룩은 "바투의 오르다에는 항상 시장이 따라왔는데, 우리가 있는 곳으로부터 너무 멀어서 갈 수 없었다"라고 기록했다. 초원의 각 가정들은 스스로 살아가는 방법을 알았고 매일 시장을 방문할 필요가 없었다. 사회 체제의 말단에 있는 가난한 방문자들이 생존을 위한 음식과 음료를 얻으려면 오직 다른 사람들의 관대함에 의존해야 했다.[28]

유목민들은 정치와 목축 경제가 서로 다른 일정을 따르고 있음을 알고 있었고, 두 가지 역학을 서로 염두에 두면서 잘 다루었다. 최근 연구는 대칸들의 이동이 대개 목축보다는 정치에 의해서 이루어졌고, 그들은 목축적 이동과 "제국적 순회"를 구분해야 했다는 점을 보여주었다. 제국을 건설하는 유목민들은 권력을 투영하기 위해서 이동했다. 주치조 역시 효율적으로 목축을 하는 것보다는 사회에 통제력을 발휘하고 주변 지역으로 권력을 확장하는 데에 집중했다.[29]

몽골의 경제가 정치에 의해서 강력히 형성되었다면, 그것은 또한 신앙 체계와도 상호 작용했을 것이다. 신앙 체계와 경제 모두 자연과 깊게 얽혀 있었기 때문이다. 몽골은 인간이 자연보다 뛰어나다고 생각하지 않았다. 인간은 자연의 주인이 아니었다. 몽골은 동물, 식물, 지형, 벌레를 두려워하고 존중해야 할 생명체로 보았다. 그들은 지상에 있는 무형의 존재인 "지상의 주인"을 신봉했는데, 인류학자 그레고리 들라플라스는 지상의 주인이 "특정 지역에 있으면서 날씨, 사냥의 행운, 일반적인 환경 조건 등의 다양한 현상들을 자유자재로 다룬다"라고 규정했다. 또한 몽골은 땅과 야생동물을 매우 조심스럽게 다루었는데, 이러한 존재들이 복수를 하거나 적대적인 태도를 취할 수 있다고 생각했기 때문이었다. 몽골은 자연을 숭상했고 철저히 돌보았다.[30]

삶의 원천

젖을 짜는 시기는 동쪽과 서쪽 초원에서 거의 동시에 맞았고, 제국 전역에 걸쳐 기쁨의 원천이 되었다. 사람들은 음악 연주, 활쏘기, 씨름 시합을 하고 발효시킨 암말의 젖인 쿠미스(kumis) 또는 아이락을 마시면서 이 시기를 축하했다. 쿠미스 축제는 몽골의 모임들 중에서 가장 대규모이자 가장 정성을 들이는 행사였다. 또 유목민들이 칸의 오르도에 와서 칸에게 공물을 바치는 때이기도 했다. 루브룩은 "바투의 진지로부터 하루 거리에 30명이 있었는데, 그들 각자가 매일 100마리의 암말들로부터 나온 우유를 그에게 제공한다"라고 기록했다. "즉, 매일 암말 3,000마리의 젖으로, 다른 사람들이 가져오는 다른 흰 우유는 포함하지 않은 것이다. 시리아에서 농부들이 수확의 3분의 1을 바치는 것처럼, 사람들은 군주의 오르도에 사흘에 한 번씩 암말의 젖을 가지고 와야 했다."[31]

우유 세금을 내는 것에 더불어 유목민들은 투멘 체제에 따라서 암말들을 빌려주어야만 했다. 몽골의 수령들은 칸에게 암말을 빌려주었고, 칸은 1년 또는 그 이상의 기간에 암말들을 보유할 수 있었다. 대신 수령들은 자신보다 낮은 지위의 유목민들로부터 암말을 빌렸다. 이러한 암말의 순환은 몽골의 사회경제 질서를 반영한 것이다. 즉, 그들은 모든 것을 공유했으나, 각자의 지위에 따라 재물과 자원을 재분배했고, 더 높은 지위의 사람에게 더 많은 것이 돌아갔다. 가축을 빌려주고 빌리는 행위는 사회의 모든 계층에서 일반적이었다. 케식과 부유한 유목민은 자신이 위치한 곳에서 과도하게 방목하는 것을 피하기 위해서 가축들을 분산시켰고, 가난한 사람들은 이 가축들의 일부를 다른 곳에서 키우면서 본인 소유의 소규모 가축들을 보충할 수 있었다. 소유권 문제는 없었다. 통치 집단에 속한 가축에는 그 일족의 상징인 탐가(tamga)를 낙인했고, 가축을 훔치면 사형에 처했다. 더 가난한 유목민들은 다른 사람들 소유의 가축들에게서 젖을 짠 후에 그중 일부를 위로 전했다. 가난한 유

손잡이 부분에 용의 두상이 있는 황금 그릇으로, 허리띠에 매달 수 있도록 만들어졌다(호르드, 13세기 중후반). 용의 두상은 몽골 이외 지역—아마도 거란, 금나라 또는 송나라—에서 영향을 받은 듯하지만 세공 기술은 주치조의 것이다.

목민들은 이러한 방식으로 가족을 쉽게 부양할 수 있었고, 전체 사회는 특정 지역의 생산력을 해치지 않으면서 가축들을 활용할 수 있었다.[32]

모든 사회 계층에서 생산된 우유 대부분은 쿠미스로 만들었다. 쿠미스를 만들려면 경험, 기술, 인내심이 필요했는데, 가공하지 않은 암말의 젖을 수 시간 동안 휘저어야 했기 때문이다. 또한 이 일은 오직 남성만이 하도록 허락된, 상징성이 있는 업무였다. 탄산성 음료인 쿠미스는 보통 1–2.5퍼센트의 에틸 알코올을 포함하며, 우유를 더 오래 발효시키면 도수가 더 올라갈 수 있다. 칸과 통치 집단을 위해서 마련된 카라 쿠미스는 일종의 특별 혼합물이었는데, 오늘날에는 알려져 있지 않지만 일반 쿠미스보다 더 높은 알코올이 포함되었을 것이다. 추운 계절에는 쿠미스를 만들 수 없었지만, 여름에는 더위에 치명적인 수준까지 오염될 수도 있는 물을 쿠미스가 대신했다.[33]

음주 축제 기간에는 여러 오르도들로부터 방문자들이 칸의 궁정에 찾아왔고, 손님들은 몇 주일간 계속 쿠미스와 카라 쿠미스를 무제한으로 제공받기를 기대했다. 루브룩은 1254년 6월 대칸 뭉케의 음주 축제에 암말의 젖을 실은 500대의 수레와 90마리의 말들이 있었음을 기록했다. 그리고 겨우 5일 후에 궁정에 비슷한 양이 또다시 전해졌다. 옛 사료들은 때때로 정확하기보다는 과장되었을 수 있지만 이 숫자들은 현실적이다. 젖을 짜는 시기에 한 마리의 암말은 최대 1,500킬로그램의 젖을 생산했는데, 그중 절반은 새끼를 위해서 남겼고 나머지는 쿠미스를 만드는 데에 사용했다. 몽골 가축의 규모를 고려한다면 아마도 사람들의 갈증을 해결하기에는 충분한 양이 생산되었을 것이다. 그리고 성인 한 명이 하루에 최대 10리터의 쿠미스를 마실 수 있다는 것을 감안하면, 아마도 대규모의 공급이 필요했을 것이다.[34]

쿠미스를 마시는 행위에는 공유된 전통 그 이상의 의미가 담겨 있었다. 쿠미스는 또 몽골 식생활에서 중요한 역할을 했다. 무속인들은 쿠미스가 비할 데 없는 강정제라는 사실을 알고 있었고 여러 의식들에 쿠미스를 사용했다. 최근 연구들에서는 쿠미스의 건강상의 이점을 확인했다. 특히, 6월 무렵에—정확히 음주 축제가 한창인 때—동물들로부터 짜낸 젖으로 만든 쿠미스는 매우 높은 수준의 비타민 E, 니아신, 일종의 비타민 C인 디히드로아스코르브산을 제공했다. 사람들은 영양분이 최고로 풍부한 쿠미스를 마실 수 있었는데, 쿠미스를 신선하게 공급할 수 있도록 생산 진지가 궁정으로부터 결코 멀리 떨어져 있지 않았기 때문이다.[35] 신선한 쿠미스는 면역 체계를 강화시켰고, 몽골의 팽창기에 흔했던 장티푸스, 이질 등의 질병들을 치료하거나 예방했다. 또 쿠미스에는 항생제 성분이 있어서 오늘날에도 박테리아 감염 예방에 사용된다. 몽골은 쿠미스가 아마도 당시에 만연했을 신장 결석을 치료하는 데에도 유용하다는 것을 알고 있었다. 열렬한 육식주의자였던 몽골인들은 아마도 요산 수치가 높았을 것이고 이는 신장 결석이나 통풍과 같은 괴로운 고통으로 이어졌을 것이다. 전해지는 바에 따르면 바투와 그의 형제인 베르케 모두 통풍에 시달렸다고 한다.[36]

쿠미스는 13세기 중반 칭기스 칸의 후손들이 번영하는 데에 중요한 역할을 했다. 칭기스 칸의 후손들은 가축들을 번식시켰고, 우유 생산을 증진시켰으며, 엄청난 양의 우유를 마셨다. 인구는 증가했고 아이들은 더 강해졌다.

그들에게 제국 내에서 자신의 몫을 받게 하라

페르시아 역사가 주베이니는 바투에 대해서 "그의 관대함은 헤아릴 수 없었고 그의 관용은 끝이 없었다"라고 기록했다. "모든 방면의 상인들이 그에게 온갖 종류의 물건들을 가져다주었고, 그는 모든 것을 받고 그 가격을 몇 배 이상 곱절하여 쳐주었다." 칸의 관대함을 목격한 많은 외부인들—심지어 일부 몽골인까지—처럼 주베이니는 깊은 인상을 받았고 어리둥절했다. 바투는 상인들이 요구한 것의 두 배 값을 주었다.[37]

그러나 바투의 관대함을 그의 개인적인 아량과 혼동해서는 안 된다. 그는 관대함이 자신을 강력하게 만들었기 때문에 관대했다. 바투는 경제, 정치 체계가 작동하도록 만들기 위해서 상인들을 끌어들여야 했고, 특히 분배할 전리품을 정복을 통해서 확보하지 못한 경우에는 더욱 그러했다. 그는 상인들의 환심을 얻기 위하여 대칸 우구데이를 모방했는데, 우구데이는 "상인들이 판매한 물품의 총 금액에 10퍼센트를 더 붙여서 주도록 하라"라고 명령했다. 라시드 앗 딘에 따르면, 우구데이의 비틱치(bitigchi, 서기)들이 이미 그가 물품의 가치보다 더 높은 값을 지불하며 구입하고 있음을 지적했다고 한다. 그러자 우구데이는 "상인들은 이익을 위하여 국고와 거래한다. 그리고 그들은 너희 비틱치들에게 값을 비용이 있다. 그것은 그들이 너희에게 진 빚이니, 그들이 우리와의 거래에서 손해를 보고 돌아가지 않도록 하고자 함이다"라고 했다고 한다. 다른 사례를 보면, "어떤 사람이 [우구데이에게] 200개의 골촉을 가지고 왔다. 그는 그에게도 같은 수의 [은] 덩어리를 주었다." 이것은 위신 이상의 문제였다. 몽골의 통치자들은 물품의 유통이 느려지지 않도록 주의를 기울였고, 상인들을 강요하거나 통제할 수 없음을 알았기 때문에 그들을 유혹했다. 몽골의 관리들은 상업 행위에 가벼운 세금을 부과했고, 상인에게는 안전을, 그들의 물품에는 보호를 약속했다. 또 칸과 관리들은 상인들이 얌을 이용할 수 있도록 허락했다. 얌은 몽골의 놀라운 공급망이자 통신망으로서 이에 대해서는 후술할 것이다.[38] 또 몽골의 통치자들은 상인 및 사업가에게 세금 면제와 같은 특권을 부여하면서 상인과 상품을 유인하기 위하여 서로 경쟁했다. 이후에 살펴보겠지만 바투는 이러한 정책들로 이미 1250년대에 성과를 거두기 시작했다.

동시대인들이 인지한 바와 같이, 몽골 칸들의 목적은 재물의 축적이 아니라 분배였다. 라시드 앗 딘의 기록에 따르면, 우구데이는 "카라코룸의 기반을 놓은 어느 날 재고로 들어가서 거의 10만에 달하는 [은] 덩어리를 보았다. '쌓여 있는 이 모든 것들로부터 우리가 무슨 이익을 얻는가?'라고 물었다. '왜 이것들을 항상 지켜야 하는가? 덩어리를 원하는 모든 사람은 와서 하나씩 가져가게 하라.'" 몇몇 다른 일화에 따르면, 우구데이는 사업, 무역 활동에 자금을 대기 위하여 사람들에게 은괴와 금괴를 주었다고 한다. 우구데이는 백성들에게 준 것들이 머지않아 돌아

올 것이라고 확신했다. 몽골의 경제에서 순환은 보존보다 더 큰 부를 가져다주었다.[39]

칸은 사적 영역의 생산물, 하인, 가축, 선물, 세금, 전쟁 등을 통해서 부를 축적했다. 그러나 무역은 다른 기능을 했다. 무역은 칸을 부유하게 만드는 것이 아니었다. 칸은 인간 세계의 위에 있는 존재로, 무역에 활발히 참여하거나 영리를 추구하지 않았다. 칸은 오직 주거나 또는 받을 뿐이었다. 칸은 사지 않는 대신에 하사했고, 이는 칸들이 보여주고자 하는 관대함에도 반영되었다. 무역은 칸을 개인적으로 이롭게 하기 위한 것이라기보다는, 오히려 제국의 안정과 사람들의 안녕을 위한 것이었다. 그리고 이때의 안정은 재정적인 것만큼이나 영적인 측면도 있었는데, 순환은 몽골의 신앙 체계와 밀접하게 연결되어 있었기 때문이다.

몽골은 상품을 비물질적인 무엇인가를 담는 그릇이나 매체로 보았고, 이 비물질적인 것의 순환은 세상의 우주론적 균형에 필수적이었다. 특히, 재분배 체계인 쿠비는 살아 있는 자만이 아니라 죽은 자를 위한 것이기도 했는데, 살아 있는 자를 "죽은 악한 자"의 부정적인 훼방으로부터 보호하기 위해서는 죽은 자의 영혼을 끊임없이 달랠 필요가 있었다. 순환은 이러한 영혼들을 달래기 위한 것이었다고 한다. 게다가 몽골은 영혼의 환생을 믿었고, 재분배는 가장 좋게 환생할 가능성을 높였다. 따라서 어떤 주인이 많은 손님들에게 세속적인 물품들을 공유하면, 그는 산 자와 죽은 자, 그리고 사후의 자신에게 행복과 번영을 가져올 수 있었다. 당장 눈앞에 있는 물건들, 초월적인 행위, 그리고 이 세상으로의 환생 간의 복합적인 상호작용을 통해서, 몽골인들은 그들이 공유하고 배분하고 순환시키는 것들이 사회의 안녕에 직접적인 영향을 미친다고 생각했다. 그러므로 무역, 징세, 전쟁으로 획득한 상품들의 순환은 사회

질서를 유지하고 사회 혼란을 바로잡는 데에 핵심 역할을 했다. 중세 몽골인들이 집단적인 행복을 어떻게 규정했는지를 재현하기는 어렵지만, 그들은 물건의 순환적인 이동이 집단 행복의 창출에 중요하다고 분명히 믿었다. 그리고 이는 칸에게 재분배 체계의 유동성을 확보하는 것이 가장 중요했음을 의미했다.[40]

이상의 논의가 부의 축적이 이루어지지 않았음을 의미하는 것은 아니다. 오히려 그 반대로 축적은 널리 받아들여졌다. 그러나 부는 오직 재분배의 측면에서만 성립했고, 재분배는 그 자체로 투멘에 기초한 공유 체제인 쿠비에 따라서 행해졌다. 칸은 선물—대부분 무역이나 외교를 통해서 확보했다—을 1만 호의 지휘관들에게 주었고, 그들은 차례로 1,000호의 장에게, 그들은 또 그 아래의 사람들에게 주는 등 계통에 따랐다. 이것이 몽골에서 작동한 순환 체제였다. 칸에게 사치품이 필요했던 이유는 자신의 생존 경제 때문이 아니라, 정치경제학 때문이었다. 그들은 통치 집단들에 보상하고 그들을 조정에 묶어두기 위해서 물품을 활용했고, 통치 집단은 일반 평민들의 충성심을 확보하기 위해서 동일한 물품을 활용했다. 은정(銀錠), 금, 값비싼 직물, 모피, 진주와 같은 모든 것들이 끊임없이 다시 양여되었다. 칸의 재분배는 쿠릴타이 동안 잘 보이게 이루어졌다. 케식은 막후에서 물품을 등록하고 그 수를 계산하면서 감독했다. 이는 결국 화합적인 정치 체제와 자비로운 우주적 질서를 유지하기 위한 정교한 기획이었다.

주치조는 대칸이 자신들을 지배하도록 내버려두지 않았다. 독립을 유지하기 위하여 그들은 경쟁해야만 했다. 이것이 바투가 한 일이었다. 그는 시장, 정치, 후원 등 모든 측면에서 대칸과 경쟁했다. 바투는 볼가 강 하류의 커다란 잠재력을 빠르게 인지했고 키예프, 수다크, 노브고로드,

그리고 더 북쪽의 상인들을 유인함으로써 수년 만에 그 지역을 역동적인 무역의 중심으로 변모시켰다. 경쟁자인 차가타이 계열의 사촌 부리는 바투의 영토가 공유되어야만 한다고 공개적으로 항의했다. 바투는 그를 처형했다. 주치조의 칸들은 황금 씨족의 다른 구성원들이 킵차크 초원에 대한 권리를 요구하는 것을 결코 허락하지 않았다.[41]

몽골화된 공간

몽골은 산과 호수, 협곡에 우주론적인 힘이 있다고 믿었다. 그들은 그와 같은 지역에 궁과 코룩(qoruq), 즉 매장지를 만들었다. 앞에서 언급한 것처럼 대칸들은 오르콘 강 유역에 위치한 카라코룸의 영적 연결성을 이용했다. 또 그들은 부르칸 칼둔에 칭기스 칸을 위한 기념비를 만들었는데, 그곳은 몽골리아 동부 헨티 산맥에 있는 오래된 영적 장소로서, 현지민들은 몽골이 오기 전에도 이곳에서 조상 숭배를 행했다. 필시 칭기스의 시신은 탕구트 지역에서부터 부르칸 칼둔으로 옮겨졌을 것이다. 그 산은 통치자의 술데, 즉 그의 카리스마와 생명력을 담게 되었다. 오논 강, 케룰렌 강, 톨 강의 수원은 부르칸 칼둔에 있었고, 그 강들의 바닥은 몽골인의 탄생과 신비롭게 연결된 것으로 여겨졌다. 그곳은 테무진이 태어난 지역이기도 했고, 그가 1206년에 쿠릴타이를 개최한 곳이기도 했다. 부르칸 칼둔에 매장지가 설립되면서 그곳은 제국에서 가장 성스러운 지역이 되었다.[42]

먼 서쪽에서 주치의 후손들은 자신들만의 표지물을 만들었다. 그들은 바투의 지배 아래 성소, 궁, 종교 건물, 코룩 등을 건설하기 시작했다. 칸들의 매장지가 원래 있던 위치는 불확실하다. 후대의 전승에서는 우랄 강에 위치한 사라이주크*를 주치조 칸들의 코룩으로 인정했다. 사실 우랄 강 하류는 바투가 킵차크 원정의 책임을 맡기 전에 칭기스 칸이 바투에게 하사한 원래의 눈툭이었다. 이 전승에 따르면 바투는 사라이주크 도시를 건립했고, 그곳이 영적 중심이 되었다. 사라이주크의 실제 건립 시기는 10세기로 거슬러올라가지만, 바투를 창건자로 보는 이 이야기는 사라이주크가 주치조의 주요 성소로서 출현했음을 말해준다. 주치조에서 만든 장소 중에는 왕실 묘지가 있었다. 이 묘지는 오늘날까지 발견되지 않았는데, 몽골은 칸들이 어디에 매장되었는지 그 누구도 모르기를 원했기 때문이다. 동시대 역사가인 주즈자니는 바투가 매장된 곳이 "숨겨져 있으며 말들이 그 위를 질주하여 어떤 흔적도 남지 못하게 했다"라고 기록했다. 오늘날까지 알려진 것은 칸이 즉위한 곳과 그의 마지막 안식처 사이에 강한 연관성이 있었다는 사실이다. 바투조의 칸들 다수는 사라이주크 지역에서 권력을 부여받았다. 칭기스 칸이 부르칸 칼둔 지역을 자신의 즉위 장소이자 조상들의 성역으로 만들었던 것처럼, 바투는 우랄 강 하류를 그의 후손들이 조상 숭배 의례를 행하고 최근친들과 함께 묻히는 성스러운 지역으로 만들었다.[43]

호위대는 통치 집단과 평민들의 코룩도 보호했다. 플라노 카르피니는 우연히 한 평민의 매장지에 들어갔다가 호위대원들에게 붙잡힌 일화를 남기기도 했다. 매장지는 비밀스럽고 보호받으며 외부인들에게는 금지된 곳으로, 몽골에게는 도시보다 더 중요했다. 따라서 매장지로 결정된 곳은 몽골 사회 내부에서 어디가 정말 중요했는지에 관해서 많이 이야기해준다. 헝가리 원정 동안 수천 명의 몽골인들이 사망했고, 그들의 시

* 일반적으로는 "사라이칙"으로 알려져 있다.

신은 유럽에서 몽골리아로 송환되었다. 그러나 바투의 치세 중에 어느 시점에서 주치조의 관습은 변했고, 죽은 자는 서쪽의 강 하류 유역에 매장되었다. 주치조는 더 이상 사망자의 시신을 옮길 필요가 없었는데, 그들의 고향이 이제 킵차크 초원이 되었기 때문이었다.[44]

앉아 있는 도시

1250년 무렵에 바투는, 몽골인들이 주화에 사라이—궁 또는 도시라는 뜻—라고 새겼던 지역에 항구적인 건축물을 건설하도록 후원했다. 현지의 유목 집단들은 때때로 그 지역을 차지했지만, 사라이 이전에는 주요 정착지가 존재하지 않았다. 칸의 궁은 아마도 황금 천막 또는 다른 의례용 천막을 본떠 만든 거대한 연회장이었을 것이다. 궁은 진흙 벽돌, 도기, 돌 등으로 만든 건물들로 둘러싸였고, 대형 석상들이 이동식 받침대 위에 세워져 있었다. 바투의 오르도가 따라다니는 이동로에서 북쪽과 남쪽 경계의 거의 중앙에 궁이 위치했다. 이 도시는 벽으로 둘러싸이지 않았다.[45]

사라이의 원래 모습, 구조, 크기에 관해서는 알려져 있지 않다. 1254년 10월에 그곳을 방문한 루브룩은 별다른 관심을 두지 않았다. 그는 "바투가 이틸에 건립한 새로운 도시"—이틸은 볼가 강을 일컫는다—라고 가볍게 언급했고, "사라이와 바투의 궁은 강의 동안에 있다"라고 기록했다. 플라노 카르피니는 이 새로운 도시를 언급하지 않았는데, 이는 칸의 이 궁이 1246년 그가 방문한 이후에 건설되었음을 암시한다.[46]

역사가들은 바투의 건물 복합체의 정확한 기능에 관해서 의견이 서로 엇갈린다. 사라이를 전통적인 제국 도시와 비교하는 것은 흔한 실수인데, 왜냐하면 칸은 사면의 벽 안에 거주하지도 않았고, 그곳에 무덤을 건설하지도 않았기 때문이다. 또 그는 건물들로 백성들에게 깊은 인상을 주려고 하지도 않았다. 사라이는 아마도 우구데이가 20년 전에 건립한 "앉아 있는 도시" 카라코룸과 비슷한 기능을 했을 것이다. 카라코룸은 벽돌로 만든 성벽으로 둘러싸였고 두 개의 구역으로 나뉘었는데, 하나는 무슬림 상인, 다른 하나는 중국인 장인을 위한 곳이었다. 대칸의 궁 옆에는 조정의 서기들을 위한 많은 궁들, 불교 사원 12곳, 모스크 2곳, 교회 1곳이 있었다. 사라이는 카라코룸처럼 외부인들을 위한 만남의 장소였고 진흙 벽돌로 된 집과 잘 조직된 구역들이 있었다. 사라이는 상인, 여행자, 서기, 장인, 종교인을 접대했고, 그들은 그곳에서 정주 생활의 편안함을 찾았다. 실제 몽골의 도시는 서구인들에게 익숙한 그것과는 완전히 달랐다. 루브룩은 카라코룸이 얼마나 작았는지를 기록하면서 "생드니 마을만큼 크지 않고, 생드니의 사원이 그 궁보다 10배는 더 크다"라고 했는데, 사라이는 그보다도 더 작았다. 그럼에도 불구하고 몽골의 도시들은 우호적이었다. 칸들은 비상한 노력을 했다. 심지어 대칸 구육은 중요한 외국인 여행자들을 위하여 에밀이라는 새로운 도시에 궁을 짓도록 했는데, 이 궁은 그가 거주하는 곳은 아니었다.[47]

따라서 사라이는 제국에 유일무이한 곳이 아니었고 호르드 내에도 마찬가지였다. 주치조 오르도들의 계절별 순환을 따라서 조정의 후원과 통제 아래 촌락들이 뻗어나갔다. 주치조에는 수천 명의 전쟁 포로가 있었고, 몽골은 그들 일부, 특히 장기간 체류 또는 항구적 시설이 필요한 작업을 할 줄 알거나 관련 기술을 갖춘 장인들을 정착시키고자 했다. 그러나 강제적인 정착은 반란으로 이어질 수 있었기 때문에 쉬운 문제가 아니었다. 플라노 카르피니는 킵차크 초원의 한 도시에 강제로 정착된 러시아인들이 몽골에 반란을 일으켰다는 소식을 들었다. 주치조는 또한 유목적 삶을 받아들일 수 없던 프란치스코회와 도미니크회의 수도사들과 정주 사절단, 물품을 보관할 곳이 필요했던 상인, 여행자들을 수용하기 위해서 도시를 활용했다. 그리고 주치조는 사원 및 종교 건물들을 건설하는 데에 자금을 제공했다. 바투의 장자인 사르타크는 자신의 오르도의 이동로에 건설한 새로운 촌락에 네스토리우스파 교회를 짓도록 명했다. 1230년대 중반과 1250년대 중반 사이에 몽골 제국 전역에 갑자기 등장하기 시작한 새로운 마을들은 절, 교회, 사원, 모스크 등으로 가득 찼다. 이 마을들은 영구히 거주되는 곳들로, 칸이 주위에 있을 때면 여러 활동으로 부산했고 그렇지 않더라도 결코 조용하지는 않았다.[48]

몽골인들은 더 따뜻하고 부드럽고 더욱 친밀한 자신들의 천막에 비해서 정주 거주지가 덜 편안하다고 느꼈다. 움직이지 않는 도시는 원래 계속 증가하는 정주 복속민의 필요에 대한 몽골의 해답이었다. 그러나 새로운 도시들은 몽골인들을 위해서도 기능했다. 궁에서는 쿠릴타이와 다른 주요 회합들이 열렸다. 사라이는 무역과 종교, 공예의 중심으로서 호르드의 정치적, 경제적 목표를 달성하는 데에 도움을 주었고, 점차 성장하면서 칸의 위신을 높였다. 그러나 사라이가 행정의 중심은 아니었다. 몽골은 말을 타고 통치했다.

움직일 수 있는 도시

오르도들은 넓은 띠 모양의 땅에 걸쳐 있었다. 하나의 오르도는 매우 긴 도시로 수천 명의 사람들을 포함할 수 있었다. 이상적인 상황이라면 그 수가 10만 명에 달하기도 했다. 오르도의 사람들에게 필요한 모든 것들,

즉 집, 작업장, 궁, 사당, 조각상 등은 휴대가 가능했다. 오르도는 엄청난 수의 말, 염소, 양, 소, 낙타가 포함된 공급 체계가 함께 이동하는 자급자족적인 단위였다. 목축은 오르도의 작동에 항상 중추적인 역할을 했지만, 오르도는 시간이 지나면서 계속 증가하는 인구를 지탱하기 위해서 생존 전략을 다양화했다. 계절에 따른 식단의 변화는 이동성의 부차적 결과였다. 몽골인들은 1년 내내 사냥하고 물고기를 잡았지만, 겨울에는 특별한 준비가 필요했다. 유목민들은 추운 계절이 계속되고 짐승들이 야위면 탄수화물에 더욱 의존했다. 일반 유목민들은 양과 가축을 곡물과 교환했고, 주치조 통치 집단은 볼가 강 삼각주 일대와 돈 강 하류에 있는 동영지 부근의 많은 마을로부터 수수와 밀을 얻어서 식단에 추가했다. 그 마을의 사람들은 오르도의 시장과 계절별 무역 시장에서 수확물을 판매했다.[49]

주치조의 오르도들은 자신들 영역에 있는 큰 강을 따라 매년 오르내렸다. 집단 이동을 할 때에는 말이나 수레를 타거나 걸었다. 카툰을 포함한 여성들 역시 말을 타는 법을 알고 있었지만, 짧은 거리를 이동할 때나 일할 때, 한가할 때만 말을 탔다. 여성들은 오르도가 이동할 때에는 두 개의 바퀴가 있는 수레에 앉아 운전을 했다. 루브룩은 볼가 강가를 따라서 "한 사람의 여성이 20-30대의 수레를 몬다"라며 경탄했다. 그는 여성들이 소와 낙타가 이끄는 수레들을 어떻게 서로 묶는지를 설명했다. 수레에는 물품이 담긴 상자들을 실을 수도 있었고, 수레로 거대한 천막을 옮길 수도 있었다. 서부 초원에 정착한 이후 첫 10년 동안 주치조는 천막-수레로 알려진 특정 천막 유형에 거의 전적으로 의존했다. 몽골의 전통적인 격자형 천막(유르트 또는 게르)은 해체해서 수레에 실을 수 있었지만, 천막-수레의 천막은 평평한 바닥에 항구적으로 고정

허리띠 장식(호르드, 1270년대 중반). 하나의 허리띠에 있는 최소 17개의 장식들 중의 하나로, 그중에는 바투 칸 일족의 상징 탐가가 새겨진 것도 있었다. 칸의 탐가를 포함한다는 것은 허리띠의 소유자가 높은 지위임을 나타냈다.

되어 있었다. 천막-수레를 평상형 수레에서 지면으로 옮길 수는 있었지만, 해체는 불가능했다. 동부의 몽골인들은 지면 상태가 괜찮다면 천막-수레를 빈번하게 사용했지만, 결코 격자형 천막을 대신하지는 않았다. 그러나 서부의 지형은 천막-수레에 더 적합했다. 가장 큰 천막-수레를 끌기 위해서는 20마리 이상의 소가 필요했다.[50]

주치조는 지난 킵차크 원정 동안 축적한 거대한 부, 즉 의복, 직물, 펠트, 무기, 보석, 도구, 가정용품 등을 수용하기 위하여 수송 체계를 개선했다. 격자형 천막보다 더 많은 천막-수레를 제작하기 시작했을 뿐만 아니라, 무거운 물품 상자를 끌거나 수송할 수 있을 만큼 강한 소와 낙타들을 더 많이 길렀다. 또 짐을 실은 상태에서 강을 건널 수 있도록 낙타를 훈련시켰다. 1250년대에 한 부유한 주치조 일원이 소지한 소지품으로 가득한 상자는 100-200상자에 달했다.[51]

일부 오르도는 칸의 오르도만큼 인상적이었다. 루브룩은 1253년 6월 오르도를 처음 보았을 때 "거대한 도시가 나에게 다가오는 것 같았다"라고 기록했다. 돈 강의 서안을 따라 이동하던 이 오르도는 바투의 대리인 한 명이 통솔했다. 루브룩은 그 대리인의 휘하에 500명 이하의 남성들이 있으며, 나머지는 가족, 일꾼, 종교인 등임을 알게 되었다. 칸과 다른 사람의 오르도 사이의 차이점은 케식의 규모에 있었는데, 칸의 진지는 권좌였기 때문이다.[52]

호르드의 정치 지형을 재구성하려면, 행정적 구분과는 거의 관계가 없는 유목민들의 정치 지리학을 이해해야 한다. 사라이와 카라코룸 같은 곳은 몽골의 권력에 본질적인 요소는 아니었다. 도시의 크기와 수에 따라서 제국의 위엄이나 발전 정도를 판단하던 정주민들이 남긴 사료들은 앉아 있는 몽골 수도의 중요성을 매우 과대 평가했다. 그러나 실제로는 그 수도는 광대한 정치적인 세계 속의 작고 고립된 지역에 불과했다. 진정한 수도는 칸의 오르도였다.

칸 등의 오르도는 당시의 그 어떤 정주 도시보다도 엄격하게 조직되었다. 대규모 이동에는 사람과 동물에 대한 극도의 규율이 필요했다. 몽골의 말은 특히 인상적이었다. 사람이 말에서 내리면 말이 내린 사람을 따라가도록 훈련되었다. 말은 스스로 진영에 복귀할 수도 있었다. 또 몽골의 말에게는 사료가 필요하지 않았는데, 말이 겨울에는 눈 아래에 있는 풀들을 찾아 스스로 먹었기 때문이다. 그래서 다른 말이라면 생존할 수 없는 곳에서도 몽골의 말은 살아남을 수 있었다. 서구인들은 몽골의 말을 개에 비유했는데, 이는 그들의 기지(機智)에 관한 찬사였다.[53]

진영을 설치할 때 사람들은 이동식 집을 어디에 세워야 하는지를 정확히 알고 있었다. 천막은 항상 출입구가 남쪽을 바라보도록 자리를 잡았다. 천막의 진형은 사람과 짐승을 통제할 수 있도록 계획되었고, 모든 사람들이 서로의 지위를 존중할 수 있도록 했다. 정착한 오르도는 지위의 서열과 가계 혈통을 그 배치에 반영해서, 칸의 천막은 중앙에 위치했고 다른 천막들은 동쪽과 서쪽에 배열했다. 그러나 오르도의 구조는 지위의 문제만은 아니었고, 진영 배치에는 상징적인 의미도 있었다. 기본 방위에 따라서 자리를 잡음으로써 거주자는 공간, 사회, 우주 속의 자신의 위치를 확인했다. 탄생, 죽음, 정치에 따라서 이동이 가능한 도시의 구조도 변화되었다. 이러한 유연성 때문에, 앉아 있는 도시보다 오르도가 변화하는 환경에 더욱 잘 순응할 수 있었다. 정착한 오르도의 배치는 변화하는 사회 조직을 반영했고, 전쟁 중인지 아니면 평화로운 상태인지도 그 배치로부터 알 수 있었다.[54]

몽골 진영의 방어 체계는 고리라는 뜻의 구레엔(güre'en)이라는 원형 배치에 기반했다. 몽골은 적이나 이방인들로부터 보호하기 위하여 오르도의 수령을 중앙에 둔 채 원형으로 진을 쳤다. 주치조는 사냥 모임과 전쟁, 또는 소규모 집단이 초원을 가로질러 이동해야 하는 경우에 원형-진지의 형태로 자리를 잡았다. 평화 시기에는 칸의 천막을 중앙에 둔 직선형 배치를 선택했다. 오르도는 필요하다면 거의 즉각적으로 전쟁 기계로 변해서 신속한 공격과 전략적 후퇴에 필요한 기동성을 갖추었다.[55] 동시대인들은 오르도가 지상에서 가장 안전한 곳이라고 생각했다. 오르도의 원형 배치는 약탈자, 적, 야생동물로부터의 보호를 제공할 뿐만 아니라, 강 인근에 위치하여 화재의 위험으로부터도 안전했다. 더 나아가 오르도의 형태는 인구 과잉 구역에 사람들이 더 모이지 않게끔 함으로써 사회적 불화를 분산시켰다. 이동 가능한 이 도시는 더 많은 사람들을 수용하기 위해서 언제든 확장될 수 있었다. 케식이 밤낮으로 당직을 섰지만 오르도는 군사 진지는 아니었고, 여성과 아이들이 무장한 기병보다 항상 더 많았다. 1250년대 초 주치조의 오르도들은 거의 반세기가량 계속된 전쟁 이후의 평화를 누리고 있었고, 그 평화로운 삶으로부터 이득을 취하기 위해서 이동 가능한 도시를 변경했다.

진영에서의 작업은 성 역할을 엄격하게 따랐다. 남성은 가축의 관리나 도살과 관련된 다양한 업무를 책임졌다. 또한 남성은 사냥을 했고, 활, 화살, 천막, 수레, 마구, 승마 장비 등을 만들었다. 한편, 여성의 활동은 여행자들을 매혹시켰다. "여성은 가죽 옷, 튜닉, 신발, 각반 및 가죽으로 된 모든 것을 만든다. 그들은 또 수레를 몰고 수리하며 낙타에 짐을 싣기도 한다. 그들은 모든 일에 재빠르고 활기가 넘친다. 모든 여성들은 바지를 입으며, 일부는 남성처럼 활을 쏜다"라고 플라노 카르피니는 기록했다. 루브룩은 "부유한 몽골인의 오르다는 큰 촌락처럼 보일 것이다. 그러나 그 안에는 남성이 거의 없을 것이다"라고 했는데, 진영을 운영하는 데에 여성들이 주요 역할을 담당했음을 알려주는 언급이라고 할 수 있다.[56]

여성은 진영을 운영했을 뿐만 아니라 가구(家口)를 소유했다. 여성은 남편을 정기적으로 접대했는데, 남편은 각 부인을 방문하기 위해서 자주 집을 바꿔야 했기 때문이다. 이것은 사회의 모든 계층에서 이루어진 일반적인 관행으로서, 이동성에 우선순위를 둔 몽골 진영의 목적과 모든 사회계층의 여성에게 주어진 의사 결정권을 반영한다. 루브룩은 바투의 부인들 26명이 각각 "커다란 집"을 가지고 있고, 그 각각은 "하인들이 살고 있는 방"으로 기능하는 더 작은 집들을 동반했다고 기록했다. 한편 사르타크에게는 6명의 부인들이 있었고, 그의 장자에게는 2명 또는 3명의 부인이 있었다. 루브룩은 각 부인의 집에 "족히 200대의 수레"가 속한다고 헤아렸다. 부인들은 진영의 배치에서 각자의 지위를 반영한 장소를 배정받았는데, 가장 높은 부인은 서쪽 끝에, 가장 마지막 부인은 가장 동쪽에 있었다.[57]

진영은 확장될 수 있었기 때문에 몽골은 상인, 외교관, 떠돌아다니는 학자, 종교인 등을 포함한 이방인들을 쉽게 수용할 수 있었고, 누구라도 즉시 집을 부여받았다. 방문자들은 진영 내의 안전과 사회 질서에 깊은 인상을 받았다. 플라노 카르피니는 "싸움, 언쟁, 상해, 살인과 같은 일은 그들 사이에 일절 발생하지 않으며, 다량으로 남의 물건을 훔치는 강도나 도적도 찾아볼 수 없다. 따라서 귀중품을 놓아두는 숙소나 수레에 빗장이나 막대기를 채워놓지 않는다. 만약 길을 잃은 동물을 발견하면 누구나 그대로 놓아두거나 [유실물을 관리하는] 특정한 목적으로 임명된 사람들에게 데려간다"라고 기록했다. 플라노 카르피니는 몽골인들이 전반적으로 서로를 존중한다고 기록했다.[58]

또 플라노 카르피니는 사람들이 군주를 위해서 따로 마련된 커다란 문을 통해서 대칸의 궁정으로 출입하지 않고, 심지어 그 문을 지키는 사람이 없어도 그러한 것에 놀랐다. 그는 오르도 사람들의 규율을 알아차리는 데에 기민했다. 몽골인들에게는 사회적 위계질서 의식과 수많은 금기가 있었고, 이것은 일상생활에서 몽골인들을 지배하고 행동을 제한했다. 절도, 간통, 비밀 누설 행위는 사형에 처해지는 범죄였다. 심지어 외부인과 대화하는 일은 법으로 금지되지는 않았지만 사회 규범상 제한되었다. 평범한 몽골인이 외부인과 의사 소통한 경우, 그들은 규범을 어기지 않으려고 정보를 주지 않거나 헛소문을 퍼뜨렸을 것이다. 몽골은 이러한 기본적인 규칙을 거의 위반하지 않았고, 외부 방문자들이 반드시 이를 이해하도록 했다.[59]

몽골의 진영은 변화하는 세계와 사회를 소우주 속에서 반영했다. 제국과 개별 오르도가 번창하면 진영은 새로운 성공의 표식을 취했다. 예를 들면 군사적 승리는 상당한 혁신을 가져올 수 있었다. 칸을 축복하기 위해서 수천 명의 사람들을 수용할 수 있고 비단과 펠트로 만들어진 특별한 의례용 천막을 주문, 제작했다. 또 몽골은 무찌른 적들로부터 확보한 천막들을 받아들였다. 바투는 헝가리인들에게 승리를 거둔 후 국왕 벨러 4세의 흰색 천막을 차지하고 그 안에 거주했는데, 패배시킨 군주에 대한 우월함을 드러내고자 한 것이었다. 일반적으로 천막과 수레의 크기, 장엄함은 혈통, 지위, 부를 반영했다. 따라서 대칸 구육의 붉은색, 하얀색, 황금색의 천막은 2,000명을 수용할 수 있었던 반면, 어느 특정 오르도의 가장 작은 천막은 직경이 5미터 정도였고 아마도 5명의 성인을 수용했을 것이다. 가장 좋은 품질의 펠트만이 자연적스러운 흰색이었고 일반적인 펠트는 회색이었기 때문에 천막을 소유한 여성들은 색을 밝게 만들고자 집에 석회나 흰색 진흙, 뼛가루를 발랐다. 평민들도 자신들의 집을 세심히 색칠하고 장식했다. 그들은 "포도 넝쿨, 나무, 새와 동물"을 나타내기 위하여 색깔이 있는 펠트를 벽에 꿰매어 넣었다. 또 기혼 여성들은 스스로 화려한 수레를 만들었다. 변변하지 않은 소유물조차도 아름다워질 수 있었다.[60]

큰 강 유역

호르드의 사람들은 정주민의 눈으로는 볼 수 없는 것들을 풍경 속에서 보았다. 강과 산은 국경이 아니라 오히려 활용할 수 있는 공간이거나 천국에 닿을 수 있는 수단이었다. 특히 강은 주치조 영역의 특징을 드러냈다. 강은 초원을 관통하는 고속도로였고—몽골인이라면—거의 모든 곳에서부터 횡단할 수 있었다. 그리고 동영지를 제공하기도 했는데, 오르도가 얼어붙은 강의 표면에 정착했기 때문이다.

주치조의 영역은 이르티시 강으로부터 드네프르 강까지 펼쳐져 있었다. 그 동쪽으로는 대칸의 영역이 있었고, 서쪽으로는 리투아니아인, 폴란드인, 헝가리인, 튜턴 기사들의 땅이 있었다. 볼가 강 하류를 따라 약 643킬로미터 정도 펼쳐진 지대가 이 거대한 영역의 중심이었다. 이 지역은 바투의 오르도를 위한 곳이었다. 그의 친척, 노얀, 벡들은 킵차크 초원의 다른 곳에 거주했다. 그 다양한 집단들이 초원을 가로지르는 네 개의 큰 강, 즉 우랄 강, 볼가 강, 돈 강, 드네프르 강 연안을 각각 나누어 거주했다. 그들의 오르도는 강 연안을 따라 오르내렸고, 식량 공급, 가축 관리, 정치의 목적에 적합한 지역에서 이따금 머물렀다.

방문자들은 몽골인들이 강 주변에서 유목생활을 했음을 증언했다. 1246년 2–4월에 킵차크 초원을 가로질러 여행한 플라노 카르피니는 기록하기를, "이 모든 수령들이 겨울에는 바다를 향해서 강을 따라 내려가고, 여름에는 산을 향해서 서북쪽으로 올라간다"라고 했다. 10년 후 루브룩은 1월부터 8월까지 바투의 오르도가 볼가 강 동안을 따라 북쪽으로 올라가 오늘날의 사라토프인 우케으로 향했음을 확인했다. 8월부터 12월까지 바투의 오르도는 강줄기를 따라서 남쪽 삼각주 지역으로 이동했다. 바투의 장자인 사르타크는 볼가 강 서안에 자신의 오르도를 가지고 있었고, 그의 아버지와 평행하게 이동했다. 그들의 진영들은 불과 며칠 사이의 거리에 떨어져 있었다. 현대 학자들은 주치조의 계절 순환을 산지의 유목민들이 여름에는 고도가 높은 곳—그리고 시원한 곳—으로, 겨울에는 산기슭 또는 초원으로 향하는 이른바 수직적 이동 방목에 비유했다. 호르드의 이동 방목은 그들이 여름에는 북쪽의 더 선선한 곳으로 가고, 겨울에는 남쪽의 더 따뜻한 곳으로 이동했다는 점에서 유사하다. 그러나 주치조는 서부 초원에서 가축 이외에 소유물과 함께 움직일 수 있었던 큰 강 유역의 평평하고 안정된 지면 위에서 이동했다.[61]

계절별 순환은 매번 대략 600킬로미터 정도를 이동했다. 사람들은 보통 2–3일마다 이동했는데, 루브룩에 따르면 "양이나 소들의 걸음 정도로 매우 느린 속도"였다고 한다. 유목민들은 지면 상태에 따라서 아마도 하루에 8–20킬로미터를 이동했을 것이고, 각 순환 구간을 이동하는 데에는 5–7개월이 걸렸다. 몽골은 가축들이 피로해지지 않도록 자주 휴식했고 신선한 풀에 접근할 수 있도록 했다. 이러한 방식으로 특정 지역에서 지나치게 방목하는 것을 피했다. "각 지휘관은 사람들이 얼마나 많고 적은지에 따라서 목초지의 경계와 겨울, 여름, 봄, 가을에 어디에서 가축을 먹일 것인지를 알고 있다"라고 루브룩은 덧붙였다.[62]

몽골인들은 겨울에 가축, 짐 나르는 짐승, 수레와 함께 얼어붙은 강을 건넜다. 볼가 강은 루브룩이 센 강보다 4배 넓다고 묘사한, 얼음으로 뒤덮힌 복도와도 같았다. 플라노 카르피니는 동료와 함께 드네프르 강을 건너는 데에 여러 날이 걸렸다고 기록했다. 그는 그 강이 초원의 다른 큰 강들과 마찬가지로 놀라울 정도로 넓다고 생각했다. 몽골인들은 강의 얼어붙은 표면 위에 천막을 세우고 그곳에서 거주했으며, 얼음을 뚫어서 만든 구멍으로 물고기를 잡았다. 아마도 그들은 강기슭 가까이 머물면서 물에 대한 접근을 확보하고, 사람들과 가축들이 길을 잃는 것을 방지했을 것이다.[63]

여름에 정주민들은 몽골이 수레를 위한 도하 지점을 마련한 우켁 정도에서 볼가 강을 건널 수 있었다. 몽골은 이 방법으로 그 지역을 통해서 여행하는 외국인과 현지 정주민들을 감시할 수 있었다. 그러나 유목민들은 강을 건너는 데에 그와 같은 기반 시설이 필요하지 않았다. 그들에게는 이동식 배가 있었다. 가볍고 원형으로 된 가죽 조각으로, 모든 가장자리에 구멍을 뚫고 그 구멍에 줄을 관통시켜서 만든 일종의 주머니 형태였다. 그들은 이 주머니에 소지품을 넣고는 그 위에 안장을 올려놓았으며, 그런 다음 강한 말의 꼬리에 주머니를 묶었다. 말을 이끌기 위해서 한 사람이 앞에서 헤엄을 치는 동안, 다른 사람들은 주머니 위에 앉았다. 몽골은 때로 더 빨리 건너기 위해서 노를 사용했다. 그들은 강의 한쪽에서 다른 쪽으로 자주 오고 갔는데, 이는 정해진 지점에서만 강을 건널 수 있어서 꼼짝 못하던 정주민들에게 강한 인상을 주었다.[64]

빠르게 흐르는 강을 어디에서 어떻게 건널지 아는 것은 몽골의 중요한 기술이었다. 이 덕분에 몽골인들은 정주민에 비해서 훨씬 유리한 위치를 점했다. 예를 들면 현지 러시아인들은 같은 강을 항해하더라도 유목민들만큼 쉽게 건너지는 못했다. 러시아인들은 강을 오르내릴 수는 있었지만, 몽골은 도하 지점을 통제했고 현지민들이 원하는 때와 장소에 강을 건너지 못하게 했다. 토착민들은 강을 건너는 곳까지 이동하느라 시간을 낭비해야만 했고, 그곳에서 도착해서도 몽골에 요금을 지불해야만 했다. 몽골인은 강을 이용했을 뿐만 아니라 복속민과 주변 민족에 대해 권력의 수단으로 활용했다.

교차하는 이동성

주치조의 오르도들은 스텝 전역에 분산되었다. 바투와 사르타크의 오르도 외에도 7개의 큰 오르도들이 있었다. 드네프르 강 양안에 오르도가 하나씩 있었고, 바투의 누이와 그 남편이 이끄는 오르도가 돈 강 인근에 있었다. 우랄 강 양안에 하나씩 군사 지휘관들이 이끄는 오르도가 있었고, 바투의 동생인 베르케의 오르도가 남캅카스에 위치했으며, 오르다의 오르도는 에밀 인근에 있었다. 알라 콜 호수 지역에 주치의 오르도가 있었는데, 그의 사후에는 한 명의 부인이 이를 통제했다.[65]

바투와 사르타크의 오르도처럼 일부는 이웃했지만, 다른 오르도들은 수백 킬로미터씩 떨어져 있었다. 그들은 얌을 통해서 의사소통을 했다. 얌은 일련의 공적 우편으로, 한 명의 기병이 볼가 강에서 이르티시 강까지 8주일 만에 이동할 수 있었다. 얌은 다면적인 체제로서 몽골 제국 전체에 여러 방식으로 도움이 되었다. 몽골은 적을 감시하고, 멀리 떨어진 지역 사이에 물품과 전갈을 전달하며, 군사 진영, 도시, 오르도 간에 공급이 원활하게 이루어지도록 얌을 사용했다. 얌의 발전은 칭기스 칸 치하에서 시작되었지만, 기마 통신망은 그보다 한참 전부터 존재했다. 적어도 7세기 이래로 튀르크, 거란, 위구르 등 중앙아시아 통치자들은 통신 체제를 실행했다. 몽골은 이러한 지역망을 통합하고 야심에 적합하게끔 만들었다. 13세기 중엽에 이르자 얌은 완벽하게 작동했다.[66]

몽골인과 토착민이 운영하는 작은 진영인 얌*은 수백 곳이 있었고, 공

* 저자는 yam, yam station, yam post 등의 표현을 함께 사용했는데, 얌이라는 단어 자체에 숙소 및 시설의 의미가 포함되므로 얌으로 통일하여 번역했다.

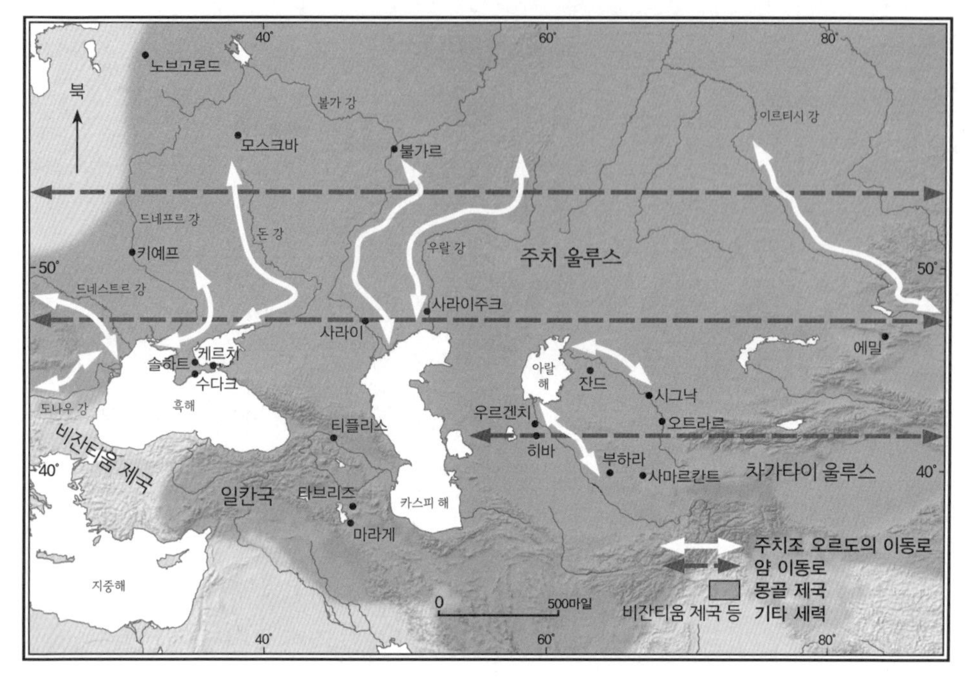

주치조 오르도의 이동. 얌 이동로와 그 교차를 보여준다.

적인 여행자와 사신은 얌에서 음식과 새로운 말을 얻을 수 있었다. 얌을 유지하는 비용은 현지민이 담당하여 말, 물, 음식, 의복을 공급해야만 했고, 공적인 여행자, 외국 사신 및 그들의 호위를 대접해야 했다. 얌에 배치된 담당자인 얌치(yamchi)는 말을 넘겨주기보다는 여행자들이 이전 얌에서 받은 말들과 교환했다. 몽골인은 말을 구분하여 활용했다. 그들은 짐을 나르는 말, 얌의 말, 전쟁 말을 구분했고, 장거리에 적합한 말과 긴급한 임무 때문에 단거리를 빠르게 달리는 데에 유용한 말을 구분했다. 군대가 전체 얌 체제를 통제했다.[67]

킵차크 초원에서 얌은 서로 반나절 정도의 거리에 위치했다. 시설, 장비, 크기는 다양했다. 마을과 도시 인근의 얌은 잘 관리되었지만, 초원 깊숙이 위치한 얌은 때로 상당히 취약했다. 얌의 모든 말들은 제국에 속했고, 얌은 전체 몽골의 영역에 걸친 국영 말 대여 회사처럼 운영되었다.

얌은 몽골의 공급 및 통신망을 결합했다. 효율적으로 작동하려면 세 가지의 하부 체제를 한데 묶어서, 다양한 수송 및 이동 기술에 숙달해야 했다. 테르겐 얌(tergen yam)은 소, 낙타, 힘센 말들이 끄는 수레로 구성되어 무거운 짐을 날랐고, 카라코룸 인근처럼 영토의 극히 일부만 담당했다. 일반적인 역참 경로인 모린 얌(morin yam)은 말을 탄 기수로만 제한되어 있었고 제국 전체에 퍼져 있었다. 그리고 비밀 통신 체제인 나린 얌(narin yam)을 통해서 전령은 하루에 약 195킬로미터 이상을 이동할 수 있었다. 이처럼 다양한 이동 방식과 유형이 결합된 몽골의 능력은 100만 명도 채 되지 않는 몽골인들이 아주 멀리 흩어져 있으면서도 어떻게 거의 하나의 대륙 크기만 한 제국을 지배할 수 있었는지를 설명한다. 얌은 초원을 더 작게 만들었다.[68]

몽골은 큰 강을 건널 수 있는 기병들에게 새로운 말을 이용할 수 있게끔 함으로써 새로운 영토에 대한 확고한 통제를 확보했을 뿐만 아니라 통합적인 수송 체제를 개발했다. 얌은 동-서 이동을 가능하게 했고, 이는 오르도의 남-북 이동로와 교차했다. 얌의 수평 이동은 빠르고 유연해서 말을 탄 사람은 언제든 얌을 이용할 수 있었고 얌은 어느 방향으로든 이동할 수 있었다. 큰 강 유역을 따라 오르내리는 오르도들의 수직적 이동은 이보다는 느렸고 계절에 따른 방향이 정해져 있었다.

교차하는 수평적, 수직적 이동은 제국의 속근(遲筋), 지근(遲筋)과 같았고 서로 보완적이었기 때문에 효과적이었다. 수직적 이동은 연 단위의 느린 장거리 이동을 가능하게 한 반면, 수평적 이동은 제국을 가로지르는 전력 질주와 한 오르도에서 다른 오르도로의 빠른 이동을 가능하게 했다. 얌 이동로 역시 순환하는 오르도와 교차하도록 유동적이었다. 얌 이동로는 겨울에는 더욱 남쪽 위도를 따라 형성되었고, 여름에는 더욱 북쪽에 위치했다. 동아시아의 유목민들이 훨씬 이전부터 교차하는 이동성의 강력한 동력을 알고 있었을 수도 있지만, 몽골은 이전에는 볼 수 없었던 복합적인 수준으로 수 세대에 걸쳐서 이 체제를 유지했다.

몽골은 칭기스 칸이 시작한 거대한 계획을 발전시키고 완성했다. 그들은 새로운 기반 시설을 창출하고 자신들의 힘을 투영하기 위하여 아이디어, 기술, 제도, 사람을 흡수하는 법을 배웠다. 얌은 생태 환경과 동물생물학에 대한 몽골의 지식, 빠르게 이동하고 장거리 말타기를 견딜 수 있는 능력, 그리고 특별한 인장과 문서 형식을 개발하고 통역과 사신을 등록하며 통행증을 발급하는 등 몽골 관료제를 통해서 가능해진 안전한 서면 통신에 의지했다. 얌은 제국적 관행을 반영하고 동시에 가능하게 하면서 제국과 함께 발전했다. 얌은 효율적인 체제였고 몽골은 얌을 자랑스러워했다.

우리의 관습에 따라서 너희를 셀 수 있도록 밖으로 나오라

킵차크인들은 몽골에 항복했다. 1245–1246년 무렵 대규모의 킵차크인들은 현지민들의 공격을 받고 포로가 되거나 그렇지 않으면 학대를 당하던 불가리아와 헝가리를 떠나 고향으로 돌아갔다. 이제는 바투의 오르도가 그들의 옛 영토를 통치했고, 킵차크인들은 다시는 권력을 잡을 수 없을 것이었다. 다만, 킵차크인들의 귀환은 주치조의 인적 자원을 증대시켰다. 킵차크인들 일부는 투멘 체제에 포함되었고, 기껏해야 호르드의 지위가 낮은 구성원이 되었다. 다른 수백 명은 결국 노예 시장으로

갔고, 이들 중에 운이 좋은 사람들이 델리와 카이로의 노예 왕조에 속박되었다.[69]

주치조는 킵차크인들을 대체하여 새로운 질서를 만들었다. 몽골은 자신들의 법을 시행했고, 몽골의 투멘은 이전의 친족 집단을 산산이 부수어 피라미드형 계급제를 수립했다. 그 통치 및 사회 통제 정도는 서쪽 초원에서 이전에 본 적이 없는 것이었지만, 유목민과 정주 복속민 모두 그것을 수용하고 몽골의 사회경제적 체제 속으로 통합될 수밖에 없었다. 킵차크인과 러시아인들 모두가 새로운 정권에 복속했지만, 오직 러시아인들만이 차별적인 민족의식을 그대로 지닌 채 몽골의 지배에서 살아남았다.

1240년대에는 러시아가 통합되지 않았고, 대신 다양한 공국들이 있었다. 몽골에 복속한 대부분의 러시아인들은 작은 숲속 마을에 거주하는 어부, 수공업자, 농부들이었다. 키예프, 블라디미르, 수즈달 등 이전 러시아의 수도들은 정복 과정에서 극심한 피해를 입었고, 반쯤 비어 있는 상태로 남아 있었다. 무역 도시, 특히 몽골이 손대지 않고 그대로 두었던 노브고로드는 상황이 더 나았다. 이러한 북쪽 마을들은 칸의 진영으로부터 배를 타고 불과 며칠 거리에 위치했고, 점차 더 많은 수의 러시아인들이 주치조 오르도에서 하인, 통역, 장인, 성직자 등으로서 일을 구하면서 그 장점을 활용했다. 주치조 복속민들 중에 가장 수가 많았던 러시아인들은 흑해에서 태평양까지 펼쳐진 광대한 신세계인 몽골의 경제 속에서 자신의 역할을 바로 찾았다. 그러나 동시에 러시아인들은 몽골의 지배로부터 무엇을 기대할 수 있을지에 대한 상당한 불확실성에 직면했다. 그들은 급격한 변화가 일어나고 있다는 것만을 알 수 있었다.

나쁜 소식은 1257년 겨울에 찾아왔고, 금세 노브고로드와 그 주변 지역으로 퍼졌다. 타타르인—러시아인이 몽골인을 부르던 표현이다—이 세금을 부과하기 위해서 왔다는 소식이었다. 알렉산드르 공작의 보호를 받는 칸의 사신들이 현금, 모피, 어린 남녀를 세금으로 거두기 위해서 마을에 도착했다. 노브고로드인들은 그들을 기다리고 있었다. 그들은 사신들을 환영했고, 평화를 이야기했으며, 타타르 차르를 위한 선물을 제공했다. 노브고로드인들은 몽골이 그 선물을 받아들였고 세금 지불을 연기해주었다고 확신했다. 그러나 몽골 사신들은 그 선물을 그들이 빚진 것에 대한 단순 선불금으로 생각했다. 몽골은 돌아올 것이었고, 다음번에는 덜 자비로울 것이었다.[70]

1259년 몽골인들이 전쟁을 하는 계절인 겨울에 사신들이 돌아왔다. 주요 세금 징수인들은 부인, 군사들과 함께 노브고로드 지역에 자리를 잡았다. 그들은 집의 수를 세었고 세금을 부과했으며, 이는 "큰 혼란"을 유발했다. 주민들은 몽골에 등을 돌렸고, 몽골인들은 "우리에게 호위병을 달라, 그렇지 않으면 그들이 우리를 죽일 것이다"라고 알렉산드르 공작에게 경고했다. 알렉산드르는 어려운 위치에 있었다. 1259년경 그는 중요한 정치적 인물이었는데, 노브고로드의 왕자였을 뿐만 아니라 그외 모든 러시아 공국의 왕자들에 대한 권위를 지닌 대공이기도 했다. 노브고로드인과 다른 사람들은 그가 보호자로서 명성에 걸맞는 행동을 하기를 기대했다. 그는 1240년에 단 19세의 나이로 네바 강에서 스웨덴 침략자들에 맞서 러시아 군대를 성공적으로 이끌면서 "넵스키(Nevskii)"라는 별명을 얻었다. 그러나 존경받는 지도자이자 전사인 알렉산드르는 몽골의 능력에 대해서도 잘 알고 있었다. 그는 1240년대 몽골의 정복 현장에 있었고, 대칸 구육의 궁정에서 수개월을 보냈다. 사실 알렉산드르의 부친은 구육의 즉위식 축제 행사 도중 그의 어머니에 의해서 독살되었다고 한다. 구육의 일당은 알렉산드르와 그의 가족을 위협한 반면, 바투는 항상 그를 대칸으로부터 보호했다.[71]

알렉산드르는 노브고로드 귀족들에게 몽골의 세금 징수인들을 보호하도록 설득했지만, 평민들은 반란을 일으켰고 몽골 측이 수를 헤아리는 것을 거부했다. 그들은 "치슬로(chislo)", 즉 인구조사의 목적이 군사 징병과 징세임을 알았다. 그들이 더 많은 수의 러시아인들을 헤아릴수록 더 많은 공납을 바쳐야만 했다. 결국 "[세금이] 자신에게는 수월할 것이고, 하층민에게는 심하게 부과될 것이라고 생각한" 귀족들의 도움을 받아서, 알렉산드르는 몽골인들을 마을로 안내했다. 『노브고로드 연대기』에 따르면 "저주받은 자들", 즉 몽골인들이 "말을 타고 거리를 가로지르기 시작했고, 기독교도 집들을 기록했다." 몽골은 인구 수를 세고, 공물을 정했으며, 지불금을 거두어 떠났다. 알렉산드르는 세금 징수인들이 칸의 오르도로 귀환할 때 함께 이동했다. 세금 징수인들이 빈손으로 도시를 떠나면 전쟁이 일어날 수 있었고, 알렉산드르에게는 몽골보다는 차라리 스웨덴인들과 싸우는 것이 나았다. 알렉산드르는 오랜 야망을 달성하기 위해서 바투에게 이익이 되는 행동을 했다.[72]

몽골에게 인구조사는 통치의 주요 수단이었다. 인구조사는 투멘과 징세 모두에 매우 중요했는데, 특히 사람 자체가 몽골이 징수하는 보상의 일부였기 때문이다. 이미 칭기스 시기에도 몽골은 복속민들을 투멘으로, 그리고 결과적으로는 군대로 통합하기 위해서 정복한 사람들의 가구 수를 헤아렸다. 『몽골비사』에 따르면 칭기스는 양자인 시기 쿠투쿠*

---

* 『집사』에서는 시기 쿠투쿠가 칭기스 칸의 양자라고 했지만, 『몽골비사』에서는 칭기스 칸의 어머니가 거두어 기른 동생이라고 했다.

에게 명하여 "쾨케 뎁테르(köke debter)*"라고 알려진 인구 장부를 정연하게 작성하도록 했다. 아마도 이 초기의 인구 등록 방식이 인구조사로 발전했을 가능성이 높다. 많은 학자들은 몽골이 중국으로부터 인구 등록의 관행을 배웠다고 주장하지만, 설득력 있는 사료들을 보면 몽골이 옛 초원 제국으로부터 그 방식을 차용했음을 알 수 있다.[73]

몽골은 1240년대 초 서쪽 일대에서 강성해지면서, 러시아인들을 헤아리기 위해서 체계적으로 노력했다. 이는 바스칵과 다루가치—즉, 세금 징수인—를 항복한 러시아 도시들에 보냈음을 보면 알 수 있다. 몽골은 주민들이 항복하자마자 그들에게 "우리의 관습에 따라 너희를 셀 수 있도록 밖으로 나오라"라고 했다. 1245년에 바투는 러시아 공국들에 대한 첫 번째 인구조사를 명했다. 『소피아 연대기(*Sofijskaya Chronicle*)』에 기록된, 바투가 키예프 공작에게 보낸 편지에서 그는 포로를 포함한 모든 복속민들을 "단(dan')", 즉 공물을 위해서 등록하라고 명하고 있다. 새로운 복속민들 역시 호르드의 군대에 등록되고, 가축의 관리나 도하 지점 보수 등과 같은 사회 활동을 수행해야만 했다.[74]

몽골은 십일조 세금으로 사람, 상품, 동물 등 모든 것의 10퍼센트를 요구했다. 플라노 카르피니는 러시아를 여행하는 도중에, 몽골의 십일조 징수인 한 명—무슬림으로, 아마도 카라 키타이의 옛 행정관이었을 것이다—이 헤아린 모든 러시아 가족들에게 세 명의 소년 중에 한 명을 요구하고 있다는 것을 들었다. 그 징수인은 또한 결혼하지 않은 남자와 여자, 그리고 가난한 사람들도 확실히 데려갔다. 플라노 카르피니에 따르면 세금으로 거둔 물건들 중에는 "흰곰, 검은 해리(海狸), 검은 담비,

* "푸른 책"이라는 뜻으로, 보통 "청책(靑冊)"이라고 옮긴다.

검은 여우의 가죽과 어떤 동물의 검은 가죽"도 있었다. 그러한 물품이 없는 사람들은 다른 방식으로 납부해야만 했다. "이러한 물건들을 생산하지 않는 사람은 누구든지 타타르인들에게 끌려가서 그들의 노예가 되었다"라고 플라노 카르피니는 기록했다.[75]

몽골은 정주민들에게 투멘 체계를 적용했다. 호르드에서 러시아인, 알란인, 불가르인, 마자르인 등의 부대는 10명, 100명, 1,000명, 1만 명 단위로 나뉘었고, 이 업무는 인구조사 담당자의 몫이었다. 따라서 그들의 업무는 조사하는 것뿐만이 아니라, 사람들을 세수 분배가 이루어지는 집단으로 조직함으로써 재분배 체제를 유지하는 것이기도 했다. 1245년 인구조사는 주치조의 오르도들과 전체 제국이 사용할 목적으로 시행된 것으로, 그 이중적인 과제 덕분에 바투는 새로운 영토에 절실히 필요한 기본적인 행정을 세울 수 있었다. 다만 그는 첫 번째 인구조사를 끝내 완수하지는 못했다.

당시 세금 징수는 제국의 주요 세입원으로, 무역이나 다른 수익 사업들보다 더욱 이득이 되었다. 몽골인들은 외부의 영토를 차지하면서, 그 지역의 물품과 통화로 공물을 지불하게 하는 것이 더 유용하다는 것을 빠르게 깨달았다. 즉, 동쪽에서는 생사(生絲)로, 이교도 및 북쪽의 기독교 지역*에서는 모피에 기반한 통화 또는 은정으로, 불가르와 캅카스, 그리고 중앙아시아에서는 디나르 및 디르함으로 징수했다. 몽골은 실제로 새로운 현지 주화를 만들었는데, 정복 지역에 있던 기존의 주화는 몽골이 폐위시킨 통치자의 상징을 담고 있었기 때문이다. 따라서 우구데이는 1231–1232년 무렵 재정 개혁을 시행했고, 중앙아시아의 세금 징수

* 아마도 서아시아와 그 북쪽의 기독교 세계를 가리키는 것으로 보인다.

인들을 위해서 새로운 주화를 발행했다. 이후에 그는 카라코룸에 거주하는 상인과 장인들을 위해서 별개의 주화를 제조했다. 카라코룸의 첫 번째 주화에는 우구데이의 탐가, 그리고 아랍, 위구르 문자로 결합된 단어들이 새겨져 있었다.[76]

우구데이의 새로운 주화들은 더 이른 시기인 칭기스 칸 시기에 만들어진 것들과는 달랐다. 예를 들면 우구데이의 주화 일부에는 몽골의 무슬림 지역 정복을 반영하여 이슬람의 신앙 고백이 포함되었고, "칸의"라는 뜻의 khānī 또는 qānī가 포함되었으며, 비록 사망했지만 압바스조 칼리파인 안 나시르 리딘 알라의 이름 또는 간단한 칭호*가 포함되었다. 칼리파의 친숙한 이름을 삽입한 것은 이 주화를 사용한 수니파 무슬림들을 안심시키기 위한 것이었다. 몽골은 무슬림 군주의 기본적인 권리였던 "싯카(sikka)", 즉 주화를 만들 권리를 자신의 것으로 만들었다.

몽골은 복속민이 공물을 바쳐야 하는 곳에서 화폐를 제조했다. 1243년 몽골의 장수 바이주는 조지아와 아르메니아 지역에서 인구조사를 실시했고, 다음 해 몽골은 같은 지역에서 화폐를 주조하기 시작했다. 1246–1247년 조지아인들은 몽골에 4만 베잔트의 공물을 바쳤다고 한다. 그 주화에는 말을 탄 궁수가 새겨져 있었고, 그와 함께 "대몽골 울루스 벡(ulugh Munqul ulush nyk)"이라는 명문이 있었다.** 조지아인들은

---

* "위대한 이맘(al-Imām al-Aʿẓam)".

** 이 주화는 티플리스에서 발견된 은화로서 이슬람력 642년(서력 1244–1245년)에 주조되었다. 저자는 이 명문을 "one great Mongol nation"으로 번역했지만, "대몽골 울루스"라는 뜻의 몽골어 "Yeke Mongɣol Ulus"에, 그 일대의 통치를 담당한 아르군 아카를 지칭하는 표현인 "벡"을 결합한 것이다(Hodong Kim, "Formation and Changes of Uluses in the Mongol Empire," *Journal of the Economic and Social History of the Orient* 62-2, 3, 2019, pp. 271–272). 명문은 "nyk"이 아니라 "bīk"으로 읽어야 한다.

무슬림이 장악한 무역망에 속했기 때문에 이 명문은 아랍 문자로 작성되었다. 1248년 동일한 주화가 볼가 강가의 도시 불가르에서 발행되었다. 몽골은 새로운 복속민들을 가능한 빠르게 납세자로 만들었다.[77]

몽골에게는 이슬람의 기호 표현을 포함한 주화를 발행할 타당한 이유가 있었다. 즉, 그들은 이슬람 상업 체제 속으로 진입하기를 원했던 것이다. 명목상 칼리파가 지휘하는 정치 질서에 대한 신뢰 위에 세워진 이슬람 체제는 카라 키타이로부터 지중해까지 펼쳐진, 그리고 아프리카의 많은 부분을 포함하는, 유라시아의 가장 광대하고 통합적인 상업망이었다. 압바스조의 디나르와 디르함은 스웨덴에서부터 북아프리카까지에 이르는 지역에서 사용되었고, 종종 모조되었다. 십자군 왕국에서 프랑크인들은 파티마조의 디나르를 사용했고, 무슬림의 신앙 선서를 포함한 디나르와 디르함을 주조했다. 몽골은 기존 체제에 성공적으로 순응했다. 몽골은 자신들에 복무해야 했던 무슬림 참모들—카라 키타이와 호라즘의 재정가들, 그리고 바그다드, 타브리즈, 발흐의 최고 화폐 주조자들—의 도움을 받아서, 무슬림들이 항상 받아들일 수 있는 지불 수단으로 인정된 주화들을 생산했다.

새롭게 이슬람식 주화를 발행한 것은 1247년에 실시된 대칸 구육의 두 번째 인구조사와 대략 동시의 일이었다. 이 인구조사는 1245년의 전례보다 훨씬 대규모였다. 몽골은 중국, 중앙아시아, 이란, 러시아 공국들의 정주민들을 등록하고자 계획했다. 그러나 과정이 복잡했고 현지에서 저항이 일어나는 바람에 부분적으로만 성공했다. 바투가 구육의 명령에 따르지 않았던 서쪽 지역에서는 정식 인구조사가 이루어지지 않았는데, 1254년 새로운 대칸 뭉케가 제국의 전체 인구를 헤아리도록 다시 명령을 내렸다. 바투는 이번에는 협조하기로 결심했다.[78]

이 대규모 인구조사는 마침내 1259년에 완성되었다. 『원사(元史)』에 따르면 1257년 뭉케는 볼가 강 지역에 대한 최고 다루가치를 임명했다. 그리고 많은 계수관들(chislenitsi)이 그를 보좌했다. 그들은 크림 반도, 캅카스 산맥, 킵차크 초원, 북쪽으로는 아마도 시베리아 남부까지를 담당했다. 그들은 수즈달, 랴잔, 무롬, 블라디미르의 인구를 헤아렸다. 노브고로드 지역이 마지막으로, 1259년에 완수되었다. 몽골은 세금 징수를 감독하기 위해서 오직 일부 사람들만 파견했고, 적대적인 도시나 마을들이 이 과정에 참여하도록 설득시키고자 토착 지배계층에 크게 의존했다. 알렉산드르 넵스키 이전에 블라디미르 공작이었던 안드레이 2세 역시 몽골의 인구조사 대변인이 되었는데, 그 역시 인구조사원을 돕는 일이 이익을 가져다줄 것이라고 이해했기 때문이다.[79]

주치조의 인구조사 작업에는 대략 5년 정도가 소요되었다. 제국의 다른 지역과 비교하면 놀라울 정도로 긴 시간이었다. 아마도 다른 몽골인들은 헤아리지 않던 것, 즉 집뿐만 아니라 짐승, 경작지, 포도원, 과수원, 헛간, 방앗간 등을 주치조에서는 헤아렸기 때문일 것이다.[80] 황실의 서기인 비틱치들은 인구조사와 같은 행정적 목적을 위한 표기 체계를 개발했다. 그들은 또 사람, 물품, 토지를 추적하는 데에 도움을 제공하는 중앙집권화된 문서 행정과 기록 보관소를 만들기도 했다. 이러한 물품들의 목록은 대칸의 행정관들에게 보내졌고, 그들은 그로부터 포괄적인 자원 기록을 바로 편찬했다. 몽골은 사람들의 직업 및 사회적 지위를 중요하게 여겼으나, 개인보다는 집과 천막의 수를 셌다. 몽골은 특히 수공업자, 금속 세공인, 보석 세공인, 상인, 통역인, 종교 지도자, 음악가, 그리고 읽고 쓸 줄 아는 사람들을 중시했다.[81]

일반적으로 몽골은 종교인들에게는 본세(本稅)인 쿱치르(kupchir)와

얌에 물자를 공급하는 것과 같은 많은 부차적 의무들을 면제해주었다. 세금 면제는 매우 이득이 되었다. 몽골의 통치자들은 기독교, 무슬림, 불교, 도교 성직자들뿐만 아니라 칭기스의 측근이나 그들의 후손, 군인, 지식인처럼 제국 건설에 기여한 사람들에게도 면세 특혜를 부여했다. 면세 특혜를 받은 사람들은 타르칸(tarkhan)이라고 불렸다. 타르칸은 새로운 유형의 유력자가 되었는데, 그들은 보호된 지위와 몽골 정권이 번영하는 모습을 보는 데에 큰 흥미를 느낀다는 것을 제외하고는 공통점이 없었다.[82]

몽골은 1259년에 뭉케의 통치가 끝날 때까지 자신들의 오랜 공유 체제를 유지했다. 공유 체제가 작동하는 동안 주치의 후손들은 러시아인, 불가르인, 알란인, 아르메니아인, 조지아인, 킵차크인들을 황금 씨족의 다른 구성원들과 공유했다. 그들은 또 가구마다 부과되는 세금과 얌 공급을 포함하여 가장 수익성이 좋은 세 가지 수입원을 공유했다. 그리고 그 대가로 주치조는 중국, 아프가니스탄, 이란, 아제르바이잔으로부터의 세수를 받았고, 이는 그들의 손실을 보상하고도 남았다. 부와 인력의 재분배 이외에, 인구조사처럼 전체 제국의 수준에서 조화를 이룬 행정 사업은 제국을 결합하는 데에 도움을 주었다. 또 인구조사는 주치조와 공작들의 관계가 보여주듯이, 현장에서 오르도들과 그들의 정주 복속민 간의 새로운 결합을 만들어냈다.

러시아에서의 몽골 지배의 시작

몽골 정복 이전에는 키예프와 노브고로드가 특별한 지위를 누렸다. 이곳들에는 다른 러시아 공국들과는 달리 공작들의 토착 왕조가 없었다.

러시아인들은 수 세기 동안 지속된 체계에 얽매여 있었는데, 그에 따르면 공작들의 위계질서를 결정한 방계 계승 체제에 따라 키예프가 상위 공작의 지위를 부여받았다고 한다. 키예프 통치를 둘러싼 경쟁은 공작들의 정치적 의제를 좌우했고, 공작들 사이의 격렬한 충돌을 낳았다. 한편 노브고로드인들은 다른 러시아 공국들과 거리를 두었다. 그들은 고유하고 정교한 통치 체제를 수립하여 자신들을 통치할 공작을 고용했는데, 그렇지만 제한된 권력만을 수여했고 그가 노브고로드와 그 영토에 과세하는 것은 금지했다. 노브고로드의 자유로운 장인, 상인, 귀족들은 직접 세금을 징수했고, 모피의 형태로 공작에게 지불하는 세금의 양을 정했다.[83]

몽골은 키예프의 옛 계승 질서와 자신들만의 공작을 선택하던 노브고로드인들의 자유를 잔인하게 종결시켰다. 이제 바투의 오르도가 수도였다. 바투는 공작들이 원칙적으로 모든 공작들에 대한 권위를 가졌던 대공을 선발하는 것을 승인했고, 이어서 대공은 노브고로드를 다스릴 통치자를 임명해야만 했다. 몽골은 키예프 정권을 분열시킴으로써 러시아의 징세 체제를 무너뜨리고 새롭게 창조했다. 노브고로드인들은 이러한 강제에 분개했는데, 그들이 군사적으로 패배하지 않았기 때문에 더욱 그러했다. 그들은 1263년 알렉산드르 사후에 특별한 지위를 되찾기 위하여 어쩔 수 없이 협상을 해야 했고, 새로운 대공이 된 알렉산드르의 동생 야로슬라프 3세는 노브고로드인들이 직접 징세를 주관하는 데에 동의했다. 몽골은 자신들의 몫을 받는 한 이러한 조치를 용납했다. 20년도 채 되지 않아 러시아 지역에는 새로운 정부 구조가 등장했다. 이 구조는 공작들 간의 권력 균형을 급격하게 변화시켰고, 이제 누가 대공으로 임명될지, 그리고 누가 징세의 권한을 부여받을지의 문제는 몽골의 호의에 따라서 결정되었다.

오르도는 정복한 사람들을 통합하는 여러 방법들을 시행했고, 주치조는 정치적 중앙집권과 현지 자치 사이에서 항해하는 데에 성공했다. 그들은 더 큰 규모에서 이루어진 자신들의 정치가 유지되는 한, 러시아의 미시 정치를 용인했다. 러시아 공국들은 주치조 영역의 가장자리에 있었고, 그들은 호르드의 중심인 초원과 접한 정주사회였다. 그럼에도 불구하고 이 외곽의 마을, 촌락 집단은 얌과 무역로를 통해서 제국에 통합되었다. 농부나 시민들에게는 징세가 폭력적 지배보다는 더 받아들일 만한 것이었다. 몽골은 러시아인들과 오래 계속될 사회적, 문화적, 정치적 복합 관계를 시작했고, 러시아인들은 몽골 정권이 키예프인들보다 더 유연하고 안정적일 수 있다는 것을 깨달았다. 그리고 그 관계는 러시아의 발전에 깊은 영향을 미쳤다.

제4장

대변이

맘루크의 사신들은 두 달 이상 여행 중이었다. 그들은 카이로에서 출발해서 나일 강을 항해하여 알렉산드리아로 도착한 후에 지중해를 건넜고 비잔티움 제국으로 진입했다. 이로부터 정확히 2년 전 미하일 팔레올로고스는 십자군으로부터 콘스탄티노폴리스를 탈환했다. 맘루크—군인들이 장악한 술탄국으로서 이집트와 시리아 지역을 포함했다—의 동맹이었던 미하일은 그 맘루크인들에게 축복을 내렸고, 다르다넬스 해협과 보스포루스 해협을 통과할 수 있도록 허락했다. 사신단은 그곳으로부터 흑해를 통과해 크림 반도의 남부 해안에 이르렀고 요새화된 항구인 수다크에 도착했다. 주치조는 곧 외국 사신들이 도시에 도착했음을 알게 되었다. 간의 대리인이 사신들을 만나기 위해서 왔고, 그들에게 얌의 말과 무장 경비, 안내인을 제공했다. 그 맘루크인들이 그때까지 전혀 본 적 없는, 초원 깊숙한 곳으로 여행을 해야 했기 때문이다.

사신들이 볼가 강변에 가까워질수록 천막과 사람, 가축의 수가 점차 늘어났다. 러시아인들의 배와 세계 곳곳에서 온 대상들이 음식, 술, 상품을 가득 싣고 천천히 한 지점에 모이고 있었다. 그곳은 사신들의 목적지이기도 했는데, 바로 베르케 칸의 오르도였다. 사신들이 다가오자 한 고관이 그들을 맞이했다. 그들은 천막을 할당받았고 음식을 받았다. 이내 그들은 칸이 머무는 곳으로 안내되었고 그 군주 앞에서 해야 하는 올바른 행동거지에 대해서 배웠다. 그들은 칼을 포함한 무기를 천막 밖에 놓아두어야만 했고, 활을 활주머니에 보관하거나 활 시위를 매단 채로 두거나 화살을 화살통에 놓아둘 수 없었다. 맘루크인들은 칸의 천막의 문지방을 건드리거나 밟을 수 없었고, 이를 어길 시에는 죽임을 당했다.

베르케의 천막은 호화롭게 장식되었는데, 비단과 카펫으로 안감을 댄 흰 펠트 벽은 보석과 진주로 수를 놓았다. 또한 그 거대한 천막은 사람들로 가득했는데, 사신들의 기록에 따르면 500명의 기병들이 있었다고 한다. 손님들은 왼편으로 천막에 들어갔고 왕좌에 앉아 있는 베르케를 발견했다. 그는 중국의 비단 예복을 입고 있었고, 왕관 대신 몽골식 모자를 쓰고 있었다. 사신들은 그의 가는 수염과 땋아서 묶은 머리를 보았고 귀에 걸린 금 귀걸이에는 진귀한 보석들이 박혀 있었다고 기록했다. 그의 허리띠 역시 보석으로 장식되어 있었다. 사신들이 보기에 베르케는 칼을 차고 있지는 않았다. 그 대신 금으로 테를 두른 검은색 뿔과 녹색 가죽 지갑으로 치장하고 있었다. 그의 신발은 붉은색 벨벳으로 만들어졌고 발은 쿠션 위에 놓였는데, 마치 통풍으로 고통을 받는 듯했다. 그의 첫째 부인과 다른 두 명의 여성들이 그의 옆에 있었다. 그리고 50명 이상의 벡들이 반원을 그리며 앉아 있었고, 모두 그 방문자들을 바라보고 있었다.

사신들은 서신을 건넸다. 칸은 흥미롭다는 듯이 고관에게 서신을 번역하도록 했다. 그러고 나서야 칸은 사신들이 천막의 동쪽 편으로 건너가도록 했고, 그들은 펠트 벽을 향해서 무릎을 꿇었다. 이것이 아마도 그들을 받아들인다는 표식이었을 것이다. 베르케는 사신들에게 이집트와 나일 강에 대해서 물었다. 답변에 만족한 그는 이방인들에게 쿠미스, 고기, 생선, 벌꿀 술을 가져다주도록 하인들에게 명했다. 맘루크 사신들은 26일 동안 칸의 오르도에 머물렀다. 그들은 칸과 그의 첫째 부인의 어전으로 여러 차례 초대되었다. 통치자 부부는 그들에게 음식, 음료, 선물, 현금을 주었고, 코끼리, 기린, 나일 강과 그 범람에 대하여 계속 질문했다. 마침내 베르케는 술탄에게 가져갈 답변을 주었다.

사신들은 술탄이 상인들을 통해서 들었던 것, 즉 칸이 그의 부인, 기병들과 함께 이슬람으로 실제 개종했음을 확인했다는 즐거운 소식과 함께 카이로로 다시 향했다. 베르케의 오르도는 무아딘(이슬람 사원에서 예배 시간을 알리는 기도 시보원[時報員]), 이맘(종교 공동체를 지도하는 통솔자), 샤이흐들을 접대했고, 아이들이 『쿠란』 읽는 법을 배우는 이동식 학교도 있었다. 칸의 회신에서 나머지 부분이 아마 더욱 중요했을 것이다. 칸은 술탄과의 동맹에 동의했고 맘루크에 노예 군인들을 판매할 것을 약속했다.[1]

베르케는 변혁적인 인물이었다. 그는 대칸의 승인 없이 오직 주치조 벡들에 의해서 즉위한 첫 번째 칸이었다. 이는 앞으로의 일을 암시했다. 즉, 베르케는 톨루이 가문이 장악한 몽골 중심으로부터 호르드의 독립을 강화했다. 베르케는 호르드가 이슬람 쪽으로 향하도록 방향을 조정했는데 이러한 결정은 호르드의 내부 문화와 정치를 극적으로 변화시켰으며, 무슬림 군주와 상인들에게로 선회함으로써 세계 무대에서의 호르드의 위치를 새롭게 했다. 그러나 그의 몽골 전통으로부터의 일탈에도

환상 속의 존재가 묘사된 은제 허리띠 장식(호르드, 13세기). 생가죽 허리띠의 한 부분으로, 이 허리띠의 장식품 29개가 현재까지 남아 있다. 이러한 허리띠는 14세기 중반까지 주치조의 공방에서 제작되었다.

불구하고 베르케는 상업과 재분배를 우선시하고 다양성을 수용하며 분봉을 통해서 통치하는 등 분명히 몽골 정권을 유지했다. 이는 항상 쉽지만은 않았다. 다른 몽골과의 경쟁, 특히 남쪽의 일칸국은 호르드를 경제적으로 거의 질식시켰다. 그러나 주치조는 특히 맘루크 등 새로운 무역 상대와의 관계 덕분에 버틸 수 있었다. 베르케는 개인적으로도 그리고 정치적으로도 몽골의 생활 방식과 통치의 적응성의 전형이 되었다.

베르케

바투는 아마 1255년에 사망했을 것이다. 그는 볼가 강가에서 10년 동안 살았고 거의 50세였으며, 몽골 제국에 큰 영향을 미친 인물이었다. 그는 일찍부터 아버지를 계승했다. 칭기스 칸의 손자들이 통치하던 시기에 바투는 제국에서 가장 연장자인 칸이었고 이것은 그에게 의심할 바 없는 권위를 부여했다. 몽골의 공식적인 기록에 따르면 쿠릴타이에서 누구도 감히 그에게 반대하지 못했다고 한다. 그러나 그는 항상 대칸 다음의 2인자였다.[2]

바투는 장자인 사르타크에게 칸의 자리를 맡겼지만, 사르타크는 대칸이 그의 지위를 승인한 직후에 사망했다. 그러자 뭉케는 바투의 직계 자손인 울라크치가 주치 울루스를 이끌도록 임명했다. 울라크치는 바투의 넷째 아들 또는 사르타크의 아들이었을 것이다. 그러나 울라크치 역시 칸으로서 짧은 시간만을 지냈다. 바투의 사망 이후 1년간 호르드는 두 명의 지도자를 잃었고, 베르케가 1256년에 즉위했다. 베르케는 바투의 이복형제였다. 베르케는 이미 40대였기에 연장자로서의 지위를 가지고 있었다. 그러나 그는 호르드 안에서도, 그리고 밖에서도 논쟁의 여지가 있는 인물이었다. 무슬림이자 호라즘 제국의 샤의 손자였던 베르케는 중앙아시아와 아나톨리아의 무슬림들과 깊은 관계를 형성했다. 바투조차도 형제의 영향력을 두려워했다. 베르케가 바투의 자리에 앉기 전에 대칸을 방문했음을 암시하는 기록은 전혀 없다.[3]

베르케는 바투의 독립화 경향을 새로운 수준으로 올려놓았다. 바투는 호르드의 자치권을 향상시키면서도, 결코 톨루이 가문의 권력과 공개적으로 경쟁하지 않았다. 반면, 베르케는 톨루이 가문이 황금 씨족에서 가장 강력한 지파였음에도 불구하고 그들에게 저항했다. 톨루이 가문은 구육이 사망했을 때 보위에 대한 통제권을 얻고자 우구데이 일족을 향해서 군대를 동원한 이후로 줄곧 우세했다. 바투는 오르다와 또다른 주치 가문 일족의 지원과 함께 톨루이 가문의 편을 들었고, 뭉케가 대칸의 자리를 차지하는 것을 지지했다. 반대편의 후보는 우구데이의 손자 시레문이었다. 톨루이 일족은 뭉케를 노린 음모를 알아차린 후에 우구데이와 차가타이의 후손들에 대한 대규모 숙청을 행했다. 주치 일족이 대칸의 최고 지위에 대한 권한을 상실한 후에 한 세대가 지나자, 황금 씨족의 다른 두 지파 역시 밀려난 것이다. 오직 톨루이 가문만이 제위를 위한 경쟁에서 살아남았다. 그러나 1250년대를 거치면서 주치 일족은 평형추로 등장했고, 베르케 휘하에서 더욱 강력해졌다.

1260년대 마침내 주치 가문과 톨루이 가문이 충돌했고, 옛 제국의 분할을 야기했다. 이것은 계승과 정복에 관한 일련의 불화의 결과였다. 제국은 1260년대에 폭발적으로 성장했지만 균일하게 성장하지는 않았다. 톨루이 일족은 공격적인 팽창주의 자세를 유지했지만, 주치 가문은 그렇지 않았다. 평지와 더 온화한 날씨를 찾아서 본래의 협곡과 산지를 떠난 주치 가문은 킵차크 초원을 자신의 것으로 만들기에 바빴고, 새로운 환경에 적응할 시간이 필요했다. 그리고 비슷한 시기에 여전히 몽골리아에 중심을 둔 톨루이 가문은 중국, 이란 북서부, 중동에 대한 대규모 공격을 준비하고 있었다. 제국은 상반된 정치 역학에 의해서 갑자기 갈라졌다. 서쪽에서의 계속된 정복은 톨루이 일족의 이익을 위한 것이었지만 주치 가문의 세력을 위태롭게 했다. 동쪽에서의 원정은 톨루이 일족 세력을 강화하는 데에 필수적이었지만 주치 일족에게는 어떤 이익도 제공하지 않았다. 결국 이러한 차이가 몽골을 갈라놓았다. 그들의 제국은 새로운 형태를 띠게 되었는데, 호르드는 자치적이었고 이전보다 더 강력해졌고, 일칸국으로 불리는 톨루이 가문의 새로운 울루스가 무슬림 세계의 일부로 등장했다. 일칸조는 대칸 뭉케의 동생이자 칭기스 칸의 손자인 훌레구가 설립했고, 그가 최초의 통치자였다. 훌레구는 위협적인 정치적 인물이자 전사였고, 그와 주치 일족 사이의 전쟁은 1206년 이후 칭기스 제국의 첫 번째 대변이(大變異)를 촉발했다.

중앙 이슬람 지역의 분할

1251년 뭉케는, 칭기스가 호라즘 제국을 차지하고 킵차크인들을 추격하도록 주치, 수베데이와 제베를 보냈던 과업을 끝내는 일을 훌레구에게 맡겼다. 이제는 이란, 이라크, 아제르바이잔, 대아르메니아, 아나톨리아, 이집트 등 더욱 서쪽으로 밀어붙일 때였다. 뭉케는 각 10명의 몽골 전사들 중에 2명씩을 훌레구의 지휘 아래 속하도록 명했다. 역사가들은 훌레구의 30만 명 군사 중에 7만에서 17만 명이 몽골인들이었다고 추정한다. 심지어 가장 낮은 추산치라고 하더라도 이는 몽골 통치자들이 인력을 대규모로 동원했음을 보여준다. 게다가 칭기스 때부터 공성전 기술자의 수가 증가했고, 공성 기계도 개발되었다.[4]

중동 원정은 1256년에 시작되었다. 우선 몽골은 이란 동부를 목표로 삼아서, 니자리-이스마일리 교단과 결합되어 있던 요새들을 해체하고 그 집단의 우두머리를 붙잡았다. 그다음으로는 그 지역의 서부 일대에 살던 유목민인 루르와 쿠르드를 복속시켰다. 1257-1258년 겨울에 몽골은 이라크에 기반을 두던 압바스조 칼리파로 이동했다. 바그다드의 정복에는 채 2주일도 걸리지 않았다. 압바스조는 몽골의 동맹으로 간주되었고 칼리파인 알 무스타심은 수년 전에 사신과 선물을 구육에게 보낸 적도 있었다. 그러나 알 무스타심은 몽골의 공식적인 복속 요구를 거절했고, 훌레구의 니자리-이스마일리, 루르, 쿠르드에 대한 군사 원조 요청을 받아들이지 않았다. 칼리파는 공식적으로는 오직 바그다드만을 통제했지만, 어느 지역에서든 무슬림에 대한 군사 작전을 결코 지원할 수 없었다. 알 무스타심은 무슬림에 대한 보편적 통치권을 함유한 지위 때문에 그의 영역 훨씬 너머에 대해서도 도덕적 책무를 느꼈다. 그러나 알 무스타심에게 거절당한 훌레구는 바그다드를 약탈했고 그 칼리파를 처형했다.[5]

베르케 측 사람들은 바그다드 공성전에 적극적으로 참여했지만 그 도시를 약탈하거나 칼리파를 처형하는 데에는 가담하지 않았다. 또 역사적 기록을 보면, 이러한 행위에 대해서 훌레구가 결코 베르케와 상의하지 않았으며 그 어떤 것도 두 지도자가 사전에 동의한 계획에 포함된 것 같지 않다. 그러나 베르케가 훌레구의 폭력적 조치에 동의하지 않았는지는 불분명하다. 베르케는 무슬림으로서, 신성한 인물이자 예언자 무함마드의 계승자인 칼리파를 처형하는 데에 반대했을 수도 있다. 그러나 베르케는 또한 몽골의 왕자로서, 몽골 동맹에 대한 약속을 어긴 알무스타심을 처벌할 훌레구의 권리를 아마도 존중했을 것이다. 우리는 다만 베르케가 약탈과 처형에 반대했다는 베르케 지지자들의 주장만을 알 수 있다. 비록 이것은 아마도 인기와 권력에 대단히 중요했던 무슬림 청중 앞에서 칸의 이름을 제거하고자 한 시도였을 테지만 말이다.

훌레구는 이라크를 복속시킨 후에 아제르바이잔에서 착유의 시기를 보내고 무간 평원에서 겨울을 났다. 그는 다음 원정의 방향을 살라딘이 거의 1세기 전에 시리아, 팔레스타인, 이집트에 건설했던 무슬림 아이유브 왕조로 집중했다. 1259년 훌레구가 아이유브 왕조를 공격할 무렵에 몽골인들은 이집트에 대한 통제력을 맘루크에게 빼앗긴 상태였지만, 훌레구는 맘루크 역시 주시하고 있었다. 여전히 아이유브 왕조의 영역이었던 다마스쿠스와 알레포, 하마를 포함한 중앙 이슬람 지역은 지정학적으로도, 상징적으로도 매우 중요했다. 훌레구는 아이유브 왕조를 빠르게 처리했고, 이는 몽골 세력을 새로운 수준으로 끌어올렸다.[6]

새로운 복속민들과 그들의 부를 획득한 훌레구의 정복은 제국을 강화시켰다. 그러나 그 이익은 주로 톨루이조의 손에 들어갔고, 종종 주치조를 희생시켰다. 뭉케는 톨루이조의 이권을 강화시키기 위해서 제국의 정책을 재조정했다. 예를 들면 여전히 전리품은 전통적인 쿠비 제도에 따라서 공유되었지만, 톨루이조는 자신들이 새로이 만든 중앙 관아를 통해서 그 과정을 직접 감독했다. 뭉케는 또한 주치조의 땅을 자신의 일족 구성원에게 넘겨주었다. 그는 1251년에 베르케에게 캅카스를 위임하고 나서 1254년에 그 지역을 다시 훌레구에게 할당했다. 그뿐만 아니라 새로운 정복은 주치조의 잠재적인 향후 팽창을, 칭기스 칸이 그들을 위해서 배정한 지역으로 한정시켰다. 훌레구의 군대는 후라산, 조지아, 이라크, 시리아, 아나톨리아 동부에 자리를 잡았고, 이는 주치조가 남쪽 변경 밖으로 밀고 나가는 것을 막았다.[7]

이 모든 것에도 불구하고 베르케는 1250년대 내내 뭉케와 평화로운 관계를 유지한 듯하다. 베르케는 황금 씨족의 연장자로서 중동 원정에 적극적으로 참여해야만 했고, 주치조의 군대는 루르, 쿠르드, 니자리-이스마일리, 압바스조, 그리고 아이유브 왕조에 대한 공격에 기여했다. 베르케는 전리품에서 상당한 몫을 받기를, 그리고 그가 주치의 계승자이므로 새롭게 정복한 영역의 적어도 일부를 지배하기를 바랐다. 결국 칭기스 칸은 "서쪽"을 장자와 그의 후손들에게 맡겼기 때문이다. 그러므로 1259년 가을 시리아 원정이 시작되었을 때, 베르케는 여전히 훌레구의 전쟁을 지지하고 있었다.[8]

아이유브 왕조의 갑작스러운 멸망 소식은 중동의 다른 지역에까지 퍼졌고, 그 충격파는 카이로에 있는 맘루크 술탄에게 빠르게 도달했다. 오래된 아이유브 왕조 세력이 소멸되면서, 카이로 정권이 무슬림 신앙의 마지막 보호자가 되었다. 또한 맘루크는 몽골의 다음 목표였다. 그러나 몽골이 공격을 시작하기 전에 뭉케가 사망했고, 훌레구는 다음 대칸의 선출에 참여하기 위해서 동쪽으로 떠났다. 훌레구는 자신이 가장 신뢰하는 장수인 키트부카와 정찰 부대에게, 시리아와 팔레스타인의 새로운 정복민을 장악하고 본대의 귀환을 기다리도록 명했다.[9] 1260년 훌레구는 동쪽으로 떠나기 전에 카이로에 사신을 보내서 맘루크는 무조건 항복해야 하며 그러지 않으면 파멸할 것임을 알렸다. 그의 전갈은 텡그리(하늘)로부터 세상을 지배할 권한과 임무를 부여받은 몽골이 전하는 것으로, 누구도 피할 수 없음을 내세웠다. 이것은 맘루크의 술탄인 쿠투즈에게는 심한 모욕이었다. 그는 존경받는 전사였고, 텡그리로부터 받는다는 어떤 권한도 당연히 인정하지 않았다. 이 전갈은 몽골의 정복 이후로 노예로 팔렸던 쿠투즈의 호라즘 제국에서의 기원을 상기시키면서 그를 개인적으로도 조롱했다. 마지막으로, 훌레구는 쿠투즈를 이집트 아이유브 왕조의 왕위 찬탈자라며 모욕했다.[10]

분노한 쿠투즈는 미끼를 물었다. 그는 훌레구의 사신들을 살해하고 그들의 머리를 카이로의 남문인 바브 주와일라에 걸도록 명했다. 몽골은 이제 전쟁을 위한 정당성을 확보했다. 술탄은 공격당하기를 기다리지 않았다. 술탄은 몽골의 지배로부터 도망쳐온 사람들은 물론, 튀르크멘, 베두인, 쿠르드 사람들 등으로 보강된 최소 1만 명 기병의 대규모 군대를 모았다. 1260년 봄 맘루크군은 팔레스타인으로 진입했다. 그들은 그 과정에서 프랑크 십자군들이 차지한 지역을 횡단했으나 프랑크인들은 그들을 통과시켰다. 프랑크인들은 최근 키트부카의 군대와 충돌했고, 키트부카는 시돈을 약탈함으로써 보복했다. 일부 십자군은 몽골을 맘루크보다 더욱 당면한 위협으로 생각했던 듯하다. 아크레의 프랑크 지도자는 심지어 맘루크군에게 보급을 제공하기도 했다.

맘루크가 서쪽 방면으로부터 팔레스타인으로 진입했을 때, 키트부카는 요르단 강의 동쪽에 있었다. 그는 맘루크가 접근하고 있음을 알게 되자 맞서기 위해서 강을 건넜다. 그는 오직 하나의 투멘, 그리고 신뢰할 수 없는 동맹군과 함께 맘루크에 대적할 수밖에 없었다. 전투는 1260년 9월 3일 예루살렘의 북쪽에 위치한 아인 잘루트에서 일어났다. 수 시간 동안의 싸움 끝에 맘루크는 투멘을 격파했고 키트부카를 살해했다. 몽골은 아이유브 왕조의 왕자인 알 아슈라프 무사의 빠른 변절로 큰 피해를 보았다. 무사의 군대는 키트부카의 좌익을 보강하기로 되어 있었으나, 몽골이 그들을 가장 필요로 한 바로 그 순간에 전장을 떠났다. 패배한 전사들은 도망쳤고, 맘루크의 아미르인 바이바르스와 그의 기병은 그들을 추격했다. 바이바르스의 병력은 키트부카의 퇴각군을 시리아 북부까지 추격했고 거의 모두를 살해했다.[11]

키트부카의 패배 소식은 빠르게 퍼졌다. 맘루크의 승리 소식을 듣자마자 다마스쿠스, 알레포, 하마에 있던 몽골인들은 달아났고, 이내 몽골은 팔레스타인과 시리아 전역을 포기했다. 현지인들은 몽골 진영을 약탈하고, 달아난 사람들을 추격하고 살해했으며, 뒤에 남은 여성과 아이들을 포획함으로써 보복했다. 이제 시리아의 대부분은 맘루크군의 수중에 있었다. 이것은 철저한 패배였지만, 몽골이 이전에도 경험한 적이 있는 패배였다. 무엇보다 몽골 전쟁의 주요한 동기는 복수였다. 그들은 항상 반격했고 결코 용서하지 않았다. 맘루크가 키트부카에게 진군한 날부터 그들은 몽골의 혈수가 되었고, 몽골은 술탄을 패배시키기 위해서 전 병력을 동원해야 했다. 훌레구는 동쪽으로부터 귀환하여 맘루크의 파멸을 절대적 우선순위로 선언했다. 그러나 그의 바람을 이루는 것은 쉽지 않았다. 그는 가장 신임했던 장수를 잃었을 뿐만 아니라, 이후에 설명하듯이 뭉케의 후임을 선출하는 쿠릴타이는 몽골의 내분을 자극했고, 이는 훌레구의 주요한 지원 중 하나였던 주치조와의 협력 관계를 위태롭게 했다.

질식

계승 분쟁은 1259년 8월 대칸 뭉케의 죽음 이후의 제국을 휩쓸었다. 뭉케의 동생인 아릭 부케와 쿠빌라이는 각각 대칸의 역할을 주장했고 자신들만의 즉위 쿠릴타이를 조직했다. 양측은 몽골과 그들의 동맹 사이에서 강력한 지지를 받았다. 누구도 물러서려고 하지 않았기 때문에 왕위에 오르려면 전투에서 상대를 패배시켜야만 했다.[12]

베르케는 아릭 부케의 편을 들었다. 우선 베르케는 아릭 부케의 이름으로 주조한 새로운 불가르 주화를 가지고 있었다. 그리고 이 호르드의 군주는 쿠빌라이의 적들과 접촉했다. 1260년 베르케는 델리 술탄국으로 사신을 보냈다. 델리 술탄국의 통치자는 몽골의 충성 요구를 항상 거부했다. 베르케는 아릭 부케를 지원했기 때문에, 쿠빌라이를 후원한 훌레구와의 충돌이 불가피했다. 1261년 베르케와 훌레구 사이의 긴장이 마침내 폭발했다. 훌레구는 칭기스가 주치조를 위해서 마련해두었던 영토를 차지하는 등 10년간 호르드를 희생시키면서 천천히 이익을 거두었다. 훌레구는 쿠빌라이의 지원으로 헤라트에 대리인을 임명했다. 헤라트는 이란 동부의 세금과 공물이 황금 씨족 구성원들에게 분배되기 전에 모이는 곳이었다. 베르케는 지휘관인 네구데르에게 자신의 몫을 보호하도록 명령함으로써 대응했다. 네구데르는 주치조의 권리를 위해서 훌레구의 사람들을 내쫓았고, 베르케와 훌레구의 긴장 속의 평화는 이제 열전이 되었다.[13]

훌레구는 베르케의 지휘관들이 반역과 주술을 행했다고 비난했고, 자신이 지휘하던 몽골군에 있는 주치조 세력을 제거하기 시작했다. 특히 훌레구는 주치의 손자 투타르를 공격했는데, 투타르는 이란에서 훌레

베르케를 추격하는 훌레구. 마르코 폴로의 『동방견문록』의 삽화(채색 사본, 프랑스, 1410–1412년경). 서유럽과 몽골 아시아의 관계에 관한 이 책은 유럽인들의 몽골에 대한 관심과 지식을 담고 있다. 출처 : Bibliothèque nationale, Paris, France/Bridgeman Images.

구의 명목상 감독 아래에 활동했던 분견대를 이끈 인물이었다. 투타르와 훌레구는 헤라트의 세수를 놓고 사이가 틀어졌고, 훌레구는 투타르가 음모를 꾸미고 있다며 고발했다. 투타르가 실제로 어떤 부정을 계획했는지는 알려지지 않았지만, 훌레구는 명백히 그럴듯한 증거를 만들어냈다. 베르케는 투타르에 대한 재판과 처형에 반대할 수 없었다. 그리고 그 결과는 또다른 유혈의 복수를 낳았다. 투타르의 아들 노가이—그는 베르케와 가까운 숙련된 지휘관으로, 이후 주치조 역사에 주요한 인물이 된다—는 훌레구가 아버지에게 한 일을 결코 잊지 않았다.[14]

훌레구는 주치조 사람들을 겨냥한 후에, 중동에서 지휘하던 몽골 대리인들을 공격했다. 훌레구의 목표는 옛 대리인들의 권위를 축소시키는 것뿐만 아니라, 아프가니스탄으로부터 아나톨리아까지 이르는 모든 통치 단계의 행정에 톨루이 계열을 투입하는 것이었다. 이러한 노력으로 심각한 동족상잔의 전쟁이 일어날 수 있었다. 예를 들면 훌레구가 공격의 대상으로 삼은 인물들 중에는 대단한 혈통에 큰 존경을 받으며 경험이 풍부한 전사인 바이주가 있었다. 바이주는 칭기스의 주요 장군이었던 제베의 인척이었고, 바이주의 아버지는 칭기스의 케식 소속이었다. 또한 바이주는 셀주크 술탄국에 대한 첫 공습을 이끌었고, 아제르바이잔과 아나톨리아를 10년간 통치했다. 바이주는 주치조를 지지한 것은 아니었지만, 훌레구를 존중하지도 두려워하지도 않았다. 그는 자신의 권력과 자치권을 유지하기를 원했다. 그러나 훌레구는 생각이 달랐고, 훌레구의 무리가 바이주를 독살 또는 처형했다. 몽골은 처음으로 그들 스스로를 희생하면서 정복하고 있었다.[15]

베르케는 반격을 결심했다. 베르케가 공식적인 선전포고를 하지는 않았지만, 1261–1262년 겨울에 그와 전사들은 옛 주치조의 영역이었다가 이제는 훌레구의 영향 아래 놓인 캅카스로 깊숙이 침투했다. 주치조 군대는 테레크 강을 건너 카스피 해 연안을 따라 진군했고, 데르벤트와 시르반을 차지했다. 베르케의 목표는 캅카스의 맞은편에 있는 도시 타브리즈로의 접근을 확보하는 것이었는데, 호르드의 지배계층이 그 도시에 재정적으로 큰 관심을 두었기 때문이다. 타브리즈는 서부 이란의 헤라트 같은 곳으로, 재무 행정의 중심이었다. 주치조는 타브리즈의 세수 중에 30퍼센트를 받았고, 그래서 그 도시는 중요한 압점이 되었다. 타브리즈에는 베르케의 오르탁 이외에 그의 비준을 받은 상인들이 무역 거점과 손님들을 점유했고, 칸의 이름으로 수익성이 높은 상거래를 했다.[16]

1262년 8월 20일 훌레구는 시르반에서 베르케와 대적하기 위해서 반

호수 부근의 알라닥에 있는 하영지(夏營地)를 떠났다. 전쟁 초기였지만 강력한 대응이 필요했다. 주치조는 이미 훌레구의 전초 부대를 격파했고, 저항에 거의 또는 전혀 부딪히지 않았다. 그러나 훌레구의 군대가 현장에 도착하자마자 운명이 빠르게 바뀌었다. 훌레구의 군대는 11월에 주치조를 데르벤트까지 밀어붙였다. 훌레구는 직접 12월에 데르벤트에 도착하여 베르케의 사람들을 내쫓았고, 테레크 강 너머까지 추격했다.

베르케의 원정은 실패로 돌아갔다. 2년 동안 주치조는 캅카스, 후라산, 셀주크 술탄국, 바그다드에서의 지위와 영향력을 상실했다. 또한 주치조는 호라즘에서도 불리한 위치에 있었다. 그들은 호라즘 북부를 지배했지만, 남쪽 일대는 차가타이의 손자인 알구의 손에 있었다. 처음에 알구는 아릭 부케에 의해서 차가타이 울루스의 통치자로 임명되었지만, 1262년에 편을 바꿔 쿠빌라이로 전향했다. 알구는 주치조에 속한 지역들을 병합하면서 차가타이조의 영토를 확장시켰고, 그 와중에 역사적으로 칭기스 가문의 공동 행정 아래에 있었던 부하라와 사마르칸트를 점차 완전히 지배하게 되었다.

알구가 아릭 부케로부터 변절한 것은 심각한 결과를 낳았다. 이 변절은 아릭 부케의 항복과 쿠빌라이의 승리로 이어졌다. 이것이 아릭 부케를 지지했던 주치조에 아주 나쁜 일은 아니었지만, 훌레구는 또한 바투 시기 이래로 타브리즈로부터 받은 주치조의 몫을 없애버렸고, 주치조의 오르탁을 도시에서 내쫓았다. 베르케의 군사 작전은 훌레구 아래에 있던 주치조 군대를 간신히 위험에 빠뜨리기도 했다. 1262년 여름 주치조 망명자들 다수가 아프가니스탄의 가즈니 인근에 있던 네구데르 주위로 모였고, 그 일대에서 훌레구와 연합한 다른 몽골인들과 전투를 벌였다. 그러나 네구데르는 이내 진지와 병력을 잃었다. 훌레구는 헤라트에서

보내는 주치조의 세수를 자신의 것으로 만들 기회를 잡았다.[17]

베르케의 군대는 1263년 1월 훌레구의 병력을 시르반으로 퇴각시킴으로써 보복했다. 봄 무렵 착유의 시기가 도래했고 전쟁은 중단되었다. 그러나 공격적인 외교는 한창 진행되었다.[18] 5월 베르케는 맘루크와 공동의 적에 대항해 협조하고자 카이로로 첫 사절단을 보냈다. 베르케는 훌레구가 야사, 즉 신성한 법을 어겼다고 설명했다. "그(훌레구)의 유일한 목표는 사람들을 증오로 학살하는 것이다"라고 베르케는 썼다. 그 칸은 맘루크에게 "훌레구의 길을 막기 위해서 유프라테스 강 방면으로 군대를 보내줄 것"을 요청했다. 혼자서는 훌레구에게 이길 수 없었던 베르케는 누구로부터든 도움이 절실히 필요했다. 비록 그것이 몽골에 대항하여 비몽골인들과 연합하는 것을 의미한다고 할지라도 말이다.[19]

다음 수십 년간, 주치와 훌레구의 후손들은 테레크 강과 쿠라 강 사이 지역을 놓고 경쟁을 벌였다. 그러나 훌레구가 가한 위협은 본래 영토와 관련된 것이 아니라, 경제와 관련된 것이었다. 베르케와 그의 케식들에게 가장 중요한 것은 공납과 무역을 유지하는 것이었다. 훌레구는 공물과 상품이 호르드에 도착하는 통로를 체계적으로 단절시키고 있었다. 그리고 그렇게 함으로써 모든 몽골 정권의 생명선이었던 재분배 체계를 차단했다. 만약 더 이상 분배할 사치품이 없다면 체계의 연료가 고갈되고 사회 전체가 붕괴할 것이었다. 훌레구는 주치조를 목 조르고 있었다.

맘루크 연합

맘루크 술탄국은 역사적으로 독특한 정권으로, 해방 노예들이 지배했다. 역사적으로 이슬람 군대는 "소유된 것"이라는 뜻의 맘루크라고 불리던 노예 전사들을 사들였다. 아이유브 왕조의 마지막 군주들은 셀주크의 시장, 특히 아나톨리아의 시바스라는 도시에서 대량으로 맘루크를 구매했다. 노예 대다수는 북서쪽 초원 또는 캅카스에서 태어난 젊은 이들이었다. 그들은 크림 반도를 가로지르는 무역 순환로를 통해서 왔는데, 그곳에서 상인들은 직물과 모피로 그들을 사고 팔았다. 바투는 이 오래된 순환로가 계속 발전하게끔 했고, 이러한 노력은 호르드를 위한 많은 세수를 생산했다. 그런데 훌레구가 군대에게 아나톨리아로 진입하여 셀주크 술탄국을 정복하도록 명령하면서 이 체계를 방해한 것이다.

몽골이 셀주크 정권을 침입한 것은 이번이 처음이 아니었다. 셀주크는 아나톨리아 동부의 쾨세다그에서의 전투에서 몽골에 패배한 후에 항복했다. 그래서 그들은 옷, 말, 금 등을 매년 공물로 바치게 되었다. 주치조는 이즈 앗 딘을 술탄으로, 그의 백성을 자신들의 것으로 여겼다. 그러나 이즈 앗 딘은 실제로는, 톨루이조의 지원을 받던 동생 루큰 앗 딘과 권력을 공유했다. 1256년 훌레구는 대군, 공성 장비, 수레, 짐승과 함께 현장에 도착했다. 그는 그 지역 최고의 겨울 목초지인 무간 평원을 빠르게 자신의 것으로 만들었고, 바이주에게 셀주크의 땅으로 더 깊숙이 이동하라고 명령했다. 술탄 이즈 앗 딘의 첫 반응은 바이주 군대의 진입을 거절하는 것이었는데, 그들을 받아들이면 백성들을 이주시켜야 했기 때문이다. 셀주크는 공물을 바쳤고 몽골과 합의했다. 다만 그 합의에 점령을 허락한다는 내용은 포함되지 않았다. 그러나 이즈 앗 딘은 훌레구 또는 바이주에 대적할 수가 없었고 다시 복속해야만 했다.[20]

아나톨리아 동부 정복은 13년 전 몽골의 첫 셀주크 원정보다 더 중요했다. 이번에 훌레구가 무간 평원부터 반 호수에 이르는 스텝 지대를 병합한 것이 치명적이었다. 킵차크 초원과 볼가 강 하류를 자신들의 것으

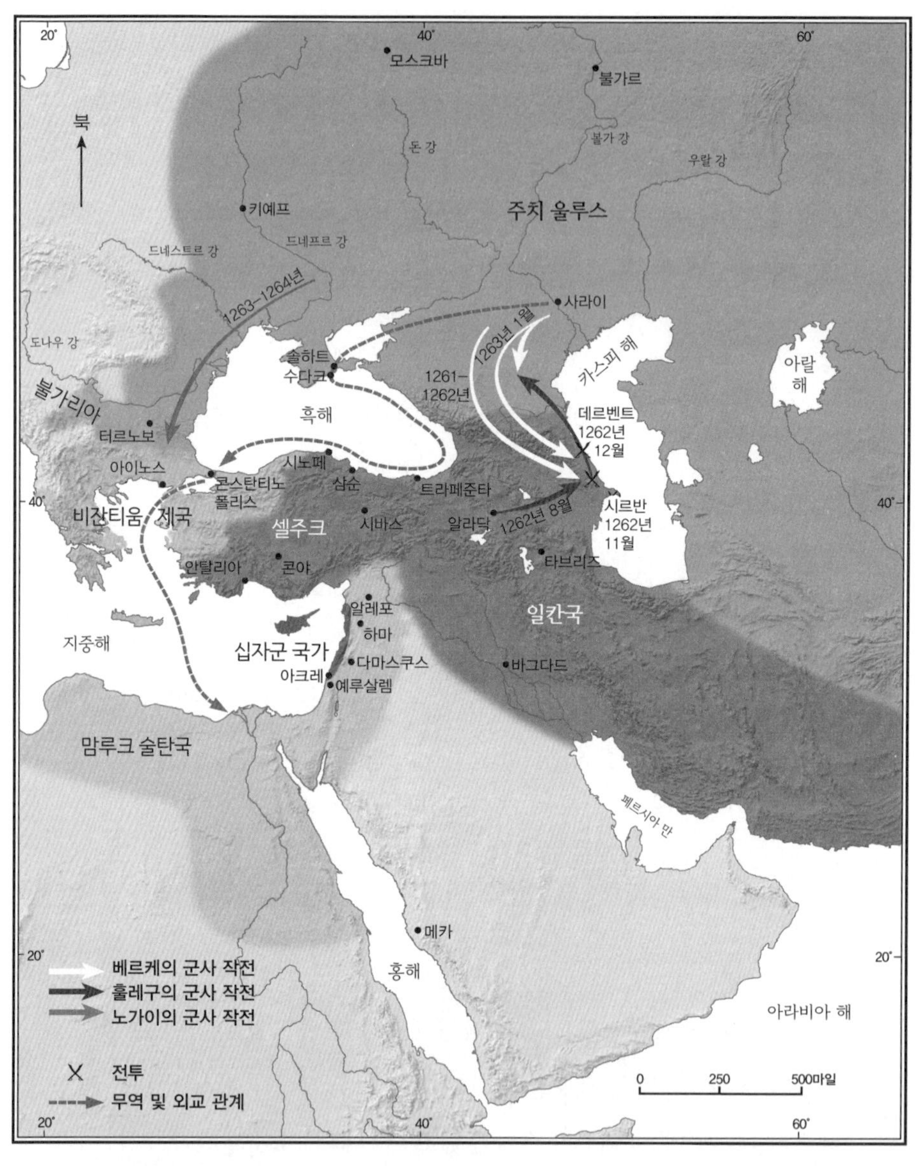

베르케-훌레구 전쟁의 이동(1261–1264년). “1262년 11월” 등 지역 아래의 날짜는 이동이나 충돌이 일어난 시기이다.

로 만든 주치조처럼, 훌레구의 후손들은 이 지역을 자기 군주의 오르도를 위해서 남겨두었다. 또 그들이 아제르바이잔에서 거주하기로 결정하면서, 거의 1세기 동안 주치조의 남쪽 팽창이 제한되었다.[21]

훌레구가 셀주크에게 승리하자, 셀주크는 그에게 마지못해 협력했다. 셀주크는 훌레구의 시리아 원정에 참여했고 이 원정은 1260년 2월 알레포를 차지하면서 정점에 달했다. 그러나 9월 맘루크가 시리아 변경으로 진격하고 있으며 몽골이 아인 잘루트에서 패배했다는 소식이 이즈 앗 딘에게 희망을 주었다. 그는 훌레구에 대항하는 연합을 도모하고자 맘루크의 술탄인 바이바르스에게 접촉했다. 그러나 이즈 앗 딘에게는 너무 늦은 일이었다. 과거에 몽골은 이즈 앗 딘이 몽골 황실의 새고로부터 빚을 내도록 강요했는데, 이제는 그 빚을 갚으라고 요구했다. 1261년 4월 훌레구가 파견한 대군이 이즈 앗 딘의 뒤를 쫓았다. 그는 달아났고, 비잔티움 제국의 해체로부터 출현한 계승 국가들 중의 하나인 니케아 제국에 망명을 신청했다.[22]

미하일 팔레올로고스 황제는 그의 옛 친구를 환영했다. 어머니가 비잔티움 제국의 공주였던 이즈 앗 딘은 비잔티움의 통치 집단과 좋은 관계에 있었고, 수년 전에는 미하일을 접대하기도 했다. 1261년 7월 술탄 이즈 앗 딘은, 황제 미하일이 라틴인으로부터 콘스탄티노폴리스를 탈환하기 위해서 보냈던 군사 원정에 참여했다. 거의 동시에 이즈 앗 딘은 훌레구의 적들과 연락하면서, 자신에게 군대를 보내줄 것을 주치조와 맘루크 양측에 요청했다. 이즈 앗 딘은 옛 수도인 콘야로 돌아가서 권력을 되찾을 계획을 세웠고, 바이바르스에게 자신의 술탄국 절반을 다스리는 군주의 자리를 제안했다. 이즈 앗 딘은 베르케에게는 어떤 것도 제시하지 않았고 그럴 필요도 없었는데, 이즈 앗 딘이 혼인을 통해서 칸에 종속된 자였기 때문이다. 즉, 이즈 앗 딘은 주치조의 한 공주와 결혼했으며, 그의 딸은 베르케의 후실 중의 한 명이었다. 이러한 연합은 이즈 앗 딘에게 호르드의 보호를 받을 권리를 주었다.[23]

바이바르스는 셀주크 술탄국의 제의에 감사했지만, 그에게 가장 필요한 것은 십자군과 훌레구 모두와 싸울 수 있는 인적 자원이었다. 오직 주치조의 칸만이 이 인적 자원을 공급할 수 있었다. 베르케에게는 몽골이 13세기 전반에 복속시킨 킵차크인 출신의 젊은이들이 있었고, 그들은 뛰어난 기마 전사로 널리 알려져 있었다. 그러나 베르케가 킵차크인들을 팔기로 동의했을지라도 그들을 이집트로 데려가기는 어려웠을 것이다. 1262–1263년에 훌레구의 봉쇄가 시작되었기 때문이다. 주치조는 캅카스에서는 쿠라 강을 넘어 이동할 수 없었다. 또 훌레구는 검문소를 설치하고 도로를 물에 잠기게 했고, 이 때문에 상인들은 호르드로 들어가거나 나갈 수가 없었다. 주치조의 상품이 훌레구의 봉쇄를 피하려면, 상인들이 흑해를 통과하여 콘스탄티노폴리스로 가는 것이 유일한 방법이었다. 이를 고려해볼 때 바이바르스의 다음 과제는, 수다크의 옛 크림반도 항구에서 판매되는 노예들이 이집트에 도달할 수 있도록 보스포루스 해협과 다르다넬스 해협을 통과하여 수송할 수 있는 권한을 획득하는 것이었다. 이를 위해서 바이바르스는 미하일 팔레올로고스가 콘스탄티노폴리스를 탈환하자마자 그와 협정을 체결했다. 미하일은 술탄의 사신과 상인들이 다르다넬스 해협과 보스포루스 해협을 통해 흑해에서 지중해로 지나가도록 하는 데에 동의했고, 비잔틴인들은 세금과 선물의 형태로 맘루크의 무역으로부터 상당한 수입을 거두었다. 게다가 미하일과 바이바르스는 알렉산드리아에서 콘스탄티노폴리스로 가는 길을 열었고, 그 덕분에 맘루크는 훌레구가 차단한 셀주크 순환로를 우회할 수

있었다.[24]

주치조와 맘루크 간의 교섭은 아마도 노예상이었던 알란의 상인들의 중재를 통해서 이루어졌을 것이다. 게다가 1262년 10월 훌레구의 군대로부터 도망친 주치조 망명자들이 바이바르스에게 보호를 요청하면서 다마스쿠스에 도착했다. 바이바르스는 그들을 환영했고 베르케에게 많은 선물을 보냈다. 수개월 후에 베르케는 바이바르스, 이즈 앗 딘, 비잔티움 제국의 황제 미하일 팔레올로고스, 그리고 미하일의 동맹인 제노바인들과의 협정에 동의했다. 칸은 호르드 중심 지역 출신의 젊은 사람들을 맘루크 술탄국에 제공할 것을 약속했다. 비록 그들 대부분이 세금 체납자, 전쟁 포로, 범죄자, 가난한 노동자들이었지만 말이다. 베르케와 바이바르스 간의 새로운 연합은 콘스탄티노폴리스로부터 볼가 강 하류까지의 무역로를 확장시켰다. 그 여정은 정치적, 기후적 환경에 따라 두 달 또는 그 이상의 시간이 소요되는 규모였다.

베르케가 톨루이조의 중동 내 핵심적인 경쟁 상대였던 맘루크와 손잡은 것은 즉각적인 효과를 낳았다. 훌레구를 시리아 경계에서 멈춰 세운 것이다. 몽골은 지중해 연안까지 결코 도달하지 못했다. 몽골이 흑해 및 레반트 해안과 유럽을 연결하려면 그리스인, 셀주크인, 아르메니아인, 이탈리아인 등 다른 중개자에 의존할 수밖에 없었다. 이 때문에 훌레구와 베르케 모두 유럽과의 국경에 다양한 소규모 해상 세력들이 나타나는 것을 허락하게 되었다. 베네치아인들과 제노바인들은 상인, 선주, 법률가를 호르드와 훌레구의 땅으로 보내기 시작했다.

더욱 중요한 것은 몽골의 내분이 이슬람의 지정학을 변화시켜서 유라시아의 중심을 카이로와 볼가 강 하류 쪽으로 바꾸었다는 것이다. 몽골은 10년도 채 안 되는 시간에 압바스의 국가, 칼리파의 지위, 계보, 군대와 연합을 파괴했고, 바그다드를 작은 지방도시로 전락시켰으며, 아이유브 왕조를 멸망시켰다. 주치조의 지도자들은 갑자기 이슬람으로 개종했고, 맘루크에게 군사 인력을 제공했으며, 이슬람의 상징을 채택했다. 베르케는 볼가 강 하류에서 사방으로부터 온 무슬림 지배층들을 환영했다. 13세기 말이 되기 전에 사라이와 카이로는 정치적 중요성의 측면에서 바그다드를 능가했다. 몽골은 다르 알 이슬람, 즉 이슬람의 땅을 분열시키고, 아마도 당시에 가장 컸을 사회, 경제적 체제에 지장을 줌으로써 아프로-유라시아의 권력 균형에 거대한 변화를 야기했다.

1263년 7월 바이바르스는 베르케에게 새로운 사신을 파견했다. 그러나 도중에 미하일 팔레올로고스가 그 맘루크 사신을 콘스탄티노폴리스에서 세웠다. 미하일은 훌레구와 주치조-맘루크 연합 간의 전쟁을 늦추고자 했다. 몽골군을 이끄는 훌레구는 바그다드, 타브리즈, 셀주크를 통제했을 뿐만 아니라, 가까운 곳에 있는 황제로서 비잔티움 제국의 문 앞에 있는 무시무시한 존재였다. 미하일은 선택해야만 했다. 주치조에 했던 약속을 계속 유지할 것인가, 아니면 훌레구와의 관계 악화를 피하기 위해서 약속을 깰 것인가? 미하일은 후자를 택했다. 그는 술탄 이즈앗 딘과 맘루크 사신, 그리고 사신들이 주치조로 가져가고 있었던 거대한 선물 보따리를 붙잡아두었다. 그 선물의 가치는 수천 디나르(금화)에 달했다. 미하일이 선물을 붙들어둔 것은 바이바르스와 베르케 모두를 격분시켰다.[25]

주치조의 반응은 즉각적이었고 잔혹했다. 베르케의 장수 노가이가 비잔티움 제국에 대한 공격을 지휘했다. 노가이는 훌레구가 4년 전에 처형한 상급 지휘관 투타르의 아들로, 훌레구의 모든 동맹을 사적인 원수로 여겼다. 미하일 팔레올로고스가 훌레구의 협정 상대는 아니었을지도 모르지만, 그 비잔티움 제국의 황제는 적어도 훌레구의 요구를 들어주고 있었다. 노가이는 불가리아 국왕의 협조를 받아서 트라키아 지역의 비잔티움 영토에 있는 마을과 도시를 파괴했다. 결국 미하일은 이즈 앗 딘을 풀어주고, 주치조에 막대한 공물을 바치는 데에 동의했다. 이즈 앗 딘은 크림 반도로 이주했고, 베르케는 그곳에 이즈 앗 딘의 후원 아래에 있는 아주 작은 술탄국을 만들었다.[26]

노가이의 임무는 이즈 앗 딘을 구하고 미하일 팔레올로고스에게 공물을 바치게 하는 것만이 아니었다. 노가이는 또한 유럽 중부의 저지대를 강력한 통제 아래에 두어야 했다. 그는 이 임무를 완수했고, 그의 오르도는 도나우 강 하구로부터 드네스트르 강에 이르는 지역을 정복했다. 그렇게 노가이는 주치조가 비잔티움 제국과 지리적으로 더 가까워지도록 만들었다. 이에 따라 호르드의 전사들은 다르다넬스 해협과 보스포루스 해협을 감시하고 주치조와 그들의 무역 상대의 접근을 방해할 어떤 활동에도 개입할 수 있게 되었다. 또한 노가이는 불가리아를 관통하는 육상로도 장악했는데, 이는 훌레구가 캅카스와 시리아 북부를 연결하는 길을 폐쇄한 것을 보상했다.

경제적 독립을 위한 싸움

노가이의 정복은 흑해 북쪽 지역에 대한 주치조의 권위를 확장시켰고 강화시켰으며, 중요한 경제적 목표도 실현시켰다. 바로, 소금 추출에 대한 통제권을 확고히 하는 것이었다. 크림 반도와 오늘날 우크라이나의 본토를 연결하는 지협인 페레코프의 서쪽에서는 소금이 대량으로 생산되었다. 소금은 유목민과 정주민 모두에게 중요했다. 음식을 보존하고 음식의 맛을 높이고 병을 치료하는 데에 소금이 사용되었다. 또 물에 약간의 소금을 더하면 탈수를 예방할 수 있었다. 1253년 루브룩이 주목한 것처럼, 사람들은 페레코프 지협에서 소금을 구매하기 위해서 러시아 지역으로부터 왔다.

> 그 지방의 아주 먼 끝으로 가면 커다란 호수들이 많이 있고, 그 호반에는 소금기가 녹아 있는 샘물들이 있는데, 그 물은 호수로 들어가자마자 얼음처럼 단단한 소금으로 바뀐다. 이 소금 샘들은 바투와 사르타크에게 상당한 규모의 수입을 가져다주는데, 소금을 구하기 위해서 러시아 전역으로부터 사람들이 와서 수레 한 대분[의 소금]에 이페르페론[비잔티움 제국의 금화] 절반 상당의 무명옷 두 벌을 주기 때문이다. 게다가 소금을 얻으러 많은 배들이 바다를 통해서 오며 그들 모두 적재량에 따라서 세금을 낸다.[27]

베르케는 이전의 바투처럼 소금 추출 지역에 대한 확고한 통제를 유지하는 데에 열심이었다. 드네프르 강 하류가 그중 하나였고, 수백 킬로미터 안에 있는 유일한 경쟁 상대는 볼가 강 하류로, 그곳 역시 주치조의 영역이었다. 그러므로 주치조는 서아시아로부터 유럽 동남부까지에 이르는 지역의 소금 생산과 무역을 배타적으로 통제한 셈이었다.

모피는 소금처럼 이익이 되었고 심지어 수익이 더 좋았다. 역사가들은 극북의 사람들이 흑담비 등의 담비, 어민, 초원여우, 비버, 다람쥐, 토끼를 포함하여 1년에 50만 이상의 가죽을 공급했다고 평가한다. 러시아 북부의 유적지는 북극여우, 스라소니, 수달, 오소리, 마멋, 페럿, 늑대, 울버린을 사냥했음을 보여주며, 이들은 심지어 더 많은 모피를 제공했다. 당대인들이 어둠의 땅이라고 부르던 극북은 유라시아에서 진귀한

모피의 가장 큰 공급처였다. 그리고 그 지역은 주치조의 손에 있었다.[28]

모피는 추운 날씨에 생존하는 데에 필수적이지만, 상업적 가치는 사치품으로서의 기능에서 유래했다. 즉, 모피는 이슬람 세계의 일반적인 사치품이었다. 8세기에 이미 압바스조는 모피를 특히 뛰어난 사회적 표식으로 여겼다. 무슬림 권세가들은 모자, 코트, 카프탄에 사용되는 검은여우와 붉은여우 모피인 부르타시를 몹시 좋아했다. 10세기에 붉은 부르타시—부르타스 사람들이 여우를 사냥했기 때문에 이렇게 불렸다—는 100디나르 이상의 값이었고, 이는 상당한 금액이었다. 부유한 압바스조 사람들은 보통 귀중한 펠트로 만들어진 텐트 장식과 내벽을 소유했다. 13세기에는 이란, 중앙아시아, 메소포타미아, 북아프리카에서 모피에 대한 수요가 매우 컸다.[29]

주치조가 우랄 강과 볼가 강 유역을 차지했을 때의 모피 시장은 오래되고 밀집되어 있었으며, 특히 다량의 장거리 무역을 하고 있었다. 항상 민족 집단을 가로지르며 공유되었고, 치열하게 경쟁적이었다. 볼가 불가르인, 킵차크인, 로스토프와 노브고로드 출신 러시아인들이 그 거래를 장악했다. 볼가 불가르인은 도시를 통해서 무역의 상당 부분을 전달했고, 중앙아시아 쪽으로 수출하기 위해서 확립된 대상(隊商) 노선에도 의존했다. 그들은 사냥꾼으로부터 모피를 직접 받았고, 약탈, 공물 수집, 무역으로 획득한 가죽을 팔기 위해서 볼가 강 중류로 항해해온 러시아인들로부터 받기도 했다.[30]

킵차크인들은 극북을 포함하지 않고 불가르인과 러시아인을 우회하는 대체 경로를 개발했다. 그들은 부르타시 사냥꾼들과 직접 거래했고, 볼가 불가리아 내륙 지역으로부터 수다크 항구로 모피를 수송했다. 상인들은 직물을 노예, 가죽과 교환하기 위해서 셀주크 술탄국으로부터 그곳에 도착했다. 이븐 알 아씨르는 몽골의 지배가 시작되기 전에는 킵차크인들이 모피와 물품들을 무슬림 세계로 수출하기 위해서 어떻게 그 항구를 사용했는지 언급했다. 수다크는 "킵차크인들의 도시이다. 그들은 수다크로부터 물품을 받는다. 수다크가 하자르[카스피] 해 연안에 있고 의복이 실린 배들이 수다크로 오기 때문이다. 그 의복은 소녀, 노예, 부르타스 모피, 비버, 다람쥐, 그리고 킵차크인들의 땅에서 발견되는 물품들과 판매된다."[31]

킵차크인들은 볼가 불가르인과 러시아인들처럼 중개인이었다. 그러나 사냥꾼-덫사냥꾼은 아니었다. 북쪽 삼림에서의 사냥에는 특별한 기술이 필요했다. 덫사냥꾼은 먼 북쪽의 겨울에서 살아남기 위해서 지형, 생태, 기후에 숙달해야만 했다. 그들은 스키, 개썰매, 그리고 가죽을 손상시키지 않고 사냥감을 죽이는 덫을 어떻게 만들고 다루는지를 터득했다. 그들은 사냥 최적기가 언제인지, 가죽을 상인 중개인에게 어떻게 운반하는 것이 최선인지를 알았다. 주치조는 가죽을 확보하거나, 심지어 수송하는 것에 관해서 걱정할 필요가 없었다. 몽골의 개입은 수송로와 시장을 통제하는 데에 있었다. 사냥꾼들은 가죽을 삼림에서부터 볼가 강 중류로 가져왔고, 가죽은 그곳에서 볼가 강 하류로 보내졌으며, 마침내 대상에 의해서 크림 반도, 유럽 동부, 그리고 호라즘 제국의 옛 수도이자 이제는 주치조에 속한 우르겐치로 보내졌다. 러시아 상인들 역시 드네프르 강을 따라 키에프로, 또는 육로를 따라 수다크로 모피를 수송했다. 다시 말해서 모피 사슬의 정점은 볼가 강, 돈 강, 드네프르 강 하구에 있었고, 주치조는 그곳에서 항구와 시장을 운영했다. 수상으로 운송된 모든 것들이 이 항구들을 통했고, 다량의 육상 교통이 호르드의 시장에 이르렀다. 볼가 불가리아의 오래된 지역 시장이 여전히 귀중한

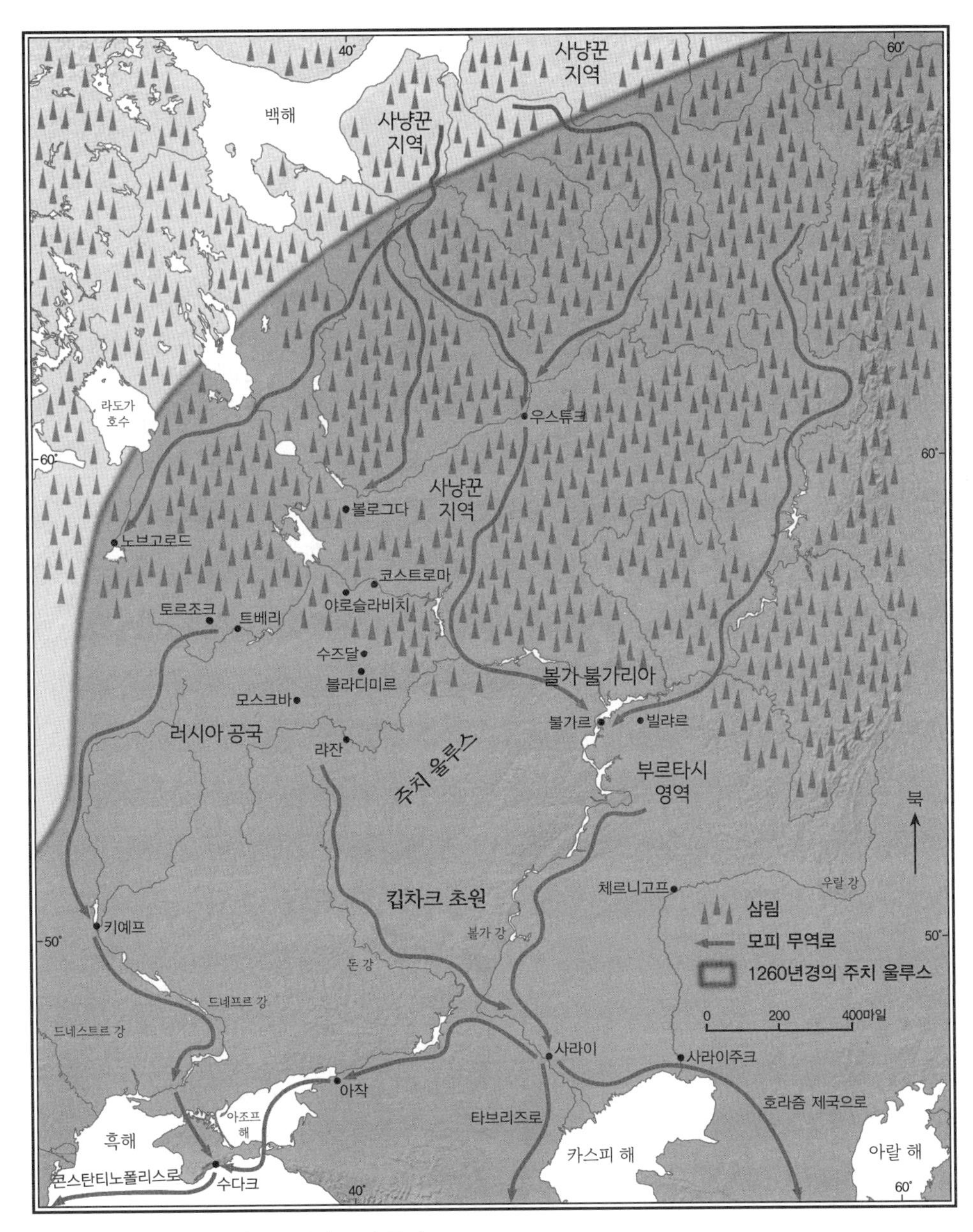

볼가 강과 그 지류를 통한 모피 무역로.

화물을 끌어들이고 있음을 알게 된 주치조는 그 시장들을 차지했고, 모피를 싣고 자신들의 진지로 다시 보내는 수집소로 만들었다. 또한 주치조는 수집하고 배급하는 등의 중개인에게도 세금을 거두었다.[32]

주치조의 오르도들은 모피 무역을 통해서 볼가 불가리아와 러시아 공국들을 자신들만의 정치경제로 통합시켰다. 몽골은 다른 정복지에서도 그랬듯이 현지의 생존 체제를 파괴하지 않았다. 그보다는 생산의 일부를 자신의 것으로 만들었다. 주치조는 북에서 남으로의 모피 무역을 강화했다. 이는 자신의 이익 때문에 페초라 강 유역과 하류 일대 사이 유통의 유동성을 유지한 것과 마찬가지였다. 정치적 이익은 모피와 그로부터의 이익이 공유 체계인 쿠비에 기여한다는 데에 있었다. 케식은 모피, 은정, 다른 종류의 세수를 중앙으로 집중시켰고, 칸은 그것을 쿠릴타이와 궁정 연회 도중에 재분배했다.

수다크의 운명은 베르케와 훌레구 간 분쟁이 폭발한 후에 발생한 상업 생활에서의 변화를 시사한다. 수다크는 오랫동안 중요한 항구였고, 바투의 통제 아래에서도 여전히 그러했다. 그리고 베르케 시기에도 그 역할을 계속 담당했다. 그러나 변화가 찾아왔다. 이제 크림 반도 남부는 콘스탄티노폴리스와 지중해 세계에 긴밀하게 연결되었고, 이로 인해서 수다크는 호르드와 서구 사이의 주요 관문이 되었다. 이것은 타브리즈, 시노페 등 훌레구가 차지한 상업 중심지들에 접근하지 못하게 되자 이를 보상하기 위해서 다르다넬스 해협과 보스포루스 해협을 통과하는 노선을 주치조에게 보장한, 주치조, 맘루크, 비잔틴, 제노바 간 합의의 결과였다. 또한 무역에 참가하는 자들은 수십 년 전보다 다양해졌고, 킵차크인들은 더 이상 책임자가 아니었다. 무역 연합의 목표는 훌레구의 봉쇄를 우회한다는 단기적인 것이었지만 그 결과는 광범위했다. 일단 주치조가 주도권을 장악하자 그들은 이를 놓치지 않았고, 유라시아 모피 산업의 핵심은 1세기 동안 그들의 손에 있었다.[33]

몽골의 계승 전쟁은 1264년에 끝났다. 대칸의 자리에 대한 베르케의 후보였던 아릭 부케는 쿠빌라이에게 항복할 수밖에 없었고, 2년 만에 감금 상태에서 사망했다. 쿠빌라이는 주치조 통치자들 없이 열린 쿠릴타이에서 대칸으로 선출되었다. 톨루이조 사료들에는 1263년에 쿠빌라이가 시리아를 포함하여 아무-다리야 강으로부터 이집트까지의 지역을 훌레구에게 하사하는 야를릭, 즉 칙령을 발령했다고 기록했다. 훌레구의 새로운 지위로 그는 울루스를 창건할 수 있었다. 비록 그가 야망을 실현한 지 바로 몇 달 후에 죽었지만 말이다. 일칸으로 알려진 그의 후손들은 아제르바이잔, 이란, 아나톨리아 대부분, 그리고 오늘날의 파키스탄까지 이르는 동쪽 지역들—이 지역은 호르드의 남쪽 경계에 있는 긴 영토 지대였다—을 통치할 것이었다. 그리고 일칸들은 톨루이조로서 대칸에게 명목적인 복종을 보여야 했다.[34]

주치조가 선호한 후보는 제위에 오르지 못했으며 칭기스의 뜻대로라면 주치조가 지배하는 것으로 정해진 지역을 훌레구가 차지했다는 의미에서 보면, 주치조는 톨루이조와의 전쟁에서 패배한 것이다. 그러나 주치조는 버텨냈고, 심지어 자신들의 울루스를 강화할 수 있었다. 호르드를 유럽, 지중해 세계, 이집트로 연결하는 노선을 지켜냄으로써, 주치조는 훌레구의 봉쇄를 피하고, 새로운 부의 자원을 확보했으며, 수익성 높은 노예, 소금, 모피 무역에 대한 통제를 확고히 할 수 있었다. 주치조는 경제 전쟁을 피하는 것 이상을 해냈다. 또한 그들은 전 제국에 걸친 오래된 재분배 체계로 인한 수입 상실을 보상할 수 있었고, 이로 인해 몽골 중심으로부터의 독립을 지속할 수 있었다.

우리 모두는 이슬람으로 개종했다

베르케는 이슬람에 매우 경도되었다. 그의 어머니는 무슬림이자 호라즘 제국의 지배 계급이었다. 청년 시절 베르케의 종교적 선택은, 부하라 출신의 샤이흐면서 호라즘의 주요한 수피인 나즘 앗 딘 알 쿠브라의 제자였던 사이프 앗 딘 바하르지로부터 영향을 받았다. 베르케는 성인이 되어서도 유라시아 전역에서 온 이슬람 공동체와 깊은 관계를 꾸준히 형성했다. 1250년대 초 베르케의 오르도는 캅카스 북부에 있었는데, 루브룩은 당시 유럽에서 무슬림을 지칭하던 일반적인 용어를 사용하면서 "페르시아와 튀르키예에서 오는 모든 사라센인들의 경로에 있었다"라고 했다. 무슬림 사신들은 "바투에게 가는 도중에 [베르케를] 지나가며 그에게 선물을 가져다준다"라고 루브룩은 말했다. "그는 사라센인처럼 보이며, 자신의 오르도에서 돼지고기 먹는 것을 금한다." 바투는 베르케가 무슬림들 사이에서 인기가 있음을 알아차렸다. 한 번은 바투가 베르케에게 셀주크와 시리아-팔레스타인 아미르국들을 감독할 것을 부탁했다가 이내 마음을 바꾸었는데, 베르케와 무슬림 간의 관계가 그에게 너무 많은 힘을 가져다줄 것을 우려했기 때문이다.[35]

베르케의 동시대인들 다수는 그가 즉위하기 이전부터 이미 무슬림이었다고 생각했지만, 그가 공식적으로 이슬람으로 개종한 것은 칸이 되었을 때이다. 개종 의례 또는 의식은 틀림없이 그의 오르도 내에서 이루어졌을 것이다. 이슬람을 받아들이는 것은 무슬림들의 지도자로서의 지위를 확고히 하고, 대외 정책을 다르 알 이슬람 쪽으로 향하게 하는 하나의 방법이었다. 베르케는 개종 소식을 공유하면서 여러 술탄들에게 서신을 보냈다. 바이바르스에게 보낸 그의 편지는 카이로에 있는 맘루크 아미르들 앞에서 크게 낭독되었다. 베르케의 서신은 다음과 같았다. "이슬람의 빛을 소생시키고 진정한 신앙의 땅을 옛 번영의 상태와 신의 이름에 대한 언급, 기도의 외침, 쿠란 암송으로 되돌리며 이맘들과 무슬림 공동체의 복수를 하기 위하여, 나는 네 명의 형제들과 함께 일어나 사방에서 [훌레구와] 싸웠다." 베르케가 칸으로 선출되자마자 그의 궁정은 이란, 중앙아시아, 아프가니스탄으로부터 방문객들을 끌어들이기 시작했다. 베르케는 무슬림 신앙의 강력한 보호자로서의 명성을 빠르게 획득했다.[36]

카툰, 노얀, 케식장과 카라추 벡을 포함한 주치조 통치 집단들은 베르케를 따라 이슬람으로 개종했다. 베르케는 비이바르스에게 보낸 두 번째 편지에서 "부족, 씨족, 개인, 군사, 크고 작은 사람들, 즉 우리의 형과 동생, 그리고 그 아들들 등 우리 모두는 이슬람으로 개종했다"라고 썼다. 그는 계속해서 이제 자신을 따르는 유력 몽골인들의 이름을 나열했다. 그들 중에는 훌레구가 박살내기 전에 중동 내 몽골 제국 행정의 일부였던 대표들도 있었다.[37]

이슬람으로의 전환은 칸과 그의 정권이 몽골 내부 분쟁에서 매우 필요로 했던 동맹뿐만 아니라 새로운 형태의 정당성도 가져다주었다. 몽골 통치자들 간에 종교 분쟁은 없었지만, 종교는 중동에서 기독교도를 지원했던 톨루이조의 권력과 경쟁할 수 있는 주치조의 수단이 되었다. 칼리파와 무슬림 군주의 몰락은 권력의 공백을 만들었고, 훌레구는 기독교도였던 소아르메니아의 국왕 헤툼, 안티오키아의 왕자 보에몽과 연합함으로써 이 상황을 활용했다. 또한 훌레구는 바그다드와 타브리즈에서 무슬림보다 기독교도를 과시적으로 선호했다. 유명한 기독교도였던 그의 지휘관 키트부카도 다마스쿠스에서 비슷하게 행동했다. 훌레구의 정실이었던 도쿠즈 카툰은 열렬한 네스토리우스파 기독교도였고, 기독교 성직자들을 지원했다고 한다. 도쿠즈 카툰에게는 그녀를 위한 이동식 교회가 있었고, 그녀는 숙영할 때 그 건축물을 자기 구역*의 문에 설치했다. 그곳에서 성직자들은 예배를 위해서 사람들을 불러모았다. 이와는 반대로, 베르케의 정실은 무아딘, 이맘과 함께 사람들 앞에 나타났고, 자신만의 이동식 모스크를 가지고 있었다.[38]

주치조 개종의 정치적 효과는 거대했다. 바투는 중동에서 톨루이조의 전쟁을 지원했고 그로 인해서 주치조의 군대가 맘루크의 문 앞까지 이르렀으나, 불과 수년 후에 베르케는 무슬림과의 관계를 맘루크와의 강력하고 지속적인 연합으로서 활용했다. 이 연합은 주치조와 맘루크 모두에게 부와 안보를 가져다주었을 뿐만 아니라, 군사 노예의 규모 역시 변화시켰다. 맘루크의 전사 노예는 주로 킵차크 초원으로부터 왔기 때문에, 이제 그들은 군사 인력의 주요 공급지와 연결되는 직통로를 확보한 셈이었다. 바이바르스와 그의 추종자들은 자신들의 다울라, 즉 정권을 "이슬람 세계의 무장 세력"이라고 불렀다. 사실 맘루크의 성공은 몽골 대(對) 몽골 전쟁의 부작용이었다.

주치조 개종의 정치적인 영향은 단지 무슬림 세력과의 관계에서만이 아니라 호르드 내부에서도 마찬가지로 느낄 수 있었다. 주치 울루스에서 이슬람은, 몽골의 제국적 법과 문화의 경계 밖에서 꽃피운 집단적 정체성의 근원이 되었다. 주치조는 대칸과는 다른 신앙, 관습을 채택하여 몽골 중심으로부터의 독립을 정당화함으로써, 황금 씨족 내에서 상실한 지위를 극복할 해결책을 찾아냈다. 주치조는 독립적인 외교 정책과 전

* 즉, 오르도.

쟁 태세를 활용하여 톨루이조 통치의 정치적, 경제적 제약으로부터 벗어날 수 있었는데, 독립적인 문화는 톨루이조와의 경쟁과는 상관없이 그들의 통치 권한을 강화했다. 주치조가 몽골의 유산을 포기했다는 뜻은 아니다. 이슬람은 그들의 옛것에 덧붙일 수 있는 새로운 상징과 의식들을 풍부하게 제공했다. 베르케는 술탄이 되었지만 칸으로 남았다. 그는 칭기스 칸의 규칙인 야사에 따라 통치했고, 무슬림의 성스러운 법인 샤리아를 지지했다.

주치조의 모든 사람들이 무슬림이 된 것은 아니었다. 사료에는 베르케의 유목민들 중에서 얼마나 많은 사람들이 그를 따라 개종했는지는 밝혀져 있지 않지만, 우리는 대부분의 몽골인에게 알라와 텡그리가 같았음을 알고 있다. 몽골인들이 믿는 신은 그들이 가진 힘에서 드러나며, 그들은 그 힘으로 세상을 정복했다.

통합

1266년 또는 1267년, 베르케는 거의 60세의 나이로 사망했다. 주치조 가계의 구성원들과 벡들은 새로운 칸을 선출하기 위해서 쿠릴타이에 모였다. 베르케에게는 후계자가 없었다. 모인 사람들은 베르케의 후손이 아니라 바투의 손자 한 명을 선출함으로써 호르드를 바투 계열 아래로 결속시킬 기회로 사용하기로 결정했다. 이때부터 오직 바투의 혈통만이 제위에 대한 합법적 권한을 가질 수 있었다. 권력을 바투조의 손에 집중시키는 것은 통합을 위해서였다. 주치 울루스는 스스로의 힘으로 하나의 정치권력으로 발전했지만, 그 미래는 여전히 자신이 생겨난 몽골 제국의 미래와 연결되어 있었다. 칭기스 칸이 주치를 계승하도록 선택한

것은 바투였고, 계속 통치하게 될 것도 바투의 혈통이었다.[39]

여전히 몽골 제국으로부터의 분리는 틀림없는 사실이었다. 이는 주치와 그의 후손들이 제위로부터 항구적으로 내쫓겼을 때부터 시작되어 수년간 전개된 이야기였다. 주치조와 톨루이조 간의 전쟁은 호르드를 멸망시킬 수도 있었다. 훌레구의 봉쇄가 호르드를 거의 파괴했기 때문이다. 그러나 주치조가 살아남으면서 이 상호 파괴적인 분쟁은 호르드가 이겨낸 또 하나의 장애물이 되었고, 주치조는 이를 통해서 몽골 중심으로부터의 독립을 더욱더 확고히 했다. 이후에서 자세히 설명하듯이, 이것은 다음 세기에 유럽과 지중해에 대한 주치조의 영향을 수립하는 등 세계사에 매우 중요한 영향을 미쳤다. 그러나 유목민의 관점에서 보면 베르케와 훌레구 간의 다툼이 역사상 거대한 파열은 아니었는데, 유목민들은 종종 서로 분리되고 재결합했기 때문이다. 유목민들은 칭기스 칸 시기 내내 분리되고 재결합해왔다. 그들은 칭기스 칸에게 대적했다가 가담했다가 굴복하기도 했다. 이제 그의 후손들이 비슷한 힘의 정책에 관여하게 되었다. 그러나 또한 호르드는 다른 몽골과 다르기도 했다. 주치조의 조직화 정도, 지리적 범위, 내적 결속성은 호르드를 다른 유라시아 제국들과 차별화했다. 호르드는 그 자신이 자치적 부분이기도 했던 몽골 제국보다 더 오래 지속될 것이었다.

1260–1264년 전쟁으로부터 탄생한 것은 몽골과 몽골이 아닌 것 모두였고 바투의 호르드와 새로운 것 모두였다. 바투 아래에서 호르드는 거대하게 성장하여 최소 9개의 큰 강변 오르도로 확장되었고, 수십만 명의 피정복 복속민들을 통합했고, 그중 절반 이상이 정주민이었다. 호르드 정권이 그 지역의 무역을 장악하고 환경에 숙달하며 그 영역에 수익성 높은 세금과 징발 제도를 부과하면서, 호르드의 정치경제는 성공적

으로 발전해나갔다. 그러나 바투의 시기 동안 호르드는 쿠비 체제에 의존했고, 이는 여전히 더 큰 몽골 제국에 재정적으로 묶여 있음을 의미했다. 그리고 베르케 치하에서 호르드는 경제적으로, 정치적으로, 그리고 문화적으로 분리되었다. 베르케 이후, 즉 몽골 대 몽골 전쟁 이후 나타난 것은 새로운 혼성체였다. 이제 호르드는 문화적으로 몽골이자 무슬림이었다. 호르드는 생존, 공물, 무역과 순환에 초점을 맞춘 몽골식 경제를 수행했지만, 몽골 제국의 국고와의 연결은 끊어졌다. 호르드는 칭기스가 선택한 계승자인 바투에게서 권력을 찾았지만, 몽골 중심부의 명령은 거역했다.

1260년대 중반 무렵 어떤 몽골도 서부 초원에 대한 주치조의 패권을 반박할 수 없었다. 그들은 톨루이조와의 전쟁에서는 패배했지만, 호르드가 통합된 권력, 즉 몽골인과 러시아인 및 캅카스인, 이교도와 기독교도 및 무슬림, 도시 거주자와 목축민으로 이루어진 다양하지만 융합된 세계로서 그 자체로 유목 왕국이라는 점은 심지어 대칸조차도 인정해야만 했다.

제5장

몽골의 교환

베르케 사후에 주치 울루스를 지배하는 세 개의 오르도가 나타났다. 각각은 자신만의 케식과 영토를 가지고 있었지만, 세수를 포함한 자원들을 공유하면서 하나의 단일 정권을 구성했다. 중앙에 있던 바투조 오르도는 칸에게, 동쪽의 오르도는 오르다의 후손들에게, 서쪽의 오르도는 호르드의 최고위 군사 지휘관이었던 노가이에게 속했다. 수년 동안 이 상위 오르도들은 서로 화목했고 협력하여 주치 울루스를 운영했다.

그 결과로 초래된 번영의 시간, 즉 1260년대 중반부터 14세기 중반까지를 종종 팍스 몽골리카라고 일컫는다. 이 시기의 첫 10년 동안은 베르케를 계승한 뭉케 테무르 칸이 몽골 전통의 발전을 반영한 복잡한 정부 체제를 감독했다. 정적인 것과는 거리가 멀었던 몽골의 통치는 현지의 조건에 적응하는 형식을 따랐다. 뭉케 테무르는 칭기스조의 제도에 의존했지만, 동쪽에 있던 조상들은 상상할 수 없었을 상황에 맞춰서 통치를 적용했다. 뭉케 테무르가 제국 내의 경쟁자들 사이에서 권력의 균형을 유지하고, 생소한 정치 문화와 민족적 전통을 지닌 정주 복속민에게 몽골 방식의 법과 질서를 강요하고, 유럽 중앙 및 동부, 지중해, 시베리아, 흑해를 서로 연결하는 무역망을 발전시키면서, 몽골의 통치 제도에 담긴 유연성이 완전히 드러났다. 이것이 진정한 몽골의 교환이었다. 다양한 참여자들은 그 연결망을 운영하는 것이 호르드임을 잘 알고 있었고, 자신의 부를 증대시키고자 칸의 환심을 사려고 했다. 이 시기에 오르다조 역시 시베리아 모피 무역의 핵심이 되었고, 노가이의 팽창하는 오르도는 도나우 강을 둘러싼 그의 매우 생산적인 영토로부터 새로운 부를 획득했다. 그 결과, 주치조가 기독교와 무슬림 세력에 대해서 영향력을 행사하면서 호르드가 성장했고 당시의 지정학에도 중요한 영향을 미쳤다.

그러나 호르드의 삼각 정치 구조는 항상 미약한 균형을 이루고 있었고, 이는 1280년대 초 뭉케 테무르의 사망으로 산산이 부서졌다. 호르드는 계속 번영했고 세계화에 중요한 역할을 했다. 그러나 야망이 원칙과, 그리고 자아가 법과 충돌하면서 호르드는 권력 투쟁에 의해서 내부적으로 분열되었다. 뭉케 테무르의 허약한 계승자들은 경쟁자들의 전이를 허용했다. 특히 노가이가 억제되지 않았다. 마침내 13세기 마지막 10년 동안 호르드에 내전이 발생했고 노가이는 한때 자신이 즉위 과정에 도움을 주었던 칸인 토크타와 싸움을 벌였다. 결국 토크타가 승자가 되었지만, 주치조 지배계층이 토크타를 구하기 위해서 오고 나서야 승리할 수 있었다.

그리고 이것은 사회의 지도적 구성원인 벡들의 흥기라는 또다른 전환점이 되었다. 새로운 정치 세력이 정권 내에서 반복적으로 흥기하는 것은 몽골 통치의 역동적인 특징을 더욱 잘 보여준다. 그러나 벡들은 변화를 바라지 않았다는 점이 역설적이다. 그들은 보수적인 세력으로서, 칭기스가 정교하게 만들었고 텡그리가 명한 사회적, 정치적 계층구조에 기반을 둔, 더욱 큰 몽골 제국 체제—이 체제는 노가이와 토크타 모두가 자신의 방식으로 위협했다—가 확실히 지속되기를 원했다. 그러므로 벡은 자신들만의 세력 중심을 이루었고, 역사적으로 흔하지는 않았지만 몽골의 정치 이론과 관습의 세계에서는 분명히 존재했던 목표를 추구했다.

팍스 몽골리카의 이야기를 파고들수록 얼마나 그 개념이 부정확한지를 알 수 있다. 호르드 그리고 전체로서의 몽골은 하나의 황금기에 "머물지" 않는다. 번영은 안정을 수반하지 않는다. 호르드의 계속된 번영을 가능하게 한 것은 안정보다는 유연성이었다. 심지어 정권이 더욱 부유해질수록 정치적으로는 더욱 많은 문제가 발생했다. 내적 긴장은 경제적 성공과 공존할 수 있었다. 주치 울루스는 살아 있고 숨 쉬는 존재였고, 통치자들은 공적, 사적 목표를 달성하기 위해서 정책을 끊임없이 조정했으며, 그로 인해서 또다른 변화를 낳는 새로운 환경을 탄생시켰다. 팍스 몽골리카 이야기는 호르드를 흥기했다가 절정에 달하고 몰락한 국가, 즉 자신의 힘으로 가능한 모든 것을 얻었고, 행운을 통해서 타올랐으며, 그후 변화하는 세계에 직면하여 더욱 발전하는 데에 실패한 한 제국으로서 보게끔 한다. 진실은 그보다 훨씬 더 흥미롭다.

호르드의 평화

주치의 장자인 오르다의 후손들이 통치한 푸른 오르도는 13세기의 마지막 3분기 동안 호르드가 누렸던 평화의 핵심이었다. 이 시기 동안 푸른 오르도는 수적으로 성장했다. 수천 명이었던 전사와 그의 가족들은 1만 명 혹은 그 이상이 되었다. 오르다의 직계 가족에 더해서 그의 케식과 오르도는 콩키라드, 메르키트, 케레이트, 아르군, 오이라트, 나이만, 킹구트를 포함한 다양한 기원의 여성과 남성들을 끌어모았다. 킹구트는 최초의 밍간(minggan)—칭기스가 주치에게 하사한 1,000명의 전사 부대로, 오르다가 계승했다—에서 유래한 거대한 군사 집단이었다.

또한 오르다의 오르도에는 잘라이르 전사들이 있었다. 아마도 오르다는 1240년대 초의 헝가리 원정에서 잘라이르를 획득했을 것이다. 이 노련한 전사들은 4개의 밍간을 구성했고, 강력한 오이라트 가문에 복종했다. 그러나 그것이 전부는 아니었다. 오르다의 영역에는 그의 오르도가 바투로부터 분리되었을 때 그를 따랐던 주치의 네 아들들의 사람들이 여전히 살고 있었다. 이 몽골 집단들이 모두 아마도 몽골 유라시아에서 가장 큰 유목 집단이었을 호르드의 "좌익"을 형성했다.[1]

오르다조와 바투조는 같은 혈육이었다. 그들은 같은 조상을 숭배했고 서로를 신뢰했다. 그러나 다른 점도 있었다. 마르코 폴로는 오르다의 사람들을 야사와 초원의 정신을 따르는 "제대로 된 타타르인들"이라고 보았다. 그들은 텡그리와 땅을 뜻하는 에튀겐(Etügen)을 신봉했고, 어머니 대지(에튀겐 에케)에게 제물을 바쳤다. 또 그들은 암말의 젖, 음식, 기름으로 문지른, 펠트로 된 모형인 옹곤(ongon)을 만들었다. 오르다조는 산, 호수, 강, 조상들에게 희생물을 바쳤다. 바투조 또한 이러한 의식을 행했으나 마르코 폴로는 오르다조가 순수주의자라고 손꼽았다. 14세기 직전 호르드의 좌익에 무슬림 또는 기독교도 주민들이 있었음을 보여주는 것은 전혀 없고, 이는 바투조 칸과 노가이 오르도의 다양성과는 극명한 대조를 이룬다.[2]

오르다의 사람들은 세계에서 가장 큰 습지인 서시베리아 평원을 가로질러 펼쳐져 있었다. 남쪽으로는 우랄 강으로부터 이르티시 강까지 이르는 주요 유역을 장악했다. 외부 여행자들의 눈으로 보면, 이 지역의 대부분은 인간 주도의 개발이 진행되지 않은 황무지였다. 마르코 폴로에 따르면, 오르다조의 군주에게는 "도시도, 성채도 없었다. 그와 그의 사람들은 항상 넓은 평원 또는 커다란 산맥과 강 유역 사이에 거주한다." 실제로는 울룩 탁 산맥의 구릉, 시르-다리아 강 하류, 추 강, 사리-수 강, 투르가이 강, 이심 강 유역에 새로운 정착지들이 있었다. 이러한 정착지는 오르다의 몽골인들이 이 지역을 식민지화했음을 보여준다. 유목민들이 시베리아 서부의 평원을 점령했음에도 불구하고, 주치조 치하에 있는 모든 곳에서 그러했듯이 벽돌로 된 건물들이 별안간 나타났다.

오르다조의 영토는 몽골 유라시아의 중앙에 있었고, 몽골의 다른 오르도들이 둘러싸고 있었다. 서쪽으로는 바투조가, 동남쪽으로는 우구데이의 후손들이, 서남쪽에는 차가타이의 자손들이 있었고, 동쪽으로 오르다조를 톨루이조 대칸의 영역과 격절시키는 것은 이르티시 강뿐이었다. 주변 세계의 변화가 푸른 오르도에 빠르고 깊은 영향을 미칠 수 있었기 때문에 오르다조는 이웃들을 세심하게 관찰했다. 오르다조는 우구데이조, 차가타이조, 톨루이조의 도전에 반복적으로 연루되었고, 주치조의 일에서도 핵심 역할을 했다. 오르다조는 그 중심적인 위치 때문에 오르도들 간의 갈등, 연합, 전쟁, 가뭄 등에 대해서 항상 가장 먼저 알았다. 오르다조는 몽골에 생기는 일은 무엇이든 그 소식을 접했다.[3]

오르다조는 몽골 제국의 중심부를 점유했을 뿐만 아니라 평화롭게 차지했다. 그들은 다자간 외교의 전문가들이었고 다른 몽골 통치자들과 끊임없는 소통을 유지했다. 오르다의 아들들은 호르드와 다른 몽골

백해
발트 해
노브고로드
모스크바
불가르
주치조 칸의 오르도 (하얀 오르도)
우랄 강
폴란드
크라쿠프
리보프
키예프
볼가 강
사라이주크
사라이
노가이의 주치조 오르도
헝가리
하얀 도시
이삭체아
킬리아
불가리아
흑해
비잔티움 제국
타브리즈
마라게
카스피 해
후라산
일칸국
지중해
아랄 해
잔드
시그낙
오트라르
부하라
페르시아 만
홍해
아라비아 해
1280년경의 몽골 세력
카이두가 차지한 영토
후라산 등 지역 이름
폴란드 등 기타 세력
0
500

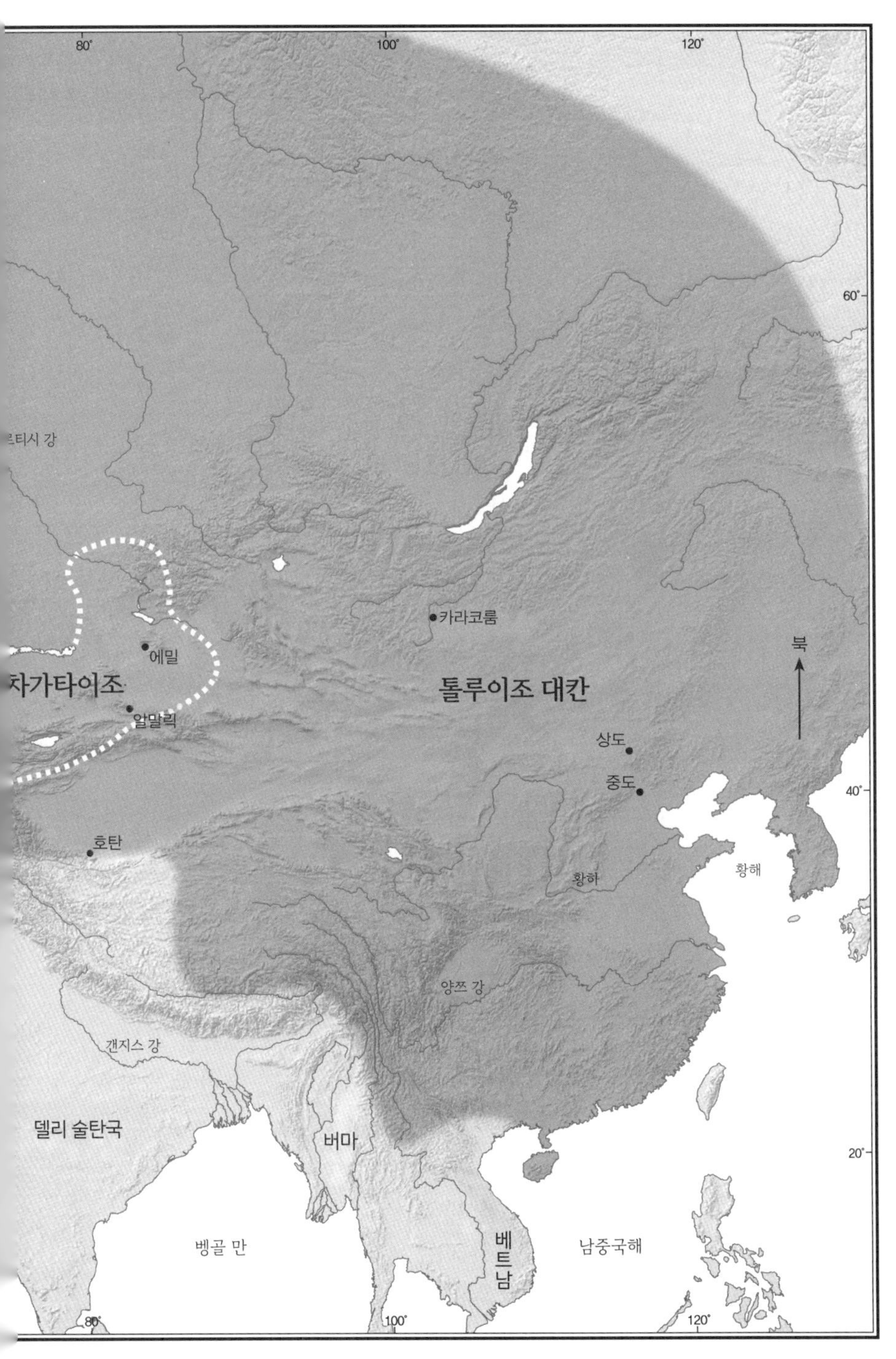

주치조 칸의 하얀 오르도, 오르다조의 푸른 오르도, 장군 노가이의 오르도 등 3개의 주요 주치조 오르도(1270–1299). 우구데이의 후손인 카이두가 차지한 영토도 있다.

간의 접촉선을 만들었고, 주치조 칸과 벡들에게 제국의 다른 곳에서 일어나는 사건들을 알리기 위해서 사신을 파견했다. 가장 중요한 것은 오르다조가 결코 팽창적인 경향을 내보이지 않았다는 점이다. 그들은 잔인한 정복에서 유래했지만, 오르다의 후손들 자체는 호전적이지 않았다. 그들은 몽골 사이의 질서와 행복을 추구했다.

정치적 안정성은 울루스 내에서도 중요했다. 오르다조는 어느 정도는 구조적 이점 덕분에 이를 달성했다. 오르다조는 다른 몽골들과는 달리, 러시아인, 이란인, 중국인 등 다수의 정주민 집단들과 영토를 공유하지 않았다. 그 결과, 유목민과 정주민 사이의 상호 작용에서 흔히 나타나는 불화가 크지 않았다(복속민이 있으면 오르다조는 그들을 바투조가 복속민을 대하는 것처럼 대했다. 두 지배가문은 복속민들의 일상생활을 통제하는 것보다는 자신들의 생산성을 향상시키는 데에 더 큰 관심이 있었다). 좌익 역시 극북의 모피 시장에 대한 특권적 접근을 향유했다. 바투조가 페초라 강 모피 무역망을 장악한 반면, 오르다조는 시베리아 시장을 감독했다.[4] 오르다조는 무역을 통한 지배라는 몽골의 오랜 정책의 수혜자이자 실천자였고, 극북의 고도로 분열된 사회에 대해서도 이러한 접근을 시도했다.

이러한 복속민들 중에 핵심 집단은 사얀 산맥의 사냥꾼이자 순록치기인 사모예드인들이었다. 몽골 정찰대는 멀리 북극해까지 이르렀을 북방 탐사 도중에 그들과 접촉했다. 몽골은 사모예드인들에게 조공 관계를 강요했고, 사모예드인들은 새로운 주인에게 시베리아 검은여우, 흑담비, 어민, 그리고 백곰의 모피를 바쳤다. 모피는 유라시아에서 수요가 높은 상품이었다. 시간이 지나면서 오르다조는 독점적 구매자가 되었고, 그리하여 좋은 가격에 모피를 구매할 수 있었다. 또 그들은 사냥꾼,

덫사냥꾼, 상인으로부터 현물로 세금을 거두었다. 그럼에도 좌익은 더욱 큰 몽골 무역 체제에 크게 의존했는데, 서쪽에서는 바투조가, 동쪽에서는 톨루이조 대칸이 대규모 시장을 운영했기 때문이다.[5]

자연히 오르다조는 정치를 바투조와 조율했고, 주치조 칸을 존중했다. 오르다조 권력 집단은 필요하다면 다른 주치조 군주와 회합했고, 정치적, 군사적 결정을 함께 내렸다. 오르다조는 외교적 역할을 수행하면서 황금 씨족의 다른 지파와의 쿠릴타이에서 주치조를 대표했다. 모든 몽골은 오르다조의 대표가 누구의 신하도 아님에 동의했다. 원칙적으로 호르드의 바투조 칸은 오르다조의 군주를 임명하지 않았고, 좌익의 내부 업무에 간섭하지도 않았다. 그러나 오르디조와 바투조는 깊게 얽혀 있었다. 라시드 앗 딘은 오르다조가 "자신들의 울루스를 자율적으로 통치했다"라고 기록했지만, 또한 그들의 통치자는 "바투의 계승자를 인정하고, 칙령 가장 위에 그들의 이름을 써야만 한다"는 것을 알고 있었다.[6]

그러한 첫 번째 계승자가 베르케였다. 그다음은 바투의 손자였던 뭉케 테무르였다. 호르드의 통치 집단이 1267년 쿠릴타이에서 뭉케 테무르를 선출했을 때, 그들은 그가 시조 주치의 선례를 따르기를 기대했고 실망하지 않았다. 뭉케 테무르는 즉위 후에 대칸 쿠빌라이를 찾아뵙는 일을 거절함으로써 호르드의 독립을 유지했다. 쿠빌라이의 사신단이 새로운 주치조 군주를 축복하기 위해서 볼가 강 하류로 와야 했고, 뭉케 테무르는 그들을 환영했으며 그들이 가져온 선물을 받았다. 사실상 뭉케 테무르는 험악한 지경까지 가지 않으면서도 자신의 자치를 선언하고 있었다. 그는 호르드에게 이익을 가져다주기만 한다면 강화를 제의할 정도로 신중한 통치자였다. 뭉케 테무르의 주요 목표는 정복이나 복수가 아니라 번영이었다. 그의 사람들은 그를 강한 말이라는 뜻의 쾰룩이

라고 불렀는데, 이것은 "최고의 칸"을 뜻하는 이름이었다.[7]

비록 뭉케 테무르는 칭기스의 자리를 차지할 수 없었지만, 동등한 몽골 군주들 사이에서 1인자의 지위에 대한 강한 권한을 가지고 있었다. 그는 칭기스의 장자인 주치의 후손이었고, 몽골에서 가장 넓은 영토를 다스렸으며, 황금 씨족 내에 사적인 원수도 없었다. 무엇보다 주치조의 군대는 대규모인 데에다가 점차 늘어나고 있었으며, 잘 갖춰져 있었고, 전사들은 높은 사회적 지위를 누리고 있었다. 그들은 자신의 칸에게 충성했고, 칸은 언제든지 그들에게 출정을 명령할 수 있었다. 대칸을 포함한 다른 몽골은 뭉케 테무르 아래의 주치조를 존중했다.

뭉케 테무르는 사람들의 부를 증진시키고 자신의 통치를 공표하기 위해서 통치 초기에 중요한 화폐 개혁에 착수했다. 그는 자신의 이름, 호칭, 탐가가 담긴 새로운 은화를 발행했다.* 은화에는 대칸에 대한 정보가 없었다. 이것은 뭉케 테무르가 어떤 상위의 권위에 대한 복종 없이 자신의 울루스를 통치했음을 나타낸다. 또 뭉케 테무르는 화폐 주조량을 늘렸고, 복속민들의 다양한 관심을 존중하기 위해서 영토 전역에서 지역 특화 주화를 발행하도록 보장했다. 호라즘에서 주조된 주화는 호르드의 동쪽 영역에서 유효했고, 사라이에서 발행한 주화는 중부 지역에서, 불가르의 주화는 북쪽에서 유통되었으며, 크림 반도에서 주조된 것은 서쪽에서 사용되었다. 지역별 주화는 정치적 중앙집권화와 선명한 지역 구분을 결합하는 일종의 연방 체제를 뒷받침했다. 호르드의 통치자는 주조를 통제했고 세수를 중앙으로 집중시켰다. 칸의 인가 없이 주조된 주화는 공식적으로 가치가 없었다. 그러나 이 구조는 또한 지역 경

---

* 탐가(tamɣa)에는 인장이라는 뜻도 있지만, 여기에서는 문장(紋章)에 더 가깝다.

제가 독립적으로 발전할 수 있게 했다. 여기에는 여러 이득이 있었다. 한편으로는 칸 궁정으로의 경제적 집중을 방지하는 것이 그의 오르도에 있는 사람들을 상대적으로 적은 규모로 유지하는 데에 도움을 주었고, 그로 인해서 목초지를 아낄 수 있었다. 다른 한편으로는 주치조 전체 체제 내의 지역적 자치는 현지 무역을 핵심 교역로로부터 차단하지 않고 보호했다. 호라즘 북부, 볼가 강 하류, 캅카스 북부, 크림 반도의 주민들은 몽골 정권 내에서 일하는 것이 자신들에게 이롭다는 것을 깨달았다.[8]

모든 사람들에게 주화가 필요한 것은 아니었고, 주화가 모든 곳에서 유통될 필요도 없었다. 주화에 대한 수요는 무역 시장과 징세 일정에 따라 달라졌고, 그러므로 계절에 좌우되는 경향이 있었다. 그러나 주화는 사업에 필요하다면 어느 곳에서든지, 언제든지 발행될 수 있었다. 즉, 칸이 주화의 도안을 재가하고 주화가 어디에서 법정 통화로 쓰일지를 결정하는 유일한 사람이었지만, 상인, 납세자, 외국 여행자 등 누구든지 은괴가 있고 은괴로 주화를 만들고자 한다면 주조가 이루어졌다는 뜻이다. 누구든지 은을 조폐국으로 가져와서, 은을 주화로 만드는 비용을 지불하고, 칸에게 금액을 납부하기만 하면 되었다.

관리들은 자본 유출을 두려워했고, 그래서 자신들의 지역으로 주화를 끌어들이고 유지하고자 했다. 호르드의 법은 생산 지역 이외에서의 주화 가치를 깎음으로써 이러한 걱정을 덜고자 한 것처럼 보인다. 예를 들면 불가르의 주화는 사라이 지역에서보다 북쪽에서 더 많은 것을 살 수 있었다. 그러나 이러한 규정은 그 가치가 모든 곳에서 안정적이었던 은에 대한 수요를 끌어올리는 결과를 낳았다. 따라서 주화는 멀리 퍼지기 어려웠지만 은은 가능했고, 몽골이 지배하는 영역에서 일종의 보편적인 통화가 되었다. 은은 자본을 교환, 수송, 증식하기에 가장 쉬운 수단이었다. 은은 휴대하기 편리했고, 모든 사람들이 받아들였으며, 부패하지 도 않았다. 유럽, 러시아 공국, 볼가 불가리아, 중앙아시아에서 대량으로 생산된 은괴는 오늘날의 여행자 수표와 같았다. 은괴는 소규모 또는 중형 거래를 위해서 지역 주화로 환전되었고, 대형 상업 거래에서는 직접적인 지불 수단으로도 사용되었다. 1270년대 호르드에서는 경제가 급속히 발전했고 경제적 수요도 증가했다. 뭉케 테무르의 개혁은 그 호황에 부채질하는 것을 도왔고, 그래서 경제적 수요가 충족될 수 있었다.[9]

뭉케 테무르는 호르드의 번영이 내부 경제에 대한 기민한 관리뿐만 아니라, 빈번하게 긴박해지는 제국 전체의 정치 환경 속에서 호르드의 정치적 지위를 유지하고 개선하는 데에 달려 있음을 알고 있었다. 실용주의자였던 뭉케 테무르는 개인적인 야망보다는 세력의 균형을 우선시했다. 뭉케 테무르는 스스로 무리해서 제위에 오르려고 하기보다는—주치조는 대칸의 자리에 대한 권한을 오래 전에 상실했다—전체 몽골 정권을 약화시키지 않은 채 톨루이조의 권위를 약화시키기를 원했다. 1260년대 후반에는 쿠빌라이가 대칸의 자리를, 훌레구의 계승자 아바카가 일칸조를 통제하는 등 톨루이조가 분명히 우세를 점하고 있었다. 뭉케 테무르는 쿠빌라이에 대해서 양면적으로 행동했는데, 때로는 대칸으로부터의 독립을 강조했고, 때로는 그의 우호를 구했다. 그리고 뭉케 테무르는 공공연히 평화로운 시기에도 아바카를 약화시키고자 했다. 일칸조는 계속해서 호르드에 위협이 되었다. 그들의 충돌은 끝났지만 국경 일대는 긴장 상태에 있었고, 두 정권은 무역과 시장에 대한 접근을 두고 경쟁했다. 뭉케 테무르가 추구한 평화가 반드시 우호적인 것은 아니었다. 그것은 호르드가 몽골의 경제적 독점 체제로부터 이득을 취할 수 있는 능력에 도움이 되는 힘의 균형이었다. 그는 조부였던 바투처럼 교환의 역동성을 손에 넣음으로써 호르드—그리고 그의 가족—에 이익을 보장하고자 했다. 주치조에게 뭉케 테무르는 정치적으로 위험한 바다를 지나도록 돕는 안내자였다.

세력 균형

서아시아에서 만연했던 평화로움과는 극명하게 대조적으로, 몽골은 중앙아시아에서는 서로를 죽이고 있었다. 1267년 무렵에는 우구데이의 계승자 카이두와 차가타이의 후계자 바라크 사이에 분쟁이 발생했다. 카이두와 바라크는 이웃하고 있었고, 두 사람 모두 팽창주의적인 계획을 세우고 있었다. 뭉케 테무르와 그의 무리들은 호르드의 이익을 위해서 그 상황을 활용할 방법을 모색했고, 동시에 자신들의 사람들을 부유하게 하고 톨루이조에는 경제적, 외교적 타격을 가하면서 황금 씨족의 다른 두 가문 사이의 불화를 해결하려고 했다.

제국의 정치가 변화하면서 카이두와 바라크 간 충돌이 불가피해졌다. 톨루이조는 세력 흥기 과정에서 제위의 전임자였던 우구데이조를 심각하게 약화시켰다. 카이두는 대칸의 통치 방식으로 인한 고통을 잘 알고 있었다. 카이두와 바라크 사이에서 전면전이 발발하기 수년 전, 쿠빌라이는 카이두가 정복한 지역에 대한 권한을 바라크에게 주었으나 카이두는 넘겨주기를 거부했다. 카이두는 힘을 재건하려고 노력하면서 중앙아시아에서 가장 부유한 도시이자 바라크의 통치 아래에 있었던 사마르칸트와 부하라를 차지하기를 원했다. 바라크와 카이두의 첫 전투는 시르-다리야 강가에서 이루어졌다. 여기에서 바라크가 승리했고, 카이두는 당연한 동맹인 뭉케 테무르에게 도움을 요청했다. 주치조는 바라크의 승리가 재앙을 몰고 올 것을 알고 있었다. 바라크는 대칸의 지원을 받고 있었고, 그가 승리하면 쿠빌라이의 영향력이 높아질 것이었다. 게다가 주치조는 바라크의 동쪽에 이웃해 있었기 때문에, 그의 팽창주의적 경향에 대해서도 경계했다. 뭉케 테무르는 카이두를 돕기로 했고, 베르케의 형제인 베르케체르의 지휘 아래 5만 명의 군사를 파견했다.[10]

카이두는 베르케체르의 군사와 함께 바라크에게 효과적으로 반격했고, 바라크의 군대를 부하라와 사마르칸트가 있는 트란스옥시아나의 농업 지대까지 몰아넣었다. 바라크는 현지의 자원과 무기 제작자를 징발하여 힘을 회복하려고 했다. 이 시점에 뭉케 테무르와 베르케체르, 카이두는 바라크의 군대를 끝내버릴 수 있었으나, 이 연합 세력은 그렇게 하면 트란스옥시아나가 파괴될 것임을 알고 있었다. 그러면 무역, 수공업, 식량 생산의 중심지로서 그 지역의 중요성을 고려했을 때 큰 대가를 치르는 셈이었다. 그들은 바라크를 궤멸시키기는 대신, 협상을 통해서 항복을 이끌어내기로 결심했다. 그들이 보았을 때 바라크에게는 강화 조건을 받아들이는 것 이외에는 다른 이성적인 선택이 없었다.[11]

1269년 봄 베르케체르는 주치조 대표단을 이끌고, 카이두가 바라크와의 분쟁을 해결하기 위한 쿠릴타이를 조직하던 탈라스 평원으로 갔다. 카이두는 쿠빌라이를 초청하지 않았다. 일칸조의 톨루이 가문 우두머리였던 아바카 등 다른 톨루이 가문 통치자는 어느 누구도 초청하지 않았다. 카이두와 그의 연합은 바라크와 단독으로 협상하기를 원했다. 쿠릴타이는 1주일 간의 축제로 시작했고, 그동안 참석자들은 신선한 쿠미스, 씨름 시합, 음악, 말 달리기 시합 등을 즐겼다. 그러고 나서 베르케체르와 바라크, 그리고 카이두—각각 주치, 차가타이, 우구데이의 후손들을 대표했다—는 회의를 개최했다.

그다음에 벌어진 일은 뭉케 테무르 아래의 주치조가 뛰어났던, 세력 균형의 전형적인 사례이다. 베르케체르와 카이두는 전쟁에서 패배한 바라크를 모욕하기보다는, 주로 톨루이조의 이익에 해가 되는 방향으로 협정을 이끌었다. 당사자들은 협약을 통해서 그들이 트란스옥시아나로부터 제국의 모든 세수를 징수하는 한편, 쿠빌라이는 이전에 대칸에게로 흘러갔던 몫을 전혀 받지 못하도록 결정했다. 카이두와 주치조는 그 세수의 3분의 1을 요구했고, 3분의 2는 바라크와 차가타이조를 위해서 남겨두었다. 또 이 협정은 일칸조에도 압력을 가했는데, 바라크가 일칸조와 전쟁을 벌이도록 자극했기 때문이었다. 협약의 일부로서 바라크의 군대는 부하라에서 쫓겨났고, 바라크는 군대를 주둔시킬 새로운 장소가 필요했다. 그는 후라산의 목초지를 차지하기로 결심했다. 그 지역은 아바카의 관할 아래에 있었지만, 바라크는 그곳의 세습 권한이 일칸조에게는 없다고 주장했다. 뭉케 테무르와 카이두는 일칸조 강탈에 대한 바라크의 입장을 지지했고, 그의 전쟁을 후원하기로 동의했다. 주치조에게 이 협약의 결과는 그보다 좋을 수 없었다. 그들은 대칸을 희생시키는 대신 세수를 획득했고, 오랫동안 기다려온 일칸조에 대한 승리를 가져다줄 수도 있을 카이두 및 바라크와의 연합을 형성했다.[12]

탈라스 쿠릴타이는 중요한 회합의 자리였다. 몽골 통치자들은 대칸과의 협의 없이 영토와 세수를 분배함으로써, 그들을 위한 대칸의 몫과 권위 모두를 차지했다. 이는 쿠빌라이의 재정 이익에 대한 공격 이상을 의미했다. 같은 몽골인들이 최고 통치자로서의 대칸의 지위를 부정한 것이다. 본질적으로 이 쿠릴타이는 위계질서가 있던 곳에 평등을 수립했다. 뭉케 테무르, 카이두, 바라크는 쿠빌라이도 자신들과 같은 칸일 뿐이고, 그들 누구도 다른 사람에게 명령할 수 없다고 주장하고 있었다.

그러나 연합을 구성한 각자의 이면에는 자신만의 계획이 있었고, 이 계획들은 서로 양립할 수 없었다. 뭉케 테무르는 일칸조의 위협을 없애버리고자 했고, 이에 대해서 카이두와 바라크 누구도 반대하지 않았다. 그러나 카이두는 바라크의 울루스를 차지한 다음에 쿠빌라이의 제위를 차지하려고 했고, 바라크는 다시 영토를 넓힐 충분한 힘을 회복하고자 했는데, 그러려면 아마도 이 새로운 연합이 희생되어야 할 것이었다.

이러한 목표의 차이는 바라크와 일칸조의 전쟁 중에 분명해졌다. 탈라스 쿠릴타이로부터 수개월 후에 바라크는 카이두가 보낸 증원군의 도움과 함께 계획대로 아바카를 공격했다. 그러나 바라크는 이내 밀리기 시작했고 카이두는 병력을 소환했다. 그뿐만 아니라 카이두는 편을 바꿔 아바카에게 지원을 제공했다. 1270년 7월 헤라트 전투에서 아바카는 바라크와 차가타이조 군대를 완전히 패배시켰다. 그후 얼마 지나지 않아 바라크가 사망했고, 그의 지휘관, 참모, 조정 관료들은 카이두에게로 가서 그를 모셨다. 카이두는 바라크를 방기했고, 바라크의 사람들을 자신의 세력으로 통합함으로써 그의 목표 일부를 달성했다.

뭉케 테무르에게는 일칸조가 바라크에게 승리를 거둔 것이 수모였지만, 그는 근본적인 전략을 수정하지는 않았다. 뭉케 테무르는 계속해서 세력 균형을 추구했다. 변한 것은 경쟁자들의 상대적인 권력이었다. 이전에 뭉케 테무르가 아바카와 쿠빌라이를 견제하기 위해서 카이두를 활용했다면, 이제는 주치조는 카이두를 더 우려해야 했다. 카이두는 바라크의 옛 울루스를 흡수하면서 많은 것을 얻었고 대칸의 자리에 대해서도 분명한 욕망이 있었다. 따라서 뭉케 테무르는 일칸조에 대한 자존심을 억눌렀다. 1270년 11월 주치조 칸은 송골매와 매를 선물로 보내며 아바카의 승리를 축하했다. 이는 선물의 언어로 두 칸의 지위를 동등하게

새가 그려진, 유약을 바른 도자기 사발(호르드, 14세기). 주치조는 유약을 바른 도자기를 대량으로 생산했다.

인정한다는 것을 의미했다.[13]

뭉케 테무르는 1276년 가을에 세력 균형의 힘을 다시 한번 수축시켰다. 톨루이조 왕자들이 대칸을 향해서 반란을 일으킨 것이다.* 왕자들은 쿠빌라이가 제국의 수도를 카라코룸에서 상도(上都)라는 한인 도시로 옮기자, 그가 칭기스의 지시를 어기고 친중국적인 방향으로 변절했다며 그를 비난했다. 이 주장은 구실에 불과했다. 그들의 진정한 관심사는 쿠빌라이 대신에 자신들이 선호하는 톨루이조 인물을 제위에 앉히는 것이었다. 반란자들은 쿠빌라이의 장수 한 명**과 쿠빌라이의 아들 노무간을 사로잡았다. 반란 세력은 다른 몽골 통치자들의 지지를 모으기

---

* 뭉케의 아들 시리기를 중심으로 한, 이른바 시리기의 난을 가리킨다.

** 『집사』 등 페르시아어 사료에서는 '한툰'으로, 한문 사료에서는 '안동(安童)'으로 표기되는 인물로, 무칼리의 4세손이다.

위해서 그 장수를 카이두에게 보냈고, 노무간은 아마도 카이두를 거쳐 뭉케 테무르에게로 보냈다. 어떤 식으로든 뭉케 테무르는 결정을 내려야만 했다. 그는 엄밀히 말하면 아직은 동맹 관계에 있는 카이두를 기쁘게 하기 위해서 노무간을 죽일 수도 있었다. 또는 카이두를 무시하고 쿠빌라이를 받아들이기 위해서 노무간을 송환할 수도 있었다. 뭉케 테무르는 대칸을 지지했을 것인가, 아니면 대칸이 될 수도 있는 사람을 지지했을 것인가?

뭉케 테무르는 둘 다 선택하지 않았다. 그는 쿠빌라이 대신 카이두를 지원하는 것에 아무런 이익도 없다고 생각했다. 그런 행위가 아마도 제국의 중심을 뒤흔들 수 있었음에도 불구하고 말이다. 그러나 동시에 노무간을 쿠빌라이에게 돌려보내면, 소중한 협상 카드를 허비하는 셈이 될 수도 있었다. 뭉케 테무르는 오직 주치조에게만 유리한 세력 균형을 확보하기 위해서, 카이두나 쿠빌라이가 아니라 호르드에 최선인 선택을 내렸다. 즉, 그는 노무간을 인질로 잡아두었다. 이 뛰어난 선택은 거의 10년 후에 분명해진다. 약 10년 후 뭉케 테무르의 계승자들은 새로운 역학 관계를 마주하고서, 카이두와 단절하고 쿠빌라이의 환심을 사기 위해서 노무간을 풀어주기로 결정한다. 비록 호르드의 충성의 방향은 바뀌었지만 그 목적은 그대로였으니, 주치조의 목표에 도움이 되는 제국 체제를 지지하는 것이었다.[14]

뭉케 테무르는 카이두가 바라크와 전쟁할 때 카이두에게 제공한 충분한 지원에 대해서 거의 보상을 받지 못한 것처럼 보일 수 있다. 의심할 여지 없이 주치조는 카이두가 절실하게 필요했던 군사적, 정치적 도움을 주었다. 베르케체르의 개입이 없었다면 바라크는 카이두를 격파할 수도 있었고, 카이두가 바라크에 대한 승리를 합법적으로 공식화할 수 있었던 것도 탈라스 쿠릴타이 당시에 뭉케 테무르가 동의했기 때문이다. 가장 중요한 것은 카이두가 바라크의 울루스를 차지하는 것에 주치조가 반대하지 않기로 했다는 점이다. 그러나 주치조는 항상 자신들의 이익만을 생각했다. 그리고 이익을 따져보았을 때 부하라와 사마르칸트를 지배하는 것은 이익에 포함되지 않았기 때문에 카이두가 이곳들을 차지하도록 허락하는 것은 손해가 아니었다. 주치조에게 필요한 것은 도시 및 주변 지역과의 무역 연결이었다. 주치조 통치자에게는 카이두가 그 일대를 안정화시키고 그 영역 내에서 호르드가 무역할 수 있는 권리를 존중하는 것만으로도 충분했다. 카이두의 흥기 과정에서 뭉케 테무르는 주치조가 무역 지위를 지키도록 보장하는 데에 중요한 역할을 했다. 또 그 주치조 칸은 자신의 피보호자이자 채무자인 그의 동맹 카이두와의 관계에서 우월한 지위를 점했다. 그러므로 뭉케 테무르는 자신의 동쪽 이웃과 좋은 관계를 유지할 충분한 이유가 있었다.[15]

그러나 동시에 카이두와의 연합은 잘못된 결실을 맺기도 했다. 뭉케 테무르는 카이두에게 군대와 장비를 제공함으로써 그가 대칸에게 대담하게 도전하도록 만들었고, 이는 몽골들 간의 기나긴 전쟁을 조장했다. 이후에 논의하듯이, 카이두와 쿠빌라이 간의 갈등은 1280년대 주치조의 대외 정책에 결정적인 제약이 될 것이었다. 게다가 뭉케 테무르와 카이두의 연합은 일칸조의 위협을 완화시키는 데에 아무런 기여도 하지 못했다. 일칸조는 1260년대와 1270년대 내내 주치조의 골칫거리로 남아 있었다. 그것이 연합의 방식이었으니 유리한 점과 불리한 점이 수반되었다.

그러나 주치조는 대체로 능숙하게 협상했다. 몽골 제국의 범위 밖에서도 마찬가지였다. 주치조는 뭉케 테무르의 통치 아래에서 유럽과 지중해의 핵심 구성원이 되었고, 안보와 번영을 향상시키면서 지역 정치와 상업 관계를 형성했다. 호르드 내부와 외부의 정주민들과의 관계는 매우 복잡했지만, 주치조는 기회를 최대한 이용하는 방법을 알고 있었다. 그들은 무역, 조공, 통치 집단 선임 등에 기반을 두고 오래 지속된 몽골의 전술을 적용했고, 자신의 영역과 이웃 지역에서의 난관에 대처하기 위해서 이 초원의 전통을 발전시켰다.

지정학적 군주

주치조는 권력을 유지하기 위하여 선조들에게는 이질적이었던 환경에 적응해야만 했다. 호르드는 야사를 세습했고 초원 유목민의 유산을 운용했다. 그러나 주치조는 헝가리인, 불가르인, 러시아인을 포함한 정주 유럽인들을 지배했다. 주치조의 일부 복속민들은 초원의 영성(靈性)을 따른 반면, 다른 사람들은 기독교도, 무슬림 또는 불교도였다. 또한 호르드는 유럽의 경계라는 자신의 위치로부터 슬라브인, 비잔틴인, 제노바인, 베네치아인, 그리고 지중해를 가로질러 카이로에 있는 맘루크 술탄국 등 많은 사람들과 상호 작용했다. 교황과 대주교—러시아 정교 교회의 우두머리—모두 호르드의 외교 체스판 위에 있는 중요한 기물이었다.

칸과 관리들은 그들과 일하는 법—직접적, 간접적으로 통치하는 법, 그들과 교역하고 몽골이 주도하는 무역망을 활용하도록 장려하는 법, 타국의 관심권으로 들어가는 법, 외부인의 관심사를 자신의 것과 조율하는 법 등—을 터득했다. 물론 몽골은 동아시아와 중앙아시아에서 외부인들을 지배한 역사가 있지만, 유럽과 서아시아는 달랐고 다른 정치 전략이 필요했다. 따라서 주치조는 번영을 위해서 혁신해야만 했다. 주치조는 뭉케 테무르와 그의 계승자 아래에서 혁신을 행했지만, 동시에 울루스에 내재된 핵심적인 정치 구조를 유지했다. 13세기의 마지막 10년간 호르드는 오래 전부터 존재한 원칙을 기반으로 새로운 통치 전략을 개발하면서 몽골의 통치가 얼마나 유연한지를 증명했다.

정확히 부합하는 사례가 동슬라브인들, 주로 러시아인들과 관련이 있다. 러시아인들은 호르드의 정주 복속민들 중에 그 수가 가장 많았다. 그들의 통치 제도는 몽골과 달랐고, 경제적 우선순위도 서로 달랐다. 그뿐만 아니라 러시아인 등의 슬라브인은 몽골의 통치법을 일찍이 알고 있었던 중앙아시아인이나 한인들과도 달랐다. 러시아인들은 정치적으로 분열되었고 다층적 봉건 지배에 종속되었으며 중앙 권력이 결여되었다. 또한 러시아인들은 대부분 작은 마을에 흩어져 있었다. 몇몇 대도시들이 있었지만 중국과 호라즘의 도시적 생활 방식에 대해서는 대체로 무지했다. 그뿐만이 아니라 러시아 공국들은 농업적으로 빈곤했고, 생산량이 불안정하여 해마다 급격하게 달라졌다. 러시아인들은 대개 물고기, 작은 사냥감, 열매로 살아갔고 꿀이나 술과 같은 완성된 농산품을 생산했다. 그러나 공물로 낼 만큼의 잉여 생산물은 많지 않았다. 모피나 수공업품 같은 물품들이 몽골 세수의 중심이었다.

주치조는 러시아인들을 위해서 정치적, 경제적 특수성과 문화적 감수성에 알맞은 통치 양식을 만들어냈다. 전반적으로는 감독과 간접적인 방식을 활용했다. 칸은 러시아의 도시에는 주둔군을 두지 않았고, 킵차크인 등의 복속민들을 소유했던 것과는 달리 러시아인들을 오르도로 대거 흡수하려는 시도도 하지 않았다. 그 대신 주치조는 일반 백성들이 충분히 만족하여 정권을 받아들이고 세금을 납부하도록 만들 정책을 시행하기 위해서 기존의 러시아 통치 집단들과 협력했다.

러시아인들에게는 통치 집단—왕자와 보야르 포함—과 교회 등 크게 두 개의 주요 권력 중심이 있었다. 몽골은 그들 모두와 소통했고 그들 모두를 임명했다. 칸과 참모들은 공작들과 빈번하게 교류했다. 칸의 궁정을 주기적으로 방문해야만 했던 블라디미르의 대공이 특히 그러했다. 또한 몽골 사신은 대주교구로 명령과 전갈을 전달했다. 왕자와 종교 관리는 때때로 몽골 사신을 통해서 전갈에 답변했지만, 러시아인들은 또한 이따금 자신들만의 사람을 활용하기도 했다. 이는 몽골과의 관계가 단순히 하향식 통제 속에 이루어졌다기보다는 쌍방적인 것이었음을 의미한다. 러시아 공국에 대한 주치조의 지배에는 협력 관계가 핵심적이었는데, 특히 몽골이 세금을 징수하는 데에 러시아 통치 집단에 의존했기 때문이다. 이것은 뭉케 테무르 아래에서 이루어진 호르드의 통치 행위의 발전을 보여준다. 이전의 몽골 군주들은 세금 징수인을 바로 러시아 도시로 보냈고, 징수자들은 현지의 거대한 반발에 직면했다. 그래서 주치조는 1260년대부터는 다른 방식을 채택했다. 이제 서민들로부터 세금을 걷는 것은 현지의 유력인들이었다. 그다음 그 유력인들이, 지시에 따라 인구 밀집 지역의 주변부에서 세금의 전달을 기다리던 주치조 사신들에게 지불금을 건넸다.[16]

몽골은 러시아의 보야르들을 자신의 편에 두기 위해서 그들의 부와 영향력의 근원을 존중하는 법을 배웠다. 보야르들은 대개 정치적 결정이 이루어지는 노브고로드와 같은 도시에 거주했지만, 그들의 지위는 각자가 소유한 넓은 소유지에 근거했다. 몽골은 이 토지들을 그대로 두었다. 어떤 의미에서는 이것이 이상한 일은 아니었는데, 몽골은 소유지에 대해서 직접적으로 세금을 거두지는 않았기 때문이다. 대신 그들은 수공업품, 농산품, 판매, 무역, 가구 등에 과세했고, 물과 같은 특정 자원에 대해서 요역을 요구했으며, 역참을 위한 물자를 수집했다. 러시아의 보야르들은 이러한 세금을 지불해야만 했지만, 자신들의 땅을 계속 유지할 수 있었다. 토지 소유 그 자체에 개입하지 않았다는 점이 색다른 것이다. 몽골은 중국과 중앙아시아에서는 토지 경계선을 다시 그리고 소유권을 재분배하는 등 훨씬 더 간섭주의적인 입장을 취했다. 주치조는 수천 명의 러시아인 지주들이 자신의 소유지를 그대로 보유하게 허락함으로써, 격파한 사람들의 자식들과 정복의 과실을 공유하고자 함을 분명히 표했다.

호르드는 보야르들의 신임과 호의를 유지하기 위해서 다른 조치도 취했는데, 사회 통제 수단을 시행하는 동안에도 그러했다. 앞서 본 것처럼 오르도에서의 삶은 유럽 방문자들을 놀라게 할 정도로 대단히 안전하고 안정되었다. 주치조는 러시아 공국에서도 비슷한 질서를 보장함으로써 사람들이 칸의 정권에 연료를 공급할 수 있도록 경제적 생산과 인구 증가를 이루고자 했다. 몽골은 이러한 목적을 위해서 같은 몽골인에게 했던 것만큼이나 러시아 복속민들을 통제했다. 몽골은 러시아인들이 무기를 소지하거나 군마를 타는 것을 금지하되, 안전을 제공하는 대리자로 토착 군주를 임명했다. 왕자와 보야르들, 그들의 호위병들은 몽골인 주군에게 충성심을 보이는 경우 무장이 허가되었다. 즉, 러시아 지배계층은 정권을 지지하는 대가로 지방 수준에서의 권한을 부여받았고, 이로 인해서 일반적인 러시아인에 대한 위계질서 속에서는 전통적인 지위를 유지할 수 있었다. 이것은 매우 중요한 통치술이었다. 슬라브인 지배계층은 신분의 차이를 분명히 하는 데에 익숙했고 평민으로의 격하를 받아들일 수 없었다. 몽골은 지방 통치자로서의 지위를 공식화하기 위하여 그들에게 야를릭을 수여했다. 야를릭은 제국 전역에서 오랫동안 공표에 사용된 서면 증서였다.

동시에 몽골은 무장하지 않은 지배계층도 잊지 않았다. 장인, 상인, 종교 지도자들 또한 호르드의 정치경제에 중요했다. 장인과 상인은 부를 창출했고, 성직자는 대중과 왕자에게 큰 영향을 미쳤는데, 특히 왕자들의 권력은 교회의 후원 없이는 유지되기가 어려웠다. 몽골은 이 비무장 지배계층의 활동을 지원하기 위해서 그들의 일부—특히 성직자—에게 타르칸 지위를 수여했다.[17] 대주교 및 정교회 성직자들에게 타르칸 지위를 수여했던 것이 시작이었다. 성직자와 그 기관은 타르칸으로서 세금이 면제되었고, 성직자 본인은 군사 징병으로부터 제외되었다. 이러한 법적 보호의 대가로, 성직자는 몽골 정권의 합법성을 지지했다. 사실상 정교회 교회는 타르칸 지위를 받아들임으로써 자신들이 몽골의 통치권을 후원하고 있음을 선언한 것이었고, 이것은 몽골에게는 상당한 정치적 승리였다. 교회의 승인은 공작들이 반란을 일으키거나 다수의 왕자들이 합법적이라고 여기던 권위를 주장하지 못하도록 하는 데에 도움을 주었다. 이러한 체제는 교회에도 매우 유리했다. 가톨릭교도, 아르메니아인, 그리스인 등 호르드에 있는 다른 기독교도들은 처음에 타르칸 지위를 하사받지 못한 반면, 정교회 교회는 격상되었다. 재정적 이익으로 정교회 성직자는 새로운 재산을 수립할 수 있었고, 징병 면제 덕분에 교회의 노동력이 향상되었는데, 사람들은 전쟁에 참여하거나 몽골의 진영에서 일하기 위해서 파견되는 것보다는 교회에 가담하는 것을 선택했기 때문이다. 징병 면제의 혜택은 정교 수도원이 많은 신참자들을 받아들이면서 번성하는 데에 아마도 가장 분명한 영향을 주었을 것이다.[18]

타르칸 특권의 구조는 뭉케 테무르 아래의 주치조가 특별히 몽골적인 통치 체계를 유지하고자 노력했던 방식을 명확히 파악하는 데에 도움을 준다. 호르드는 타르칸 제도 대신에 무슬림 국가에서 시행되던 종교적 관용의 딤미(dhimmi) 제도를 실시할 수도 있었다. 뭉케 테무르는 무슬림이 아니었지만, 그의 전임자였던 베르케는 결국에는 무슬림이었고 호르드 통치 방식을 이슬람식 방향으로 전환했다. 따라서 호르드는 딤미 제도를 잘 적용할 수도 있었다. 그러나 뭉케 테무르는 타르칸이 자신의 정치적 요구에 더 잘 부합한다고 판단했음에 분명하다. 딤미 제도의 목적이 복속민을 통합하는 것인 반면, 타르칸 제도의 목적은 지배계층을 끌어들이는 것이었다. 딤미 제도 아래에서 비무슬림은 특별세를 지불해야만 했지만 그들의 신앙을 고수할 수 있었다. 몽골의 통치에서는 종교적 관용이 전제되었다. 복속민들이 세금과 요역을 바치는 한, 칸들은 그들이 어떤 신앙과 의식을 행하는지는 신경 쓰지 않았다. 뭉케 테무르는 러시아 농민들로 하여금 그들이 일하는 땅을 보유한 보야르와 그들의 영혼을 보호하는 종교 지도자에게 복종하게끔 했다. 그리하여 뭉케 테무르의 이익은 일반 대중을 달래는 것—딤미 제도가 그러했듯이—이 아니라, 지배계층을 끌어들이는 것에 달려 있었다. 만약 칸이 보야르의 영지를 존중하고 성직자에게 타르칸 특권을 수여함으로써 그들을 자신의 편에 계속 둘 수 있다면, 공작이 반항적인 것은 아무런 문제도 아니었다. 공작의 옆에 성직자, 귀족, 대중이 없다면, 그는 칸에게 결코 심각한 도전을 제기할 수 없었다.[19]

러시아 성직자들은 타르칸 제도로 새로운 소유지를 만들 수 있었다. 정교 수도사들 역시 번영했으니 그들은 징발되지도 않았고 파견되지도 않았으며 수도원은 번성했다. 타르칸은 딤미와는 달리 세금 지불이 면제되었다. 몽골에게는 지배계층의 충성만으로도 충분했다. 정교 교회와 수도원이 자본을 확대하기 시작하면서, 이 제도가 그들에게 매우 이로웠음이 곧 입증되었다.

호르드가 유인책으로만 러시아 지배계층의 지지를 얻은 것은 아니다. 주치조는 뛰어난 무력도 행사했다. 이는 몽골의 보호가 도움이 된다는 사실을 깨달은 러시아 지배계층에게 매력적이었다. 이 이점은 아마도 노브고로드에서 가장 분명했을 것이다. 노브고로드는 러시아 북부에서 가장 중요한 상업 중심지였을 뿐만 아니라 삶을 위태롭게 만드는 경제적, 군사적 압력을 받고 있었다.

볼호프 강 연안에 위치한 노브고로드는 동-서와 남-북의 인기 있는 무역로들이 교차하는 지점에 있었다. 상인들은 노브고로드에서 여러 강으로 연결될 수 있었고, 이 연결망은 상인들의 상품을 발트 해, 볼가 강 유역, 키예프, 흑해로 운반했다. 게다가 노브고로드에는 숙련된 장인들이 많았다. 그러나 그곳에는 원자재가 부족하다는 문제가 있었다. 철은 그 지역에서 얻을 수 있었으나, 수공예품 공방을 소유한 보야르들은 유럽으로부터 철을 제외한 금속들을 수입해야만 했다. 또 장인들에게는 캅카스 산맥의 고품질 나무, 발트 해 지역의 호박, 동방의 보석이 필요했다. 노브고로드 사람들은 원자재에 대한 대가를 절인 물고기, 밀랍, 꿀, 모피로 지불했는데, 이 상품들의 생산 역시 보야르가 통제했다.[20]

따라서 노브고로드와 그 주변 지역의 지배계층은 무역에 상당히 투자했고, 이것은 그들이 그 무역망에 영향을 미치는 충격들에 노출되어 있었음을 의미한다. 그리고 그러한 충격은 자주 발생했다. 노브고로드는 심각한 군사적 위협 2가지에 대처해야만 했는데, 둘 다 북서쪽으로부터 왔다. 첫째로, 스웨덴인들이 1240년 알렉산드르 넵스키에 의한 패배에도 불구하고 발트 해 무역의 핵심 지역인 핀란드 만(灣)의 통제를 두고 노브고로드와 계속 경쟁하고 있었다. 둘째로, 1260년대 후반 튜턴 기사단이 발트 해 연안을 점령하고는 노브고로드로 팽창하기 시작했다. 노브고로드인들은 1269년 에스토니아의 라크베레에서 그 기사단을 무찌르며 노브고로드의 서부 변경에 평화를 조성했다. 그러나 이 휴전은 일시적이었다. 모든 사람들이 이를 알고 있었다.

북서쪽 해상 세력의 압박 아래에 있던 노브고로드의 보야르들은 우호적인 무역 환경을 보장하는 몽골의 보호를 받아들였다. 이것은 보야르들이 대공에의 복종을 인정해야 한다는 것을 의미했는데—대공은 어쨌든 몽골에 종속된 신하였다—노브로고드인들은 항상 독립을 유지해 왔기 때문에 이는 역사적으로 드문 일이었다. 그러나 종속은, 사업을 보호받고 간섭은 받지 않는 대신에 지불하는 작은 대가였다. 특히 대부분은 겉치레에 불과했다. 보야르들은 실권 없는 대공의 관리들을 단지 환영하고 접대하기만 하면 되었다. 몽골의 보호 아래에서 보야르들은 대공과 합의에 도달하여, 대공이 노브고로드 공국에서 토지를 소유하거나 정의를 실현할 수 없도록 했다. 가장 중요한 것은 노브고로드인들이 몽골에 바칠 세수를 직접 징수할 권리를 획득했다는 점이다. 이 덕분에 알렉산드르 넵스키 아래에서 몽골의 인구조사가 어려웠던 것과 같은 종류의 긴장을 피할 수 있었다. 넵스키는 대공으로서 몽골과, 몽골에게 세금 바치기를 거부한 노브고로드의 지배계층 및 평민들 사이를 중재하려고 노력했다. 이와는 달리 보야르가 직접 세금 징수를 감독하자 몽골의 징세는 부담이 덜한 것처럼 보일 수 있었다.

노브고로드 협정은 주치조와 러시아인들 모두에게 유익한 것으로 드러났고, 유럽 전역에 걸친 무역 발전에 촉매 효과를 일으켰던 것이 거의 틀림없다. 몽골이 분쟁을 조정하게 되면서 노브고로드와 게르만 상인들

간의 관계가 개선되었고, 이로 인해서 노브고로드, 리가, 뤼베크, 함부르크, 쾰른, 비스뷔, 베르헌 등 북서 도시들을 포함하는 지속적이고 대규모의 상업 연합이 가능해졌다. 이 도시의 상인들은 함께 한자(Hansa) 동맹을 형성했다. 이후 수 세기 동안 이 동맹의 상관(商館)이 발트 해와 북해의 활어 및 소금 무역을 장악했고, 북유럽과 더 넓은 세계 간의 교환망을 형성했다. 그러므로 몽골은 북쪽 복속민들의 상업적 지평선을 확장시키고 그들의 교역 전망을 크게 증가시킨 셈이다. 그렇게 함으로써 몽골은 그 지역의 미래에 심대한 영향을 미쳤다. 13세기의 마지막 10년간 러시아인들은 정복의 파괴로부터 회복했고, 새로운 석조교회를 지었다. 1302년 무렵 노브고로드인들은 옛 나무 요새를 대신할 돌로 된 성채를 세우기 시작했다. 이러한 발전은 몽골의 보호, 정치적 감각, 자유로운 무역 정책이 없었다면 불가능했을 수도 있다. 상인과 상품을 위한 안전과 자유로운 통행, 지배계층과 성직자, 상인, 장인에 대한 특권적 대우, 신중하게 계획된 세금 및 토지 제도, 그리고 대부분 간접적이었던 통치는 러시아 복속민과 몽골 모두에 번영의 재료가 되었다.[21]

러시아 복속민들에 대한 대우와 마찬가지로, 호르드의 대외 관계는 상업적 수요에 따라서 좌우되었다. 뭉케 테무르는 이웃 국가들이 자신의 백성들에게 호의적인 조건으로 호르드와 무역을 하는 데에 동의하는 한, 그들과의 평화를 추구했다.

칸은 이 점을 염두에 두고 통치 초기에 비잔티움 제국과의 평화로운 조공 관계를 재수립하고자 했다. 비잔티움 제국과의 관계는 1263년 노가이가 셀주크 술탄 이즈 앗 딘을 구출하기 위해서 비잔티움 땅으로 깊숙이 침입한 이후로 긴장 상태에 있었다. 그 여파로서 황제 미하일 팔레올로고스는 베르케를 설득하고자 노력했지만 거부당했다. 그러나 1266년 무렵 베르케가 사망하자 미하일은 뭉케 테무르에게 대량의 직물 조공을 보내면서 다시 한번 포섭을 시도했다. 미하일은 거래를 성사시키기 위해서 칸에게 자신의 딸 한 명을 주기도 했다. 뭉케 테무르는 그 비잔티움 공주를 환영했고 노가이와 결혼시켰다. 노가이의 오르도는 비잔티움에 가장 가까이에 있었다. 이때 이후로 호르드와 비잔티움 제국은 교환 및 지역 정치의 전제 위에서 정기적으로 소통했다.

비잔티움 제국과의 새로운 평화는 주치조와 일칸조의 관계가 개선된 것을 반영했다. 비잔티움 제국은 일칸조와 협력했고, 이로 인해서 노가이에게 참담한 패배를 당했다. 그러나 아바카와 뭉케 테무르 아래에서 주치조와 일칸조 사이의 관계가 정상화되면서, 호르드가 비잔티움 제국에 계속 맞설 이유가 사라진 것이다. 다만 호르드와 일칸조는 평화로운 관계를 표명하면서도 뭉케 테무르는 캅카스 북변에 병력을 주둔시키고 쿠라 강변의 국경을 감시했고, 아바카는 그 강을 따라 벽을 세우고 도랑을 파도록 명했다. 그의 병사들 역시 밤낮으로 국경을 지켰다. 오직 대상들만이 국경을 통과할 수 있었고, 무장한 기병이 쿠라 강을 건너면 전쟁이 일어날 수 있었다. 따라서 양측은 조심스러운 평화를 유지했다. 당장은 일칸조와의 평화 관계를 지키고 외교 사절이나 대상의 왕래를 허락하는 것이 주치조에게 이로웠다.[22]

또한 뭉케 테무르는 이집트, 시리아에 있는 맘루크와의 연합도 유지했다. 뭉케 테무르의 통치 시기 동안 상인들은 볼가 강에서 나일 강으로 항해할 수 있었고, 이는 수익성 높은 무역로를 형성했다. 이 연합은 주치조와 바이바르스의 맘루크인들 모두에게 이로웠다. 맘루크인들은 뭉케 테무르가 이슬람의 길을 따라 베르케의 뒤를 잇는 것에는 전혀 관심이 없다는 사실을 신경 쓰지 않았던 듯하다. 중요한 것은 교환이었는데, 양측이 상대에게 줄 무엇인가를 가지고 있었기 때문이다. 각각은 몽골에서는 탕숙(tangsuq)으로, 맘루크에서는 투하프(tuhaf)라고 부르던 특별한 진귀품을 원했다. 뭉케 테무르는 약품, 즉 상처를 치유하고 보호하고 생명을 연장시킬 수 있는 무엇인가를 요구했다. 그리고 그 대가로 칸은 맘루크가 가장 원하는 노예, 모피, 매를 바이바르스에게 보냈다. 술탄국과의 이 연합은 심원한 지정학적 결과를 초래했다. 바이바르스의 주치조 동맹이 역습할 가능성이 부상하자 아바카는 군대를 모아 맘루크 시리아를 정복할 수 없었다. 반면에 맘루크 술탄국으로 젊은 사람들이 판매되면서 바이바르스의 군대가 재충전되었고, 이는 다시 아바카를 저지하는 역할을 했다.[23]

주치조의 또다른 핵심적 연합은 제노바인과의 연합이었다. 제노바인들은 호르드의 가장 서쪽 영역인 크림 반도에 항구를 설립하고자 했다. 크림 반도는 오랜 상업적 집합체로서 정주민과 유목민 모두가 그곳에 거주했다. 서유럽인들에게 크림 반도는 몽골의 지배 아래에 있는 초원 대륙으로 향하는 정문과도 같았다. 제노바인들은 이 지역과 몽골에 대해서 잘 알고 있었다. 그들은 과거에 수다크에서 무역을 했으며 베르케가 바이바르스에게 보낸 첫 번째 사신단에 참여하기도 했다. 제노바인들은 만일 그들만의 항구가 있고 그곳에서 사업을 운영할 수 있다면, 호르드, 비잔틴, 맘루크 간 연합으로부터 이익을 얻을 수 있음을 알고 있었다. 제노바인들은 수다크에서 그리스인, 유대인, 알란인, 베네치아인 등 다른 사람들과 자원을 공유해야만 했다. 그러나 제노바인들은 이러한 공유에 염증을 느꼈다. 노련하고 야심적인 상인이었던 제노바인들은 사업 확장을 위해서 베네치아인, 그리스인들과 싸웠고, 스스로의 운명을 통제하고자 했다.

뭉케 테무르는 제노바인들에게, 세금을 납부하고 자신의 규칙을 따르는 한 자신의 땅에 정착하도록 환영한다고 알렸다. 그 협상에 관한 기록은 없지만, 추측하건대 1281년 무렵에 칸이, 크림 반도의 동남 해안에 있는 옛 그리스인 정착지인 카파를 제노바인이 차지하게끔 허락한 듯하다. 그 작고 새로운 제노바인 정착지는 일부 계절에만 붐볐는데, 매년 12월과 3월 사이에는 강한 바람 때문에 뱃사람들이 흑해를 항해할 수 없었기 때문이다. 그러나 제노바인들은 상업 활동을 확장하고 싶어했으며 종국에는 그 정착지가 경쟁 상대인 수다크, 그리고 베네치아인들이 장악한 다른 항구들에 대항하는 항구적인 요새진지가 되기를 바랐다.[24]

주치조의 입장에서는 제노바인들에게 세금보다 더 많은 것을 원했다. 주치조 역시 항해 동업자를 원했다. 몽골은 열성적인 감정인(鑑定人)으로, 땅과 하천 자원을 최대한 활용했고 방어가 가능한 지점을 알아보는 눈이 있었다. 그러나 이러한 능력은 말 위에서는 도달할 수 없는 공간에까지 힘을 투영하기에는 충분하지 않았고, 그래서 주치조는 몽골과 저 너머의 세계를 연결할 수 있는 해안의 중간 상인에게 의존해야만 했다. 카파는 이러한 측면에서 전략적으로 특수한 위치에 있었다. 몽골은 제노바인을 통해서 흑해와 아조프 해를 연결하는 인근의 케르치 해협을 통제할 수 있었다. 이 해협을 장악하는 사람은 호르드로 가는 흑해의 통로를 장악했다.

호르드에게 중요한 다른 해상로는 비잔틴인과 베네치아인들이 확보하고 있었다. 비잔틴인들은 보스포루스 해협과 다르다넬스 해협, 즉 지중해와 흑해 사이의 무역로를 감독한 반면, 베네치아인들은 1268년 직후로 아조프 해의 동쪽 연안을 차지했다. 베네치아인들은 그곳으로부터 돈 강 하구에 다다를 수 있었는데, 돈 강은 랴잔이라는 러시아 도시로부터 흘러나와 호르드를 가로지르는 1,870킬로미터 길이의 수상 고속도로였다. 주치조는 협정, 군사 위협, 일상적인 접촉을 통해서 도시 케르치뿐만 아니라 이 중요한 통로의 지배자가 되었다. 연합 체제는 외교의 보석으로, 호르드와 연합한 바로 그 집단들 사이의 경쟁으로부터 주치조가 이익을 얻도록 도왔다. 그러나 이러한 종류의 외교는 또한 미묘하게 균형을 잡아야 하는 일이기도 했다. 주치조는 연합 세력들이 분쟁을 스스로 해결하지 못하도록, 그리고 호르드에 대항해 힘을 합치지 않도록 주의를 기울여야만 했다.

이것은 호르드에 중요한 영향을 미쳤다. 비잔티움 제국과의 연합으로 흑해로의 접근에 대한 주치조의 통제권이 강화되면서 호르드 사람들은 보스포루스 해협과 다르다넬스 해협을 통할 수 있게 되었고, 맘루크와의 연합은 주치조에 나일 강과 홍해로의 통로를 제공했다. 제노바인, 피사인, 베네치아인, 그리스인, 아르메니아인, 이집트인 누구라 할지라도 해상 상인과 해안 세력은 주치조의 필수적인 전략적 협력자가 되었다.

뭉케 테무르의 통치 시기 주치조 상업에 또다른 중요한 핵심은 몰다비아 동남부였다. 특히, 주치조는 이 지역에 대한 접근권을 단순히 획득한 것이 아니라 노가이를 통치자로 임명함으로써 직접 통치했다. 몰다비아 동남부 일대는 최소 두 가지 이유로 주치조에게 매우 중요했다. 첫째, 몰다비아 동남쪽에서는 드네스트르 강과 도나우 강이 끝나는 지점을 감독할 수 있었다. 이 강들은 흑해와 여러 내륙 항구들을 연결하는 중요한 무역로였다. 둘째, 몰다비아 동남부 지역 일부는—특히, 부자크 초원과 도나우 강의 호수 일대—동영지로 이상적이었다. 드네스트르 강과 도나우 강 사이의 넓은 종주지역인 부자크 초원은 9,840제곱킬로미터 이상의 초지를 제공했다. 청동기 시대 이래로 그곳은 대부분 유목민의 땅이었고, 13세기 전반에는 킵차크가 그곳의 토착 농민과 반정주 목축민을 지배했다. 몽골은 킵차크로부터 최고의 하영지, 동영지의 위치를 알게 되었다. 몰다비아 동남부는 몽골이 살 수 있는 곳이었다. 이는 러시아처럼 중개자를 통하지 않고, 그곳을 직접 통치할 필요가 있었음을 의미했다.[25]

또한 몰다비아는 무역 가능한 상품을 생산하는 산업을 개발할 수 있는 이상적인 곳이었다. 이 지역은 유럽에서 가장 수익성이 높은 소금 생산 중심지였다. 소금은 페레코프 서부, 카르파티아 동부, 트란실바니아, 그리고 드네스트르 강과 도나우 강 사이에 펼쳐진 염분 함유 석호(潟湖)에서 생산되었다. 소금은 지역 경제에 연료를 공급했고, 러시아 북부, 아나톨리아, 폴란드-리투아니아, 호르드 내 깊은 지역으로 수출되었다. 몰다비아는 소금 이외에도 밀, 포도주, 꿀, 말, 나무, 돼지, 소, 물고기, 어유(魚油), 캐비어, 밀랍 등을 생산했다. 이 모든 것들이 도나우 강과 드네스트르 강 하류를 따라서 위치한 도시들로부터 수출되었다. 목화, 비단, 모직물, 유리 제품, 금속 세공품, 모피 등을 포함한 많은 다른 상품들이 그 도시들로부터 수입되고 거래되었다. 인간 밀매 역시 그 지역 전체에서 여전히 성공적인 사업이었고 먼 곳의 상인들을 끌어들였다.[26]

주치조는 영토에 대한 통제력을 강화하기 위해서 항구적 정착지의 건설을 후원했다. 몰다비아에서 이러한 정착지는 종종 이삭체아처럼 오래된 도시 지역에 개발되었고, 이곳은 도나우 강 삼각주에 위치한 무역 중심지이자 노가이의 수도가 되었다. 이삭체아에서 도나우 강을 건너고, 몰다비아로부터 도브루자—이곳에는 불가리아, 알란, 셀주크 주민들이 거주했다—의 구릉 평야로 가는 일은 쉬웠다. 주치조에게는 두 개의 다른 주요 도시, 즉 도나우 강의 중심지인 킬리아와 드네스트르 강 하류의 하얀 도시*로 알려진 세타테아 알바가 있었다. 이 무역 중심지들은 몽골 정권 아래에서 번성했고 항상 정주민들을 끌어들였다. 또한 주치조는 도나우 강과 드네스트르 강을 따라서 오르헤이울 베치나 코스테슈티 같은 완전히 새로운 정착지를 만들기도 했다. 이러한 도시에는 모스크, 상점, 목욕탕, 공방, 그리고 돌, 벽돌, 흙으로 된 집들이 있었다. 두 세대 이전의 볼가 강 하류에서처럼, 주치조는 자신들의 영토에 생긴 앉아 있는 도시들—토착민과 상인들에게 도움이 되었고 새로운 복속민을 데려왔다—을 보호했다.[27]

부자크 초원으로부터 흑해 해안과 유럽을 연결하는 광활한 육상로 및 수상로에 접근할 수 있었다. 이 교역로의 한 부분인 드네스트르 강은 하얀 도시로부터 갈리치아-볼히니아 공국 및 폴란드로 가는 최단 직항로를 제공했다. 그러나 이 강은 오직 중류, 하류에서만 항해가 가능했다. 즉, 상인들의 여정 일부에는 육로가 필요했다. 이 육상로와 수상로가 타르타리카(Thartarica), 즉 몽골의 길로 알려졌다. 몽골의 도래 이후에 출현한 타르타리카는 흑해 연안 지역과, 드네스트르 강의 다른 극단이자 하얀 도시의 북서쪽으로부터 640킬로미터 이상 떨어진 르비우를 연결하는 데에 도움이 되었다. 르비우는 한자 동맹의 한 부분으로서 게르만인들이 장악한 중심지였고, 상인들은 그곳에서 브라소브, 크라쿠프, 발트 해, 심지어 플랑드르의 브루게로 연결될 수 있었다. 게르만 상인들이 그들에게 가장 중요한 무역 상대자인 제노바인을 만난 것이 정

* 그리스어 이름은 Ἀσπρόκαστρον로서 "하얀 성채"라는 뜻이다.

확히 바로 이 경로였다. 타르타리카를 통해서 호르드로부터 서유럽 끝까지가 연결될 가능성이 생겼다.[28]

타르타리카 등의 사례를 통해서 주치조가 대규모 무역망을 높은 수준에서 촉진하는 역할을 했음을 알 수 있다. 몽골은 스스로 자금을 대고 무역을 행했으며, 또한 다른 사람들이 상품 수송에 사용하는 중심점과 연결부—항구, 도로, 하천로, 여울, 상인 친화적 정착지—를 제공했다. 주치조는 가장 적절한 때에 동유럽과 지중해 무역 순환로의 촉진자로 등장했다. 13세기 후반 지중해 동부를 따라 존재하던 십자군 왕국들은 계속 쇠락했고, 제노바인들의 주요 무역 거점을 잃었다. 제노바인들은 새로운 항구로 접근해야 했고, 비잔틴인들과 체결한 님파에움 조약 때문에 흑해 시장이 특히나 매력적이었다. 비잔틴인이 베네치아인과 전쟁할 때 제노바인들이 도와준 대가로, 비잔티움 제국은 제노바인들에게 무역 세금의 면제와 토지를 취득할 수 있는 권리를 부여했고, 이는 제노바인들이 비잔티움 제국 내에서 사업을 발전시키는 데에 매우 우호적인 상황을 만들었다. 그러나 이 시점에 흑해 해안의 절반은 주치조에게 속해 있었기 때문에 이 협정의 가치에는 한계가 있었다. 그리하여 제노바인은 1263년 무렵 몽골과 접촉했고, 뭉케 테무르 통치 시기에 마침내 흑해 요지를 확보했는데, 처음에는 수다크였고 1281년경에는 카파였다. 역사 기록에 따르면 제노바인들은 카파에서 빠르게 자리를 잡았고, 도착 후 수개월 만에 도나우 강 하구에서 사업을 번창시켰다고 한다. 곧 제노바인들은 몽골의 킬리아와 하얀 도시에 무역 거점을 만들었고, 유럽에서 가장 도시화된 지역인 콘스탄티노폴리스와 연결시켰다.[29] 주치조의 무역로를 활용한 것은 제노바인들만이 아니다. 이 무역로는 게르만인, 슬라브인, 그리스인도 연결했다. 특히 그리스인은 킬리아에서 대규모로 있었다. 그리스와 제노바의 상인들은 부자크 초원에서 경작한 대부분의 곡물을 그들에게서 구입했고, 그중 많은 양을 콘스탄티노폴리스로 보냈다.

몽골은 흑해 연안 지역과 도나우 강으로부터 돈 강에 이르는 강 하류 유역을 포함한 무역로를 통해서 유럽의 분산된 상인들을 통솔하고 결합시켰다. 주치조는 이 모든 무역을 감독하고 과세했다. 또한 그들은 무역을 현금화했으니, 늘 그렇듯이 주화를 찍는 틀은 그들의 주관이었다. 비잔티움 제국의 주화 역시 사용되었지만 주치조의 주화보다는 훨씬 소규모였다. 주치조는 교환의 도구를 만들었고, 세금, 요금, 공물의 형태로 보상을 거두어들였다. 그뿐만 아니라 주치조는 장거리 상인과 토착 지배계층을 충성스러운 대리인으로 변모시켰다. 게르만인, 제노바인, 그리고 분열되었지만 역동적이던 다른 유럽 정착민 집단은 스스로 몽골 대국에 귀속했고, 호르드를 계속 발전시켰다.[30]

주치조의 내전

13세기 후반 주치조의 상업적, 정치적 성공은 부정할 수 없고 광범위했으며, 뭉케 테무르 및 그의 무리가 지닌 제국 건설 기술은 호르드가 유럽과 지중해에 미친 영향으로 증명된다. 그러나 성장은 그 대가를 동반한다. 정착지와 무역으로부터 나온 거대한 이익은 고르게 분배되지 않았고, 새로운 부는 호르드 내에 새로운 권력 중심을 창출했으며, 이는 내부 경쟁과 결국 내전을 낳았다.

신흥 권력 중심의 하나는 상업 정치의 혜택을 입은 오르다의 오르도였다. 육상 무역로는 가장 강력한 몽골 혈통들 사이의 주요 경쟁의 장이었다. 주치조는 오르다조의 땅을 가로지르는 북쪽의 동서 노선을 장악했고, 톨루이조는 일칸조의 영토를 관통하는 남쪽 노선을 장악했다. 이를 염두에 둔 뭉케 테무르는 호르드의 노선이 일칸조의 것보다 더 빠르고 안전하다며 외국 상인들을 설득함으로써 남쪽 연결선 대신 북쪽 연결선을 활성화시키려고 했다. 또한 상인들은 시베리아 길로 알려진 오르다조의 경로를 따름으로써 카이두의 영토를 우회할 수 있었다. 카이두의 땅은 페르시아 만의 무역 온상인 호르무즈 해협으로부터 중국의 수도인 중도(中都)*까지 최단 경로를 제공했지만, 카이두와 쿠빌라이 사이의 끊임없는 싸움과 카이두가 지배하던 차가타이조와의 빈번한 분쟁 때문에 위험했다.

이런 상황에서 오르다조는 극북 모피 무역에서의 지배적인 지위를 충분히 이용할 수 있었다. 시베리아 길은 바시키르 땅을, 모피에 기반한 무역의 이상적인 종점인 카라코룸, 북중국으로 연결했다. 번성한 것은 상인만이 아니었다. 호르드는 수집 및 수송지를 건설했고 대상이 그곳에서 체류하고 거래했으며 이는 토착민에게 도움이 되었다. 그리고 칸은 상인들이 시베리아 평원을 가로지를 때 대상으로부터 요금을 징수했다.[31]

경제 번영에 힘입은 오르다조 통치자 코니치는 몽골 정치에 더욱 중요한 인물이 되었다.[32] 코니치에게는 자신만의 케식이 있었고, 코니치의 케식은 사람들을 통치하고 공급을 조직하며 조정을 보호하고 시장을 관리하고 세금을 징수했다. 그러나 그는 칸에게 도전하지 않았다. 코니치는 오르다조 선조들처럼 바투조의 대외 정책을 따랐다. 그러나 1282년 무렵 뭉케 테무르의 급사로 호르드 내부의 권력 균형이 크게 바뀌었

---

* 대도(大都) 또는 상도(上都)를 잘못 옮긴 것으로 보인다.

다. 인기가 많았던 강한 말 칸(Strong Horse Khan)의 부재 속에서 두 명의 비(非)바투조 우두머리, 즉 코니치와 노가이가 세력을 통합하기 위한 기회를 엿보았다. 그들 모두 바투조가 아닌 인물로, 칸이 되는 데에 벡들의 동의를 얻을 수 없었다. 그래서 자신의 계획에 방해가 되지 않을 꼭두각시 칸을 세우려고 했다. 노가이의 조언에 따라 주치조는 뭉케 테무르의 동생 투데 뭉케를 즉위시켰는데, 지위는 높았지만 정치적 위상은 낮았고 통치에 전혀 관심을 보이지 않았다.[33]

뭉케 테무르 아래의 호르드는 카이두와 쿠빌라이 사이에서 신중하게 균형을 유지했고, 일칸조와는 냉랭하지만 대체로 평화로운 관계에 있었다. 코니치는 이 대전략을 뒤엎었는데, 카이두를 계속 지원하는 것보다는 쿠빌라이 및 톨루이조와의 관계로부터 얻을 것이 더 많다고 생각했기 때문이다. 코니치는 주치조의 노력을 재조정할 공동의 정책을 세우기 위해서 노가이와 투데 뭉케를 불러 모았고, 이들은 1283년 쿠릴타이에서 이제는 톨루이조와 화합할 시기라는 데에 동의했다. 주치조는 호의의 표시로, 약 8년 동안 호르드의 인질이었던 쿠빌라이의 아들 노무간을 풀어주었다. 대칸은 보답으로 선물을 보냈고, 주치조와의 관계를 정상화하고자 하는 그의 바람을 공표했다. 이후 수년간 오르다조와 톨루이조 간의 관계는 계속 개선되었다. 1288년 코니치는 대칸으로부터 은 500량, 진주 목걸이, 아름다운 자수 옷을 받았고, 이 관대함은 곧 모든 몽골 오르도들이 공유한 관습에 따라서 코니치의 전사들에게 베풀어졌다.[34] 코니치는 일칸조와 냉전을 유지하는 것에 아무런 이익도 없다고 생각했다. 캅카스를 따라 일칸조와 영토를 접했던 바투조와 달리, 오르다조는 일칸조로부터 어떤 위협도 느끼지 않았다. 코니치는 "진정한 우호"의 메시지를 가진 사신을 일칸조에게 보냈다. 심지어 그는 카이두에

대항해 동맹을 맺을 것을 제안했다.[35]

주치조와 톨루이조의 새로운 우호 관계는 주치조의 주요 오르도들이 공동으로 결정한 결과였지만, 처음으로 그 외교 정책을 추진한 것은 오르다조, 즉 코니치였다. 바투조는 그를 따랐다. 그러나 주치조가 완전히 통합되었다는 뜻은 아니다. 노가이의 야망은 코니치를 능가했다. 코니치가 이미 잘 구축된 자신의 오르도를 위해서 번영과 방위를 추구한 반면에, 노가이는 그 이상을 원했다. 그는 호르드 서쪽에서의 권력을 확고히 하면서 영역을 넓히고 영향력을 깊게 하고자 했다. 그리고 그는 주치조의 칸이 되기를 원했다. 결국 호르드 안에 내전을 야기한 것은 노가이의 야망이었다.

노가이는 호르드의 고위 지휘관이었다. 실제로 그는 다른 모든 벡들보다 지위가 더 높았고, 이는 그를 주치조의 첫 번째 베글레르벡*으로 만들었다. 비록 그가 결코 이 호칭을 지니지는 않았지만 말이다. 그는 주치조의 서쪽 변경에 배치되었는데 그곳은 항상적이고 면밀히 계산된 군사 주둔군이 있어야 하는, 전략적으로 매우 중요한 지점이었다. 1241−1242년 헝가리 원정 이후로 불가리아의 군주들은 호르드와의 전쟁과 평화 사이를 계속 오갔고, 이는 폴란드로 가는 내륙 무역로와 서부 초원의 풍부한 초지에 대한 주치조의 접근을 단절시킬 위험이 있었다. 내륙로는 호르드의 더욱 광범위한 외교 정책에 매우 중요했는데, 이 내륙로를 통해서 주치조가 유럽 배후지로 접근할 수 있었을 뿐만 아니라 다른 지역의 변동되는 상황을 보상할 수 있었기 때문이다. 즉, 중동으로 가는 크림 반도 노선은 맘루크의 호의를 조건으로 열리거나 닫혔고, 캅

* "벡 중의 벡"이라는 뜻이다.

카스 노선은 일칸조에 좌우되었다. 게다가 비잔티움 제국은 언제든지 흑해 해협을 제한할 수 있었다. 그러므로 비잔티움 제국을 통제하기 위해서도 서쪽으로부터의 강한 도움이 필요했다.

그 도움이 바로 노가이였다. 이 지휘관은 그 임무에 이상적인 인물이었다. 그는 주치의 아들, 즉 바투, 베르케, 오르다 등의 권위 높은 계열은 아니었지만 주치의 후손이었다. 노가이는 캅카스 변경에서 싸우다가 한쪽 눈을 잃었고, 이로 인해서 굉장한 명성을 쌓았다. 그리고 그는 1263년 비잔티움 제국과의 전쟁도 지휘하여 인접한 주요 세력으로부터 존경을 받기도 했다. 노가이는 몰다비아 동남부 일대를 자신의 본부로 만들었고, 그곳에서 비잔틴인들과 불가리아인들을 호르드에 더욱 종속하도록 이끌었다.

노가이의 오르도는 무역, 상품 생산, 피정복민의 유입, 유목민의 목축 생활에 적합한 기후 조건으로 혜택을 입는 등 도나우 강에 위치한 덕분에 번영을 이루었다. 그러나 노가이의 지위는 뭉케 테무르 치세 동안 쇠락했다. 노가이는 베르케의 가까운 동맹이었고, 심지어 칸을 따라 이슬람으로 개종도 했다. 그러나 노가이는 베르케 사후 권력의 중심으로부터 배제되었다. 바투조가 주치조 권좌에 대한 독점적인 계승자로 정해지면서 노가이의 가계가 타격을 입은 것이다. 뭉케 테무르의 모든 형제, 아들, 조카들이 계승 서열에서 상위를 차지했고, 이로 인해서 노가이의 시야는 극적으로 제한되었다.

노가이는 뭉케 테무르 통치 시기 동안에도 여전히 의사 결정권을 확보하기 위해서 노력했다. 노가이는 1270년 칸을 제외하고 맘루크와 독자적인 연합을 맺기 위해서 맘루크 술탄 바이바르스와 접촉했다. 또한 노가이는 맘루크가 자신의 몽골 동맹에 보낸 사치스러운 선물을 전용하려고 했다. 노가이는 술탄을 설득하기 위해서 무슬림으로서의 신앙을 고백했다. 또한 그는 바이바르스의 친한 친구였던 베르케와의 협력도 이야기했다. 아마도 노가이는 베르케가 처음 맘루크의 사신단을 접견했을 때 벡들과 함께 의식용 천막에 있었을 것이다. 노가이는 정확히 베르케처럼, 술탄과 친선하고 맘루크의 적들과 싸울 것을 제안했다.[36]

그러나 바이바르스는 노가이가 뻗은 손을 거절했다. 우선 그 술탄은 주치조 계열에서 노가이의 낮은 지위를 의심스러워했다. 또한 바이바르스의 주적은 일칸조였던 반면, 노가이는 때로 뭉케 테무르의 정책을 위반해가면서 그들과 화해하기 위해 오랫동안 열심히 노력했다는 점이 마음에 걸렸다. 1270년 뭉케 테무르는 아바카에 대항해 바라크와 연합했고, 일칸조가 바라크에게 확실히 승리를 거둘 때까지 그러했음을 기억해야 한다. 뭉케 테무르는 일칸조에 마음 내키지 않는 태도로 대응했고 그들에게 적의를 품은 상태였다. 그러나 노가이는 아바카와의 연합에 열성적이었다. 실제로 노가이의 정실 부인은 아들 부리와 일칸의 딸 사이의 혼인을 성사시키기 위해서 아바카의 조정으로 직접 가기도 했다. 부리는 노가이와 아바카를 결합한 유대 관계의 증거로 부인의 가족과 머물렀다. 노가이는 일칸조를 받아였기 때문에 바이바르스의 호의를 얻을 수가 없었고, 노가이의 힘이 무시할 수 없는 정도에 이른 1280년대가 되어서야 맘루크 술탄과의 교류가 더욱 활발해졌다.[37]

노가이의 무시할 수 없는 힘이 드러난 사례는 1283년의 일로, 노가이는 심지어 블라디미르의 대공 안드레이 3세를 자신이 선호하는 공작으로 대체하기까지 했다. 뭉케 테무르 사후에 새롭게 즉위한 투데 뭉케 칸은 안드레이를 지지했지만, 뜻을 밀어붙일 만한 충분한 영향력이 없었다. 노가이는 안드레이를 대공의 자리로부터 밀어냈고, 안드레이의 형인 드미트리 1세를 즉위시켰다. 이것은 봉신(封臣)을 임명한다는 칸의 특권에 대한 명백한 간섭으로, 투데 뭉케는 단지 명목상 책임자였음을 보여주는 틀림없는 신호였다.[38]

마찬가지로 노가이의 대외 정책은 칸과는 별개였다. 변경의 지휘관으로서 노가이는 종종 다른 주치조 통치자들보다 먼저 정보를 얻었고, 알게 된 정보를 항상 공유하지는 않았다. 게다가 노가이는 자체적으로 높은 수준의 군사적 결정을 내렸다. 그의 오르도의 위치는 더 많은 사람, 땅, 부, 위신을 얻기에 이상적이었다. 그는 다른 몽골과 싸우지 않고도 영토를 북쪽, 남쪽, 서쪽으로 확장시킬 수 있었고, 정복에 관해서는 칸의 승인을 기다려야 하는 관행에 조금도 신경 쓰지 않았다. 또한 노가이는 심지어 이미 점령한 지역을 습격하는 것에도 거리낌이 없었다. 1280년대의 노가이는 진정으로 유일한 팽창주의적 오르도를 이끌고 있었다. 오르다조는 평화로운 상태였고, 바투조는 남쪽 국경에 있는 일칸조와 긴장 속의 평화를 유지하는 데에 집중하고 있었다.

노가이는 정복을 염두에 두고 폴란드와 리투아니아를 수차례 침략했다. 또한 그는 주치조의 속국 지역이었던 러시아 남부 일대를 더욱 직접적으로 감독하고자 했다. 그리고 주치조의 속국들을 불러들여서 칸이 아닌 자신에게 복종하게 하며 힘을 드러냈다. 예를 들면 그는 수즈달과 브랸스크의 공작들이 칸이 아닌 자신을 방문하도록 불러들였다. 1285년에는 불가리아의 차르인 게오르기 테르테르 1세가 노가이의 이름이 새겨진 주화를 주조했고 그에게 조공을 바쳤다. 노가이는 그 대가로 군사 원조를 제공했다. 심지어 노가이는 비잔티움 제국과의 관계를 강화하기 위해서 독자적으로 행동했다. 그는 미하일 팔레올로고스의 계승자였던 황제 안드로니코스 2세의 딸 에우프로시네와 결혼했다. 당대 그리스의 역사가 파키메레스는 황제 미하일 또한 노가이에게 값비싼 옷, 좋은 음식, 여러 통의 향료주, 금잔, 은잔을 포함한 선물을 계속 보냄으로써 그의 비위를 맞추었다고 기록했다. 노가이는 미하일이 그에게 보낸 모든 것에 기뻐했는데 옷은 예외로, 해당 의복에 신비한 힘이 있다고 들었을 때에만 받아들였다. 이 몽골의 전사는 그외에는 결코 비잔틴인처럼 옷을 입으려고 하지 않았다.[39]

노가이의 힘이 이와 같았기 때문에 외국 통치자들은 그의 속국이 되기 위해서 동맹을 포기하려고 했다. 따라서 1284–1285년 노가이의 군대는 남작들 사이에서 일어난 반란을 격퇴하는 데에 도움이 필요했던 헝가리의 국왕 라슬로 4세의 초대로 헝가리에 진입했다. 노가이는 기꺼이 도왔다. 라슬로의 왕국은 유럽과 호르드 간 국경 지대의 일부로서 지정학적으로 중요했고, 노가이가 지배하기를 원했던 바로 그 지역이기도 했다. 노가이와의 동맹을 선택하면서 라슬로는 기존의 기독교도 동맹보다 무슬림을 택한 셈이었는데 이는 매우 대담한 행동이었다. 헝가리는 라틴 기독교 세계의 동쪽 변경에 위치했고, 가톨릭교도들은 이 영역을 영향권으로 통합시키고자 했다. 라슬로는 호르드와 동맹을 맺기 위해서 자신의 앙주 가문, 로마 가톨릭 교회와의 관계를 끊어야만 했다. 그러나 호르드와의 연합은 라슬로에게 최고의 이익이 되었다. 노가이는 교황과 달리, 라슬로에게 필요했던 군사적 도움을 제공할 수 있었다. 교황은 헝가리의 국왕과 주치조 모두에게 격분했고 그들의 야망을 두려워했다.[40]

투데 뭉케 칸은 노가이의 헝가리, 폴란드, 리투아니아 군사 원정에 참여하지 않았다. 칸은 정치에 흥미가 없는 것으로 유명했고—그 때문에 그는 사료의 관점에 따라서 정신이상자 또는 성인으로 묘사되었다—노가이의 전쟁에 대한 욕망을 이해하지 못했다. 이내 주치조의 다른 고위 세력들이 노가이 편으로 모여들었다. 칸의 조카인 툴레-부카조차도 노가이의 명령을 받았고 헝가리 원정에 참여했다.[41]

1287년 투데 뭉케가 퇴위했다. 노가이가 툴레-부카를 위해서 그를 몰아낸 것이다. 그러나 툴레-부카에게는 정당한 혈통—바투가 그의 증조부였다—과 칸의 직함은 있었지만, 그 선조들이 가졌던 통치의 특권은 없었다. 새로운 협의를 통해서 툴레-부카는 형제 쿤체크, 뭉케 테무르의 아들인 알구이와 토그릴차, 그리고 노가이와 권력을 공유해야만 했다. 이제 주치조를 통치하는 것은 위원회였고, 칸은 단지 그중에 한 명의 구성원이었다. 노가이의 계획을 수행하는 도중에 툴레-부카가 몇 차례 군사적 실패를 경험하자, 그와 노가이 간 관계는 빠르게 악화되었다. 이미 1285년 헝가리 원정 도중 툴레-부카는 트란실바니아를 가로지르는 파멸적 퇴각 와중에 많은 수의 군대를 상실했다. 그후 1287–1288년 주치조는 폴란드로 군사 원정을 개시했지만 계획한 대로 산도미르와 크라쿠프를 차지하지는 못했다. 칸은 병력, 전쟁 장비, 말을 더 많이 잃었고, 다시 한번 그의 군대는 어려운 상황 속에서 철수해야만 했다.[42]

그외의 군사적 실패는 아마도 툴레-부카만의 것이었다. 1288년과 다시 1290년에 그는 주치조 군대를 이끌고 일칸조 영토로 진입하려고 했으나, 국경이 잘 방어되어 있어서 툴레-부카의 군사는 매번 가로막혔다. 노가이는 이 공격에 참여하지 않았고 코니치도 마찬가지였는데, 오르다조의 오르도는 일칸조와 평화로운 관계에 있었다. 다만, 노가이는 적어도 첫 번째 공격에 관해서는 틀림없이 알았을 것이다. 1288년 4월 툴레-부카의 공격 바로 직전에 노가이는 일칸조의 군주에게 부처의 유체인 사리를 주었다. 아르군—아바카의 아들로 1284년에 일칸조의 보좌를 계승했다—은 이 선물로 매우 기뻐했다. 노가이는 앞으로 닥칠 공

격에 자신은 아무런 관계가 없음을 분명히 하고자 했다.[43]

일칸조에 대한 노가이의 정책을 화해의 표시로 오해해서는 안 되며, 하물며 우호는 더더욱 아니다. 노가이는 여전히 일칸조를 경쟁자로 생각했다. 그는 단지 승리를 위해서 자신의 방법을 추구하는 중이었으며, 당장은 그 방법에 직접적인 공격이 포함되지 않았을 뿐이었다. 툴레-부카가 아르군에 대항해 군대를 소모하는 동안, 노가이는 기독교 이웃을 포함하여 외교를 통해서 적을 쇠퇴시키고자 했다. 1280년대 후반 가톨릭 세계는 주치조와 일칸조 사이에서 균형을 유지하고 있었다. 그들은 영적이고 정치적인 이유로 양자와의 관계를 모색했다. 주치조에게는 많은 것들이 걸려 있었다. 만약 교황이 일칸조와 동맹하기로 결정하면, 호르드는 라틴 무역 대상자를 잃을 수 있었다. 더욱 일반적으로 보면, 호르드는 유럽, 지중해, 중동의 시장에서 약화될 수 있었다. 그리고 그 무역 효과가 무엇이든 간에 주치조는 열세의 위치에서 일칸조를 상대해야만 했다. 그리하여 노가이는 일칸조와 교황을 갈라놓기로 결심했다.

노가이의 실마리는 프란치스코회였다. 13세기 중엽 이후로 프란치스코 수도사들은 주치조 사이에 스며들었다. 프란치스코회의 플라노 카르피니와 루브룩은 몽골 제국을 방문하고 호르드에 관해서 서술한 첫 서구인들이었고, 그들의 기록은 이후의 선교단에게 정보를 제공했다. 도미니크회 역시 주치조를 방문했지만, 프란치스코회가 호르드의 삶에 더욱 관련되었다. 초기에 수도사들은 몽골에 영향력을 미치기 위해서 이탈리아 흑해 무역망과의 관련성을 이용했다. 프란치스코회 사람들은 유목민들과 함께 여행했고, 길 위에서 유목민들을 개종시키려고 노력했고, 유목민들의 언어, 습관, 법, 사회 규범을 배웠다. 따라서 프란치스코회가 1280년 무렵 사라이와 카파에 첫 항구적인 전교 본부를 준비했을 때 유목민들은 이미 그들과 친숙한 상태였다. 곧 수도사들은 노가이의 수도에도 자리를 잡았다. 수도사들은 즉시 인기를 얻었는데, 그들이 편지 작성자, 서기, 번역가, 의사이기도 했기 때문이다. 전해지는 바로는 그들은 이 모든 업무들을 아무런 대가 없이 맡았다고 한다.[44]

1287년 무렵에 노가이는 프란치스코회 사람들을 자신의 편으로 끌어들일 기회를 얻었다. 크림 반도의 솔하트라는 정착지에 있던 프란치스코 교회와 종탑이 현지 무슬림에 의해서 파괴되었고, 호르드의 프란치스코 공동체의 지도자들은 정의를 원했다. 그들은 주치조 당국에 이를 탄원했다. 자신이 가톨릭의 친구임을 공개적으로 표명할 기회를 잡은 노가이는 프란치스코회의 편에 섰다. 그는 솔하트의 무슬림 공동체가 새로운 종탑 3기를 건설하려면 돈을 지불해야만 할 것임을 알리기 위해서 무슬림 사신을 파견했고, 피해를 보상할 다량의 돈을 수도사들에게 보냈다. 동시에 노가이의 정실 부인은 키르크 예르라고 불린 크림 반도의 성소에서 세례를 받겠다고 프란치스코회에 요청했다. 그녀는 수도사들에게 보상을 제공하고 호의를 보이기 위해서 키르크 예르에 수도원을 짓도록 허락했고, 현지 관리들에게 수도사들을 보호하라고 명했다.[45]

당시 노가이는 20년 이상 기독교들과 가까이 거주했고 그들과의 상호작용으로부터 여러 가지를 배웠다. 그는 기독교 세계가 분열되었음을 알게 되었다. 교황의 존경을 받으려면 다수의, 그리고 서로 중복되는 세력들 사이에서 올바른 동맹국을 선택해야만 했다. 주치조가 타르칸 지위의 수여와, 사라이 및 수다크에서 정교 주교 관할권의 건설에 지원하며 이미 러시아 정교에 호의를 보였기 때문에, 러시아 정교와는 그와 같은 동맹을 맺을 수가 없었다. 프란치스코회 사람들을 후원하면, 호르드 내에서 정교의 영향력을 줄이고 어쩌면 유럽의 가톨릭인들을 얻을 수 있을 것이었다. 따라서 노가이는 영토에 새로운 가톨릭 주교 관할권 또는 그에 상응하는 기관을 지원하기로 했다. 프란치스코인들을 새로운 대리인으로 삼음으로써 노가이는 교황에게로의 연결 통로를 얻을 수 있었고, 가톨릭교도들이 일칸조로부터 등을 돌리도록 할 수도 있었다.

1280년대 말 무렵 노가이는 그 어느 때보다 호르드의 칸의 자리에 가까웠다. 마지막 단계는 툴레-부카와 위원회를 물러나게 하는 것이었다. 이를 위하여 노가이는 토크타라는 이름의 젊고 야심 있는 전사와 협력했다. 토크타는 뭉케 테무르와 그의 정실 울제이투의 아들이었다. 그에 따라서 그는 주치조 제위에 강한 권한이 있었다. 그러나 토크타는 난관에 봉착했다. 토크타가 스스로 제위를 자지하려고 할 것이라는 두려움 때문에 그의 삼촌이었던 툴레-부카와 형제 알구이, 토그릴차가 토크타를 위원회에서 제외시킨 것이다. 토크타는 용감하고 강하며 호르드의 전사들 사이에서 인기가 높았고, 주치조의 다른 고위 인물들은 그를 저지하는 데에 열심이었다. 자신이 원하는 지위를 차지하게끔 도와줄 보호자, 동맹을 찾던 토크타는 노가이에게 도움을 요청했다. 그리고 그 최고 지휘관은 그를 도왔다. 단기적으로 보면 그들의 목표는 본질적으로 상충했지만—두 사람 모두 칸이 되기를 원했다—그들은 일단 제휴했다. 그리고 툴레-부카와 그 위원회를 전복시킬 쿠데타를 계획하기 시작했다.

1291년에 그 순간이 찾아왔다. 노가이는 심각한 병에 시달리는 것처럼 가장한 채 죽음이 임박한 영웅처럼, 주치조의 통치자들이 그와 함께 쿠릴타이에 모여서 그곳에서 모든 사람들이 무기를 내려놓고 호르드 내의 평화를 위해서 건배를 하자고 요청했다. 노가이는, 바투와 베르케를 알고 지내던 인물이자 호르드의 가장 존경받는 지휘관이던 정복자의 후손이었으므로, 노가이의 요청을 거부할 수는 없었다. 통치자들은 자신의 오르도를 모아서 볼가 강을 따라 칸이 있는 곳에서 모이기로 했다. 볼가 강으로 가는 도중에 이른바 병이 난 노가이는 그의 상태를 진단할 방문자들을 받아들이며 의심을 피했다. 그는 손님과 함께 자신의 천막에 누웠고, 입에 머금고 있던 엉겨 있는 짐승의 피를 뱉었다. 이 계획은 성공했다. 이 나이 든 지휘관이 앞으로 살날이 얼마 남지 않았다는 소식이 노가이의 오르도보다 더 빠르게 앞서갔다. 그런 다음, 노가이는 칸의 진영에 충분히 가까워지자 토크타에게 전갈을 보내서 군대를 소집하고 습격을 준비하도록 했다. 그들은 완벽하게 때를 맞춰야만 했다.

볼가 강안에 도착한 노가이는 천막을 쳤고, 칸과 위원회 구성원들에게 그의 천막에서 만나자고 초청했다. 그들은 비무장의 상태로 천막에 들어왔고, 그들의 호위병은 필시 밖에 머물렀을 것이다. 여전히 기침하여 피를 토하던 노가이는 칸들을 모셨던 자신의 40년을 회상했고, 주치 후손들 간 화합의 필요성을 주장했다. 천막에 모인 주치조 사람들은 노가이의 말에 감동하여 그 지휘관의 지혜와 용기를 찬양했다. 그때 갑자기 토크타와 그의 병력들이 공격을 실행했다. 그들은 툴레-부카를 죽였고, 노가이 이외에 토크타의 형 토그릴차부터 시작하여 모든 통치 위원회 구성원들을 살해했다.[46]

이는 주치조 역사에서 처음 있는 일로서, 왕위를 차지하려는 목적으로 행한 정치적 살해였다. 토크타는 자신의 권한을 강화하기 위해서 토그릴차의 정실과 혼인했다. 몽골의 세계에서 아버지 또는 형제의 부인들과 결혼하는 것은 흔한 일이었다. 이것은 과부를 보호하고 그녀의 재산을 가족 안에서 유지하는 방법이었다. 그러나 토크타의 경우에는 더 많은 것이 걸려 있었다. 그는 형의 정실을 자신의 소유로 만듦으로써 직계 승계를 강탈하고자 했다. 토그릴차의 손위 서열은 그를 제위에 더욱 적합한 후보로 만들었다. 토크타는 토그릴차의 권한을 취하기 위해서 형의 육체를 죽이는 것 이상을 해야만 했다. 즉, 동생이 가계도에서 형을 대신해야만 했다.

토크타는 자신의 소망을 이루었고 곧 호르드의 칸이 되었다. 그는 제위에 오르자 노가이와 가까운 관계를 유지했다. 그들은 툴레-부카의 케식과 추종자, 심지어 가까운 친척들까지를 숙청하며 2년을 보냈다. 그와 같은 대규모의 정치적 숙청 또한 호르드에게는 새로운 것이었다. 물론 전체로서의 몽골에는 아니었다. 예를 들면 대칸 뭉케 아래에서도 상당한 숙청이 일어났다. 숙청은 내부 저항을 없애는 몹시 폭력적인 수단이었지만, 잠재적인 적들을 동시에 살해하는 것이 오랜 기간에 걸쳐서 반란자들을 쫓는 것보다는 나았다.

이러한 행위는 분노를 자아내기 마련이었다. 토크타의 바투조 친척들은 분노를 노가이에게로 향했다. 칸의 핵심 세력들은 노련한 정치인인 노가이가 이 사건을 배후에서 조종하고 있음을 알았고, 토크타에게 그 최고 지휘관의 영향력으로부터 벗어날 것을 강력하게 주장했다. 1293년에 칸은 그렇게 했고, 공작 안드레이를 블라디미르의 대공으로 복직시킴으로써 자신의 자주성을 드러냈다. 10년 전 안드레이는 노가이의 바람에 따라서, 그리고 투데 뭉케 칸의 뜻과는 반대로, 대공 자리에서 강제로 내몰렸고 그의 형 드미트리가 그 자리를 차지했는데, 이제 토크타는 드미트리를 내쫓기 위해서 군대를 파견했다. 드미트리는 도시 프스코프로 달아났고 모스크바와 13곳의 다른 도시들이 습격을 받았다. 러시아 사료는 만연한 공포와 많은 사망자 수를 동반한 가혹한 원정을 묘사했다. 이러한 기록들은 과장되었을 수도 있지만, 공작들은 토크타의 무력 시위를 비난했다. 칸은 그들을 면밀하게 통치하고자 함을 분명하게 밝히고 있었다. 그는 투데 뭉케의 불간섭주의적 방법을 지속하지 않을 작정이었다. 또 토크타는 노가이가 칸을 대신하여 공개적으로 정치적 결정을 내리게끔 허락하지도 않을 셈이었다.[47]

러시아 공국의 운영을 둘러싼 이 세력 다툼은 노가이와 토크타 연합의 종말의 시작이었다. 그들의 충돌은 1297년 무렵에 몽골의 가족 간 언쟁 때문에 중대한 국면을 맞이했다. 그 긴장 상태는 노가이와 그의 인척이었던 살지우다이 구레겐으로부터 시작되었다. 살지우다이는 왕자는 아니었지만, 주치조의 가장 오래되고 가장 명망 있는 혼인 상대였던 콩키라드의 강력한 통치자였고, 토크타의 핵심 세력이기도 했다. 살지우다이는 칭기스 칸의 정실인 부르테의 삼촌의 후손이었고, 당시 토크타의 할머니였던 켈미시 아카와 결혼했다. 매우 영향력 있는 인물이었던 켈미시 아카는 쿠빌라이의 질녀였고, 중국, 이란, 아제르바이잔에 있는 톨루이조와는 가족적, 정치적 관계를 맺고 있었다.

그러므로 살지우다이는 무시할 수 없는 세력이었고 그의 후손들은 바람직한 혼인 상대였다. 그러나 노가이의 딸이 살지우다이의 아들과 혼인하자마자 곧 알아차린 것처럼, 그들이 반드시 배우자에게 적합했던 것은 아니었다. 노가이의 딸은 이슬람으로 개종한 반면, 그의 남편은 자신의 종교—아마도 불교였을 것이다—를 유지했다. 라시드 앗 딘은 혼인 이후 머지않아 그 부부가 "종교 및 믿음"을 두고 싸웠으며 서로를 참지 못했다고 기록했다.

딸은 아버지에게 불평했고 아버지는 간섭할 틈을 찾았다. 노가이는 살지우다이의 카라추로서의 지위—지배계층이지만 황금 씨족 구성원은 아니었다—를 지적하면서, 살지우다이를 측근 집단으로부터 몰아내고 호라즘 북부에 있는 선조의 땅으로 돌려보내든지, 아니면 노가이 자

원정 중인 몽골의 군주. 라시드 앗 딘의 『집사』의 14세기 초 사본의 삽화. 왼쪽에 있는 종복은 안전한 통행을 보장하는 공식 통보가 새겨진 평판인 게레게를 가지고 있는 것처럼 보인다. 출처 : History / Bridgeman Images.

신에게 넘기라고 토크타를 압박했다. 토크타는 거절했다. 이것은 여러 이유 때문에 예외적이었다. 먼저 노가이는 살지우다이와는 달리 주치 가문의 사람이자 최고 지휘관이었다. 살지우다이의 의심할 여지가 없는 고귀한 가계에도 불구하고, 노가이는 혈통과 지위에서 자신의 사위보다 신분이 더 높았다. 게다가 노가이는 비록 막후에서이긴 하지만 지휘하는 데에 익숙했다. 그러나 토크타는 이번에는 노가이의 뜻을 이행하는 대신 자기 생각대로 했다. 토크타는 자신의 결정에 확고했다. 노가이는 토크타의 보호자이자 주치의 후손이고 서쪽에서 가장 두렵고 존경받는 몽골인이었을지도 모른다. 그러나 칸은 자신에게 군사적 지지를 제공한

톨루이조 및 콩기라트와의 분쟁에 불을 붙일 생각은 없었다.[48]

토크타가 자기 주장을 하면서 노가이는 뭉케 테무르 아래에서 그가 담당했던 일과 동일한 역할, 즉 높은 자치권을 지닌 영향력 있는 지휘관이기는 하지만 여전히 단지 한 명의 지휘관에 불과한 역할을 맡을 매우 현실적인 가능성에 직면하고 있었다. 실제로 현재 상황은 그때보다 더욱 나빴는데, 노가이는 더는 여유를 부릴 수가 없었기 때문이다. 그는 50대 또는 아마도 그 이상이었고 이는 몽골 전사들 사이에서는 고령이었다. 그는 끝이 곧 다가올 것을 알고 있었다. 그리하여 그는 극단적인 행동을 하고야 말았다. 스스로 칸이라고 선언한 것이다. 이 주장을 현실적이자 합법적인 것으로 만들기 위해서 그는 자신의 탐가가 새겨진 주화를 발행했다. 또한 그는 제1계승자로서 장자 체케를 선택함으로써 자신의 유산을 강화하려고 했다.[49]

동시에 두 명의 주치조 칸이 있을 수는 없었다. 분쟁을 어떻게 매듭지을지가 유일한 문제였다. 쿠릴타이 아니면 전쟁을 통해서 해결될 것인가? 토크타는 바투조이자 현재 즉위한 칸으로서, 군주의 자리에 더 합법적인 선택처럼 보였을 수 있다. 확실히 그렇게 생각한 벡들이 있었다. 그러나 그에게는 주치조 가문들 사이에 수많은 적들이 있었고, 여러 벡들이 노가이의 편에 섰다. 예전에는 그러한 권력 분쟁이 일어나면 주치조는 결국 다른 길로 가고는 했다. 특히, 서부 초원은 여러 강력한 오르도를 수용하기에 충분히 넓었다. 그러나 이번에는 어떤 합의에도 도달하지 못했고 양측 누구도 양보할 만큼 상대를 충분히 신뢰하지 않았다. 그래서 결국은 전쟁이었다.

1297–1298년 겨울 돈 강 하류에서 두 오르도는 첫 번째 전투를 벌였다. 노가이가 승자로 부상했고 토크타의 군대를 볼가 강 쪽으로 철수시

켰다. 그러나 그 전투는 결정적인 것은 아니었다. 그리하여 노가이는 더 큰 전략을 개발했다. 그의 다음 조치는 크림 반도를 장악하는 것이었다. 그 반도는 흑해 영역 내에서 고립된 지역이었고, 노가이는 그곳의 주민들이 계속 토크타에게 충성할 것을 우려했다. 노가이는 카파의 제노바인들이 자신의 세수 몫을 보류한다고 비난하면서 그들을 목표로 삼았다. 노가이는 제노바인들이 세수를 지불하게 하려고 자신의 손자의 지휘 아래에 기마 궁수를 보냈지만, 그 손자는 카파에 머무는 동안 살해되었다. 분노한 노가이는 병사들, 연합한 벡들에게 그 범인을 벌할 것을 요구했다. 사료에는 그 군대가 노가이의 손자를 살해한 사람을 찾았는지 언급되어 있지 않지만, 노가이의 동맹이 크림 반도 주변의 무슬림, 알란, 프랑크인 상인들을 살해하고 약탈했으며 포로로 사로잡았음을 기록하고 있다.[50]

상인들을 강탈하는 것은 수익성이 좋았다. 크림 반도 습격에서 함께 싸운 벡들이 노가이에게로 복귀했을 때 그들의 마음은 영광으로 가득 찼고 수레는 전리품과 포로로 가득했다. 그런데 그때 노가이는 자신의 지휘관들 그 누구도 예상하지 못한 행동을 했다. 그 연로한 통치자가 포로들을 석방한 것이다. 크림 반도의 사람들은 노가이의 적이 아니었다. 사실 그들 대부분은 노가이의 무역 및 정치 협력자들이었고, 그는 자신이 세심하게 만들어놓은 프란치스코 사람들과의 협력 관계를 원상태로 되돌릴 의도가 결코 없었다. 그는 단지 누가 책임자인지 보여주기를 원했다. 그러나 포로 석방은 재앙적인 판단 착오였다. 노가이의 손자의 복수를 하기 위해서 싸웠던 벡들은 그 보상을 받아야 마땅했다. 그러나 그들의 수익은 빼앗겼고, 이는 굴욕이자 칭기스 칸의 법을 위반한 것이었다. 몰수당한 벡들은 즉시 노가이를 떠나 토크타의 진영에 가담했다.[51]

최후의 전투는 몰다비아 동남부에 있는 쿠겐릭 강에서 일어났다. 이곳은 노가이 영토의 핵심이었으나 그는 벡들 없이는 이 지역을 지킬 수 없었고, 그래서 토크타는 자신의 오르도와 전사를 이 지역으로 데려올 수 있었다. 토크타의 병력은 노가이의 군대를 격파했다. 노가이는 가까스로 전장을 탈출했지만, 칸을 위해서 싸우던 러시아 기병이 그에게 치명적인 부상을 입혔다. 노가이의 아들들은 바투조에 대항하여 싸움을 계속했지만 그의 오르도는 거의 해체되었고, 그의 사람들은 발칸, 폴란드, 리투아니아로 달아났다. 노가이의 계승자는 마침내 불가리아에서 살해되었다. 그동안에 칸은 노가이의 옛 영토에 대한 권위를 성공적으로 수립했다. 토크타는 노가이의 수도가 있었던 이삭체아에 자신의 아들 한 명의 오르도를 위치시켰다.[52]

이 내전은 3년이라는 긴 시간 동안 지속되었고 호르드를 크게 동요시켰다. 1300년 마침내 끝이 났을 때 수천 명의 노련한 기병들이 사망했고, 다른 수천 명은 중동과 유럽에서 노예로 팔렸다. 이 전쟁은 동시대 관찰자들에게도 깊은 인상을 남겼다. 충돌이 한창이었던 1298년에 마르코 폴로는 제노바의 한 감옥에 갇혀 있었는데, 그는 작가 루스티켈로 다 피사에게 그 전쟁에 참여한 사람들의 많은 수, 끔찍한 폭력의 정도, 시체 무덤 등에 관해서 이야기했다. 폴로에 따르면—그의 『동방견문록(*Il Milione*)』은 토크타에 대한 노가이의 첫 승리에서 끝이 난다—그 최고 지휘관은 유럽에서 가장 위대한 "몽골(Tartar)" 통치자였다. 이 책에서 노가이는 30년 이상 동안 서쪽 변경에서 몽골의 제국적 질서를 유지한 인물로, 다시 한번 승자로 막 부상할 것처럼 보인다.[53]

노가이 사후에 주치조는 접경하고 있는 불가리아인과 비잔틴인들에 대한 통제를 유지했지만, 헝가리인과 발칸 지역 사람들과의 교환은 쇠락했다. 노가이의 후손들은 동유럽에 머물렀고 그곳에서 노가이가 축적한 권위를 서서히 상실했다. 14세기 초 드네스트르 강과 도나우 강의 거대한 유역은 여전히 유목민들에게 안전한 곳이었지만, 호르드의 지휘본부는 볼가 강 하류로 돌아갔다.[54]

호르드의 패권을 둘러싼 전쟁에서 노가이에게는 몇 가지 불리한 점들이 있었다. 첫째, 그는 고립되어 있었다. 그의 영토는 먼 지역에 위치한 몽골 울루스로부터 단절되어 있었다. 몽골 울루스에서는 그가 동맹을 찾을 수도 있었을 것이다. 차가타이, 우구데이, 톨루이의 후손들과 연락하기 위해서 노가이의 사신들은 주치조 또는 일칸조의 오르도를 통과해야만 했다. 따라서 동쪽 지역에 있는 몽골과 노가이의 상호 작용은 산발적이었다. 반면, 토크타는 몽골 유라시아 전역에 걸쳐 있는 유목 지배계층과 연결된 오래된 협력 관계에 의존할 수 있었다.

둘째, 노가이는 비교적 미천한 신분이었고, 이는 벡들 사이에서 그의 인기를 제한했다. 토크타와 노가이 사이의 전쟁 때문에 벡들은 한 진영을 선택해야만 했는데, 노가이는 그들의 충성심을 유지할 수 없었다. 칭기스 칸 시기부터, 부의 하향식 분배는 칸이 지배계층의 지지를 유지하는 데에 필수적이었고, 노가이를 지지하는 벡들조차도 그가 제한된 관계망으로 자신들을 만족시킬 수 있을지를 걱정했다. 노가이가 그들의 전리품을 무효화했을 때, 그는 자신이 능력 있는 제공자가 아님을 입증한 것처럼 보인다.

노가이의 또다른 불리한 점은 콩기라트가 토크타의 편에 섰다는 것이다. 콩기라트는 영향력이 컸고 가장 부유했다. 바투의 통치 이래로 콩기라트는 주요 케식 지위로부터 배제되었으나, 그들은 자신과 혼인한 주치조 공주들을 통해서 칸에게 접근할 수 있었고 콩기라트는 이 관계를 이용하여 거대한 권력을 축적했다. 사실 콩기라트는 호라즘 제국에서 매우 부유한 지역이었던 북부의 지배계층이었다. 그들은 그곳에서 자신들만의 주화를 유통시켰고, 그 지역은 북쪽 무역로 중에서도 매우 중요한 구역이었다. 콩기라트는 무역 사업을 통해서 돈과 인력을 축적했고, 토크타는 이를 마음대로 활용했다.[55]

왕좌 뒤의 권력

노가이보다 콩기라트 벡을 지원하는 것은 운명과도 같았다. 그것은 토크타가 호르드의 통치자로서 바투조를 확고히 복원하는 한편, 그가 아주 오래된 통치 방식을 뒤엎었음을 의미했다. 칸은 주치조의 노가이 대신 카라추 살지우다이를 지지함으로써 칭기스의 죽음 이후로 닫혀 있었던 문을 열었다. 처음으로 주치의 후손과 황금 씨족 구성원은—그들은 또한 호르드의 최고위 지휘관이었고 심지어 케식장보다도 위였다—카라추에게 자신의 뜻을 강요할 수 없었다. 황금 씨족의 패권에 금이 가기 시작했다.[56]

칭기스 가문의 우선적 지위에 대한 위협은 분명 많은 주치조 왕자들과 벡들이 초기에 토크타 대신 노가이를 지지했던 이유였다. 그들은 노가이가 자신들의 정당한 전리품을 빼앗은 후에야 비로소 그를 방기했다. 몽골의 세계에서 사회적, 정치적 위계 질서는 단지 필수적인 것일 뿐만 아니라 신성한 것이기도 했다. 황금 씨족의 통치권은 칭기스 칸과 그의 계승자에게 힘을 수여한 텡그리에 의해서 인정되었다. 토크타가 살지우다이를 지지했을 때 그랬던 것처럼, 사회적 위계질서의 법칙을 거부하는 데에는 생사가 걸렸고, 공동체 전체를 위태롭게 만들었다. 역사가들은 종종 노가이를 규칙를 어긴 자로 보지만, 사실 그는 보수적인 원동력을 따른 것이다. 즉, 그는 몽골의 법과 전통이라는 더욱 큰 체제를 보존하려고 했다. 노가이와 그의 추종자들의 눈으로 보았을 때 전쟁은 주치조 통치자—즉, 노가이—와 콩기라트 간의 대립에서 비롯된 것이었고, 이는 황금 씨족과 카라추 중에서 선택하는 문제였다. 호르드에 잠재되어 있던 사회적 긴장이 드러나고 있었고, 몽골 세계 질서에 대한 자신들의 헌신을 생각해볼 때 어떤 통치자를 지지할 것인지, 즉 적합한 칸이었던 토크타와, 그의 권리가 콩기라트에 비해서 부정되던 노가이 중에 누구를 선택할지를 힘겹게 결정하던 벡들 사이에서 특히 그러했다.

비록 노가이는 패배했지만 그는 호르드의 정치 문화에 깊은 흔적을 남겼다. 가장 중요한 것은 권력의 이양을 통해서 호르드가 약한 칸으로도 존속할 수 있음을 보여주었다는 점이다. 노가이는 통치 의회를 통해서, 그리고 왕좌 뒤의 권력으로서 활동하면서 주치 울루스의 부와 힘을 향상시킨 진정한 군주였다. 그리고 노가이는 벡들을 동원함으로써 스스로 법적 권력을 거의 차지했는데, 이것은 귀족들의 증대하는 권력을 분명하게 보여주는 매우 이례적인 행동이었다.

통치의 측면에서 보면 노가이의 실험은 그가 결국 칸이 되지 못했으므로 실패한 것이다. 그러나 그의 노력의 결과는 오래 지속되었다. 내전의 결과로 벡들은 훨씬 더 강력해졌다. 그들은 노가이를 높은 자리에 앉혔다가 토크타를 구하러 옴으로써 그를 파멸시켰고, 이는 대부분의 측면에서 이전 상태로의 회귀, 즉 주치조의 칸들이 권력을 주장한다는 즉각적인 결과를 낳았다. 그러나 14세기 중반에 그다음 대규모 계승 전쟁이 발생했을 때 권력의 중심으로 부상한 것은 카라추 벡이었다. 계속 발전하는 호르드에는 항해할 만한 더 많은 미지의 영역이 있었다.[57]

제6장

북쪽 길

만약 사업 때문에 베네치아에서 중국에 있는 대칸의 수도로 여행한다면 다음의 충고를 기억해야 할 것이다. 첫째, 반드시 긴 수염을 길러야 한다. 일단 몽골의 영토에 도달하면, 무슬림 상인처럼 군중 속으로 스며들 것이다. 둘째, 상품 이외에 현지 주화가 필요할 때 교환할 수 있는 은괴 수백 개를 가져가라. 그리고 마지막으로, 절대 남쪽 길을 택하지 말라.

가야 하는 곳은 북쪽 길이다. 진입 지점은 돈 강의 하구에 있는 타나 항구이다. 그곳에서 드로그만, 즉 통역가를 고용하되 비용이 얼마인지 간에 뛰어난 사람으로 하라. 또한 킵차크어를 할 줄 아는 남자 하인이 적어도 두 명 필요하다. 킵차크어는 서아시아에서 가장 많이 사용하는 언어이다. 남자 하인 이외에 여자를 고용할 수도 있겠으나, 그 언어를 말할 수 있는지를 확인해야 한다. 타나를 지나 다음 정착지는 하지 타르칸으로, 그곳에서 볼가 강이 카스피 해로 흘러 들어간다. 그곳에 도착하기까지 말이 끄는 마차로는 10–12일이, 소가 끄는 수레로는 25일이 걸린다. 이 여행을 위해서 말리고 소금에 절인 물고기 그리고 밀가루를 많이 사두되, 고기는 걱정하지 않아도 된다. 가는 길에 어디서든 찾을 수 있을 것이다.

타나에서 하지 타르칸까지 가는 길은 초원을 통과한다. 많은 몽골 전사들을 만날 수도 있다. 위험할 수도 있으니 다른 사람들과 함께 걷는 것이 현명하며, 60명의 마부들이 있는 중간 규모의 대상이 이상적이다. 하지 타르칸과 볼가 강 삼각주에 도착하자마자 수레를 처리하고 배를 타라. 더 빨리 갈 수 있을 것이고 상품을 수송하는 데에 비용도 덜 들 것이다. 거대한 몽골 정착지인 사라이는 상류에 있는데 하루 정도 거리에 있다. 강은 빠르게 흐르며 항해가 가능한 몇 개의 지류로 나뉜다. 동쪽으로 지류를 따라가다가 다음 유역을 통과한 후에는 작은 사라이인 사라이주크에서 나와라. 사라이주크는 몽골이 조상을 숭배하기 위해서 모이는 곳이기도 하다.

사라이주크에서 말을 낙타와 교환한 후에는, 한때 술탄 무함마드에게 속했던 호라즘 북부와 오래된 무슬림 도시까지 회백색 길 쪽으로 계속 가라. 사라이주크에서 아무-다리야 강 유역 아래쪽에 있는 호라즘의 수도 우르겐치까지는 낙타 수레로 20일이 소요된다. 높은 고원을 가로지르는 길고 건조한 길이지만, 우르겐치와 그 인근 유역은 여행할 만하다. 우르겐치는 그 지역의 주요 상업 교차로이고, 장날에는 사람이 너무 밀집하여 말을 타고 통과할 수 없다. 상품 일부를 팔고 싶다면 이곳이 적절하다. 사람들이 모든 것, 특히 비단을 사려고 이곳으로 온다.

우르겐치로부터 동쪽으로 난 길을 따라 다음 강 유역까지 가라. 낙타 수레로 40일의 여정이다. 마침내 시르-다리야 강가에 있는 오트라르에 도착할 것이다. 이 도시는 1220년 몽골이 이곳을 점령했을 때 절반 정도가 파괴되었으나 지금은 다시 번영하고 있다. 오트라르는 주치조와 차가타이조 사이의 국경이자 호르드의 동쪽 경계선이었다. 여기까지 오면 거의 3,200킬로미터의 거리를 여행한 셈이고, 전체 여정에서는 절반쯤이다. 여기에서부터 북쪽 길은 남쪽 길의 지선과 합쳐져 차가타이조의 도시인 알말릭, 그후로는 중국까지 계속된다.

북쪽 길에서는 운송에 많은 돈을 지불할 필요가 없다. 물품의 가치가 금화 2만5,000개의 가치를 넘지 않는다면, 칸발릭(베이징)까지 총 60−80개의 은괴만으로도 충분하며 돌아오는 길에는 그보다 덜 들 수도 있다. 항상 비단처럼 작고 쉽게 꾸릴 수 있는 사치품에 투자하라. 돌아올 때 그중 일부를 은과 바꿔야 하기 때문이다. 중국의 몽골인들은 금속 덩어리를 지폐와 교환하라고 요구할 것이다. 지폐가 이 지역에서 그들이 받아들이는 유일한 돈이다. 돌아오는 길에는 비단을 새로운 은괴와 교환해야 하므로 다시 우르겐치에 들러야 한다.

도적은 걱정하지 말라. 몽골의 법은 외국 상인을 보호하고 강도를 엄하게 벌한다. 그러나 그 법으로 보호를 받으려면 사전에 조치가 필요하다. 가장 중요한 것은 동업자 없이 몽골의 땅에 발을 들이지 말아야 한다는 것이다. 만약 여행 도중에 사망했는데 상품에 대한 권리를 요구할 수 있는 동료가 없다면 가져온 모든 것이 칸에게 간다. 또한 반드시 몽골의 땅으로부터의 소식을 확보하라. 칸이 없다면—또는 여러 칸들이 권력을 놓고 다툰다면—도로는 외국인들에게 위험해진다. 그렇지 않으면 북쪽 길은 밤낮으로 안전하다.[1]

이상은 피렌체의 은행이었던 바르디 상사(商社)에서 일하던 상인 프란

체스코 페골로티의 조언이었다. 페골로티가 바르디의 다양한 무역 거점에서 머물렀고 1335년에서 1343년 사이의 어느 시점에 상인들을 위한 안내서를 작성했다는 것 이외에 그에 대해서 알려진 것은 거의 없다. 그는 자신의 경험과 원거리 무역 상인들로부터 들은 보고에 기반하여, 호르드와 중국으로 여행하기 원하는 사람들을 위해서 일련의 충고—앞의 내용은 의역한 것이다—를 편찬했다.

14세기의 상인들은 몽골의 광활한 토지를 가로지르는 두 개의 장거리 노선, 즉 남쪽 길과 북쪽 길 사이에서 하나를 선택할 수 있었다. 육지와 바다를 통하는 남쪽 길은 대부분 일칸조와 톨루이조 대칸의 손에 있었다. 타브리즈에서 칸발릭으로 가는 여정은 피로하고 예측 불가하여 짧게는 3개월 반, 길게는 3년이 걸릴 수도 있었다. 또 14세기 초 내내 톨루이조 영토 내에서 일어난 정치적 격변 때문에 위험하고 항상 변화하는 길이었다. 상인은 어떤 시장이 열릴지, 어떤 역참이 작동할지, 어떤 길을 지날 수 있을지 확신할 수 없었다. 말썽 많은 카이두의 영역을 통과하는 일이 까다로울 수 있기는 해도, 주치조가 통제하는 북쪽 초원로가 남쪽 길보다는 더 안전하고 예측 가능했다. 타나에서 중국까지 가는 여행은 7개월에서 11개월까지 걸렸으나, 당시 여행자들은 충분히 빠르다고 여겼다. 가장 중요하게도 그 여로는 안정된 곳이었고, 세금과 운송료도 마찬가지로 낮게 유지되었다. 페골로티의 기록에 근거해볼 때, 세금은 상품 가치의 불과 1.6퍼센트에 상응했을 것으로 추산할 수 있다.[2]

페골로티는 좋은 조언을 했지만, 그는 오르다조의 영토를 거쳐서 카라코룸과 중국에 이르는 극북의 대상로인 시베리아 길에 대해서는 알지 못했다. 시베리아 길은 페골로티가 묘사한 북쪽 길에서 분기하는데, 그는 그 추위와 눈을 결코 견딜 수 없었을 것이다. 오직 유목민, 모피 사냥꾼, 숙련된 추적자만이 북극권의 가장자리를 지나는 극북의 경로를 이용할 수 있는 기술과 장비—개 썰매를 포함하여—를 갖추고 있었다. 시베리아 길의 정거장은 기록되어 있지 않지만, 그 길은 틀림없이 우랄 강에서 이르티시 강으로 연결되고 알타이 산맥을 관통했을 것이다. 시베리아 길을 통하면 카이두의 땅에서의 정치적인 상황을 걱정할 필요 없이 중국의 원나라에 도달하거나 떠날 수 있었다.[3]

오늘날 우리는 동과 서를 연결했던 실크로드에 대해서 흔히 이야기하지만, 실제로 실크로드에는 여러 노선이 있었고 그중 두 가지는 몽골이 통제했으니 주치조가 장악한 북쪽의 경로와 대체로 일칸조의 지배 아래에 있었던 남쪽의 경로이다. 북극에 가까운 분지(分枝)를 포함한 북쪽 길 전체는 주치조 권력의 핵심이었다. 14세기에 주치조의 통치자들은 계속해서 상업적 관계를 우선시했고, 유라시아망의 주도권을 유지하기 위해서 연성 권력(soft power)과 경성 권력(hard power)을 사용하는 한편, 정주 복속민들 사이에서 세금의 기반과 생산 능력을 보존하기 위해서 유연한 운영을 추구했다. 그리고 이 모든 것은 몽골 세계의 정치적 힘과 균형을 가능하게 한 순환과 재분배에 도움이 되었다. 1300년대 전반에 호르드는 공작들을 더 단단히 장악했고, 이는 러시아 정치의 미래에 중요한 결과를 가져왔다. 주치조는 능수능란하게 맘루크인, 제노바인, 베네치아인들을 다루었고, 자신과 복속민들을 부유하게 만들었다. 그리고 마침내 호르드는 가장 큰 보상, 즉 일칸조의 위협으로부터의 자유를 가지고 떠났다. 1330년대와 1350년대 사이에 일칸조가 붕괴하자 남쪽 길로부터의 경쟁은 막을 내렸으며, 주치조는 이론의 여지가 없는 유라시아 무역의 승리자가 되었다. 적어도 당분간은 말이다.

토크타가 권력을 강화하다

1298년 오르다조의 오르도는 군주인 코니치를 잃었다. 코니치는 매우 몸집이 큰 사람이었다. 라시드 앗 딘에 따르면 "그는 매일매일 살이 쪄서" 더 이상 말을 탈 수 없고 그 대신 수레로 이동해야 하는 정도였다고 한다. 코니치의 동시대인들은 그가 목 주변의 과도한 지방 때문에 압사했다고 했다. 역사적으로 비만은 유목민들 사이에 드물었지만, 네 개의 벽 안에서 거주하는 부유한 도시 주민들 사이에는 흔했다. 그러나 이 시점의 유목민 지배계층은 매우 번영했고 그들의 공급품이 매우 잘 갖추어져서, 그 이동 궁정은 유라시아의 큰 도시들처럼 많은 음식과 술을 소비했다. 몽골의 식단 역시 변화했고 상인들이 소개한 설탕과 같은 상품을 빠르게 받아들였다.[4]

코니치의 후손들은 계승을 놓고 충돌했고, 곧 이웃한 몽골들도 분쟁에 휘말렸다. 오르다조는 반세기 동안 평화로웠으나 그들의 갑작스러운 싸움은 몽골 유라시아 전역에 충격파를 전했다. 카이두와 차가타이조는 코니치의 사촌을 지지했지만, 주치조 칸 토크타와 동쪽의 대칸은 코니치의 아들인 바얀을 지지했다. 각 진영은 자신의 후보를 지지하기 위해서 군사를 제공했다. 1304년 몽골의 통치자들은 일반 휴전에 동의했다. 그러나 공식적인 평화는 오르다조 내의 긴장을 완전히 해소하지 못했고, 수년간 산발적인 전투가 계속되었다. 1312년 무렵 코니치의 손자 사시 부카가 왕위를 계승하고서야 비로소 분쟁이 실로 끝이 났고 오르다조가 재결합했다.[5]

그러나 휴전에는 오르다조의 전쟁 종결 이외에 또다른 목적이 있었다. 이 평화의 첫 번째 목적은 몽골 유라시아에 대한 톨루이조와 주치조의 지배를 재차 주장하는 것이었다. 1304년 무렵 카이두는 사망했고, 주치조의 토크타와 톨루이조는 군사적으로 다른 어떤 몽골 집단보다 훨씬 강력한 연합을 분명히 형성했다. 주치조와 톨루이조는 서로 함께 의사를 결정했다. 다른 황금 씨족 구성원들은 종속적인 지위로 격하되었고, 그들은 복종하거나 봉기하여 반란을 일으킬 수 있었다. 따라서 1304년 톨루이조였던 일칸조의 군주*는 다음과 같이 기록했다. "우리 칭기스 칸의 후손들은 서로를 비난하며 45년을 보냈다. 이제 텡그리의 보호 아래 우리의 형과 아우들은 합의에 이르렀다. 해가 뜨는 남중국으로부터 멀리 탈루 해까지 우리의 나라는 하나이다."[6]

코니치의 죽음과 일반 휴전은 토크타가 자신을 내세울 기회가 되었다. 코니치와 노가이가 사라진 상황에서 주치조에는 권력에 공백이 생겼고, 토크타는 이를 채우기 위해서 서둘렀다. 한편 칭기스조 통치자들 간의 합의로 토크타는 제국에 걸쳐 무역 협력 관계를 확장할 수 있었다. 그는 유라시아 대륙 깊숙이 도달하기 위해서 몽골의 도로를 사용했고, 이 덕분에 호르드는 몽골의 교환의 주된 수혜자가 될 수 있었다.[7]

또한 토크타는 일칸조를 향한 압박 작전을 재개했다. 토크타는 노가이와 달리, 훌레구의 후손들이 아란과 아제르바이잔 지역을 강탈했으며 주치조는 그것을 되찾아야 한다고 주장했다. 토크타는 외교를 통해서 데르벤트 남쪽 캅카스 통로를 다시 열도록 일칸조를 설득했다. 그러나 그는 그 이상을 원했다. 그는 극동에까지 미치는 남쪽 길에 대한 완전한 접근권을 원했다. 그러려면 외교 이상이 필요했고, 그리하여 토크타는 1304–1305년과 다시 1306–1307년에 맘루크 술탄에게 사신을 보

* 제8대 일칸 울제이투.

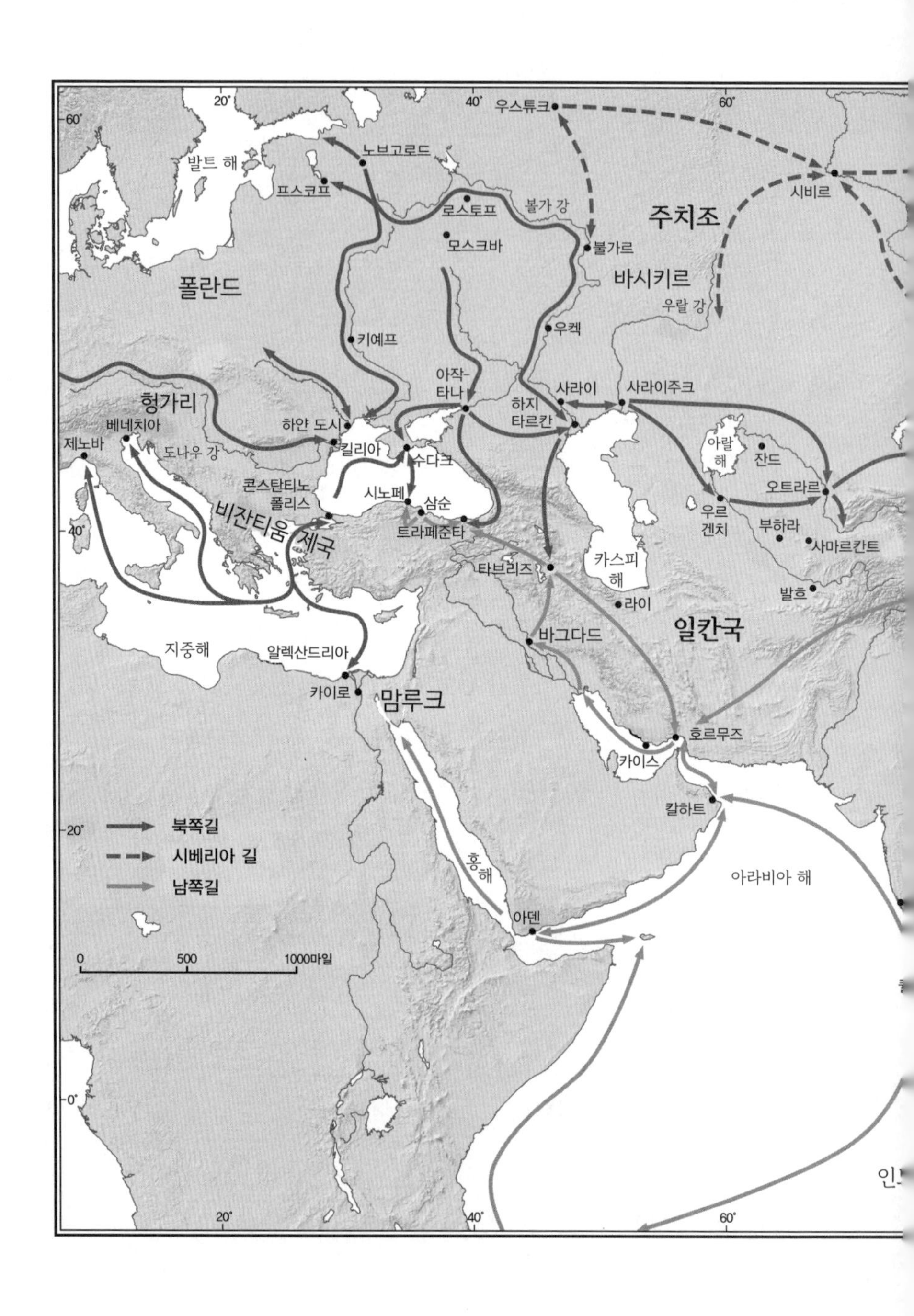

우스튜크
노브고로드
프스코프
발트 해
로스토프
볼가 강
모스크바
주치조
시비르
불가르
바시키르
폴란드
우랄 강
키예프
우켁
아작-
타나
사라이
사라이주크
헝가리
하지
타르칸
하얀 도시
베네치아
제노바
도나우 강
킬리아
수다크
아랄
해
잔드
콘스탄티노
폴리스
시노페
삼순
오트라르
우르
겐치
비잔티움 제국
트라페준타
부하라
사마르칸트
카스피
해
타브리즈
발흐
라이
바그다드
일칸국
지중해
알렉산드리아
카이로
맘루크
호르무즈
카이스
칼하트
북쪽길
시베리아 길
남쪽길
홍해
아라비아 해
아덴
0
500
1000마일

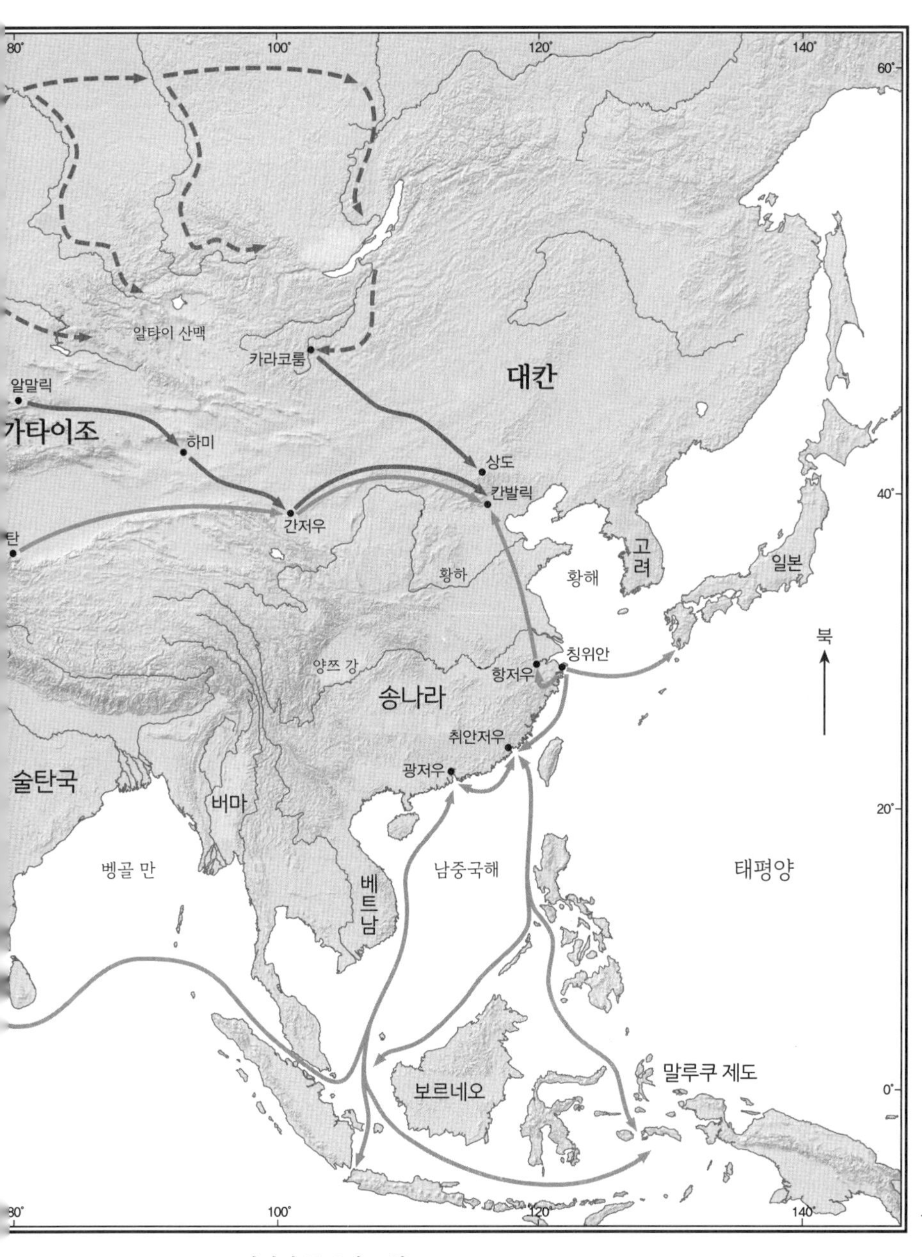

1300-1330년경의 몽골의 교환.

내서 일칸조를 공격하도록 요구했다. 일칸조의 군주 울제이투는 술탄에게 포로의 교환을 제안하고, 자신의 영토 내에서 맘루크 상인들이 무역을 할 수 있도록 약속함으로써 반격했다. 타브리즈와 바그다드로 상인들을 보내기를 갈망하던 맘루크는 오랜 적이었던 일칸조와 임시 휴전하는 데에 동의했다. 곧이어 맘루크는 토크타의 합동 공격 계획을 공식적으로 거절했다.[8]

수개월 후인 11월에 토크타는, 일칸조를 지원했다는 이유로 맘루크를 응징했다. 그는 명령을 내려서 맘루크의 최고 중개인이었던 제노바인들을 호르드에서 내쫓고 그들의 상품을 빼앗도록 했다. 그러나 토크타는 선을 넘지는 않았다. 그가 원한 것은 맘루크의 마음을 바꾸는 것이었지, 영원히 관계가 틀어지는 것은 아니었고, 따라서 그는 맘루크의 사신들이 계속 호르드를 방문하도록 허락했다. 칸은 제노바인들을 쫓아버린 것을 정당화하기 위해서, 그들이 자신의 영토에서 아이들을 거래했고 맘루크에 판매했다고 공개적으로 비난했다. 라틴 세계에서 이것은 심각한 죄였다. 가톨릭 교회는 사람의 밀매를 금지했을 뿐만 아니라, 교황 역시 무슬림 군주에게 무기, 나무, 군인을 제공한 사람을 파문했다.

1308년 5월 무렵 제노바인들은 카파를 포기했다. 그들은 약 7개월 동안 포위당했고, 물자가 부족했으며, 더는 그 항구를 방어할 수 없었다. 실제로 흑해 북쪽 해안 전역에서 이탈리아인의 사업은 보류되었고, 몽골과의 긴장은 높아졌으며, 기독교로의 개종은 감소하여 전체 라틴 연결망에 손상을 미쳤다. 이 모든 것들이 프란치스코인들을 불안하게 만들었다. 프란치스코인들은 제노바 상인들이 불법적인 무역 활동을 하고, 몽골을 염탐했으며, 맘루크, 일칸조, 주치조에 동시에 충성을 가장한다고 비난했다.[9]

전임자였던 뭉케 테무르와는 달리 토크타는 제노바인을 주요 무역 상대로 보지 않았다. 그러므로 그들의 추방은 중요한 문제가 아니었다. 토크타의 관심은 볼가 강 하류와 그 지역을 떠받치는 중앙 유라시아의 번성하는 무역에 있었다. 토크타의 오르도는 북쪽 경로의 중간에 있었고, 더욱 구체적으로는 호라즘 북부로부터 캅카스 북부에 달하는 무역의 회랑이 되었다. 이 길게 펼쳐진 땅은 칸의 사적 영토로, 그의 케식이 직접 통치했다. 동시대인들에게 그곳은 울룩 쿨(Ulugh Kul), 즉 대(大)중앙이었다.[10] 동-서 실크로드와 남-북 모피의 길의 교차로에 위치한 대중앙은 일련의 번성하는 집합점이었고, 그곳에서 유라시아 배후지의 유목민들은 무기, 도구, 곡물, 짐승, 의복을 교역했다.

토크타는 대중앙에 있는 자신의 유리한 위치를 더욱 활용하고 무역을 더욱 장려하기 위해서 1306-1308년에 걸쳐 화폐 개혁을 시행했다. 뭉케 테무르 시기의 마지막 화폐 개혁 이후로 상업 상황이 달라졌고, 가장 생산적인 네 곳의 주치조 지역의 주화를 크게 수정할 필요가 있었다. 외국인들은 은으로 최근의 주화보다 더 낮은 가치의 옛 주화를 얻었다며 종종 불평했다. 또한 표준화의 문제도 있었다. 옛 주화들은 무게, 재료의 순도 등 다양한 기준에 따라서 주조되었다. 결과적으로 모든 사람이 특정 주화의 가치에 대해서 동의한 것은 아니었고, 이는 분쟁으로 이어졌다. 서로 다른 통화가 너무 많이 유통되고 있었고, 이로 인해서 중량 체계를 서둘러 표준화할 필요가 있었다.[11]

칸의 참모, 재정 담당자, 그리고 오르탁(공식 상인)은 가장 중요한 문제를 해결할 계획을 제시했다. 오래된 은화를 새로 주조하여 더욱 표준화된 것으로 교체함으로써, 외국인이 주치조 영토에서 무역을 할 때 반드시 현지 통화를 사용하게 하고 사람들이 주치조의 주화를 가지고 국경을 건너지 못하게끔 하자는 것이었다. 새로운 규격이 시행되었으나, 토크타는 결코 호르드 전체를 위한 공통의 주화를 만들려고 하지는 않았다. 이 모든 것은 몽골이 오랫동안 인정했던 다양성의 이익을 침해하지 않고 이루어져야 했다. 대신에 그는 각 지역 내의 통화 및 중량 체계를 통일했다. 그래서 지역별 체계는 내부적으로는 일관적이었지만 여전히 서로 달랐다. 마침내 만들어진 새롭고 표준화된 주화들은 모양, 크기, 표식 측면에서 예전의 지역적 다양성을 유지했고, 이는 통화와 정권 모두에 대한 사람들의 신뢰를 강화했다. 상인들과 납세자들은 자신들만의 전통과 신앙 체계를 담고 있는 주화를 여전히 사용하면서 편안함을 느꼈다. 토크타는 사람들이 선호하는 튀르크, 무슬림 등의 상징과 문자를 그대로 두었다.[12]

토크타의 개혁 목표가 순수하게 경제적인 것만은 아니었고, 정치적이기도 했다. 그렇기 때문에 그는 가계의 상징인 탐가를 대중앙에서 주조한 주화에서 제거했다. 이전 주치조 칸들은 몽골이 이질적인 존재였던 지역에 대하여 권위를 주장할 필요가 있었던 반면, 이 시점에는 칸이 직접 지배하는 영토를 누가 책임지고 있는지 누구도 의심하지 않았고, 따라서 토크타는 명백한 자신의 것을 공개적으로 주장할 필요가 없었다. 그의 혈통적 권리에 더해서 군사적 성공 역시, 텡그리가 그에게 하사한 명령 속에서 그를 강력하고 안전하고 자신 있게 만들었다. 불가르 도시, 크림 반도, 돈 강 하류, 도나우 강 하류에서 발행된 주화에만 칸의 상징이 보이는데, 이 지역들이 칸의 권위가 간접적이었던 주치조의 경계 지역이었기 때문이다.[13]

개혁의 마지막 정치적 목적은 주치조의 힘과 일칸조의 균형을 맞추는 것이었다. 토크타의 개혁은 일칸조의 통치자 가잔에 대한 반응으로부터 유래한 것이었고 가잔은 자신의 통화 정책을 막 시작한 참이었다. 호르드는 주치조의 영토와 접경한 일칸조 지역인 아제르바이잔과 이란에서 시행된 새로운 교환 규칙을 따르지 않았다. 그대신 호르드는 일칸조보다 더욱 경쟁력을 갖춘 고유한 체제를 재고안했다.[14]

주치조가 토크타의 개혁을 완성하기까지 거의 30년이 걸렸다. 호라즘과 크림 반도에서 시작하여 나중에는 볼가 강 하류와 불가리아까지에서 옛 주화들을 회수하여 보석으로 바꾸거나 녹여서 새로운 주화, 도구, 무기, 기타 생활 도구로 재생시켰다. 주치조는 경제적 성장과 정치적 안정을 보장하는 데에 연속성이 중요하다는 것을 알고 있었기 때문에 서두르지 않았다. 사람들의 습관을 바꾸는 데에는 설득, 외교, 인내심이 필요했고, 토크타와 그의 무리들, 그리고 계승자들은 필요한 시간과 노력을 기꺼이 투자했다.

1311년 무렵 맘루크가 제노바인을 통해서 호르드와 무역하지 못하도록 막았던 냉전이 끝났다. 상업적 관계를 재개하고 싶다는 칸의 의도를 보여주기 위해서 칸의 사신들은 술탄에게 100명의 노예와 호화로운 모피 한 무더기를 바쳤다. 호르드에서 맘루크의 무역을 다시 환영하겠다는 분명한 메시지였다. 칸이 술탄과 화해했고 주치조의 주화 체제가 개선되었다는 소문이 퍼졌고, 이는 무역을 위한 더욱 좋은 조건을 조성했으며, 크림 반도에서의 인신매매가 새롭게 성장하는 결과로 이어졌다. 술탄은 기뻐하며 투구, 허리띠, 마갑을 포함한 갑옷 1,000벌을 지닌 사신을 보냈다. 그러나 사신들이 칸의 진영에 도착했을 때 그들은 토크타가 얼마 전에 사망했음을 알게 되었다. 그는 볼가 강에서의 난파로 익사한 것처럼 보인다. 평소처럼 무역을 계속하기 위해서 맘루크는 그의 계승자에게 선물을 주었다.[15]

경쟁의 제어

토크타의 동시대인들 일부는 그가 익사한 것이 아니라 사실은 살해를 당했고 여기에 그의 조카인 우즈벡이 연루되었다고 주장했다. 우즈벡의 역할은 불분명하지만, 그가 칸에게 복수했을지도 모를 이유를 발견하는 것은 어렵지 않다. 1291년 쿠데타 과정에서 토크타는 우즈벡의 아버지 토그릴차를 죽였다. 토크타가 토그릴차의 정실이자 우즈벡의 계모인 바얄룬과 혼인한 것 역시 불만의 이유였을 것이다. 일부 몽골인들의 관점에서 보면, 토크타의 동족살해와 왕위 찬탈로 복수가 예정된 셈이었다. 사실이 무엇이든 간에 그의 죄는 다음 세대를 짓눌렀고, 정권 교체의 시기가 찾아오자 그의 죄는 다시 부상했다.[16]

문제는 다음의 칸이 토크타가 정한 계승자인 그의 아들 투켈 부카인지, 아니면 우즈벡인지 하는 것이었다. 우즈벡은 어렸을 때 칸의 궁정으로부터 추방되었고 아마도 호라즘 북부에서 성장했는데, 그곳에서 그는 군대 내의 한 직책을 맡았다. 반면에, 투켈 부카는 아버지가 수여한 특권, 자원, 선물을 향유했고, 그에 따라서 높은 정치적 위신을 획득했다. 그렇기는 하지만 우즈벡을 지지하는 사람들도 있었다. 이로 인해서 아마도 사라이에서 계승을 둘러싼 예비 논쟁이 가열되었을 것이다. 일부 주치조와 카라추 벡들은 토크타 가문의 권리를, 다른 사람들은 토그릴차의 권리를 지지했다. 여기에 영향력이 있는 종교 지배계층이 개입하면서 긴장감을 더했다. 불교도들은 투켈 부카를, 무슬림들은 우즈벡을 지원했는데, 이슬람 측 사료에 따르면 우즈벡은 왕위에 오르자마자 공개적으로 이슬람으로 개종할 것이라고 약속했다고 한다. 실제로 우즈벡에게 사라이로 돌아와 왕위를 놓고 경쟁하도록 권한 것이 무슬림 벡들의 우두머리인 쿠틀루크 테무르이기도 했다. 우즈벡은 다시 한번 미망인이 된 바얄룬의 지지도 받았다. 우즈벡의 추종자들이 보았을 때 우즈벡은 토크타가 가로챈 뭉케 테무르의 직계 계승권을 되찾을 수 있는 인물이었다.

1313년 초 음력 설이 다가오고 있을 즈음 오르도들이 축제와 새로운 칸의 즉위식을 위해서 볼가 강 하류에 모였다. 그러나 합의는 이루어지지 않았다. 축제 도중에 우즈벡은 자신이 즉위하는 경우를 대비해서 상대가 쿠데타를 준비하고 있음을 알았다. 그는 그 소식을 듣자마자 천막 밖으로 뛰쳐나가서 축제가 벌어지고 있는 곳의 외곽에서 자신의 무리들과 동맹을 소집한 다음 총력을 다해 돌아왔다. 우즈벡은 적들보다 앞서 투켈 부카를 살해했고, 그동안 우즈벡의 무리는 그에게 반대한 벡들과 왕자들을 죽였다. 우즈벡은 왕위를 찬탈했고, 이어지는 몇 달 동안 그와 쿠틀루크 테무르는 달아난 투켈 부카 가문의 사람들과 지지자들을 추격했다. 100명 이상이 처형되었다.[17]

왕위를 차지하고 얼마 후 우즈벡은 계모 바얄룬과 혼인했다. 그렇게 함으로써 그는 사망한 아버지를 직계 계승 안에 재확립했고, 토크타와 그의 후손들을 계승의 흐름으로부터 지워버렸으며, 통치 가계에 대한 통제를 강화했다. 우즈벡은 무슬림으로서 계모와의 혼인이 금지되었지만, 칸의 율법학자는 바얄룬의 전 남편들이 무슬림이 아니었기 때문에 이전의 혼인들은 유효하지 않다는 주장을 하여 이 문제를 피해갔다. 그와 같은 창의적인 법적 사고는 우즈벡에게 도움이 되었고 바얄룬에게도 마찬가지였다. 그녀는 정권의 합법화를 위한 수동적 도구가 아니었다. 오히려 반대로 바얄룬은 20년 이상 권력의 중심에 있었고 자신의 영향력을 유지하는 데에 열중한 인물이었다.[18]

우즈벡의 야망은 단순히 왕위를 차지하는 것을 넘어섰다. 그는 뭉케 테무르에서 비롯된 모든 지파들 중에서 오직 자신의 가계만이 차세대 칸을 위한 후보를 배출할 수 있도록 보장하려고 했다. 따라서 우즈벡은 투켈 부카에 더해서 토크타의 동생들의 후손들마저 살해했다. 그렇게 함으로써 우즈벡은 자신과 동등하게 왕위에 대한 권한을 가진 뭉케 테무르의 모든 손자들을 제거했다. 누구도 우즈벡의 직계 후손에 대한 경쟁자로 부상할 수 없도록 확실하게 하고자 한 것이었다.[19]

우즈벡이 살인과 정치적 숙청으로 집권한 것이 특별하지는 않다. 그러나 그 집권 과정이 왜 그것이 중요한지에 대한 정확한 이유이다. 전임자였던 토크타와 마찬가지로 우즈벡 역시 경쟁자를 살해함으로써 왕권을 차지했다는 사실은 적어도 호르드 내에서 몽골의 계승 체계가 무너져가고 있었음을 보여준다. 칭기스 칸은 잠재적인 계승자 간의 경쟁을 용인한 정치적인 절차를 개발했고, 폭력보다는 협상과 합의에 의해서 문제가 해결될 것을 보장했다. 그러나 주치조 간의 각 권력 이양을 거치며 그 절차가 더욱 긴장되었다. 바투와 오르다의 시기 이후로 공위 기간은 짧아졌는데, 이것은 주치조가 서로 협상하려는 의지가 줄어들고 있었음을 보여주는 분명한 신호였다. 패배한 후보가 쿠릴타이의 결정을 받아들이고 왕위에 대한 권리를 공개적으로 포기하던 때는 지난 지 오래였다.

물론 우즈벡이 스스로 왕위에 오른 것은 아니다. 쿠틀루크 테무르의 도움이 결정적이었고, 우즈벡은 황금 씨족 출신이 아닌 지배계층인 카라추에게는 전례가 없던 권위를 쿠틀루크 테무르에게 사여함으로써 그 도움에 보답했다. 그리고 그 결과, 주치조의 통치에 변형이 일어났다. 바투 시기 이래로 호르드의 정치 체제는 지배계층 사이의 구분에 의존했고, 이것은 황금 씨족 밖의 가문들이 너무 큰 권력을 얻거나 칸의 친척이 그를 실각시키는 것을 막기 위함이었다. 이러한 목적에서 주치조와 주치조의 인척은 케식으로부터 배제되었다. 그러나 시간이 지나면서 바투의 후손들 사이에서의 충돌과 경쟁은 이러한 구분과 개인이 얻을 수 있는 중요 직책의 체계를 바꿔놓았다. 무엇보다도 주요한 변화는 베글레르벡이라는 지위를 만든 것으로, 칸 바로 밑이자 케식장 위에 있는 한 인물이 큰 권력을 가지게 된 것이었다. 베글레르벡은 칸의 대리인으로서 아랍 사료에서는 나이브 알 칸(nā'ib al-qān)이라는 명칭으로 언급되었다. 노가이는 이 지위를 차지한 첫 번째 인물이었고, 이것은 주치조 인물이 칸의 공식적인 통치 집단 안으로 속하게 되었음을 의미한다.[20]

우즈벡은 여기에서 더 나아가 쿠틀루크 테무르를 베글레르벡으로 임명했다. 이것은 급격한 변화였는데, 왜냐하면 쿠틀루크 테무르는 구레겐(güregen), 즉 황실의 사위였기 때문이다. 그의 정실인 투라박 카툰은 부유한 주치조 공주였다. 게다가 쿠틀루크 테무르는 호라즘의 통치자가 되었는데, 이전에는 사위들이 맡을 수 없었던 역할이었다. 사위들은 오르도와 울루스의 행정 구역을 통치할 수 없었다. 한편, 쿠틀루크 테무르의 형제인 이사 역시 칸의 딸과 혼인한 후에 통치 집단 내로 들어왔다. 그리고 이사의 딸은 칸의 네 번째 부인이 되었다. 이사는 자신의 지위를 강화하기 위해서 친족 관계를 활용했고, 쿠틀루크 테무르 다음으로 두 번째로 강력한 벡이 되었다.[21]

우즈벡의 통치 집단은 다른 이유로도 독특했다. 그의 인척은 무슬림으로서 케식과 베글레르벡의 지위에 새로운 차원을 더했다. 그리고 몽골 사회 내의 명예로운 위치 또는 군사 지휘의 기술이 아니라, 칸에게 제공한 정치적, 재정적, 군사적 지원이 통치 집단의 구성원이 되는 자격을 부여했다. 우즈벡의 카라추 인척이 그의 즉위를 후원했고 이제 그는 집권하는 벡이었다. 쿠틀루크 테무르와 이사로 대변되는 역사적 파열을 반영하듯이, 우즈벡은 자신의 통치 핵심 집단의 이름을 바꾸었다. 그들은 더 이상 케식장이 아니라 울루스 벡이었다. 또한 원래의 4명이 아니라 8명으로 구성되었다.

주치조는 칸의 새로운 통치 방식이 내포한 위험성을 즉시 인지했다. 우즈벡은 혈족을 그가 선호한 피임명인—그들은 전통적으로 우즈벡이 수여한 것과 같은 종류의 직위가 금지되어 있었다—에게 종속시키고 있었다. 그러나 주치조가 할 수 있는 것은 아무것도 없었다. 쿠틀루크 테무르는 그들보다 더 많은 것을 우즈벡에게 제공할 수 있었는데, 특히 군사적 지원과 강력한 무슬림 지도자의 정치적 충성—그의 협력은 무슬림 주민을 통치하고 호르드의 남쪽 이웃들과 안정적 관계를 유지하는 데에 필수적이었다—이 그러했다. 쿠틀루크 테무르는 1335년 무렵에 사망할 때까지 조정의 중심적인 인물이었다. 20년 이상 그는 볼가 강 하류와 호라즘 북부를 장악했고, 반면에 이사는 크림 반도를 통치했으며 필요한 경우 쿠틀루크 테무르를 대신하여 베글레르벡으로서 일을 보았다.[22]

울루스 벡 사람들과—예전의 케식—주치조의 혼인 대상을 합친 것이 우즈벡의 가장 중요한 혁신이었다. 우즈벡과 쿠틀루크 테무르 가족 사이의 유대는 이슥고 혈통을 초월하는 새로운 통치 체계로 보편화되었다. 카라추 벡은 이 새로운 체계 안에서 주치조와 다른 몽골의 많은 예전 기능을 맡았고, 단일하고 포괄적인 행정 아래에서 칸의 중앙집권을 도왔다.

하나가 된 모든 오르도들

우즈벡 정부가 취한 첫 조치 중의 하나는 주치조의 자산과 권력을 차지하여 재분배하는 것이었다. 칸은 오르도의 영토와 사람들을 여러 집단들로 나누었고, 주치 가문보다는 충성스러운 카라추 벡들 중에 한 명이 각각을 관할했다. 또한 주치조는 정주 복속민을 더는 직접적으로 통치하지 않았고 스스로 세금을 걷지도 않았다. 대신 칸의 대리인들이 세금을 징수하고 국고에 두었다. 칸은 주치조 왕자들에게 현금과 선물을 계속 분배했지만, 그들의 권위는 매우 제한되었다.[23]

군대는 항상 칸에게 응답했고 이는 새로운 체제 아래에서도 변하지 않았다. 바뀐 것은 그 아래에 있는 위계 질서였다. 이제 주치조 왕자들은 자신의 영역에 있는 군대를 더는 지휘하지 않았다. 대신 울루스 벡들이 지휘했고, 이는 모든 주치조 영토의 기병들이 칸의 요청에 따라 모이게끔 하는 데에 도움을 주었는데, 우즈벡은 어떤 주치조 왕자가 격노하여 독립적으로 행동할 가능성을 제거했기 때문이다. 이븐 바투타는 울루스 벡들이 17개의 투멘의 지휘관들을 이끌었으며 그들 각각이 최대 1만 명까지의 군사를 통솔했다고 기록했다. 또다른 사료에 따르면 우즈벡은 70만 명 이상의 기병을 동원할 수 있었다는데, 이 대군은 평화의 시기에는 보이지 않았지만 명령을 받으면 즉시 나타났다.[24]

카라추 권위로의 전환은 특히 칸의 오르도에서 확연하게 나타났다. 역사적으로 주치조는 다른 오르도들에서보다 칸과 같은 지배계층 사이에서 더욱 우세했다. 그러나 우즈벡은 동쪽으로 오르다조 오르도를 포함하여 다른 오르도들 역시 장악했다. 좌익은 1321년 새로운 군주 이르잔이 계승한 이래로 상당한 자치권을 상실했다. 이르잔은 강력한 오르다조 선조들의 계승자로서, 선조들은 오르도에 번영을 가져왔고 심지어 코니치의 시기에는 오르다조가 호르드의 사실상 통치자였다. 그러나 다른 사람들이 만든 부와 능력으로부터 혜택을 입은 이르잔은 그 이상을 원했다. 그는 오트라르를 포함한 시르-다리야 강 하류 유역의 대도시에 대한 권리를 주장했다. 이것은 차가타이조 영토에 대한 분명한 침해였다. 그러한 야망은 오르다조의 상당한 능력조차도 상회하는 것으로, 이르잔은 우즈벡에게 도움을 요청해야 했다. 칸은 오르다조 친척들이 본인의 정책과 자기 자신에게 헌신한다는 조건으로 군사적, 정치적 지원을 제공했다. 그렇게 오르다조가 분명히 종속되면서, 바투조와 오르다조 오르도 사이의 옛 정치적인 상태가 회복되었다. 이르잔은 쿠릴타이에서 우즈벡의 지휘에 따랐고 결코 칸의 뜻에 반대하는 목소리를 높이지 않았다. 두 오르도의 경제가 더욱 통합되고 오르다조가 이슬람을 받아들이기 시작하면서 아마도 그 동쪽의 오르도가 어느 때보다 더 종속되었을 것이다.25

오르다 후손들의 영토는 수십 년간 팽창하고 있었고, 무슬림들이 차지한 땅에 조금씩 가까워지더니 결국 아우르게 되었다. 우즈벡과 쿠틀루크 테무르가 호르드에서 부상할 무렵, 오르다조는 서쪽으로 호라즘 제국과 접경하게 되었는데, 호라즘에는 무슬림 베글레르벡, 토착 무슬림 관리, 그리고 수도 우르겐치의 이슬람의 영화(榮華)가 있었다. 주치조가 재건한 이 도시는 모피 무역의 중심지였고, 따라서 오르다조와 많은 상호 작용이 이루어지는 곳이었다. 오르다조는 우르겐치에서 종교 건물이 발하는 신비로운 기운을 접했고, 그중에는 베르케 칸의 개종에 영향을 미쳤던 수피 지도자 나즘 앗 딘 알 쿠브라의 성묘도 있었다. 쿠틀루크 테무르와 그의 정실 모두 자신만의 종교와 매장 건물이 있었다. 게다가 이슬람의 영향은 우즈벡 자신으로부터도 비롯되었다. 이름, 건물, 매장지를 통해서 분명히 알 수 있듯이 이제 중앙 호르드의 영향력 있는 고관들은 대부분 무슬림이었다. 관리들이 집단으로 개종했는지, 혹은 그들이 무슬림이었기 때문에 임용되었는지는 분명히 알 수 없다. 그러나 우즈벡 치하에서 이슬람의 신앙과 관습은 정치 경력을 추구하는 사람에게는 필수가 되었다. 오르다조는 중앙의 오르도와 더욱 긴밀하게 결합하면서 그 선례를 따랐고, 좌익의 유목민들은 이슬람으로 개종하거나, 더 정확하게는 텡그리와 알라를 하나로 합치기 시작했다.[26]

이르잔은 이슬람 기관을 후원한 첫 번째 오르다조 군주였다고 한다. 그의 통치 시기 동안 시르-다리야 강 유역의 도시에 마드라사, 모스크, 수피 수도원이 건설되었다. 또한 이르잔은 시그낙에 매장되었다고 하는데, 시르-다리야 강 동안에 위치한 그 도시는 이전에는 무슬림 도시, 농업 공동체가 정착했던 곳이었고 동쪽 오르도의 중심이 되었다. 오르다조와 바투조는 함께 현지 이슬람 시설을 강화했고, 이것은 오르다조의 시르-다리야 강 지역 그리고 볼가 강에 있는 도시 불가르처럼 칸이 직접 통치하는 지역을 포함한 무슬림 장악 지역들 간의 관계를 촉진하고 확보했다. 결정적으로 우즈벡은 주치조 영역 전역에서 무슬림 지배계층에 타르칸 지위를 수여했다. 무슬림 타르칸들이 재정적 보호를 활용하여 더 많은 학교들—그들은 학교를 통해서 가난한 사람들을 가르치고 치유하며 식사를 제공했다—을 짓고 자금을 제공하면서, 호르드의 무슬림 공동체는 규모, 부, 영향력, 가시성의 측면에서 성장했다. 그리고 이슬람이 호르드에서 더욱 중요한 위치를 차지하면서 무슬림 우즈벡은 훨씬 더 강력해졌다. 그는 다양한 복속민들의 삶에 더욱 철저한 연결을 맺고 있었다. 이전에는 자신을 피정복된 납세자로 생각했던 많은 사람들

은 일종의 정신적 아버지인 군주의 충성스러운 추종자가 되었다.[27]

거의 동시에 주치조 영토의 서쪽 끝 도나우 강의 오르도 역시 중앙 오르도의 확고한 통제를 받게 되었다. 노가이 시기에는 도나우 강의 오르도가 상당한 독립을 누렸지만, 토크타 시기와 그 이후의 우즈벡은 서쪽 지역을 반드시 복종시키고자 했다. 1300년 무렵 불가리아의 차르였던 테오도르 스베토슬라프는 토크타의 명령에 따라서 노가이의 장자이자 계승자인 체케를 살해했다. 체케는 테오도르의 처남이자 동맹이었지만, 테오도르는 노가이 통치의 잔여 세력을 근절한다는 임무를 수행했다. 노가이의 추종자, 유산, 기억, 그 무엇도 남지 않아야 했다. 모든 것이 사라져야만 했다. 노가이의 혈통이 영원히 단절되었음을—즉, 뼈가 부러졌음을—분명히 하기 위해서 체케는 교살되었고 목이 잘렸다. 곧이어 테오도르는 다시 칸의 권위에 근거하여 "검은 타타르인들"—슬라브인들은 부자크 초원의 유목민을 이렇게 불렀다—을 정복했다. 검은 타타르인들은 킵차크와 몽골 가계의 혼혈이었고 노가이를 따랐던 전사들이었다. 테오도르는 그들의 어떤 저항도 가혹하게 진압했다.[28]

우즈벡의 발칸 일대에 관한 정책은 토크타를 따랐다. 두 칸은 불가리아를 호르드의 최서단 지역, 즉 동맹이 아니라 영토로 여긴 것처럼 보인다. 실제로 주치조 군대는 우즈벡의 통치 동안 적어도 5번은 비잔틴인들을 공격한 반면에 불가리아인들은 공격하지 않았는데, 이것은 주치조의 지배가 불가리아와 비잔티움 제국 사이의 경계에서 끝났음을 보여주는 명확한 증거이다. 이를 확인하듯이, 우즈벡은 테오도르 스베토슬라프가 남쪽으로 세력을 확장하는 것을 허락했고 여기에는 비잔티움 제국의 희생이 따랐다. 또 테오도르는 드네스트르 강이 있는 북쪽으로도 세력을 확장할 수 있었고, 이를 통해서 그는 주치조 영역이었던 노가이의 옛 땅에 대한 권력을 얻었다. 특히 이 불가리아 차르는 도브루자와 부자크 초원 일대를 지배했다. 테오도르와 그의 계승자인 게오르기 테르테르 2세는 노가이의 후계자 및 추종자들의 마지막 잔여 세력을 도나우 강의 오르도로부터 쫓아냈다.[29]

1323년 게오르기 테르테르가 사망한 후에 우즈벡은 서쪽 일대에 대한 확고하고 직접적인 지배권을 확립했다. 새로운 불가리아의 통치자인 미하일 시슈만은 더욱 야심적인 불가리아 왕조를 만들고자 했지만 그러한 기회를 얻지 못했다. 노가이의 유산은 더 이상 위협이 되지 않았고, 우즈벡은 계속 불가리아를 매개로 삼을 필요가 없었다. 대신 우즈벡은 로마인의 땅(Romanian Land) 또는 왈라키아 공국으로 알려진 작은 공국의 성립을 지원했다. 그 로마인 통치자 바사라브 1세—그는 헝가리 국왕의 옛 봉신이었다—는 우즈벡의 보호에 대한 대가로 주치조의 국경, 특히 팽창주의적인 헝가리에 대한 국경을 강화했다. 이 로마인들은 1330년 포사다 전투에서 헝가리의 군대를 격파하면서 스스로를 증명했다. 왈라키아는 한때 노가이 영토의 핵심이었지만, 이제 그곳에서는 로마인들이 무역과 경제 발전을 통해서 부를 얻고 있었고 이는 향후 여러 세대 동안 왈라키아의 성장과 강화에 도움이 될 유산이었다.[30]

제국이 국경 지역에 할당한 역할은 그 제국의 역동성에 관해서 많은 것을 이야기해준다. 주치조는 변경을 중요하게 여겼다. 호르드가 부여한 권한으로, 왈라키아와 불가리아는 중앙 유럽으로 가는 몽골의 관문이자 헝가리와 비잔틴의 팽창을 막는 핵심적인 방벽이 되었다. 주종관계는 칸과 신하 양측의 이익을 뒷받침했다. 1341년 우즈벡이 사망할 때까지 가톨릭 로마인들과 정교 불가리아인들이 호르드의 변경을 지탱했고, 칸의 이름은 그들을 통해서 서부 유럽 깊숙한 곳까지 두려움 및 존경과 함께 울려 퍼졌다. 게다가 두 소국가—왈라키아와 불가리아—는 고유한 장기 정권으로 발전했고, 결국 몽골 군주보다 더 오래 지속되었으며, 이후 여러 세기 동안 발칸의 정치에서 핵심적인 역할을 했다.

모스크바의 험난한 흥기

우즈벡 이전까지는 몽골이 러시아 공국에 대개 간섭하지 않는 관계를 취했다. 러시아 정치에 대한 우즈벡의 영향은 심원했고 세계사적인 변화를 야기했다. 특히, 우즈벡이 모스크바의 왕자들을 지지한 일은 벽지의 한 도시가 러시아 세력의 지속적인 중심으로 변모하는 데에 기반이 되었고 동슬라브인들의 통치 가계를 새롭게 만들었다.

우즈벡이 즉위했을 때 러시아 공작들 간의 관계는 수십 년간 그대로였다. 공국들은 작고 분열되어 있었다. 각각의 공작이 자신의 영역을 방어하고 지역 경제를 운영하고 유지하는 책임을 졌다. 공작들은 서로 뿔뿔이 흩어져 있었지만 러시아인들에 대한 지배권을 가진 통치자인 대공의 권력 아래에 통합되었다. 대공이 키예프에 궁정을 세웠을 때도, 그리고 블라디미르로 옮겼을 때도 그러했다. 대공은 레스트비챠(lestvitsa)에 따라서 선택되었는데 레스트비챠란 가장 연장자인 공작이 대공이 되는 계승 원칙으로, 과거에 그의 아버지 또는 할아버지 역시 그 역할을 맡았음을 전제로 했다.

주치조에 러시아 체제는 잘 작동했다. 각 공작은 영토에서 세금을 징수했고 그 수입을 대공에게 보냈으며, 이어서 대공은 전체 세수를 몽골에 분배했다. 몽골은 서로 경쟁하는 공작들이 다스리는 마을과 도시들을 직접 다루기보다는 중앙집권화된 행정을 감독하는 편을 선호했다.

몽골은 그러한 중앙 행정의 작동 방식에 관해서는 기꺼이 대공에게 책임을 맡겼다. 몽골은 효과적인 행정에 위계질서가 필수적이라는 사실을 잘 알 정도로 국가 건설에 대한 충분한 경험이 있었고, 대공은 전통적으로 그 위계질서의 최상단을 차지했다. 대공에게는 두 가지 자질이 필요했다. 첫째로 그는 칸에게 충성해야만 했고, 둘째로 러시아인들의 신뢰를 얻어야 했다. 그렇지 못하면 그는 몽골의 세금을 징수하면서 어려움을 겪을 수밖에 없었다. 사람들의 신뢰를 더욱 보장하기 위해서 몽골은 전통적인 계승 절차가 통용되도록 했다. 원칙적으로 대공의 직함은 몽골에 의해서 확정되었지만, 몽골의 임명은 대체로 레스트비챠와 일치했다. 따라서 러시아의 오랜 계승 방식과 호르드의 권위 사이에 긴장 관계가 발생하는 일은 드물었다.[31]

주치조와 러시아 지배계층 모두가 이 관계로부터 이득을 얻고 있었기 때문에 각자의 지배적인 특권을 유지하고자 했다. 공작들은 칸의 지지를 구했는데, 칸의 신임과 물질적 후원이 권력에 핵심적인 역할을 했기 때문이다. 그리고 칸은 공작들 사이에서 누가 믿을 만한 동맹인지 알아내야만 했기 때문에 그들의 지지를 얻고자 애썼다. 여러 해에 걸쳐서 양측 사이에 상호 존중이 형성되었고 그들은 잘 소통했다. 심지어 러시아 공작들은 몽골의 공주와 결혼할 수도 있었고, 이는 유목 군주들이 북쪽 봉신(封臣)을 신뢰했음을 보여주는 표식이었다. 딸을 외교적인 선물 및 정치적인 충성의 상징으로 활용했던 비잔틴인 등과는 달리, 몽골은 딸을 초원 세계로부터 분리하는 것을 내키지 않아 했다. 그러므로 주치조가 기꺼이 딸을 비유목민과 혼인시키려고 했다는 것은 그들이 러시아인들을 매우 존중했음을 보여준다. 러시아를 제외하고는 이러한 사례가 얼마 되지 않는다는 점도 이를 증명한다. 이후에 설명하겠지만, 1320년

우즈벡은 질녀를 맘루크 술탄과 혼인시켰는데, 이는 주치조와 맘루크 간의 전례 없는 친족관계였다.[32]

러시아인과 몽골 지배 집단이 상호 의존적인 관계가 되면서 균형 관계가 형성되었다. 러시아 지배층은 주민들을 통제했고 몽골에 세금 수입을 보냈다. 또한 러시아인들은 스스로도 몽골에 예속되었다. 공작들은 몽골의 호의를 얻고자 칸의 오르도를 자주 그리고 필요한 만큼 길게 방문했고, 적어도 6개월 때로는 1년 또는 2년간 체류했다. 공작은 이러한 방문을 통해서 자신의 위상을 높이고 연결망을 확장하고 군사적 능력을 심화시킬 수 있었다. 반면, 칸은 결코 공작들을 방문하지 않았다. 칸은 전쟁 상황이 아니라면 복속민에게 가지 않았다. 칸이 이동하려면 항상 더 큰 동기가 필요했다. 칸은 러시아인들이 자신을 방문하면, 때로는 그들의 분쟁을 해결해주었다. 이것은 러시아인들 간의 안정을 유지하는 데에 도움을 주는 한편으로, 칸의 위신도 향상시켰다. 러시아인들이 칸을 존경하고 물질적으로 지원하는 것에 대한 대가로 칸은 보호를 제공했다. 만약 대공에게 군사적인 도움이 필요하다면 칸은 거절할 수 없었다. 주치조는 지배자였지만, 자신들의 의무를 알고 있었다.[33]

우즈벡의 지배 아래에서 이 균형은 칸의 권위에 더욱 이로운 방향으로 바뀌었고, 러시아의 계승 전통은 심각하게 손상되었다. 이러한 변화는 우즈벡이 집권하기 훨씬 전인 1240년대 몽골의 정복 이후에 나타난 러시아 정치의 변화에 의해서 촉진되었다. 정복 과정에서 키예프와 블라디미르 같은 주요 중심지가 경제적으로 파괴되었고, 지배계층들이 대거 살해되었다. 그리고 모스크바와 트베리의 공작들은 이 공백을 메우기 위해서 빠르게 움직였다. 두 도시는 황폐화된 지역으로부터 달아난 인부들을 받아들임으로서 비교적 빠르게 회복했다. 볼가 강 상류에 위치한 트베리는 재기의 조짐을 보인 첫 북동쪽 도시였다. 1280년대 무렵 주민들은 이미 기념비적인 예수의 변모 교회를 건설하고 있었다.[34]

모스크바로서는 할 일이 많았다. 정복 이후의 성장에도 불구하고 모스크바는 14세기 초까지는 일종의 벽지였다. 건물 벽은 흙으로 만들어졌고 성채는 나무로 지어졌다. 노브고로드, 트베리, 블라디미르, 키예프와 같은 중요한 도시에 비해서 모스크바는 그리 대단하지 않았고 전원적이었다. 그러나 모스크바의 통치자들은 야심이 컸다. 알렉산드르 넵스키의 막내아들인 다닐 알렉산드로비치의 후손이었던 모스크바의 공작들은, 오랜 계승 방식에 따르면 대공의 자리에 대한 우선권이 없었다. 그러나 다닐로비치*는 대공의 자리를 빼앗고 모스크바를 러시아 북동 지역에서 가장 강력한 공국으로 변모시키려고 했다.

모스크바인들의 첫 번째 기회는 토크타 칸의 통치 시기였던 1304년에 찾아왔다. 그해 대공 안드레이가 사망했고, 모스크바의 공작 유리 3세와 그의 삼촌인 트베리의 공작 미하일 야로슬라비치 등 두 후보가 그를 대신하기 위해서 경합했다. 그들은 두 사람 중에서 결정해줄 것을 칸에게 요청했고 토크타는 미하일을 선택했다. 미하일은 몽골의 충성스러운 신하였고, 유리의 손윗사람이자 전 대공의 아들로서 레스트비챠에 따르면 타당한 권한을 가지고 있었다. 그러나 유리는 그 결과를 받아들이지 않았고 모스크바는 반란을 일으켰다. 트베리가 모스크바를 조용히 만들고 마침내 미하일의 권위를 주장하기까지 두 번의 군사 원정이 필요했다. 당분간 유리는 자신의 주장을 포기해야만 했다. 그러나 모스크바 가계가 자격이 없었음에도 불구하고 대공의 자리를 차지

* Daniilovichi : 다닐의 후손들이라는 뜻.

하려고 시도했다는 바로 그 사실이 러시아 정치에서의 중요한 변화를 나타낸다.[35]

다음의 중요한 발전은 1313년 우즈벡이 토크타를 대신한 이후에 찾아왔다. 대공 미하일은 새로운 칸에게 경의를 표하고 대공으로서의 권리를 확인받기 위해서 볼가 강 하류로 여행했다. 미하일은 우즈벡의 오르도에서 2년을 머물렀고, 유리는 그의 이 장기 부재를 이용했다. 1314년 유리는 노브고로드를 차지하기 위해서 작전을 펼쳤다. 노브고로드는 대공 소재지는 아니었지만 미하일의 직접적인 통제 아래에 있었다. 유리의 사람들이 노브고로드로 들어갔고 미하일의 부관들을 사로잡았다. 이어지는 협상 동안 노브고로드인들은 보위를 유리에게 넘기기로 제의했다. 분노한 미하일은 노브고로드인들을 벌하기 위해서—칸의 허락 및 몽골군 분견대와 함께—자신의 영토로 돌아왔다. 1315년 미하일은 노브고로드를 급습했고 그곳에 대한 자신의 권리를 재확인했다. 칸은 이 문제를 해결하기 위해서 유리에게 호르드 조정에 출두할 것을 명했다.

유리는 소환에 따라 찾아왔다. 그러나 그는 예상하지 못한 화려한 방식으로 모스크바로 귀환했다. 그는 우즈벡의 사신들, 2만 명의 기병 궁수, 그에게 대공의 직함을 수여한다는 몽골의 문서를 가져왔다. 영리한 정치인이었던 그 모스크바의 공작은 칸의 궁정에 있는 동안 몽골에 대한 전적인 충성을 맹세했다. 유리는 자신이 더더욱 효율적으로 세금을 전달할 수 있기 때문에 미하일보다 더 적합한 대공이라고 칸을 설득시켰다. 우즈벡 역시 유리를 승진시키면 대공이 자신에게 빚을 지게 된다는 점을 알고 있었다. 그들 사이의 유대는 유리가 우즈벡의 누이 콘차카와 혼인함으로써 확정되었다.

유리는 이 성공을 기반으로 하여 1317년 트베리를 향해서 원정을 시작했고 전장에서 미하일과 직접 부딪혔다. 미하일이 이 싸움에서 승리를 거두었고 유리를 도망치게 만들었으며 콘차카를 사로잡았다. 미하일은 이 몽골 공주를 풀어주려고 했으나 그녀는 트베리 감옥에서 사망했다. 이 죽음은 우발적이었으나 여하튼 우즈벡은 이를 심판하기 위해서 미하일을 소환했다. 다른 상황이었다면 칸의 누이의 죽음에 책임이 있다고 생각되는 당사자는 즉시 처형되었을지도 모른다. 그러나 미하일은 몽골의 오랜 친구이자 전 대공이었고, 그렇기 때문에 신중하게 결정되어야 할 문제였다. 그러나 결과는 이미 정해져 있었다. 수개월 동안 계속된 심리 끝에 미하일은 세금의 미납, 반역, 반란을 포함한 여러 혐의들에 대해서 공개적으로 유죄가 선언되었다. 그는 1318년 11월에 처형되었다.[36]

미하일이 제거되자 칸의 권위를 등에 업은 유리는 오랜 왕조의 규칙에 반하여 대공의 직함을 차지한 첫 번째 인물이 되었다. 그러나 그는 동료들의 존경을 잃었고 몽골을 위한 세금을 징수하기 위해서 애쓰며 매우 버둥거렸다. 또한 유리는 미하일의 아들이자 트베리의 공작이었던 드미트리 미하일로비치와 알렉산드르 미하일로비치의 공격에 직면했다. 1322년 우즈벡은 모스크바 가문으로부터의 신임을 철회하고 대공의 직함을 트베리로 돌려줄 수밖에 없었고, 이는 옛 계승 체제를 회복시키는 것이었다. 처음에 우즈벡은 드미트리를 대공의 지위에 확립했으나, 그가 1325년 유리를 살해함으로써 아버지의 복수를 하자 우즈벡은 그 직함을 빼앗아 알렉산드르에게 넘겨주었다.

트베리는 주도권을 오랫동안 차지하지는 못했다. 트베리의 공작이었던 알렉산드르는 그 이전의 유리처럼 세금을 징수하는 데에 어려움을 겪었다. 1327년 우즈벡은 대공의 충성심을 실험하고 지불액을 거두기 위해서 대리인을 트베리로 보냈다. 그러나 트베리의 주민들은 지불을 거절했고, 대신 대리인과 사절단을 살해하면서 반란을 일으켰다. 이 트베리의 봉기는 칸을 극도로 화나게 만들었다. 피살된 대리인이 칸의 친척이었기 때문에 더욱더 그러했다. 이것은 중대한 죄였다. 그로 인해서 알렉산드르는 대공의 자리에서 쫓겨났고 그의 백성은 엄하게 처벌되었다. 우즈벡은 한 러시아인이 지휘하는 토벌군을 보냈고, 그들은 도시를 약탈하고 알렉산드르를 몰아냈으며, 그는 리투아니아로 달아났다. 나중에 알렉산드르는 우즈벡의 허락을 받고 트베리에 재정착했다. 그러나 칸의 용서는 짧았다. 1339년 우즈벡은 알렉산드르와 그의 아들을 처형했다.[37]

알렉산드르에게 승리를 거둔 몽골군을 지휘한 러시아인은 유리의 형제이자 모스크바의 공작이었던 이반 1세였다. 레스트비챠에 의하면 이반에게는 대공의 지위에 대한 권리가 없었지만, 그는 대공 임명을 재가하는 진정한 힘이 칸으로부터 비롯된다는 사실을 잘 알고 있었고, 그래서 우즈벡의 호의를 계속 추구했다. 1327년과 1332년 사이의 어느 시점에—사료에는 그 정확한 날짜가 불분명하다—이반은 우즈벡 앞에 나타나 진귀한 선물을 아낌없이 주었고, 블라디미르 대공의 직함을 수여받았다. 오랜 계승 방식에도 불구하고 칸은 다시 한번 다닐로비치를 다른 지배가문들 위로 격상시킨 것이었다. 물론 유리도 똑같은 방식으로 승진했기 때문에 문제는 그 새로운 계통이 이를 지킬 수 있는가의 여부였고, 그렇지 못하면 칸의 관대함을 잃을 뿐이었다.[38]

이반은 지위를 안전하게 지키기 위해서 군사적 수단, 토지 구매, 혼인 및 종교 연합을 통해서 다닐로비치의 영토를 확장시켰다. 모스크바는 토지 구매를 통해서 주변 공국을 흡수할 수 있었고, 이 정책은 이반의 독특한 별명인 칼리타(Kalita)—돈 주머니라는 뜻이다—에도 반영되어 있다. 이반 칼리타는 다닐로비치의 땅을, 사람들을 유인하고 자신들의 유력한 지위를 유지하는 데에 필요한 자원을 생산하는 부유하고 잘 보호된 영지로 바꾸기 위해서 여러 전략들을 개발했다.

이반과 정교 교회 간의 관계는 특히 도움이 되는 것으로 드러났다. 대주교구 소재지는 1299년에 키예프에서 블라디미르로, 1325년에는 키예프에서 모스크바로 이동했다. 그다음 해에 대주교인 모스크바의 성 베드로는 그때까지 모스크바에서 이루어진 것들 중에 가장 인상적인 건설 계획에 착수하기 위해서 이반과 손을 잡았다. 그들은 성모 승천 성당과 네 채의 추가적인 석조교회 건설을 후원했는데, 이들 모두가 모스크바의 성채 안에 세워졌다. 이후에 비잔틴인과 슬라브인 장인들이 벽화를 추가하고 거대한 교회종을 설치했다. 이 건물들의 웅장함은 키예프와 블라디미르의 유산에 대한 모스크바의 권한뿐만이 아니라 모스크바의 신앙심을 선언했다.[39]

이반 칼리타의 후계자들은 정교 교회와 우호적인 관계를 유지했는데, 합법성, 위신, 도덕적인 이미지 등 그들이 절실하게 원한 것들을 교회가 제공해주었기 때문이다. 그러나 교회에게도 의도가 있었고 대주교 베드로의 후임들은 조심스러운 입장을 유지했다. 그들은 모스크바 대공의 정책이 러시아 교회의 통합에 도움이 되는 한 그를 지원했고, 러시아 교회는 공국의 분할 위에서 존재를 주장하기 위해서 열심히 노력했다. 따라서 한편으로는 대주교들이 다닐로비치로부터 토지 공여와 현금 기부를 받았고, 다른 한편으로는 교회가 모스크바의 이익을 다른 가문들의 이익 위에서 공개적으로 도모하지 않고자 조심했다.

실제로 많은 공작들의 이익은 다닐로비치의 이익과 어긋났고, 그래서 다닐로비치를 찬탈자라고 생각했다. 이 공작들에게는 모스크바의 권위보다는 칸의 권위를 받아들이는 것이 더 용이했다. 트베리, 프스코프, 벨로오제로, 야로슬라블, 로스토프 등의 공작들은 분개하여 다닐로비치에 대항해 연합했고, 다닐로비치가 세금을 거둘 수 없게 막고자 노력했으며 칸에게 불만을 호소했다. 그러나 이러한 반대에도 불구하고 이반 칼리타와 그 계승자들 시기의 다닐로비치는 시의 적절하게 칸에게 납부액을 지불했다. 그들이 그렇게 할 수 있었던 중요한 이유는 노브고로드의 무장 지배 덕분이었다. 그곳은 북유럽의 은이 통과해 러시아 땅으로 들어오는 주요 지역이었다. 역사적으로 대공을 지지했고 그의 직접적 권한을 인정했던 노브고로드인들은 모스크바의 지배를 거부했다. 그러나 노브고로드인들에게는 몽골이 후원하는 다닐로비치와 싸울 수 있는 군사력이 없었다. 그리하여 노브고로드의 지배계층이 다닐로비치와 정치적으로 싸우는 동시에, 노브고로드인들은 은을 지불했다. 따라서 노브고로드는 몽골이라는 문에 대한 다닐로비치의 열쇠였다. 은이 유입되는 한 다닐로비치는 칸의 군대의 지원에 의지할 수 있었고, 불만을 품은 공작들 그 누구도 감히 그 군대에 대적하지 못했다. 주치조의 측면에서 보았을 때 세금 납부는 충성의 증거였고, 그 대가로 주치조도 정성을 다했다.[40]

다닐로비치의 흥기는 결코 평탄하고 직선적인 과정이 아니었다. 이반 칼리타의 아들과 후계자들 아래에서 모스크바의 권위는 약화되었고, 대공들은 종종 다른 공작들을 군사 원정에 참여하게끔 설득할 수 없었다. 1359년에 이반 2세가 사망하자 모스크바의 영토 팽창은 중단되었고 다닐로비치의 통치는 미약해졌다. 여전히 모스크바 가문은 호르드의 지배 체제에 활발히 참여하고 친족 관계를 강화하며 대면 집회에서 소통함으로써 몽골과의 관계를 돈독히 했다. 이반 칼리타와 우즈벡이 공유한 유대는 그들의 후계자에게 전해졌다. 그러나 다닐로비치 가문은, 몽골이 기대하는 세금 수입을 대공이 줄 수 없다고 밝혀지면 그 유대가 즉시 단절될 것을 잘 알고 있었다. 첫 번째 모스크바 대공이었던 유리가 세금 징수의 의무를 수행하는 데에 끝내 실패하자 우즈벡은 그 가문에 대한 신임을 일시적으로 거두어들였다. 칸의 불만은 모스크바에 매달려 있는 다모클레스의 검이었다.*

널리 그리고 멀리 무역하기

우즈벡은 몽골의 명성을 이용했다. 그는 자신의 오르도가 강력한 이유가 이국적인 왕국으로부터 선물을 받기 때문이라는 점을 알고 있었다. 먼 지역의 군주들이 탕숙, 즉 놀랍고 색다른 것들을 보내왔는데, 이것들은 몽골 지배계층을 즐겁게 했고 호르드에 대한 존중을 보여주었다. 만약 어떤 사람이 세상에서 차지한 위치를 외교와 무역으로 표현한다면, 14세기 초 수십 년간은 호르드가 명망의 지위를 차지하고 있었다.

그러나 안전은 저절로 얻을 수 없었다. 권력을 둘러싼 역학은 복잡했고 안전에는 시간, 노력, 돈, 때로는 유혈이 필요했다. 우즈벡의 위대한 선조들—바투, 베르케, 뭉케 테무르 같은 사람들—은 이것을 알고 있었고, 우즈벡도 마찬가지였다. 아무리 그가 강력할지라도 섬세하게 다뤄야 할 대외 정책의 문제들이 있었다. 지속적인 어려움 중의 하나는 주

* 고대 그리스의 일화에서 유래된 속담으로 항상적이고 절박한 위험을 의미한다.

치조와 일칸조가 공유했던 캅카스 통로의 통제였다. 우즈벡은 그 통로에 대한 완전한 권한을 얻고자 했다. 우즈벡의 통치 기간 중에 두 차례, 즉 1318년과 1335년에 훌레구의 후손들은 계승 위기에 직면했고, 주치조는 이 두 취약 시기 동안 공격을 감행했다. 그리고 일칸조는 두 차례 모두 그들을 격퇴했다. 그러나 우즈벡은 두 공격 사이에는 더욱 평화로운 입장을 취했고, 일칸조의 지배계층과 연합을 형성했다. 예를 들면 1330년 무렵 그는 아들 티니베크를 일칸조의 한 유력 아미르의 딸과 혼인시켰다. 이것은 친족의 권한을 획득함으로써 남캅카스 통로의 통제권을 장악하기 위한 주치조 계획의 일부로 볼 수 있다.[41]

우즈벡은 일칸조와는 협상하고 때로는 공격하는 한편, 극동에 있는 톨루이조에는 유화적인 정책을 펼쳤다. 동-서 중심축인 실크로드를 따라 이루어지는 장거리 무역을 보호하기 위해서였다. 그는 대칸과의 평화를 촉진했고, 쿠빌라이가 1271년에 설립한 톨루이조 왕조인 원나라에 대항하기 위해서 연합하자는 차가타이조의 제의를 공개적으로 거절했다. 우즈벡은 차가타이조 이웃을 신뢰하지 않았고, 그들이 톨루이조와 자신 사이에 갇혀 있는 편을 더욱 선호했다.[42] 우즈벡은 서쪽에서는 지중해 세계, 특히 맘루크인, 이탈리아인과의 관계를 강화했다. 토크타는 1307–1308년 제노바인들을 호르드로부터 추방했는데, 우즈벡은 1316년에 그들을 용서하고 카파에 돌아와서 도시를 재건할 수 있게끔 했다. 우즈벡은 그들에게 영토 내에서 무역 또는 여행을 하는 데에 가장 좋은 조건을 제공했고, 그 대가로 그들이 일칸조가 아닌 주치조의 상업 중심지로 상품의 흐름을 향하게 하기를 기대했다.[43]

요새화된 항구인 카파는 수년 내에 다시 번영한 무역 중심지이자 프란치스코회 사람들의 활동 중심지가 되었다. 그리고 프란치스코인들은 다시 한번 호르드의 중심부로 포교를 확장했고, 칸 궁정의 계절에 따른 순환에 직접 함께했다. 심지어 수도사들은 볼가 강 너머 지역까지 손을 뻗었고, 서시베리아의 목축민들 사이에 수많은 개종이 이루어졌다고 주장했다. 선교사들은 몽골의 관용 정치를 이용하여 우즈벡의 영토 내에 적어도 10곳의 수도원을 건립했다. 칸은 그 이탈리아인들이 부와 재산을 가져다주는 한, 초원 깊숙한 곳까지 침투하는 것을 환영했다.[44]

우즈벡은 맘루크와의 관계를 강화하기 위해서 제노바인을 중개자로 사용하고자 했다. 제노바인들이 오래 맡아온 역할이었다. 1260년대 이래로 그들은 주치조와 맘루크를 위해서 대부분 자유계약 선원으로 일했고, 일부 사람들은 이 분야에서 성공하여 사절 비슷한 역할을 맡았다. 예를 들어 상인 세구라노 살바이고는 술탄과 칸 모두와 가까웠고 종종 칸의 궁정에 머물렀으며 그곳에서 술탄, 몽골, 그리고 자신을 위해서 사업을 했다. 그의 활동은 호르드의 상업적인 연결을 확보하는 데에 도움을 주었다.

1315년 예상하지 못한 사태 전환 속에서 맘루크의 술탄 안 나시르 무함마드는 칸에게 신부를 요청했다. 만약 이 거래가 성사되면 주치조와 맘루크 사이에 첫 번째 혈연 기반 동맹이 구성될 것이었다. 양측이 합의하는 데에 3년이 소요되었지만, 마침내 1320년 봄 툴룬바이 카툰은 결혼식을 올릴 알렉산드리아에 도착했다. 그녀는 살바이고를 포함하여 3,000명의 수행원을 동반했다. 이 공주는 아마도 우즈벡의 조카였겠지만 술탄에게는 칸의 딸로 소개되었다.[45]

이 혼인은 매우 조심스럽게 이루어졌음에도 불구하고 처음부터 불행한 운명이었다. 문제는 맘루크와 주치조가 혼인 동맹의 의미에 대해서 매우 다르게 생각했다는 것이었다. 안 나시르 무함마드는 칭기스의 후손과 결혼함으로써 본인의 지위를 드높이고 있다고 생각했지만, 몽골은 술탄이 자신을 신하로서 자청하고 있다고 믿었다. 어쨌든 몇 명 되지 않는 주치조 딸들의 비몽골인 남편들은 호르드의 신임받는 신하들이었다. 이러한 오해는 상당한 결과를 낳았는데, 이제 주치조는 맘루크를 채무자로 여겼고 재정적, 군사적 권리를 즉각적으로 요구했기 때문이다. 우선 칸은 술탄에게 2만7,000디나르에 달하는 신부값과 결혼식 비용을 지불하도록 했는데, 맘루크가 어쩔 수 없이 칸의 상인들로부터 빌려야만 하는 금액이었다. 그리고 결혼식이 끝나지도 않았는데 우즈벡은 일칸조와의 전쟁에서 술탄이 자신을 지지하도록 요청했다.

안 나시르 무함마드는 신부값을 완전한 강탈로 여겼고, 맘루크와 일칸조 간의 오랜 대립 관계를 재개할 뜻이 전혀 없었다. 사실 그는 일칸조와 평화 협상을 막 시작하여 두 군주가 곧 통상 조약에 서명할 참이었다. 안 나시르 무함마드는 우즈벡의 원정에 참여하기를 거절했고, 심지어 주치조가 공격을 계획하고 있다고 일칸조에 경고했다. 만약 전쟁 계획이 있었다면 취소되었음에 틀림없다. 1320년대 주치조의 일칸조 공격에 관한 증거가 사료에 없기 때문이다. 격노한 우즈벡은 호르드의 상인들이 맘루크에게 노예를 판매하지 못하도록 금지함으로써 맘루크에 반격했다. 또한 우즈벡은 명령을 내려 살바이고를 붙잡아 처형시켰다. 누군가는 혼인 실패에 대해서 값을 치러야 했다. 안 나시르 무함마드는 1327년 무렵 툴룬바이 카툰과 이혼했고 그녀가 한 맘루크 아미르와 혼인하도록 주선했다.[46]

이러한 마찰에도 불구하고 우즈벡과 안 나시르 무함마드는 계속 사신을 교환했다. 맘루크는 노예 무역의 재개를 원했는데, 숙련된 전사들을 얻는 데에 여전히 주치조에 의존했기 때문이다. 그리고 주치조는 맘루크와의 관계에서 얻는 재정적 이익을 영원히 포기할 만큼 그렇게까지 모욕을 느낀 것은 아니었다. 게다가 맘루크 술탄과 일칸 간의 평화가 불확실해 보였기 때문에, 일칸조에 대항해 향후 연합할 가능성이 항상 있었다. 우즈벡과 안 나시르 무함마드가 주고받은 위협 및 과격한 행동들은 그들의 복잡한 춤의 일부였다. 각자가 자신의 사람들을 위해서 최대한 좋은 협약 조건을 추구했기 때문이다. 두 통치자들은 결코 서로의 적이 되지 않았다. 관계 단절이 일어났다면 세계 질서에 엄청난 변화를 야기했겠지만, 그런 일은 발생하지 않았다.

일반적으로 무역에는 난투가 난무했고 상인들은 맘루크와 주치조 간의 충돌에 관계 없이 계속 관계를 맺었다. 심지어 세구라노 살바이고의 처형조차도 제노바인들을 단념시키지 못했고, 그들은 계속 호르드에서 사업을 하면서 주치조의 탄탄한 무역망을 활용했다. 우즈벡의 통치기 내내 유럽인들은 수익성 높은 인간 밀매 및 곡물 무역의 중요한 참여자였다. 중앙 유라시아에서 최고의 밀은 도나우 강 유역의 비옥한 땅에서 자랐고, 그곳의 농부들은 현지 소비 및 무역을 위해서 보리, 호밀, 귀리, 기장, 수수, 완두콩을 재배했다. 14세기 초 이 무역의 중심지는 드네스트르 강 하구에 위치한 주치조의 정착지인 하얀 도시였다. 그외 다른 주요 곡창 지대는 서쪽으로 크림 반도와 아조프 해 일대에 위치했다. 따라서 주치조를 거부한다는 것은 흑해 전 지역의 곡창지대에 대한 접근권을 거부한다는 뜻이었고, 그에 따라 그 일대의 지역, 특히 인구는 매우 밀집되었으나 곡물은 부족했던 콘스탄티노폴리스에 공급할 기회를 상실한다는 뜻이었다.[47]

주치조의 영토는 생산성 높은 곡창으로 가득했지만, 몽골인들은 거의 경작을 하지 않았고 밀을 제외하면 곡물을 소비하지도 않았다. 또한 곡

조정의 장면. 라시드 앗 딘의『집사』1314년 판본의 삽화. 조정에 출석한 사람들은 몽골식 모자를 착용하고 있고, 수염과 터번을 비롯해 이슬람의 특징적인 모습을 보이고 있다. 비잔티움 제국과 중국의 전통 요소가 다문화적 사회 환경을 완성했다. 출처 : Bridgeman Images.

물을 교역하지도 않았다. 대신 몽골은 무역망을 개발하고 활용하는 자신들의 장기에 따라서 다른 사람들, 주로 제노바인, 게르만인, 그리스인들이 수행하는 무역을 활성화시켰다. 주치조는 모든 무역 거래에 세금을 부과했다. 세금은 가벼웠지만 관세, 계량 비용, 선적 및 판매에 대한 징세 등 종류가 여러 가지였다. 게다가 곡물이나 노예 등은 호르드에서 멀리 떨어진 목적지까지 가는 긴 여정 동안 구매 및 재판매되었는데, 주치조는 같은 상품에 대해서 여러 차례 징수했다. 전체적으로 세금은 상당한 이익을 낳았다.[48]

호르드 영토의 생태학적 우수성은 호르드가 곡물 거래에 관한 한 무시할 수 없는 세력이 되게끔 보장했지만, 주치조가 단순히 자연스럽게 스스로의 길을 가도록 허용하기만 했음을 의미하지는 않는다. 우즈벡은 상인들이 일칸조 및 차가타이조 시장으로 방향을 전환하지 못하게끔 하기 위해서 경성 권력을 사용했는데, 심지어 중개인을 살해하고 시장을 불태우기까지 했다. 또한 주치조는 맘루크가 다른 몽골과 직접 거래하거나 우회 경로를 개발하는 것을 막았다. 그리고 호르드는 이탈리아인들이 너무 독립적으로 무역하지 못하도록 했다. 그러나 주치조는 곡물 및 노예 무역에 대해서 진정으로 배타적인 통제를 확보할 수는 없었다. 강력하고 똑같이 단호한 일칸조가 그들의 길을 가로막았다.

그러나 시간이 지나면서 우즈벡과 그의 관료들은 일칸조를 방해하고 그 과정에서 자신들의 수요에 부응할 다른 방법을 찾았다. 14세기 전반 호르드의 인구가 증가하면서 주치조는 사치품에 대한 수요를 충족시키기 위하여 더 많은 무역을 필요로 했다. 그리고 그러한 수요는 베네치아인들 쪽으로 향함으로써, 그리고 그들을 일칸조로부터 분리시킴으로써 해결되었다.

1332년 우즈벡은 베네치아 원로원에서 보낸 첫 번째 사절을 맞이했다. 원로원은 베네치아 상인들이 무역 거점을 지을 수 있는 땅 일부를 얻고자 했다. 이전에 원로원은 일칸조 노선에 투자했는데, 타브리즈와 호르무즈 해협으로 가는 길이 불안정하여 상인들은 많은 걱정과 불만을 품고 있었다. 결국 원로원은 노선을 변경했고, 베네치아 상인들이 다른 경쟁자들보다 먼저 몽골 시장에 진입할 수 있는 무역 중심지는 물론, 더욱 안전한 경로를 찾고자 노력했다. 특히 베네치아인들은 흑해의 호르드 변경에 있는 제노바인들보다 먼저 상품에 접근할 수 있도록 호르드 내부 깊숙한 곳에 무역 거점을 세우고자 했다.[49] 1년도 지나지 않아 호르드와 베네치아는 협상을 마무리지었다. 칸은 베네치아인들에게 아작의 넓은 구역을 빌려주도록 허락했는데, 그 도시는 돈 강 하구와 아조프 해에 접근이 용이한 초원 정착지였다. 아작은 옛 그리스의 항구로,

상인들은 돈 강의 그리스어 이름을 따서 자신들의 구역을 타나라고 불렀다. 베네치아인들은 타나에서 영구히 거주하고 교회를 짓고 식량과 포도를 재배하고 사업을 행할 수 있었다. 우즈벡은 가벼운 징세를 보장했고, 거래가 발생하면 몽골과 베네치아인 모두 상품의 측량을 감독했다. 또한 베네치아인들은 사법상의 융통성을 부여받았다. 만약 베네치아인들이 무역 분쟁에 휘말리면 베네치아 영사 또는 몽골 대표 중에 어느 한쪽이 개입하도록 선택할 수 있었다. 반면 몽골 상인은 오직 몽골 관리에게만 의지할 수 있었다. 중요한 것은 베네치아 상인들이 오직 자신의 빚만 책임을 지도록 칸이 보장했다는 점이다. 이것은 그들이 간청한 약속으로서, 예전에는 몽골이 베네치아인들로 하여금 다른 이탈리아인들의 빚도 지불하도록 했기 때문이다.[50]

그러나 베네치아와의 거래는 우즈벡의 더욱 큰 계획의 일부였다. 타나는 더 많은 상거래와 더 많은 세금을 호르드에 가져다줄 것이었다. 또한 흑해 연안 지역과 크림 반도 남부에 대한 제노바인의 독점을 깨뜨려서 이탈리아인들 간의 경쟁을 촉발할 수도 있었다. 더욱 중요한 것은 이 협정이 무역을 북쪽으로 전환시킴으로써 일칸조를 약화시키고 그들의 정치경제에 손상을 입힐 수 있다는 점이었다. 낮은 세율에도 불구하고 이 거래는 호르드에게 매우 이로웠고, 주치조는 이후 25년간 이러한 거래를 7차례 갱신했다.[51]

호르드를 둘러싼 무역과 외교에 관한 한 우즈벡은 오래 지속된 주치조의 전략, 즉 친구에게는 우호적으로 대하고 동맹을 바꾸며 변화하는 세계에 직면하여 유연성을 유지하는 전략을 충실히 실행했다. 그는 때로 무역망의 핵심 부분을 차단했고, 이는 전쟁과 평화 사이의 빈번한 요동을 낳았다. 그는 이탈리아인, 맘루크인 등을 조종했으며 조약, 혼인,

외교 등의 유화 정책에서 노골적인 강탈, 봉쇄, 군사 압박으로 전환하기도 했다. 이것은 왜 심지어 호르드에서 가장 경제적으로 활발한 지역들—몰다비아, 크림 반도, 캅카스, 볼가 강 하류, 호라즘 등—에서조차 무역 거래가 안정된 흐름으로 정착되지 않았는지를 설명해준다. 교환은 주치조의 정치 이익에 따라 호황과 불황 사이에서 요동쳤다.

새로운 도시들

1330년대 무렵 계속된 경제 발전은 사라이를 거대한 도시로 변모시켰다. 사라이의 한쪽 끝에서 반대편까지 가로지르려면 말을 타고도 한나절이 걸렸다. 사라이에는 공터도 있었고 정원이 없는 집들이 연속적으로 줄지은 밀집 주거 구역도 있었다. 그 집들은 아리크와 맞닿아 있는 큰 길을 따라 늘어서 있었는데, 아리크는 깊숙한 관개용 수로이자 배수관으로 아마도 목욕탕과 도자기 공방을 위한 용도로 사용되었을 것이다. 이 도시에서 가장 붐비는 곳은 볼가 강의 지류인 아흐투바 강 가장자리에 붙어 있었는데 3.2킬로미터가량 되었다. 여러 벽돌집과 유목민의 집들 역시 주변 평원에 수 킬로미터가량 흩어져 있었고, 이들은 넓은 교외 지대를 형성했다.

절벽에 위치한 사라이는 수면이 상승하는 때에도 안전했다. 볼가 강은 이따금 범람했고 그 일대를 카스피 해와 연결되는 거대한 만(灣)으로 바꾸었다. 범람이 발생하면 사라이의 풍경은 달라졌다. 도로는 침수되었고, 도시는 하천 수로로 연결된 일련의 섬이 되었다. 봄에 대부분 찾아온 이 기간에 사라이는 카스피 해에 빠른 접근을 제공하는 상류 항구로 기능했다. 사라이에는 복잡한 수로 체계가 있었다. 두 종류의 배수관이 도심 주거지를 가로질렀다. 하나는 세라믹으로 만들어져서 물을 공급했고, 다른 하나는 나무로 만들어져서 하수를 날랐는데 아마도 아흐투바로 배출했을 것이다. 또한 이 도시에는 가정용 물을 제공하는 다수의 우물이 있었지만 음수용은 아니었다. 배수 시설은 중앙아시아 도시에서 흔했고 몽골의 지배 시기 훨씬 이전에도 있었을 것이다. 몽골 치하에서 중앙아시아의 도시 생활은 볼가 강 지역으로 전이되었고, 사람들은 고향에서부터 익숙했던 기반 시설들을 똑같이 건설했다.[52]

사라이 사람들은 칸의 궁을 알툰 타시(altun tash)라고 불렀는데 튀르크어로 "황금의 돌"이라는 뜻이었다. 궁은 절벽 위 아마도 가장 높았을 지점에 있었고, 구조물 꼭대기에 있는 거대한 순금의 초승달은 멀리에서도 볼 수 있었다. 이 궁은 엄밀히 말하면 칸의 집이 아니었지만, 칸은 해마다 칸이 이 도시를 방문하는 동안에는 그곳에서 머물렀다. 칸은 이 도시에 있을 때 도시의 다민족 주민들이 참여하는 여러 시합과 공동 의례들을 개최했다. 오랜 몽골의 전통에 따라 축제 행사 도중에 무슬림 아미르 등의 지배계층에게 예복과 다른 선물들을 나누어주기도 했다. 도시의 교외에서는 활쏘기, 레슬링, 경마 시합 등을 주최했다.

이븐 바투타는 사라이의 모습에 크게 놀랐다. 수 세기나 된 중동의 도시에 익숙한 여행자였던 그는 파괴의 징후가 없는 잘 유지된 몽골의 도심에 경탄했다. 모든 표식이 발전과 번영을 가리켰다. 바투가 거의 1세기 전에 그 도시를 건설하도록 명한 후로 많은 사람들이 그곳에 끊임없이 도달했고 정착했다. 14세기에 사라이의 인구는 7만5,000명이 넘었을 것이다.[53]

이 도시에는 눈에 띄게 다양한 사람들이 살았다. 몽골인, 킵차크인, 러시아인, 그리스인, 시리아인, 이집트인, 알라인, 체르케스인, 캅카스인 등으로 구성된 주민들이 있었다. 이븐 바투타는 13개의 대형 모스크 금요 집회와 수없이 많은 소규모 기도 모임들을 기록했다. 교회, 수도원, 암자 등 다양한 종류의 신전도 있었다. 무슬림은 기독교도, 불교도, 텡그리 숭배자와 공존했다. 그러나 사라이는 엄밀히 말해서 인종의 용광로(melting pot)는 아니었는데, 외국인 집단들이 명확하게 구분된 자신들만의 구역에 거주하는 경향이 있었기 때문이다. 예를 들면 이란 서부, 바그다드 지역, 시리아-팔레스타인 해안, 이집트 출신의 상인들에게는 벽으로 둘러싸인 자신만의 지역이 있었다.

사라이에는 자랑할 만한 몇 가지 시장이 있었지만, 그 경제는 무역 이상의 것에 기반을 두고 있었다. 그 도시는 우선 생산의 중심지로서 다양한 장인들에게 유용한 상설 기반 시설을 갖추고 있었다. 한 산업 복합단지는 벽돌과 도자기를 위한 가마뿐만 아니라 장인들이 우물을 만들고, 배수관을 조립하며, 도자기에 유약을 바르고 유리를 만드는 공방도 있었다. 대장장이, 도공, 보석 세공인, 뼈 조각가 등 많은 장인들이 도시의 서쪽에서 상인들과 가까운 곳에 함께 거주하며 작업했다.[54]

그 모든 매력에도 불구하고 우즈벡은 사라이에 만족하지 않았다. 1330년대의 언제인가 그는 도시의 북쪽으로 약 125킬로미터 거리에 떨어진, 볼가 강의 같은 편에 궁 복합 시설의 건설을 시작했다. 사람들은 새로운 궁이 상류에 세워지고 있다는 소식을 듣자마자 그곳으로 이동하기 시작했고 금세 새로운 도시가 출현했다. 이 도시는 주치조가 그곳에서 주조한 수천 개의 주화에서 나타나듯이 "새로운 도시"라는 뜻의 사라이 알 자디드라고 명명되었다. 이 도시는 실제로도 새로웠는데, 몽골이 그곳에 건설을 시작하기 전에는 황무지였기 때문이다.

우즈벡이 궁의 건설을 명령한 무렵, 그는 20년 이상 주치조 보좌에 앉아 있었다. 이미 궁을 보유한 유목 군주가 새로운 궁을 건설하는 일이 이상해 보일 수도 있지만, 이는 부를 급격히 성장시켰고 정치적 야심이 무르익은 노련한 통치자의 결정이었다. 그에게는 새로운 수도를 건설하는 자신만의 이유가 있었다. 우선, 구(舊)사라이는 이미 거대했다. 새로운 도시가 당연히 더 많은 장인, 인부, 상인 집단을 더 쉽게 수용할 것이었다. 그리고 신(新)사라이는 위치가 좋았다. 사라이와 달리 신사라이는 카스피 해로부터 250킬로미터 이상 떨어져 있었기 때문에 바다의 범람을 막을 기반 시설이 필요 없었다. 또 신사라이도 사라이와 마찬가지로 우즈벡의 계절별 순행로에 있었기 때문에 유목민들은 그 개발 중인 도시를 공급 거점으로 의지할 수 있었다. 초원의 도시들은 몽골에 필요한 음식, 사료, 물, 사람을 제공했고, 신사라이도 이 점에서 다르지 않았다. 물이 가장 중요했다. 대부분의 공예품, 특히 신사라이에 기반을 둔 많은 야금 전문가들에게는 물이 필수적이었기 때문이다. 주치조는 인부들이 신사라이에 인공 호수를 포함하여 복합적인 관계 체계를 건설하도록 했다. 또한 쓰레기 처리, 식수를 위한 기반 시설도 만들었다.[55]

20년 정도 되는 시간 동안 신사라이는 호르드의 다른 도시들, 즉 꾸준히 활발한 도시였던 사라이뿐만이 아니라 하지 타르칸, 우켁, 벨야멘처럼 칸의 순환로에 있었던 주요 정착지들과 동일한 특징을 공유했다. 주치조는 이 모든 곳에 수공예 작업장, 상당한 농장, 과일 및 채소 정원을 가지고 있었다. 대부분의 집은 벽돌과 나무로 만들어졌고, 부유한 사람들은 윤이 나고 채색된 도자기로 집을 꾸몄다. 주민들은 도시의 주변부에 칸과 그의 가족들이 도시를 지나다니면서 사용할 의례용 천막과 같은 임시 목제 건물을 세우기도 했다. 많은 정착지들이 우즈벡의 통치기 동안 발전했고, 새로운 것들이 세워졌다. 도시화된 거대한 지역과 단순한 작은 마을들도 있었다. 주치조는 볼가 강 유역에 정착지를 건설할 때에는 조심스러운 계획에 따랐다. 그들은 남쪽에서는 볼가 강의 하구에, 볼가 강이 급격하게 굽이치는 곳까지는 아흐투바 강의 동안에, 그다음에는 북쪽으로 향하면서 강의 다른 편에 있는 지점들을 선정했다.

또한 주치조는 호르드 내에 있던 몽골 이전 시기의 도시, 특히 호라즘 북부의 정복지에 흔적을 남겼다. 종교적인 장소가 가장 두드러지게 증가했다. 모스크, 학교, 숙소, 목욕탕을 포함한 그 지역 내 무슬림 시설들의 숫자와 다양성은 이븐 바투타를 놀라게 했다. 그는 우르겐치에서 쿠틀루크 테무르가 복원한 60미터 높이의 미나렛과 그의 부인 투라박 카툰이 의뢰한 모스크와 성묘를 방문했다.[56] 종교 건물들을 집중적으로 살펴보면, 몽골이 취한 관용적 관행이 미친 효과와 더불어서 여러 신념들이 유목민의 믿음, 금기, 의례 속으로 쉽게 혼합되었음을 알 수 있다. 그 자신도 무슬림이었던 우즈벡은 기독교와 이슬람으로 개종한 부유한 몽골인들을 포함한 모든 종류의 종교적 지배계층에 타르칸의 지위를 수여했다. 이러한 개종자들은 다시 교회, 모스크, 수도원, 신전의 건설을 재정적으로 지원했고, 기도하고 가르치고 사후에 쉴 수 있는 공간이 더욱더 많아졌다. 종교적인 장소의 건설은 사람들이 정신적인 중심지에 모이면서 다시 도시화를 더욱 고무했다. 호르드의 새로운 도시들은 대부분 진흙, 벽돌, 점토로 지어진 데에 반해, 종교 건물들은 대개 돌로 만들어졌다. 최고위층 몽골인들이 후원한 이 건물들이 오래 지속될 수 있도록 지어진 것이다.[57]

14세기 중반 무렵 호르드에는 100개의 강 인근 및 내륙 정착지가 있었다. 그들 대부분은 정주민들에게는 쓸모없었지만 유목민들에게는 최적의 장소였던 곳에 건설되었다. 주치조 도시들 어떤 곳에도 방어 시설이 없었다. 구역을 구분하고 성스러운 공간, 즉 종교 시설, 묘지, 칸의 이동 가능한 본부와 움직이지 않는 궁 등을 보호하는 내벽은 있었다. 그러나 모든 주치조 도시는 바깥으로 열려 있었다.[58]

땅의 주인

도시의 발전은 토지 소유와 밀접하게 관련되었다. 토지의 소유는 주치조가 피정복민들과의 관계를 심화하면서 호르드 내에서 발전한 관념이었다. 전통적으로 몽골과 그들의 정주 복속민은 토지에 관심이 있었는데, 각자에게는 다른 이유가 있었다. 정주민들은 스스로를 땅의 주인으로 여기고 소유를 표시하고 방어하기 위해서 울타리와 방어 시설을 만든 반면, 몽골은 자신들이 거주하는 땅의 진정한 주인은 영혼이라고 믿었다. 유목민들은 영혼을 제대로 존중하면 보호와 번영과 행복을 영혼으로부터 받을 것이라는 믿음으로 땅 위에 술을 뿌렸다. 주치조가 땅에 울타리를 친다면, 도둑이나 적으로부터 스스로를 보호하려는 것이 아니라 죽은 자의 영혼을 내쫓기 위한 것이었다.[59]

주치조는 땅을 바라보는 자신들의 시각을 정주민에게 강요하려고 하지는 않았다. 칸의 판관들은 분쟁을 해결해야 할 때 일반적으로는 관습적인 슬라브법과 이슬람법을 포함한 토착 법을 존중했다. 정주민 거주지—주로 러시아 공국, 볼가 불가리아, 크림 반도—의 주민들은 사용 가능한 목초지를 감소시키거나 유목민에게 지장을 주지 않는 한, 자유롭게 사적으로 부동산을 거래할 수 있었다. 때로는 칸의 대리인들이 이러한 거래를 특별히 인가하기도 했고, 때로는 주치조의 행정이 전혀 간섭되지 않기도 했다.[60]

많은 정주민 지주는 타르칸이었고, 특히 종교 시설에 포함된 지주가 그러했다. 이들 재산 소유주는 부분적으로는 세금 및 요역 면제 덕분에 부유해졌다. 주치조 영역에서 타르칸 지위를 가진 자들 중에는 정교 기독교인이 있었고 비정교인들, 특히 프란치스코인도 있었다. 유대인 공동체도 똑같이 혜택을 입었고 무슬림 고위 성직자도 마찬가지였다. 또 타르칸이 아닌 부유한 지주들은 소유지에 보호받는 종교 공동체를 초치하거나 기부함으로써 그 지위의 혜택을 얻을 수 있었다. 그 결과 종교 시설들이 농경 생활과 서로 묶이게 되면서 음식, 연료 등을 제공하는 농장, 포도밭, 과수원, 제재소 등과 함께 발전했다. 게다가 부유한 몽골인들은 종교 시설을 건설하기 위해서 토지를 구매했고 러시아 북동쪽, 특히 로스토프와 코스트로마에 있는 몇몇 수도원들을 후원했다.[61]

몽골과 정주민 간의 거래를 결정하는 대단히 중요한 법은 전혀 없었다. 그 대신, 사람들은 토지를 평가하고 판매하는 서로의 규칙을 상호 존중할 것이라고 기대했고, 구두 서약과 서면 계약서의 교환 그리고 문화적으로 적합한 표현을 수행했다. 러시아인들은 재산의 양도 의식인 오트보드(otvod)를 행했는데, 토지의 경계를 따라서 걷고 그 흙 한 덩어리를 삼키는 것이었다. 몽골인들은 어머니 대지를 달래고 영혼을 제어하기 위해서 제물을 바쳤다. 비록 의식, 서약, 언어, 세계관은 달랐지만 양측은 보편적인 의식을 공유했다. 즉, 토지의 소유는 한 개인이 아니라 조상과 아직 태어나지 않은 세대를 포함한 가족 또는 집단적 사람들에 의한다는 것이었다. 몽골은 모든 토지 거래는 자신이 아니라 조상, 살아 있는 사람들, 그리고 아직 태어나지 않은 사람들을 포함하여 그의 일족을 대신해서 이루어지는 것이라고 생각했다. 반면, 러시아의 양도 의식은 전통적인 가족 권리의 양도를 나타냈다. 통상적으로 러시아 가족들은 그들의 조상이 토지를 판매했을지라도 다시 사들일 권한을 가지고 있었는데, 양도 의식은 그 판매를 영속적인 것으로 만들었다. 토지 거래에 관한 한 그것이 종교적 목적에서든 영적 또는 법률적 목적에서든 간에 특별한 주의가 요구된다는 점에는 모두가 동의했다.[62]

총괄적인 몽골의 토지법은 없었던 반면, 몽골의 행정은 분명히 개발 호황을 가능하게 했는데, 왜냐하면 몽골 법이 재정적 이익을 제공하는 곳에서는 어디든지 예측 가능한 종류의 성장이 뒤따랐기 때문이다. 노브고로드의 보야르들은 교회 건설을 세금 면제와 교환한다는 기대에 매우 이끌렸고 15세기 어느 시점에 이르자 이 도시에는 83곳의 석조교회가 세워졌다. 더 일반적으로는 타르칸 체계가 사람들의 재산을 보호하는 법적 틀을 제공했다. 칸이 타르칸에게 하사하는 문서인 야를릭은 반박할 수 없는 소유권의 증거로 여겨졌고, 비록 각각의 상속인은 자신만의 야를릭을 확보해야만 했지만 그 후손들은 가족의 재산을 온전히 물려받을 수 있었다. 그러므로 타르칸 체계는 러시아에서 사적 소유지의 급증을 뒷받침하게 되었다. 러시아의 가장 이른 시기 사적 토지 소유권 기록은 14세기로 거슬러올라간다. 사적 소유지라는 것은 아마 몽골이 지배하기 이전의 러시아에도 법적 관념으로서 존재했겠지만, 몽골의 방식이 소유권과 개발 능력 모두에 급격한 팽창을 이끌어냈다는 것은 의심의 여지가 없다. 그리고 그 결과, 도시와 농업 지역 모두에서 상당한 성장이 일어났다.[63]

물론 사적 재산을 보호하는 것이 타르칸 체계의 목적은 아니었다. 이러한 결과는 단지 몽골 제도의 발전적 특질을 보여주는 또다른 사례이다. 몽골의 법과 관습은 타자와의 접촉에 의해서 변화했고, 타자는 몽골의 법 및 관습과의 접촉에 의해서 영속적인 방식으로 변했다. 유연성이 핵심이었다. 몽골은 토착민들의 위협적이지 않은 일처리 방식을 침범할 필요가 없었다. 칸은 필요하다면 절대적인 통치권을 드러낼 수 있었다. 따라서 일상생활에서 유목민과 정주민 사이의 상호 작용은 유동적이었고 교섭 가능했다. 지리적, 문화적, 정치적 등 국경을 넘어선 공존이라는 통상적 과정으로부터 뜻밖의 새로운 것이 나타났다.

일칸조의 붕괴

1330년대 무렵 우즈벡과 주치조는 호조를 보이고 있었다. 칸은 오래 전부터 그의 즉위를 둘러싼 합법성의 의문을 극복했고, 논란이 많은 정치 개혁은 그의 권력을 보강했을 뿐이었다. 그는 호르드의 이익에 따라 러시아의 일에 성공적으로 개입했고, 다른 러시아 공작들의 지지를 유지하기 위해서 타르칸 체계를 능숙하게 활용—심지어 그들이 모스크바의 대공 지위 찬탈로 인해서 소외감을 느꼈음에도 불구하고—하는 한편, 모스크바의 공작들을 충성스러운 신하로 확립시켰다. 그는 유럽 중앙, 러시아, 이탈리아 기독교인, 그리고 캅카스, 중앙아시아, 중동의 무슬림과 생산적인 관계를 수립했고, 호르드에 몽골의 정치적, 영적 질서에 필수적인 세수와 사치품이 결코 부족하지 않도록 경쟁적인 무역 공동체를 능수능란하게 다루었다. 우즈벡의 공격적인 외교는 지중해로부터 흑해, 볼가 강, 시베리아, 극동에까지 미친 거대하고 수익성 높은 상업망에 대한 주치조의 계속된 우위를 확립했다.

그러나 하나의 문제가 여전히 호르드를 괴롭혔다. 남쪽의 일칸조가 경쟁적인 남쪽 길을 유지했고 캅카스에서의 이동을 방해했으며 맘루크 조정에서의 주치조 이익에 반대했던 것이다. 그리고 훌레구 후손들과의 오래된 경쟁 관계가 조만간 끝날 것이라 믿을 만한 어떤 이유도 없었다. 일칸조는 14세기 초에 위기를 맞았다. 어린 아이였던 일칸조의 아부 사이드가 통치를 하기 전까지 고위 관료들이 지배권을 놓고 서로 다투었던 것이다. 그러나 그 정권은 살아남았다. 그리고 1320년대에 아부 사이드는 상황에 잘 대처하면서 보좌 위에 자신을 내세우고 맘루크, 베네치아인들과의 관계를 개선했다. 그의 강역은 광활하여서 오늘날의 아르메니아, 아제르바이잔, 조지아, 이란, 튀르키예, 이라크, 아프가니스탄과 파키스탄의 일부까지를 포괄했다. 심지어 우즈벡이 1332년 베네치아인들을 가로챘을 때조차 누구도 아부 사이드 정권의 붕괴가 임박했다고 생각하지 않았을 것이다.

그러나 그후 1335년 11월 아부 사이드는 31세의 나이로 사망했다. 아마도 독살이었을 것이다. 그는 다수의 부인들과 최소 한 명의 딸을 남겼지만 아들은 없었다. 일칸조의 계승은 종종 분쟁을 낳았지만 이번에는 훌레구의 어떤 후손도 계승자의 부재를 상쇄할 만큼 강력하지 않았다. 그래서 왕위는 차등 서열의 도전자들에게 맡겨졌다. 최소 3명의 왕자와 아부 사이드의 누이였던 1명의 공주, 그리고 다양한 몽골 가문 출신의 고관들이 권리를 주장했다. 심지어 맘루크 술탄도 자신의 후보를 지원하면서 계승 위기에 개입했다. 도전자 중에는 능력 있는 사람들도 있었다. 몽골 관료들은 상당한 행정적, 군사적 경험을 가지고 있었고 무슬림이었는데, 이것은 합법성의 중요한 원천이었다. 그러나 그 도전자들은 황금 씨족 구성원이 아니었다. 아부 사이드에 대한 계승은 황금 씨족 이외의 사람들이 주요 몽골 영역의 왕좌를 감히 요구했던 첫 번째 사례가 되었다. 어떤 도전자에게도 지도자가 될 만한 충분한 위신, 전사, 돈이 없었다. 일칸조는 분열되었고 결코 이전의 통합성을 되찾지 못했다. 당대인들의 표현대로—칸은 신의 가호 속에서 성공한다는 무슬림과 몽골 모두의 관점을 반영하여—일칸조는 하늘의 명령을 상실했다.[64]

일칸조의 갑작스러운 붕괴에는 몇 가지 이유가 있는데, 그중 일부는 그 정권의 구조에 깊은 뿌리를 두고 있다. 특히 일칸조는 항상 따로따로 해체되어 있었는데, 아나톨리아 동부, 캅카스, 이란이 땅, 사람, 권력으로 이루어진 어지러운 조각들을 구성했기 때문이다. 몽골 정권은 거의 한 세기 동안 이들을 단결시켰지만 지역적 구분은 강하게 남아 있었고, 이는 야망 있는 아미르와 노얀 사이의 끊임없는 경쟁을 조성하고 군주의 위신을 상하게 했다. 그러한 기능 장애는 아부 사이드의 죽음 이전에도 분명했고, 그의 유년기에 상처를 남겼던 전쟁의 원인이기도 했다. 이러한 도시, 지역 세력, 유목 지배계층 간의 분열은 호르드보다는 일칸조 영역에서 더욱 격렬했는데, 호르드에서는 주치조와 그들의 복속민, 특히 러시아인과의 관계에 안정이 있었기 때문이다. 내부 분쟁은 일칸조 정권을 약화시킨 유일한 요소는 아니었지만, 무시할 수도 없다. 확실히 지역주의는 중앙의 행정 업무를 복잡하게 만들었고, 특히 그 울루스의 잔재로부터 출현한 세력들은 종종 일칸조의 지방과 동일한 구분선을 따라 분할했다. 지역적 경쟁이 지정학적인 것이 되었다는 점은 일칸조 국가가 처음으로 매우 결합된 상태가 아니었다는 점을 암시한다.[65]

내부의 압력은 외부의 압력과 결합되었다. 1330년대 북쪽 길의 성공은 남쪽 길의 쇠락을 의미했다. 남쪽 길이 흔들리면서, 일칸조의 몽골 지휘관과 지역 지배계층들이 결집해야 할 공동의 목적이 거의 없어졌다. 경제적 상실은 위계질서의 상층부가 하향식 재분배 체계를 유지할 수 없게 되었음을 의미했고, 이는 더 나아가 피정복 집단을 소원하게 했다. 붕괴는 천천히 이루어졌으나 1350년대 말 무렵 일칸조 정권은 군사력과

한때 정복했던 영토에 대한 지배력을 완전히 상실했다.

일칸조의 멸망은 주치조에게는 기회였다. 그들은 오랜 경쟁자들에 의해서 초래된 방해로부터 자유로웠을 뿐만 아니라, 옛 경쟁자의 땅을 차지할 기회도 얻었다. 우즈벡의 아들이자 계승자인 자니베크 아래에서 1356–1357년 겨울 주치조는 군대를 이끌고 데르벤트-시르반의 캅카스 경로를 통과했다. 주치조는 카스피 해의 해안선을 따라 아제르바이잔에 있는 타브리즈—마지막 일칸조의 수도이자 남쪽 길에의 문—로 내려갔다. 아제르바이잔 지역은 차지할 만한 기회가 무르익었는데, 그 일대는 멸시받던 말릭 아슈라프의 지배를 받고 있었다. 무슬림들은 강력한 일칸조 지휘관*의 손자였던 말릭 아슈라프를 죄가 많고 비합법적이라는 이유로 거부했고, 그 지역 사람들은 주치조를 중심으로 집결했다. 많은 사료들에 따르면 아제르바이잔의 무슬림 지배계층은 심지어 자니베크가 말릭 아슈라프를 퇴위시켜 줄 것을 요청했고, 칸은 정확히 그렇게 했다.[66] 타브리즈 정복은 주치조가 그들의 군사 작전 때문에 데르벤트 너머를 보상받았던 바투의 통치 시기 이후로 처음이었다. 주치조는 일칸조의 겨울 방목지였던 인근 목초지와 함께 다른 도시들도 함락시켰다. 주치조에게 이것은 지난 한 세기의 복수였다.

동시대 작가였던 아부 바크르 알 부트비 알 아흐리는 호르드와 그들의 강력한 무력 행사를 찬양했고, 칸이 30만 명에 달하는 군사를 일으켰다고 주장했다. 오늘날의 학자들은 실제로는 그것의 3분의 1이었을 것이라고 생각하지만, 정확한 수가 무엇이든 간에 원정은 놀랄 만한 성공을 거두었다. 톨루이 가문이 서쪽 영역을 상실했기 때문에, 주치조는 몽

---

* 아부 사이드 시기의 대표적인 실권자였던 추반을 가리킨다.

곧 세계 제국에서 지도적 위치를 차지하리라고 기대했다. 자니베크는 자신의 승리를 알리기 위해서 이름을 새긴 주화를 타브리즈에서 주조하도록 명했고, 맘루크 술탄에게도 자랑했다.[67] 칸은 상당한 전리품과 포로를 가지고 볼가 강 하류로 돌아갔다. 그는 타브리즈와 아제르바이잔 지역 및 그곳의 사람들을 책임지도록 아들 베르디베크를 남겨 두었다. 말릭 아슈라프는 교수형에 처해졌고 아제르바이잔 아미르들의 대부분은 호르드에 복속했다. 그들의 충성은 아직 피상적이었지만, 장차 베르디베크는 반항하는 아미르들을 제압하고 일칸조의 중심 지역에 대한 정복을 완수할 것이었다.

일칸조의 쇠락으로 주치조 영역에서의 무역이 증가했고 상인들이 남쪽 길을 택하면서 방치되었던 연결선이 부활했다. 이제 상인들은 주치조와 차가타이조의 변경 도시였던 오트라르, 알말릭을 호르드에 연결하는 장거리 노선을 우선시했다. 이것은 피렌체의 상인 페골로티가 상인들을 위해서 작성한 안내서에서 묘사했던 중추적 노선이었다. 그 길은 호라즘 북부로 갔다가 사라이주크와 우랄 강 유역으로 올라갔다. 우르겐치와 사라이주크 사이의 여정은 혹독하고 메말랐지만, 여행자들을 위한 카라반사라이—길가의 여관—와 우물이 불쑥 나타났다. 마치 역참처럼 1330년대에 서로 약 30킬로미터의 거리를 두고 적어도 15개의 카라반사라이가 있었다.[68]

북쪽 길이 전에 없이 번영하고 이제 극북의 시베리아 길이 명확하게 선호되는 실크로드의 두 주요 도로에 연결되면서, 주치조는 유라시아의 교차로를 확고히 통제했다. 그들은 남-북의 모피로와 동-서 실크로드를 장악했고, 이는 그들의 경제적인 지배를 강화했다. 마침내 이른바 팍스 몽골리카와 모순되었던 주치조-일칸조의 경쟁 관계는 끝이 났고, 호르드는 몽골의 교환 중에 논쟁의 여지가 없는 중심이 되었다. 그러나 일칸조의 붕괴는 위협적이고 오래 지속된 적을 제거하고 주치조를 더욱 번영할 수 있게 만들었지만, 또한 그 붕괴는 호르드의 남쪽 변경에 권력 공백을 만들었다. 이것은 예상하지 못한 방식으로 호르드에 난관을 만들면서 호르드를 변화시킬 것이었다.

제7장

철수

1343년 9월에 일어난 한 길거리 싸움이 호르드와 라틴인 간의 관계를 뒤집었다. 주치조의 벡이었던 하지 우마르가 타나에서 베네치아인 귀족이자 상인이었던 안드레올로 치브란을 모독했다. 복수를 노리던 치브란과 그의 무리들은 하지 우마르를 습격했고 그와 그의 추종자, 가족을 모두 살해했다. 자니베크 칸은 베네치아인, 제노바인, 피렌체인, 피사인 등을 모두 돈 강과 흑해에 있는 무역 거점으로부터 추방하도록 명령했다. 또한 그들의 상품과 배도 몰수했다. 상인들은 카파에 있는 제노바 요새로 피신했지만, 자니베크의 군대가 그들을 추격하여 그 피신처를 포위했다. 피살된 벡은 중요한 관리, 즉 징세리였고 칸은 처벌이나 합당한 보상 없이 살인자들이 도망치게 둘 수 없었다.[1]

베네치아 원로원은 그 살인에서의 역할 때문에 치브란과 일부 사람들에게 유죄를 선고했다. 그들 모두는 일시적으로 베네치아에서 추방되었고 타나로 돌아오는 것이 금지되었다. 그런 다음 원로원은 협상을 위해서 자니베크에게 사신을 파견했다. 협상은 천천히 진행되었지만, 1344년 4월 사신들은 칸이 합의에 이를 준비가 되었다는 소식을 고향에 전했다. 자니베크는 라틴 상인들과 새로운 계약을 맺는 데에 열려 있었다. 그러나 그는 또한 주치조 법정이 몽골의 법에 따라서 안드레올로 치브란의 사건을 심판할 것을 요구했는데, 이는 베네치아인들이 받아들일 수 없는 조건이었다.

제노바인과 베네치아인들은 자니베크가 조건에 동의하도록 만들기 위해서 연합했고 호르드에 대해서 데베툼(devetum), 즉 통상 금지를 시행했다. 칸은 라틴인에 대한 통상 금지령을 내리고 1345년 카파를 포위하고자 다시 군대를 파견하는 등 이에 대응했다. 또한 자니베크는 곡물의 수출을 금지했는데, 이것은 제노바와 베네치아의 경제에 큰 타격을 주었고 콘스탄티노폴리스의 빵 부족 사태의 원인이 되었다. 카파는 항구 덕분에 포위를 버틸 수 있었다. 항구를 통해서 칸의 군대가 가로챌 수 없는 공급을 받았기 때문이다. 자니베크는 봉쇄를 바다로까지 확장하기 위해서 30척의 함대를 편성했지만, 뛰어난 선원이었던 제노바인은 몽골의 선박을 차례로 파괴했다. 양측 모두에게 상당한 손실이 있었다. 1346년 말 또는 1347년 초 자니베크는 포위를 풀고 협상을 재개했으며, 곧 새로운 합의를 도출했다.[2] 베네치아인들은 타나에 재정착할 수 있는 허가를 받았으나, 자니베크는 코메르클룸(comerclum), 즉 상세를 3퍼센트에서 5퍼센트로 인상했다.[3]

베네치아인과 제노바인을 추방하는 것은 결코 칸의 목표가 아니었다. 그보다 그는 자신이 책임자라는 것을 보여주고 싶었다. 특히, 제노바인들은 다루기가 힘들었다. 그들은 카파를 자신들의 도시로 생각했고 카파가 자니베크의 제국에 속하지 않는다고 주장했다. 칸은 1350년 다시 카파를 포위하면서 제노바인은 단지 그의 땅에 있는 손님임을 그들에게 상기시켰다. 그리고 그들은 손님으로서 칸의 의지에 종속되었다. 칸은 그들을 받아들이는 대신 그들에게 부여하는 조건을 변경했다. 칸은 더 높은 세금을 요구하거나 그가 징수한 것을 지키기 위해서 무력을 사용했다. 자니베크의 통상 금지는 그의 미숙한 해군에도 불구하고 효과적이었다. 그의 지상 부대는 보통 북쪽 지역에서 도달하는 곡물의 짐과 카파를 단절시켰고, 곡물의 수출 금지를 시행했다. 그러나 자니베크의 목적은, 호르드에서 라틴인의 존재를 제거하고자 한 것이 아니었듯이, 콘스탄티노폴리스를 굶겨 죽이려고 한 것도 아니었다. 모든 것은 사업이었다.[4]

그러나 평소와 같은 사업은 아니었다. 호르드는 반항적인 이탈리아인보다 더 큰 위협에 직면하고 있었기 때문이다. 호르드는 전염병, 즉 흑사병에 직면해 있었다. 이탈리아인 공증인이었던 가브리엘레 데 무시는 카파의 포위 도중에 주치조 사람들 사이에서 유행병이 발발했다고 기록했다. 그 치사율이 매우 높아서, 기록에 따르면 20명의 몽골 병사 중에 불과 1명만이 살아남았다고 한다. 무시는 또한 생물학전에 관한 이른 시기의 기록을 언급했는데, 주치조가 감염된 신체 부위를 요새 안으로 던진 것 같다. 지상의 공격자들을 방어할 수 없었던 카파인들은 결국 그 도시를 포기하고 콘스탄티노폴리스의 교외에 있는 무역 거점 페라로 항해했고, 몽골은 카파인들을 공격한 "죽음의 화살"을 가지고 그곳으로부터 지중해로 항해했다. 무시는 이것이 그 전염병이 아시아에서 유럽으로 퍼지게 된 과정이라고 주장했다.[5]

무시의 이야기는 흥미로운 사실들을 보여주기는 하지만, 여러 측면들에서 거의 확실히 사실이 아니다. 몇 가지 이유로 그 이야기가 잘못되었다고 확신할 수 있다. 첫째, 무시는 묘사한 사건들 중에 그 무엇도 직접 목격하지 않았다. 그 사건들이 발생했을 무렵에 무시는 제노바의 북쪽에 위치한 그의 고향 피아첸차에 있었다. 그는 공증인으로서, 아마도 흑해로부터 도착한 제노바인들을 통해서 그 이야기들을 간접적으로 들었을 것이다. 둘째, 몽골군이 전염병에 감염된 시체를 다루었을 것이라고는 생각되지 않는다. 만약—무시의 이야기가 암시하듯이—감염된 시신이 무기가 될 수 있음을 몽골인들이 알고 있었다면, 그들은 또한 시체와 접촉하는 것 자체가 위험하다는 것도 알고 있었을 것이다. 또한 몽골이 감염된 사람들과의 접촉이 위험하다는 것을 알고 있었고 그렇기 때문에 그들을 피했다는 증거가 실제로 있다. 무엇보다도 몽골은 심지어 원정 중이라고 할지라도, 보통 사망자에 깊은 존경심을 보였다. 마지막으로, 그 유행병은 1346년 가을 크림 반도에 발생했지만, 콘스탄티노폴리스에는 1347년 9월, 알렉산드리아에는 10월, 제노바에는 11월, 마침내 베네치아에는 1348년 2월에야 도달했다. 이러한 발병 간의 간격을 보면 전염병이 세균전을 통해서 카파에서 지중해로 직접 전파되었을 가능성은 없다. 전염병은 흑해를 가로지르고 지중해를 관통했지만, 카파 공성전의 결과는 아니었다.[6]

무시는 "산더미 같은 시신이 도시로 날아왔다"라는 정확하지 않은 장면을 그리고 있지만, 전염에 대한 그의 두려움은 확실히 이해할 만하다. 1347년 말과 1348년 초 전염병이 이탈리아에 도착했을 때, 현지인들은 그것이 이미 아시아를 덮쳤음을 알았고, 더 나아가 서부 유럽과 거대한 몽골을 연결하는 통로인 카파와 타나를 통해서 자신들에게도 미칠 수 있다는 것도 깨달았다.[7] 1347년 초봄, 통상 금지가 끝나 상품들이 다시 타나를 떠나서 유럽으로 향하고 있었다. 그 상품들은 감염되었을 가능성이 매우 높았는데, 그로부터 1년 전의 한 비잔틴 자료에 따르면 타나는 전염병에 감염된 항구였다. 식량 공급은 전염병 전파의 주요 수단이었고, 특히 호르드의 이탈리아인 운영 항구를 통해서 이루어졌다. 통상 금지로 인해서 2년 이상 곡물이 유통되지 않으면서 창고는 이전 시기의 수확물로 가득했고 설치류가 번식했다. 1347년 여름에 호르드를 떠나 이탈리아에 도착한 무역선은 곡물뿐만이 아니라 감염된 쥐, 생쥐, 벼룩을 운반했다.[8]

주치조에게 14세기 후반은 전반과는 정반대였다. 전염병은 몽골 제국 다른 곳에서 발생한, 재앙에 가까웠던 내부 충돌과 결합하여 호르드를 약화시켰다. 1360년대 무렵 주치 울루스는 세 부분으로 갈라졌다. 중앙에는 칸의 오르도의 잔여 세력이 있었고, 동쪽과 서쪽에는 사라이처럼 쇠락하고 있는 도시들의 뼈를 발라낸 더욱 크고 강력한 오르도 집합체가 있었다. 그러나 호르드를 약화시킨 것은 단지 외부 압력만은 아니었다. 주치조의 변화하는 정치 문화 역시 중요했다. 토크타와 우즈벡 아래에서 권위주의와 중앙집권화가 호르드의 통치 속으로 스며들었고, 합의 도출과 권력 분산이라는 오래되고 안정화된 제도를 대체했다. 게다가 칸의 정치적 숙청은 황금 씨족을 텅 비게 만들어서 스스로를 확고히 할 만큼 충분히 강한 지배 계급을 호르드에 남기지 않았고, 울루스를 반란, 분리, 분열에 노출시켰다. 그 결과로 혼란이라는 뜻의 불각(bulqaq), 즉 불안정한 통치와 사회적, 경제적 악화의 시기가 도래했다.

1330년대와 1350년대 사이 일칸조의 점진적인 붕괴는 14세기의 가장 중대한 세계적 정치 현상인 몽골 제국 해체의 조짐이었음이 밝혀졌다. 호르드는 내분으로 쓰러졌고, 차가타이 울루스는 분열했으며, 극동에 있던 톨루이조 정권인 원나라는 중국으로부터 축출되었다. 이 모든 변화는 흑사병으로 인해서 가속화되었는데, 흑사병은 칭기스의 후손들이 관리하고 의지해온 더 큰 세계 체제 내의 약점을 드러냈다. 세계 경제가 세계적인 유행병으로 산산이 부서지면서 무역과 유통—칭기스조 정권의 생명선—이 쇠락해갔다. 14세기 말 무렵 여전히 호르드가 있었고 원나라 왕조가 있었으며 스스로를 차가타이 울루스라 부르는 사람들이 있었지만, 이 모든 사람들은 수십 년 전의 견고한 정치체와는 서로 매우 달랐다.[9]

흑사병의 전파

예르시니아 페스티스(*Yersinia pestis*)는 페스트를 일으키는 세균으로, 유라시아 초원의 굴을 파는 설치류가 옮기는 아주 오래된 유기체이다. 예르시니아 페스티스는 야생동물로부터 자연 숙주가 아닌 인간으로는 쉽게 전파되지는 않는다. 이 세균이 종을 가로질러 전파되려면 설치류 시체로부터 인간으로의 매개체 역할을 하는, 다른 동물 등의 조력자가 필요하다. 역사적으로 그러한 매개체는 벼룩이었다. 벼룩은 페스트에 감염된 피를 먹은 이후에 다음 대상으로 세균을 옮길 수 있다. 벼룩은 설치류의 피를 선호하지만, 육지나 육지 생물로부터 멀리 떨어진 배 한가운데에 있을 때와 같은 경우라면 어떤 포유류에라도 만족할 것이다. 이것이 예르시니아 페스티스가 야생을 벗어나 인류가 지금까지 알고 있는 가장 위험한 질병의 원인이 된 방식이다. 흑사병은 예르시니아 페스티스로 야기된 질병과 인류와의 첫 만남은 아니었다. 6세기에서 8세기까지에도 유스티니아누스 페스트가 있었다. 그러나 흑사병은 그보다 훨씬 극심하여 수년 만에 아마도 두 배에 달하는 사람들을 죽였다.[10]

흑사병을 초래한 예르시니아 페스티스의 변종은 1197년부터 1268년 사이의 어느 때에 유전적 돌연변이로 발생했다. 그러나 14세기 중반 그 갑작스러운 발병 규모의 원인이 된 것은 새로운 변종 때문만은 아니었다. 무엇인가가 그것을 밀어붙였다. 사실은 여러 가지로서, 그 돌연변이 종이 그처럼 큰 영향을 미치려면 인간과 자연 세계 간의 관계가 전체적으로 변했어야만 했을 것이다. 이러한 점에서 보면 몽골이 유럽 상인들에게 감염된 시신을 던지지는 않았을지라도, 그들이 페스트의 전파에 적어도 부분적으로는 책임이 있다고 말해도 좋을 것이다.[11]

예르시니아 페스티스의 자연환경은 지진, 들불, 기후 변화, 인간의 활동에 의해서 파괴되었다. 몽골의 정복, 장기간에 걸친 포위, 집단 이주, 군대의 이동—낙타와 말 무리, 땅에 고랑을 만드는 무거운 수레 등이 함께였다—은 모두 페스트의 서식지를 혼란하게 만들었다. 그리고 몽골의 개입은 정복으로 끝나지 않았다. 칭기스 칸의 거대 제국의 발달은 지속적으로 환경을 변화시켰다. 상품, 동물, 사람들의 이동을 통해서 몽골은 점점 더 많은, 그리고 다양한 생태학적 지역들을 접촉시켰다. 또한 가축 무리가 증가하고, 사냥이 격렬해지고, 모피 무역이 꽃을 피우면서 사람과 다른 동물 간에 훨씬 더 많은 상호 작용이 일어났다.[12]

모피 무역은 특히 위험했는데, 몽골과 초원, 삼림의 사람들이 감염 가능성이 있는 매우 다양한 마멋들 가까이에 있었기 때문이다. 알타이 산맥의 회색 마멋, 초원 마멋, 북중국, 몽골리아, 시베리아 남서부의 타르바간 마멋은 모두 페스트를 가질 수 있었다. 사람은 감염된 동물들을 다루면서 마멋의 고기를 먹거나 또는 벼룩에 물림으로써 병을 얻을 수 있었다. 몽골은 항상 마멋을 사냥했고 13세기 이래로는 더욱 체계적이고 대규모로 사냥을 행했는데, 이 때문에 마멋에 의해서 전달되는 병에 더욱 노출되었다. 또한 사냥꾼들은 마멋의 포식자도 노렸는데 그러면서 감염 가능성이 있는 동물과의 더 많이 접촉하게 되었다. 모피는 귀중했기 때문에 사냥꾼들은 마멋의 포식자—늑대, 여우, 긴털족제비, 마눌고양이—를 추적했고, 이런 동물들도 질병 전달자가 될 수 있었다. 눈표범, 매, 송골매와 같은 마멋 포식동물은 몽골 조정에서 수요가 많았는데, 이 동물들은 황실의 사냥에 사용되었고 더 많은 사람들과 접촉했다. 게다가 마멋 포식자의 체계적인 감소는 산, 초원, 경작지에 있는 마멋과 페스트를 가진 다른 설치류의 증식으로 이어졌다.

이러한 노출로 페스트는 13세기에서 14세기 초를 거쳐 초원과 북쪽 삼림에서 유포되었다. 그러나 굴을 파는 설치류와 인류가 거의 분리되어 사는 한 대규모 인체 발병의 가능성에는 한계가 있었다. 전염이 되려면 반복된 밀접 접촉이 있어야 하기 때문이다. 그러나 예르시니아 페스티스가 정주민과 함께 사는 생쥐, 게르빌루스쥐, 쥐 같은 동물에 미치자 그 위험은 심각해졌다. 새로운 연구들이 보여주었듯이, 인간 사회에 사는 설치류와 인간이 같은 음식을 먹으면 전염병 감염의 가능성은 폭발적으로 증가한다. 이것이 정주하고 밀집한 생활을 하는 사람들이 유목민보다 역사적으로 더 위험했던 이유이다. 그러나 인간 사회에 사는 설치류와 사람 간의 원하지 않는 공유는 포위 공격 중에 일반적으로 일어났고, 몽골인들을 잠재적 감염원에 접근시켰다.[13]

페스트가 14세기에 본격적으로 발발했을 때, 동시대인들은 그것을 천연두, 콜레라, 이질과 같은 당시의 다른 주요 전염병과 구분했다. 아랍, 라틴, 중국 사료에 있는 다양한 묘사에 따르면, 대부분의 사람들은 페스트가 오염된 공기인 장기(瘴氣)의 결과이고 공기로 운반되거나 대면 접촉에 의해서 발생할 수 있다고 믿었다. 벼룩에게 물림으로써 전염되는 것과 함께 두 가지 모두 페스트 전염의 실제 원인이었다. 페스트의 한 형태인 서혜선종은 벼룩에게 물리거나 감염된 동물의 체액에 노출됨으로써 전염된다. 선페스트는 림프계를 공격하고, 인플루엔자와 비슷한 열과 오한부터 폭발적인 농포, 괴저, 장기부전까지 다양한 증상을 포함하여 매우 고통스러운 증세를 수반한다. 현대의 연구에 따르면 선페스트는 1346년부터 1353년 사이 흑사병의 절정기 동안 그 병에 걸렸던 사람의 60퍼센트를 죽음으로 몰아갔다고 한다. 폐페스트는 예르시니아 페스티스가 폐로 침투했을 때 발생하며 심지어 더 위험하다. 연구자들은 그 병에 감염된 사람의 90퍼센트가 사망했다고 추산한다(페스트의 세 번째 유형은 패혈성 페스트로 혈액을 공격하는데 역시 매우 치명적이지만 다른 유형보다는 훨씬 드물었고 현재도 그러하다). 비록 당대인들은 서혜선종의 원인인 벼룩에 의한 감염에 대해서는 알지 못했을 수도 있지만, 그 병이 극도로 전염성이 있고 실내에서 빠르게 전파된다는 것은 인지했다. 또 그들은 심지어 환자의 소유물로 감염될 수 있음도 알았다. 그리고 흑사병은 모든 곳에서 발생하고 있는 동일한 현상이라는 것, 즉 세계를 뒤덮은 질병이라는 것을 분명히 이해했다.[14]

지중해 일대가 흑사병에 직면하고 있을 무렵, 몽골은 흑사병을 잘 알고 있었다. 그들은 1232년 개봉을 포위하는 동안 중국에서 그 병을 경험했고, 중국 사료는 1307–1313년, 1331년, 1344–1345년 원나라 영역에서의 치명적인 유행을 언급하고 있다. 몽골은 전염병에 대처하는 법을 배웠고 격리를 포함한 위생 관행을 발전시켰다. 또한 페스트와 다른 질병들의 반복적인 발발은 새로운 주술적인 보호 의식을 생기게 했다. 이것은 제국 건설의 일반적 부수작용이었다. 제국의 건설로 사람들은 타국의 환경에 노출되었는데, 사람들의 몸은 아직 그에 대처하는 법을 배

20°
40°
노브고르드
1352
프스코프
1352
발트 해
폴로츠크
1349
모스크바
1353
돈 강
키예프
1352
드네프르 강
50°
헝가리
드네스트르 강
아작-타나
1346
베네치아
1348
솔하트
1346
제노바
1347
카파
1346
도나우 강
흑해
콘스탄티노폴리스
1347
비잔티움 제국
트라페준타
1347
40°
메시나
1347
알레포
1348
잘라이르조
지중해
키프로스
1348
다마스쿠스
1348
알렉산드리아
1347
30°
카이로
1348
0
400마일
20°
40°

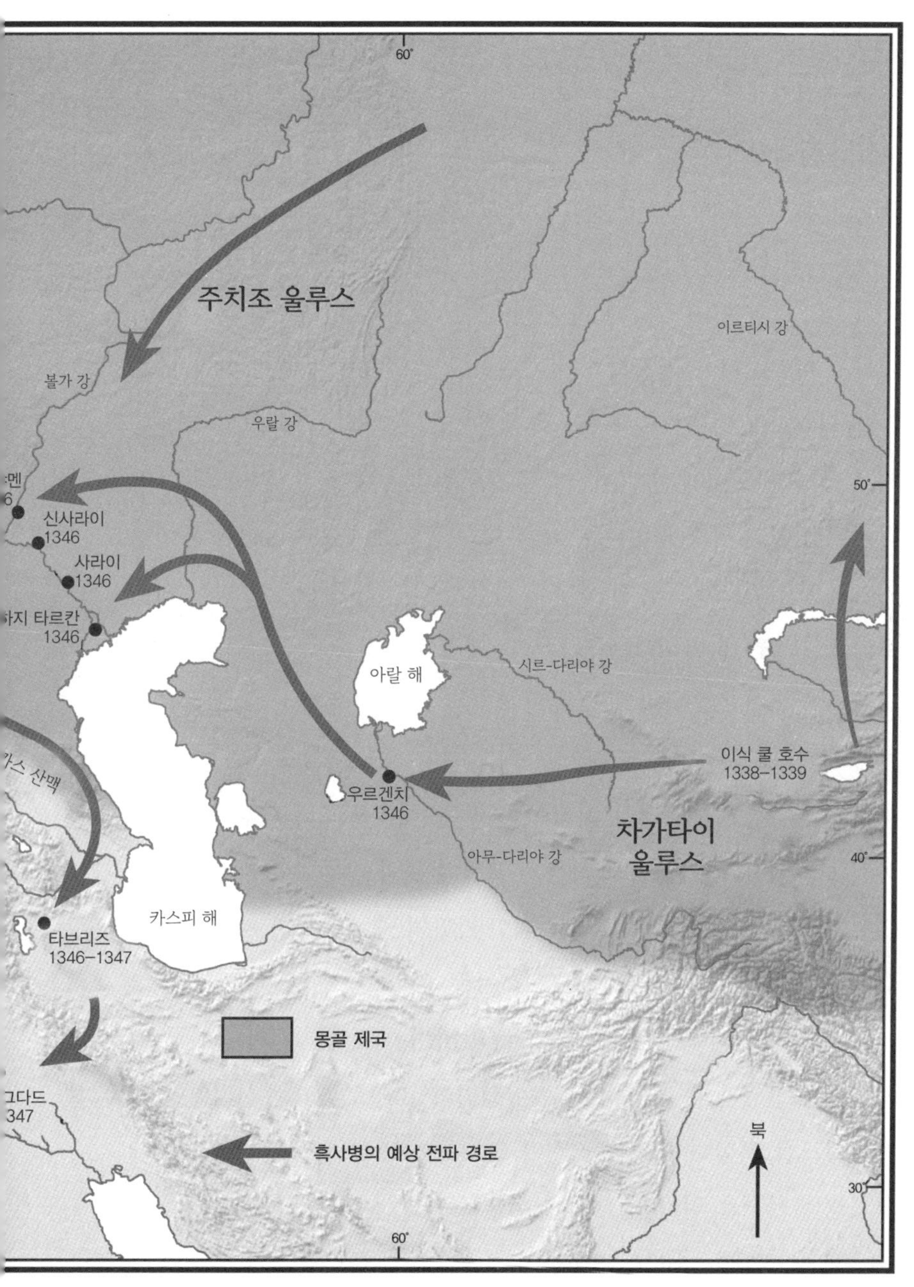

중앙 유라시아를 가로지른 흑사병의 예상 전파 경로. "1338–1339" 등의 숫자는 흑사병이 발병한 시기를 뜻한다.

우지 못한 상태였고 종종 높은 감염률을 초래했다. 로마인들이 페스트와 말라리아에 직면했고 오스만인들이 페스트와 콜레라에 시달렸으며 영국이 인도의 천염두 때문에 백신접종을 했던 것처럼, 몽골은 중국과 중앙아시아에서 제국을 건설하며 페스트와 싸웠다.[15]

호르드의 사람들에 관해서 말하자면, 그들은 카파의 포위 이전 수년 동안 페스트와 함께 살았다. 동시대인들은 오르다조 영토의 북쪽에 위치하고 예르시니아 페스티스의 자연적인 중심이기도 한 모피의 보고 "어둠의 땅"으로부터 흑사병이 출현했다고 추측했다. 이 병은 아마도 이식 쿨 호수 일대에 나타난 것으로 보이는데, 이곳은 오르다조와 차가타이조 사이의 국경에 있는 주요 무역 거점으로, 1338–1339년 유행병이 네스토리우스파 공동체 하나를 몰살시켰다. 기록에는 그 병이 페스트라고 확실하게 밝히지는 않았지만 페스트가 가장 유력하다. 누구도 흑사병이 유럽으로 나아간 정확한 경로를 알지 못하지만, 흑사병은 북쪽 길 전역에 걸쳐 유행했고 주요 거점들을 차례로 덮쳤다. 1346년 봄과 여름에 흑사병은 우르겐치, 사라이, 아작 등 대부분의 다른 주치조 도시에서 보고되었다. 가을에 흑사병은 크림 반도의 내륙 수도인 솔하트에 있었고, 그다음에는 북쪽 길의 종점인 카파의 발치에 있던 자니베크 군대의 진중에서 발발했다.[16]

북쪽 길의 남서쪽에서는 곡물이 주요 감염 매개체였던 반면에, 북동쪽에서는 모피가 더 가능성이 높은 원인이었다. 모피의 중심지였던 노브고로드를 포함하여 여러 러시아 도시들이 1349년과 1353년 사이에 흑사병의 타격을 입었다. 1353년 이후로는 발생 정도가 줄어들었지만, 1364년과 1374년, 그리고 1396년에도 발발한 기록이 있다. 호르드의 사람들은 15세기까지 계속 흑사병과 함께 살았던 것이다.[17]

흑사병의 영향은 광범위하고 심원했다. 무엇보다 그것은 인구학적 재앙으로 오늘날까지의 아프로-유라시아 역사에서 가장 대규모였다. 학자들은 유럽 인구의 3분의 1 이상이 사망했을 것으로 추정한다. 심지어 지중해 지역의 사망률은 더 높아서 대략 40퍼센트였다. 중동은 유럽보다 더욱 심각한 인구 감소를 겪었을 수도 있다. 무슬림 학자 알 아이니는 카이로에서 페스트가 한창일 때 하루에 2만 명까지의 사망자가 있었다고 들었는데, 그 도시의 인구는 발병 전에는 약 50만 명이었다. 1348년 시리아와 팔레스타인을 가로질러 여행했던 이븐 바투타는 다마스쿠스와 같이 가장 인구가 많은 도시들에서—다마스쿠스는 페스트가 엄습하기 전에는 약 8만 명의 인구가 있었다—하루에 1,000명에서 2,000명 사이의 사람들이 페스트로 사망했다고 기록했다.[18]

페스트는 밀집 거주 지역에서 가장 피해가 컸고, 의심의 여지 없이 농부나 유목민을 따로 살려주지는 않았다. 한 러시아 사료는 페스트가 호르드의 모든 곳에 있는 "타타르인" 및 다른 사람들을 죽였다고 기록했다. 게다가 사라이와 주치조의 초원 도시들은 비록 유럽 도시만큼 밀집하지는 않았을지라도 상당히 도시화되어 있었다. 사료에 숫자가 나와 있지는 않지만, 흑사병 시기에 호르드의 도시민, 농민, 유목민 인구가 상당히 감소했음에 틀림없다. 여러 지역들의 인구가 줄어들면서, 경작지, 과수원, 가축 무리들이 돌보는 사람 없이 방치되었고 경제에 해를 끼쳤다.

도시의 쇠락은 호르드의 북쪽에서 특히 두드러졌다. 불가르가 대표적인 사례이다. 볼가 강 하류의 동쪽 연안이자 신사라이로부터 상류로 965킬로미터 지점에 위치한 불가르는 최소 7세기 이래로 사람들이 정착하여 살았고, 호르드의 중요한 경제 중심지였다. 그러나 모피로가 흑사병의 길이 되었을 때 이 도시와 주변 지역은 빠르게 악화되었다. 질병과 경제 침체는 신사라이와의 경쟁으로 이미 고전하고 있던 그 도시를 파멸시켰다. 불가르의 밀집된 대규모 공동묘지는 그곳의 사람들이 경험한 바를 엿보게 해준다. 고고학자들은 약 300기의 무덤을 빌굴했는데, 그 중 절반 이상이 유아 및 어린아이들의 유골을 포함하고 있었다. 여성들 역시 어린 나이에 사망했다. 매장지는 15세부터 20세까지에서 가장 높은 사망률을 보여주는데 아마도 출산 때문이었을 것이다.[19]

주치조의 정치 체제는 한동안 그 탄력성을 보여주었다. 1350년대 초 대공 시메온 이바노비치와 많은 러시아 지배계층은 페스트로 사망한 반면, 자니베크와 그의 측근은 그 유행병에서 살아남았고 곧 타브리즈를 정복할 수 있었다.[20] 그러나 호르드는 세계화된 세력으로서 더 심각한 대가를 계속 치러야만 했다. 이 세계적인 유행병의 경제 충격은 유럽, 중동, 중앙아시아, 동아시아에 큰 타격을 주었고, 그 영향은 부메랑처럼 호르드로 돌아왔다. 도로가 단절되고 무역로에 간극이 형성되면서 여행이 점차 어려워지고 위험해지자 장거리 무역의 양이 줄어들었다. 1350년대에는 북쪽 길의 일부가 붕괴되었다. 호르드는 몹시 적응력이 좋은 정권이었지만, 이번에 그들이 경험한 변화는 압도적이었다. 호르드는 와해되기 시작한 세계에 연결되어 있었고, 그 결과로서 피해를 받을 수밖에 없었다.[21]

우리는 강할 때는 침략할 수 있고 약할 때는 후퇴할 수 있다

호르드를 뒤흔든 바람에는 유행병만이 아니라 더 큰 몽골 제국의 붕괴도 있었다. 1350년대에는 중국을 통치한 몽골 왕조인 원나라가 파멸하기 시작했다.

1352년부터 중국은 10년간의 유행병과 황하의 대홍수를 비롯한 일련의 자연 재해를 동시에 겪었다. 대중은 자신들의 요구를 제대로 해결하지 못한 책임을 몽골에게 물었고, 이는 원나라 정권 내의 정치적 불안정에 의해서 더욱 악화되었다. 또 사람들은 농업 자원을 잘못 관리했다며 조정을 비난했는데, 이는 홍수를 고려했을 때 중대한 문제였다. 민중 봉기가 처음에는 동쪽 해안을 따라, 그다음에는 황하 북쪽으로, 마지막에는 양쯔 강 남쪽으로 확산되었다. 한인들이 주도한 이 봉기는 홍건(紅巾)이라는 집단으로 모였고, 이들은 칭기스 칸 이래로 몽골이 직면한 가장 완강한 반란 세력이었다.[22]

홍건군과 또다른 반란 집단은 15년 이상 악전고투 했으나 원나라를 중국의 땅으로부터 몰아낼 수 있을 때까지 서서히 세력을 확보했다. 1368년 대칸 토곤 테무르(혜종)는 겨울 수도인 칸발릭을 반도들에게 내주고 오늘날 내몽골이라고 불리는 북쪽으로 퇴각했다. 다음 해에 홍건군은 이미 절반쯤 파괴된 원나라의 여름 수도 상도를 함락시켰고 통제력을 확장했다. 홍건군은 신생 정권이 되었다. 그 지도 세력은 '밝다'는 뜻의 명(明)이라는 이름을 내세웠다. 반군의 야망에 적합한 호칭이자 몽골에 대한 분명한 경고였다. 새로운 왕조가 원나라의 잿더미로부터 탄생하고 있었다.[23]

명나라의 부상은 의심의 여지가 없이 몽골, 특히 원나라의 몽골인들에게는 놀라운 것이었다. 그러나 원나라의 몽골인들은 대칸의 퇴각을 정권의 멸망으로 여기지 않았다. 원나라가 중국을 포기했을 수는 있지만, 몽골은 자신들이 텡그리의 명령을 지닌다고 믿었고, 명나라의 북쪽과 서쪽 지역을 계속 지배했다. 원나라는 자신의 이름을 계속 유지했고,

그 통치자들은 자신이 중국의 합법적인 군주라고 주장했다. 그들은 결코 명나라의 통치권을 인정하지 않았다. 또한 원나라는 중국으로부터 물러난 후에도 명나라의 변경에서 강력한 위협으로 남아 있었고, 명나라는 이 위협을 심각하게 받아들였다.[24]

돌이켜보면 중국으로부터의 철수는 추방처럼 보이지만, 몽골은 후퇴를 전략적인 것으로 이해했다. 원나라의 자원과 노력을 다시 집중시켜서 궁극적으로는 빼앗긴 것을 되찾는다는 계획이었다. 필수적이지 않은 영토를 포기하고 보호된 지역으로 철수하는 것은 오래된 작전으로, 수 세대에 걸쳐 몽골과 초원 거주민은 재집결하여 위험한 적을 대면해야 할 때 이러한 작전을 사용했다. 중국 당나라 왕조의 역사인 10세기 『당서(唐書)』에는 한 튀르크 관리*가 등장하는데, 그는 유목민의 힘이 이동성에 있기 때문에 도시를 짓지 말라며 칸에게 충고한다. 그는 “우리는 강할 때는 침략할 수 있고, 약할 때는 후퇴할 수 있습니다”**라고 조언한다.[25] 전략적 후퇴가 몽골의 전장 작전의 특징이었던 것처럼, 정권 역시 혼란한 시기에는 철수했다. 그러나 그것은 규율, 인내, 텡그리의 축복에 대한 믿음이 전제된 위험한 전략이었다.

원나라의 경우에 철수는 두 가지 주요 대가를 수반했고, 주치조도 이 두 가지 모두를 체감했다. 첫째, 중국의 상실은 몽골 교환의 영역을 급격하게 감소시켰다. 1세기 이상 호르드는 다른 몽골 영토와 도량형 표준을 공유했다. 주화와 달력은 몽골의 전 국토에 걸쳐서 바뀔 수 있었다. 여러 울루스들은 토착 언어는 물론이고 몽골어와 몽골 문자를 사용

---

* 톤유쿡을 가리키며, 흔히 재상으로 일컬어지는 인물이다.

** 원문은 『신당서(新唐書)』 권215하 열전140하 「돌궐 하」, “彊則進取, 弱則遁伏.”

했고, 동일한 게레게(gerege)—통행 문서로, 패자(牌子)로도 알려졌다—를 인정했다. 몽골의 각 정권은 얌, 쿠릴타이, 케식, 종교적 관용 정책을 포함하여 유사한 제도에 의존했다. 비록 각각은 현지 상황에 따라서 적용되었지만 말이다. 1368년 이후 이러한 표준의 어떤 것도 중국에 적용되지 않았고, 중국은 몽골의 세계 체제에서 이탈했다. 주치조가 톨루이조의 혼란을 어떻게 인식했는지에 대한 증거는 없지만, 주치조는 1370년 이후 게레게의 발행을 중단했다.[26]

둘째, 이 철수는 주요 대가로서 몽골의 경쟁자들에게 기회를 가져다주었다. 중국에서 원나라의 점진적 붕괴로 몽골 제국 전역의 복속민들은 자신의 야망을 실현할 때라는 사실을 알아채고 말았다. 군사 집단이 오르도 내에 출현했고, 일부는 느슨히 조직되고 단명했지만 더 지속된 집단도 있었다. 이 집단들은 반드시 몽골 체제를 전복할 필요는 없었고, 그보다는 그 이익의 몫을 얻고자 했다. 따라서 황금 씨족 밖의 집단들이 점차 늘어나던 자치권을 행사하면서, 투멘을 통해서 분배되던 자원을 요구하기 시작했다. 곧 명나라와 함께 한 무리의 새로운 세력들이 중국에서부터 헝가리까지 형성되었다. 이후에 살펴보겠지만, 호르드에서도 비슷한 일이 발생했다. 호르드는 세 부분으로 나뉘었고 그중 두 부분은 주치조가 아닌 벡들이 통치했다. 그러나 명나라와는 달리, 이 벡들은 흔들리는 몽골 정권의 권위를 약화시켜서 대신하려는 것이 아니라 보존하고자 했음을 강조해야 한다.

사실 울루스의 해체는 원나라의 몰락 이전에 발생했고, 이는 14세기 중반에 몽골 제국이 마주한 문제들이 근본적으로는 정치적인 특성이 있었음을 말해준다. 전염병과 그 경제적인 여파가 초래한 많은 압력만큼이나 둘 중에 그 어느 것도 일칸조 붕괴의 원인이 될 수는 없다. 1347년

게레게(1360년대 무렵). 몽골 영토 내에서의 안전한 통행과 얌 시설에 대한 이용을 소유자에게 보장하는 평판이다. 이 평판은 호르드에서 만들어진 게레게 중에서는 가장 나중의 것으로 알려져 있다. 위구르 명문과 도철(饕餮)의 얼굴을 포함하고 있다. 얼굴 부분은 악을 무찌르는 힘을 가진 기괴한 짐승 얼굴을 중국식으로 표현하고 있다.

동쪽과 서쪽의 정치체로 나뉜 차가타이 울루스의 분열에 있어서도 전염병은 본질적으로 그 원인이 아니었다. 동반부는 동쪽에서는 원나라 및 이후의 명나라, 서쪽에서는 시르-다리야 강과 접경했고, 페르시아어 및 튀르크어 화자들이 "몽골의 나라"라는 뜻의 모굴리스탄(Moghulistan)으로 불렀던 거대한 영토를 포함했다.[27] 다른 절반은 시르-다리야 강으로부터 서쪽으로 펼쳐져 있었고 트란스옥시아나에 그 중심을 두었다. 양자는 칭기스조가 통치했지만 황금 씨족의 위신은 특히 서쪽 지역에서 높았는데, 그곳의 유목민들은 차가타이의 이름을 자신의 것으로 주장했다. 반면 동쪽 지역의 유목민들은 부정했다.

심지어 울루스들이 분해되었음에도 칭기스조의 유산을 계속 수용했다는 점을 진지하게 고려해야 한다. 14세기 후반은 몽골 제국의 해체로 특징 지을 수 있는가? 아니면 새로운 환경에 대한 수정, 적응이 일어난 것인가? 중국과 같은 일부 지역은 이탈했지만, 다른 지역에서는 새로운 통치자들이 몽골 체제를 파괴하는 것이 아니라 참여하는 것을 목표로 흥기했다. 몽골 체제가 황금 씨족 외의 통치자들에 의해서 받아들여진 지역 중의 하나가 호르드였다. 호르드가 분열하고 카라추 벡들의 통제를 받게 되면서 그 구성원들은 주치 계열의 위신과 자신을 계속 결부지었다. 그뿐만 아니라 호르드의 통치자들은 바투, 베르케 등이 그러했던 것만큼 자신들의 영토를 통치했다. 몽골의 제도들은 유연성을 위해서 만들어졌고, 호르드 내의 강한 투쟁에서 살아남으로써 이를 입증했다.

혼란

1356–1357년 겨울의 타브리즈 정복은 주치조 팽창의 정점을 이루었다. 1세기 동안 주치조의 군주들은 타브리즈를 차지하는 것을 꿈꿨다. 마침내 자니베크가 그 야심을 실현했으나 그에게는 그 업적을 즐길 시간이 많지 않았다. 전장에서 돌아오는 길에 그는 병이 났고 1357년 7월 사라이 일대에서 사망했다. 아직 타브리즈에 주둔하고 있던 베르디베크가 아버지의 사망 소식을 들었을 때, 그는 군대를 소집하여 즉시 그 도시를 떠날 준비를 했다. 베르디베크의 조상들에게는 타브리즈가 매우 매력적으로 보였겠지만, 더욱 소중한 것—즉, 주치조 왕위—은 여전히 볼가 강 하류에 있었다. 베르디베크는 타브리즈 지역을 감독하기 위해서 총

독을 임명했고 호르드의 심장부로 출발했다.

타브리즈의 토착 세력들은 정복자들의 예기하지 않은 이탈을 이용했다. 호르드의 병사들이 떠나자마자 베르디베크의 총독을 포함하여 군주가 되고자 하는 다양한 세력들이 나타났다. 그 도시와 주변의 아제르바이잔 지역은 곧 잘라이르조의 소유가 되었는데, 그들은 비칭기스계 몽골인으로서 일칸조의 유산을 주장했다. 이라크에 깊게 뿌리를 내린 잘라이르조는 이미 바그다드를 통치하고 있었다. 호르드를 위해서 데르벤트-시르반 통로를 감시했던 시르반 샤조차 잘라이르조에 항복했다. 대다수의 캅카스인들처럼 시르반 샤는 강자의 편에 섰는데, 누구도 주치조 군대가 곧 돌아오리라고 예상하지 않았기 때문이다.[28]

호르드에서는 모든 사람들이 칸의 계승에 촉각을 곤두세우고 있었다. 자니베크가 살해되었다는 소문이 났다. 무슬림 사료들은 자니베크의 벡들이 그를 목졸라 죽였다고 했고, 러시아인들은 칸이 베르디베크의 명령에 따라 살해되었다고 주장했다.[29] 누구도 확실히 알지는 못했지만 모두 배신이 연루되었다고 확신하는 듯했다. 결국 베르디베크는 여러 강력한 벡들과 그의 할머니 타이둘라—우즈벡의 정실이었고 베르디베크의 사후에는 중요한 정치적인 인물로 남았는데, 바얄룬이 그녀의 시대 때 그러했던 것과 마찬가지였다—의 지지를 받아서 왕위를 차지했다.

새로운 지위에 불안을 느낀 베르디베크는 잠재적인 경쟁자들을 숙청했다. 그는 나이나 가족 내에서의 위치와는 상관없이 우즈벡의 모든 남성 후손을 제거하고자 했다. 이 숙청은 이례적으로 극심했는데, 새로운 주치조의 기준으로 보더라도 그러했다. 베르디베크는 그의 12명의 형제들과 자신의 아들까지 살해하도록 명했다.[30] 이 때문에 대부분의 벡들과 주치조 왕자들은 베르디베크에 대한 지지를 거부했다. 1358년 아직 베르디베크가 칸의 자리에 있었음에도 최소 3명이 그의 자리에 대한 권리를 주장했다. 그리고 베르디베크가 주치조 권력의 정점에 위치했던 기간이 짧은 것으로 드러나면서 그의 자리를 노리는 사람들이 더 많아졌다. 그는 1359년 사망했는데, 아마도 다른 사람의 손에 의해서 살해당한 것 같지만 정확한 사정은 분명하지 않다. 증거에 따르면 타이둘라는 베르디베크의 죽음의 원인과 정확한 날짜를 알고 있었지만 비밀로 했다고 한다.

베르디베크는 제위에 단 2년 정도 있었지만, 그는 주치조의 정치에 페스트가 한 것보다 더 많은 해를 끼쳤다. 베르디베크는 자신의 세대에서 제위에 대해 강한 권한을 가진 모든 사람들을 제거했고, 다음 세대에도 그러한 사람이 없게끔 했다. 그는 자신의 사람들이 두려워하게 만들었다. 궁정 계보학자들은 그의 통치기에 시작된 정치적인 혼란에 대한 책임을 그에게 돌렸다. 궁정 계보학자들은 베르디베크를 마지막 바투조의 칸으로 여겼는데, 그 이후에 제위를 차지한 사람들의 대부분이 주치조의 두 번째 계열 출신이었기 때문이다.[31]

베르디베크 사후에 새로운 칸들이 나타났다가 사라졌지만, 타이둘라가 궁정에서 가장 중요한 인물이었다. 타이둘라가 우즈벡의 부인이 된 이후로 그녀의 권위는 높아졌고, 20년간 조정의 중심에 있던 그녀는 주치조의 정치법에 숙달했다. 그녀는 자니베크, 그다음에는 베르디베크가 제위에 앉을 수 있도록 도우며 통찰력을 입증했다. 타이둘라는 호르드에서 가장 많은 수입을 차지했고, 그녀의 무역 협력망은 크림 반도, 볼가 강, 돈 강의 도시들에 이르렀다. 대부분의 주치조 군주들이 이슬람을 선택한 반면, 타이둘라는 공개적으로 기독교를 받아들였고 정교 성직자, 베네치아인, 교황과의 관계를 구축하기 위해서 지위를 이용했다.[32] 그러나 그녀는 바투 시기 이래로 황금 씨족 중에서 가장 영광스러운 가문이었던 우즈벡 일가의 마지막 대표였다. 1360년 타이둘라 역시 살해되었다. 사료는 누구에 의해서 또는 어떤 상황에서 그녀가 살해되었는지 언급하지 않지만, 그녀의 암살은 당시 정치 분쟁에 그녀가 개입한 것과 연관되어 있음에 틀림없다. 타이둘라가 사망하고 머지않아 최소한 6명의 칸들이 동시에 통치권을 주장했다. 그들 각자는 신사라이를 언급하면서 주화를 주조했다. 그러나 칸이 되고자 하는 사람들 누구도 사람들의 지지를 받지 못했고, 누구도 버티지 못했다.[33]

바투조 계열의 절멸은 주치조 사회의 와해로 이어졌다. 150년 동안 호르드는, 바투조를 핵심 지파로 하면서 주치조 각 계통의 유대를 기반으로 계층을 구성했다. 바투조가 사라지면서 그 계층 질서의 목이 잘렸다. 오르다조도 바투조가 남긴 빈 공간을 채울 준비가 되지 않았다. 오르다조는 왕위를 지키기 위해서 바투조에 의존했고, 타이둘라 사후 호르드 동쪽 날개에서의 지배적인 지위는 1361년 정권을 차지한 제2차 계열 출신의 왕자들에 의해서 약화되었다. 바투조와 오르다조 모두의 갑작스러운 붕괴가 전례 없는 권력 공백과 이를 채우려는 혼란을 야기했다. 자칭 칸들 간의 충돌은 거의 20년 동안 지속된 유혈 갈등으로 바뀌었다. 이 시기를 당시 사람들은 불각, 즉 혼란으로 기록했다.[34]

주치조는 반세기 이상 권위주의적이었던 통제에 대한 대가를 치르고 있었다. 토크타의 즉위 이후로 정권 교체는 매번 정치적 숙청으로 이어졌다. 그뿐만 아니라 호르드의 심의적 정치 제도가 도외시되었다. 아마도 가장 중요하게는 1342년 자니베크가 쿠릴타이를 자동으로 승인하는 집단으로 바꾼 것을 들 수 있다. 자니베크는 사람들이 합의한 후보가 아니라 자격을 갖춘 유일한 사람이었는데, 그 역시 선출되기 전에 형제들을 살해했기 때문이다. 또한 그는 그 의례를 자신의 지지자들로 채움으로써 어떤 논쟁도 더더욱 없게끔 했다.[35] 자니베크에 반대할 사람이 없었기 때문에 그 집회는 경쟁자들 간의 긴장감을 극적으로 표현하거나 오래된 합의의 절차를 행할 필요가 없었다. 주치조 정치의 비의례화는 권위주의의 특징이자 그것이 악화되었다는 표식이기도 했다.

그 결과의 일부는 아마 틀림없이 이로웠을 것이다. 계승은 오래 이어진 공위 기간—호르드의 사람들이나 그들과 무역했던 상인들 사이에 불확실성을 야기했다—을 더는 수반하지 않았다. 그러나 '힘이 곧 정의를 만든다'는 방법의 해로움은 이익보다 훨씬 컸다. 주치조가 정치적 불일치를 협상이 아닌 살인으로 해결하기 시작하자마자 폭력이 끝없이 계속되었다. 새로운 칸은 적들을 살해함으로써 권력을 유지할 수도 있었겠지만, 이는 내전이 일시적으로 중단되었음을 의미할 뿐이었다. 가장 마지막 살해는 다음 번 계승이 이루어질 때까지 집단의식 속에 남아 있었고, 그때 억눌린 분노가 표면화되었다. 모든 정치적 암살은 보복을 촉발했으며 다른 방법은 없었다. 초원 세계에서 복수는 한 세대로부터 다음 세대로 전이되는 도의적 의무였기 때문이다. 14세기에 들어서자 도덕적 필연은 집단적 자기 파괴가 되었다.

가장 큰 역설은 권위주의가 권위를 산출하지 못했다는 것이다. 몽골 세계에서 형제 살해는 효율적인 정치를 더는 만들어낼 수가 없었는데, 강압보다는 합의에 기초했기 때문이다. 자신의 울루스를 힘으로써 강요해야만 했던 칸은 멀리 떨어진 지휘관을 소집하거나 정복 과정에서 그들을 지휘하는 데에 필요한 통합성을 결코 모을 수 없었고, 멀리 떨어져 있고 독립적인 관료들의 충성심에 의존할 수도 없었다. 칸은 세금 기반을 확장할 수도 없었고 명목상 통치하는 사람들로부터 세수를 획득할 수도 없었다. 세금 징수인이나 다른 행정 관료들의 지원에 의지할 수 없었기 때문이다. 그리고 칸은 세수 없이는 신성한 의무이자 정치 질서의 기반인 공유와 순환의 책무를 유지할 수가 없었다.

1350년대에 두 개의 강력한 오르도 집단은 권위주의적 칸에 대한 투쟁을 계속하기보다는 그로부터 분리되어 나왔다. 서쪽 집단은 우익으로 알려졌다. 마마이라는 이름의 벡이 통솔했고 크림 반도에 본부를 두었다. 좌익에 해당하는 동쪽의 벡들과 오르도들은 시르-다리야 강 하류 출신의 벡이었던 텡기즈-부카 아래에 집결했다. 주치조의 칸은—그가 어느 순간의 누구라고 할지라도—사라이와 신사라이 주변의 중심만 통치했다. 두 도시는 불각, 페스트, 반복된 가뭄을 포함한 생태학적 재해로 인해서 고갈되었다. 불가르, 아작과 같은 도시들과 함께 사라이와 신사라이에서는 인부, 장인, 상인 등이 유출되었다. 신사라이는 쇠락의 조짐을 보인 첫 번째 주치조 정착지였고, 1370년대 무렵 묘지들이 사라이의 거주 구역을 대체하면서 대규모 공동묘지가 되었다.[36] 여러 측면들에서 보았을 때, 주요 하류 유역의 쇠락과 도시 공동화는 불각 도중에 발생한 정치적 분권화의 결과였다. 궁정이 통제력을 상실하고 부와 군사력이 좌익, 우익으로 빠져나가면서, 수 세대 동안 사람과 물품의 이동을 감시했던 칸의 케식, 역참지기, 초원 순찰자 등에 대한 통제력이 느슨해졌다. 그러면서 더 많은 정착민과 유목민들이 하류 유역을 떠나게 되었다. 이주자 일부는 서쪽으로, 즉 마마이의 날개가 있는 아조프 해의 북쪽 연안으로 갔다. 다른 사람들은 동쪽으로 가서 시르-다리야 강 하류를 따라 시그낙—텡기즈-부카의 날개의 정치적 중심지였다—쪽으로 펼쳐진 새로운 오르도를 형성했다.[37] 유목민 집단들은 겨울에는 계속 볼가 강 하류로 왔지만, 여름에는 쇠락하고 있는 도시 지역을 피했고 돈 강을 따라 방목하는 것을 선호했다.

초원 정착지의 방기는 원나라의 퇴각처럼 전략적인 철수로 볼 수도 있다. 정착지가 너무 위험해지면 유목민들과 정주민들은 똑같이 이동했다. 그들은 위기의 순간에는 필수적이지 않은 것들을 없애버리는 편이 이치에 맞음을 알고 있었다. 그리고 그것이 바로 도시의 운명이었다. 페스트는 모여 사는 것을 위험하게 만들었고, 무역의 감소는 정주 도시의 경제적 매력을 없애버렸다. 따라서 도시는 효율적인 지배 수단이 더는 아니었다. 여기에 더해서 불각 시기에 칸이 되고자 했던 많은 사람들이 사라이와 신사라이를 전쟁 지역으로 만들었다. 전략적, 경제적 중요성의 감소에도 불구하고 두 도시는 호르드를 차지하고자 하는 사람들에게는 중요했는데, 바투, 우즈벡의 유산과 긴밀하게 연결되어 있었기 때문이다. 도시를 떠나게 한 마지막 동기는 기후 변화였다. 기후 변화는 초원 도시 주변의 목초지를 손상시켰다. 13세기 말 소빙하기로 알려진 전 지구적 냉각 현상이 시작되었다. 소빙하기는 북반구 전역에 다양한 영향을 미쳤는데, 호르드는 주드(dzud)—날씨의 갑작스러운 변화로 기근과 가축의 상당한 손실을 초래한다—가 더욱 빈번하게 발생하는 상황을 마주했다. 여러 세대 동안 유목민들은 변화하는 환경을 견뎌냈지만, 페스트와 불각의 와중에 머물러야 할 이유는 거의 없었다.[38]

유목 지배계층은 이 모든 압력에 대응하여 계절 이동로를 변경했고 번영을 위해서 다른 곳을 바라보았다. 이것은 혼돈이 아니라 몽골의 방법으로서, 분산시키고 나누고 흩어지는 것이었다. 오르다와 바투의 오르도들이 따로 떨어져 번창했던 것처럼, 칭기스가 아들들에게 독립된 영토를 하사함으로써 경쟁을 통제하고자 했던 것처럼, 그리고 장자가 가족을 부양하기 위해서 아버지로부터 멀리 떨어진 곳으로 떠났던 것처럼, 호르드의 사람들은 머무는 것이 더는 현명한 선택이 아닐 때 정권의 지리적, 정치적 중심으로부터 이동했다. 철수는 항상 정치적 분쟁에서 비롯된 내전을 피하기 위한 효율적인 방법이었고, 이번에는 페스트의 확산을 제한하는 데에도 도움을 줄 것이었다.

그러므로 경쟁하는 칸들이 다투던 도시들은 대부분 유령 도시였다. 그리고 이것은 아무 상관도 없었는데, 그 칸들이 도시를 유지할 수 없었기 때문이다. 1360년대 일부 칸들은 오직 몇 주일 동안만 사라이의 왕좌를 차지했다. 이러한 자칭 칸들에게는 투멘을 동원할 수 있는 권위가 없었고, 그렇기 때문에 소수의 기병에만 의존해야 했다. 호르드를 위한 새로운 잠정 협정을 찾아내는 것은 다른 지도자들의 몫이 되었다. 이는 한때 주치 울루스가 알고 있던 공동의 이익을 위해서 사람들을 움직이게끔 하는 실용적인 정치였다. 황금 씨족이 혼란에 빠진 상황에서 이 지도자들은 카라추 벡이었다.

벡들의 인계

1360년대와 1370년대 대부분의 카라추 벡들은 여전히 몽골 세계의 질서를 믿고 있었다. 그들은 호르드에게 강력한 칸과 중앙집권화된 권력이 필요하다고 생각했다. 호르드의 모든 세 영역에서 활동했던 강력한 벡들은 권력을 놓고 다툼을 벌였다. 그러나 그들은 스스로를 칸으로 세우려고 한 것은 아니었는데, 그들은 주치조가 아니었고 따라서 합법적인 권한이 없었기 때문이다. 대신 그들은 황금 씨족의 위신을 기대할 수 있는 여러 후보들을 지지했다. 그러나 주치조와 벡으로 이루어진 이러한 연합 누구도 세 가지 주요 오르도들을 모두 결집하지는 못했고, 더 작은 오르도들이 호르드 곳곳에 분명히 산재했다. 서쪽과 동쪽 영역의 벡들이 지지하는 칸들에게는 대대로 내려오는 중심지에 대한 통제력과 그에 수반하는 명망이 없었다. 반면, 볼가 강 하류의 벡들이 지지하는 칸들은 지배를 주장하기에 충분한 군사를 모을 수 없었다. 게다가 볼가 강 하류의 칸들에게는 능력 있는 행정 관료들이 부족했다. 온전한 케식을 가지고 통치했던 마지막 칸은 자니베크였다. 베르디베크 치하에서 세습적인 케식은 분열되었고, 그중 대부분은 정치적 숙청을 피하고 다른 제위 경쟁자를 지원하기 위해서 볼가 강 하류를 떠났다. 불각이 계속되면서 주치조에게는 어느 때보다도 더욱 카라추 벡이 필요했는데, 오직 그들만이 케식의 분열을 보완할 수 있었기 때문이다.

벡들이 주치조 칸의 복원을 위해서 지원했던 것의 한 예외는 호라즘 북부에서 발생했다. 그곳에서 콩기라트가 우르겐치를 차지하고 자지를 선언하면서 바투조의 종결은 다음 칸을 지지하기 위한 쟁탈이 아니라 이탈로 이어졌다. 콩기라트는 오랫동안 그 지역을 담당했으나 그것은 칸을 대신한 것이었다. 우즈벡 시기의 상황이 바로 그러했는데, 그는 사위 쿠틀루크 테무르에게 호르드의 호라즘 영역에 대한 행정적 권위를 하사한다는 변형적인 결정을 내렸다. 또다른 주치조 사위였던 아미르 난구다이가 1340년대에 쿠틀루크 테무르를 계승했을 때에도 똑같은 구조가 유지되었다. 난구다이는 쿠틀루크 테무르와 마찬가지로 초기의 카라추 벡들보다 훨씬 더 강력했지만, 여전히 칸에 협력했다.[39]

난구다이는 불각이 시작되면서 1361–1362년의 정치적 숙청 동안 살해되었다. 그의 딸과 아들들이 그 자리를 물려받고 수피-콩기라트(Sufi-Qonggirad)라고 알려진 왕조를 형성했는데, 이것은 호르드로부터의 독립을 주장한 새로운 왕조였다. 그들의 권위는 부분적으로는 황금 씨족과의 연관성으로부터 유래했고, 그들이 호라즘 북부의 유목 전사들을 통제했기 때문에 군사력에도 일부 기인했다. 그리고 마지막으로 독실한 무슬림이자 이슬람 시설의 후원자로서의 지위로부터도 권위가 비롯되었다. 특히, 난구다이의 가족은 수피즘과 밀접하게 공조했다. 후대 사료들은 난구다이가 영향력 있는 수피 샤이흐였던 사이드 아타의 제자였다고 한다. 수피즘은 호라즘의 도시민과 유목민 모두의 교량이었다. 수피들은 유목민 사이에서 활동했고, 토착 유목 지배계층은 수피 지도자들과 가족 관계를 형성했다. 게다가 호라즘의 도시민들은 대부분 무슬림이었고 수피 성인과 그들의 추종자들을 매우 존경했다.[40]

물론 독립의 주장은 실제 독립과는 다르다. 진정으로 독립하기 위해서 수피-콩기라트는 중앙아시아, 이란, 인도의 핵심 무역 상대와 독점적인 상업적 관계를 수립할 필요가 있었다. 오래되고 주요한 무역 중심이었던 우르겐치는 이러한 점에서 이점이 있었다. 수피-콩기라트는 단지 그곳에서 사업이 계속 이어지도록 유지하기만 하면 되었고, 주치조에 세금을 바치는 대신 자신을 위해서 그 수익을 남겨두었다. 이를 위하여 1362–1363년 그들은 칸의 이름이 없는 새로운 은화를 주조하도록 명했고, 곧이어 금화도 마찬가지로 주조하기 시작했다.[41] 1366–1367년에는 세력 범위를 확장하여 호라즘 남부의 차가타이조 수도였던 히바와 카스에서 세금을 거두었다. 몽골의 시각에서 보았을 때 카라추인 수피-콩기라트는 황실의 세금을 요구할 수 있는 권리가 없었지만, 차가타이조는 너무 약해서 조상들의 영토에 대한 통제력을 유지할 수 없었다.[42]

수피-콩기라트는 주치조 왕위를 둘러싼 쟁탈전에 참여하지 않았고 그들의 행동은 몽골인들의 경멸을 받았지만, 그들조차도 많은 방면에서 몽골의 지배 전략을 모사하려고 했음은 주목할 만하다. 통치 본보기는 몽골로, 그들은 관세 수입, 중앙집권화된 통화 체제, 예속 관계를 우선시했다. 수피-콩기라트 정권은 무슬림들이 장악했지만, 맘루크 또는 다른 중동의 술탄국들과 유사한 구조를 채택하지는 않았다. 그리고 수피-콩기라트는 몽골의 정치적인 합법화 방식을 포기하지 않았다. 이슬람식 지도력과 황금 씨족은 베르케와 그의 계승자들의 경우와 마찬가지로 모두 그들의 통치 권한에 매우 중요했다.

마찬가지로 좌익과 우익의 통치자들은 몽골의 지배 방식에 전념했지만 이 벡들은 수피-콩기라트와는 달리 이전의 상태를 지지했으니, 그들은 한 명의 칸 아래에 호르드를 재통합하기를 원했다. 아마도 이러한 벡들 중에서 가장 영향력 있었던 사람은 마마이였을 것이다. 그는 베르디베크의 딸 툴룬베크와 결혼한 키야트 혈통의 군사 지휘관이었다. 키야트는 콩기라트와 마찬가지로 주치조의 사위와 호르드의 지배적인 벡들을 제공한 몽골 가문이었다. 호르드의 내부 정치와 대외 정책에 깊게 개입하던 마마이는 베르디베크의 베글레르벡이 되었다. 마마이는 서쪽의 벡들, 즉 우익을 이끌었다. 적어도 9개의 오르도가 그에게 응답했다. 그의 거대한 영토는 흑해 북쪽 지역, 크림 반도, 캅카스 북쪽 일대를 포함했다. 특히, 크림 반도는 마마이를 위해서 상당한 수입을 창출했는데 제노바인들과 호르드의 우두머리들 사이에 계속된 긴장 관계에도 불구하고 호르드에서 가장 부유한 지역들 중의 하나로 남아 있었다.[43]

마마이는 베르디베크의 사후 칸이 되기를 희망하는 여러 사람들을 지지했지만, 누구도 권력을 차지할 수 없었다. 마마이에게 이는 문제가 아니었는데, 그는 적어도 서쪽에서는 누가 제위를 차지하는지에 상관없이 실질적인 실력자였다. 예를 들어 우즈벡의 아들이었다는 압둘라는 마마이의 꼭두각시 칸으로서의 역할을 했다.[44] 툴룬베크는 마마이의 중요한 협력자였다. 1370년 압둘라가 사망한 이후 툴룬베크는 수년간 제위를 차지했고, 이로 인해서 마마이는 실질적인 권력을 보유할 수 있었다. 툴룬베크와 마마이가 충분히 순응적인 주치조 제위 후보가 있다는 데에 동의했을 때만 툴룬베크가 물러났다.[45] 이것은 호르드의 정치 문화에 나타난 또다른 새로운 방향이었다. 이제는 카라추 벡과 주치조 공주가 함께 통치하고 자신들만의 칸을 세울 수 있었다.

마마이는 볼가 강 유역에 대한 경쟁에 뛰어들었고, 그곳을 동쪽과 서쪽 벡들 간의 무질서한 변경으로 만드는 데에 기여했다. 두 진영은 사라이와 신사라이를 반복적으로 차지하고 상실했다. 그리하여 마마이와 그외 사람들 누구도 중심 지역을 완벽하게 통제할 수 없었고, 바투와 우즈벡의 땅을 차지했다는 명성으로부터 혜택을 얻을 수 없었다. 여전히 카라추 벡이 심지어 옛 수도의 통치를 꿈꿀 수 있었다는 사실은 얼마나 많은 것이 변했는지에 대한 증명이었다. 그러나 마마이는 그러한 식으로 생각하지 않았거나, 또는 만약 그랬다고 하더라도 그렇게 표현하지 않았다. 그는 호르드와 그 제도의 연속성을 구현할 것을 주장했고, 그의 부인 툴룬베크는 그가 힘으로는 얻을 수 없었던 유산에 대한 연결을 제공했다.

누가 권력의 자리를 차지할 것인가를 두고 마마이와 여러 벡들이 싸우는 동안, 호르드의 서쪽 이웃과 속국들은 그 무질서를 이용했다. 정주 주변부의 복속민들은 불각이 가져다준 기회—행동의 자유를 얻고 몽골에게 영토적, 정치적 양보를 강요할 기회—를 이해하고 있었다. 이를 염두에 둔 러시아인과 리투아니아인들은 마마이를 시험하기 시작했다. 각 세력은 호르드와의 결속을 재협상하기 위해서 자신만의 전략을 따랐고,

그 전략은 각자 주치조와의 관계에 의해서 형성되었다.

리투아니아인과 호르드의 관계는 1320년대 우즈벡 시기에 시작되었다. 호르드가 러시아 공국 중에 북쪽에 있는 모스크바를 지지하면서, 남쪽의 공국들—키예프, 스몰렌스크, 갈리치아, 볼히니아 등—은 정치적 관심의 중심으로부터 더욱 멀어졌고, 그들을 주치조로부터 빼앗고자 했던 외부인들에 대한 취약성이 더욱 높아졌다. 한동안은 노가이와 그의 군대가 그러한 침공으로부터 러시아 남부의 왕자들을 보호하면서 야심적인 외래인에 대한 장애물로 대항했다. 그러나 노가이가 사망한 이후에 주치조는 호르드의 남서쪽 변경에 대한 고삐를 늦추었고, 이는 경쟁자들이 그 지역을 노리게끔 만들었다.

이러한 경쟁자 중에서 가장 능력이 있는 것이 리투아니아인들이었다. 그들은 1320년대 초반에 키예프를 차지했다. 1324년 우즈벡은 이 새로운 정치 현실을 인정했고, 리투아니아 군주와의 협약에 서명했다. 리투아니아인들은 이것을 그 이상의 정복을 위한 한 걸음으로 보았다. 반면, 우즈벡은 그들을 남서쪽 변경에서 러시아인을 대신할 새로운 속국으로 여겼다. 그 영토가 호르드에 충성하는 사람들에 의해서 통치되는 한 러시아인이든 리투아니아인이든 상관없었고 신경 쓰지 않을 것이었다. 그리하여 리투아니아인들은 그들의 지위를 받아들였다. 그들은 주치조와의 충돌을 피했고, 호르드와 게르만 및 폴란드인 간의 외교적 접촉을 처리했으며, 호르드의 상업 정책을 따랐고, 세금을 징수하고 지불했다. 그렇게 리투아니아인들과 주치조 사이에 한 유형이 나타났다. 1340년 리투아니아인들은 볼리니아와 갈리치아를 차지했고, 그곳에서 역시 호르드의 새로운 속국이 되었다.

1345년 이후 리투아니아의 군주가 된 알기르다스는 그와 같은 추세를 지속하고자 했고, 호르드 내에서 영지를 넓힘으로써 부와 영향력을 확대했다. 이는 호르드와의 싸움 및 연합을 함께 수반했다. 즉, 그는 다른 속국을 쫓아냄으로써 현재의 상황을 격하게 뒤흔들어야 했고, 그 행위에 대해서 마마이의 승인을 얻어야만 했다. 1362년 무렵 알기르다스의 군대는, 모스크바에 있는 상대적으로 약한 정부가 다스리는 지역을 장악하기 위해서 출발했다. 리투아니아인들은 드네프르 강 하류를 따라 행군했고, 체르니고프와 페레슬라블 공국의 항복을 받아냈다. 그들은 가을에 드네프르 강을 건넜고, 키예프의 남서쪽 드네스트르 강가에 위치한 무역 거점인 포돌리아 지역을 공격했다.[46] 포돌리아의 하항(河港)을 통해서 리투아니아인들은 흑해로 접근하고 강 위의 통행을 감시하며 세금을 거둘 기회를 얻었다. 그뿐만 아니라 그 지역에는 풍부한 농업 자원이 있었다. 그러나 호르드에 세수를 납부하던 지역인 포돌리아는 시뉴하 강 인근에 주둔하던 주치조 군사들의 보호를 받고 있었다. 리투아니아인들은 러시아인이 아니라 몽골과 싸워야만 했다. 그리고 알기르다스의 군대는 정확히 그렇게 했고 승리를 거두었다. 비록 이것은 리투아니아인들이 후에 주장한 것과 같은 승리는 아니었지만, 그 지역에서의 권력 균형을 분명히 바꾸었다.

마마이는 더 큰 군대에게 리투아니아인들을 격퇴하도록 맡길 수도 있었지만, 그에게는 볼가 강 하류에서의 더욱 시급한 전투가 있었다. 게다가 마마이는 리투아니아인들을 모스크바에 대한 유용한 세력 균형의 매개체로 여겼다. 다시 한번 리투아니아인들이 공물을 보내는 한, 주치조는 그들을 받아들일 것이었다. 마마이가 알기르다스의 포돌리아에 대한 권한을 공식적으로 승인했는지는 알 수 없지만, 사료는 리투아니아인들이 15세기까지 포돌리아의 "타타르 공물(Tributum Thartharorum)"을 주치

조 칸들에게 보냈음을 보여주고 있다.[47]

북쪽 공국들의 러시아인들은 자신들만의 내부 문제가 있었고, 이것이 주치조와의 관계에 영향을 미쳤다. 특히, 트베리가 모스크바와 냉담한 관계에 있었다. 처음에는 모스크바의 공작이었던 드미트리 이바노비치가 마마이의 지지로부터 도움을 받았으니, 1363년 무렵 마마이는 드미트리를 대공으로 승인했다. 그러나 1370년 무렵 마마이는 드미트리가 공물을 바치는 데에 부진한 모습을 보이자 실망했고, 그리하여 드미트리에게서 대공의 자리를 빼앗아 트베리의 공작이었던 미하일 알렉산드로비치에게 주었다. 그러나 드미트리는 미하일이 통치하도록 내버려두지 않았다. 드미트리는 군대를 소집했고, 트베리의 공작이 블라디미르 도시에 들어와 대공의 자리를 차지하는 것을 막았다. 또한 드미트리는 마마이의 후원을 다시 획득하여 그에게 선물을 보냈고, 그의 오르도에서 그를 방문했으며, 결국 블라디미르의 보좌를 유지했다. 그러나 드미트리가 이번에는 승리를 거두었지만 안심할 수 없었다. 마마이가 마음이 쉽게 변해서 다시 지지를 철회할 수도 있음이 분명했다.

그것이 정확히 수년 후에 일어난 일이었다. 1374–1375년 무렵 러시아 도시 집단의 통치자들은 마마이의 사신에게 복종하는 것을 거부한 후에 사신들을 살해했다. 아마도 그 사신들은 세금의 지불과 유예된 공물에 대한 보상을 요구했을 것이다. 마마이는 분노했지만 그의 군사는 격퇴당했다. 러시아 연대기에 따르면 주치조의 군대는 페스트 때문에 상당히 약화되었는데, 마마이의 군대 역시 당시에 초원에서 번창하던 페스트로 인해서 규모가 감소하고 있었다. 러시아인들은 페스트에 시달리는 호르드의 상황을 이용하여 반란에 전념했고, 마마이가 과도한 공물을 요구한다고 주장했다. 마마이는 대공 드미트리에게 그 반란에 대한 책임을 물었다. 이번에는 외교로는 충분하지 않을 것임에 공포를 느낀 드미트리는 마마이에게 대적하고 먼저 공격하기로 결심했다.[48] 1378년 마마이가 모스크바에 대한 원정을 위해서 군사를 소집하느라 바쁜 와중에, 드미트리는 군대를 이끌고 마마이의 진영으로 바로 진격했다. 두 군대가 보자 강에서 만났고 대공은 마마이에게 승리를 거두었는데, 대규모 전투에서 러시아가 몽골에 승리를 거둔 것은 1230년대 후반의 원정 이후 처음이었다. 1380년 8월 마마이와 러시아인들은 이번에는 마마이의 땅 깊숙한 곳에 위치한 돈 강을 따라 펼쳐진 쿨리코보 평원에서 다시 부딪혔다. 주치조 군대는 다시 격파되었고, 이 사건은 러시아 역사에서 드미트리의 위치를 드미트리 돈스코이, 즉 돈 강의 드미트리로서 굳건하게 했다. 지금까지도 드미트리 돈스코이는 러시아 정교 교회의 성자로 숭배된다.[49]

드미트리가 마마이에게 승리를 거둔 것은 분명했지만, "타타르의 멍에"를 종식시키기에 결정적인 수준은 아니었다. 사실 러시아의 우위는 일시적인 것이었고, 1380년대 중반이 되자 러시아인들은 다시 몽골의 군주들에게 공물을 바쳤다. 오늘날 러시아에서 드미트리의 영웅적 위상은 그의 공헌의 중요성이 아니라—그의 승리는 주치조의 세력이 저조했을 때였고, 심지어 그때도 몽골로부터 독립을 성취할 수 없었다—16세기에 모스크바 교회가 타타르의 멍에라는 관념을 정교하게 만들어낸 것에 기반을 둔 러시아 민족주의적 역사학의 정치적 투영을 나타낸다. 드미트리의 저항은 그를 무슬림, 이교도, 외세의 약탈에 반대하는 러시아의 민족 자결의 상징으로 만들었고 기독교 독립 국가로서의 지위를 일깨웠다. 역설적인 것은 러시아의 민족주의자, 교회, 대중 일반이 찬양하는 그 국가가 모스크바 가문과 연관되었으며, 그 가문의 흥기는 몽골 덕분에 가능했다는 점이다. 다닐로비치 왕조의 뒤를 이어 모스크바의 보야르 가문이었던 로마노프가—러시아 민족주의자들이 상상 속에서 애용하는—오늘날 러시아의 국민국가를 통합하고 지배할 수 있을 만큼 부유하고 강력해졌다. 그러나 타타르의 멍에에 대한 반대로서 상상화된 그 국가는 만약 주치조가 키예프 체제를 붕괴시키고 모스크바 가문을 총애하여 러시아 권력의 정점으로 끌어올리지 않았다면 존재하지 않았을지도 모른다.[50]

해체

일칸조의 종말은 호르드의 최고 업적이 되어야만 했다. 이것은 복수에 대한 도덕적 권리의 실현이자 북쪽 길의 우위를 강화할 기회였다. 그러나 흑사병으로 대규모 무역이 불가능해지자 가장 중요한 유라시아 무역로에 대한 통솔이 전혀 중요하지 않게 되었다. 또한 일칸조의 쇠락은 주치조가 그로부터 얻은 것보다 더 많은 것을 잃은 것으로 드러났다. 일칸조의 붕괴로 주치조는 규칙에 따라 행동하는 강력한 도전자 대신에 작고 믿을 수 없는 주변 세력들을 상대해야 했다. 실제로 몽골 제국 내내 피지배민들이 봉기했다. 일칸조 정권이 몰락하고 전 정권의 지역 파벌이 이를 대신하며 몽골의 힘이 영원하지 않음을 보여주었다. 몽골의 체제로부터 수혜를 입은 통치 계급은—일칸조 아미르, 콩기라트, 리투아니아인을 막론하고—스스로를 내세우며 몽골의 지배를 물려받을 수 있었다. 심지어 홍건군과 같은 대중 봉기도 몽골의 지배를 대신할 수 있었다.

14세기 말 호르드는 다른 몽골들보다는 온전했지만, 칸과 벡 간의 상대적 권력의 변화는 여러 측면에서 일칸조, 차가타이 울루스의 상황과 비슷했다. 칭기스 칸의 전통은 유라시아 전역에서 높은 권위가 있었지만, 유라시아는 칭기스조의 통제에서 벗어났다. 이 새로운 세계의 통치자들은 칭기스의 위신과 수단을 받아들였지만, 황금 씨족의 후손은 아니었다. 이것은 마마이와 수피-콩기라트에도 해당되고, 몽골의 붕괴로부터 출현한 가장 역사적 인물 중 하나인 티무르, 또는 테멀레인에게도 적용된다. 제8장에서 살펴보듯이, 티무르의 집권은 위기 이후의 세계가 몽골식 통치의 외피를 내세우고 있는 비칭기스조 지배계층에게 가져다 준 기회를 곧 분명히 보여줄 것이었다.[51]

몽골의 방식이 몽골 제국보다 더 오래 존속했다는 것은 심각하게 받아들일 만한 역사적 사실이다. 제국의 붕괴 이후에 몽골 중심의 세계가 어떤 형태를 띠게 될지 누구도 알지 못했다. 그러나 그 형태는 칭기스 칸이 개발하고 그의 계승자들이 적용한 유연한 체제에 강한 영향을 받은 것으로 밝혀졌다. 이것은 권력에 관한 유목적 관념과 모두 일치한다. 몽골 정권은 변화를 견딜 수 있도록 만들어졌는데, 변화는 필연적이면서도 단순한 인간의 통제를 넘어선 것이기 때문이다. 결국 제국을 창건한 생명력인 술데는 텡그리가 수여하는 것이었다. 텡그리는 황금 씨족을 축복했지만, 다른 사람들도 마찬가지로 축복을 받을 수 있었다. 그렇다면 아마도 몽골 지배의 특성을 보여주는 가장 진실한 표식은 텡그리가 다른 사람에게 술데를 주었을 때, 그들이 여전히 힘을 위해서 칭기스의 생각과 유산에 의지했다는 점일 것이다.

제8장

동생들

불각, 흑사병, 원나라와 일칸조의 붕괴 등 복합적인 위기로 호르드는 강력한 난관에 직면했다. 그러나 주치 울루스는 그 유연성 덕분에 살아남았다. 사람들의 안전과 번영이 칸으로부터 벡으로의 권력 양도에 의해서만 유지될 수 있었을 때, 권력 이양이 실제로 일어났다. 마마이와 같은 선도적인 카라추 벡의 성장은 연속성을 위한 수정이었다. 권력의 자리에 앉은 사람은 계속 바뀌었지만, 유목적 지배의 전체 구조는 변하지 않았다.

14세기 말과 15세기 초는 한 관계의 역학을 보여준다. 새로운 칸인 토크타미시가 흥기하여 호르드를 재통합했다. 그러나 그는 오직 벡들이 허락하는 동안만 통제력을 유지했다. 토크타미시는 바투조 혈통도, 오르다조 혈통도 아니라는 점에서 새로운 유형의 주치조 군주였다. 그러나 토크타미시는 정복에 전념했고, 재정 개혁을 통해서 무역을 촉진했으며, 호르드의 외교적 이익을 극대화했다는 점에서 주치조 선조들의 유형에 매우 일치하는 군주였다. 토크타미시는 필요하다면 동맹을 맺기도, 파기하기도 했는데, 이것이 그가 티무르와 협력했다가, 장기간에 걸친 전쟁을 했다가, 다시 한번 더 동맹을 할 수 있었던 방법이었다.

그러나 토크타미시 이후에 호르드는 여러 정권들로 완전히 분열되었다. 그러나 각각의 정권들은 토크타미시와 주치조 칸들을 창건자로서 회상했다. 어떤 의미에서 15세기는 호르드의 종말기였는데 주치조의 중앙 권력이 붕괴되고 다시 회복되지 못했기 때문이다. 그러나 다른 의미에서 그 시대는 이전에 칸과 그의 케식에 부여되었던 권력의 단순한 개편을 초래했다. 베르디베크 이후로 수십 년간 호르드의 권력은 볼가 강 하류로부터 서서히 바깥쪽으로 흘러가고 있었다. 그리고 이러한 경향은 15세기에도 계속되었는데, 호르드의 사람들은 주위의 세계가 변하는 동안 자신의 필요를 충족시키기 위해서 창의적인 방법을 발견했다. 호르드의 분열은 호르드—정확히 그 정권은 아니더라도 이전에 있었던 종류의 정권—를 보존하는 최선의 방법으로 밝혀졌다. 호르드의 계승 국가는 스스로를 칭기스와 주치의 전통과 이어져 있다고 생각했다. 이 국가들이 앞으로 수백 년간 몽골의 전통을 유지하면서 19세기까지 서부 초원과 중앙아시아를 지배할 것이었다.

호르드의 재통합

호르드에는 초기부터 두 개의 주요 세력이 있었고 이들은 대체로 조화롭게 작동했으니, 바로 바투의 하얀 오르도와 오르다의 푸른 오르도였다. 이들 오르도의 지배는 1359-1360년 바투조 칸 베르디베크와 오르다조 칸의 죽음과 함께 막을 내렸다. 베르디베크 이후로 서로 싸움을 벌이는 일련의 제위 후보자들이 뒤를 이었지만, 그들 중 누구도 제위에 대한 권리를 확고히 하지 못했다. 반면, 푸른 오르도는 카라-노가이라는 새로운 지도자를 빠르게 세웠다. 카라-노가이의 선출은 오르다조의 수도 시그낙에서 공표되었고, 그 소식은 그곳으로부터 시르-다리야 강의 도시들로, 아랄 해를 따라서, 그리고 유목 진영으로 전파되었다. 이 새로운 칸의 등장은 틀림없이 충격적이었을 것이다. 처음으로 오르다의 후손이 아닌 사람이 좌익을 지배하게 된 것이다. 카라-노가이의 혈통은 오르다의 형제들 중의 한 사람이자 주치의 막내아들이었던 토카 테무르로 거슬러올라간다.

카라-노가이의 통치가 오래 지속되지는 않았지만, 그의 가문 구성원들이 그를 계승했다는 점이 중요하다. 그들의 혈통이 푸른 오르도의 지배가문으로서 확고해졌다. 아마 이 새로운 통치자 계열에서 가장 강력한 인물은 카라-노가이의 사촌이었던 우루스였을 것이다. 그는 1368년 무렵 푸른 오르도의 칸이 되었다. 우루스는 우즈벡과 같은 유형의 칸이었다. 그는 권위주의적인 성향을 팽창주의적인 의도—그는 통제력을 사라이까지 확장시키고자 했다—와 결합시켰다. 그는 토카 테무르의 후손들과 그들의 추종자들에게 무조건적인 지지를 요구했고, 어떤 반항이라도 가혹하게 처벌했다.[1] 우루스의 폭력적인 방식은 필연적으로 적들을 낳았다. 특히, 우루스가 똑같이 토카 테무르 계열의 수장이자 칸의 자리를 둘러싼 경쟁자였던 토이 호자를 살해한 일은 유혈 갈등을 야기했고 결국 우루스의 치세를 종식시켰다.

이에 대한 복수를 행한 사람은 토이 호자의 아들이었던 토크타미시였다. 우루스는 토크타미시의 아버지를 살해했을 뿐만이 아니라 그들의 엘(el), 즉 세습민을 우루스의 오르도로 합치게끔 강요함으로써 토크타

40°
노브고로드
모스크바
폴란드-
리투아니아
불가르
쿤두르차 강
불가 강
우랄 강
돈 강
키예프
50°
드네스트르 강
드네프르 강
마마이
신사라이
사라이주크
망기트
아작-타나
사라이
케르치
솔하트
수다크
도나우 강
테레크 강
흑해
데르벤트
오스만 제국
40°
타브리즈
카스피 해
카라 코윤루
알레포
솔테니예
티그리스 강
유프라테스 강
지중해
맘 루 크
40°
0

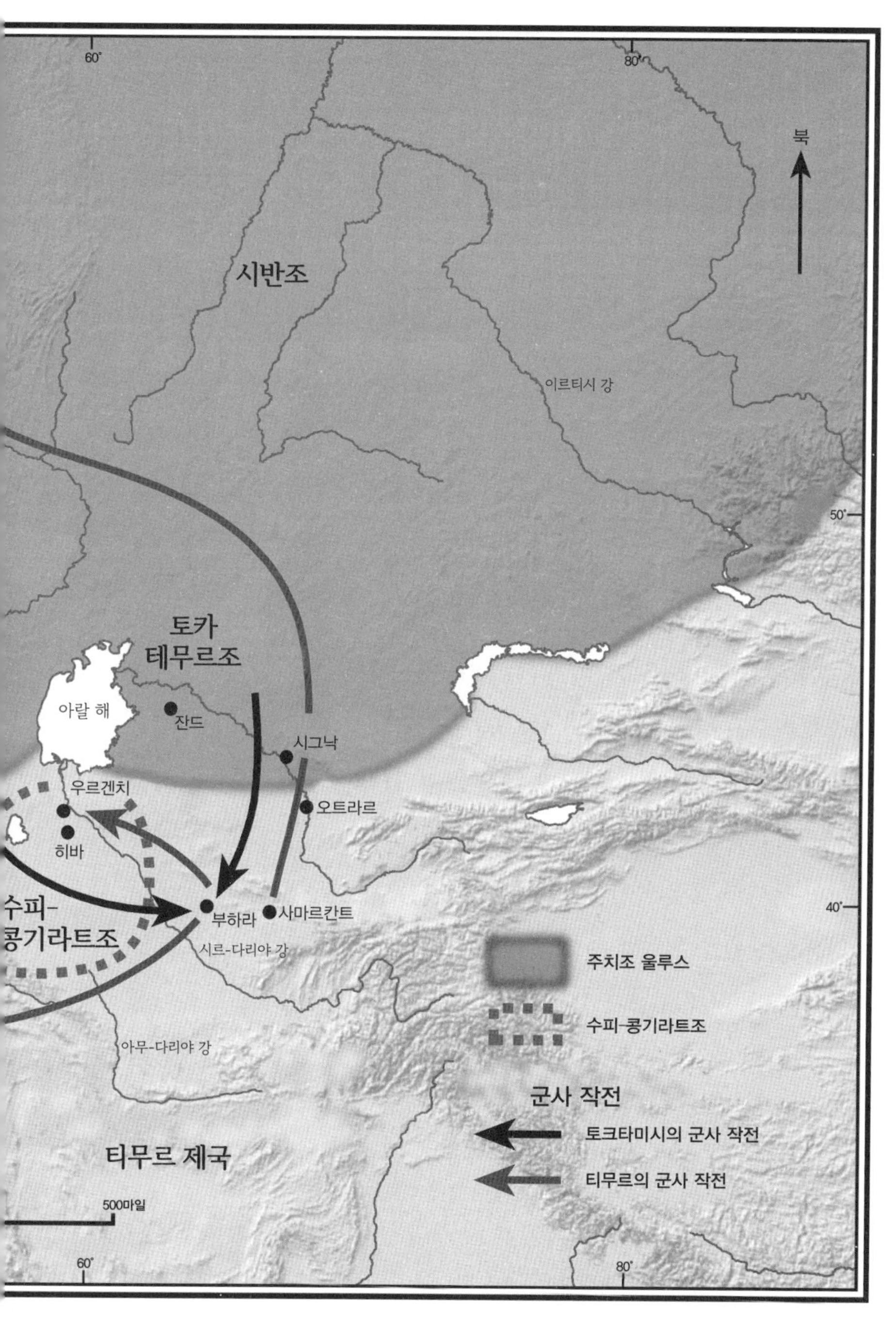

1380–1390년대의 호르드. 토크타미시와 티무르의 주요 원정과 함께 서쪽에서는 호르드로부터 빼앗은 폴란드-리투아니아의 새로운 영토가 있었다.

미시 가문의 권한을 침해했다. 엘은 정복의 결과로 여러 우두머리들에게 수여된 복속민으로서, 한 가문에게서 그들의 엘을 빼앗는 것은 매우 가혹한 처벌이었다. 이는 일종의 사회적 사망 처분이었고, 한 귀족 혈통 전체를 무력화하는 수단이었다. 그러나 토크타미시는 선천적인 지지 기반이 박탈되었음에도 불구하고 힘과 인기를 향상시키는 방법을 찾았다. 그는 부계로는 주치의 후손이었고 모계로는 콩기라트의 후손이었다. 따라서 토크타미시는 부유하고 영향력 있는 사람들의 도움을 요청하기에 좋은 위치에 있었다. 호라즘 북부의 콩기라트에게는 그의 재량에 따라 맡길 수 있는 많은 전사들이 있었다.[2]

토크타미시에게는 물려받을 케식이 없었고 그래서 그는 대신에 자신만의 케식을 만들어야 했다. 그는 자신과 관계없는 젊은 기병들을 모으기 위해서 초원을 돌아다니면서 1370년대 초반을 보냈다. 토크타미시는 기꺼이 싸우고자 하는 사람이라면 누구나 전투 집단으로 맞이했다. 이 군사들은 우루스의 진영, 유목민, 마을을 약탈하기 위해서 떠났고, 이들이 전리품을 얻으면서 더 많은 추종자들을 끌어들였다.[3] 그러나 토크타미시의 독립과 게릴라 전술이 우루스를 당황시키기는 했지만, 그의 군사만으로는 칸을 위협할 수 없었다. 우루스의 군대는 당시의 최고로 알려졌다. 그의 군대는 볼가 강 하류에서 군사 작전을 성공적으로 수행했고 사라이를 차지했다. 심지어 우루스는 주화를 주조할 만큼 오랫동안 사라이를 차지했다. 토크타미시가 칸에 맞서기 위해서는 더 많은 지원이 필요했다. 그래서 그는 강력한 이웃에게 의지했다. 1375년 무렵 토크타미시는 동시대인들에게 티무르 알 랑(Temür al-Lank), 즉 절름발이 티무르라고 알려진 한 아미르와 동맹했다. 이 아미르는 서쪽에서는 보통 태멀레인이라고 불렸다.

인도의 무갈 왕조의 군주들. 중앙에 있는 인물이 티무르이다(인도, 1707–1712년경). 이 중앙아시아의 정복자와 후기 몽골 제국의 다른 군주들은 후대 왕조들에 의해서 숭배되었는데, 칭기스 칸 및 그의 후손들과의 연결성을 강조함으로써 합법성을 구했다. 출처 : History / Bridgeman Images.

서쪽의 강력한 벡이었던 마마이처럼 티무르는 몽골 제국의 지휘관으로서 경력을 시작했고 칭기스조 공주와 혼인했다. 또한 마마이와 마찬가지로 티무르 역시 불각을 이용하여 한 지역의 통치자가 되었고, 부유한 트란스옥시아나에 집중되었던 서부 차가타이조에 대한 지휘권을 장악했다. 토크타미시의 사신들이 티무르에게 도달했을 때, 그는 동부 차가타이조에 대한 원정으로 분주했고 시르-다리야 강 너머 그들의 영토 깊숙한 곳에 있었다. 티무르가 전쟁을 벌이던 위치는 토크타미시와의 연합을 좋은 선택으로 만들었다. 티무르의 군사는 동쪽에 전념하고 있었고, 북쪽 측면은 상대적으로 팽창주의적인 우루스에게 노출된 상태였다. 우루스의 수도인 시그낙은 옛 차가타이-주치조 경계의 바로 위에 있었고, 잠재적인 위협이 고조되고 있었다. 그러나 토크타미시의 도움이 있다면, 전쟁에 가담하지 않은 티무르의 잔여 병력이 변경을 강화할 수 있었다. 각자가 상대에게 제공할 무엇인가가 있음을 깨닫자 티무르와 토크타미시는 힘을 합쳤다. 티무르는 인력, 말, 무기를 제공했다. 더욱 중요한 것은 티무르가 자신의 소유였던 오트라르 주변 지역을 토크타미시가 차지하도록 동의했다는 점이다. 시그낙의 남쪽으로 불과 수 킬로미터 떨어진 곳에 있는 오트라르는 우루스를 방어하는 데에 전략적인 위치에 있었다. 같은 이유로 오트라르는 이상적인 집결 지점이자 공격을 개시할 수 있는 곳이었다.[4]

세력이 성장하자 토크타미시는 우루스의 오르도에 속했던 시린, 바린, 아르군, 킵차크 사람들 중에서 새로운 구성원들을 받아들였다. 이 집단들은 토크타미시 아버지의 세습민으로서 권리상 토크타미시에게 부여된 엘이었으나 강제로 우루스의 오르도로 합쳐진 사람들이었다. 우루스의 오르도에 남아 있던 사람들은 칸과 그 아들들의 억압을 불평하면서, 이로부터 분리되어 토크타미시에게 합류하고자 준비했다. 그리하여 토크타미시와 지휘관들은 우루스가 하영지로 이동하는 도중에 그 엘들을 빼돌릴 계획을 세웠다. 우루스의 보초들은 대규모 이동에 정신이 팔려 있을 것이고, 그때를 틈타서 토크타미시는 우루스의 오르도로부터 사람들을 데려갈 수 있을 것이었다. 이 계획은 성공했다. 놀랍지 않게도 얼마 지나지 않아 우루스는 많은 유목민들이 사라졌음을 알게 되었다. 칸은 빠른 군사들을 소집하여 도망친 사람들을 추격했다. 우루스와 그의 무리는 한밤중에 토크타미시의 진영을 습격했지만 수적으로 열세였고, 토크타미시의 병사들은 단호하게 방어했다. 우루스는 이 전투 도중에 살해당했다. 후에 현지민들은 12세에 불과한, 토크타미시의 아들 잘랄 앗 딘이 치명타를 가했다고 기록했다. 토크타미시는 우루스의 아들들을 하나씩 제거했다. 마침내 1378년 무렵에 토크타미시는 완전한 승리를 선언했다. 푸른 오르도의 중심이었던 시그낙으로부터—하얀 오르도의 중추이자 주치조 세력의 전통적 중심이었던 볼가 강 하류가 아니었다—토크타미시는 자신을 주치 울루스의 칸으로 선언했다.5

토크타미시는 자신의 지위를 승인하기 위해서 주치조를 소집하거나 쿠릴타이를 조직하지 않았다. 그럼에도 불구하고 그는 호르드와 초원 전역에서 존경을 받았다. 토크타미시가 파르(farr)—강력한 통치자와 강력한 국가를 만드는 신의 총애를 의미하는 페르시아의 관념으로, 술데와 비슷하다—를 지녔다는 소문이 퍼졌다. 주치조의 벡들이 그의 뒤에 정렬하면서 토크타미시의 영토는 빠르게 늘어갔다. 호르드의 내분에 지친 그들은, 텡그리와 알라의 편에 선 듯한 칸에게 찬동했다. 1378년 말 무렵 토크타미시는 시르-다리야 강 중류와 하류의 대부분 도시들을 지배했는데, 그곳은 낙타, 소, 말의 사육뿐만 아니라 무역에도 중요한 곳이었다. 그 지역을 가로지르는 대륙횡단 경로의 일부가 아직 작동하고 있었기 때문이다. 1379년에는 수피-콩기라트 정권이 토크타미시와 연합, 복속했고 그다음 해에 이르자 토크타미시는 호르드의 동남쪽 전체 변경을 정복했다.6

이 새로운 칸의 다음 행보는 북쪽으로 볼가 강 유역과 사라이로 가는 것이었다. 토크타미시는 볼가 강 하류 유역의 정복에 주치의 다섯째 아들의 후손인 시반조가 지지하게끔 설득했다. 시반조는 시베리아 서부의 넓은 지역인 이비르-시비르의 강력한 지배자이자 콩기라트의 동맹이었다. 토크타미시는 시반조의 도움으로 수개월 만에 사라이를 차지할 수 있었다. 그후 1380년 말에 토크타미시는 마마이의 직접적 지배 아래 있던 서쪽 오르도들을 목표로 삼았다. 시반조는 이 원정에도 기꺼이 가담했다. 그들은 바투조 제위에 대한 자신들의 권한을 받아들이지 않았던 마마이를 믿지 않았다.[7]

토크타미시는 마마이를 제거하기 위해서 군사와 정치 병행 작전에 기반을 둔 복잡한 계획을 따랐다. 군사 작전은 상대적으로 간단했는데, 마마이의 군대가 페스트와 1380년 9월 모스크바의 공작 때문에 대거 축소되었기 때문이다. 토크타미시는 이 상황을 이용하여 10월에 마마이의 진영으로 군사를 파견했다. 이 공격은 150년도 더 전에 몽골이 러시아인과 킵차크인을 격파했던 그 칼카 강변에서 이루어졌다. 마마이의 진영은 파괴되었으나 마마이는 크림 반도의 요새로 간신히 도망쳤다.[8]

마마이가 상처를 치유하는 동안 토크타미시는 서쪽 벡들의 지지를 얻어 마마이를 정치적으로 고립시켰다. 서쪽의 벡들은 전에는 마마이를 후원했으나 입장을 바꾼다고 해도 잃을 것은 아무것도 없었고 고문, 세금 징수인, 사신, 도시 지사로서의 지위를 계속 유지할 수 있었다. 그뿐만 아니라 토크타미시에 가담함으로써 모두에게 해를 끼친 내전의 종식을 앞당길 수 있었다. 한편, 토크타미시에게는 두 배로 이득이었다. 벡들의 배반은 마마이를 약화시키는 한편, 그 지역을 잘 아는 숙련된 서기, 회계관, 보초, 화폐 주조인, 판관들을 획득하여 서쪽에서 일괄적인 방식의 행정을 운용할 수 있게 할 것이었다.

이 거래를 빠르게 받아들인 사람들 중의 한 명은 크림 반도의 솔하트 도시의 벡이었다. 칸은 카파의 제노바 영사와 협정을 맺도록 즉시 그를 위임했다. 1375년 마마이는 수다크 주변의 제노바인 지역 18곳을 빼앗았지만, 이제 토크타미시와 그의 솔하트 벡은 그 지역을 제노바인들에게 돌려주겠다고 제의했다. 제노바인들은 협상에 열심이었는데, 수다크 주변의 농경지가 무역 사업에 매우 중요했기 때문이다. 1340년대에 자니베크가 이곳을 포위했을 때 카파인들은 여러 주일 동안 굶주렸고 시외 농경 지역을 지배하지 못하는 한 항구를 요새화하는 것이 의미가 없음을 깨달았다. 토크타미시는 관대한 토지 수여에 대한 대가로 제노바인들에게 충성을 요구했고, 그들은 충성을 맹세했다. 1380년 말 또는 1381년 초에 도망다니던 마마이는 피신을 위해서 카파로 왔으나, 제노바인들은 칸에 대한 충성으로 칸의 적을 숨겨주지 않았고, 마마이를 인질로 붙잡았다. 칸과 제노바인들의 합의를 지킬 것을 맹세하는 서면 협정에 솔하트의 벡이 서명하자, 제노바인들은 그 자리에서 마마이를 살해함으로써 충성의 의무를 이행했다.[9]

제노바인들은 충성에 대한 대가로 땅보다 더 많은 것들을 얻었다. 그들은 호르드의 영토를 자유롭게 여행하고, 빼앗긴 노예, 소, 말들을 되찾으며, 전쟁과 강탈로 인한 손실을 배상받을 수 있는 권한을 획득했다. 마지막으로 제노바인들은 더 나은 품질의 새로운 은화를 주조해줄 것을 칸에게 요청했고, 이 요구는 곧 토크타미시가 시행한 화폐 개혁의 일환으로 충족되었다. 이 협정은 제노바인들이 토크타미시와 체결한 세 건의 협정 중에 첫 번째 협정이었다. 모든 협정은 칭기스의 전통을 따라 몽골 문자로 작성되었고, 금으로 양각한 칸의 커다란 사각 인장으로 보증되었다. 이들 협정은 킵차크어, 페르시아어, 슬라브어—모두 호르드의 핵심 언어였다—를 알고 있었던 숙련된 통역가가 라틴어와 제노바어로 번역했다.[10]

제노바인에 대한 토크타미시의 양보가 과도한 것처럼 보일 수도 있지만, 칸에게 이 거래는 할 만한 것이었다. 호르드 내의 주요 권력 경쟁자를 제거했다는 의미에서, 마마이의 머리는 귀중한 전리품이었다. 그리고 더욱더 중요하게 토크타미시는 마마이를 제거함으로써 크림 반도 남부를 제압했고, 그 덕분에 그는 반란을 일으킨 러시아 공작들에 집중할 수 있었다. 러시아 공작들은 마마이와 싸워서 승리를 거두었고, 이제는 토크타미시의 문제가 되었다. 1382년 8월 토크타미시는 모스크바를 성공적으로 포위하여 공격했고 일부를 불태웠다. 이 무력 시위로 드미트리 돈스코이는 자신이 여전히 호르드에 종속되어 있음을 상기했을 것이다. 드미트리는 자비를 구했고, 토크타미시는 그가 공물을 바치고 장자를 칸의 오르도에 인질로 보낸다는 조건으로 그를 용서했다.

토크타미시는 약삭빠른 전략가였다. 그는 결정타를 날리기 전에 적들이 서로 분열하게 만들었다. 예를 들면 그는 마마이가 모스크바에 패배한 것을 활용했다가 그후에는 자신의 권위를 확고히 하기 위해서 모스크바를 공격했다. 또 토크타미시는 참을성을 발휘하여, 처음에는 우루스를, 다음에는 마마이를, 그다음에는 드미트리를 처리했다. 토크타미시는 서부 정치와는 동떨어져 성장한 동부 사람이었지만, 그는 크림 반도가 서쪽 세력의 핵심임을 빠르게 이해했고 그리하여 제노바인을 얻고자 했다. 그리고 그는 서부의 벡들을 마마이로부터 떨어져나가게 하는 방법도 알고 있었다. 그 보상은 상당했다. 우루스와 마마이는 제거되었고, 제노바인들은 충성했으며, 러시아인들은 다시 세금을 바치기 시작했다.[11]

토크타미시 아래에서의 권력 강화는 오르다조와 바투조의 붕괴에 대한

창의적인 대응으로, 이를 통해서 호르드는 아부 사이드의 사망 이후 일칸조에 닥쳤던 위기와 같은 심각한 위기를 극복할 수 있었다. 전례 없는 창의성이 토크타미시의 흥기를 이끌었다. 토카 테무르의 가계는 이전에 호르드를 이끌어본 적이 없었다. 주치조의 제2차 계열이 통제력을 장악하거나, 누군가가 전쟁 없이 지도적 위치를 차지하는 것이 불가피한 일은 아니었다. 그러나 1370년대 어느 시점에 주치조는 두 혈통, 즉 시반조와 토카 테무즈조의 우위를 전체적으로 인정했다. 오직 이 두 계열의 사람들만이 바투의 제위를 주장할 수 있는 혈통과 대중의 지지를 갖추고 있었고, 토카 테무르조는 분명히 동등한 사람들 중에 첫째였다.[12]

토카 테무르조가 주요 혈통으로 부상하게 된 데에는 몇 가지 이유가 있다. 첫째, 그들은 토카 테무르가 주치의 막내아들이었다는 사실로부터 혜택을 입었다. 초원의 상속 체제에서 막내는 "난로를 지키는 사람"으로서, 부모의 재산을 상속받기 전까지 재산을 지켰다. 몽골인들은 언제나 가족으로부터 국가를 유추했고, 이 논리에 따르면 토카 테무르조는 주치 울루스를 지키는 사람으로서 가족 구성원을 보호하고 통합할 수 있는 능력을 부여받은 사람들이었다.[13]

토카 테무르조의 두 번째 이점은 자기 혈통을 결속시킨 그 카리스마적인 군주에 있었다. 토크타미시는 자신의 이력으로 공감적인 인물이 되었다. 사람들은 그의 주위에 모이고 그의 도의적 권리가 정당화되는 것을 보고자 했다. 또한 그는 군사적으로 성공하여 명성을 높여서 시반조에 승리할 수 있도록 도왔고, 그들이 계승 경쟁에서 물러나게끔 동기를 부여했다.

토카 테무르조의 세 번째이자 마지막 이점의 근원은 그들의 이로운 연합이었다. 전반적으로 무슬림이었던 토카 테무르조와 시반조는 모두 이슬람 성직자, 지배계층과 우호적 관계를 누렸고, 이는 호라즘, 크림 반도, 캅카스, 시베리아, 볼가 강 지역에서 지지를 이끌어냈다. 토카 테무르조는 또한 콩기라트와도 연합했고, 이 연합으로 그들은 군사적으로 상당히 강력해졌다. 콩기라트의 지지는 아마도 시반조를 달래는 데에 도움이 되었을 것이다. 콩기라트는 양측 모두와 혼인 관계를 맺고 있었기 때문에 두 주치조 가문 사이를 중재하기에 좋은 위치에 있었다. 시반조가 토크타미시의 진영에 포함되자 토크타미시는 바투의 제위에 대한 합의된 후보가 될 수 있었고 여러 주치조 가문들과 벡들로부터 지지를 받았다. 물론 마마이와 같은 일부 권력 경쟁자는 예외였다.

그리하여 주치조 혈통의 위계질서에 일어난 심대한 변화는, 베르디베크의 죽음 이후에 발생한 긴 정치적 위기에 대한 해결책이 되었다. 코니치 이후로 푸른 오르도 출신의 어떤 군주도 주치 울루스를 이끌지 못했다. 이제 토카 테무르조는 단지 동부 사람들만 책임지는 것이 아니었다. 토크타미시가 권력을 차지한 이후로 그의 이름은 매주 금요일 무슬림 예배에서 찬양되었으며 호르드에서 만든 모든 은화에 등장했다.[14]

변절

1385년 토크타미시는 맘루크 술탄인 알 자히르 바르쿠크에게 첫 번째 외교적 제의를 했다. 몽골 사신단은 바르쿠크에게 노예, 매, 일곱 종류의 면직물을 가져다주었다. 호르드와 술탄국이 마지막으로 외교 접촉을 한 지 10년이 되었고, 칸은 연합을 부활시키고자 했다. 과거에 주치조와 맘루크는 일칸조에 대항하여 힘을 합쳤지만, 이제 호르드는 일칸조 영토에 야심을 품은 새로운 적을 마주하고 있었다. 토크타미시의 옛 협력자였던 티무르는 호르드의 캅카스 산맥 문 앞에 있었고 아제르바이잔으로 군사 작전을 개시했다. 토크타미시가 술탄에게 접근할 무렵, 티무르는 이미 타브리즈와 다른 지역을 정복했다. 호라즘 북부는 또다른 충돌 지점이었는데, 그곳의 주치-콩기라트 연합이 그 지역에 대한 티무르의 계획된 정복을 중단시켰기 때문이다.[15]

호르드에게 임박한 봉쇄의 위협은 이전에 훌레구가 그랬던 것처럼 주치조를 질식시키고 있었다. 1385년 무렵에 남캅카스 통로는 지중해 세계와 호르드의 교환에 매우 중요했다. 그해에 제노바인들이 한 번 더 반란을 일으키고 솔하트와 전쟁을 벌였으며 크림 반도를 경유한 바닷길에의 접근을 막았기 때문이다. 그러나 만약 호르드에서 시리아, 아나톨리아, 이집트로 가는 육상 연결망인 데르벤트-시르반 경로를 대신 활용할 수만 있다면, 상인들이 크림 반도에 의존할 필요가 없었다. 그러나 그 통로에 대한 접근이 불확실했다. 티무르의 군대가 통로의 남쪽에 있었고, 제노바인들이 항구를 차단한 것과 마찬가지로 주치조의 육상로를 차단할 가능성이 있었기 때문이다.[16]

노예 군사를 수입하는 것은 맘루크의 군사적인 능력에 매우 중요했기 때문에 그들도 이 통상 금지의 영향에 대해서 비슷하게 걱정을 하고 있었다. 그 자신도 전에 노예였던 바르쿠크는 술탄으로 있었던 16년 동안 자신만의 노예 전사 약 5,000명을 획득했다. 그의 수많은 아미르들은 노예를 수백 명씩 구입했다. 그러나 크림 반도와 캅카스의 상황으로 양측에서의 노예 무역이 위태로워졌다. 맘루크의 최대 노예 공급지였던 카파로부터의 수출이 서서히 중단되었고, 두 번째로 큰 공급지인 타브리즈는 티무르의 손에 있었다. 중동 전역에 걸쳐 팽창해나가면서 무슬림에 대한 지배권을 확립하고자 했던 티무르의 야심을 고려해보면, 맘루크는 그가 자신들에게 이로울 결정을 내릴 것이라고 믿을 수가 없었다. 티무르는 바르쿠크의 주요 경쟁자였고, 술탄국을 경제적으로, 그리고 정치적으로 위협했다.[17]

토크타미시의 계획은 캅카스 북부, 아나톨리아 동부, 시리아로부터 동시 공격을 개시하여 군사 전선을 확대함으로써, 티무르의 군대를 주치조 및 맘루크의 군대 사이에 가두는 것이었다. 바르쿠크가 이 전략을 지지하겠다고 약속했는지는 맘루크 사료를 통해서 확인되지는 않지만, 그가 티무르에 대해서 조치를 취하고자 준비했음은 알 수 있다. 맘루크 사료들에 기록되어 있기를, 바르쿠크는 티무르에 대항해 카라 코윤루의 튀르크멘 연합과 협력했고, 1387년에는 알레포에 있는 티무르를 향해서 군사를 파견했다. 토크타미시는 1385–1386년 겨울에 군사를 이끌고 데르벤트로 향하여 캅카스 통로를 통과했고 타브리즈를 약탈했다. 티무르는 반격으로 응했고 토크타미시와 싸웠지만 교착 상태에 빠졌는데, 휴전 협상이 있었을 수도 있다. 그러나 휴전이 시행되었다 할지라도 티무르는 아제르바이잔 정복을 계속 추진했다.[18]

1387–1388년 겨울에 토크타미시는 전쟁을 재개하면서 트랜스옥시아나에 있는 또다른 공동 국경지대에서 티무르에게 도전했다. 그 칸은 호라즘 북부와 시르-다리야 강 중류 지역에서 군사를 모았고, 아무-다리야 강을 건너 부하라를 포위했다. 티무르는 이 도시를 보강하기 위해서 군대를 파견했지만, 그들이 접근하자 주치조는 포위를 풀고 주변 지역을 계속 약탈했다. 1389년 토크타미시와 티무르의 군대는 시르-다리야 강 연안에서 아마도 여러 차례 충돌했을 것이다. 양군은 호적수였고 전쟁은 다시 교착 상태로 끝이 났다.[19]

티무르는 이 난국을 타개하는 데에 도움이 필요했고, 호르드 내부로부터 도움을 얻었다. 그의 주요 협력자는 강력한 망기트 씨족의 우두머리였던 에디구라는 이름의 벡이었다. 망기트는 종속적인 몽골 집단으로 1360년대와 1370년대의 계승 위기 동안에 큰 이익을 거두었다. 토크타미시가 칸의 자리에 올랐을 때 망기트의 영토는 우랄 강으로부터 엠바까지 이르렀고 중요 도시였던 사라이주크를 포함했다. 망기트는 바투와 오르다의 영토 사이의 국경에 있는 그 위치로부터 혜택을 받았다. 그곳에서 망기트는 불각의 내분이 한창인 와중에 평화와 보호를 찾고자 양측으로부터 온 유목 집단들을 받아들였다. 토크타미시와 티무르가 전쟁을 벌이던 무렵, 에디구는 20만 명의 기병을 가지고 있었다고 한다. 아마도 과장된 숫자겠지만, 이 숫자는 망기트가 얼마나 강력하게 인식되고 있었는지를 보여준다. 에디구는 강력할 뿐만 아니라 적극적이기도 한 동맹이었다. 그는 토크타미시가 콩기라트와 서쪽 벡들을 총애하는 것에 분개했는데, 그들은 호르드의 가장 이로운 위치를 독점했고 결국 망기트 동부 일대를 해쳤다. 에디구는 티무르와의 협력으로 토크타미시를 약화시킬 수 있었다. 에디구는 비밀리에 티무르를 방문했고 새로운 전쟁 계획을 제안했다.[20]

티무르는 에디구의 지침에 따라서 조심스럽게 다음 움직임을 준비했다. 1391년 1월 그는 대규모 원정을 시작했다. 5개월간의 힘든 추적 끝에 그의 군대는 쿤두르차 강과 볼가 강이 합류하는 지점에서 토크타미시의 군대와 대규모 전투를 벌였다. 예기하지 못하게 망기트 군사의 지원을 받지 못한 주치조 군대는 산산이 격파되었다. 티무르는 칸의 진영에 불을 지르도록 명했고, 여자와 아이들을 전리품으로 포획했으며, 토크타미시의 금, 보석, 가축, 천막, 수레를 차지했다. 그러나 그것이 전부였다. 티무르에게는 호르드를 정복할 의도가 없었다. 그는 상당한 노획

물을 차지한 후에는 사마르칸트에 있는 근거지로 돌아갔다.[21]

그러나 그 전쟁은 그대로 끝나지 않았다. 토크타미시는 북쪽의 볼가 강 중류 지역으로 철수했고, 그곳에서 본부를 재조직했다. 그는 빠르게 움직였음에 틀림없다. 1393년 무렵에 속국에게 세금 납부를 독촉하러 갈 만큼 충분한 권력과 군사력을 회복한 것이다. 특히, 토크타미시는 폴란드-리투아니아의 국왕 브와디스와프 2세 야기에우워에게 세수를 바치고, "대울루스"의 이익을 위해서 "상인들이 길 위에서 돌아다닐 수 있도록 할" 것을 상기시켰다(야기에우워는 아버지로부터 리투아니아의 왕권을 세습했고, 1385년에는 폴란드의 왕위도 차지했다. 그는 리투아니아의 대공이었던 사촌 비타우타스와 함께 통치했다).[22] 티무르가 캅카스의 문을 통제했고 제노바인들이 크림 반도의 문을 막고 있었음을 고려할 때, 호르드와 폴란드-리투아니아 사이의 교환은 더욱 중요해졌다.[23]

1394년 무렵 토크타미시는 다시 캅카스로 원정할 만한 충분한 힘을 회복했다. 그는 맘루크의 술탄과 오스만 제국의 술탄 바예지드 1세에게 사신을 파견했다. 그들은 함께 티무르에 대한 협동 공격의 조건을 논의했다. 합동 공격이 일어나지는 않았지만, 맘루크와 오스만 제국은 토크타미시의 1394–1395년 겨울에 이루어진 공격에 앞서서 티무르와 싸울 군대를 주둔시켰다. 칸의 군대는 데르벤트-시르반 통로로 진입했고, 1395년 초봄 데르벤트 북쪽의 테레크 강에서 티무르의 군대와 조우했다. 이 전투에서 토크타미시가 패배했고, 그는 티무르의 기병들의 추격을 받으며 북쪽으로 달아났다. 칸의 궁정으로 간 맘루크의 사신에 따르면, 토크타미시는 주요 지휘관 1명의 배신 때문에 패배했다고 한다. 악타우라는 이름의 벡이 토크타미시와 정치적 분쟁이 있었는데, 그가 갑자기 수천 명의 군사와 함께 전장을 떠나버렸다는 것이다.[24]

다시 한번 토크타미시는 주요 벡의 지지를 잃었고, 티무르는 필요했던 우위를 차지했다. 그러나 이번에는 결과가 더욱 나빴다. 티무르는 토크타미시의 진영을 단순히 약탈하기보다는 칸의 군대와 사람들을 분산시켰고, 여름과 그다음 겨울 내내 주치조의 오르도와 도시들을 습격하며 보냈다. 신사라이, 하지 타르칸, 아작, 타나의 베네치아인 지구 등은 몹시 큰 피해를 입었고, 당시의 목격자들은 이 지역들이 절대 회복하지 못할 것이라고 생각했다. 서쪽에 있는 모든 주요 세력들에 지정학적 상황이 바뀌었음은 명백했다. 맘루크의 사신은 그 지역을 탈출하기 위해서 서둘렀고, 카파로 향하여 그곳에서 이집트로 떠날 배를 찾고자 했다. 그러나 제노바인은 패배한 토크타미시의 동맹에 호의를 베풀 이유가 없었다. 사실 제노바인들은 티무르가 자신들의 도시를 내버려두기를 바라며 귀중한 모피 선물을 지닌 사신을 이미 그에게 보냈었다. 제노바인들은 안전한 통행에 대한 대가로 사신으로부터 5만 디르함을 받아냈다. 그리고 1395년 8월 티무르의 군대가 크림 반도를 황폐화시켰을 때 그들은 카파에 손대지 않았다.[25]

망기트의 에디구는 토크타미시의 철수를 이용하여 영토를 서쪽으로 확장했다. 1397년 무렵 에디구는 토카 테무르조 사람이자 누이의 아들이었던 테무르 쿠틀루크과 연합했고, 그를 주치조 왕위에 앉혔다. 에디구는 베글레르벡이 되었고 군대를 지휘했다. 드네프르 강 연안, 아마도 오늘날 우크라이나의 크레멘추크 인근에서 에디구는 서쪽의 벡들을 제압했다. 그는 크림 반도의 도시와 마을들을 차지했고, 제노바인 반란자들을 굴복시켰다.[26]

토크타미시와 그의 군사, 가족들은 러시아 남부 및 리투아니아로 철수했고, 리투아니아의 군주 비타우타스는 그들에게 목초지를 제공했다.

토크타미시는 비타우타스와 함께 호르드를 재정복할 계획을 세웠다. 연합군은 드네스트르 강 하류 유역과 크림 반도에서 몇 차례 성공적인 작전을 펼쳤고, 1399년에는 에디구와 협상하기 위해서 드네프르 강을 건넜다. 그러나 에디구는 협상을 거부했고 작지만 완강한 병력을 파견하여 드네프르 강의 지류인 보르스클라 강 연안에서 전투를 벌였다. 벡의 군대는 수적 열세에도 불구하고 토크타미시와 그의 병력 그리고 리투아니아와 폴란드 군대에게 굴욕적인 패배를 안겼다.[27]

늘 집요하고 지략이 있었던 토크타미시는 칸의 자리를 되찾기 위해서 옛 친구들에게로 돌아갔다. 그는 시반조와 연합했고, 시베리아의 남서쪽 이비르-시비르에서 기초적인 세력을 형성했다. 1405년 토크타미시는 티무르에게 사신을 보내 에디구에 대항하는 연합을 요청했다. 수년에 걸친 토크타미시와의 다툼에도 불구하고, 티무르는 약 25년 전 두 사람이 만든 연합을 회복하는 데에 분명히 동의했다. 이 당시의 망기트가 이전 칸보다 훨씬 더 위험했기 때문이다. 그러나 토크타미시를 위한 구원은 없었다. 그해 그와 티무르 모두 사망했다.[28]

토크타미시 이후

일반적으로 티무르가 호르드를 파괴했다고 하지만 이러한 관점은 두 가지 이유에서 잘못되었다. 첫째, 토크타미시의 몰락은 본래 망기트로부터의 내부 경쟁의 결과였다. 둘째, 호르드는 파괴되지 않았다. 호르드는 14세기 말과 15세기 초의 혼란에서조차 살아남았다.

첫 번째 점에 관해서, 모두 티무르에 대해서 호의적인 페르시아 사료조차도 토크타미시가 유목 지배계층을 자신의 편으로 유지할 수 없었기 때문에 전쟁에서 졌다고 강조한다. 그 결과는 1391년의 치명적인 변절과 1395년의 파괴적인 배반을 포함한다. 그 칸은 베르케와 뭉케 테무르처럼 존경받는 선조들의 열의와 능력을 모두 갖춘 채 외교상의 거래를 하면서, 전장과 외교 측면에서 능력 있는 지도자가 될 수 있음을 보여주었다. 토크타미시가 흔들렸던 것은 내부 정치의 영역이었다. 그는 서쪽 지역의 벡들을 마마이로부터 쟁취하기 위해서 그들에게 특권을 주었다. 이것은 1370년대 후반과 1380년대 초에는 타당한 결정이었다. 그러나 토크타미시는 망기트의 성장하는 세력을 고려하여 조정하는 데에 실패했고, 에디구를 적으로 만들었다. 결국 토크타미시를 파멸시킨 것은 티무르에 맞서지 못한 무능력이라기보다는 망기트의 동의 없이 호르드를 지배하려고 한 시도였다.[29]

두 번째 점—즉, 호르드가 파괴되었다는 주장—에 관해서, 토크타미시가 자신과 함께 호르드에 패배를 안겼다는 것은 그저 사실이 아니니다. 호르드는 물리적으로 빠르게 회복했다. 파괴된 곳들은 재건되었고, 대륙 간 무역의 중심지들은 대체로 복구되었다. 사실 전쟁 후에 영원히 방기된 유일한 중요 도시는 신사라이였다. 그 몰락은 티무르가 볼가 강 하류로 원정하기 훨씬 이전인 베르디베크의 사망과 함께 시작된 것이다. 15세기 여행자, 상인, 외교관들은 서부 초원의 회복을 분명히 인지했고, 그들은 그 지역의 부와 활기에 관해서 생동감 있게 서술했다. 모스크바와 볼가 강 유역 간에는 일정한 교환이 있었고, 카잔은 모피 무역의 중심지로 부상했다. 티무르에 의해서 반파되었던 하지 타르칸은 폐허를 딛고 일어서서 1430년대 무렵에는 소금 무역의 실세가 되었다. 하지 타르칸이 알려지게 되면서 아스트라한이 수 세기에 걸쳐 계속 발전했으며, 오늘날에도 러시아 남부의 주요 인구 밀집 지역이다.[30]

돈 강 하구 인근의 정착지 역시 티무르의 맹공격에서 살아남았다. 타나는 계속 무역항으로 작동했다. 타나에 기반을 둔 베네치아 상인이었던 요사파 바르바로에 따르면, 1430년대 볼가 강 하류에는 수십만 명의 유목민들이 살고 있었다.

> 오르도가 세워지자마자 그들은 즉시 짐을 내리고, 숙소 사이에 큰 거리를 둔다. 겨울이면 짐승들이 너무 많아서 놀라운 황야를 만들고, 여름이면 많은 먼지를 퍼뜨린다.……이 군대에는 옷을 만드는 사람, 대장장이, 무기를 만드는 사람, 그리고 그들에게 필요한 모든 다른 수공업품과 물건들의 장인이 많다. 만약 누군가가 그들이 집시같이 가는지를 묻는다면 나는 아니라고 대답하겠다. [그들이 사는 곳은] 벽으로 둘러싸이지 않았다는 점을 제외하면 매우 크고 좋은 도시처럼 보였다.[31]

호르드가 토크타미시의 1395년 테레크 강에서의 패배로 끝났다는 주장은 잘못되었지만, 토크타미시와 티무르, 망기트의 전쟁 후에 많은 것이 변한 것은 사실이다. 14세기 말에 키야트와 콩기라트는 호르드에서 가장 강력한 몽골 씨족이었지만, 티무르와 망기트가 흥기하자 정치 무대에서 쫓겨났다. 티무르는 총 5번의 호라즘 원정을 실행하여 콩기라트의 군사력을 약화시켰고 재고를 소모시켰으며 결국에는 그들의 지도적인 위치를 상실시켰다. 살아남은 콩기라트 사람들은 익숙한 초원의 사회 과정에 따라서 다른 씨족들로 통합되었다. 실제로 티무르의 후손들과 망기트는 많은 콩기라트인들을 흡수했다. 그리고 콩기라트인들은 결코 권력을 장악하지 못하게 될 것이었다.[32]

호르드의 정치 체제도 변화를 겪었고, 여기에는 토크타미시가 깊은 영향을 미쳤다. 가장 중요하게는 토크타미시가 새로운 제도들을 만들었다는 점이다. 케식은 오르도-시장으로서 새로운 형태를 띠게 되었다. 사람과 가축을 동반하면서 정권을 통치하는 것은 여전히 거대한 이동식 행정이었다. 그러나 이제 행정의 우두머리들은 칸의 세습민이었고, 케식장들의 자리를 차지한 통치 회의는 각각 시린, 바린, 아르군, 킵차크 출신의 네 명의 카라추 벡으로 이루어졌다. 이 통치 회의에는 놀랄 만한 새로운 권력이 있었고, 그곳에서의 결정은 심지어 쿠릴타이의 결정을 대신할 수도 있었다. 사실상 카라추 벡 의회가 군주가 되었다. 그들은 칸을 폐위시키는 것이 적합할 때는 그렇게 할 수 있었고, 그리하여 갑자기 그 케식에 상당하는 것(즉, 오르도-시장)이 영구적인 것이 된 반면에 칸은 대체 가능했다.[33]

또 토크타미시는 타르칸 특권을 성직자들로부터 다른 방향으로 전용함으로써 변화를 도입했다. 타르칸 지위의 목적은 변하지 않아서, 유력자들의 정권에 대한 투자를 보장하는 혜택을 줌으로써 그들의 충성심을 얻기 위해서 여전히 사용되었다. 그러나 타르칸 지위는 더 이상 주로 종교 지도자를 위한 것만이 아니었다. 토크타미시는 타르칸 특권을 대개 토착 지배층에 나누어준 첫 번째 칸이었다. 토크타미시의 관대함은 바투, 우구데이의 관대함과 유사했다. 토크타미시는 망기트를 달래기 위해서 세금 면제와 볼가 강 동쪽의 광대한 목초지를 에디구에게 주었는데, 이는 강고한 적을 더욱 부유하게 만들 뿐이었다. 토크타미시는 제노바인들을 회유하기 위해서 크림 반도 남부의 땅과 훨씬 더 많은 것을 주었고, 비타우타스에게는 군사적 도움에 대한 대가로 동슬라브인들이었던 루테니아인들이 거주하는 모든 남쪽 땅을 수여했다. 이러한 사례에서 토크타미시는 단순히 토지 사용권을 준 것이 아니었다. 그는 땅에 대한 통치권을 넘겨준 것이었다. 폴란드-리투아니아 군주들은 루테니아인들의 땅을 둘러싼 모스크바와의 경쟁에서, 칸이 자신들에게 토지를 수여했다는 사실에 의지했다. 러시아인들은 그 영토가 자신들의 것이라 주장했지만, 폴란드-리투아니아인들은 칸의 토지 희사를 지적할 수 있었다.[34]

보르스클라 강 전투의 실패에도 불구하고 토크타미시, 야기에우워, 비타우타스 간의 연합은 "충직한 형제애와 영원한 우정"을 형성했는데, 폴란드-리투아니아와 주치조 이후의 군주들이 16세기에 정기적으로 교환한 서신과 조약에 그와 같이 표현했기 때문이다. 비타우타스 통치기에는 토크타미시의 세습민에 속했던 수천 명의 무슬림 유목민들이 리투아니아에 정착했다. 15세기 초 그 지역을 방문했던 프랑스 외교관 기유베르 드 라노이는 도시 트라카이의 안쪽과 주변에서 "타타르인"을 보았다. 이들은 립카 공동체인 리투아니아 타타르가 되었고, 그들의 후손은 오늘날에도 여전히 유럽에 살고 있다.[35] 폴란드-리투아니아와의 연합은 유럽과의 경제적 교환을 유지하는 데에도 중요했다. 유목민들은 "폴로니아의 길"—흑해 북안을 따라 폴란드와 몰다비아로 가는 육상로—을 따라서 페르시아와 일부 유럽으로 동물을 수출했다. 실제로 1453년 이후 폴란드-리투아니아와의 관계는 호르드의 핵심 무역 동맥이 되었는데, 그해에 오스만인들이 콘스탄티노폴리스를 정복하고 해협들과 흑해 및 지중해 세계 사이의 연결에 대한 지배권을 수립했기 때문이다.

서부 초원의 토착민들은 토크타미시를 통합의 인물로 기억했다. 특히, 그가 푸른 오르도와 하얀 오르도를 하나로 합쳤다고 생각했다. 최근까지 역사가들은 주치조의 역사에서 토크타미시가 푸른 오르도와 하얀 오르도를 통합하기 전까지 그들은 철저히 분리된 정권이었다고 생각했다. 이러한 관점은 정확하지 못한 것이다. 다른 통치자들 역시 주치울루스 전체를 다스릴 수 있었다. 그러나 호르드를 다시 결합시키는 것에 대해서 수 세대 동안 축적된 적개심을 토크타미시가 극복한 것은 사실이다. 이러한 이유로 서부 초원의 많은 사람들이 왜 토크타미시를 창건의 인물로 여겼는지 알 수 있다.

아마도 토크타미시의 가장 중요한 유산은 그가 살아 있는 도중에 권좌에서 물러났다는 점이다. 13세기에 칸은 사망할 때까지 제위에 있었고 그가 죽은 후에는 오랜 공위기가 있을 수 있었다. 그다음에 쿠릴타이가 이어졌는데, 그곳에서 칭기스 칸에 의해서 수립된 전원 합의 주도의 통치 전통에 기반하여 후계자를 세웠다. 14세기에도 내내 칸은 재위 중에 사망했지만, 칸의 죽음 이후에는 협의에 기초한 선출 대신 통렬한 논쟁과 정치적 숙청이 뒤따랐다. 그러나 14세기 말 무렵이 되면 칸은 여전히 숨을 쉬고 있고 심지어 제위로의 복귀를 꿈꾸더라도 정치적 사망을 경험할 수 있었다. 이것은 토크타미시 통치기의 진정 새로운 현상으로, 권력 균형 측면에서 칸으로부터 벡으로의 전이를 확고히 했다. 이전의 혈통 중심적 방식에서는 칸의 자리가 그 자리를 차지한 사람과 동일시되었고, 그 자리가 비어 있을 때만 합법적으로 다른 사람이 차지할 수 있었다. 벡들은 칸을 그 자리에 앉힐 수 있었지만, 유혈 분쟁을 일으키지 않고는 칸을 물러나게 할 수 없었다. 이제 혈통이 아닌 주로 벡들에 의해서 결정된 합법성으로서 칸은 권력으로부터 배제될 수 있었고, 왕위는 이론적으로 폭력 없이 다른 사람에게 옮겨갈 수 있었다.

사실 토크타미시는 폭력적으로 제거되었지만, 에디구가 보르스클라강의 전투 이후 토크타미시를 서둘러 죽여야 할 필요성을 느끼지 못했음을 명심하는 것이 중요하다. 칸의 정치적 사망만으로도 충분했는데,

계승이 이루어지기 위해서 제위가 실제로 비어 있을 필요는 없었기 때문이다. 이것은 정치적 숙청이라는 문제에 대한 항구적 해결책임이 입증되었다. 토크타미시 시대로부터 계속 주치조는 동족 살해를 피했다. 통치자의 상징적 죽음이라는 원칙을 인정함으로써 건설적인 제도 개혁이 가능해졌다. 토카 테무르조와 시반조는 19세기까지 중앙아시아와 서아시아에서 주요 지배가문으로 남았는데, 그들이 바투조가 그러했던 것처럼 혈통을 도려내는 것을 피했던 덕분이기도 할 것이다.

새로운 세대

토크타미시가 티무르와 싸웠지만 승자는 망기트였다. 대부분의 주치조 오르도에서 에디구의 영향력은 상승했고 확산되었다. 그의 위신은 일부는 베글레르벡으로서의 지위—그가 입증한 지휘 역량을 통해서 획득한 역할이었다—에, 일부는 토카 테무르조와의 근접성에, 일부는 그의 독실한 무슬림으로서의 매력에 기초했다. 에디구의 부인은 300명의 수행원들과 함께 1416년 메카로 성지순례를 했고, 에디구는 생애 내내 수피들로 둘러싸여 있었다. 주요 정치가로서의 그의 경력은 30년간 지속되었다.

에디구는 오랫동안 지속된 유산을 남겼다. 에디구를 자신들의 뿌리로 생각하는 사람들은 주치조의 방식을 시간상 앞에 위치한 것으로 이월했고, 이것은 호르드와 그 뒤를 이은 국가들 간의 핵심적인 고리를 형성했다. 비록 호르드의 이름은 결국 지도상에서 사라졌지만, 중요한 측면에서 보았을 때 호르드가 결코 진정으로 멸망하지 않았던 것은 에디구와 다른 지도적인 벡들이 초래한 문화적, 정치적 전이 때문이었다. 주치조의 정치적, 사회적 삶의 지속을 위한 매개체들 중의 하나는 에디구의 오르도로서, 1419년 그의 사망 이후 노가이 오르도로 알려지게 되었다. 역사가들은 망기트와 노가이의 이름 간 연결성을 어떻게 설명해야 하는지 알지 못한다. 우리는 첫 번째 주치조의 베글레르벡이자 호르드의 역사에서 변혁적인 인물이었던 노가이와 망기트가 어떤 관계가 있는지 알지 못한다. 그러나 망기트와 노가이 오르도를 동일시하는 것은 15세기 사료에서 분명히 나타난다.[36]

망기트-노가이 오르도의 전성기는 15세기 말과 16세기 전반에 찾아왔다. 그 오르도의 권위는 카스피 해의 북쪽과 동쪽, 호라즘 북부를 포함한 일대에서 가장 강력했다. 에디구의 후손들은 베글레르벡의 호칭과 지위를 세습했고, 1430년대와 1460년대 사이에 강 하류 유역과 주치조의 도시 지역에서 형성된 유목 세력들에 상당한 영향력을 행사했다. 에디구의 후계자들은 새로운 세대의 오르도들을 지휘하는 데에 참여했다. 그 오르도들은 이전보다 더 많았고, 더 자치적이었으며, 심지어 더 이동적이었다.[37] 이 오르도에는 트랜스 볼가 오르도와(때로 대[大]오르도라고 불렸다) 카잔, 아스트라한, 카시모프, 시베리아, 크리미아, 히바 오르도가 있었다. 나중에 이 오르도들은 타타르 칸국으로 알려졌다. 이 오르도들에서는 칸이 벡, 아미르, 미르자의 호칭을 가진 카라추 지배계층들과 협력하여 통치했다. 전체적으로 이 오르도들은 스스로를 동일한 울룩 울루스, 즉 대울루스의 구성원이라고 생각했다. 그들은 바투, 우즈벡, 자니베크, 토크타미시 등 유명한 주치조 인물들을 창건자로 여겼다. 그리고 주치조 이후 오르도들은 대부분 무슬림이었다.

이러한 오르도 중의 하나인 우즈벡 오르도는 망기트-노가이의 도움을 받아 시반조로부터 출현했다. 첫 번째 통치자는 시반조의 아부 알 하이르였다. 그는 푸른 오르도의 옛 땅에 자신만의 울루스를 건립했고 1429년에는 칸으로 선출되었다. 에디구의 손자였던 와카스 베이는 아부 알 하이르의 주요 지지자였고 칸의 베글레르벡이 되었다. 와카스 베이와 아부 알 하이르는 핵심 목표를 공유했다. 즉, 두 사람 모두 호라즘 북부를 주치조에게로 되돌리고자 했다. 그들은 그 지역을 티무르의 후손들로부터 되찾기 위해서 협력했다.[38] 아부 알 하이르는 망기트의 지원을 받아 1430년에 호라즘 북부를 차지했다. 1446년에는 시르-다리야 강 하류와 중류의 도시들을 정복했고 시그낙을 겨울 수도로 만들었다.

아부 알 하이르가 그 지역에서 정권을 수립한 유일한 사람은 아니었고, 그의 우즈벡인들은 상당한 경쟁과 끊임없는 변화에 직면했다. 1457년 아부 알 하이르가 몽골 오이라트에게 패배한 이후로, 또다른 부상 세력이었던 망기트는 그를 방기했다. 망기트를 포함하여 수천 명에 달하는 아부 알 하이르의 옛 지지자들은 추 강 유역에 자리 잡은 2명의 토카 테무르조, 즉 기라이와 자니베크에게 가담하기 위해서 동쪽으로 이동했다. 기라이와 자니베크는 후에 킵차크 초원을 정복했고 16세기 초에 이 사람들은 카작이라고 알려지게 되었는데, 이것은 현대 카자흐인 사이에서도 남아 있는 이름이다.[39] 아부 알 하이르를 방기한 일은 시반조-우즈벡 울루스를 위태로운 상황에 빠지게 두었지만, 이 울루스는 마침내 1500년에 아부 알 하이르의 손자 무함마드 샤이바니 아래에 통합되었다. 따라서 16세기 초 무렵, 후기 호르드의 두 주요 혈통—즉, 시반조와 토카 테무르조—이 새로운 이름 아래 오래 지속될 두 집단을 수립했다. 시반조로부터는 우즈벡이 호라즘 북부와 트랜스옥시아나에서 흥기했고, 토카 테무르조로부터는 카작이 추 강 유역과 킵차크 초원에서 대두했다.

망기트-노가이에 관하여 말하자면, 그들은 독립적인 세력으로서 계속 번성했고, 호르드를 연상시키는 세력 균형의 역할을 여러 세기 동안 수행했다. 망기트-노가이에는 강력한 군대가 있었고 그렇기 때문에 귀중한 동맹이었지만, 그들은 자신들의 충성을 조심스럽게 아껴두면서 그와 같은 협력이 자치를 약화시키지 않게 했다. 뭉케 테무르, 우즈벡, 토크타미시 아래의 호르드처럼 망기트-노가이는 영리한 외교관이었다. 1450년대 망기트-노가이는 아부 알 하이르를 떠났지만, 16세기 초 그들은 무함마드 샤이바니와 연합하고 그를 칸으로서 지지하겠다고 동의했는데, 한편으로는 무함마드 샤이바니가 자신들에게 "나라의 일에서의 완전한 자유"를 허락하는 동안만 지지할 것이라고 경고했다. 망기트-노가이는 볼가-우랄과 크림 반도 지역의 가장 강력한 정치적, 군사적 세력으로서 그들은 군주이자 왕을 만드는 자였지, 속국이 아니었다. 그들은 독립적인 외교 정책을 수행했고 러시아와 오스만 제국 모두와 밀접하게 교류했으나, 이후에는 대노가이 오르도와 소노가이 오르도로 나뉘어서 전자는 모스크바와, 후자는 오스만 제국과 연합했다. 망기트-노가이는 여러 형태로 18세기까지 카스피 해의 북쪽과 동쪽에서 계속 영향력이 큰 세력으로 존속하다가, 이후 팽창하는 러시아 제국에 의해서 병합되었다.[40]

탈-주치조 집단의 후손들—우즈벡, 카작, 망기트-노가이 등—은 모두 조상들의 이야기를 말하는 것을 멈추지 않았고, 이는 오늘날까지 동유럽과 서아시아, 중앙아시아의 문화에 영향을 미치고 있다.

17세기 『칭기스 나메』의 한 이야기에서 볼가-우랄 초원의 현지민들은

발트 해
노브고로드
카잔 오르도
모스크바 대공국
카잔
모스크바
카시모프
카시모프 오르도
볼가 강
폴란드-리투아니아
우랄 강
키예프
망기트-노가이
트랜스 볼가 오르도
사라이주크
사라이
하지 타르칸
시르-다리
아랄 해
크리미아 오르도
아스트라한 오르도
도나우 강
흑해
우르겐치
시반조 우즈벡
티플리스
데르반트
히바
오스만 제국
바쿠
아무-다리야 강
부하라
타브리즈
카스피 해
티무르조
악-코윤루
지중해
바그다드
카작 등 유목 정권 또는 반(半)유목 정권의 세력
명나라 등 정주 정권의 세력
0
250
500
20°
40°
60°

15세기의 호르드. 호르드는 카작, 우즈벡, 망기트-노가이를 포함하여 여러 오르도들과 칸국들로 변모했다.

사회의 정치를 더욱 잘 반영하기 위해서 칭기스 칸의 전기를 새롭게 만들어냈다. 그 이야기에 따르면 칭기스의 형들이 그의 목숨을 위협했고 칭기스는 몸을 숨겨야만 했다. 10명의 벡들이 그를 찾아 군주로 모셔오기로 결정했다. 오랫동안 말을 타고 간 후에 그들은 마침내 칭기스를 발견했고, 기쁨에 가득 차 말을 풀어줌으로써 축하했다. 벡들은 칸을 고향에 있는 사람들에게 데려가기 위해서 그가 앉을 수레를 만들었고, 마치 그들이 말인 것처럼 스스로 수레를 맸다. 불구여서 수레를 끌 수 없던 한 명의 벡이 칭기스 옆에 앉아 다른 사람들을 조종했다.[41]

이 이야기는 15세기에 나타난 유목 정권의 원칙을 보여준다. 이제 군주를 선택하는 것은 벡이었고, 군주의 권력은 초자연적인 힘이 아니라 오직 사람의 노력으로부터 유래했다. 칸의 권위는 알라나 텡그리가 그의 일족에 보여준 총애가 아니라 벡들의 지지로부터 비롯되었고, 칸은 선물의 분배와 전리품을 얻는 정기적인 기회라는 옛 몽골의 방식을 통해서 그러한 지지를 유지했다. 만약 칸이 벡들을 옆에 두는 데에 실패하면 그들은 신의 징벌에 대한 두려움 없이 그를 폐위시킬 수 있었다. 이 이야기는 공동 통치를 나타낸다. 칸은 우두머리이지만 스스로 나라의 배—또는 수레—를 조종할 수는 없었다. 마리아 이바니치가 밝혔듯이 이 이야기 속의 수레 운전자는 베글레르벡을 가리키는데, 그 지위는 칭기스 시기에는 존재하지 않았지만 후대의 정치적 발전을 고려하여 이야기에 삽입되었다. 이바니치는 그 수레가 초원민들 자신을 가리킨다고 주장한다.[42]

역사가들은 보통 15세기를 주치조의 중앙 권력이 쇠퇴하고 분열된 시기로 묘사한다. 이것은 어느 정도는 정확하다. 문제가 생기는 부분은 해석적인 측면이다. 중앙 권력이 무너졌다고 할 때 이것은 무엇을 의미하는가? 확실히 15세기는 주치조, 그리고 더 큰 몽골의 질서 모두에 어떤 끝처럼 보인다. 그러나 한 혈통의 몰락을 일종의 실패로 볼 필요는 없다. 초원의 세계에서 주치조와 몽골은 오랜 계통 속에서 통치자들이었고, 다른 계열과 교차했으며, 그들 모두가 유목민의 사회적 활력과 정치적 창의력에 가담했다. 주치조 세력의 해체는 유목 세계가 무너지고 있었음을 의미하지 않는다. 그것은 단지 유목민들이 몽골 제국의 더욱 큰 보호 체제가 부재한 것에 대응한 여러 방식들 중에 하나였다. 주치의 울루스는 위기를 해결하고 안전과 번영으로 돌아갈 수 있도록 하기 위해서 변해야만 했다. 해체는 유기적인 변이로서 어떤 점에서는 경제학자 조지프 슘페터가 "창조적인 파괴(creative destruction)"라고 불렀던 것과 유사하다. 페카 해맬래이넨은 북아메리카의 라코타 사람들에 관한 분석에서 비슷한 과정을 설명했는데, 그들을 "주위의 변화하는 환경에 적응하는 분명한 능력을 가진 변신가(shapeshifter)이지만 여전히 라코타"라고 언급했다. 주치 울루스는 관련된 역사 과정을 답습했다.[43]

호르드가 해체된 후에 유목민들은 팽창과 민족 병합을 통해서 계속해서 자신을 유지했다. 항상 다양한 유목 집단들이 몽골과 합쳐졌다가 분리되었고, 몽골 자신들은 다른 사람을 흡수하는 과정에서 문화적으로, 그리고 사회적으로 계속 발전했다. 또 호르드의 유목 계승자들은 칭기스, 바투, 베르케, 우즈벡, 토크타미시가 그러했던 것처럼 물려받은 틀을 변용함으로써 계속 새로운 형식의 위계질서와 의사 결정을 개발했다. 15세기에 몽골의 지배가 끝이 났음은 중요한 사실이다. 그러나 초원의 전통은 그것에 호소한 정복자들보다 더 오래 살아남았다. 또한 몽골의 교환의 상업적 기반은 그것을 만든 사람보다 오래 지속되었고, 동서간의 무역을 보존하고 생각과 이야기가 유라시아를 가로질러 계속 전파될 수 있게 한 유산이 되었다. 통치와 사회 및 경제 구조에 관한 유목적 관념은 몽골과 주치 정권 모두보다 먼저 존재했고 더 오래 지속되었는데, 그 내구성은 그 개념 속에 담긴 변화에 대한 이해로부터 기인했다. 한동안 유목적 삶과 통치 방식을 관리했던 것은 몽골 제국과 그 구성 요소—즉, 원나라, 일칸조, 호르드, 차가타이 울루스—였다. 이러한 정치 집단은 사라졌지만 유목적 삶과 통치는 계속되었다.

이동에 근거한 정신과 문화는 유연해야만 한다. 이 세상이 가져다주는 새로운 환경에 적응해야만 한다. 순환 이동은 끝없는 변화를 의미한다. 며칠마다 새로운 장면이자 새로운 지형이다. 건너야 할 또다른 강이 있다. 세계가 어떠한지, 그리고 그 세계 속에서 자신의 위치는 어떠한지에 관한 자기만의 생각을 가진 다른 사람들과의 또다른 접촉이 있다. 유목민들은 이것을 알고 있었고, 그들의 제국은 그러한 지식을 포함했다.

후기

호르드의 거울

모스크바의 대공 이반 3세는 1462년에 즉위한 이래로 호르드에 공물을 바치지 않았다. 1470년대 말 아흐마드 칸은 그의 태만을 벌할 준비가 되었다. 아흐마드는 볼가 오르도를 이끌었는데, 그곳은 주치조 영역의 상징적인 중심이었지만 여러 오르도들이 모임을 위해서 만나는 중심은 더는 아니었다. 아흐마드에게는 이러한 상황을 변화시키려는 분명한 야심이 있었다. 즉, 그는 주치 울루스를 재통합하고 이전 칸들의 제국적 정책을 부활시키고자 했다. 이 야심은 그의 정력적인 외교를 통해서 증명되었다. 아흐마드는 크림 반도와 도나우 강 하류에서의 주치조 지위를 위협하던 오스만 제국에 대항하여 베네치아인, 리투아니아인들과 연합했다.[1] 그러나 아흐마드는 내부 분쟁으로 이 목표를 실현하지 못하고 있었다. 1478년 크림 반도는 멩글리 기라이라는 또다른 주치조 칸의 수중에 들어갔는데, 그는 오스만 제국의 지원을 받고 있었다. 그리고 이반은 모스크바의 지위를 강화하기 위해서 오카 강 북쪽의 땅을 통합하기 위해서 노력하고 있었다. 아흐마드가 포부를 실현하기 위해서는 빠르게 움직여야만 했다. 그는 1479년에 체납금을 포함하여 소유물을 받고자 모스크바로 세금 징수인을 보냈지만, 대공은 복종하기를 거부했다.[2] 이반이 다시 자신에게 협력하도록 만들려면 전쟁이 필요했다. 아흐마드, 폴란드-리투아니아에 대항하는 모스크바와 크림 반도, 이렇게 충성의 선이 그어졌다.[3]

1480년 봄 아흐마드와 그의 군사는 모스크바로부터 남쪽으로 약 240킬로미터에 위치한 우그라 강 연안에 진영을 펼쳤고, 폴란드-리투아니아의 국왕 카지미에시가 약속한 원군을 기다리고 있었다. 한 러시아 군대가 강의 반대편에 정렬했다. 양측은 여러 달 동안 대치했다가 11월에 아흐마드의 군대가 출발했다. 아흐마드 칸은 러시아 남서부의 공작들이 카지미에시에 대해서 반란을 일으켰고, 멩글리 기라이가 그들을 이끌고 사라이로 향하고 있음을 알게 되었다. 아흐마드는 이반의 군대와 남서쪽 공작들 사이에 갇히게 될까 봐 두려워했고, 겨울이 다가오면 그의 군대가 식량이나 의복 부족에 시달릴 것임을 알았기 때문에 철수를 선택했다. 그러나 몽골이 후퇴할 때 흔히 그러하듯이, 여기에는 전략이 작동하고 있었다. 아흐마드는 사실 자신이 필요로 한 것, 즉 이반이 공포에 질려서 공물을 바치고 평화를 간청하도록 만드는 것을 달성했다고 믿었다. 그리고 실제로도 이반은 걱정하고 있었다. 그는 1481년 자신의 동맹 멩글리 기라이에게 "아흐마드 칸이 나를 향해 왔지만, 더없이 자비로운 신께서는 우리를 그로부터 구하시기를 원하셨고 그렇게 하셨다"라고 썼다.[4]

러시아 학계에서 이 "우그라 강의 대치"는 종종 러시아 공국에서의 타타르의 멍에가 종식된 사건으로 소개된다. 그러나 흥미롭게도 1480년 어떤 러시아의 사료도 타타르의 멍에로부터 자유롭게 되었다고 주장하지 않는다. 15세기에 모스크바 대공국은 몽골의 정치적 유산을 거부하지 않았다. 오히려 정반대로 모스크바는 호르드를 자신의 합법성과 권력의 근원으로 바라보며 팽창하던 국가였다. 우그라 강의 대치가 모스크바의 역사에서 중요한 날로 인식되기까지는 한 세기의 4분의 3이 더 지나야 했다. 러시아에서의 많은 정치적 변화가 있고 훨씬 나중에 생각해서야, 러시아인들은 그 대치를 자신의 민족이 마침내 몽골의 이른바 해롭고 이념적으로 의문스러운 지배 형태를 되돌린 순간으로서 바라보게 되었다. 후대의 역사가들은 심지어 그 대치를 호르드의 멸망으로 이해하기도 했다.[5]

역사가들은 우그라 강의 사건 다음으로 호르드의 멸망을 의미하는 다른 일시들을 지적해왔다. 멩글리 기라이가 아흐마드의 아들이자 후계자를 전장에서 패배시킨 1502년, 그리고 이반 4세가 카잔과 아스트라한을 병합하고 그로 인해서 볼가 강 유역에 대해서 미약한 통제력을 발휘하기 시작한 1552–1556년 등이다.[6] 그러나 1502년의 전투는 사라이 주변 지역—유목민들은 그곳을 타흐트 엘리(Takht eli), 즉 보좌가 있는 지역이자 성스러운 곳으로 알고 있었다—의 통치를 놓고 벌어진 주치조 사이의 다툼이었다.[7] 주치조 내부의 분쟁은 그 자체로서 호르드의 멸망을 나타낸다고 보기 어렵다. 1550년대 이반 4세의 카잔, 아스트라한에 대한 위태로운 정복에 관해서 말하자면, 당시 무렵 주치 울루스는 이미 볼가 강 하류를 떠난 상태였다. 16세기 팽창주의적인 주치조 오르도들은 볼가 강 하류의 술데를 알고 있었을지도 모르지만, 그들은 다른 지역으로 이동했다.

우리가 호르드의 멸망을 나타내는 어떤 날짜를 선택하더라도 그 오랜 영향은 심지어 모스크바인들 사이에서조차 명백하다. 토머스 올슨이 언급했듯이 "모스크바인들이 몽골의 유산을 받아들인 것은 모순투성이이다." 한편으로 러시아인들은 타타르의 멍에를 멸시하는 법을 배웠다. 다른 한편으로 러시아의 군주들은 통치의 전이(translatio imperii)—한 제국의 합법성은 다음으로 대물림될 수도 있다는 관념—라는 관례 아래에서 호르드를 선조로 칭하는 데에 전혀 주저하지 않았다. 독일의 국왕들이 신성 로마 제국을 로마와 비잔티움 제국의 계승자로 여긴 것처럼, 모스크바인들은 호르드의 제국적인 정복 권한을 물려받았다고 주장했다. 그리하여 이반 4세는 볼가 강 유역을 정복하고 나서야 스스로를 황제라고 부르기 시작했다. 특히 그는 차르라는 호칭을 취했는데, 그것은 당시까지 러시아인들이 호르드의 칸을 묘사하고 부를 때 사용한 것이었다. 게다가 주치조 제국의 계승자라는 모스크바의 주장을 더욱 강화하기 위해서 이반 4세는 항상 자신의 호칭에 "카잔과 아스트라한의 차르"를 포함해달라고 유럽의 군주들에게 요청했다.[8] 호르드는 급성장하는 러시아 제국 안에서 중요한 정치적 힘으로서 계속 존재했다.

15세기와 16세기 모스크바의 군주들은 주치조 개별 인물들의 정치적 합법성을 존중했고 그들을 통치의 협력 대상으로서 찾았다. 1452년 무렵 이반 4세의 할아버지는 오카 강 좌안에 있는 땅을 토카 테무르 가문 출신의 왕자 카심에게 수여했다. 그곳은 러시아인들이 만든 칸국의 수도인 카시모프 도시로 알려지게 되었다. 이반 4세 역시 카심 칸국을 유지시켰고 "타타르인들"의 정치에 간섭할 때 이 칸국을 활용했다. 1575년 이반 4세가 갑자기 대공의 자리에서 물러나기로 결심했을 때, 그는 카시모프의 칸이자 아흐마드 칸의 증손자였던 시메온 벡불라토비치를 계승자로 임명했다. 이반은 영원히 권좌를 떠날 의도는 없었고 1년 후에 그 자리를 되찾았다. 그러나 그가 대공의 자리에 대한 임시 대행자로서 주치조를 선택한 것은 우연의 일치가 아니다. 토크타미시가 토카 테무르조 혈통의 권위를 수립한 이후로 약 200년이 지났지만, 시메온의 지위에는 여전히 통치의 합법성이 있었다. 이반은 칸을 보위에 앉혔다가 필요할 때는 물러나게 했던 벡들처럼 행동했던 것이다. 이반이 제위를 차지한 후 시메온은 거의 10년간 트베리와 토르조크의 공작이었다.[9]

러시아의 경험은 전에 몽골이 지배하던 지역 전체에서 반영되었다. 칭기스 칸과 그의 후손들이 만든 정치적 관습과 개념은 러시아와 함께 근대 이란, 중국, 중앙아시아 국가의 상징적 그리고 제도적 틀을 제공했다. 명나라, 사파비, 폴란드-리투라이나, 오스만 제국과 같은 팽창주의적인 정권은 몽골을 제국적 모형으로 여겼다.[10] 그러나 이러한 유산은 17세기부터 20세기까지 유라시아 제국주의를 특징 짓던 반(反)유목 정책과 이데올로기 때문에 결국 사라지게 되었다. 후대의 제국들은 농업과 산업이 경제적으로, 또 도덕적으로 유목보다 뛰어나다고 여겼고, 정치적 합의와 종교의 자유라는 소중한 관념은 오직 정주적이고 도시적인 환경으로부터만 나타날 수 있었다고 주장했다. 자유주의, 민족주의, 인본주의—이런 개념들은 기독교적, 이슬람적 용어로 만들어졌다—에 의해서 만들어진 역사적인 상상 속에서 합의의 형성과 관용은 "문명"과 "근대"의 독점적 영역이었고, 몽골은 해적에 불과한 존재로 전락했다. 몽골의 군주들이 정치적 협의와 사회 통합에 대한 독자적이고 효율적이며 인도적인 방법을 개발했다는 것은 상상도 못할 일이 되었다.

이러한 몽골 통치의 특성은 호르드에서 가장 분명하게 드러났는데, 이 몽골 제국의 영역은 미래의 제국적 세력들과 가장 집중적으로 상호작용했다. 그러나 왜 이러한 세력들은 호르드를 무시하면서 아테네, 로마, 콘스탄티노폴리스, 바그다드를 갈망하듯이 바라보았는가? 답은 그 질문의 틀에 포함되어 있다. 제국을 육성하고 제국 시민의 덕목을 발전시킨 것이 도시 생활이었다는 것이다. 밀집 생활은 사람들을 한데 모이게 했고 창의력의 불꽃을 가능하게 했으며, 이는 다시 진보와 위대함을 만들어냈다. 몽골이 전근대 세계에서 사람, 물품, 사상의 가장 광범위한 교환을 가능하게 했고 유지했으며 발전시켰던 것은 신경 쓰지 말라는 태도였다.

만약 호르드가 잊혔다면 그것은 또 주치조가 세계에 대한 자신들의 흔적을 분명하게 보여주는 건축적, 어휘적 표식을 거의 남기지 않았기 때문이다. 위대한 도시들의 유적과 영속성으로부터는 배울 것도, 찬양할 것도 많은 반면에, 호르드는 자신의 지배와 위대함을 나타내는 것을 후세에 거의 전하지 않았다. 호르드의 도시들은 통치와 경제 발전이라는 목적에 중요한 역할을 했으나 지중해와 아프리카의 도시들에 비하면 단명했다. 방어 시설이 없고 돌보다는 흙으로 만들어진 주치조의 도시들은 보고 경탄하기에는 충분하지 못한 유적만을 남겼다. 일부 주치조 지역은 오래 지속될 수 있음을 입증했지만, 그들은 러시아로 흡수되었고 그들의 과거는 겹쳐 쓰였다. 그리고 주치조 칸들의 통치를 자세히 보여주는 궁정 연대기도 없는데, 이것은 왜 호르드가 원나라와 일칸조보다 덜 연구되고 덜 찬양되었는지를 설명한다. 톨루이조는 자신들에 관한 많은 기록들을 보장했고, 이것은 그후 수 세기 동안 중국과 중동에서의 연구를 고취시켰다. 그러나 조금만 파고 들어가면 주치조의 유산 역시 그들이 한때 정복했던 곳과 그들이 접촉한 더 넓은 세계에 명백하다는 것을 알 수 있다. 심지어 오늘날에도 러시아, 동유럽, 중앙 유럽 곳곳의 지역들이 호르드와 연결된 이름을 가지고 있다. 그리고

“dengi(돈)”, “tamozhnik(세관원)”, “tovar(상품)”, “bumaga(종이)”처럼 많은 몽골어 단어들이 13–14세기에 러시아어로 유입되었고 현재도 사용되고 있다. 물론 “오르도”도 많은 언어에 존재한다.[11]

처음에는 이 책을 통해서 몽골의 서방 원정에 관한 전형적인 “영토 확장론”에 이의를 제기하고자 했다. 몽골이 정복에 대한 순수한 욕망에 동기 부여되었다는 것은 믿기 어려울 정도로 단순해 보였다. 사실 칭기스 칸에게는 세계를 정복할 원대한 계획이 없었다. 게다가 그의 목표는 도시를 공격하고 약탈하는 것이 아니라, 초원 유목민들을 항복시키는 것이었다. 또한 당연한 것으로 생각되는 몽골 정복의 약탈도 논란의 여지가 있는데, 가용한 증거들이 칭기스 칸이 대량 학살자가 아니었음을 보여주고 있기 때문이다. 대신에 그는 정복민들을 몽골 속으로 동화시켰다. 칭기스에게 중요했던 것은 모전 천막 거주민들, 즉 동아시아의 유목민을 복속시키는 것이었다. 칭기스가 직면한 가장 강한 저항은 도시와 정주 지역으로부터가 아니라 그가 초원에 만든 정권 내부에서 생겨났다. 이것이 칭기스, 그의 사람들과 자손들을 형성시킨 극적 사건이었다. 중국, 이란, 러시아의 정복은 정주 이웃들이 개입한 유목민 대 유목민 전쟁의 부작용이었다.

이러한 부작용으로부터 흥미롭고 새로운 역사 해석이 나타난다. 우선, 유목이 반드시 국가 건설에 저항하는 것은 아니다. 주치조의 경우에는 그 반대가 사실이었다. 유목민들은 바로 자신들의 정치 이론에 내재된 목표를 달성하기 위해서 복합적이고 영속적인 제국을 건립했다. 몽골은 모든 사회적인 것을 흡수하고 조화할 수 있는 정권—자신의 공동체 및 혈연 집단과 유사한 정권—을 원했다. 그러나 그들은 발전 과정에서 저항하는 사람들을 치받았다. 반란자들은 종교, 군사, 직업, 가족 등에 대해서 모든 것을 포용하는 몽골의 태도를 거부하면서, 징집과 몽골의 노역, 징세 체제에 반대하며 봉기했다. 이것은 역사적인 상수이다. 모든 국가 건설 계획에는 그 쌍둥이로서 국가 권력에 저항하는 사람들이 있다.[12] 몽골 제국 초기에 다수의 모전 천막 거주자들이 칭기스의 제국적 기반에 통합되는 것을 거부했고, 그들의 저항은 서아시아, 그다음에는 동유럽의 정복을 촉발시켰으며, 이는 더 많은 저항을 유발했다. 그렇게 정주민들이 반국가적 반란자가 되었다.

중요한 것은 그 국가가 말 위의 것으로서 항상 움직였다는 점이다. 몽골은 "제국은 말 위에서 통치될 수 없다"는 주장을 거부했다. 이것은 한인 정복자에게 주어진 오랜 충고로서, 기원전 2세기 말에서 1세기 초에 작성된 기념비적인 역사서인 『사기(史記)』에 등장한다. 전사로서의 유목민과 행정가로서의 정주민이라는 관념은 이슬람의 정치 이론에서도 만연했다. 14세기 아랍의 역사가 이븐 할둔—토크타미시, 티무르의 동시대인이었고 자주 인용되는 중세 학자이다—은 왕조 국가의 역사에 관한 철학을 개발했는데, 그에 따르면 유목민은 군주가 되고 정착하며 그에 따라 자신들의 아사비야('asabiyya), 즉 연대 의식 또는 "집단적 정서"를 상실한다고 했다. 이븐 할둔은 "한 국가의 군주들이 일단 정주적으로 되면 삶의 방식에 자신들이 계승한 국가의 그것과, 자신들이 목격하고 전반적으로 받아들인 환경을 항상 모방한다"고 썼다.[13] 다른 말로 하면, 유목민은 정복할 수 있으나 정복자들이 정주 복속민의 특질을 받아들이면서 그들의 특수성이 곧 사라진다는 것이다.

그러나 몽골의 역정은 이븐 할둔의 이론에 들어맞지 않는다. 몽골은 정착하지 않았고 복속민처럼 되지 않았다. 반대로 그들은 외래 문화를 자신의 것으로 흡수했다. 몽골의 힘은 주로 다양성을 통합하는 능력에 기반했다. 특히, 주치조에게 문화적 변화는 일방적인 현상이 아니었다. 비록 몽골이 슬라브인들과 이슬람의 원리를 받아들였지만 그들이 슬라브인 또는 이슬람 방식의 군주가 된 것은 아니었다. 또 주치조의 복속민들이 반드시 몽골과 분간할 수 없게 된 것도 아니었다. 설사 호르드가 자신이 지배한 사람들을 깊게 변화시켰다고 할지라도 말이다. 주치조는 스스로를 잃지 않으면서 자신들을 재창조했다. 만약 우리가 이븐 할둔의 말을 문자 그대로 받아들인다면, 그는 분명히 틀렸다. 유목민과 정주민 사이의 이분법은 존재하지 않는다. 그러나 권력을 가변적인 무엇인가로 보는 그의 의식에는 가치가 있다. 통치자와 피통치자 모두 그들의 관계에 의해서 변하며, 그렇지 않으면 군주는 오래 지속되지 않는다.

비록 이집트나 중앙아시아에서 보이는 것보다는 덜 밀집했지만 주치조도 정주민과 접촉한 후에 도시를 건설했음을 근거로 하여 누군가는 이븐 할둔의 문자 그대로의 설명을 옹호할 수도 있다. 물론 이것은 사실이지만, 주치조의 도시 건설은 정주화의 한 형태가 아니었다. 주치조가 도시를 건설하는 바로 그 순간에도 강력한 유목 군주들은 여전히 계절에 따라서 이동했다. 도시 건설은 문화적 변화보다는 지정학적 전략을 반영했다. 주치조는 정주민의 생활 방식을 받아들였다기보다는 정주 복속민과 이웃에게 자신의 법을 강요하기 위해서 도시를 활용하고 있었다.[14] 그렇다면 유목이 근대화로 가는 길의 원시적인 단계가 아니었다는 점을 알 수 있다. 유목은 하나의 다른 선택으로서, 주치조가 어떤 정주 모형도 모방하지 않은 독자적인 제국적 독립체를 만들어낼 수 있게 했다. 주치조의 통치 방식이 호르드 옛 영토의 대부분에서 그보다 더 오래 살아남은 것은 우연이 아니다. 망기트-노가이, 타타르, 우즈벡, 카작 등 호르드의 다른 계승자들이 합의, 혈통, 계층적 공유와 이동성의 방법을 실행하면서 유목을 살아 있게 했던 것은, 이 사람들이 완고한 전통주의자거나 정주민들의 방식을 몰라서가 아니라, 이러한 방법이 효과가 있다는 것이 증명되었기 때문이다.

호르드에 집중하면, 몽골 제국 내에서 특수성을 살필 기회를 잡을 수 있다. 호르드는 다른 칭기스조 영역과 많은 공통점을 공유했지만 상당한 차이점도 보였다. 이러한 차이점은 호르드의 지속성 그리고 비몽골 세계에 대한 그 특별한 영향의 근원에 있었다.

호르드의 특수성에 가장 먼저 기여한 것은 주치조 영토의 위치와 생태이다. 호르드의 땅은 아시아, 중동, 유럽이 교차하는 곳에 있었다. 주치조는 몽골 제국과 유라시아 초원의 서쪽 변경 사이의 다리였다. 그들의 이 특수한 위치 때문에 주치조는 헝가리, 불가리아, 비잔틴, 이탈리아, 게르만, 러시아, 맘루크, 그리스, 그리고 나중에는 오스만 제국, 폴란드, 리투아니아 사람들과의 교환과 충성을 유인했다. 몽골의 다른 정권들도 역시 무역을 지향했지만 호르드만큼의 정도는 아니었다.

또한 호르드는 몽골 울루스 중에서 가장 북쪽에 있었고, 이는 그 발전에 극적인 영향을 미쳤다. 호르드는 북쪽 세력으로서 모피 무역을 장악했다. 다른 몽골인들도 무역에 참여하여 자신들의 영토에서 모피를 받고 운반했지만, 오직 주치조만이 모피 생산 그 자체로부터 부를 얻을 수 있었다. 그러나 또한 북쪽에 있다는 것은 제약을 동반했고, 이 역시 호르드의 발전에 한계를 그렸다. 주치조 지배 아래 있던 북쪽 사회의 경제는 톨루이조가 지배하던 남쪽 사회보다는 인간의 노동력에 의해서 주도되는 정도가 약했다. 이것은 주로 북쪽의 인구가 더 적었기 때문이다. 중국과 이란에서는 많은 노동력이 농업에 종사한 반면, 호르드의 경제는 무역과 자본으로부터 더욱 많이 유래했다.[15] 북쪽에서의 통치 전략은 그에 따라 독특해졌다. 호르드는 복속민에게 단순히 세금을 징수할 수는 없었는데, 그들은 너무 소수였고 기초 생산성은 너무 낮았다. 대신 호르드는 토지 수여, 법적 보호, 도시화 계획을 통해서 복속민들에게 투자했고, 그에 따라 가축, 모피, 소금, 물고기, 밀랍, 은, 그리고 비농업 상품과 같은 무역 가능한 상품들의 생산을 향상시켰다.[16] 주치조에게 공납은 거래로서 투자를 통해서 세수를 창출하는 생산성을 높였고, 이를 통해서 추가 투자도 가능했다. 다른 몽골 정권들도 공납에 대해서 유사한 거래적 접근법을 취했는지는 불분명하다. 몽골의 공납 역학의 폭을 이해하기 위해서는 추가 연구가 필요하다.

더욱 중요한 것은 주치조가 특유의 통치 기술을 개발했다는 점이다. 톨루이조는 직접 지배를 선호한 반면, 주치조는 간접적으로 다스렸다. 페카 해맬래이넨이 언급했듯이 몽골을 코만치족과 비교했을 때 주치조는 "사회를 지배하지 않고 자원을 통제할 수 있었고, 공간을 소유하지 않고 권력을 보유할 수 있었다."[17] 동슬라브인에 대한 주치조의 관계는 이에 정확히 부합하는 사례이다. 칸은 토착 공작들을 통해서 러시아 공국들을 운영했는데, 그들은 오직 필요한 경우에만 칸의 관리 및 그의 궁정과 상호 작용했다. 따라서 러시아인들 가운데 몽골의 항구적인 행정적 존재는 없었고, 공국들의 정치적 복속이 상대적으로 매일매일 눈에 보이지는 않았다. 그럼에도 불구하고 이 구조는 중요한 순간에는 정치적 상호 작용을 가능하게 했고 경제적 통로를 열어두었다. 공작, 성직자, 관리, 사신, 상인은 정치와 무역을 위해서 공국과 오르도 사이를 쉽게 오가며 여행할 수 있었다.[18]

주치조와 그들의 정주 복속민 간의 관계는 원나라, 일칸조와 비교했을 때 호르드가 오래 지속된 이유를 이해하는 데에 핵심이다. 대체로 주치조와 정주민은 물리적으로 분리되었지만, 그들은 서로 이질적이지는 않았다. 그들은 계절 이동 중에 빈번하게 접촉했는데, 그때 오르도들은 불가르와 같은 북쪽 도시에 접근했고 강 유역을 따라 있는 정착지들을 가로질렀다. 비록 주치조와 복속민은 세계를 다르게 보았지만 그들은 소통하는 방법을 찾았으니, 예를 들면 칸들의 궁정에서 환영받았던 종교적 인물을 통하거나, 보야르와의 좋은 관계를 유지하는 것이었다. 호르드는 정주 외부인들에게 주치조의 정착지와 고향에서의 기회를 제공함으로써, 발생할 수도 있었을 적의를 방지했다. 각지에서 온 장인들과 상인들은 사라이와 신사라이에서 일자리를 얻은 반면, 공국에 있는 수도승, 사제, 속인 지배층은 칸의 보호 덕에 재정적인 이득을 거두었다.

마지막으로 호르드에 관하여 아마도 가장 탁월한 점은 이슬람과 몽골의 통치 방식을 조화시킬 수 있었던 주치조의 능력일 것이다. 호르드는 칸과 케식의 행정 구조를 유지하기 위해서 타르칸 면제와 같은 몽골적 제도를 활용한 반면, 이슬람의 문화적, 종교적 시설에도 투자했다. 이슬람 자체에 대한 영향은 상당했는데, 주치조가 다양한 무슬림 유산을 하나의 사회 속에 결합시켰기 때문이다. 호르드는 셀주크, 압바스, 볼가 불가르, 호라즘의 이슬람 관습을 서로 연결시켰고, 이는 서로 본질적으로 다른 사람들 사이에 통일의 의식이 싹트게 했다. 수피즘이 중앙아시아에서 그렇게 강력한 세력이 된 것은 부분적으로는 호르드 때문이다. 그러나 베르케 이후 호르드의 이슬람화는 주치조 영토로의 기독교 진출을 둔화시키지도 않았고, 불교도들은 주치조 지배계층과 유목민 사이에서 계속 중요한 위치를 점했다. 그리고 이슬람, 기독교, 불교를 받아들인 바로 그 동일한 몽골인들이 조상을 숭배하고 칭기스와 그의 후손, 텡그리를 떠받들기 위해서 계속 초원의 의식을 행했다.

호르드는 뛰어난 적응성과 동화력을 통해서 세계를 변화시켰다. 호르드는 러시아와 중앙아시아의 정치를 형성했고, 이슬람을 캅카스와 동유럽에 강하게 뿌리내리게 했다. 호르드는 초원민들을 맘루크 술탄국으로, 프란치스코인들을 크림 반도와 볼가 강 하류로 데려갔다. 주치조가 핵심적인 행위자였던 몽골의 교환은 동서를 서로 연결했다. 그리고 이 모든 것은 호르드를 독특하면서도 동시에 몽골로 인식할 수 있게 만든 진화 과정을 통해서 이루어졌다. 로마의 방식, 오스만 제국의 방식, 영국의 방식이 있었던 것처럼 주치조의 제국적 방식이 있었다. 제국의 유산을 생각할 때 우리는 관용, 강압, 착취, 보호, 투자, 정복 등의 실행을 통해서 이 세상을 더욱 작게 만들었던 지중해, 유럽, 오스만 제국 세력의 국제적 영향을 당연히 인정한다. 이러한 제국들에게는 세계사를 움직인 공이 있다. 그러나 유목민들도 세계사를 움직였다. 그리고 그중에서도 호르드의 사람들이 가장 크게 세계사를 움직였다.

용어 설명

게레게 gerege	통행증, 안전한 통행을 보장하는 문서. 패자라고도 한다.
게르 ger	모전 천막. 유르트라고도 한다.
구레겐 güregen	황실 사위.
나린 얌 narin yam	비밀 통신 체계. 다른 얌보다 빠르다.
눈툭 nuntug	고향. 은퇴와 매장을 위한 곳.
다루가치 darughachi, **다루가** daruga	정주민을 책임지는 민정 책임자. 특히 세금 징수 담당. 바스칵과 동의어이다.
딤미 dhimmi	(아랍어) 무슬림 지배 아래에서 법적으로 보호를 받는 비무슬림.
레스트비차 lestvitsa	(러시아어) 공작 계승의 원칙.
모린 얌 morin yam	말을 제공하는 역참.
밍간 minggan	1,000명의 병사로 이루어진 군사 단위.
바스칵 basqaq	정주민을 책임지는 민정 책임자. 특히, 세금 징수 담당. 다루가, 다루가치와 동의어이다.
베글레르벡 beglerbeg	가장 연장자 또는 최고위 벡. 또는 최고 지휘관.
벡 beg	유목 지도자.
보야르 boyar	(슬라브어) 귀족, 지주.

보올 bo'ol　　자유민, 전사.

보이보드 voivode　　(슬라브어) 고위 군인. 이후에는 민정관, 관직을 뜻했다.

불각 bulqaq　　혼란, 위기. 특히, 주치조 손위 계통의 몰락 이후의 시기(1360년대와 1370년대)를 지칭한다.

비틱치 bitigchi　　황실 서기.

사라이 sarai　　궁, 도시.

술데 sülde　　사람들을 한데 묶는 생명력. 군주의 카리스마.

아카 aqa　　형. 가계의 연장자 구성원.

악 오르다 ak orda　　하얀 오르도. 호르드의 서쪽 날개.

안다 anda　　의형제 연합.

야를릭 yarlik　　칙령.

야사 yasa　　칭기스 칸의 가르침에서 유래한 행동 강령. 황제의 규정.

얌 yam　　사신 및 공급을 위한 중계망. 오르토(örtöö)라고도 한다.

에튀겐 Etügen　　대지(신).

예케 몽골 울루스 yeke Mongghol ulus　　몽골 제국.

오르도 ordo　　칸의 궁정 천막 주위의 규획된 공간. 케식들이 보호한다. 종종 칸 영토의 중앙 행정이 이루어지는 장소.

오르도 게렌 ordo geren　　칸의 천막.

오르탁 ortaq　　인가된 상인.

오복 oboq　　단일하고 종종 전설적인 조상을 주장하는 구성원들로 이루어진 유명 집단.

옷치긴 ochigin　　막내아들. 화로를 지키는 사람.

옹곤 ongon　　모전으로 만든 모형. 때때로 부적으로 가지고 다녔다.

우룩 uruq　　혈통.

울루스 ulus　　사람. 또는 정치 공동체.

울룩 쿨 Ulugh Kul　　"대중앙". 칸의 사적 영역.

이니 ini　　동생. 가계의 손아래 구성원.

인주 inju　　개인 재산, 지참금 또는 사망 전 상속 재산.

카라추 qarachu　　황금 씨족을 모시는 비칭기스계 유목 지배층. 보올의 지위가 이후에 발전한 것이다.

카툰 khatun　　칸의 부인 또는 딸.

칸 khan　　군주.

케식 keshig	개인 경호원 또는 관료, 칸을 영원히 모시는 사람. 복수형은 케식텐(keshigten)이다.
켑테울 kebte'ül	야간 호위대이자 케식 구성원.
코룩 qoruq	매장지.
쾩 오르다 kök orda	푸른 오르도. 호르드의 동쪽 날개.
쿠다 quda	혼인 대상.
쿠다 안다 kuda anda	혼인을 통한 연합.
쿠릴타이 quriltai	대집회.
쿠미스 kumis	발효한 암말의 젖. 아이락(airag)이라고도 한다.
쿠비 qubi	정복한 사람, 상품, 영토에 대한 몫.
쿱치르 kupchir	식량, 음료, 의복, 가축으로 지불하는 재산세.
크냐지 kniaz	러시아 공작. 복수형은 크냐자(kniazia)이다.
타르칸 tarkhan	고위 성직자, 장인, 특정 군인 등 보호를 받는 집단으로부터 세금과 징집을 면제하는 지위.
탐가 tamga	(가축, 주화, 도장에 찍는) 가계 표식.
탐마치 tammachi	변경이나 새롭게 정착한 지역에 배치된 주둔군.
탕숙 tangsuq	진기하고 매우 값비싼 선물.
테르겐 얌 tergen yam	무거운 짐을 위한 역참 공급 체제.
텡그리 Tengri	하늘, 하느님(신).
투멘 tümen	군사적 십진법 체제; 만 명의 사람으로 이루어진 부대.

감사의 말

책은 항상 공동의 작업으로, 이 책은 몽골 제국에 관한 나의 관점을 결정적으로 변화시킨 몇 번의 만남으로부터 탄생했다. 이 책은 페카 해맬래이넨이 세계사 속의 유목 제국에 관한 5년 연구에 참여할 수 있도록 나를 초청해주었을 때 시작되었다. 그와 함께 일하는 것은 행운이었다. 그의 관대한 의견, 솔직한 조언, 변함없는 지지에 감사한다. 그의 학문은 무한한 영감의 근원이었다. 그 연구의 학문적 뿌리인 옥스퍼드 대학교의 로더미어 아메리칸 연구소는 언제나 나를 고무시켰던 자극적이고 활발한 토론의 공간을 제공했다. 이 연구진의 구성원이자 동료인 줄리엔 쿠퍼, 맨디 이자디, 브라이언 밀러, 마야 페트로비치, 이리나 싱기레이에게도 감사하고 싶다. 행정 담당자였던 브라이오니 트러스콧의 도움과 인내심에 특별히 감사한다. 또 옥스퍼드 대학교의 비라 수파이넨이 원고 작업의 여러 단계에서 함께해준 덕분에 책이 크게 개선되었다. 이 책은 그녀의 날카로운 통찰력과 따뜻한 격려가 없었다면 존재하지 못했을 것이다. 그녀에게 진 빚이 매우 크다.

나는 일리야 아파나셰프, 레우벤 아미타이, 안드레이 E. 아스타피예프, 크리스 애트우드, 제임스 벨리치, 마이커 판 베르컬, 로맹 베르트랑, 미할 비란, 요나탄 브락, 엘리오 브랑카포르테, 앤 브로드브리지, 이자벨 샤를뢰, 에리카 차터스, 니콜라 디 코스모, 존 다윈, 예륀 두인담, 프랑수아-자비에 포벨, 리스벗 헤이버르스, 요스 호만스, 모니카 그린, 마렉 얀코비악, 아나톨리 하자노프, 다리우시 코워지에이치크, 줄리앙 루아조, 베아트리스 포브스 만즈, 데이비드 모건, 세르게이 판텔레예프, 앤드루 C. S. 피콕, 파벨 N. 페트로프, 예브게니 피가례프, 미하엘 포우친스키, 조너선 셰퍼드, 나오미 스탠든, 루크 트레드웰, 바딤 트레파블로프, 이슈트반 바샤리 등 많은 학자들과 영감을 불러일으키는 대화, 토론을 함께하는 막대한 학문적 은혜를 입었다. 게다가 출판을 위해서 원고를 읽어준 관대한 익명의 동료들은 많은 누락과 실수로부터 나를 구해주었다. 그럼에도 남아 있는 것은 오직 나의 책임이다.

나는 이 책의 일부를 많은 세미나와 학회들—파리의 몽골 및 시베리아 연구 센터, 카잔의 타타르스탄 과학 아카데미가 주관한 "골든 호르드에 관한 포럼", 오스트리아 빈에서 열린 "기억되어야 할 제국들 학회", 카자흐스탄 악타우에서 망기스타우 주립 역사, 문화 보호구에서 조직한 학회, 피렌체에 있는, 하버드 대학교 이탈리아 르네상스 연구 센터인 빌라 이 타티(Villa I Tatti)에서 열린 "몽골과 세계사 학회" 등—에서 발표했다. 주최 측과 참가자들의 의견와 조언에 감사드리고 싶다. 또 옥스퍼드 대학교 역사학부와 낭테르에 있는 파리 대학교에도 감사를 전하고 싶다. 특히, 현재 나의 연구실인 메모(MéMo)에 지원해준 것에 감사한다. 이 책의 기반이 된 연구는 유럽 연구 위원회로부터 지원금을 받았다(European Union's Seventh Framework Programme[FP7/2007–2013]/ ERC grant agreement no. 615040).

코로나-19 바이러스 범유행으로 기록 보관서, 도서관, 박물관이 폐쇄된 상황에서 이 책의 연구를 완성할 수 있도록 여러 친구와 동료들—가브리엘러 판 덴 베르흐, 즈베즈다나 도데, 프란체스카 피아세티, 콘스탄틴 골레우, 안드레이 마슬롭스키, 일누르 미르갈레예프, 레오나르트 네다시콥스키, 구일호, 상드린 룰만, 아나스타샤 테플리아코바, 마르톤 페어—이 도움을 주었다. 데보라 파진왁스의 강한 지지와 빈틈없는 조언에 대해서 특별히 감사한다.

아조프 역사, 고고학, 고생물학 박물관-보호구, 상트페테르부르크의 예르미타시 미술관, 더블린의 체스터 비티 도서관, 뉴욕의 메트로폴리탄 미술관, 베를린 주립도서관, 파리 국립도서관, 에딘버러 대학교 등 이 책에서 삽화로 묘사된 유물들을 보관하고 있는 기관에도 감사한다.

이 글의 원고를 책으로 옮기는 데에 여러 사람들이 도움을 주었다. 크리스 로저스에게 깊은 감사를 표하고 싶다. 그는 나의 연구를 믿어주었고 항상 지지해주었으며 언제나 큰 도움을 주었다. 하버드 대학교 출판부의 캐슬린 맥더못은 훌륭한 전문성과 예리한 결정력으로, 이 책이 아이디어에서 현실이 되도록 이끌어주었다. 뛰어난 감각과 세부적인 것도 결코 놓치지 않는 눈을 가지고 본문을 편집해준 사이먼 왁스먼에게 감사한다. 또 귀중한 도움을 준 앤 맥과이어와 함께한 작업은 커다란 기쁨이었다. 지도는 캔터베리 크라이스트처치 대학교의 알렉산더 켄트가 작성했고, 마라 나카마가 삽화를 그렸다. 두 사람의 효율성과 훌륭한 작업에 대해서 감사의 빚을 졌다.

나의 가장 큰 빚은 가족, 특히 내가 글을 쓰면서 할 수 없었던 모든 일을 해줌으로써 나의 연구가 계속될 수 있게 한 줄리앙 두멩조에게 있다. 그가 없었다면 그 무엇도 불가능했을 것이다. 마지막으로 내가 이 책의 마지막 쪽을 쓰는 동안에 세상을 떠나신 나의 할머니 조젯 발바리 여사와의 추억에 이 책을 바치고 싶다.

주

서론

1 다음을 참고하라. John A. Boyle, *The Mongol World Empire* (London : Variorum Reprints, 1977). 몽골 세계 제국이라는 개념의 역사 기록학적 발진에 대해서는 다음을 참고하라. Timothy May, *The Mongol Conquests in World History* (London : Reaktion, 2012), 7–23. 자넷 아부-루고드는 세계 체제의 의미에 대해서 중요한 통찰을 제공하는데, "각 부분들이 다른 부분들과 서로 동등하게 연결되어 있다는 의미에서는 어떤 세계 체제도 전 지구적이지 않다"라고 설명한다. 세계 체제를 만드는 것은 지리적으로 별개의 다양한 하위 체제들의 상호 의존이다(강조는 원문). Janet L. Abu-Lughod, *Before European Hegemony : The World System A.D. 1250–1350* (New York : Oxford University Press, 1989), 32.

2 Pamela Kyle Crossley, *Hammer and Anvil : Nomad Rulers at the Forge of the Modern World* (Lanham, MD : Rowman and Littlefield, 2019), 149–155 ; Jane Burbank and Frederick Cooper, *Empires in World History : Power and Politics of Difference* (Princeton : Princeton University Press, 2010), 104–115.

3 May, *The Mongol Conquests,* 22.

4 다음을 참고하라. Crossley, *Hammer and Anvil,* xvii–xxiii ; May, *The Mongol Conquests,* 8.

5 다음을 참고하라. Thomas T. Allsen, *Mongol Imperialism : The Policies of the Grand Qan Möngke in China, Russia, and the Islamic Lands, 1251–1259* (Berkeley : University of California Press, 1987) ; Thomas T. Allsen, *Commodity and Exchange in the Mongol Empire : A Cultural History of Islamic Textiles* (New York : Cambridge University

Press, 1997) ; Thomas T. Allsen, *Culture and Conquest in Mongol Eurasia* (New York : Cambridge University Press, 2001) ; Thomas T. Allsen, *The Royal Hunt in Eurasian History* (Philadelphia : University of Pennsylvania Press, 2006) ; Thomas T. Allsen, *The Steppe and the Sea : Pearls in the Mongol Empire* (Philadelphia : University of Pennsylvania Press, 2019).

6 특히, 다음을 참고하라. May, *The Mongol Conquests* ; Michal Biran, "The Mongol Empire and InterCivilizational Exchange," in *The Cambridge World History, vol. 5 : Expanding Webs of Exchange and Conflict,* ed. B. Z. Kedar and M. E. Wiesner-Hanks (Cambridge : Cambridge University Press, 2015), 534–558 ; Hodong Kim, "The Unity of the Mongol Empire and Continental Exchange over Eurasia," *Journal of Central Eurasian Studies* 1 (2009) : 15–42.

7 예를 들면 방법론적인 설명에 대해서는 다음을 참고하라. Eugenio Menegon, "Telescope and Microscope : A Micro-Historical Approach to Global China in the Eighteenth Century," *Modern Asian Studies* 54, no. 4 (2020) : 1315–1344.

8 Karl Wittfogel and Fêng Chia-shêng, *History of Chinese Society : Liao* (907–1125) (Philadelphia : American Philosophical Association, 1949), 508.

9 Lhamsuren Munkh-Erdene, "Where Did the Mongol Empire Come From? Medieval Mongol Ideas of People, State and Empire," *Inner Asia* 13, no. 2 (2011) : 211–237, 211. 몽골 울루스의 예케 몽골 울루스로의 발전에 대해서는 다음을 참고하라. Timothy Brook, *Great State : China and the World* (London : Profile Books, 2019), 7–9.

10 Ron Sela, *Ritual and Authority in Central Asia : The Khan's Inauguration Ceremony,* Papers on Inner Asia no. 37 (Bloomington : Indiana University Research Institute for Inner Asian Studies, 2003).

11 다음을 참고하라. Pekka Hämäläinen, *The Comanche Empire* (New Haven : Yale University Press, 2008). 저자는 결론의 제목을 "권력의 형성"이라고 했다.

12 조지 베르나드스키와 같이 미국에 정착한 러시아 역사가들은 "타타르의 멍에" 이외의 용어를 사용할 수 있었다. 몽골 또는 타타르의 멍에에 대한 개념은 더욱 최근의 영어 연구에서 포함되고 있다. 예를 들면 다음과 같다. Charles J. Halperin, *The Tatar Yoke* (Columbus, OH : Slavica, 1986) ; Leo de Hartog, *Russia and the Mongol Yoke : The History of the Russian Principalities and the Golden Horde, 1221–1502* (London : British Academic Press, 1996).

13 Devin DeWeese, *Islamization and Native Religion in the Golden Horde : Baba Tükles and Conversion to Islam in Historical and Epic Tradition* (University Park : Pennsylvania State University Press, 1994).

14 다음을 참고하라. Charles J. Halperin, *Russia and the Golden Horde : The Mongol Impact on Medieval Russian History* (Bloomington : Indiana University Press, 1985) ; Halperin, *The Tatar Yoke* ; Hartog, *Russia and the Mongol Yoke* ; Donald Ostrowski, *Muscovy and the Mongols : Cross-Cultural Influences on the Steppe Frontier, 1304–1589* (Cambridge : Cambridge University Press, 1998).

15 예를 들어 재닛 마틴은 몽골 통치 아래에서의 러시아의 경제적 발전을 언급하지만

그 현상을 설명하려고 하지는 않는다. Janet Martin, "North-Eastern Russia and the Golden Horde (1246-1359)," in *The Cambridge History of Russia,* vol. 1, ed. Maureen Perrie (Cambridge : Cambridge University Press, 2006), 132.

16 다음을 참고하라. Michael Khodarkovsky, *Russia's Steppe Frontier : The Making of a Colonial Empire, 1500-1800* (Bloomington : Indiana University Press, 2002).

17 *Barbaro i Kontarini o Rossii : k istorii italo-russkikh sviazei v XV v.,* ed. and trans. E. Ch. Skrzhinskaia (Leningrad : Nauka, 1971), 148.

18 문헌으로 기록된 가장 오래된 초원 서사시는 외테미시 하지의 『칭기스 나메』로 16세기 중반으로 거슬러올라간다. 다음을 포함한 여러 판본들이 있다. Utemish Khadzhi [Ötemish Hājjī], *Chingiz-name,* ed. and trans. V. P. Iudin, Iu. G. Baranova, and M. Kh. Abuseitova (Almaty : Gilim, 1992) ; *Kara tavarikh,* trans. I. M. Mirgaleev and E. G. Sayfetdinova (Kazan : Sh. Marjani Institute of History of the Tatarstan Academy of Sciences, 2017).

19 호르드의 궁정 연대기가 단순히 상실된 것이 아님을 확신할 수 있다. 왜냐하면 우즈벡과 히바 칸들과 같이, 호르드의 후계 정권의 통치자들이 후원한 후대 작품들에서도 그 존재에 대한 언급이 없기 때문이다. 만약 그러한 궁중 문헌이 존재했다면, 그후 자료에 언급되었을 것이다.

20 다음을 참고하라. Utemish Khadzhi, *Chingiz-name* ; DeWeese, Islamization and Native Religion ; Mária Ivanics and Mirkasym A. Usmanov, *Das Buch der Dschingis-Legende. Däftär-i Čingiz-nāmä* (Szeged : Department of Altaic Studies, University of Szeged, 2002).

제1장

1 구처기에 대해서는 다음을 참고하라. Igor de Rachewiltz and Terry Russell, "Ch'iu Ch'u-chi," in *In the Service of the Khan : Eminent Personalities of the Early Mongol-Yüan Period (1200-1300),* ed. Igor de Rachewiltz, Chan Hok-lam, Hsiao Ch'i-ch'ing, and Peter W. Geier, 208-223 (Wiesbaden : Harrassowitz, 1993).

2 구처기의 서쪽으로의 여행 기록은 그의 제자인 이지상(李志常)이 작성했고, 1228년에 "구장춘(丘長春)의 서쪽으로의 여행"이라는 뜻의 『구장춘서유기(丘長春西遊記)』라는 제목으로 출판되었다. 영어 번역으로는 다음을 참고하라. Emil Bretschneider, "Si Yu Ki (Ch'ang Ch'un, 1221-24)," in *Mediaeval Researches from Eastern Asiatic Sources,* 2 vols. (London : Trübner, 1888), vol. 1 : 35-108 ; *The Travels of an Alchemist ; the Journey of the Taoist, Ch'ang-ch'un, from China to the Hindukush at the Summons of Chingiz Khan, Recorded by His Disciple, Li Chih-ch'ang,* trans. Arthur Waley (London : Routledge, 1931). 인용문의 출처는 다음과 같다. Bretschneider, "Si Yu Ki," 86.

3 "모전 천막 거주자"라는 표현에 대해서는 『몽골비사』 202절을 참고하라. 이 책에서는 별도로 특정하지 않는 한 『몽골비사』의 인용은 다음을 활용했다. *The Secret History of the Mongols : A Mongolian Epic Chronicle of the Thirteenth Century,* trans. Igor de Rachewiltz (Leiden : Brill, 2004). 또한 다음도 참조하라. Christopher Atwood, "How the Mongols Got a Word for Tribe—and What It Means," *Studia Historica Mongolica* 10 (2010) : 63–89. "이르겐(irgen, 사람)", "아이막(aimag)" 또는 "아이마긴 헐버(aimagiin xolboo, 부족 또는 부족들)" 등 몽골어 용어에 대해서는 Christopher Atwood, "The Administrative Origins of Mongolia's 'Tribal' Vocabulary," Eurasia : Statum et Legem 1, no. 4 (2015) : 7–45, 특히 17–25, 38을 참고하라. 애트우드는 "오복"이 사회적인 집단이라기보다는 조상으로부터 전해진 이름을 지칭하는 것처럼 보인다고 주장하지만, 학자들은 보통 오복을 혈통에 기반한 씨족으로 번역한다. 다음을 참고하라. Françoise Aubin, "Mongolie," *Encyclopedia Universalis* (1978), vol. 11, 243 ; Christopher Atwood, "Mongol Tribe," in *Encyclopedia of Mongolia and the Mongol Empire* (New York : Facts on File, 2004), 389–391 ; Paul Buell and Judith Kolbas, "The Ethos of State and Society in the Early Mongol Empire : Chinggis Khan to Güyük," *Journal of the Royal Asiatic Society* 26 (2016) : 43–56.

4 몽골의 조각상에 대해서는 다음을 참고하라. Isabelle Charleux, "From Ongon to Icon : Legitimization, Glorification and Divinization of Power in Some Examples of Mongol Portraits," in *Representing Power in Ancient Inner Asia : Legitimacy, Transmission and the Sacred,* ed. Isabelle Charleux, Grégory Delaplace, Roberte Hamayon, and Scott Pearce, 209–261 (Bellingham, WA : Center for East Asian Studies, Western Washington University, 2010). 텡그리에 대해서는 다음을 참고하라. Mahmūd al-Kāshgarī, *Dīwān lughāt al-Turk,* ed. Kilisli Rifat Bey (Istanbul, 1333–1335 [1915–1917]), vol. 3, 278–279 ; 영어 번역은 다음을 참고하라. *Dīwān lughāt al-Turk,* trans. Robert Dankoff and James Kelly (Duxbury, MA : Tekin, 1982–1985), vol. 2, 342–343 ; 또한 다음을 참고하라. Gerhard Doerfer, *Türkische und mongolische Elemente im Neupersischen* (Wiesbaden : F. Steiner, 1965), vol. 2, 577–585 ; V. F. Büchner [G. Doerfer], "Täñri," *Encyclopaedia of Islam* (Leiden : Brill, 2000), vol. 10 : 186–188. 술데에 대해서는 다음을 참고하라. Charleux, "From Ongon to Icon," 217 ; Tatyana Skrynnikova, "Sülde—The Basic Idea of the Chinggis-Khan Cult," *Acta Orientalia Hungaricae Academiae Scientiarum* 46, no. 1 (1992–1993) : 51–60.

5 초기 몽골인들의 사회 구조에 대해서는 다음을 참고하라. Tatyana Skrynnikova, "Relations of Domination and Submission : Political Practice in the Mongol Empire of Chinggis Khan," in *Imperial Statecraft : Political Forms and Techniques of Governance in Inner Asia, Sixth-Twentieth Centuries,* ed. David Sneath, 85–115 (Bellingham, WA : Center for East Asian Studies, Western Washington University, 2006) ; Atwood, "Mongol Tribe," 390–391.

6 Skrynnikova, "Relations of Domination and Submission," 93–96. 더 이른 시기의 일부 사료들은 보올을 노예로 묘사한다. 그러나 보올은 경제적으로 의존적이지는 않았다. 몽골의 계보에 대해서는 다음을 참고하라. Rashīd al-Dīn, *(Fazlullah's-Jami'u't-tawarikh) Compendium of Chronicles : A History of the Mongols,* trans. Wheeler Thackston (Cambridge, MA : Dept. of Near Eastern Languages and Civilizations, Harvard University, 1998–1999), 79–82 ; Christopher Atwood, "Six Pre-Chinggisid

Genealogies in the Mongol Empire," *Archivum Eurasiae Medii Aevi* 19 (2012) : 5–58. 몽골의 족외혼에 대해서는 다음을 참고하라. Jennifer Holmgren, "Observations on Marriage and Inheritance Practices in Early Mongol and Yuan Society, with Particular Reference to the Levirate," *Journal of Asian History* 20, no. 2 (1986) : 127–192, 136.

7 다음을 참고하라. Peter Golden, "The Türk Imperial Tradition in the Pre-Chinggisid Era," in *Imperial Statecraft : Political Forms and Techniques of Governance in Inner Asia, Sixth-Twentieth Centuries,* ed. David Sneath, 23–61 (Bellingham, WA : Center for East Asian Studies, Western Washington University, 2006). 케레이트에 대해서는 다음을 참고하라. İsenbike Togan, *Flexibility and Limitation in Steppe Formations : The Kerait Khanate and Chinggis Khan* (Leiden : Brill, 1998).

8 칭기스 칸의 유년기 및 초기 성년기에 관해서는 다음을 참고하라. Paul Ratchnevsky, *Genghis Khan : His Life and Legacy,* trans. Thomas Nivison Haining (Oxford : Blackwell, 1991), 19–31 ; Michal Biran, *Chinggis Khan* (Oxford : Oneworld, 2007), esp. 32–40.

9 Larry V. Clark, "The Theme of Revenge in the Secret History of the Mongols," in *Aspects of Altaic Civilization II,* ed. Larry Clark and Paul Draghi, 33–57 (Bloomington : Indiana University Asian Studies Research Institute, 1978) ; Roberte Hamayon, "Mérite de l'offenseur vengeur, plaisir du rival vainqueur," in *La vengeance : Études d'ethnologie, d'histoire et de philosophie,* ed. Raymond Verdier (Paris : Cujas, 1980), vol. 2, 116.

10 예수게이 바아투르와 부르테의 아버지인 데이 세첸 간의 혼인 협의에 관해서는 다음을 참고하라. *Secret History,* § 61–66. 부르테를 구하기 위한 몽골과 케레이트의 메르키트 군사 원정에 대해서는 다음을 참고하라. *Secret History,* § 104–113.

11 Golden, "The Türk Imperial Tradition," 42–44. 빌게 카간의 인용문은 퀼 테긴 비문의 남면 4행부터 남면 8행에서 나온 것이며, 번역문 중에 괄호는 다음을 참고했다. T. Tekin, *A Grammar of Orkhon Turkic* (Bloomington : Indiana University Press, 1968), 261–262. 몽골인들은 고전 튀르크어를 해독할 수 없었으나 한문 번역을 이용할 수 있었다. 다음을 참고하라. Juvaynī, *Genghis Khan : The History of the World Conqueror,* trans. J. A. Boyle (Seattle : University of Washington Press, 1997), 54–55 ; Secret History, § 186–187.

12 *Secret History,* § 186 ; Rashīd al-Dīn, *Compendium of Chronicles,* 348 ; Nicola Di Cosmo, "Why Qara Qorum? Climate and Geography in the Early Mongol Empire," *Archivum Eurasiae Medii Aevi* 21 (2014–2015) : 67–78.

13 다음을 참고하라. Paul Buell, "Early Mongol Expansion in Western Siberia and Turkestan (1207–1219) : A Reconstruction," *Central Asiatic Journal* 36, no. 1/2 (1992) : 1–32, 2, 4. Paul Buell, "Sübötei Ba'atur (1176–1248)," in *In the Service of the Khan : Eminent Personalities of the Early Mongol-Yüan Period (1200–1300),* ed. Igor de Rachewiltz, Chan Hok-lam, Hsiao Ch'i-ch'ing, and Peter W. Geier (Wiesbaden : Harrassowitz, 1993), 14–15.

14 아홉 꼬리는 몽골 통일의 상징이었고 지금도 그러하며, 더 나아가 몽골국의 상징이다. 다음을 참고하라. *Secret History,* § 202 ; Rashīd al-Dīn, *Compendium of Chronicles,* 89–909. Igor de Rachewiltz, "The Title Činggis Qan / Qayan Reconsidered," in

Gedanke und Wirkung. Festschrift zum 90. Geburstag von Nikolaus Poppe, ed. Walther Heissig and Klaus Sagaster (Wiesbaden : O. Harrassowitz, 1989), 281–298 ; Biran, Chinggis Khan, 39 ; Golden, "The Türk Imperial Tradition," 40–42.

15 Florence Hodous, "The Quriltai as a Legal Institution in the Mongol Empire," *Central Asiatic Journal* 56 (2012–2013) : 87–102 ; Ron Sela, *Ritual and Authority in Central Asia : The Khan's Inauguration Ceremony* (Bloomington : Indiana University Research Institute for Inner Asian Studies, 2003) ; Christopher Atwood, "Chinggis Khan," in *Encyclopedia of Mongolia and the Mongol Empire* (New York : Facts on File, 2004), 98–99 ; Lhamsuren Munkh-Erdene, "Where Did the Mongol Empire Come From? Medieval Mongol Ideas of People, State and Empire," *Inner Asia* 13, no. 2 (2011) : 211–237. 1206년 쿠릴타이는 테무진의 두 번째 즉위식이었다. 20년 전에는 소규모의 추종자들이 그를 칸으로 선출했다. *Secret History,* § 120–126.

16 Skrynnikova, "Relations of Domination and Submission," 85–104.

17 *Secret History,* § 154 ; Skrynnikova, "Relations of Domination and Submission," 92–93에서는 라시드 앗 딘의 *Compendium of Chronicles*를 인용했다.

18 십진법 체제가 가장 큰 단위가 1만 명으로 구성될 수 있음을 보증하기는 하지만, 실제로는 일반적으로 6,000명에서 8,000명 사이였고 때로는 그보다 더 적었다. 다음을 참고하라. Thomas T. Allsen, "Mongol Census Taking in Rus', 1245–1275," *Harvard Ukrainian Studies* 5, no. 1 (1981) : 32–53, 52 ; Timothy May, *The Mongol Art of War : Chinggis Khan and the Mongol Military System* (Yardley, PA : Westholme, 2007), 27–41 ; Buell and Kolbas, "The Ethos of State and Society in the Early Mongol Empire," 54 ; Bryan Miller, "Xiongnu 'Kings' and the Political Order of the Steppe Empire," *Journal of the Economic and Social History of the Orient* 57 (2014) : 1–43. 밀러는 흉노가 유목 제국을 발전시키고 조직하기 위해서 최초로 십진법 체제를 운영했음을 밝혔다. 전리품 분배와 관련하여 흉노에서 십진법 체제가 어떻게 작동했는지에 관한 문헌 증거는 거의 없지만, 징병, 그리고 아마도 인구조사를 위해서도 사용되었을 것이다.

19 *Secret History,* § 213. 아울러 인용 및 번역은 다음을 참고하라. Buell and Kolbas, "The Ethos of State and Society in the Early Mongol Empire," 55.

20 Skrynnikova, "Relations of Domination and Submission," 85–87 ; Munkh-Erdene, "Where Did the Mongol Empire Come From?" esp. 211–219. 케식은 옛 튀르크의 군사 제도와 요나라의 행정관과 호위들을 수용하는 황실 야영지인 요나라-거란 오르도에서 모두 기원한다. 케식의 본래 의미는 "윤번" 또는 "교대"이다. 다음을 참고하라. Christopher Atwood, "Keshig," in *Encyclopedia of Mongolia and the Mongol Empire* (New York : Facts on File, 2004), 297–298 ; Peter Andrews, *Felt Tents and Pavilions : The Nomadic Tradition and Its Interaction with Princely Tentage,* 2 vols. (London : Melisende, 1999), vol. 1, 281, 312, 324–325 ; May, *The Mongol Art of War,* 32–36 ; Buell and Kolbas, "The Ethos of State and Society in the Early Mongol Empire," 54.

21 다음을 참고하라. Buell, "Sübötei Ba'atur," 13–26.

22 호두스에 따르면, “쿠릴타이의 기본 기능은 새로운 사람 또는 새로운 결정을 공식적으로 인정하는 데에 있었던 것처럼 보인다.” Hodous, “The Quriltai as a Legal Institution in the Mongol Empire,” 91.

23 Buell, “Early Mongol Expansion,” 5–7 ; Rachewiltz, *The Secret History of the Mongols,* 734–735, 1045–1050 (Appendix 1) ; Thomas Allsen, “Prelude to the Western Campaigns : Mongol Military Operations in the Volga-Ural Region, 1217–1237,” *Archivum Eurasiae Medii Aevi* 3 (1983), 9.

24 동시대 사료에서 1207–1208년과 1217–1218년의 원정 사이에 혼동이 있다. 두 원정 모두 북쪽 및 북서쪽을 향했고 주치, 수베데이, 제베가 이끌었다. 다음을 참고하라. Buell, “Early Mongol Expansion,” 6–8, esp. note 13 ; *Secret History,* § 198–200 ; Christopher Atwood, “Jochi and the Early Western Campaigns,” in *How Mongolia Matters : War, Law, and Society,* ed. Morris Rossabi (Leiden : Brill, 2017), 39–40, 55 (Appendix).

25 *Secret History,* § 198.

26 *Secret History,* § 195, 209. 『몽골비사』는 수베데이와 제베가 1206년 쿠릴타이에서 지휘관으로 임명되었다고 하지만, 이것은 아마 실수일 것이다.

27 Michal Biran, *The Empire of the Qara Khitai in Eurasian History : Between China and the Islamic World* (Cambridge : Cambridge University Press, 2005), 76.

28 Biran, *Qara Khitai,* 78–80, 146–153.

29 무슬림 역사 기록에서는 주베이니의 공식적인 견해가 지배적이다. 다음을 참고하라. Juvaynī, *The History of the World Conqueror,* trans. John Andrew Boyle (Manchester : Manchester University Press, 1958), 63–74 ; Rashīd al-Dīn, *Compendium of Chronicles,* 228–231. Biran, *Qara Khitai,* 80–86, 180–191, 194–196.

30 Biran, *Qara Khitai,* 82–83, 195–196. 무슬림 사료는 다음에 열거되어 있다. Juvaynī, *The History of the World Conqueror,* 65–68, 70–73 ; Rashīd al-Dīn, *Compendium of Chronicles,* 230–231. 중국 사료는 다음에 열거되어 있다. Buell, “Sübötei Ba'atur,” 18.

31 Buell, “Early Mongol Expansion,” 10–12 ; Atwood, “Jochi and the Early Western Campaigns,” 38–45.

32 다음을 참고하라. Peter Golden, “Imperial Ideology and the Sources of Political Unity amongst the Pre-Činggisid Nomads of Western Eurasia,” *Archivum Eurasiae Medii Aevi* 2 (1982) : 37–76 ; Peter Golden, “Cumanica I : The Qipčaqs in Georgia,” *Archivum Eurasiae Medii Aevi* 4 (1984) : 45–87 ; Peter Golden, “Cumanica II : The Ölberli (Ölperli) : The Fortunes and Misfortunes of an Inner Asian Nomadic Clan,” *Archivum Eurasiae Medii Aevi* 6 [1985(1987)] : 5–29. 국가 형성 사업의 억압을 피해 자치하는 사람들에 대한 논의는 다음을 참고하라. James C. Scott, *The Art of Not Being Governed : An Anarchist History of Upland Southeast Asia* (New Haven : Yale University Press, 2009), esp. ix–xviii ; Allsen, “Prelude to the Western Campaigns,” 6–8.

33 Allsen, “Prelude to the Western Campaigns,” 9 ; Atwood, “Jochi and the Early Western Campaigns,” 43–44.

34 철 수레에 대해서는 다음을 참고하라. Buell, "Sübötei Ba'atur," 15 ; Andrews, *Felt Tents and Pavilions,* vol. 1, 317 ; Atwood, "Jochi and the Early Western Campaigns," 38 n9. 켐 강의 전투에 대해서는 다음을 참고하라. Buell, "Early Mongol Expansion," 10 ; Buell, "Sübötei Ba'atur," 15–16 ; Atwood, "Jochi and the Early Western Campaigns," 38–45, Rashīd al-Dīn, *Compendium of Chronicles,* 53, 227.

35 Biran, *Chinggis Khan,* 48–49.

36 *Secret History,* § 249 ; Biran, *Chinggis Khan,* 49 ; Rashīd al-Dīn, *Compendium of Chronicles,* 203, 204, 289–290.

37 Jūzjānī, *Tabakāt-i-Nāsirī : A General History of the Muhammadan Dynasties of Asia, Including Hindūstān, from A.H. 194 [810 a.d.], to A.H. 658 [1260 a.d.], and the Irruption of the Infidel Mughals into Islam,* 2 vols. (Calcutta : Asiatic Society of Bengal, 1881–1897), vol. 2, 960–965 ; *Secret History,* § 250–253 ; Rashīd al-Dīn, *Compendium of Chronicles,* 213–226 ; Biran, *Chinggis Khan,* 50–52.

38 Vasilij V. Bartol'd [W. Barthold], *Turkestan Down to the Mongol Invasion,* 2nd ed. (Oxford : Oxford University Press, 1928), 393–395 ; Biran, *Chinggis Khan,* 51–52.

39 Jūzjānī, *Tabakāt-i-Nāsirī,* 270–272, 963–966 ; Bartol'd, *Turkestan Down to the Mongol Invasion,* 393–396 ; Ratchnevsky, *Genghis Khan : His Life and Legacy,* 120 ; Juvaynī, *The History of the World Conqueror,* 77–81. 뷰엘은 쿠일리 강의 전투가 1209–1210년에 발생했다고 했다(Buell, "Early Mongol Expansion," esp. 14–16 ; "Sübötei Ba'atur," 16–17). 그러나 애트우드는 가용한 사료를 통해서 그 전투가 1219년에 발생했음을 설득력 있게 보여준다(Atwood, "Jochi and the Early Western Campaigns," 45–50). 이 강은 아마도 카자흐스탄의 서부-중앙 일대에 위치했을 것이다.

40 다음을 참고하라. Ibn al-Athīr, *The Chronicle of Ibn al-Athīr for the Crusading Period from al-Kāmil fī'l-ta'rīkh,* Part 3 : *The Years 589–629 / 1193–1231 : The Ayyūbids after Saladin and the Mongol Menace,* trans. D. S. Richards (Aldershot, UK : Ashgate, 2008), 204–205. 다음 역시 참고하라. Biran, *Qara Khitai,* 75–80.

41 Aubin, "Mongolie," 244 ; May, *The Mongol Art of War,* 3, 103–104.

42 Biran, *Qara Khitai,* 70–74, 77–80.

43 Ibn al-Athīr, *The Chronicle,* 205 ; Juvaynī, *The History of the World Conqueror,* 77–81. 오트라르 사건에 관한 서로 엇갈리는 사료의 개괄에 대해서는 다음을 참고하라. Bartol'd, *Turkestan Down to the Mongol Invasion,* 397–399. 쿠일리 강 전투와 동시에 발생했을 가능성에 대해서는 다음을 참고하라. Atwood, "Jochi and the Early Western Campaigns," 48–49.

44 Ibn al-Athīr, *The Chronicle,* 205–206.

45 Ibn al-Athīr, *The Chronicle,* 206 ; Bartol'd, *Turkestan Down to the Mongol Invasion,* 399.

46 Atwood, "Jochi and the Early Western Campaigns," 51. 몽골의 전쟁에서 정찰의 중요성에 대해서는 다음을 참고하라. Andrews, *Felt Tents and Pavilions,* vol. 2, 1296. 서정군에는 본래 세 투멘이 있었다. 그중 세 번째인 토쿠차르는 칭기스 칸의 명령에 불복종하여 소환되었다(May, *The Mongol Art of War,* 95–96).

47 Ibn al-Athīr, *The Chronicle,* 210 ; Juvaynī, *The History of the World Conqueror,* 142–149 ; *K'art'lis c'xovreba : A History of Georgia,* trans. and with commentary by Stephen Jones (Tbilisi : Artanuji, 2014), 321 ; *Vardan Arewelts'i's Compilation of History,* trans. R. Bedrosian (Long Branch, NJ : Sources of the Armenian Tradition, 2007), 84.

48 Rashīd al-Dīn, *Compendium of Chronicles,* 242–243, 359 ; Juvaynī, *The History of the World Conqueror,* 83, 86–90 ; Bartol'd, *Turkestan Down to the Mongol Invasion,* 415–416 ; Allsen, "Prelude to the Western Campaigns," 11–12 ; Buell, "Early Mongol Expansion," 26–27.

49 Ibn al-Athīr, *The Chronicle,* 210. 다만 이 일화의 진실성을 의심할 만한 근거도 있다. 다음을 참고하라. Bartol'd, *Turkestan Down to the Mongol Invasion,* 72, 420–421.

50 Jūzjānī, *Tabakāt-i-Nāsirī,* 976 ; Ibn al-Athīr, *The Chronicle,* 207–210 ; Juvaynī, *The History of the World Conqueror,* 97–109, 115–123 ; Rashīd al-Dīn, *Compendium of Chronicles,* 245–249.

51 Rashīd al-Dīn, *Compendium of Chronicles,* 253–255 ; Juvaynī, *The History of the World Conqueror,* 81–86 ; Thomas Allsen, "Ever Closer Encounters : The Appropriation of Culture and the Apportionment of Peoples in the Mongol Empire," *Journal of Early Modern History* 1, no. 1 (1997) : 2–23, 4.

52 Ibn al-Athīr, *The Chronicle,* 203.

53 Ibn al-Athīr, *The Chronicle,* 211, 215–216 ; Rashīd al-Dīn, *Compendium of Chronicles,* 249–252.

54 Atwood, "Jochi and the Early Western Campaigns," 50–54 ; Juvaynī, *The History of the World Conqueror,* 123–128 ; Rashīd al-Dīn, *Compendium of Chronicles,* 254–255 ; Ibn al-Athīr, *The Chronicle,* 214, 227–228.

55 Ibn al-Athīr, *The Chronicle,* 205 ; Biran, *Qara Khitai,* 86–87.

56 Ibn al-Athīr, *The Chronicle,* 228–229, 305–307 ; Juvaynī, *The History of the World Conqueror,* 133–138 ; Bartol'd, *Turkestan Down to the Mongol Invasion,* 437–446. 1231년 8월 잘랄 앗 딘은 쿠르드 마을에 숨어 있다가 익명의 침략자에 의해서 끝내 살해되었다. John A. Boyle, "Jalāl al-Dīn," Encyclopaedia of Islam, vol. 2 (Leiden : Brill, 1991), 392–393.

57 Thomas Allsen, "Sharing Out the Empire : Apportioned Lands under the Mongols," in *Nomads in the Sedentary World,* ed. Anatoly M. Khazanov and André Wink, 172–190 (Richmond, UK : Curzon, 2001) ; *Secret History,* § 260 ; Rashīd al-Dīn, *Compendium of Chronicles,* 253–254 ; Atwood, "Jochi and the Early Western Campaigns," 50–54.

제2장

1 Jennifer Holmgren, "Observations on Marriage and Inheritance Practices in Early Mongol and Yuan Society, with Particular Reference to the Levirate," *Journal of Asian History* 20, no. 2 (1986) : 127–192, 146–151 ; Christopher Atwood, "Family," in

Encyclopedia of Mongolia and the Mongol Empire (New York : Facts on File, 2004), 173–174.

2 ʻAlāʼ al-Dīn ʻAtā Malik Juvaynī, *Genghis Khan : The History of the World Conqueror,* ed. and trans. John Andrew Boyle (1958 ; Seattle : University of Washington Press, 1997), 42–43 ; Thomas Allsen, "Sharing out the Empire : Apportioned Lands under the Mongols," in *Nomads in the Sedentary World,* ed. Anatoly M. Khazanov and André Wink (Richmond, UK : Curzon, 2001), 172–173, 184.

3 Christopher Atwood, "Jochi and the Early Western Campaigns," in *How Mongolia Matters : War, Law, and Society,* ed. Morris Rossabi (Leiden : Brill, 2017), 35–38 ; *Muʻizz al-ansāb. Proslavliaiushchee genealogii,* ed. A. K. Muminov, trans. Sh. Kh. Vokhidov (Almaty : Daik-Press, 2006), 38–40 ; Juvaynī, *Genghis Khan : The History of the World Conqueror,* 42 ; Allsen, "Sharing out the Empire," 172–190 ; Peter Jackson, "From Ulus to Khanate : The Making of the Mongol States, c. 1220–c. 1290," in *The Mongol Empire and Its Legacy,* ed. Reuven Amitai-Preiss and David O. Morgan (Leiden : Brill, 1999), 12–38.

4 Rashīd al-Dīn, *Rashiduddin Fazlullah's-Jamiʻuʼt-tawarikh. Compendium of Chronicles : A History of the Mongols,* trans. Wheeler Thackston (Cambridge, MA : Dept. of Near Eastern Languages and Civilizations, Harvard University, 1998–1999), 281 ; Thomas Allsen, "Ever Closer Encounters : The Appropriation of Culture and the Apportionment of Peoples in the Mongol Empire," *Journal of Early Modern History* 1, no. 1 (1997) : 2–23, 4 ; Peter Jackson, *The Mongols and the West : 1221–1410* (New York : Pearson / Longman, 2005), 42.

5 주치의 케식에 관해서 간혹 상반되는 내용이 『몽골비사』에서 확인된다. *The Secret History of the Mongols : A Mongolian Epic Chronicle of the Thirteenth Century,* trans. Igor de Rachewiltz (Leiden : Brill, 2004), § 202 ; Rashīd al-Dīn, *Compendium of Chronicles,* 93, 97, 102, 279 ; *Muʻizz al-ansāb,* 39–40.

6 Grigor of Akancʻ, *History of the Nation of the Archers (The Mongols)*, trans. Robert P. Blake and Richard N. Frye (Cambridge, MA : Harvard-Yenching Institute, 1954), 297, 299. 다음도 참고하라. Peter Andrews, *Felt Tents and Pavilions : The Nomadic Tradition and Its Interaction with Princely Tentage,* 2 vols. (London : Melisende, 1999), vol. 2, 1294.

7 *Kirakos Gandzaketsʻiʼs History of the Armenians,* trans. Robert Bedrosian (New York : Sources of the Armenian Tradition, 1986), 165–166 ; *The Hundred Years' Chronicle, Kʻartʻlis cʻxovreba : A History of Georgia,* trans. Stephen Jones (Tbilisi : Artanuji, 2014), 321 ; Mamuka Tsurtsumia, "Couched Lance and Mounted Shock Combat in the East : The Georgian Experience," *Journal of Medieval Military History* 12 (2014) : 81–108.

8 *Kirakos Gandzaketsʻiʼs History of the Armenians,* 166 ; Ibn al-Athīr, *The Chronicle of Ibn al-Athīr for the Crusading Period from al-Kāmil fīʼl-taʼrīkh,* part 3 : *The Years 589–629 / 1193–1231 : The Ayyūbids after Saladin and the Mongol Menace,* trans. D. S. Richards (Aldershot, UK : Ashgate, 2008), 214–216 ; Peter Jackson, "The Testimony

of the Russian 'Archbishop' Peter Concerning the Mongols (1244 / 1255) : Precious Intelligence or Timely Disinformation?" *Journal of the Royal Asiatic Society* 26, nos. 1–2 (2016) : 65–77, 73n46, 74. 서정군의 1221–1222년 캅카스 원정에 대해서는 사료에 따라 다소 혼동이 있다. 다음을 특히 참고하라. Grigor of Akanc', *History of the Nation of the Archers,* chapters 3 and 4 ; Rashīd al-Dīn, *Compendium of Chronicles,* 110.

9 일부 역사가들은 몽골이 다리알 협곡으로 진입했다고 믿지만, 이는 너무 큰 우회이고 결국 몽골이 데르벤트를 공격했음을 감안한다면 설득력이 없다. 한 예로 다음을 참고하라. David Nicolle and Viktor Shpakovs'kyi, *Kalka River 1223 : Ghengis Khan's Mongols Invade Russia, illus. Viktor Korol'kov* (Oxford : Osprey, 2001), 50–52.

10 *The Hundred Years' Chronicle,* 321–322.

11 Ibn al-Athīr, *The Chronicle,* 221–222.

12 Ibn al-Athīr, *The Chronicle,* 221–222 ; *Kirakos Gandzakets'i's History of the Armenians,* 167 ; Rashīd al-Dīn, *Compendium of Chronicles,* 110, 259–260 ; *The Hundred Years' Chronicle,* 321–322. 여러 사료들에는 몽골이 대캅카스를 통과한 것에 대해서 불분명한 설명이 등장한다. 역사가들은 이를 재구성하고자 했다. Nicolle and Shpakovs'kyi, *Kalka River 1223,* 50–52 ; Carl Fredrik Sverdrup, *The Mongol Conquests : The Military Operations of Genghis Khan and Sübe'etei* (Solilhull, UK : Helion, 2017), 199–202 ; Thomas Allsen, "The Mongols and North Caucasia," *Archivum Eurasiae Medii Aevii* 7 (1991) : 11–17.

13 Ibn al-Athīr, *The Chronicle,* 222. 리차즈는 "jins"라는 용어를 번역할 때 "race"라는 표현을 사용한다. 반면 필자는 더욱 정확한 번역이라고 생각하는 "stock"으로 대신했다.

14 Ibn al-Athīr, *The Chronicle,* 223.

15 *The Chronicle of Novgorod, 1016–1471,* trans. Robert Michell and Nevill Forbes (London : Offices of the Society, 1914), 64–65. 다음도 참고하라. Nicolle and Shpakovs'kyi, *Kalka River 1223,* 22.

16 Nicolle and Shpakovs'kyi, *Kalka River 1223,* 58, 60.

17 *The Chronicle of Novgorod,* 65.

18 『노브고로드 연대기』(65쪽)에서는 몽골 지휘관을 제먀-벡(Gemya-Beg)이라고 했다. 스티븐 포는 제먀-벡을 제베로 설득력 있게 비정했다. 포에 따르면, "13세기 친몽골적인 사료 속의 제베의 죽음을 둘러싼 침묵과 모호함은 아마도 그가 붙잡혀 처형되는 불명예스러운 정황을 둘러싼 터부 때문으로 설명될 수 있다." Stephen Pow, "The Last Campaign and Death of Jebe Noyan," *Journal of the Royal Asiatic Society* 27, no. 1 (2017) : 31–51, 31.

19 Ibn al-Athīr, *The Chronicle,* 223 ; *The Chronicle of Novgorod,* 65–66. Nicolle and Shpakovs'kyi, *Kalka River 1223,* 92 ; Iskander Izmaylov, "Pokhodi v vostochnuiu Evropu," in *Istoriia Tatar s drevneishikh vremen,* vol. 3 : *Ulus Dzhuchi (Zolotaia Orda) XIII-seredina XV v.,* ed. Rafael Khakimov and Mirkasim Usmanov (Kazan : Institut Istorii im. Sh. Mardjani, 2009), 135–137.

20 Ibn al-Athīr, *The Chronicle,* 224 ; *The Chronicle of Novgorod,* 66–67.

21 Ibn al-Athīr, *The Chronicle,* 224.

22 사료상의 시간 순서는 불명확하다. 다음을 참고하라. Thomas Allsen, "Prelude to the Western Campaigns : Mongol Military Operations in the Volga-Ural Region, 1217-1237," *Archivum Eurasiae Medii Aevi* 3 (1983), 10-11.

23 다음을 참고하라. Paul Buell, "Sübötei Ba'atur (1176-1248)," in *In the Service of the Khan : Eminent Personalities of the Early Mongol-Yüan Period (1200-1300),* ed. Igor de Rachewiltz, Chan Hok-lam, Hsiao Ch'i-ch'ing, and Peter W. Geier (Wiesbaden : Harrassowitz, 1993), 19 ; Ibn al-Athīr, *The Chronicle,* 224 ; *The Chronicle of Novgorod,* 66-67.

24 Allsen, "Prelude to the Western Campaigns," 13. 툴루이 친화적인 사료에서는 주치가 임무를 수행하지 않고 있었다고 암시하는데, 아마도 잘못된 비난으로 보인다. 다음을 참고하라. Atwood, "Jochi and the Early Western Campaigns" ; Rashīd al-Dīn, *Compendium of Chronicles,* 360.

25 *Secret History,* § 265-268 ; Paul Ratchnevsky, *Genghis Khan : His Life and Legacy,* trans. Thomas Nivison Haining (Oxford : Blackwell, 1991), 140-144 ; Michal Biran, *Chinggis Khan* (Oxford : Oneworld, 2007), 61-62.

26 *Secret History,* § 269-270.

27 Juvaynī, *Genghis Khan : The History of the World Conqueror,* 553. 다음에서는 바시만의 전술을 "게릴라전"으로 분류했다. Allsen, "Prelude to the Western Campaigns," 17.

28 *Hei ta Shi-lu.* 인용 및 번역은 다음을 참고했다. Allsen, "Prelude to the Western Campaigns," 18. 다음도 참고했다. Juvaynī, *Genghis Khan : The History of the World Conqueror,* 268-270. 다음도 참고하라. Rashīd al-Dīn, *Compendium of Chronicles,* 324 ; Buell, "Sübötei Ba'atur," 22-25.

29 Allsen, "Prelude to the Western Campaigns," 18-19 ; Paul Pelliot, "A propos des Coumans," *Journal Asiatique,* ser. 11, vol. 15, no. 2 (1920) : 125-185, 166.

30 Allsen, "Prelude to the Western Campaigns," 15-16 ; Izmaylov, "Pokhodi v vostochnuiu Evropu," 137-141, 143-146. 『노브고로드 연대기』, 81에 따르면 몽골은 원정 도중에 마주친 모든 불가르인을 학살했다고 한다. 그러나 이는 사실이 아닌데, 몽골 제국으로 병합된 포로들에 대한 기록이 남아 있기 때문이다.

31 Allsen, "Prelude to the Western Campaigns," 21 ; Buell, "Sübötei Ba'atur," 19-20 ; Donald Ostrowski, "The 'tamma' and the Dual-Administrative Structure of the Mongol Empire," *Bulletin of the School of Oriental and African Studies* 61, no. 2 (1998), 262-277 ; Timothy May, *The Mongol Art of War : Chinggis Khan and the Mongol Military System* (Yardley, PA : Westholme, 2007), 36-38 ; Christopher Atwood, "Tammachi," in *Encyclopedia of Mongolia and the Mongol Empire,* 527.

32 Dimitri Korobeinikov, "A Broken Mirror : The Kipçak World in the Thirteenth Century," in *The Other Europe in the Middle Ages : Avars, Bulgars, Khazars, and Cumans,* ed. Florin Curta and Roman Kovalev, 379-412 (Leiden : Brill, 2008).

33 Izmaylov, "Pokhodi v vostochnuiu Evropu," 148 ; *The Chronicle of Novgorod,* 81. 수도사 율리안의 인용은 다음을 참고하라. S. A. Anninsky, "Izvestiia vengerskikh missionerov XIII-XIV vv. o tatarakh v Vostochnoi Evrope," *Istoricheskii arkhiv* 3

(1940), 86–87. 수도사 율리안의 보고 다음의 몽골의 러시아 침입에 관한 주요 사료로는 『노브고로드 연대기』와 『갈리치아-볼히니아 연대기』가 있고, 이 사료들은 다른 러시아 연대기보다 신빙성이 있고 덜 편향되었다. 다음도 참고하라. Alexander Majorov, "The Conquest of Russian Lands in 1237–1240," in *The Golden Horde in World History,* ed. Rafael Khakimov, Vadim Trepavlov, and Marie Favereau (Kazan : Institut Istorii im. Sh. Mardjani, 2017), 86–110.

34 Rashīd al-Dīn, *Compendium of Chronicles,* 325, 327.

35 Izmaylov, "Pokhodi v vostochnuiu Evropu," 152–153 ; Majorov, "The Conquest of Russian Lands in 1237–1240," 87.

36 *The Chronicle of Novgorod,* 81–84 ; Rashīd al-Dīn, *Compendium of Chronicles,* 53, 148, 280–281, 327 ; Izmaylov, "Pokhodi v vostochnuiu Evropu," 149–152 ; Majorov, "The Conquest of Russian Lands in 1237–1240," 88–91.

37 *Galitsko-Volynskaia letopis' (The Chronicle of Galycia-Volhynia)* (St. Petersburg : Aleteyia, 2005), 108–109 ; *Letopis' po ipatskomu spisku (Hypathian Chronicle)* (St. Petersburg : Arkheograficheskaia komissiia, 1871), 522–523 ; Majorov, "The Conquest of Russian Lands in 1237–1240," 93–98, 100–104. 다음도 참고하라. Izmaylov, "Pokhodi v vostochnuiu Evropu," 158–160.

38 Izmaylov, "Pokhodi v vostochnuiu Evropu," 141–143.

39 몽골은 1241–1242년에 헝가리에서도 비슷한 전략을 적용했다. Master Roger in Anonymous and Master Roger, *Magistri Rogerii epistula miserabile carmen super destruction Regni Hungariae par tartaror facta. Epistle to the Sorrowful Lament upon the Destruction of the Kingdom of Hungary by the Tatars,* ed. János M. Bak and Martyn Rady (Budapest : Central European University Press, 2010), 210–213.

40 Izmaylov, "Pokhodi v vostochnuiu Evropu," 144, 148.

41 Izmaylov, "Pokhodi v vostochnuiu Evropu," 153–154.

42 Majorov, "The Conquest of Russian Lands in 1237–1240," 91–92 ; Izmaylov, "Pokhodi v vostochnuiu Evropu," 149. 시리 감부에 대해서는 다음을 참고하라. Ruth Dunnell, "Xili Gambu and the Myth of Shatuo Descent : Genealogical Anxiety and Family History in Yuan China," *Archivum Eurasiae Medii Aevi* 21 (2014–2015), 83–102.

43 Buell, "Sübötei Ba'atur," 23. 이스마일로프는 노브고로드에 있어서만큼은 기후 조건이 몽골의 침입에 강한 영향을 미쳤다는 주장에는 반대한다(Izmaylov, "Pokhodi v vostochnuiu Evropu," 153–154).

44 Master Roger, *Magistri Rogerii epistula,* 160–161 ; Ulf Büntgen and Nicola Di Cosmo, "Climatic and Environmental Aspects of the Mongol Withdrawal from Hungary in 1242 CE," *Scientific Reports* 6 (2016), article no. 25606. 몽골의 헝가리 침략에 관한 가장 풍부한 당대 사료는 로게리우스 메스테르의 기록과 스플리트의 토마스의 다음 사료이다. *Historia Salonitanorum atque Spalatinorum pontificum. History of the Bishops of Salona and Split,* ed. Damir Karbic, Mirjana Matijevic Sokol, and James Ross Sweeney (Budapest : Central European University Press, 2006). 그 외 1차 사료에 대해서는 다음을 참고하라. Gian Andri Bezzola, *Die Mongolen in abendländischer Sicht, 1220–*

1270 : ein Beitrag zur Frage der Völkerbegegnungen (Bern : Francke, 1974), 66–109.

45 Master Roger, *Magistri Rogerii epistula,* 136–141.

46 Hansgerd Göckenjan, "Pokhod na zapad i zavoevanie Vostochnoi Evropy," in *Istoriia Tatar s drevneishikh vremen,* vol. 3 : *Ulus Dzhuchi (Zolotaya Orda) XIII-seredina XV v.,* ed. Rafael Khakimov and Mirkasim Usmanov (Kazan : Institut Istorii im. Sh. Mardjani, 2009), 163.

47 Master Roger, *Magistri Rogerii epistula,* 156–159, 160n1 ; Thomas of Split, *Historia Salonitanorum atque Spalatinorum pontificum,* 254–259.

48 Master Roger, *Magistri Rogerii epistula,* 168–169.

49 Master Roger, *Magistri Rogerii epistula,* 170–175.

50 Master Roger, *Magistri Rogerii epistula,* xlv–xlvii, 136–141, 146–149, 172–177 ; István Vásáry, "The Jochid Realm, the Western Steppes, and Eastern Europe," in *The Cambridge History of Inner Asia : The Chinggisid Age,* ed. Nicola Di Cosmo, Allen Frank, and Peter Golden (Cambridge : Cambridge University Press, 2009), 70–72.

51 Master Roger, *Magistri Rogerii epistula,* 180–185 ; Thomas of Split, *Historia Salonitanorum atque Spalatinorum pontificum,* 260–271. 스플리트의 토마스의 기록에 따르면, 몽골은 그 다리를 우회할 수도 있었지만 헝가리 수비대를 파괴하고 그 다리를 차지하기 위해서 7대의 전투 장비를 결국 사용했다고 한다.

52 Master Roger, *Magistri Rogerii epistula,* 184–185 ; Jackson, *The Mongols and the West,* 64.

53 Master Roger, *Magistri Rogerii epistula,* 190–193, 206–209, 214–219.

54 Denis Sinor, "John of Plano Carpini's Return from the Mongols," *Journal of the Royal Asiatic Society* 89, no. 3–4 (1957) : 193–206. 라틴어 원문은 다음을 참고하라. *Storia dei Mongoli,* ed. P. Daffinà, C. Leonardi, M. C. Lungarotti, E. Menestò, and L. Petech (Spoleto : Centro italiano di studi sull'alto Medioevo, 1989), 117. 플라노 카르피니의 정보원은 러시아인이었다. "그러나 그 [바투]는 대칸의 죽음에 대해서 알게 되었을 때 퇴각했다." *The Nikonian Chronicle,* ed. and trans. Serge A. Zenkovsky and Betty J. Zenkovsky, 5 vols. (Princeton, NJ : Kingston Press, 1984–1989), vol. 2, 321. 반면 Rashīd al-Dīn, *Compendium of Chronicles,* 328, 330에서는 다른 지도자들(구육과 뭉케)이 1240년 가을에 몽골리아로 소환되었다고 했는데, 이는 바투와 수베데이의 급작스러운 철수에 다른 이유가 있었을 수도 있음을 암시한다.

55 Büntgen and Di Cosmo, "Climatic and Environmental Aspects," 4 ; Master Roger, *Magistri Rogerii epistula,* 210–211.

56 Göckenjan, "Pokhod na zapad," 164 ; Master Roger, *Magistri Rogerii epistula,* 218–221. 수베데이의 전기 작가들은 또한 메르키트 원정 중 지도자로서의 주치의 역할을 삭제했다. 주치 가문의 정통성과 업적을 깎아내리고자 한 톨루이 가문의 시도에 대해서는 다음을 참고하라. Atwood, "Jochi and the Early Western Campaigns."

57 Allsen, "Prelude to the Western Campaigns," 22.

58 Büntgen and Di Cosmo, "Climatic and Environmental Aspects," 5.

59 Andrews, *Felt Tents and Pavilions,* vol. 2, 1291 ; Ibn al-Athīr, *The Chronicle,* 216 ; John

of Plano Carpini in *The Mongol Mission : Narratives and Letters of the Franciscan Missionaries in Mongolia and China in the Thirteenth and Fourteenth Centuries,* ed. Christopher Dawson (London : Sheed and Ward, 1955), 13–14.

제3장

1 Utemish Khadzhi (Ötemish Hājjī), *Chingiz-name,* trans. and ed. V. P. Iudin, Iu. G. Baranova, and M. Kh. Abuseitova (Almaty : Gilim, 1992), 92–93, 121–122 ; Thomas Allsen, "Princes of the Left Hand : The Ulus of Orda in the Thirteenth and Fourteenth Centuries," *Archivum Eurasiae Medii Aevi* 5 (1985–1987), 12n25.

2 Juvaynī, *The History of the World Conqueror,* trans. John Andrew Boyle (Manchester : Manchester University Press, 1958), 266–267 ; Rashīd al-Dīn, *Rashiduddin Fazlullah'sJami'u't-tawarikh : Compendium of Chronicles : A History of the Mongols,* trans. Wheeler Thackston (Cambridge, MA : Dept. of Near Eastern Languages and Civilizations, Harvard University, 1998–1999), 347–348 ; Allsen, "Princes of the Left Hand," 8–9 ; *Mu'izz al-ansāb. Proslavliaiushchee genealogii,* ed. A. K. Muminov, trans. Sh. Kh. Vokhidov (Almaty, 2006), 39 ; Rashīd al-Dīn, *Compendium of Chronicles,* 348–351 ; Allsen, "Princes of the Left Hand," 10.

3 Juvaynī, *The History of the World Conqueror,* 42.

4 Allsen, "Princes of the Left Hand," 15n39 ; C. de Bridia, *The Tartar Relation* (1237), § 23, 27, in Thomas Tanase, ed., *Dans l'empire mongol* (Toulouse : Anacharsis, 2014), 179–181 ; George D. Painter, "The Tartar Relation," in *The Vinland Map and the Tartar Relation,* ed. R. A. Skelton, T. E. Marston, and G. D. Painter, new ed. (New Haven : Yale University Press, 1995), 32, 36, 76–77, 80–81.

5 Juvaynī, *The History of the World Conqueror,* 249, 255 ; Rashīd al-Dīn, *Compendium of Chronicles,* 348, 391–392, Allsen, "Princes of the Left Hand," 14.

6 Rashīd al-Dīn, *Compendium of Chronicles,* 312, 393.

7 Juvaynī, *The History of the World Conqueror,* 248–255 ; John of Plano Carpini in *The Mongol Mission : Narratives and Letters of the Franciscan Missionaries in Mongolia and China in the Thirteenth and Fourteenth Centuries,* ed. Christopher Dawson (London : Sheed and Ward, 1955), 62 ; Rashīd al-Dīn, *Compendium of Chronicles,* 393 ; Allsen, "Princes of the Left Hand," 14 ; Christopher Atwood, "Ulus Emirs, Keshig Elders, Signatures, and Marriage Partners : The Evolution of a Classic Mongol Institution," in *Imperial Statecraft : Political Forms and Techniques of Governance in Inner Asia, Sixth-Twentieth Centuries,* ed. David Sneath (Bellingham, WA : Center for East Asian Studies, Western Washington University, 2007), 160. 여러 사회에서 일반적인 관습이었던 합의 의식에 관한 인류학 연구의 한 예로는 다음을 참고하라. John Rich, "Consensus Rituals and the Origins of the Principate," in *Il princeps romano : autocrate o magistrato?* ed. J-L. Ferrary and J. Scheid, 101–138 (Pavia : IUSS

Press, 2015).

8 다음을 참고하라. Juvaynī, *Genghis Khan : The History of the World Conqueror,* 40.

9 Atwood, "Ulus Emirs," 160–161.

10 Jennifer Holmgren, "Observations on Marriage and Inheritance Practices in Early Mongol and Yuan Society, with Particular Reference to the Levirate," *Journal of Asian History* 20, no. 2 (1986) : 127–192, 138(『원사(元史)』 인용). 다음도 참고하라. Atwood, "Ulus Emirs," 161.

11 Rashīd al-Dīn, *Compendium of Chronicles,* 348.

12 고대 튀르크 용어인 케식(keshig)에 대해서는 다음을 참고하라. Atwood, "Ulus Emirs," 143n1.

13 Atwood, "Ulus Emirs," 143–147 ; Marco Polo, *The Book of Ser Marco Polo, the Venetian : Concerning the Kingdoms and Marvels of the East,* trans. and ed. Sir Henry Yule (London : J. Murray, 1921), vol. 1, book 2, 379 ; Louis Bazin, *Les systèmes chronologiques dans le monde turc ancien* (Paris : Editions du CNRS, 1991), 385–412 ; Veronika Kapišovská, "Expressing Time in Mongolian from Nomadic Tradition to Urban Life," *Mongolica Pragensia : Ethnolinguistics and Sociolinguistics in Synchrony and Diachrony* (2004) : 63–89 ; Brian Baumann, *Divine Knowledge : Buddhist Mathematics According to the Anonymous Manual of Mongolian Astrology and Divination* (Leiden : Brill, 2008), 60–97.

14 Peter Andrews, *Felt Tents and Pavilions : The Nomadic Tradition and Its Interaction with Princely Tentage,* 2 vols. (London : Melisende, 1999), vol. 1, 275–287, 292–294, 324–327, 395–396 ; William of Rubruck in *The Mongol Mission : Narratives and Letters of the Franciscan Missionaries in Mongolia and China in the Thirteenth and Fourteenth Centuries,* ed. Christopher Dawson (London : Sheed and Ward, 1955), 129. 각 사료의 개요에 대해서는 다음을 참고하라. Christopher Atwood, "Imperial Itinerance and Mobile Pastoralism : The State and Mobility in Medieval Inner Asia," *Inner Asia* 17, no. 2 (2015) : 293–349, 295.

15 Atwood, "Ulus Emirs," 151–152 ; Andrews, *Felt Tents and Pavilions,* vol. 1, 520에서는 Plano Carpini in Dawson, *The Mongol Mission,* 60을 인용했다.

16 Rashīd al-Dīn, *Compendium of Chronicles,* 279 ; Atwood, "Ulus Emirs," 147–150.

17 Atwood, "Ulus Emirs," 160–161.

18 Rashīd al-Dīn, *Compendium of Chronicles,* 117 ; Tatiana Skrynnikova, "Relations of Domination and Submission : Political Practice in the Mongol Empire of Chinggis Khan," in *Imperial Statecraft : Political Forms and Techniques of Governance in Inner Asia, Sixth–twentieth Centuries,* ed. David Sneath (Bellingham, WA : Center for East Asian Studies, Western Washington University, 2007), 105–115.

19 *The Secret History of the Mongols : A Mongolian Epic Chronicle of the Thirteenth Century,* trans. Igor de Rachewiltz (Leiden : Brill, 2004), § 224 ; Atwood, "Ulus Emirs," 151.

20 Plano Carpini in Dawson, *The Mongol Mission,* 39–40.

21 Christopher Atwood, "Quriltai," in *Encyclopedia of Mongolia and the Mongol Empire*

(New York : Facts On File, 2004), 462 ; Marco Polo, *The Book of Ser Marco Polo,* vol. 1, book 2, 376–380 ; Bazin, *Les systèmes chronologiques,* 395 ; Baumann, *Divine Knowledge,* 84–85.

22 Plano Carpini in Dawson, *The Mongol Mission,* 60–66 ; Atwood, "Quriltai," 462.

23 Plano Carpini and Rubruck in Dawson, *The Mongol Mission,* 41–42, 52, 91, 116, 210.

24 Nicola Di Cosmo, "Why Qara Qorum? Climate and Geography in the Early Mongol Empire," *Archivum Eurasiae Medii Aevi* 21 (2014–2015) : 67–78, 76 ; Maria Fernandez-Gimenez, "The Role of Mongolian Nomadic Pastoralists' Ecological Knowledge in Rangeland Management," *Ecological Applications* 10, no. 5 (2000) : 1318–1326.

25 다음을 참고하라. Atwood, "Imperial Itinerance," esp. 333–334.

26 Rashīd al-Dīn, *Compendium of Chronicles,* 328–329 ; Atwood, "Imperial Itinerance," 312–314 ; John Masson Smith Jr., "Dietary Decadence and Dynastic Decline in the Mongol Empire," *Journal of Asian History* 34, no. 1 (2000) : 35–52 ; Di Cosmo, "Why Qara Qorum?" 73.

27 Rubruck in Dawson, *The Mongol Mission,* 210 ; Atwood, "Imperial Itinerance," 295–296, 327.

28 Rubruck in Dawson, *The Mongol Mission,* 129, 184.

29 Atwood, "Imperial Itinerance," 295.

30 Sandrine Ruhlmann, *Inviting Happiness : Food Sharing in Post-Communist Mongolia,* trans. Nora Scott (Brill : Leiden, 2019), 49, 54, 193–195 ; Grégory Delaplace, "The Place of the Dead : Power, Subjectivity and Funerary Topography in North-Western Mongolia," in *States of Mind : Power, Places and the Subject in Inner Asia,* ed. David Sneath (Bellingham, WA : Center for East Asian Studies, Western Washington University), 54–55.

31 Rubruck in Dawson, *The Mongol Mission,* 99.

32 Plano Carpini in Dawson, *The Mongol Mission,* 28.

33 Ringhingiin Indra, "Mongolian Dairy Products," in *Mongolia Today : Science, Culture, Environment and Development,* ed. Dendeviin Badarch, Raymond A. Zilinskas, and Peter J. Balint (Richmond, UK : Routledge, 2003 ; repr. London : Routledge, 2015), 80 ; E. Neuzil and G. Devaux, "Le Koumys, hier et aujourd'hui," *Bulletin de la Société de Pharmacie de Bordeaux* 138 (1999), 99 ; Sandra Olsen, "Early Horse Domestication on the Eurasian Steppe," in *Documenting Domestication : New Genetic and Archaeological Paradigms,* ed. M. A. Zeder, D. G. Bradley, E. Emshwiller, and B. D. Smith (Berkeley : University of California Press, 2006), 264.

34 Rubruck in Dawson, *The Mongol Mission,* 202. 도슨은 105대의 수레라고 잘못 번역했지만, 원문은 500대라고 명시했다. Guillaume de Rubrouck, *Voyage dans l'empire mongol,* trans. Claude Kappler and René Kappler (Paris : Editions Payot, 1985), 222 ; Indra, "Mongolian Dairy Products," 73, 80.

35 J. S. Toomre, "Koumiss in Mongol Culture : Past and Present," in *Milk and Milk Products* *from Medieval to Modern Times,* ed. Patricia Lysaght, 130−139 (Edinburgh : Canongate Academic, 1994) ; Olsen, "Early Horse Domestication," 264−265.

36 Indra, "Mongolian Dairy Products," 80−81 ; Neuzil and Devaux, "Le Koumys, hier et aujourd'hui," 100−105.

37 Juvaynī, *Genghis Khan : The History of the World Conqueror,* 267. 다음도 참고하라. Jūzjānī, *Tabakāt-i-Nāsirī : A General History of the Muhammadan Dynasties of Asia, Including Hindūstān, from A.H. 194 [810 a.d.], to A.H. 658 [1260 a.d.], and the Irruption of the Infidel Mughals into Islam,* trans. H. G. Raverty, 2 vols. (Calcutta : Asiatic Society of Bengal, 1881−1897 ; repr. New Delhi : Oriental Books Reprint Corporation, 1970), vol. 2, 176.

38 Rashīd al-Dīn, *Compendium of Chronicles,* 338−339.

39 Rashīd al-Dīn, *Compendium of Chronicles,* 338.

40 Marie Favereau "The Mongol Peace and Global Medieval Eurasia," *Comparativ* 28, no. 4 (2018) : 54−57. 현대 몽골인들의 행복에 대한 이해는 다음을 참고하라. Ruhlmann, *Inviting Happiness.*

41 Rubruck in Dawson, *The Mongol Mission,* 135.

42 Thomas Allsen, "Spiritual Geography and Political Legitimacy in the Eastern Steppe," in *Ideology and the Formation of Early States,* ed. H. J. M. Claessen and G. J. Osten (Leiden : Brill, 1996), 117−118, 120−121, 124, 129 ; Tatiana Skrynnikova, "Mongolian Nomadic Society of the Empire Period," in *Alternatives of Social Evolution,* ed. N. N. Kradin, A. V. Korotayev, et al. (Vladivostok : Far Eastern Division of the Russian Academy of Sciences, 2000), 298−299 ; Rashīd al-Dīn, *Compendium of Chronicles,* 83−84. 칭기스의 "무덤"의 위치는 고의로 숨겨졌고 일종의 논쟁거리로 남아 있다. 부르칸 칼둔을 내몽골 오르도스 지역의 에젠-호로와 혼동해서는 안 되는데, 15세기 전승에 따르면 그곳에 칭기스 칸의 유골이 보존되어 있었다고 한다.

43 17세기 사료인 아불 가지의 『돌궐세계(突厥世系, Shajarat-i Turk)』에 따르면, 바투가 사라이주크 도시를 건설했다고 한다. *Histoire des Mongols et des Tatares par Aboul-Ghâzi Béhâdour Khân,* trans. and ed. Petr I. Desmaisons (St. Petersburg, 1871−1874 ; reprint Amsterdam : Philo Press, 1970), 181. Bartold, *Sochineniia,* iv, 395, translated into English by J. M. Rogers, "The Burial Rites of the Turks and Mongols," *Central Asiatic Journal* 14, no. 2−3 (1970) : 195−227, 221−222 ; John A. Boyle, "The Thirteenth-Century Mongols' Conception of the After Life : The Evidence of Their Funerary Practices," *Mongolian Studies* 1 (1974) : 5−14, 8 ; Devin DeWeese, *Islamization and Native Religion in the Golden Horde : Baba Tükles and Conversion to Islam in Historical and Epic Tradition* (University Park : Penn State University Press, 1994), 193−199 ; Vadim Trepavlov, *Istorija Nogajskoj Ordy* (Vostochnaia literatura, RAN : Moscow, 2001), 589 ; Jūzjānī, *Tabakāt-i-Nāsirī : A General History of the Muhammadan Dynasties of Asia,* vol. 2, 1173. 다음도 참고하라. John A. Boyle, "A Form of Horse Sacrifice amongst the 13th and 14th-Century Mongols," *Central Asiatic Journal* 10, no. 3−4 (1965) : 145−150, 145.

44 Plano Carpini in Dawson, *The Mongol Mission,* 13–14 ; Friar C. de Bridia, *Tartar Relation* § 47 in *Dans l'empire mongol,* 190 ; *The Vinland Map,* 94–95.

45 Juvaynī, *Genghis Khan : The History of the World Conqueror,* 267. "사라이(sarāy)"라는 단어는 페르시아어에서 기원했으나 튀르크어 화자들 사이에서 흔하게 사용되었다. 반면, 일반적으로 몽골어 화자나 동아시아 사람들에게는 흔한 용어가 아니었다. 문헌 사료와 고고학 모두에 따르면 그 위치는 새로웠다고 한다. 오늘날은 Selitrennoe Gorodishche로 알려져 있다. 대칸 우구데이처럼, 바투는 아마도 자신의 오르도 이동로 상에 몇몇 계절 궁을 가지고 있었겠지만, 사라이가 가장 중요했거나 적어도 동시대 목격자들에게는 그렇게 보였을 것이다.

46 Rubruck in Dawson, *The Mongol Mission,* 207, 210.

47 Allsen, "Spiritual Geography," 121 ; Isabelle Charleux, "The Khan's City : Kökeqota and the Role of a Capital City in Mongolian State Formation," in *Imperial Statecraft : Political Forms and Techniques of Governance in Inner Asia, Sixth–Twentieth Centuries,* ed. David Sneath (Bellingham, WA : Center for East Asian Studies, Western Washington University, 2007), 178–179 ; Di Cosmo, "Why Qara Qorum?" 69–70 ; Francis Woodman Cleaves, "The Sino-Mongolian Inscription of 1346," *Harvard Journal of Asiatic Studies* 15, no. 1–2 (1952), 25, 69 ; Francis Woodman Cleaves, "The Sino-Mongolian Inscription of 1362 in Memory of Prince Hindu," *Harvard Journal of Asiatic Studies* 12, no. 1–2 (1949), 1–133, 13 ; Rashīd al-Dīn, *Compendium of Chronicles,* 328–329 ; Plano Carpini and Rubruck in Dawson, *The Mongol Mission,* 59, 183–184 ; *Mongolian-German Karakorum Expedition,* vol. 1 : *Excavations in the Craftsman Quarter at the Main Road,* ed. Jan Bemmann, Ulambayar Erdemebat, and Ernst Pohl (Wiesbaden : Reichert, 2010).

48 Plano Carpini and Rubruck in Dawson, *The Mongol Mission,* 40, 129, 133, 156, 209–210 ; Charleux, "The Khan's City," 185–186. 바투의 오르도와 함께 5주일간 이동한 뒤, 루브룩의 동료는 지쳐서 울었다.

49 Plano Carpini in Dawson, *The Mongol Mission,* 56–57.

50 Rubruck in Dawson, *The Mongol Mission,* 95, 102–104 ; Andrews, *Felt Tents and Pavilions,* vol. 1, xli, 224, 256–263.

51 Rubruck in Dawson, *The Mongol Mission,* 94–95.

52 Rubruck in Dawson, *The Mongol Mission,* 108.

53 Plano Carpini in Dawson, *The Mongol Mission,* 52 ; Marco Polo, *The Book of Ser Marco Polo,* vol. 1, book 1, 262 ; Andrews, *Felt Tents and Pavilions,* vol. 2, 1297.

54 Andrews, *Felt Tents and Pavilions,* vol. 1, esp. xxxiv–xxxv. "소우주"로서의 마을에 대해서는 다음을 참고하라. Claude Levi-Strauss, *Tristes Tropiques* (Paris : Plon, 1955), 229–284.

55 Rashīd al-Dīn, *Compendium of Chronicles,* 160 ; Andrews, *Felt Tents and Pavilions,* vol. 1, 519–530, esp. 523 ; Plano Carpini and Rubruck in Dawson, *The Mongol Mission,* 56, 126.

56 Plano Carpini and Rubruck in Dawson, *The Mongol Mission,* 18, 95, 103–104 ; Andrews,

Felt Tents and Pavilions, vol. 1, 387. 1221년에 작성되었으며 동아시아의 몽골 진영을 묘사하고 있어서 비교하기에 유용한 『몽달비록(蒙韃備錄)』도 참고하라. *Men-da bey-lu : Polnoe opisanie Mongolo-Tatar, Faksimile ksilografa,* trans. and ed. N. Ts. Munkuev (Moscow : Nauka, 1975), 79–80.

57 Plano Carpini and Rubruck in Dawson, *The Mongol Mission,* 17–18, 95, 117.

58 Plano Carpini and Rubruck in Dawson, *The Mongol Mission,* 14–15, 117. 진영에는 사신들이 사용할 수 있는 역참 숙소가 있었다.

59 Plano Carpini in Dawson, *The Mongol Mission,* 14–18, 61 ; Peter Jackson, "The Testimony of the Russian 'Archbishop' Peter Concerning the Mongols (1244/5) : Precious Intelligence or Timely Disinformation?" *Journal of the Royal Asiatic Society* 26, no. 1–2 (2016) : 65–77.

60 Andrews, *Felt Tents and Pavilions,* vol. 1, 227 ; Plano Carpini and Rubruck in Dawson, *The Mongol Mission,* 57, 61–65, 94–95.

61 Anatoly M. Khazanov, *Nomads and the Outside World* (Cambridge : Cambridge University Press, 1984), 44–53 ; Andrews, *Felt Tents and Pavilions,* vol. 2, 1291–1294 ; Atwood, "Imperial Itinerance," 298–299 ; Plano Carpini in Dawson, *The Mongol Mission,* 55–56. 앤드루스는 볼고그라드가 바투 이동로의 북단이었음을 제시했지만, 고고학적인 증거는 그 한계를 볼고그라드의 북쪽으로 약 320킬로미터, 우켁 인근으로 한정하고 있다. 루브룩도 그곳을 북쪽 경계로 지칭했다. Rubruck in Dawson, *The Mongol Mission,* 114–115, 126.

62 Atwood, "Imperial Itinerance," 302–303 ; Rubruck in Dawson, *The Mongol Mission,* 94–95, 129. 이 숫자들은 나의 계산에 따른 것이다. 다음도 참고하라. William Rockhill, *The Journey of William of Rubruck to the Eastern Parts of the World, 1253–55* (London : printed for the Hakluyt Society, 1900), 127n1. Andrews, *Felt Tents and Pavilions,* vol. 2, 1296–1297에서는 오늘날 오스트레일리아에서 무거운 짐을 실은 소의 속도 기록에 기반하여, 하루에 최대 시속 20킬로미터를 제시했다. 역사가들은 우구데이의 오르도가 카라코룸 지역에서 거의 동일한 전체 연간 거리를 이동했다고 추정한다. Charleux, "The Khan's City," 187은 시라이시 노리유키의 "Seasonal Migrations of the Mongol Emperors and the Peri-Urban Area of Kharakhorum," *International Journal of Asian Studies* 1, no. 1 (2004) : 105–119에 기반했다. 초기 칸들의 이동로 비교에 대해서는 다음을 참고하라. Atwood, "Imperial Itinerance," 293–349.

63 Plano Carpini and Rubruck in Dawson, *The Mongol Mission,* 55, 114, 124, 209.

64 Plano Carpini and Rubruck in Dawson, *The Mongol Mission,* 35–36, 126 ; Andrews, *Felt Tents and Pavilions,* vol. 2, 1297.

65 Plano Carpini in Dawson, *The Mongol Mission,* 55, 59–60.

66 Plano Carpini in Dawson, *The Mongol Mission,* 60 ; *Secret History,* § 279–281, 297 ; Juvaynī, *Genghis Khan : The History of the World Conqueror,* 33 ; Allsen, "Princes of the Left Hand," 12–13. 얌에 대해서는 추가로 다음의 자료 등을 참고하라. Gerhard Doerfer, *Türkische und mongolische Elemente im Neupersischen* (Wiesbaden : F. Steiner, 1963–1975), [vol. 4] 110–118, nr. 1812 ; Didier Gazagnadou, *The Diffusion of a Postal*

Relay System in Premodern Eurasia, trans. L. Byrne (Paris : Editions Kimé, 2016), 47–63, translation of Gazagnadou, *La Poste à relais. La diffusion d'une technique de pouvoir à travers l'Eurasie. Chine, Islam, Europe* (Paris : Kimé, 1994) ; Adam Silverstein, *Postal Systems in the Pre-Modern Islamic World* (Cambridge : Cambridge University Press, 2007), reviewed by Thomas Allsen, "Imperial Posts, West, East and North : A Review Article," *Archivum Eurasiae Medii Aevi* 17 (2010), 241–242 ; Márton Vér, "The Origins of the Postal System of the Mongol Empire," *Archivum Eurasiae Medii Aevi* 22 (2016), esp. 235–239 ; Márton Vér, "The Postal System of the Mongol Empire in Northeastern Turkestan" (Ph.D. diss., University of Szeged, 2016) ; Márton Vér, *Old Uyghur Documents Concerning the Postal System of the Mongol Empire* (Turnhout, Belgium : Brepols, 2019).

67 Michael Weiers, "Mongolische Reisbegleitschreiben aus Čaγatai," *Zentralasiatische Studien* 1 (1967) : 7–54 ; Vér, "The Postal System of the Mongol Empire," 53–58 ; Dai Matsui, "Unification of Weight and Measures by the Mongol Empire as Seen in the Uigur and Mongol Documents," in *Turfan Revisited : The First Century of Research into the Arts and Cultures of the Silk Road,* ed. Desmond Durkin-Meisterernst et al., 197–202 (Berlin : Reimer, 2004).

68 피터 올브리히트는 *Das Postwesen in China unter der Mongolenherrschaft im 13. und 14. Jahrhundert* (Wiesbaden : O. Harrassowitz, 1954), 45–101에서 이러한 유형 분류 체계를 수립했다. Rashīd al-Dīn, *Compendium of Chronicles,* 328–329.

69 Plano Carpini in Dawson, *The Mongol Mission,* 58.

70 *The Chronicle of Novgorod, 1016–1471,* trans. Robert Michell and Nevill Forbes (London : Offices of the Society, 1914), 95–96 ; *The Nikonian Chronicle,* ed. and trans. Serge A. Zenkovsky and Betty J. Zenkovsky, 5 vols. (Princeton, NJ : Kingston Press, 1984–1989), vol. 3, 34–35.

71 Plano Carpini in Dawson, *The Mongol Mission,* 65.

72 *The Chronicle of Novgorod,* 95–97 ; Thomas Allsen, "Mongol Census Taking in Rus', 1245–1275," *Harvard Ukrainian Studies* 5, no. 1 (1981) : 32–53, 43.

73 Paul Buell and Judith Kolbas, "The Ethos of State and Society in the Early Mongol Empire : Chinggis Khan to Güyük," *Journal of the Royal Asiatic Society* 26 (2016) : 43–56, 58 ; Allsen, "Mongol Census Taking," 34.

74 Allsen, "Mongol Census Taking," 37 ; Plano Carpini and Rubruck in Dawson, *The Mongol Mission,* 37–38, 212.

75 Plano Carpini in Dawson, *The Mongol Mission,* 38–39 ; Marie-Félicité Brosset, *Histoire de la Géorgie depuis l'Antiquité jusqu'au XIXe siècle* (St. Petersburg, 1849–1858), vol. 1, 551.

76 우구데이의 새로운 금화는 이슬람력 630년(서력 1232–1233년)에 제조된 것으로 추정된다. 카라코룸 은화 중에 가장 첫 번째로 알려진 것은 이슬람력 635년(서력 1237–1238년)의 것이다. Buell and Kolbas, "The Ethos of State and Society in the Early Mongol Empire," 57–58, 60.

77 Plano Carpini in Dawson, *The Mongol Mission,* 41 ; *Vardan Arewelts'i's Compilation of History,* trans. R. Bedrosian (Long Branch, NJ : Sources of the Armenian Tradition, 2007), 88 ; Judith Kolbas, *The Mongols in Iran : Chingiz Khan to Uljaytu, 1220–1309* (London : Routledge, 2006), 124–128, 134 ; Buell and Kolbas, "The Ethos of State and Society in the Early Mongol Empire," 57–58, 63.

78 Juvaynī, *Genghis Khan : The History of the World Conqueror,* 21, 517–521, 525 ; Allsen, "Mongol Census Taking," 39. 동시대 사료에 보이는 아르군과 바투 주도의 인구조사에 관한 상세한 설명에 대해서는 다음을 참고하라. Brosset, *Histoire de la Géorgie,* vol. 1, 550–552.

79 Juvaynī, *Genghis Khan : The History of the World Conqueror,* 268 ; Allsen, "Mongol Census Taking," 41–42.

80 Allsen, "Mongol Census Taking," 44, 51.

81 Allsen, "Mongol Census Taking," 49에서는 유목민들이 자신들의 공동체의 크기를 천막의 수로 표현하는 것이 관습이었다고 언급하고 있다. 몽골은 정주적 상황에서도 가구보다는 아마도 집을 헤아렸을 것이다. 다음도 참고하라. Thomas T. Allsen, "Ever Closer Encounters : The Appropriation of Culture and the Apportionment of Peoples in the Mongol Empire," *Journal of Early Modern History* 1, no. 1 (1997) : 2–23, 4.

82 Brosset, *Histoire de la Géorgie,* vol. 1, 552 ; Christopher Atwood, "Validation by Holiness or Sovereignty : Religious Toleration as Political Theology in the Mongol World Empire of the Thirteenth Century," *International History Review* 26, no. 2 (2004) : 237–256 ; Marie Favereau, "Tarkhan : A Nomad Institution in an Islamic Context," *Revue des mondes musulmans et de la Méditerranée* 143 (2018) : 181–205.

83 Martin Dimnik, "The Rus' Principalities (1125–1246)," in *The Cambridge History of Russia,* vol. 1 : *From Early Rus' to 1689,* ed. Maureen Perrie (Cambridge : Cambridge University Press, 2006), 98–126 ; V. L. Ianin, "Medieval Novgorod," in *The Cambridge History of Russia,* vol. 1, 188–200.

제4장

1 Ibn 'Abd al-Zāhir, *al-Rawd al-zāhir fī sīrat al-malik al-Zāhir* (al-Riyād, 1976), 215–216, translated in Fatima Sadeque, *Baybars I of Egypt* (Dacca : Oxford University Press, 1956), 354–355. 맘루크 사신들의 보고에 대한 후대의 보다 완전한 판본은 다음 자료에서 알 수 있다. Ibn Abī al-Fadā'il, "al-Nahj al-sadīd wa-l-durr al-farīd fīmā ba'd Tārīkh Ibn al-'Amīd," in *Histoire des sultans Mamlouks,* trans. and ed. Edgard Blochet, *Patrologia Orientalis* 12 (1916) : 456–462. 다음 자료도 참고하라. Marie Favereau, *La Horde d'or et le sultanat mamelouk. Naissance d'une alliance* (Cairo : Institut française d'archéologie orientale, 2018), 19–40.

2 바투가 사망한 장소 및 시기에 대해서는 사료마다 기록이 다르다. *Mu'izz al-ansāb. Proslavliaiushchee genealogii,* ed. A. K. Muminov, trans. Sh. Kh. Vokhidov (Almaty,

2006), 40에 따르면 사르타크가 이슬람력 650년(서력 1252–1253년)부터 몇 달간 통치했다고 하는데, 이는 바투가 이때 이전에 분명히 사망했음을 의미한다. 라시드 앗 딘은 바투가 48세의 나이로 사라이에서 사망했다고 주장한다. *Rashiduddin Fazlullah's-Jami'u't-tawarikh. Compendium of Chronicles : A History of the Mongols,* trans. Wheeler Thackston (Cambridge, MA : Dept. of Near Eastern Languages and Civilizations, Harvard University, 1998–1999), 361. 그러나 루브룩이 1254년 말에 바투를 보았기 때문에 이러한 기록들은 틀림없이 실수일 것이다. William of Rubruck in *The Mongol Mission : Narratives and Letters of the Franciscan Missionaries in Mongolia and China in the Thirteenth and Fourteenth Centuries,* ed. Christopher Dawson (London : Sheed and Ward, 1955), 125–129.

3 Rashīd al-Dīn, *Compendium of Chronicles,* 361 ; Juvaynī, *The History of the World Conqueror,* trans. John Andrew Boyle (Manchester : Manchester University Press, 1958), 268 ; Rubruck in Dawson, *The Mongol Mission,* 124 ; Utemish Khadzhi (Ötemish Hājjī), *Chingiz-name,* trans. and ed. V. P. Iudin, Iu. G. Baranova, and M. Kh. Abuseitova (Almaty : Gilim, 1992), 96.

4 Rashīd al-Dīn, *Compendium of Chronicles,* 283 ; Reuven Amitai-Preiss, *Mongols and Mamluks : The Mamluk-Īlkhānid War 1260–1281* (Cambridge : Cambridge University Press, 1995), 11–12, 15.

5 Amitai-Preiss, *Mongols and Mamluks,* 11–12, 15–16.

6 다음을 참고하라. Peter Jackson, "The Dissolution of the Mongol Empire," *Central Asiatic Journal* 22, no. 3–4 (1978) : 186–244, 221.

7 Peter Jackson, "The Dissolution of the Mongol Empire," 209에 따르면 칭기스 칸 자신은 아제르바이잔과 아란의 캅카스 일대를 주치조에게 하사했다고 한다. 그러나 토머스 올슨은 『원사』를 활용하여 이 지역을 베르케에게 준 것이 뭉케였음을 입증했다 (Thomas T. Allsen, *Mongol Imperialism : The Policies of the Grand Qan Möngke in China, Russia, and the Islamic Lands, 1251–1259* (Berkeley : University of California Press, 1987), 58). 다음도 참고하라. al-Qāshānī, *Tārīkh-i Uljāītū Sultān,* ed. Mahīn Hambalī (Tehran, 1969), 146.

8 Rashīd al-Dīn, *Compendium of Chronicles,* 361 ; Allsen, *Mongol Imperialism,* 61–63, 104 ; Thomas Allsen, "Princes of the Left Hand : The Ulus of Orda in the Thirteenth and Fourteenth Centuries," *Archivum Eurasiae Medii Aevi* 5 (1985–1987), 16–17.

9 Amitai-Preiss, *Mongols and Mamluks,* 21–22, 26–35.

10 Denise Aigle, *The Mongol Empire between Myth and Reality : Studies in Anthropological History* (Leiden : Brill, 2014), 199–218 ; Bernard Lewis, *Islam : From the Prophet Muhammad to the Capture of Constantinople,* 2 vols. (1974 ; New York : Oxford University Press, 1987), vol. 1, 84–85.

11 Amitai-Preiss, *Mongols and Mamluks,* 34–45.

12 Allsen, *Mongol Imperialism,* 218–219 ; Allsen, "Princes of the Left Hand," 17–18 ; Jackson, "The Dissolution of the Mongol Empire," 227–230.

13 Allsen, "Prelude to the Western Campaigns : Mongol Military Operations in the Volga-

Ural Region, 1217–1237," *Archivum Eurasiae Medii Aevi* 3 (1983), 16 ; Jean Aubin, "L'ethnogenèse des Qaraunas," *Turcica* 1 (1969) : 65–94 ; Jackson, "The Dissolution of the Mongol Empire," 239–244 ; al-Harawī, *Tārīkh Nāma-i Harāt,* ed. Gulām Ridā Tabātabā'ī Majd (Tehran, 2004), 260–276. 베르케의 주화에 대해서는 다음을 참고하라. Dzmitry Huletski and James Farr, *Coins of the Golden Horde : Period of the Great Mongols* (1224–1266) (self pub., 2016).

14 *Mu'izz al-ansāb,* 43. Rashīd al-Dīn, *Compendium of Chronicles,* 362 ; Jackson, "The Dissolution of the Mongol Empire," 222–223, 226–227, 232–233 ; Peter Jackson, *The Mongols and the Islamic World : From Conquest to Conversion* (New Haven : Yale University Press, 2017), 141–144.

15 Rashīd al-Dīn, *Compendium of Chronicles,* 111 ; Michael Hope, *Power, Politics, and Tradition in the Mongol Empire and the Īlkhānate of Iran* (Oxford : Oxford University Press, 2016), 96–97.

16 Jackson, "The Dissolution of the Mongol Empire," 233–234 ; Allsen, *Mongol Imperialism,* 54–63, 203–207, 218–220 ; Amitai-Preiss, *Mongols and Mamluks,* 78–80 ; Favereau, *La Horde d'or et le sultanat mamelouk,* 69–90 ; Marco Polo, *The Book of Ser Marco Polo, the Venetian : Concerning the Kingdoms and Marvels of the East,* trans. and ed. Sir Henry Yule (London : J. Murray, 1921), vol. 2, book 4, 494–495 ; Rashīd al-Dīn, *Compendium of Chronicles,* 362, 511–512 ; Virgil Ciocîltan, *The Mongols and the Black Sea Trade in the Thirteenth and Fourteenth Centuries* (Leiden : Brill, 2012), 47–49, 61–68 ; Judith Kolbas, *The Mongols in Iran : Chingiz Khan to Uljaytu, 1220–1309* (London : Routledge, 2006), 151–170.

17 Michal Biran, *Qaidu and the Rise of the Independent Mongol State in Central Asia* (Richmond, UK : Curzon, 1997), 21–22. 훌레구가 주치조에 그들의 몫을 보내는 것을 언제 중단했는지는 알기 어렵다. 아마 베르케가 캅카스로 공격을 시작하기 바로 직전 또는 직후일 수 있다. 콜바스에 따르면 그 지불은 군사 충돌이 시작된 후에 끝났다고 한다(*The Mongols in Iran,* 164). 또 시간 순서를 복잡하게 하는 것으로서, 14세기 일칸조의 행정가이자 역사가인 와사프는 오르탁의 추방을 베르케와 훌레구 간 충돌의 주요 원인으로 보았다(Vladimir Tizengauzen, trans., *Sbornik materialov, otnosiashchikhsia k istorii Zolotoi Ordy,* vol. 2 : *Izvlecheniia iz persidskikh sochinenii* (Moscow : Izd. Akademii nauk SSSR, 1941), 80–82. 그러나 오르탁의 추방은 충돌의 결과일 가능성이 더 높은데, 여러 사료에서 그 일을 베르케의 캅카스에서의 첫 작전 바로 이후로 두고 있기 때문이다.

18 Marco Polo, *The Book of Ser Marco Polo,* vol. 2, book 4, 495–496 ; Rashīd al-Dīn, *Compendium of Chronicles,* 511–512. Jackson, "The Dissolution of the Mongol Empire," 234에 따르면 훌레구가 이슬람력 661년 주마다 알타니(서력 1263년 4–5월, 주마다 알타니는 이슬람력에서 여섯 번째 달의 이름이다/옮긴이)에 베르케를 공격함으로써 반격했다고 한다. 그러나 라시드 앗 딘은 이슬람력 661년 주마다 알타니 11일에 훌레구는 타브리즈에, 베르케는 볼가 강 하류에 있었다고 기록했기 때문에 그러한 충돌은 가능하지 않았다.

19 Ibn ʻAbd al-Zāhir, *al-Rawd,* 171 ; al-Nuwayrī, *Nihāyat al-arab fī funūn al-adab,* ed. Muhammad ʻAbd al-Hādī Shuʻayrī, vol. 30 (Cairo, 1990), 87 ; David Ayalon, "The Great Yāsa of Chingiz Khān : A Re-examination (Part B)," *Studia islamica* 34 (1971), 172.

20 Jackson, "The Dissolution of the Mongol Empire," 216–219 ; Peter Jackson, "WorldConquest and Local Accommodation : Threat and Blandishment in Mongol Diplomacy," in *History and Historiography of Post-Mongol Central Asia and the Middle East : Studies in Honour of John E. Woods,* ed. J. Pfeiffer and Sh. A. Quinn (Wiesbaden : Harrassowitz, 2006), 17 ; Peter Jackson, "The Testimony of the Russian 'Archbishop' Peter Concerning the Mongols (1244/5) : Precious Intelligence or Timely Disinformation?" *Journal of the Royal Asiatic Society* 26, no. 1–2 (2016), 65–77, 76 ; Allsen, *Mongol Imperialism,* 49, 74, 177 ; Amitai-Preiss, *Mongols and Mamluks,* 157–159. 아울러 다음도 참고하라. Charles Melville, "Anatolia under the Mongols," in *The Cambridge History of Turkey,* vol. 1 : *Byzantium to Turkey 1071–1453,* ed. Kate Fleet (Cambridge : Cambridge University Press, 2009), 53–57.

21 Claude Cahen "Faykāʼūs," *Encyclopedia of Islam,* 2nd ed., 12 vols. (Leiden : Brill, 1978), vol. 4, 813–814.

22 Claude Cahen, *Pre-Ottoman Turkey : A General Survey of the Material and Spiritual Culture and History, c. 1071–1330* (New York : Taplinger, 1968), 277–279, 283 ; Melville, "Anatolia under the Mongols," 57–60 ; Jean Richard, "Byzance et les Mongols," *Byzantinische Forschungen* 25 (1999) : 83–100 ; Amitai-Preiss, *Mongols and Mamluks,* 158–159 ; Georges Pachymérès, *Relations historiques,* ed. Albert Failler, trans. Laurent Vitalien, 5 vols. (Paris : Belles Lettres, 1984), vol. 1, 184–185, 188–189, 234–235.

23 Ibn ʻAbd al-Zāhir, *al-Rawd,* 125. 사료에 따르면 베르케는 셀주크 술탄의 처남 또는 사위였다고 한다. 다음을 참고하라. Favereau, *La Horde d'or et le sultanat mamelouk,* 79.

24 Franz Dölger, *Regesten der Kaiserurkunden des oströmischen Reiches von 565–1453,* vol. 3 : years 1204–1282 (Munich : Beck, 1932), 40, nbs 1902–1903–1904 ; Reuven Amitai, "Diplomacy and the Slave Trade in the Eastern Mediterranean : A Re-examination of the Mamluk-Byzantine-Genoese Triangle in the Late Thirteenth Century in Light of the Existing Early Correspondence," *Oriente Moderno* 88, no. 2 (2008), 363–364 ; Sergei Karpov, "Grecs et Latins à Trébizonde (xiiie–xve siècle) : Collaboration économique, rapports politiques," in *État et colonisation au Moyen Âge et à la Renaissance,* ed. M. Balard, 413–424 (Lyon : La Manufacture, 1989) ; Richard, "Byzance et les Mongols," 96n34.

25 Pachymérès, *Relations historiques,* vol. 1, 234–239, 242–243. 지체된 사신단에 대해서는 다음을 참고하라. Ibn ʻAbd al-Zāhir, *al-Rawd,* 173–174, 202–203 ; Dölger, *Regesten,* 44–45 (nb. 1919), 46 (nb. 1930), 47 (nb. 1933), 49 (nbs. 1937–1938) ; Amitai, "Diplomacy and the Slave Trade," 359–360.

26 Pachymérès, *Relations historiques,* vol. 1, 300–313 ; *Die Seltschukengeschichte des Ibn Bībī,* trans. Herbert W. Duda (Copenhagen : Munksgaard, 1959), 285.

27 Rubruck in Dawson, *The Mongol Mission,* 93.

28 Roman K. Kovalev, "The Infrastructure of the Northern Part of the 'Fur Road' between the Middle Volga and the East during the Middle Ages," *Archivum Eurasiae Medii Aevi* 11 (2000–2001), 35.

29 Al-Mas'ūdī, *Kovalev,* "The Infrastructure," 27에서 인용.

30 몽골 정복 이전과 이후의 모피 무역에 대한 개관으로는 다음을 참고하라. Janet Martin, *Treasure of the Land of Darkness : The Fur Trade and Its Significance for Medieval Russia* (Cambridge : Cambridge University Press, 1986).

31 다음에서 인용했다. Janet Martin, "The Land of Darkness and the Golden Horde : The Fur Trade under the Mongols XIII–XIVth Centuries," *Cahiers du Monde russe et soviétique* 19, no. 4 (1978) : 404.

32 Kovalev, "The Infrastructure," 25–64 ; Martin, "The Land of Darkness," 401–421.

33 Rubruck in Dawson, *The Mongol Mission,* 90.

34 Rashīd al-Dīn, *Compendium of Chronicles,* 512. 생애 마지막에 훌레구의 지위 및 호칭에 대해서 역사가들의 의견이 나뉜다. 다음 자료 등을 참고하라. Thomas T. Allsen, "Changing Forms of Legitimation in Mongol Iran," in *Rulers from the Steppe : State Formation on the Eurasian Periphery,* ed. G. Seaman and D. Marks (Los Angeles : Ethnographics Press, University of Southern California, 1991), 226–227 ; Reuven Amitai-Preiss, "Evidence for the Early Use of the Title il-khan among the Mongols," *Journal of the Royal Asiatic Society* 1, no. 3 (1991) : 353–362 ; Reuven Amitai-Preiss, *Mongols and Mamluks,* 13–15 ; Kolbas, *The Mongols in Iran,* 193–234.

35 Rubruck in Dawson, *The Mongol Mission to Asia,* 124 ; Abū'l-Ghāzī, *Histoire des Mongols,* 181 ; Devin DeWeese, *Islamization and Native Religion in the Golden Horde : Baba Tükles and Conversion to Islam in Historical and Epic Tradition* (University Park : Penn State University Press, 1994), 83–87 ; István Vásáry, "'History and Legend' in Berke Khan's Conversion to Islam," in *Aspects of Altaic Civilization III,* ed. Denis Sinor, 230–252 (Bloomington : Indiana University, 1990) ; Favereau, *La Horde d'or et le sultanat mamelouk,* 27–39.

36 베르케의 서신 본문은 여러 아랍 사료에 요약되어 기록되었다. 특히, 다음을 참고하라. Ibn 'Abd al-Zāhir, *al-Rawd,* 171 ; al-Nuwayrī, *Nihāyat al-arab,* vol. 30, 87. 또한 다음 역시 참고하라. Ayalon, "The Great Yāsa of Chingiz Khān," 167–169 ; Marie Favereau, "The first letter of Khan Berke to Sultan Baybars, according to the Mamluk sources (661 / 1263)" (in Russian), *Zolotoordynskaia Tsivilizatsia* 4 (2011) : 101–113.

37 Baybars al-Dawādār, *Zubdat al-fikra, fī tārīkh al-hijra,* ed. D. S. Richards (Berlin : Das arabische Buch, 1998), 82–83.

38 Amitai-Preiss, *Mongols and Mamluks,* 30–31 ; Aigle, *The Mongol Empire between Myth and Reality,* 5–6, 73–74 ; Ibn 'Abd al-Zāhir, *al-Rawd,* 215, 217 ; al-Nuwayrī, *Nihāyat al-arab,* vol. 27, 358–359 ; DeWeese, *Islamization and Native Religion in the Golden Horde,* 84.

39 *Mu'izz al-ansāb,* 41 ; Ibn 'Abd al-Zāhir, *al-Rawd,* 216 ; Ibn Abī al-Fadā'il, "al-Nahj,"

459–460. 조지프 플레처와 같은 일부 학자들은 정치적 형제 살해가 몽골의 관습이라고 주장했다(Joseph Fletcher, "Turco-Mongolian Monarchic Tradition in the Ottoman Empire," *Harvard Ukrainian Studies* 3–4 [1979–1980] : 236–251). 그러나 다른 학자들은 이러한 견해가 잘못된 것임을 입증했다(Marie Favereau and Liesbeth Geevers, "The Golden Horde, the Spanish Habsburg Monarchy, and the Construction of Ruling Dynasties," in *Prince, Pen and Sword : Eurasian Perspectives,* ed. Maaike van Berkel and Jeroen Duindam [Leiden : Brill, 2018], 458–470).

제5장

1 Rashīd al-Dīn, *Rashiduddin Fazlullah's-Jami'u't-tawarikh. Compendium of Chronicles : A History of the Mongols,* trans. Wheeler Thackston (Cambridge, MA : Dept. of Near Eastern Languages and Civilizations, Harvard University, 1998–1999), 279, 348–351 ; *Mu'izz al-ansāb. Proslavliaiushchee genealogii,* ed. A. K. Muminov, trans. Sh. Kh. Vokhidov (Almaty, 2006), 39–40 ; Thomas Allsen, "Princes of the Left Hand : The Ulus of Orda in the Thirteenth and Fourteenth Centuries," *Archivum Eurasiae Medii Aevi* 5 (1985–1987), 10, 34–35.

2 Marco Polo, *The Book of Ser Marco Polo, the Venetian : Concerning the Kingdoms and Marvels of the East,* trans. and ed. Sir Henry Yule (London : J. Murray, 1921), vol. 2, book 4, 479 ; John of Plano Carpini in *The Mongol Mission : Narratives and Letters of the Franciscan Missionaries in Mongolia and China in the Thirteenth and Fourteenth Centuries,* ed. Christopher Dawson (London : Sheed and Ward, 1955), 12 ; Walther Heissig, *The Religions of Mongolia,* trans. Geoffrey Samuel (Berkeley : University of California Press, 1980), 101–110.

3 Marco Polo, *The Book of Ser Marco Polo,* vol. 2, book 4, 479 ; Plano Carpini in Dawson, *The Mongol Mission,* 59–60 ; Allsen, "Princes of the Left Hand," 12–13, 27–28.

4 Marco Polo, *The Book of Ser Marco Polo,* vol. 2, book 4, 479–481, 484–486.

5 Plano Carpini in Dawson, *The Mongol Mission,* 30 ; William of Rubruck in *The Mongol Mission : Narratives and Letters of the Franciscan Missionaries in Mongolia and China in the Thirteenth and Fourteenth Centuries,* ed. Christopher Dawson (London : Sheed and Ward, 1955), 170–171. 다음도 참고하라. Allsen, "Princes of the Left Hand," 13–14, 29, 33–34. 현대의 사모예드인들은 오비 강 하류 일대에 거주하는 반면, 중세 사모예드인들은 사얀 산맥에서 살았다.

6 Marco Polo, *The Book of Ser Marco Polo,* vol. 2, book 4, 479 ; Rashīd al-Dīn, *Compendium of Chronicles,* 348. 다음도 참고하라. Allsen, "Princes of the Left Hand," 19.

7 Rashīd al-Dīn, *Compendium of Chronicles,* 435 ; Vladimir Belyaev and Sergey Sidorovich, "Juchid Coin with Chinese Legend," *Archivum Eurasiae Erasiae Medii Aevi* 20 (2013) : 5–22 ; Yihao Qiu, "Independent Ruler, Indefinable Role : Understanding

the History of the Golden Horde from the Perspectives of the Yuan Dynasty," *Revue des mondes musulmans et de la Méditerranée* 143 (2018), 41–42 ; Utemish Khadzhi, *Chingiz-name,* trans. and ed. V. P. Iudin, Iu. G. Baranova, and M. Kh. Abuseitova (Almaty, 1992), 101 [45 a]. "최고"와 "짐을 끄는 강한 말"을 뜻하는 퀼룩은 튀르크 카간의 이름 또는 호칭이었다. 이 정보를 공유해준 일누르 미르갈레예프에게 감사를 표한다.

8 Nurettin Ağat, *Altınordu (Cuçi oğulları) Paraları Kataloğu 1250–1502. Ek olarak şecere ve tarih düzeltmeleri* (Istanbul, 1976), 54–55 ; István Vásáry, "The Jochid Realm : The Western Steppe and Eastern Europe," in *The Cambridge History of Inner Asia : The Chinggisid Age,* ed. Nicola Di Cosmo, Allen Frank, and Peter Golden (Cambridge : Cambridge University Press, 2009), 76–77 ; Pavel Petrov, "Jochid Money and Monetary Policy in the 13th–15th Centuries," in *The Golden Horde in World History,* ed. Rafael Khakimov, Vadim Trepavlov, and Marie Favereau, 614–629 (Kazan : Sh. Marjani Institute of the History of the Tatarstan Academy of Sciences, 2017), 619–620.

9 Petrov, "Jochid Money and Monetary Policy," 620–621.

10 Rashīd al-Dīn, *Compendium of Chronicles,* 520 ; Michal Biran, *Qaidu and the Rise of the Independent Mongol State in Central Asia* (Richmond, UK : Curzon, 1997), 23–25.

11 트랜스옥시아나는 글자 그대로 "옥수스 강 너머"를 뜻하며 아무-다리야(옥수스) 강과 시르-다리야 강 사이에 펼쳐진 지역에 대한 역사적 명칭이다.

12 Rashīd al-Dīn, *Compendium of Chronicles,* 521–522 ; Biran, *Qaidu,* 26–29 ; Hodong Kim, "The Unity of the Mongol Empire and Continental Exchange over Eurasia," *Journal of Central Eurasian Studies* 1 (2009) : 15–42, 26.

13 Rashīd al-Dīn, *Compendium of Chronicles,* 535 ; Biran, *Qaidu,* 30–33.

14 반란을 일으킨 왕자들이 노무간을 처음에 카이두에게 보냈는지, 아니면 뭉케 테무르에게 바로 보냈는지는 사료에서 완전히 분명하지는 않다. 카이두의 정치에 대해서는 다음을 참고하라. Biran, *Qaidu,* 27–28, 37–67 ; Kim, "The Unity of the Mongol Empire," 20–26 ; Yihao Qiu, "An Episode of the Conflict between Qaidu and Yuan in Mamluk Arabic Chronicles," in *Mongol Warfare between Steppe and Sown,* ed. Francesca Fiaschetti and Konstantin Golev (Leiden : Brill, forthcoming).

15 Biran, *Qaidu,* 63–65.

16 Thomas Allsen, "Mongol Census Taking in Rus', 1245–1275," *Harvard Ukrainian Studies* 5, no. 1 (1981) : 32–53, 46–47.

17 호르드 내에서 타르칸 지위의 발전에 관해서는 다음을 참고하라. Marie Favereau, "Tarkhan : A Nomad Institution in an Islamic Context," *Revue des mondes musulmans et de la Méditerranée* 143 (2018) : 181–205.

18 Alexandr Zimin, "Iarlyki tatarskikh khanov russkim mitropolitam," in *Pamiatniki russkovo prava,* vol. 3 : *Pamiatniki prava perioda obrazovaniia russkovo tsentralizo-vannovo gosudarstva, XIV–XV vv.,* ed. Lev V. Cherepnin (Moscow, 1955), 467–468.

19 몽골의 종교적 관용에 대해서는 다음을 참고하라. Christopher Atwood, "Validation by Holiness or Sovereignty : Religious Toleration as Political Theology in the Mongol World Empire of the Thirteenth Century," *International History Review* 26, no. 2 (2004) : 237–256.

20 V. L. Ianin, "Medieval Novgorod," in *The Cambridge History of Russia,* vol. 1 : *From Early Rus' to 1689,* ed. Maureen Perrie (Cambridge : Cambridge University Press, 2006), 196.

21 1266년과 1272년 사이에 뭉케 테무르는 게르만 상인들이 안전히 통행할 수 있도록 할 것을 노브고로드인들에게 명령했다. 이 뭉케 테무르 명령의 러시아어 판본은 다음에서 확인할 수 있다. *Gramoty Velikovo Novgoroda i Pskova,* ed. Sigizmund N. Valk (Moscow / Leningrad, 1949), 57 ; Ianin, "Medieval Novgorod," 199.

22 Rashīd al-Dīn, *Compendium of Chronicles,* 519.

23 Reuven Amitai-Preiss, *Mongols and Mamluks : The Mamluk-Ilkhanid War, 1260–1281* (Cambridge : Cambridge University Press, 1995), 89–90 ; Anne Broadbridge, *Kingship and Ideology in the Islamic and Mongol Worlds* (Cambridge : Cambridge University Press, 2008), 59–61. 1271–1272년 무렵 뭉케 테무르는 맘루크 술탄에게 서신을 작성하여 아바카와 전투를 벌이고 아마도 카이두와 연합하도록 부추겼다. 그러나 구체적인 계획은 수립된 바 없다.

24 카파에 제노바인 정착지가 설립된 정확한 일시는 알려져 있지 않고, 1281년에 처음으로 언급되었다(Gheorghe Bratianu, *Actes des notaires génois de Péra et de Caffa de la fin du XIIIe siècle* [1281–1290] [Bucharest : Académie Roumaine, 1927], 74). 그러나 사료들은 제노바인 정착 교역소를 언급하고 있기 때문에 그 정착지는 수년 전에 만들어졌음에 틀림없다(Virgil Ciocîltan, *The Mongols and the Black Sea Trade in the Thirteenth and Fourteenth Centuries* [Leiden : Brill, 2012], 152–157).

25 Victor Spinei, "La genèse des villes du Sud-Est de la Moldavie et les rapports commerciaux des XIIIe–XIVe siècles," *Balkan Studies* 35, no. 2 (1994) : 197–269, 248.

26 Spinei, "La genèse des villes du Sud-Est de la Moldavie," 222, 228–229.

27 Spinei, "La genèse des villes du Sud-Est de la Moldavie," 210, 221, 244–245, 253, 256 ; Ernest Oberländer-Târnoveanu "Numismatical Contributions to the History of South-Eastern Europe at the End of the 13th Century," *Revue roumaine d'Histoire* 26, no. 3 (1987) : 245–258.

28 Spinei, "La genèse des villes du Sud-Est de la Moldavie," 204–206, 234–236.

29 제노바인들의 흑해 무역 거점에 대해서는 다음을 참고하라. Spinei, "La genèse des villes du Sud-Est de la Moldavie," 212–215. 님파에움 조약의 원문은 다음을 참고하라. Camillo Manfroni, "Le relazioni fra Genova l'impero bizantino e i Turchi," *Atti della societa ligure di storia patria* 28 (1896) : 791–809.

30 Spinei, "La genèse des villes du Sud-Est de la Moldavie," 219, 232–234 ; Sergei Karpov, "The Grain Trade in the Southern Black Sea Region : The Thirteenth to the Fifteenth Century," *Mediterranean Historical Review* 8, no. 1 (1993) : 55–73.

31 다음을 참고하라. Marco Polo, *The Book of Ser Marco Polo,* vol. 2, book 4, 479–486 ; Ibn Fadl Allāh al-'Umarī, *Das mongolische Weltreich : Al-'Umarī's Darstellung* *der mongolischen Reiche in seinem Werk Masālik al-absār fī mamālik al-amsār,* ed. and trans. Klaus Lech (Wiesbaden : Harrassowitz, 1968), 75–77, 80 (in Arabic), 142–143, 145 (in German). 또한 다음도 참고하라. Allsen, "Princes of the Left Hand," 30 ; Janet Martin, "The Land of Darkness and the Golden Horde : The Fur Trade under the Mongols XIII–XIVth Centuries," *Cahiers du Monde russe et soviétique* 19, no. 4 (1978) : 401–421.

32 Marie Favereau, "The Mongol Peace and Global Medieval Eurasia," *Comparativ* 28, no. 4 (2018) : 49–70, 66–67. 또한 다음을 참고하라. Thomas Allsen, "Mongolian Princes and Their Merchant Partners, 1200–1260," *Asia Major* 2, no. 2 (1989) : 83–126 ; Elizabeth Endicott-West, "Merchant Associations in Yüan China : The Ortogh," *Asia Major* 2, no. 2 (1989) : 127–153.

33 Marco Polo, *The Book of Ser Marco Polo,* vol. 2, book 4, 479–481 ; Biran, *Qaidu,* 64–66. 뭉케 테무르가 사망한 정확한 일시 및 원인은 알려지지 않았다. 라시드 앗 딘은 그 칸이 이슬람력 681년(서력 1282–1283년)에 죽었다고 했다(*Compendium of Chronicles,* 362). 관견의 한에서 투데 뭉케의 이름이 새겨진 첫 번째 주화는 이슬람력 682년의 것이다(Roza Sagdeeva, *Serebrianie monety khanov Zolotoi Ordy* [Moscow, 2005], 11–12).

34 Rashīd al-Dīn, *Compendium of Chronicles,* 438 ; Biran, *Qaidu,* 64–65 ; Allsen, "Princes of the Left Hand," 21.

35 Rashīd al-Dīn, *Compendium of Chronicles,* 349.

36 노가이의 기원에 대해서는 *Mu'izz al-ansāb,* 43을 참고하라. 노가이와 바이바르스 간의 외교 교환에 대해서는 Broadbridge, *Kingship and Ideology,* 59–60을 참고하라.

37 Rashīd al-Dīn, *Compendium of Chronicles,* 365–366. 노가이와 일칸조 간의 평화에 대해서는 다음을 참고하라. Broadbridge, *Kingship and Ideology,* 60.

38 *Moskovskii letopisnii svod kontsa XV veka. (Polnoe sobranie russkikh letopisei),* vol. 25 (Moscow, Leningrad : Izdatel'stvo Akademii Nauk SSSR, 1949), 153–154.

39 Georges Pachymérès, *Relations historiques,* ed. Albert Failler, trans. Laurent Vitalien, 5 vols. (Paris : Belles Lettres, 1984), vol. 1, 302, 448 ; Thomas Tanase, "Le 'khan' Nogaï et la géopolitique de la mer Noire en 1287 à travers un document missionnaire : la lettre de Ladislas, custode de Gazarie," *Annuario Istituto Romeno di Cultura e Ricerca Umanistica* 6, no. 7 (2004–2005), 277.

40 Tanase, "Le 'khan' Nogaï," 287–288 ; Peter Jackson, *The Mongols and the West, 1221–1410* (Harlow, UK : Pearson-Longman, 2005), 204–205.

41 노가이의 흥기에 관한 더 많은 정보는 다음을 참고하라. Nikolai Veselovskii, *Khan iz temnikov Zolotoi Ordy. Nogai i evo vremia* (Petrograd, 1922) ; Ciocîltan, *The Mongols and the Black Sea,* 248–264 ; Tanase, "Le 'khan' Nogaï," 272–277.

42 Rashīd al-Dīn, *Compendium of Chronicles,* 362–363 ; Baybars al-Dawādār, *Zubdat al-fikra fī ta'rīkh al-hijra, in Sbornik materialov, otnosiashchikhsia k istorii Zolotoi Ordy,* vol. 1 : *Izvlecheniia iz sochinenii arabskikh,* ed. Vladimir Tizengauzen [Tiesenhausen] (St. Petersburg : Izdano na izhdivenie grafa S.G. Stroganova, 1884), 83–84 (in Arabic), 106 (Russian transl.) ; Jackson, *The Mongols and the West,* 205.

43 Kim, "The Unity of the Mongol Empire," 26 ; Rashīd al-Dīn, *Compendium of Chronicles,* 노가이가 사리를 준 것에 대해서는 같은 책, 567쪽을, 데르벤트를 통한 주치조의 공격에 대해서는 같은 책, 573쪽을 보라.

44 Girolamo Golubovich, *Biblioteca bio-bibliografica della Terra Santa e dell' Oriente Francescano,* vol. 2 : *Addenda al sec. XIII e Fonti pel sec. XIV, con tre carte geografiche dell' Oriente Francescano de' sec. XIII–XIV* (Florence : Collegio di s. Bonaventura, 1913), nb. 14, 262 ; Tanase, "Le 'khan' Nogaï," 292–294.

45 Tanase, "Le 'khan' Nogaï," 269–270, 274, 290–298.

46 Rashīd al-Dīn, *Compendium of Chronicles,* 363.

47 "투란의 침입"에 대한 러시아 측 사료에 대해서는 다음을 참고하라. *Lavrent'evskaia letopis'* (*Polnoe sobranie russkikh letopisei,* vol. 1), (Leningrad : Izdatel'stvo Akademii Nauk SSSR, 1926–1927), col. 527 ; *Simeonovskaia letopis'* (*Polnoe sobranie russkikh letopisei,* vol. 18), (St. Petersburg : Tipografiia M.A. Aleksandrova, 1913), 82 ; *Vladimirskii letopisets. Novgorodskaia vtoraia (Arkhivskaia) letopis'* (*Polnoe sobranie russkikh letopisei,* vol. 30), (Moscow : Rukopisnye pamiatniki Drevnei Rusi, 2009), 98. 또한 다음을 참고하라. Donald Ostrowski, *Muscovy and the Mongols : Cross-Cultural Influences on the Steppe Frontier* (Cambridge : Cambridge University Press, 1998), 150–151.

48 살지우다이의 정확한 신분은 불분명하다. 토크타는 그를 "자신의 장수"라고 불렀고, 라시드 앗 딘은 살지우다이를 주치조 칸에게 복무하는 아미르, 즉 군사 지휘관으로 묘사했다(Rashīd al-Dīn, *Compendium of Chronicles,* 364, 381–382 ; *Mu'izz al-ansāb,* 41). 또한 다음을 참고하라. Tatyana Skrynnikova, "Relations of Domination and Submission : Political Practice in the Mongol Empire of Chinggis Khan," in *Imperial Statecraft : Political Forms and Techniques of Governance in Inner Asia, Sixth–Twentieth Centuries,* ed. David Sneath (Bellingham, WA : Center for East Asian Studies, Western Washington University, 2007), 111–112 ; Christopher Atwood, "Titles, Appanages, Marriages, and Officials : A Comparison of Political Forms in the Zünghar and Thirteenth-Century Mongol Empires," in *Imperial Statecraft : Political Forms and Techniques of Governance in Inner Asia, Sixth–Twentieth Centuries Centuries,* ed. David Sneath (Bellingham, WA : Center for East Asian Studies, Western Washington University, 2007), 226 ; Ishayahu Landa, "From Mongolia to Khwārazm : The Qonggirad Migrations in the Jochid Ulus (13th–15th c.)," *Revue des mondes musulmans et de la Méditerranée* 143 (2018), 217.

49 Petrov, "Jochid Money and Monetary Policy," 622 ; Oberländer-Târnoveanu, "Numismatical Contributions," 245–258 ; István Vásáry, *Cumans and Tatars : Oriental Military in the Pre-Ottoman Balkans, 1185–1365* (Cambridge : Cambridge University Press, 2005), 90–91 ; Aleksandar Uzelac, "Echoes of the Conflict between Tokhta and Nogai in the Christian World," *Zolotoordynskoe obozrenie* 5, no. 3 (2017), 510. 사료에서는 체케를 "주게(Jöge)"로 언급하기도 한다.

50 Rashīd al-Dīn, *Compendium of Chronicles,* 365 ; Ciocîltan, *The Mongols and the Black Sea,* 161–162.

51 Rashīd al-Dīn, *Compendium of Chronicles,* 365.

52 Pachymérès, *Relations historiques,* vol. 1 part 3, 289–290. 또한 다음의 자료 등도 참고하라. Uzelac, "Echoes of the Conflict," 512 ; Rashīd al-Dīn, *Compendium of Chronicles,* 365 ; Ciocîltan, *The Mongols and the Black Sea,* 253.

53 Marco Polo, *The Travels of Marco Polo,* 314 ; Rashīd al-Dīn, *Compendium of Chronicles,* 364–366. 폴로가 옮긴 주치조의 내전에 대해서는 다음을 참고하라. Uzelac, "Echoes of the Conflict," 515–516.

54 Vásáry, *Cumans and Tatars,* 71–98 ; Ciocîltan, *The Mongols and the Black Sea,* 259–279.

55 Christopher Atwood, "Ulus Emirs, Keshig Elders, Signatures, and Marriage Partners : The Evolution of a Classic Mongol Institution," in *Imperial Statecraft : Political Forms and Techniques of Governance in Inner Asia, Sixth–Twentieth Centuries,* ed. David Sneath (Bellingham, WA : Center for East Asian Studies, Western Washington University, 2007), 160–161.

56 Rashīd al-Dīn, *Compendium of Chronicles,* 364. 살지우다이를 포함하여 카라추에 대해서는 다음을 참고하라. Skrynnikova, "Relations of Domination and Submission," 100–101, 104–115, 110–111.

57 노가이의 통치에 대해서는 다음을 참고하라. Devin DeWeese, *Islamization and Native Religion in the Golden Horde : Baba Tükles and Conversion to Islam in Historical and Epic Tradition* (University Park : Penn State University Press, 1994), 88–89.

제6장

1 Francesco Balducci Pegolotti, *La pratica della mercatura,* ed. Allen Evans (Cambridge, MA : Medieval Academy of America, 1936 ; reprint 1970), 21–23.

2 다음을 참고하라. Sir Henry Yule, *Cathay and the Way Thither : A Collection of Medieval Notices of China,* 4 vols. (London : printed for the Hakluyt Society, 1913–1916), vol. 3, 49 ; Hodong Kim, "The Unity of the Mongol Empire and Continental Exchange over Eurasia," *Journal of Central Eurasian Studies* 1 (2009) : 15–42, 27–28 ; Marie Favereau, "The Mongol Peace and Global Medieval Eurasia," *Comparativ* 28, no. 4 (2018) : 49–70, 63–66.

3 Marco Polo, *The Book of Ser Marco Polo, the Venetian : Concerning the Kingdoms and Marvels of the East,* trans. and ed. Sir Henry Yule (London : J. Murray, 1921), vol. 2, book 4, 480–484.

4 Rashīd al-Dīn, *Rashiduddin Fazlullah's–Jami'u't–tawarikh. Compendium of Chronicles : A History of the Mongols,* trans. Wheeler Thackston (Cambridge, MA : Dept. of Near Eastern Languages and Civilizations, Harvard University, 1998–1999), 349 ; *Mu'izz al–ansāb. Proslavliaiushchee genealogii,* ed. A. K. Muminov, trans. Sh. Kh. Vokhidov (Almaty, 2006), 39. 또한 다음을 참고하라. Thomas Allsen, "Princes of the Left

Hand : The Ulus of Orda in the Thirteenth and Fourteenth Centuries," *Archivum Eurasiae Medii Aevi* 5 (1985–1987), 18–19.

5 Rashīd al-Dīn, *Compendium of Chronicles,* 349–350. Allsen, "Princes of the Left Hand," 23–24. Michal Biran, *Qaidu and the Rise of the Independent Mongol State in Central Asia* (Richmond : Curzon, 1997), 65–66, 69–74.

6 Antoine Mostaert and Francis W. Cleaves, *Les lettres de 1289 et 1305 des ilkhan Arghun et Öljeitu à Philippe le Bel* (Cambridge, MA : Harvard-Yenching Institute, Harvard University Press, 1962), 55–56 (Mongolian text), 56–57 (French translation). 또한 다음을 참고하라. Peter Jackson, "World Conquest and Local Accommodation : Threat and Blandishment in Mongol Diplomacy," in *History and Historiography of Post-Mongol Central Asia and the Middle East : Studies in Honour of John E. Woods,* ed. Judith Pfeiffer and Sholeh Quinn (Wiesbaden : Harrassowitz, 2006), 15–16.

7 Allsen, "Princes of the Left Hand," 22–25. Biran, *Qaidu,* 64–66 ; Yingsheng Liu, "War and Peace between the Yuan Dynasty and the Chaghadaid Khanate (1312–1323)," in *Mongols, Turks, and Others : Eurasian Nomads and the Sedentary World,* ed. Reuven Amitai and Michal Biran (Leiden : Brill, 2005), 340–342.

8 Rashīd al-Dīn, *Compendium of Chronicles,* 583, 649, 654 ; Kim, "The Unity of the Mongol Empire," 26–27 ; Anne Broadbridge, *Kingship and Ideology in the Islamic and Mongol Worlds* (Cambridge : Cambridge University Press, 2008), 87–93, 95, 131 ; Marie Favereau, "The Mamluk Sultanate and the Golden Horde : Tension and Interaction during the Mongol Peace," in The Mamluk Sultanate from the Perspective of Regional and World History : Economic, Social and Cultural Development in an Era of Increasing International Interaction and Competition, ed. Reuven Amitai and Stephan Conermann (Bonn : V&R Unipress, 2019), 355–356 ; John A. Boyle, "Dynastic and Political History of the Il-Khans," in *The Cambridge History of Iran,* vol. 5 : *The Saljuq and Mongol Periods,* ed. John A. Boyle (Cambridge : Cambridge University Press, 1968), 392–393.

9 Vincenzo Promis, "Continuazione della Cronaca di Jacopo da Varagine dal 1297 al 1332," *Atti della societa' ligure di storia patria* 10 (1874), 500–501 ; al-Nuwayrī, *Nihāyat al-Arab fī funūn al-adab,* in Vladimir Tizengauzen [Tiesenhausen], ed., *Sbornik materialov, otnosiashchikhsia k istorii Zolotoi Ordy,* vol. 1 : *Izvlecheniia iz sochinenii arabskikh* (St. Petersburg : Izdano na izhdivenie grafa S.G. Stroganova, 1884), 140 (in Arabic), 162 (in Russian transl.) ; Virgil Ciocîltan, *The Mongols and the Black Sea Trade in the Thirteenth and Fourteenth Centuries* (Leiden : Brill, 2012), 163–173 ; Nicola Di Cosmo, "Mongols and Merchants on the Black Sea Frontier in the Thirteenth and Fourteenth Centuries : Convergences and Conflicts," in *Mongols, Turks and Others : Eurasian Nomads and the Sedentary World,* ed. Reuven Amitai and Michal Biran (Leiden : Brill, 2005), 412–413 ; Girolamo Golubovich, *Biblioteca bio-bibliografica della Terra Santa e dell' Oriente Francescano,* vol. 3 : *1300–1330* (Florence : Collegio di s. Bonaventura, 1919), 173–174.

10 Pavel Petrov, "Jochid Money and Monetary Policy in the 13th–15th Centuries," in *The Golden Horde in World History,* ed. Rafael Khakimov, Vadim Trepavlov, and Marie Favereau (Kazan : Sh. Marjani Institute of the History of the Tatarstan Academy of Sciences, 2017), 621.

11 Petrov, "Jochid Money and Monetary Policy," 623.

12 다음을 참고하라. Andrei Ponomarev, *Evoliutsiia denezhnykh sistem Prichernomor'ia i Balkan v XIII–XV vv.* (Moscow, 2011), 167–178. Pavel Petrov, Ia. V. Studitskii, and P. V. Serdiukov, "Provodilas' li Toktoi Obshchevosudarstvennaia reforma 710 g.kh. Kubanskii klad vremeni Uzbek-Khana," in *Trudy Mezhdunarodnykh numizmaticheskikh konferencii. Monety i denezhnoe obrashchenie v mongol'skikh gosudarstvakh XIII–XV vekov* (Moscow, 2005), 142–147, 205. Petrov, "Jochid Money and Monetary Policy," 622–624.

13 Petrov, "Jochid Money and Monetary Policy," 622.

14 다음을 참고하라. Petrov, Studitskii, and Serdiukov, "Provodilas' li Toktoi Obshchevosudarstvennaia reforma," 145–147.

15 사료에는 토크타가 맘루크에 보낸 마지막 사절단과 우즈벡의 첫 번째 사신단 간의 다소 혼동이 있다(Doris Behrens-Abouseif, *Practising Diplomacy in the Mamluk Sultanate : Gifts and Material Culture in the Medieval Islamic World* [London : I. B. Tauris, 2014], 64–65). 사료에 따르면 토크타는 난파로 사망했거나 또는 배에 타고 있는 도중에 독살되었다고 한다(*Mu'izz al-ansāb,* 41 ; Devin DeWeese, *Islamization and Native Religion in the Golden Horde : Baba Tükles and Conversion to Islam in Historical and Epic Tradition* [University Park : Penn State University Press, 1994)] 108).

16 DeWeese, *Islamization,* 118–119. 더욱 일반적으로 우즈벡의 집권을 서술하는 사료에 대해서는 106–22쪽을 참고하라. Ibn Battuta, *Voyages,* vol. 2 : *De la Mecque aux steppes russes et à l'Inde,* trans. and ed. C. Defrémery, B. R. Sanguinetti, and S. Yerasimos (Paris : Éditions Anthropos, 1982), 230n60.

17 German Fedorov-Davydov, *Obshchestvennii stroi Zolotoi Ordy* (Moscow : Izdatel'stvo Moskovskovo universiteta, 1973), 103–107 ; DeWeese, *Islamization,* 106–122.

18 DeWeese, *Islamization,* 93–94, 120.

19 DeWeese, *Islamization,* 107–115 ; Thomas Tanase, "A Christian Khan of the Golden Horde? 'Coktoganus' and the Geopolitics of the Golden Horde at the Time of Its Islamisation," *Revue des mondes musulmans et de la Méditerranée* 143 (2018), 58–60. Abū Bakr al-Qutbī al-Ahrī, *Ta'rīkh-i Shaykh Uways. History of Shaikh Uwais : An Important Source for the History of Adharbaijān in the Fourteenth Century,* trans. and ed. J. B. van Loon ('s-Gravenhage : Uitgeverij Excelsior, 1954), 49.

20 일칸국 영역에서 베글레르벡은 케식장 중의 한 명이었지만, 호르드에서는 그렇지 않았을 수도 있다. 일칸조에서의 베글레르벡의 지위에 대해서는 다음을 참고하라. Christopher Atwood, "Ulus Emirs, Keshig Elders, Signatures, and Marriage Partners : The Evolution of a Classic Mongol Institution," in *Imperial Statecraft : Political Forms and*

Techniques of Governance in Inner Asia, Sixth-Twentieth Centuries, ed. David Sneath (Bellingham, WA : Center for East Asian Studies, Western Washington University, 2007), 156-157, 163-164.

21 Ibn Battuta, *Voyages,* vol. 2, 225, 263, 269 ; Iurii Seleznev, *E'lita Zolotoi Ordy : Nauchnospravochnoe izdanie* (Kazan, 2009), 92-93 ; Atwood, "Ulus Emirs, Keshig Elders," 160-163. 쿠틀루크 테무르의 아버지에 대해서는 나즘 앗 다울라 앗 딘(Najm al-Dawla al-Dīn)이라는 이름과 그의 이슬람 신앙 외에는 알려져 있지 않다. 쿠틀루크 테무르의 어머니는 우즈벡의 이모였다.

22 15세기 페르시아 역사가인 미르혼드에 따르면, 쿠틀루크 테무르는 이슬람력 36년(서력 1335-1336년)에 사망했다고 한다. Fedorov-Davydov, *Obshchestvennii stroi Zolotoi Ordy,* 90.

23 Petrov, "Jochid Money and Monetary Policy," 624. 호르드 내에서의 울루스 확산에 대해서는 다음을 참고하라. Arkadiy Grigor'ev and Ol'ga Frolova, "Geograficheskoe opisanie Zolotoi Ordy v Entsiklopedii al-Kalkashandi," in *Tiurkologicheskii sbornik 2001* (Moscow : Vostochnaia literatura, 2002).

24 Ibn Battuta, *Voyages,* vol. 2, 231 ; Eugène Jacquet, "Le livre de l'Estat du grand Caan, extrait d'un manuscrit de la Bibliothèque du Roi," *Journal Asiatique* 6 (1830), 5960 ; Yule, *Cathay and the Way Thither,* vol. 4, 89-90 ; Fedorov-Davydov, *Obshchestvennii stroi Zolotoi Ordy,* 89-93, 100-107. 우즈벡의 개혁에 관한 정보는 거의 아랍 사료에서만 보인다.

25 Allsen, "The Princes of the Left Hand," 25-26 ; Kanat Uskenbay, "Left Wing of the Ulus of Jochi in the 13th-the Beginning of the 15th Centuries," in *The Golden Horde in World History,* ed. Rafael Khakimov, Vadim Trepavlov, and Marie Favereau (Kazan : Sh. Marjani Institute of the History of the Tatarstan Academy of Sciences, 2017), 207.

26 다음을 참고하라. Uskenbay, "Left Wing of the Ulus of Jochi," 209. 시르-다리야 강 인근의 14세기 묘역은 초원과 이슬람 전통이 혼합된 매장이 점차 증가하고 있었음을 보여준다.

27 Allsen, "Princes of the Left Hand," 25-26.

28 "검은 타타르"라는 이름에 대해서는 다음을 참고하라. Ciocîltan, *The Mongols and the Black Sea,* 276. 노가이의 옛 영역에 대한 불가리아의 정복은 같은 책, 266-269쪽을 참고하라.

29 al-Nuwayrī, *Nihāyat al-Arab,* ed. Tizengauzen, 141 (in Arabic), 162-163 (Russian transl.) ; Ibn Abī al-Fadā'il, *al-Nahj al-sadīd wa-l-durr al-farīd fīmā ba'd Tārīkh Ibn al-'Amīd,* Vladimir Tizengauzen [Tiesenhausen] ed., *Sbornik materialov, otnosiashchikhsia k istorii Zolotoi Ordy,* vol. 1 : *Izvlecheniia iz sochinenii arabskikh* (St. Petersburg : Izdano na izhdivenie grafa S.G. Stroganova, 1884), 185-186 (in Arabic), 196-198 (Russian transl.) ; al-'Umarī, *Masālik al-absār fī mamālik al-amsār,* Vladimir Tizengauzen [Tiesenhausen] ed., *Sbornik materialov, otnosiashchikhsia k istorii Zolotoi Ordy,* vol. 1 : *Izvlecheniia iz sochinenii arabskikh* (St. Petersburg : Izdano na izhdivenie grafa S.G. Stroganova, 1884), 214 (in Arabic), 235-236 (Russian transl.) ; Ciocîltan, *The Mongols* *and the Black Sea,* 264–267, 269–270.

30 Ciocîltan, *The Mongols and the Black Sea,* 269, 271, 276 ; István Vásáry, *Cumans and Tatars : Oriental Military in the Pre-Ottoman Balkans, 1185–1365* (Cambridge : Cambridge University Press, 2005), 122–133, 149–155.

31 Janet Martin, *Medieval Russia : 980–1584,* 2nd ed. (Cambridge : Cambridge University Press, 2007), 178.

32 Favereau, "The Mamluk Sultanate and the Golden Horde," 359–360. 주치조는 또한 아르메니아 통치자들에게 딸을 시집보내기도 했는데, 그들은 러시아 지배계층과 마찬가지로 더욱 낮은 계급의 친족으로 인식되었다.

33 Martin, *Medieval Russia,* 174.

34 Martin, *Medieval Russia,* 186.

35 Martin, *Medieval Russia,* 193–194.

36 *The Chronicle of Novgorod, 1016–1471,* trans. Robert Michell and Nevill Forbes (London : Offices of the Society, 1914), 119–121. 또한 다음을 참고하라. Anton A. Gorskii, *Moskva i Orda,* 2nd ed. (Moscow : Nauka, 2005), 42–59.

37 John Fennell, "The Tver' Uprising of 1327 : A Study of the Sources," *Jahrbücher für Geschichte Osteuropas* 15 (1967) : 161–179 ; Donald Ostrowski, *Muscovy and the Mongols : Cross-Cultural Influences on the Steppe Frontier* (Cambridge : Cambridge University Press, 1998), 151–153, incl. n37.

38 Martin, *Medieval Russia,* 196.

39 Martin, *Medieval Russia,* 217.

40 Martin, *Medieval Russia,* 198–199, 202–206. 노브고로드인들은 모스크바의 지배를 반대했기 때문에 이반 칼리타의 아들이자 1353년부터 1359년까지 통치한 이반 2세의 즉위를 인정조차 하지 않았다.

41 Al-Ahrī, *Ta'rīkh-i Shaykh Uways,* 52–53, 58–59.

42 Liu, "War and Peace between the Yuan Dynasty and the Chaghadaid Khanate (1312–1323)," 346.

43 Promis, "Continuazione della Cronaca di Jacopo da Varagine," 500–501 ; Ciocîltan, *The Mongols and the Black Sea,* 178n141.

44 DeWeese, *Islamization,* 97–100 ; Tanase, "A Christian Khan of the Golden Horde?" 53. 우즈벡의 흑해 정책에 관해서는 다음을 참고하라. Ciocîltan, *The Mongols and the Black Sea,* 173–199.

45 Favereau, "The Mamluk Sultanate and the Golden Horde," 357–361 ; Broadbridge, *Kingship and Ideology,* 132n142.

46 Reuven Amitai, "Resolution of the Mamluk-Mongol War," in *Mongols, Turks and Others : Eurasian Nomads and the Sedentary World,* ed. Reuven Amitai and Michal Biran (Leiden : Brill, 2005), 359, 366–369 ; Broadbridge, *Kingship and Ideology,* 101–114, 134–136 ; Benjamin Kedar, "Segurano-Sakr n Salvaygo : un mercante Genovese al servizio die Sultani Mamalucchi, c. 1303–1322," in *Fatti e idée di storia economica nei secoli XII–XX. Studi dedicati a Franco Borlandi* (Bologna : Il Mulino, 1976), reprinted in Benjamin Kedar, *The Franks in the Levant, 11th to 14th Centuries* (Aldershot, UK : Variorum, 1993).

47 Victor Spinei, "La genèse des villes du Sud-Est de la Moldavie et les rapports commerciaux des XIIIe–XIVe siècles," *Balkan Studies* 35, no. 2 (1994) : 197–269, 246. Pegolotti, *La pratica della mercatura,* 42.

48 Spinei, "La genèse des villes du Sud-Est de la Moldavie," 224 ; Sergei Karpov, "The Grain Trade in the Southern Black Sea Region : The Thirteenth to the Fifteenth Century," *Mediterranean Historical Review* 8, no. 1 (1993) : 55–73, 61–62, 63–64.

49 Ciocîltan, *The Mongols and the Black Sea Trade,* 133–134.

50 Louis de Mas-Latrie, "Privilèges commerciaux accordés à la république de Venise par les princes de Crimée et les empereurs mongols du Kiptchak," *Bibliothèque de l'école des chartes* 29 (1868), 583–584 ; Di Cosmo, "Mongols and Merchants," 411.

51 Mas-Latrie, "Privilèges commerciaux," 580–595 ; A. P. Grigor'ev and V. P. Grigor'ev, *Kollektsiia zolotoordynskikh dokumentov XIV veka iz Venetsii* (St. Petersburg, 2002), 5–33 ; István Vásáry, "Immunity Charters of the Golden Horde Granted to the Italian Towns Caffa and Tana," in *Vásáry, Turks, Tatars and Russians in the 13th–16th Centuries* (Aldershot, UK : Ashgate, 2007), ch. 12, 1–13 ; Marie Favereau, "Convention constitutive. L'approche historique des contrats : le cas des Vénitiens et de la Horde d'Or," in *Dictionnaire des conventions,* ed. Philippe Batifoulier et al. (Villeneuve d'Ascq : Presses universitaires du Septentrion, 2016), 82–87. 원문에 대해서는 다음을 참고하라. State Archives of Venice, *Libri Pactorum :* Liber Albus, ff. 249, 250, 251 ; III, ff. 225, 236, 247 ; V, f. 160 ; *Commemoriali :* VI, ff. 80–81.

52 German A. Fedorov-Davydov, *The Culture of the Golden Horde Cities,* trans. H. Bartlett Wells (Oxford : B. A. R., 1984), 19–22.

53 Ibn Battuta, *Voyages,* vol. 2, 257–258. 또한 다음을 참고하라. Fedorov-Davydov, *The Culture of the Golden Horde Cities,* 16. 아랍 사료에 따르면 약 7만5,000명의 주민이 있었다고 한다(Vladimir Tizengauzen [Tiesenhausen] ed., *Sbornik materialov, otnosiashchikhsia k istorii Zolotoi Ordy,* vol. 1 : Izvlecheniia iz sochinenii arabskikh (St. Petersburg : Izdano na izhdivenie grafa S.G. Stroganova, 1884), 550). 고고학자들은 이 수치를 믿을 만한 것으로 여긴다(Vadim Egorov, *Istoricheskaia geografiia Zolotoi Ordy v XIII–XIV vv.* [Moscow, 1985], 115).

54 Ibn Battuta, *Voyages,* vol. 2, 257 ; Fedorov-Davydov, *The Culture of the Golden Horde Cities,* 19.

55 Fedorov-Davydov, *The Culture of the Golden Horde Cities,* 8, 17–19, 25. 또한 다음을 참고하라. Emma Zilivinskaya and Dmitry Vasilyev, "Cities of the Golden Horde," in *The Golden Horde in World History,* ed. Rafael Khakimov, Vadim Trepavlov, and Marie Favereau (Kazan : Sh. Marjani Institute of the History of the Tatarstan Academy of Sciences, 2017), 630–660.

56 Ibn Battuta, *Voyages,* vol. 2, 263.

57 DeWeese, *Islamization,* 94–100 ; Roman Hautala, "Comparing the Islamisation of the

Jochid and Hülegüid Uluses : Muslim and Christian Perspectives," *Revue des mondes musulmans et de la Méditerranée* 143 (2018), 73–76 ; Tanase, "A Christian Khan of the Golden Horde?" 52–53 ; Peter Jackson, *The Mongols and the Islamic World : From Conquest to Conversion* (New Haven : Yale University Press, 2017), 354–355 ; Lyuba Grinberg, "From Mongol Prince to Russian Saint," *Kritika : Explorations in Russian and Eurasian History* 12, no. 3 (2011) : 647–673.

58 Fedorov-Davydov, *The Culture of the Golden Horde Cities,* 16, 31–32 ; Grinberg, "From Mongol Prince to Russian Saint," 669–670.

59 Walther Heissig, *The Religions of Mongolia,* trans. Geoffrey Samuel (Berkeley : University of California Press, 1980), 102.

60 Grinberg, "From Mongol Prince to Russian Saint," 658.

61 Grinberg, "From Mongol Prince to Russian Saint," 특히, 656 ; S. B. Veselovskii, "Iz istorii drevnerusskovo zemlevladeniia," *Istoricheskie Zapiski* 18 (1946) : 56–91.

62 Grinberg, "From Mongol Prince to Russian Saint," 659, 665.

63 V. L. Ianin, "Medieval Novgorod," in *The Cambridge History of Russia,* vol. 1 : *From Early Rus' to 1689,* ed. Maureen Perrie (Cambridge : Cambridge University Press, 2006), 200, 208–209 ; Grinberg, "From Mongol Prince to Russian Saint," 653n20. 사적 토지 소유권은 아마도 10–12세기 사이에 출현했을 듯하지만, 이 시기에 관한 사료가 거의 없다.

64 Charles Melville, "The End of the Ilkhanate and After : Observations on the Collapse of the Mongol World Empire," in *The Mongols' Middle East : Continuity and Transformation in Ilkhanid Iran,* ed. Bruno de Nicola and Charles Melville (Leiden : Brill, 2016), 309–335 ; Broadbridge, *Kingship and Ideology,* 138–147. 다음에 따르면, 아부 사이드와 "여섯 명의 자식들"은 전염병으로 사망했다고 하지만, 이것은 다른 신뢰할 만한 동시대 사료에 의해서 확인되지 않는다. al-Maqrīzī, *Kitāb al-sulūk li-ma'rifat duwal al-mulūk,* I / 2, ed. Muhammad Mustafā Ziyāda (Cairo, 1936), 772–774.

65 Melville, "The End of the Ilkhanate and After," 324.

66 al-Ahrī, *Ta'rīkh-i Shaykh Uways,* 72–76 ; Utemish Khadzhi, *Chingiz-name,* trans. and ed. V. P. Iudin, Iu. G. Baranova, and M. Kh. Abuseitova (Almaty, 1992), 107–108 ; Abū'l-Ghāzī Bahādūr Khān, *Histoire des Mongols et des Tatares par Aboul-Ghâzi Béhâdour Khân,* trans. and ed. Petr I. Desmaisons (St. Petersburg, 1871–1874 ; repr. Amsterdam : Philo Press, 1970), 184–185. 또한 다음도 참고하라. DeWeese, *Islamization,* 95n57.

67 Broadbridge, *Kingship and Ideology,* 161–162 ; al-Ahrī, *Ta'rīkh-i Shaykh Uways,* 77 ; Roza Sagdeeva, *Serebrianie monety khanov Zolotoi Ordy* (Moscow, 2005), 29, nb. 264.

68 다음을 참고하라. Zilivinskaia and Vasilyev, "Cities of the Golden Horde," 644 ; Emma Zilivinskaia, "Caravanserais in the Golden Horde," *Silk Road* 15 (2017) : 13–31.

제7장

1 Sergei Karpov, "Génois et Byzantins face à la crise de Tana de 1343 d'après les documents d'archives inédits," *Byzantinische Forschungen* 22 (1996) : 33–51 ; Sergei Karpov, "Black Sea and the Crisis of the Mid XIVth Century : An Underestimated Turning Point," *Thesaurismata* 27 (1997) : 65–77 ; Sergei Karpov, "Venezia e Genova : rivalità e collaborazione a Trebisonda e Tana, secoli XIII–XV," in *Genova, Venezia, il Levante nei secoli XII–XIV,* ed. G. Ortalli and D. Puncuh, 257–272 (Venice : Istituto veneto di scienze, lettere ed arti, 2001), 270–272.

2 다음을 참고하라. Hannah Barker, "Laying the Corpses to Rest : Grain, Embargoes, and Yersinia pestis in the Black Sea, 1346–1348," *Speculum* 96, no. 1 (2021).

3 Louis de Mas-Latrie, "Privilèges commerciaux accordés à la république de Venise par les princes de Crimée et les empereurs mongols du Kiptchak," *Bibliothèque de l'école des Chartes XXIX 6th series,* no. 4 (1868), 587–589 ; Virgil Ciocîltan, *The Mongols and the Black Sea Trade in the Thirteenth and Fourteenth Centuries* (Leiden : Brill, 2012), 214–216 ; Nicola Di Cosmo, "Black Sea Emporia and the Mongol Empire : A Reassessment of the Pax Mongolica," *Journal of the Economic and Social History of the Orient* 53, no. 1–2 (2010) : 83–108, 97–98.

4 Barker, "Laying the Corpses to Rest."

5 Gabriele de' Mussis, "Historia de Morbo," in *The Black Death,* ed. and trans. Rosemary Horrox (Manchester : Manchester University Press, 1994), 19 ; A. G. Tononi, "La Peste dell'anno 1348," *Giornale Ligustico de Archeologia, Storia e Letteratura* 11 (1884), 144–145 ; Di Cosmo, "Black Sea Emporia and the Mongol Empire," 97–98 ; Gilles li Muisis, "Recueil des Chroniques de Flandres," in *The Black Death,* ed. and trans. Rosemary Horrox (Manchester : Manchester University Press, 1994), 46. Timothy May, *The Mongol Conquests in World History* (London : Reaktion Books, 2012), 199–210 ; Timothy Brook, *Great State : China and the World* (London : Profile Books, 2019), 53–56.

6 Barker, "Laying the Corpses to Rest."

7 Mussis, "Historia de Morbo," 16–20.

8 Barker, "Laying the Corpses to Rest" ; Mark Wheelis, "Biological Warfare at the 1346 Siege of Caffa," *Emerging Infectious Diseases* 8, no. 9 (2002) : 971–975.

9 Abū Bakr al-Qutbī al-Ahrī, *Ta'rīkh-i Shaykh Uways. History of Shaikh Uwais : An Important Source for the History of Adharbaijān in the Fourteenth Century,* trans. and ed. J. B. van Loon ('s–Gravenhage : Mouton, 1954), 59 ; Charles Melville, "The End of the Ilkhanate and After : Observations on the Collapse of the Mongol World Empire," in *The Mongols' Middle East : Continuity and Transformation in Ilkhanid Iran,* ed. Bruno De Nicola and Charles Melville (Leiden : Brill, 2016), 319.

10 동물로부터 사람으로의 페스트 전염에 대해서는 다음을 참고하라. Susan D. Jones, Bakyt Atshabar, Boris V. Schmid, Marlene Zuk, Anna Amramina, and Nils Chr.

Stenseth, "Living with Plague : Lessons from the Soviet Union's Antiplague System," *Proceedings of the National Academy of Sciences* 116, no. 19 (2019) : 9155–9163. 또한 다음의 자료들도 참고하라. Maria Spyrou, Rezeda Tukhbatova, Chuan–Chao Wang, et al., "Analysis of 3800–Year–Old Yersinia pestis Genomes Suggests Bronze Age Origin for Bubonic Plague," *Nature Communications* 9, no. 1 (2018) : article no. 2234, 1–10 ; Monica Green, "Editor's Introduction to Pandemic Disease in the Medieval World : Rethinking the Black Death," *Medieval Globe* 1, no. 1–2 (2014) : 9–26.

11 Monica Green, "Editor's Introduction," 13 ; Barker, "Laying the Corpses to Rest." 몽골 제국의 영토 내에서 흑사병의 가능성 있는 기원에 대해서는 다음을 참고하라. Robert Hymes, "Epilogue : A Hypothesis on the East Asian Beginnings of the Yersinia pestis Polytomy," *Medieval Globe* 1 (2014) : 285–308 ; Philip Slavin, "Death by the Lake : Mortality Crisis in Early Fourteenth–Century Central Asia," *Journal of Interdisciplinary History* 50, no. 1 (2019) : 59–90, 61.

12 Hymes, "Epilogue," 289–291.

13 Barker, "Laying the Corpses to Rest."

14 May, *The Mongol Conquests,* 199–200 ; Brook, *Great State,* 60–61. "단일 균등 질병 구조(single uniform disease structure)"의 출현에 대해서는 다음을 참고하라. Peter Jackson, *The Mongols and the Islamic World : From Conquest to Conversion* (New Haven : Yale University Press, 2017), 405–408.

15 Brook, *Great State,* 59, 63–67, 70–71 ; Hymes, "Epilogue," 285–308 ; Uli Schamiloglu, "Preliminary Remarks on the Role of Disease in the History of the Golden Horde," *Central Asian Survey* 12, no. 4 (1993) : 447–457 ; Nükhet Varlık, "New Science and Old Sources : Why the Ottoman Experience of Plague Matters," *Medieval Globe* 1 (2014) : 193–227 ; John of Plano Carpini and William Rubruck in *The Mongol Mission : Narratives and Letters of the Franciscan Missionaries in Mongolia and China in the Thirteenth and Fourteenth Centuries,* ed. Christopher Dawson (London : Sheed and Ward, 1955), 12, 105–106.

16 무슬림 작가인 이븐 알 와르디는 페스트가 솔하트에서 발발했다고 기록했다(Jackson, *The Mongols and the Islamic World,* 407). 페스트 전파 경로에 관한 연구 및 논쟁에 대해서는 다음을 참고하라. Monica Green, "Taking 'Pandemic' Seriously : Making the Black Death Global," *Medieval Globe* 1 (2014) : 27–61 ; Yujun Cui, Chang Yu, Yanfeng Yan, et al., "Historical Variations in Mutation Rate in an Epidemic Pathogen, Yersinia pestis," *Proceedings of the National Academy of Science* 110, no. 2 (2013) : 577–582 ; Hymes, "Epilogue," 285–308.

17 Schamiloglu, "Preliminary Remarks," 449–450 ; Lawrence N. Langer, "The Black Death in Russia : Its Effects upon Urban Labor," *Russian History* 2, no. 1 (1975) : 53–67.

18 al-'Aynī, *'Iqd al-Jumān, in Vladimir Tizengauzen,* ed., *Sbornik materialov, otnosiashchikhsia k istorii Zolotoi Ordy,* vol. 1 : *Izvlecheniia iz sochinenii arabskikh* (St. Petersburg : Izdano na izhdivenie grafa S. G. Stroganova, 1884), 497–498, 529 ; Green,

"Taking 'Pandemic' Seriously," 30–31.

19 "우스트-예루살렘 공동묘지"로 알려진 불가르 공동묘지는 1996–2003년에 발굴되었다. 이곳은 14세기 후반 및 15세기 전반에 만들어졌다. S. Vasiliev, S. Boruckaia, I. Gazimzianov, "Paleodemograficheskie pokazateli Ust'-Ierusalimskovo mogil'nika (g.Bolgar)," in *Drevnost' i srednevekov'e Volgo-Kam'ia. Materialy tret'ikh Khalikovskikh chtenii* (Kazan, 2004), 38–40 ; Maria Spyrou, Rezeda Tukhvatova, Michal Feldman, et al., "Historical Y. pestis Genomes Reveal the European Black Death as the Source of Ancient and Modern Plague Pandemics," *Cell Host and Microbe* 19, no. 6 (2016) : 874–881.

20 Troitskaia letopis'. *Rekonstruktsiia teksta,* ed. Mikhail D. Priselkov (St. Petersburg : Nauka, 2002), 368 ; Janet Martin, *Medieval Russia,* 980–1584, 2nd ed. (Cambridge : Cambridge University Press, 2007), 199.

21 동쪽 세력의 쇠락에 관한 필연적 다중 원인의 해석에 대해서는 다음을 참고하라. Janet Abu-Lughod, *Before European Hegemony : The World System A.D. 1250–1350* (Oxford : Oxford University Press, 1989), 37. 아부-루고드는 세계의 패권이 이미 흑사병 시기 동안에 서쪽으로 전이되고 있었다고 주장하지만, 설득력이 있다고 생각하지 않는다.

22 Brook, *Great State,* 73–76.

23 David Robinson, *Empire's Twilight : Northeast Asia under the Mongols* (Cambridge, MA : Harvard University Press, 2009), 285–286. 칸발릭은 오늘날 베이징의 경계 안에 위치했다.

24 Robinson, *Empire's Twilight,* 367–368. 명나라를 몽골의 계승자로 보는 것에 대해서는 다음을 참고하라. Yihao Qiu, "Mirroring Timurid Central Asia in Maps : Some Remarks on Knowledge of Central Asia in Ming Geographical Documents," *Acta Orientalia Academiae Scientiarum Hungaricae* (2021) ; Hidehiro Okada, "China as a Successor State to the Mongol Empire," in *The Mongol Empire and Its Legacy,* ed. Reuven Amitai-Preiss and David Morgan (Leiden : Brill, 1999), 260–272.

25 『당서』의 인용 부분은 다음을 참고했다. Sechin Jagchid, "The Kitans and Their Cities," *Central Asiatic Journal* 25, no. 1–2 (1981), 71. 또한 다음을 참고하라. Isabelle Charleux, "The Khan's City : Kökeqota and the Role of a Capital City in Mongolian State Formation," in *Imperial Statecraft : Political Forms and Techniques of Governance in Inner Asia, Sixth-Twentieth Centuries,* ed. David Sneath (Bellingham, WA : Center for East Asian Studies, Western Washington University, 2007), 175n1.

26 현재 알려진 가장 마지막 호르드의 게레게는 압둘라 칸의 치세로 거슬러올라간다. 1369년 이후 호르드와 원나라 간의 직접적인 관계에 관해서 활용할 수 있는 사료는 없다.

27 Beatrice F. Manz, "The Empire of Tamerlane as an Adaptation of the Mongol Empire : An Answer to David Morgan, 'The Empire of Tamerlane : An Unsuccessful Re-Run of the Mongol State?'" *Journal of the Royal Asiatic Society* 26, no. 1–2 (2016) : 281–291, 285–286. "동차가타이 칸국(Eastern Chaghatai Khanate)"보다 더

욱 정확한 용어인 "모굴리스탄(Moghulistan)"과 "모굴 칸국(Moghul Khanate)"에 대해서는 다음을 참고하라. Hodong Kim, "The Early History of the Moghul Nomads : The Legacy of the Chaghatai Khanate," in *The Mongol Empire and Its Legacy,* ed. Reuven Amitai-Preiss and David Morgan (Leiden : Brill, 1999), 290n1.

28 al-Ahrī, *Ta'rīkh-i Shaykh Uways,* 76–79 ; Anne Broadbridge, *Kingship and Ideology in the Islamic and Mongol Worlds* (Cambridge : Cambridge University Press, 2008), 162–167.

29 자니베크의 갑작스러운 죽음에 관한 러시아 측 사료에 대해서는—모두 후대 사료이긴 하지만—다음을 참고하라. *Letopisnii sbornik, imenuemii Patriarshei ili Nikonovskoi letopis'iu* (Nikonian Chronicle). 또한 다음을 참고하라. *Polnoe sobranie russkikh letopisei,* vol. 10 (Moscow : Iazyki russkoi kul'tury, 2000), 229 ; *Letopisnii Sbornik, imenuemii Tverskoi letopis'iu. Polnoe sobranie russkikh letopisei,* vol. 15 (St. Petersburg, 1863), col. 66 ; *Letopisi belorussko-litovskie. Polnoe sobranie russkikh letopisei,* vol. 35 (Moscow : Nauka, 1980), 47. 이슬람 측 사료는 다음을 참고하라. al-Ahrī, *Ta'rīkh-i Shaykh Uways,* 78–79 ; Mu'īn al-Dīn Natanzī, *Muntakhab al-tavārīkh-i Mu'īnī* (Iskandar Anonymous), in Vladimir Tizengauzen, *Sbornik materialov, otnosiashchikhsia k istorii Zolotoi Ordy,* vol. 2 : *Izvlecheniia iz persidskikh sochinenii,* ed. Aleksandr Romaskevitch and Semen Volin (Moscow : Izdatel'stvo Akademii Nauk SSSR, 1941), 128–129 ; Hāfiz-ī Abrū, *Dhayl-i jāmi' al-tawārīkh-i Rashīdī. Dopolnenie k sobraniiu istorii Rashida,* trans. and ed. E. R. Talyshkhanov (Kazan, 2011), 194–195 ; Abū'l-Ghāzī Bahādūr Khān, *Histoire des Mongols et des Tatares par Aboul-Ghâzi Béhâdour Khân,* trans. and ed. P. I. Desmaisons (St. Petersburg, 1871–1874 ; repr. Amsterdam : Philo Press, 1970), 185.

30 다음을 참고하라. Nikonian Chronicle : *Letopisnii sbornik, imenuemii Patriarshei ili Nikonovskoi letopis'iu,* 229 ; Trinity Chronicle : *Troitskaia letopis'. Rekonstruktsiia teksta,* ed. Mikhail D. Priselkov (St. Petersburg : Nauka, 2002), 376. 우테미시 하지에 따르면 베르디베크는 형제뿐만이 아니라 다른 친척들도 살해했다고 한다(Utemish Khadzhi [Ötemish Hājjī], *Chingiz-name,* trans. and ed. V. P. Iudin, Iu. G. Baranova, and M. Kh. Abuseitova [Almaty : Gilim, 1992], 108).

31 István Vásáry, "The Beginnings of Coinage in the Blue Horde," *Acta Orientalia Academiae Scientiarum Hungaricae* 62, no. 4 (2009), 373 ; Abū'l-Ghāzī Bahādur Khān, *Histoire des Mongols et des Tatares par Aboul-Ghâzi Béhâdour Khân,* ed. and trans. P. I. Desmaisons (St. Petersburg, 1871–1874 ; repr. St Leonards : Ad Orientum, 1970), 186 ; Iurii Seleznev, *E'lita Zolotoi Ordy : Nauchno-spravochnoe izdanie* (Kazan : Izdatel'stvo "Fen" Akademii Nauk Respubliki Tatarstan, 2009), 110. 역사가들은 베르디베크의 계승자인 쿨파(Qulpa, 또는 쿨나[Qulna])가 우즈벡의 후손인지 여부를 두고 의견이 서로 다르다. 타이둘라는 쿨파 다음에 히드르(Khidr)와 노루즈(Nawrūz)를 지원했는데, 그들은 바투조가 아니었다(Ötemish Hājjī, *Chingiz-name,* 112–113).

32 타이둘라에 대해서는 다음을 참고하라. Marie Favereau and Liesbeth Geevers, "The

Golden Horde, the Spanish Habsburg Monarchy, and the Construction of Ruling Dynasties," in *Prince, Pen, and Sword : Eurasian Perspectives,* ed. Maaike van Berkel and Jeroen Duindam (Leiden : Brill, 2018), 469–470.

33 István Vásáry, "The Jochid Realm : The Western Steppe and Eastern Europe," in *The Cambridge History of Inner Asia : The Chinggisid Age,* ed. Nicola Di Cosmo, Allen Frank, and Peter Golden (Cambridge : Cambridge University Press, 2009), 80.

34 See Vásáry, "The Beginnings of Coinage in the Blue Horde," 373.

35 al-Ahrī, *Ta'rīkh-i Shaykh Uways,* 76.

36 German Fedorov-Davydov, *The Culture of the Golden Horde Cities* (Oxford : British Archaeological Reports, 1984), 15, 20–21, 26.

37 Fedorov-Davydov, *The Culture of the Golden Horde Cities,* 10 ; 독일어 사료는 다음과 같다. Fedorov-Davydov, *Obshchestvennii stroi Zolotoi Ordy* (Moscow : Izdatel'stvo Moskovskovo universiteta, 1973), 147–148.

38 Uli Schamiloglu, "Climate Change in Central Eurasia and the Golden Horde," in *The Golden Horde in World History,* ed. Rafael Khakimov, Vadim Trepavlov, and Marie Favereau (Kazan : Institut Istorii im. Sh. Mardjani, 2017), 665.

39 Ishayahu Landa, "From Mongolia to Khwārazm : The Qonggirad Migrations in the Jochid Ulus (13th–15th c.)," *Revue des mondes musulmans et de la Méditerranée* 143 (2018), 218. 일부 학자들은 난구다이와 쿠틀루크 테무르가 친척이라고 주장하지만, 이에 관한 분명한 증거는 없다.

40 Yuri Bregel, *Shir Muhammad Mirab Munis and Muhammad Riza Mirab Agahi, Firdaws al-Iqbāl : History of Khorezm* (Leiden : Brill, 1999), 89 ; Landa, "From Mongolia to Khwārazm," 215–231 ; Devin DeWeese, "A Khwārazmian Saint in the Golden Horde : Közlük Ata (Gözlī Ata) and the Social Vectors of Islamisation," *Revue des mondes musulmans et de la Méditerranée* 143 (2018) : 107–132.

41 흥미롭게도 수피-콩기라트는 주화에 자신들의 이름을 새기지 않았다. 다음을 참고하라. Petrov, "Jochid Money," 626. 이 익명의 주화들은 부유한 호라즘 가문들에 의해서 주조되었을 수도 있는데, 이는 주치조 분열의 특징이라고 할 수 있는 통제력의 분권화가 낳은 결과이다.

42 Landa, "From Mongolia to Khwārazm," 219–222 ; Michal Biran, "The Mongols in Central Asia from Chinggis Khan's Invasion to the Rise of Temür : The Ögödeid and Chaghadaid Realms," 58–60, 두 자료 모두 다음에 실려 있다. *The Cambridge History of Inner Asia : The Chinggisid Age,* ed. Nicola Di Cosmo, Allen Frank, and Peter Golden (Cambridge : Cambridge University Press, 2009).

43 Ibn Khaldūn, *Kitāb al-ʿIbar, in Sbornik materialov, otnosiashchikhsia k istorii Zolotoi Ordy,* vol. 1 : *Izvlecheniia iz sochinenii arabskikh,* ed. Vladimir Tizengauzen (St. Petersburg : Izdano na izhdivenie grafa S. G. Stroganova, 1884), 373, 389 ; Roman Pochekaev, *Mamai. Istoriia "antigeroia" v istorii* (St. Petersburg : Evrazia, 2010), 1629 ; Ilnur Mirgaleev, "The Time of Troubles in the 1360s and 1370s," in *The Golden Horde in World History,* ed. Rafael Khakimov, Vadim Trepavlov, and Marie Favereau

(Kazan : Institut Istorii im. Sh. Mardjani, 2017), 689–692 ; Seleznev, *E'lita,* 119–124.

44 Seleznev, *E'lita,* 24–25.

45 Ibn Khaldūn, *Kitāb al-'Ibar,* 373, 389.

46 Dariusz Kołodziejczyk, *The Crimean Khanate and Poland-Lithuania : International Diplomacy on the European Periphery (15th–18th Century), a Study of Peace Treaties Followed by Annotated Documents* (Leiden : Brill, 2011), 5 ; Stefan Maria Kuczyński, *Sine Wody* (Warsaw : Nakł. uczniów, 1935), 55–57.

47 Feliks Shabul'do, "Chy buv jarlyk Mamaja na ukrajins'ki zemli? (Do postanovky problemy)," *Zapysky Naukovoho tovarystva imeni Shevchenka* 243 (2002) : 301–317 ; Kołodziejczyk, *The Crimean Khanate,* 5n4.

48 대공 드미트리 이바노비치의 통치기 동안 모스크바와 호르드의 관계에 대해서는 다음을 참고하라. Anton Gorskii, *Moskva i Orda* (Moscow : Nauka, 2005, 2000), 80–118 ; Martin, *Medieval Russia,* 228–238.

49 Vásáry, "The Jochid Realm," 81 ; Gorskii, *Moskva i Orda,* 99–100.

50 Donald Ostrowski, *Muscovy and the Mongols : Cross-Cultural Influences on the Steppe Frontier, 1304–1589* (Cambridge : Cambridge University Press, 1998), 244–248.

51 Christopher Atwood, "Ulus Emirs, Keshig Elders, Signatures, and Marriage Partners : The Evolution of a Classic Mongol Institution," in *Imperial Statecraft : Political Forms and Techniques of Governance in Inner Asia, Sixth-Twentieth Centuries,* ed. David Sneath (Bellingham, WA : Center for East Asian Studies, Western Washington University, 2007), 163–165 ; Thomas Allsen, "Eurasia after the Mongols," in *The Cambridge World History,* ed. Jerry Bentley, Sanjay Subrahmanyam, and Merry Wiesner-Hanks (Cambridge : Cambridge University Press, 2016), 159–165.

제8장

1 István Vásáry, "The Beginnings of Coinage in the Blue Horde," *Acta Orientalia Academiae Scientiarum Hungaricae* 62, no. 4 (2009) : 382–383.

2 Devin DeWeese, "Toktamish," in *Encyclopaedia of Islam,* 2nd ed., vol. 10 (Leiden : Brill, 2000), 560–561 ; Ilnur Mirgaleev, "Succession to the Throne in the Golden Horde : Replacement of the Batuids by the Tuqai-Timurids," *Zolotoordynskoe obozrenie / Golden Horde Review* 5, no. 2 (2017) : 347–348.

3 Joo-Yup Lee, "The Political Vagabondage of the Chinggisid and Timurid Contenders to the Throne and Others in Post-Mongol Central Asia and the Qipchaq Steppe : A Comprehensive Study of Qazaqlïq, or the Qazaq Way of Life," *Central Asiatic Journal* 60, no. 1–2 (2017) : 59–95, 64 ; and Joo-Yup Lee, *Qazaqlïq, or Ambitious Brigandage, and the Formation of the Qazaqs : State and Identity in Post-Mongol Central Eurasia* (Leiden : Brill, 2016), 97–103.

4 DeWeese, "Toktamish," 561.

5 Ötemish Hājjī, *Chingiz-name,* ed. and tr. Veniamin P. Iudin (Alma-Ata : Gilim, 1992), fol. 54b-57b ; DeWeese, "Toktamish," 561-562.

6 토크타미시의 파르에 대해서는 다음을 참고하라. Ötemish Hājjī, *Chingiz-name,* 54b ; Jean Aubin, "Comment Tamerlan prenait les villes," *Studia Islamica* 19 (1963) : 87-89.

7 Ötemish Hājjī, *Chingiz-name,* 58a-59a.

8 Virgil Ciocîltan, *The Mongols and the Black Sea Trade in the Thirteenth and Fourteenth Centuries* (Leiden : Brill, 2012), 225 ; Roman Pochekaev, *Mamay : Istoriia 'antigeroia' v istorii* (St. Petersburg : Evraziya, 2010), 92-96.

9 Ciocîltan, *The Mongols and the Black Sea Trade,* 226-231.

10 Enrico Basso, "Il 'bellum de Sorcati,' ed i trattati del 1380-87 tra Genova e l'Orda d'Oro," *Studi Genuensi* 8, new series (1990) : 11-26 ; Ciocîltan, *The Mongols and the Black Sea Trade,* 235-236 ; Pavel Petrov, "Jochid Money and Monetary Policy in the 13th-15th Centuries," in *The Golden Horde in World History,* ed. M. Favereau, R. Hautala, R. Khakimov, I. M. Mirgaleev, and V. V. Trepavlov (Kazan : Sh. Marjani Institute of History of the Tatarstan Academy of Sciences, 2017), 626-627. 주치조와 제노바인 간에 체결된 조약은 적어도 네 건이 알려져 있다. 1380년 11월 27일의 조약(신원 미상의 주치조 인물인 코낙 벡[Konak Beg]이 서명), 1381년 2월 24일, 1383년 7월 28일, 1387년 8월 12일 등. S. de Sacy, "Pièces diplomatiques tirées de la république de Gênes," *Notices et extraits des manuscrits de la bibliothèque du Roi* 9 (Paris, 1827), 52-58.

11 Ciocîltan, *The Mongols and the Black Sea Trade,* 233-234.

12 시반조는 1360년대 잠시 주치조의 제위에 올랐다(Ötemish Hājjī, *Chingiz-name,* fol. 53a-54a). 그러나 매우 짧은 치세였다(Vásáry, "The Beginnings of Coinage," 373). 역사가들은 시반조와 토카 테무르조가 다른 혈통을 장악할 수 있었던 이유에 대해서 많은 가설들을 제시했다(Ilnur Mirgaleev, "'Shuab-i pandzhgana' Rashid ad-dina : perspektivy izucheniia," *Zolotoordynskoe obozrenie / Golden Horde Review* 1 [2013] : 57-64 ; Mirgaleev, "Succession to the Throne," 344-351 ; Marie Favereau and Liesbeth Geevers, "The Golden Horde, the Spanish Habsburg Monarchy, and the Construction of Ruling Dynasties," in *Prince, Pen and Sword : Eurasian Perspectives,* ed. Maaike van Berkel and Jeroen Duindam [Leiden : Brill, 2018], 470-477).

13 계보 사료에는 토카 테무르가 12명 이상에 달하는 주치의 아들 중에 가장 어렸거나, 또는 아마도 그의 어머니의 지위 때문인지 적어도 동시대인들은 그를 막내로 여겼다고 기록되어 있다(Mirgaleev, "Succession to the Throne," 344-346).

14 Vásáry, "The Beginnings of Coinage," 372, 377-383.

15 Anne Broadbridge, *Kingship and Ideology in the Islamic and Mongol Worlds* (Cambridge : Cambridge University Press, 2008), 171-173.

16 S. Bocharov and A. Sitdikov, "The Solkhat's War and Its Reflection in the Fortification of Caffa," *Classica et Christiana* 9, no. 2 (2014) : 413-426.

17 Julien Loiseau, *Les Mamelouks (XIIIe-XVIe siècle). Une expérience du pouvoir dans l'islam médiéval* (Paris : Seuil, 2014), 64, 69 ; Marie Favereau, "The Golden Horde and

the Mamluks," in *The Golden Horde in World History,* ed. M. Favereau, R. Hautala, R. Khakimov, I. M. Mirgaleev, and V. V. Trepavlov (Kazan : Sh. Marjani Institute of History of the Tatarstan Academy of Sciences, 2017), 340–343.

18 Broadbridge, *Kingship and Ideology,* 172–173.

19 토크타미시와 티무르 간의 군사 충돌의 연대기에 대해서는 다음을 참고하라. Ilnur Mirgaleev, "Bitvy Toktamish-khana s Aksak Timurom," in *Voennoe delo Zolotoi Ordy : problemy i perspektivy izucheniia. Materialy kruglovo stola, pro. v ramkakh Mezhdunarodnovo Zolotoordynskovo Foruma, Kazan', 29-30 marta 2011 g.,* ed. I. Mirgaleev (Kazan : Institut Istorii im. Sh. Mardzhani A.N.R.T., 2011), 170–182. 사료에 관해서는 다음을 참고하라. Ilnur Mirgaleev, *Politicheskaia istoriia Zolotoi Ordy perioda pravleniia Toktamysh-khana* (Kazan : Alma-Lit, 2003).

20 Vadim Trepavlov, *The Formation and Early History of the Manghït Yurt* (Bloomington : Indiana University, Research Institute for Inner Asian Studies, 2001), 1215 ; Ibn al-Furāt, "Ta'rīkh al-duwal wa-l-mulūk," in *Sbornik materialov, otnosiashchikhsia k istorii Zolotoi Ordy,* vol. 1 : *Izvlecheniia iz sochinenii arabskikh,* ed. V. G. Tizengauzen (St. Petersburg : Izdano na izhdivenie grafa S. G. Stroganova, 1884), 356–357.

21 F. B. Charmoy, "Expédition de Timour-i Lènk ou Tamerlan contre Toqtamiche, khân de l'ouloûs de Djoûtchy en 793 de l'hégire ou 1391 de notre ère," *Mémoires de l'Académie Impériale des sciences de St Pétersbourg,* 6th series, 3 (1836) : 89–505 ; Mirgaleev, "Bitvy Toktamish-khana," 170–182.

22 토크타미시와 야기에우워 간의 종속 관계 협정은 1382년 또는 1386년 무렵에 이루어졌다. 다음을 참고하라. Dariusz Kołodziejczyk, *The Crimean Khanate and Poland-Lithuania : International Diplomacy on the European Periphery (15th-18th Century), a Study of Peace Treaties Followed by Annotated Documents* (Leiden : Brill, 2011), 6n7. 야기에우워에 보낸 토크타미시의 편지에 대해서는 l. 20–21을 참고하라. 이 협정의 편집본은 다음 자료에 있다. I. Berezin, *Khanskie Iarlyki, iarlyk khana Zolotoi Ordy Tokhtamysha k pol'skomu koroliu Jagailu 1392–1393* (Kazan : N. Kokovin, 1850).

23 *Barbaro i Kontarini o Rossii : k istorii italo-russkikh sviazei v XV v.,* ed. and trans. E. Ch. Skrzhinskaia (Leningrad : Nauka, 1971), 125.

24 Broadbridge, *Kingship and Ideology,* 185–186 ; Charmoy, "Expédition de Timour-i Lènk," 118 ; Iurii Seleznev, *E'lita Zolotoi Ordy : Nauchno-spravochnoe izdanie* (Kazan : Izdatel'stvo "Fen" Akademii Nauk Respubliki Tatarstan, 2009), 30 ; Ilnur Mirgaleev, "Bitvy Toktamish-khana s Aksak Timurom," in *Voennoe delo Zolotoi Ordy : problemy i perspektivy izucheniia. Materialy kruglovo stola, pro. v ramkakh Mezhdunarodnovo Zolotoordynskovo Foruma, Kazan', 29–30 marta 2011 g.,* ed. Ilnur Mirgaleev (Kazan : Institut Istorii im. Sh. Mardzhani A.N.R.T, 2011), 170–182.

25 Ibn al-Furāt, *"Ta'rīkh al-duwal,"* 356–357 ; Michele Bernardini, "Tamerlano, i Genovesi e il favoloso Axalla," in *Europa e Islam tra i secoli XIV e XVI,* 2 vols., ed. Michele Bernardini, Clara Borrelli, et al. (Naples : Istituto universitario orientale, 2002), vol. 1, 394.

26 Marie Favereau, "Tarkhan : A Nomad Institution in an Islamic Context," *Revue des mondes musulmans et de la Méditerranée* 143 (2018) : 186–187.

27 Kołodziejczyk, *The Crimean Khanate,* 7–8 ; DeWeese, "Toktamish," 563.

28 사료에 따르면 토크타미시는 경쟁자 칸, 또는 에디구의 아들, 또는 에디구 그 자신에 의해서 살해되었다고 한다(DeWeese, "Toktamish," 563 ; Devin DeWeese, *Islamization and Native Religion in the Golden Horde : Baba Tükles and Conversion to Islam in Historical and Epic Tradition* [University Park : Pennsylvania State University Press, 1994], 338).

29 Ciocîltan, *The Mongols and the Black Sea Trade,* 230.

30 신사라이의 유지는 티무르의 파괴에 관한 고고학적 증거를 보여주지만, 사라이의 유지는 그렇지 않다(German A. Fedorov-Davydov, *The Culture of the Golden Horde Cities,* trans. H. Bartlett Wells [Oxford : B.A.R, 1984], 26). 1430년대 소금 무역과 아스트라한에 관해서는 다음을 참고하라. Skrzhinskaia, *Barbaro,* 132.

31 Josafa Barbaro, *Travels to Tana and Persia,* trans. W. Thomas and S. A. Roy, ed. Lord Stanley of Alderley (London : Printed for the Hakluyt Society, 1873), 18. 이탈리아어 원문은 Skrzhinskaia, *Barbaro,* 123–124에 인용되었다.

32 Mirgaleev, "Succession to the Throne," 347–348 ; Trepavlov, *The Formation,* 21–22 ; Ishayahu Landa, "From Mongolia to Khwārazm : The Qonggirad Migrations in the Jochid Ulus (13th–15th c.)," *Revue des mondes musulmans et de la Méditerranée* 143 (2018) : 219, 224–225.

33 Pero Tafur, *Andanças é viajes de Pero Tafur por diversas partes del mundo avidos : 1435–1439,* ed. Marcos Jiménez de la Espada (Madrid : Imprenta de Miguel Ginesta, 1874), 166–167 ; Uli Schamiloglu, "The Qaraçi Beys of the Later Golden Horde : Notes on the Organisation of the Mongol World Empire," *Archivum Eurasiae Medii Aevi* 4 (1984) : 283–297 ; Christopher Atwood, "Ulus Emirs, Keshig Elders, Signatures, and Marriage Partners : The Evolution of a Classic Mongol Institution," in *Imperial Statecraft : Political Forms and Techniques of Governance in Inner Asia, Sixth–Twentieth Centuries,* ed. David Sneath (Bellingham : Western Washington University, Mongolia and Inner Asia Studies Unit, 2006), 141–173, 158.

34 Trepavlov, *The Formation,* 15, 47 ; Kołodziejczyk, *The Crimean Khanate,* 7–8.

35 Kołodziejczyk, *The Crimean Khanate,* 9. 우호의 표현은 554쪽 7번 문서와 584쪽 10번 문서에 보인다. 립카 타타르에 대해서는 다음을 참고하라. M. Połczyński, "Seljuks on the Baltic : Polish-Lithuanian Muslim Pilgrims in the Court of Ottoman Sultan Süleyman I," *Journal of Early Modern History* 19, no. 5 (2015) : 409–437.

36 DeWeese, *Islamization,* 340–341, 343 ; Trepavlov, *The Formation,* 2–3.

37 에디구에게는 약 20명의 아들이 있었다고 한다(Vadim Trepavlov, *Istoriia Nogaiskoi Ordy* [Moscow : Vostochnaia literatura, 2001], 85–97 ; Trepavlov, *The Formation,* 20, 24–32).

38 DeWeese, *Islamization,* 344–347 ; Trepavlov, *Istoriia,* 97–100. 페르시아 사료에는 토크타미시의 사람들이 종종 "우즈벡"으로 표기된다.

39 Yuri Bregel, "Uzbeks, Qazaqs and Turkmens," in *The Cambridge History of Inner Asia : The Chinggisid Age,* ed. Nicola Di Cosmo, Allen Frank, and Peter Golden (Cambridge : Cambridge University Press, 2009) 223–225 ; Joo-Yup Lee, *Qazaqlïq,* 102–109 ; Joo-Yup Lee, "The Political Vagabondage," 80–84.

40 Kamāl al-Dīn 'Alī Bīnā'ī, "Shaybani Nama," in *Materialy po istorii Kazakhskikh khanstv XV–XVII vv. Izvlecheniia iz persidskikh i tiurkskikh sochinenii,* trans S. G. Ibragimov and K. A. Pishchulina (Alma Ata : Nauka, 1969), 104 ; Trepavlov, *The Formation,* 38 ; DeWeese, *Islamization,* 348–352 ; Joo-Yup Lee, *Qazaqlïq,* 109–120 ; Joo-Yup Lee, "The Political Vagabondage," 84–87.

41 Mária Ivanics and M. A. Usmanov, *Das Buch der Dschingis-Legende (Däftär-i Čingiz-nāmä)* (Szeged : Department of Altaic Studies, University of Szeged, 2002), 52–53 (folio 19r.) ; Mária Ivanics, "Der Sippenbaum im Buch der Dschingis-Legende," in *Man and Nature in the Altaic World,* ed. Kellner-Heinkele Barbara, Boykova Elena, and Heuer Brigitte, Proceedings of the 49th Permanent International Altaistic Conference, Berlin, July 30–August 4, 2006 (Berlin : Klaus Schwarz Verlag, 2012), 179–191.

42 마리아 이바니치가 2016년 라이덴 학회에서 이 우화를 알려준 것에 감사를 표한다. 관련 논의에 대해서는 다음을 참고하라. Beatrice Manz Forbes, "The Clans of the Crimean Khanate 1466–1532," *Harvard Ukrainian Studies* 2, no. 3 (1978) : 282–309 ; Trepavlov, *Istoriia,* 87–88 ; Trepavlov, *The Formation,* 22.

43 일반적으로 다음을 참고했다. Joseph Schumpeter, *Capitalism, Socialism, and Democracy* (New York : Harper and Row, 1942) ; Pekka Hämäläinen, *Lakota America* (New Haven : Yale University Press, 2019), 9.

후기

1 Allen Frank, "The Western Steppe : Volga-Ural Region, Siberia and the Crimea," in *The Cambridge History of Inner Asia : The Chinggisid Age,* ed. Nicola Di Cosmo, Allen Frank, and Peter Golden (Cambridge : Cambridge University Press, 2009), 253 ; Ilia Zaitsev, "Pis'mo khana Bol'shoi ordy Akhmada turetskomu sultanu Mekhmedu II Fatikhu 881 goda khidzhry," *Vostochnii Arkhiv* 2–3 (1999) : 4–15.

2 사실이 아닐 듯한 1479년 사건에 대해서는 다음을 참고하라. Edward L. Keenan, "The Jarlyk of Axmed-Xan to Ivan III : A New Reading," *International Journal of Slavic Linguistics and Poetics* 12 (1969) : 31–47, 33–46.

3 Michael Khodarkovsky, *Russia's Steppe Frontier* (Bloomington : Indiana University Press, 2002), 78.

4 Khodarkovsky, *Russia's Steppe Frontier,* 80.

5 호르드, 우그라 강의 대치, 타타르의 멍에에 관한 러시아와 소비에트의 역사 서술에 대해서는 다음을 참고하라. Charles Halperin, "Soviet Historiography on Russia and the Mongols," *Russian Review* 41, no. 3 (1982) : 306–322 ; Charles Halperin, "The

Tatar Yoke and Tatar Oppression," *Russia Mediaevalis* 5, no. 1 (1984) : 20–39 ; Charles Halperin, "Omissions of National Memory : Russian Historiography on the Golden Horde as Politics of Inclusion and Exclusion," *Ab Imperio* 3 (2004) : 131–44 ; Donald Ostrowski, *Muscovy and the Mongols : Cross-Cultural Influences on the Steppe Frontier, 1304–1589* (Cambridge : Cambridge University Press, 1998), 135–248.

6 멩글리 기라이와 아흐마드 칸의 아들 및 계승자 사이의 전투에 대해서는 다음을 참고하라. Leslie Collins, "On the Alleged 'Destruction' of the Great Horde in 1502," in *Manzikert to Lepanto : The Byzantine World and the Turks, 1071–1571,* ed. A. Bryer and M. Ursinus (Amsterdam : A. M. Hakkert, 1991), 361–399.

7 Vadim Trepavlov, "The Takht Eli Khanate : The State System at the Twilight of the Golden Horde," *Revue des mondes musulmans et de la Méditerranée* 143 (2018) : 235–247.

8 Thomas Allsen, "Technologies of Governance in the Mongolian Empire : A Geographic Overview," in *Imperial Statecraft : Political Forms and Techniques of Governance in Inner Asia, Sixth-Twentieth Centuries,* ed. David Sneath (Bellingham, WA : Center for East Asian Studies, Western Washington University, 2007), 164.

9 시메온의 즉위에 관한 다양한 가능성 있는 해석에 대해서는 다음을 참고하라. Charles Halperin, "Ivan IV and Chinggis Khan," *Jahrbücher für Geschichte Osteuropas* 51, no. 4 (2003) : 481–497.

10 David M. Robinson, "The Ming Court and the Legacy of the Yuan Mongols," in *Culture, Courtiers, and Competition : The Ming Court (1368–1644),* ed. David M. Robinson (Cambridge, MA : Harvard University Asia Center, 2008), 366–369.

11 "bumaga"와 같은 일부 단어들은 튀르크어에서 기원했지만, 몽골 시기에 러시아로 유입되었다(Donald Ostrowski, "The Mongol Origins of Muscovite Political Institutions," *Slavic Review* 49, no. 4 [1990] : 534).

12 James Scott, *The Art of Not Being Governed : An Anarchist History of Upland Southeast Asia* (New Haven : Yale University Press, 2009), esp. 326.

13 Ibn Khaldun, *An Arab Philosophy of History : Selections from the Prolegomena of Ibn Khaldun of Tunis,* trans. Charles Issawi (London : J. Murray, 1950), 309.

14 Nicola Di Cosmo, "Ancient Inner Asian Nomads : Their Economic Basis and Its Significance in Chinese History," *Journal of Asian Studies* 53, no. 4 (1994) : 1092–1126.

15 Christopher Atwood, "The Political Economy of the Mongol Empire : Placing Cultural Exchange in Its Economic Context" (lecture, "The Mongols and Global History" conference, Villa I Tatti, Florence, December 10–11, 2018).

16 Allsen, "Technologies of Governance," 129.

17 Pekka Hämäläinen, "Dark Matters of History : Uncovering Nomadic Empires" (lecture, Institute for History at Leiden University, December 6, 2019).

18 Ostrowski, *Muscovy and the Mongols,* 36–63.

역자 후기

마리 파브로의 역작인 이 책은 우리에게 다소 낯선 역사를 선보인다. 13세기 초반에 칭기스 칸이 설립한 몽골 제국은 이후 유라시아 대륙 각지로 빠르게 팽창했고, 각각 정권을 수립했다. 칭기스 칸의 첫째 아들인 주치의 후손은 볼가 강 하류 일대를 중심으로 오늘날의 러시아, 카자흐스탄, 우크라이나 등지를 장악하며 통치했다. 이들이 이른바 '주치 울루스' 또는 '금장 칸국', '킵차크 칸국'으로 불리는 세력이다. 이 책에서 저자는 사회적으로 다양하고 다민족적인 유목 정권이라는 의미에서, '울루스'보다는 '오르도'라는 용어로 그 세력을 지칭한다. 따라서 책의 제목이기도 한 "The Horde"를 번역하면서 그 유래를 생각한다면 '오르도'나 '오르다'로 옮길 수도 있겠지만, 저자가 지역 정권이나 궁정을 지칭할 때도 'horde'라는 표현을 사용했기 때문에 이러한 경우와 구분하고자 "호르드"로 옮겼음을 밝힌다.

최근 몽골 제국사에 관한 연구가 국내외를 막론하고 활발히 이루어지고 있지만, 제국의 가장 서쪽에 위치한 호르드는 아직 많은 부분들이 미지의 영역으로 남아 있다. 그런 점에서 이 책은 호르드의 역사를 다양한 사료를 통해 정밀하게 복원하면서도, 세밀하고 생동감 있게 묘사했다는 점에 의의가 있다. 또 시간순으로 서술함과 동시에 각 시기의 특징적 변화를 명료하게 제시함으로써 호르드의 역사와 그 변모상을 일목요연하게 파악할 수 있다. 이 책을 통해서 독자들은 몽골이 어떻게 러시아와 중앙아시아 일대 등을 통치했는지, 유럽과 서아시아 등과는 어떤 관계를 맺었는지를 이해할 수 있을 것이다. 아울러 저자의 폭넓은 사료 활용과 치밀한 논증은 이 책의 학술적 가치를 보장하는 동시에 좁게는 몽골 제국사, 더 나아가서는 중앙 유라시아사와 러시아사 등의 연구에도 큰 도움이 될 것이다.

특히 이 책을 통해서 우리가 몽골에 대해 가졌던 선입견을 상당 부분 바로잡을 수 있으리라고 기대한다. 저자는 몽골이 단순히 무력을 사용한 '문명의 파괴자'가 아니라, 대내외적 환경과 필요에 따라서 자유자재로 변형하는 유연한 정권이었음을 역설한다. 아울러 시야를 넓혀 세계사의 관점에서 몽골이 미친 영향을 정치, 경제, 군사 등 다양한 측면에서 밝히고 있다. 이 책을 읽다 보면 저자의 주장대로 효과적인 제국 건설의 사례로서 호르드를 바라볼 수 있을 것이다.

이 책은 또한 현재 몽골 제국사 연구의 핵심이자 최신 연구 성과를 충실히 반영하고 있다. 몽골의 세계사적 의의를 경제적, 문화적 측면에서 고찰하기 위해서 '몽골의 교환'이라는 역사 현상을 재구성하고, 몽골 제국을 총합적으로 바라보아야 한다는 '전체론'의 관점을 채택하면서도 주치조 정권의 특수성을 부각시키려고 노력하고 있다. 그리고 이러한 관점에서 유목민과 몽골은 자신들만의 통치 제도를 활용하면서도, 전통에 얽매이지 않고 지속적으로 발전했으며, 동시에 세계를 변화시켰음을 설득력 있게 제시하고 있다.

같은 학과의 구범진 선생님의 권유로 얼떨결에 이 책을 번역하기 시작했으나 워낙 능력과 재주가 부족하여 번역 맡은 것을 자주 후회했고 작업도 지연되었다. 저자의 주장과 이 책이 가진 장점을 정확하게 전달하지 못할까 걱정도 많이 되었다. 그러나 서울대학교 동양사학과 선생님들의 따뜻한 격려와 배려로 무사히 작업을 마칠 수 있었다. 이 자리를 빌려 감사의 말씀을 드리고 싶다. 무엇보다도 부족한 제자를 학문의 길로 이끌어주시고 많은 가르침을 주신 김호동 선생님께 깊은 감사를 드린다. 또 이 책의 학술적 가치를 인정하여 기꺼이 출판을 맡아주신 까치글방에도 감사드린다. 2022년 1학기 "중앙아시아사 논저강독" 수업에서 함께 이 책을 읽고 고민해준 학생 여러분에게도 고마움을 표하고자 한다. 마지막으로 항상 묵묵히 지켜보시고 지지해주신 부모님을 비롯한 가족들과 아내에게도 진심으로 감사의 말을 전하고 싶다.

2022년 겨울

김석환

인명 색인